DICTIONNAIRE DU FRANÇAIS PARLÉ

CHARLES BERNET • PIERRE RÉZEAU

DICTIONNAIRE DU FRANÇAIS PARLÉ

Le monde des expressions familières

SEUIL
27, rue Jacob, Paris VIe

ISBN 2-02-010927-1

INTRODUCTION

Le français mode d'emploi

L'inventaire des richesses du *français parlé* avance d'un bon pas, mais il s'en faut de beaucoup que ces progrès aient pénétré les colonnes de nos dictionnaires de langue. On ne s'en étonnera pas outre mesure, les meilleurs dictionnaires, comme les belles infidèles, n'étant jamais que des reflets de la langue. Mais on peut souhaiter que ces miroirs réfléchissent davantage et c'est pour y contribuer que nous avons choisi d'inventorier un aspect parmi d'autres, celui de la *phraséologie*.

Nous ne sommes, bien sûr, ni les premiers ni les seuls. On sait — même si leurs travaux n'ont jamais encore été exploités de façon systématique — l'intérêt des *Curiositez françoises* d'Antoine Oudin (1640) ou du *Dictionnaire comique* de Philibert-Joseph Le Roux (1re éd., 1718), qui sont les précurseurs de ce type de recherche. Récemment sont parus le riche inventaire du *Dictionnaire des expressions et locutions figurées* d'Alain Rey et Sophie Chantreau (Paris, 1979, augmenté d'un index final à partir de l'éd. de 1982), la collecte originale de *Ça mange pas de pain !* par Jacques Cellard (Paris, 1982) et le stimulant *La Puce à l'oreille* de Claude Duneton (Paris, 1978 ; 2e éd., 1985). Entre-temps, et parallèlement à ces répertoires spécialisés, on assiste dans les grands dictionnaires comme le *Trésor de la langue française* (*T.L.F.*) ou le *Robert* (éd. 1985) à une meilleure prise en compte de la phraséologie du français parlé. Mais en dépit de nombreuses et de riches observations, le sujet est bien loin d'être épuisé (comment pourrait-il jamais l'être ?) et quantité de traits usuels échappent à la description des lexicographes ou n'ont droit qu'à une mention étriquée, sans attestation, qui ne rend compte que d'une façon dérisoire de leur vitalité et de leur fréquence.

Notre collecte n'est donc qu'un maillon de plus d'une chaîne déjà longue et les faits rassemblés ne sont que des échantillons complémentaires d'un nuancier toujours à réactualiser.

Nous fondant sur des lectures variées et orientées vers des sources et des auteurs représentatifs du français parlé contemporain (près de 500 titres), nous avons retenu toutes les particularités que n'avaient pas répertoriées les dictionnaires que nous avions sous les yeux ou pour lesquelles ils n'offraient pas d'illustration. Les locutions relevées sont des groupes de mots qui peuvent fonctionner comme des *adjectifs* (*en béton, à chier, au couteau, d'enfer, des familles, du même métal, un peu comme ça*) ; des *adverbes* (*sans dec, sur ces fortes paroles, plus souvent qu'il est permis, perdu pour perdu, d'un seul coup d'un seul*) ; des *verbes* (*lâcher les baskets, avoir perdu sa langue, faire le coup de la panne, ne pas sucer de la glace*) ; des *phrases* avec ou sans verbe (*attention les yeux, bonjour les dégâts, coucouche panier, merde pour celui qui le lira, les places sont chères*), ces phrases étant souvent le mode privilégié des lieux communs et des aphorismes (*on boit de bons coups mais ils sont rares, ce que c'est que de nous, on est bien peu de chose, ça nous pousse, ça nous rajeunit pas, quand faut y aller faut y aller, après l'heure c'est plus l'heure*) ou ponctuant le discours (*comme je te le dis, j'te dis pas, tel que*) et se présentant parfois sous forme elliptique (*t'inquiète, t'occupe, ou quoi*) ; des *interjections* (*cool, Raoul* ; *ma bonne dame* ; *et toc*). À la lecture de ces quelques exemples, on voit que nous avons privilégié les locutions ou « manières de dire » lorsqu'elles sont en même temps des expressions ou « manières de s'exprimer » figurées, s'inscrivant dans la rhétorique de la langue par le jeu de figures comme l'analogie, la métonymie, la métaphore, l'antiphrase ou l'hyperbole.

Bien que ces cas ne relèvent pas de la phraséologie, nous croyons utile de faire figurer dans cet inventaire un petit nombre de *noms complexes* pour cette seule raison que leur sens, la plupart du temps figuré, n'apparaît pas ou n'est pas illustré dans les ouvrages de référence (*arrêt buffet, bite chauffante, culotte de cheval, eau qui pique, mouche à merde, pot de yaourt, ramasse-miettes, sac à viande*) à quoi s'ajoutent quelques *tours grammaticaux* comme *le mien de* + nom, *être branché* + nom ou ... *moi j'aime*).

L'un des auteurs que nous avons mis à contribution annonce dans sa préface : « Encore un que les Allemands n'auront pas, ni les Yankees : parce que ce livre est intraduisible ! Constitué à cent pour cent de locutions et truismes tricolores solidement cousus de fil blanc, il n'a d'équivalent dans aucune langue » (M. Sportès, p. 11). Sans doute est-ce pour les locuteurs français que nous avons rassemblé ces matériaux où ils pourront retrouver leurs façons de parler ou découvrir celles du voisin. Mais — et c'était déjà la destination des *Curiositez* de Oudin : « Aux estrangers » — nous avons pensé aussi aux étrangers qui apprennent le français et qui entendent ou lisent des choses dont ils ne trouvent la clé nulle part. C'est pour les uns et les autres que nous avons tenté de mettre en place ces quelques pièces du puzzle de la langue, avec patience et prudence en sachant, comme l'indique Georges Pérec au seuil de *La Vie mode d'emploi*, que « chaque geste que fait le poseur de puzzle, le faiseur de puzzles l'a fait avant lui ; chaque pièce qu'il prend et reprend, qu'il examine, qu'il caresse, chaque combinaison qu'il essaye et essaye encore, chaque tâtonnement, chaque intuition, chaque espoir, chaque découragement, ont été décidés, calculés, étudiés par l'autre».

Les chaussettes de l'archiduchesse

Nous avons souhaité ne relever que des faits de langue confirmés, refusant de nous encombrer de ceux qui nous ont semblé appartenir à un seul auteur et n'être que des faits de discours, plus ou moins heureux selon l'imaginaire du locuteur. Il était évidemment sans intérêt d'engranger le laborieux « sourire à faire fondre un char d'assaut en crème anglaise » ou cette image qui sent l'huile « avoir à peu près autant d'avenir qu'une sardine qui aurait gagné une croisière à bord d'une boîte de conserve » (P. Lainé, *Monsieur, vous oubliez votre cadavre*, p. 236 et 260) ; même chose pour certaines comparaisons ou métaphores qui ne nous ont pas paru suffisamment lexicalisées, qu'il s'agisse de *boire comme qui rigole* « boire beaucoup » (M. Villard, *Ballon mort*, p. 131), de *monter un escalier en photographe* dans l'exemple suivant : « Qui n'a pas monté un escalier en photographe, c'est-à-dire la tête sous la jupe de la fille qui est devant, ne sait pas vraiment ce que c'est que la douceur de vivre » (J. A. Lion, *Les Truands du Temple*, p. 155) ou encore *rêver des genoux*, intensif de *rêver* (A. Schifres, *Les Yeux ronds*, p. 323).

Bien que nous ayons ratissé large, nous avons habituellement laissé de côté ce qui appartient plus particulièrement au domaine ludique ; même s'il s'y trouve parfois quelques difficultés de décodage pour un locuteur étranger, il s'agit là d'un aspect périphérique :

— contrepèteries comme *avoir les nerfs en pot de fleur* « ... à fleur de peau » (R. Forlani, *Papa est parti, maman aussi*, p. 197).

— calembours comme *pige-moi ça* « pyjama » (sous diverses graphies, dans A.D.G., *Juste un rigolo*, p. 157 ; A. Schifres, *Les Yeux ronds*, p. 90 ; P. Siniac, *Luj Inferman' ou Macadam Clodo*, p. 46 et 138) ou tours dignes du colonel Ronchonot, comme *quoi t'est-ce ?* « quoi ? » (San-Antonio, *Le Trouillomètre à zéro*, p. 81).

— reparties consacrées, empruntées à de pseudo-manuels : « De quoi sont les pieds ? — Les pieds sont du fantassin l'objet de soins constants » (A. Gillot-Pétré, *Ma gueule d'atmosphère*, p. 183) ou encore : « En quoi doit se perdre un agent chevronné ? — En conjectures » (J. Amila, *Terminus Iéna*, p. 172).

Nous avons écarté aussi les allusions à la série, souvent réjouissante par les lapsus qu'elle fait commettre, de ce qu'on nomme dans l'ouest de la France des « virelangues », comme *Les chaussettes de l'archiduchesse sont sèches, archisèches* (A.D.G., *Le Grand Môme*, p. 17 ou J. A. Lion, *N° 5 paysage*, p. 66) ou encore l'inusable *Pruneau cru, pruneau cuit* (R. Lageat, *Robert des Halles*, p. 18).

Poussez pas, y en aura pour tout le monde !

L'inventaire a porté sur le français de la France métropolitaine, mais ici et là se sont glissés quelques traits de nos voisins belges (*une fois*) ou suisses (*sans autre, y a pas le feu dans les montres*) ; par ailleurs, à l'intérieur de l'Hexagone, certains faits semblent connaître une diffusion géographique plus ou moins restreinte, comme *faire la bleue, perdre la carte, j'aime mieux le lard*. Mais nous avons volontairement évité une perspective — et donc une documentation — orientée vers les variétés géographiques du français : c'est là une autre recherche, prometteuse elle aussi d'étonnantes richesses et qu'ont d'ailleurs amorcée, avec un bonheur inégal, les éditions Rivages pour la France (collection *Anthologie des expressions de...*) et, pour le Québec, A. Clas et E. Seutin avec leur *Dictionnaire de locutions et d'expressions figurées du Québec*, Montréal, 1985.

On mesurera surtout la diversité sociolinguistique des matériaux rassemblés : une large proportion appartient au discours du français de tous les jours et particulièrement à celui des chaumières et des cafés du Commerce, des ménagères à bigoudis mais aussi des B.C.B.G. ou des Marie-Chantal, et parfois à celui des beaufs à la Cabu et autres Dupont Lajoie ; une autre tranche ressortit au français non conventionnel, observable surtout dans les milieux urbains et les banlieues des grandes villes ou chez les permissionnaires. À ce français en charentaises, en mocassins, en grolles et en tiags, s'ajoute le large éventail du français en baskets, celui des jeunes, souvent très vite assimilé par les moins jeunes par le biais des relations enfants/parents ou repris par les médias, notamment parisiens, toujours friands de clichés et qui en rajoutent parfois dans la crainte d'avoir un métro de retard.

Variété aussi quant à l'histoire et à l'origine de ces faits. Si certains sont très anciens comme par exemple *cause à mon cul ma tête est malade ; le haut protège le bas ; pleure, tu pisseras moins* (et le *Dictionnaire des locutions du moyen français*, annoncé par G. Di Stefano sera probablement révélateur à cet égard), attestés depuis deux siècles (par exemple *c'est vous qui le dites, je ne dis pas non, après vous s'il en reste, il faut le voir pour le croire* relevés par P. Enckell dans *Datations et Documents lexicographiques*, vol. 32, Paris, 1989) ou largement centenaires, comme *boîte à lait, cage à miel, œufs sur le plat, va-de-la-gueule, mettre la viande dans le torchon*, d'autres sont simplement vieillots (comme *achtung bicyclette ; baisse le capot, on voit le moteur ; téléphoner à Winston Churchill*), tandis qu'une bonne partie sont de la seconde moitié du XXe siècle ou même de cette dernière décennie (voir sous *basket, boule* ou *fond*).

Dans la quasi-totalité des cas, ces traits puisent dans le fonds français, certains domaines du vocabulaire étant plus particulièrement mis à contribution (l'automobile, le corps, les spectacles et les sports) avec parfois un clin d'œil au français des pieds-noirs. Les calques ou les emprunts à l'anglais et à l'anglo-américain sont très limités comme ceux que l'on trouvera sous *affaire, bébé, case, cerise, chapeau, cuiller, feeling, iceberg, influence, poignée, point, tasse, too much, trip.*

Faut pas être cardiaque !

La liste est longue des faits que nous n'avons pas enregistrés, faute de les avoir rencontrés par écrit. Citons par exemple, comme autant de bouteilles à la mer : *faut pas être cardiaque !* pour marquer, par exagération plaisante, qu'une situation ou une entreprise présente un côté aventureux, risqué ou, tout simplement, qu'elle sort de l'ordinaire ; *chapeau la colo !* renforcement de *chapeau !* avec les mêmes emplois que l'interjection simple ; *être à marée basse* « avoir son verre (presque) vide » ; *passer à l'orange bien mûre* « franchir un feu de signalisation routière au moment où il passe de l'orange au rouge » ; *à perpète la galette/les andouillettes* « très loin », intensif de *perpète*, avec effet de rime intérieure ; *remonter sa pendule* « renifler (en s'adressant à un enfant) », etc.

Il reste encore du pain sur la planche si l'on veut mieux décrire et mieux faire connaître le français tel qu'il vit dans l'usage quotidien. Ce « vernaculaire », cette « langue vulgaire » comme disent parfois les grammairiens auxquels Pierre Desproges faisait si joliment écho : « Pour un intellectuel, une langue vulgaire, c'est une langue que tout le monde comprend » (*Manuel de savoir-vivre*, p. 103).

PRÉSENTATION

Les entrées

Les entrées du dictionnaire sont des vocables sous lesquels les locutions ont été distribuées.

Les critères retenus pour opérer cette distribution sont les suivants :

— présence d'un ou de plusieurs mots en emploi figuré, sur le(s)quel(s) la définition ou le commentaire doivent nécessairement insister.

— prise en considération prioritaire des mots stables pour les locutions qui ne sont pas totalement figées.

— préséance des mots dits « lexicaux » (noms, adjectifs, verbes, etc.) sur les mots dits « fonctionnels » (articles, prépositions, auxiliaires, etc.).

Dans un cas précis, on a appliqué une norme purement formelle : toutes les locutions ayant la forme d'une comparaison dont les deux termes sont exprimés sont placées sous le mot (ou l'un des mots) constituant le premier terme. Ainsi *avoir la tête comme un compteur à gaz* est placé sous *tête* et *faire comme si* sous *faire*.

Si ces principes ont permis d'affecter sans hésitation la plus grande partie des locutions à une entrée, il convient d'ajouter que nous avons aussi rencontré des difficultés. Les critères se sont parfois révélés antagonistes. Par exemple, selon le premier, *vous ici, je vous croyais au zoo/aux eaux* aurait dû être placé sous *zoo* et sous *eau*, et, selon le second, sous n'importe quel mot sauf ces deux-là, le troisième appelé au secours du second faisant pencher la balance pour un traitement sous *croire*.

Ces critères sont de plus insuffisamment opératoires dans deux autres cas : quand la figure porte sur plusieurs mots tels que *papa* et *maman* dans *jouer au papa et à la maman* et quand l'expression ne comporte aucun mot en emploi figuré comme dans *si on te le demande, tu diras que tu n'en sais rien*. Comme il était indispensable de trancher, on a tantôt fait jouer un principe d'économie en préférant le traitement sous une entrée unique, c'est l'option retenue pour un traitement sous *croire* de la locution *supra*, ou en plaçant la locution sous une entrée déjà existante afin d'éviter d'en créer une nouvelle, et tantôt on a recouru à un principe arbitraire consistant à placer les locutions sous le premier mot possible, c'est-à-dire, pour les exemples cités, sous *papa* et *demander*.

Cette visite des cuisines n'a pas pour but de faire mettre la main à la pâte aux convives, mais de leur suggérer le bon usage du menu : comme le lecteur n'a pas de moyen absolument sûr de prévoir la place de certaines locutions, il aura toujours avantage à faire un détour par l'index, placé en fin de volume, qui complète le dispositif de consultation.

Les symboles d'usage

On désigne sous ce nom les quatre signes ○, ● et ∅, ⦰ qui sont placés devant certaines locutions.

L'absence d'un symbole d'usage signifie que la locution considérée appartient au français familier et/ou quotidien sans restriction.

Les deux premiers expriment des réserves (marquées pour ○, très marquées pour ●) quant à la diffusion dans l'espace (régionalismes), dans le temps (locutions vieillies) ou dans la société (locutions propres à certains âges ou à certains milieux).

Les mêmes symboles barrés (∅ et ⦰) indiquent que l'usage des locutions concernées enfreint un tabou (grossièreté ou allusion sexuelle) ou qu'il peut être perçu comme une injure (notamment manifestation de xénophobie ou de racisme).

Le commentaire qui suit les locutions explicite, dans les cas où cela ne va pas de soi, le sens qu'il convient de donner à ces symboles.

Les sous-entrées

Lorsque plusieurs locutions sont groupées sous une même entrée, elles sont classées selon l'ordre alphabétique.

Chaque rubrique s'ouvre par la locution traitée suivie d'une définition, éventuellement d'un commentaire, de renvois analogiques et d'exemples référencés.

Notre but étant d'apporter des attestations référencées pour des faits linguistiques ignorés ou non illustrés par des exemples dans d'autres dictionnaires, nous avons défini notre nomenclature *a contrario*, ne retenant que ce qui apportait du nouveau par rapport à un corpus d'ouvrages comportant deux grands dictionnaires de la langue française, le *Robert* (édition de 1985) et le *Trésor de la langue française*, deux dictionnaires de locutions, le *Dictionnaire des expressions et locutions figurées* d'Alain Rey et Sophie

Chantreau et *Ça mange pas de pain !* de Jacques Cellard, et un dictionnaire riche en faits de la langue parlée, le *Dictionnaire du français non conventionnel* de Jacques Cellard et Alain Rey.

Les seuls points, relatifs à la présentation des locutions, qui méritent quelques éclaircissements sont l'emploi de signes typographiques tels que la barre oblique, les parenthèses, le point-virgule, c'est-à-dire de signes servant à rendre compte de variations formelles.

Plutôt que de mettre en sous-entrée une forme canonique plus ou moins arbitrairement choisie, il a paru conforme à l'esprit de notre travail — qui tire ses données d'une documentation — de mentionner en tête de rubrique les principales formes rencontrées.

Cependant toutes les variations formelles ne doivent pas être mises sur le même plan.

La barre oblique et le point-virgule séparent des leçons de même niveau hiérarchique, dont aucune ne mérite d'être mentionnée comme une variante de l'autre. Exemples : *le boulevard/le jardin des allongés* ou *le pourquoi du comment; le comment du pourquoi.*

Les parenthèses, au contraire, introduisent une forme secondaire (par sa rareté, par un changement de niveau de langue, etc.) : *donner (filer) des boutons à quelqu'un* ou *laisser tomber (choir) comme une vieille chaussette.* Notons que les parenthèses servent aussi à présenter des composants facultatifs : *rouler (avec) un œuf sous le pied* ou *(c'est le) même topo.*

Les définitions

Chaque locution est suivie soit par une définition, soit par un commentaire. Lorsqu'il s'agit d'une définition au sens des lexicographes, c'est-à-dire d'une paraphrase et/ou de synonymes réputés substituables en contexte, l'énoncé est entre guillemets. Lorsqu'il s'agit d'un commentaire, qui est en réalité une définition formulée autrement et souvent accompagnée de précisions sur les conditions d'usage et les connotations éventuelles des locutions, il n'y a pas de guillemets.

Pour les locutions déjà traitées dans d'autres dictionnaires, et reprises ici notamment pour les illustrer d'exemples d'auteurs, nous n'avons pas voulu donner dans l'originalité à tout prix en reformulant ce qui était déjà dit ailleurs : nos définitions sont similaires ou parfois identiques à ce qui existe, toutes les fois où il nous est apparu qu'on ne pouvait pas mieux dire.

Les renvois analogiques et synonymiques

Le signe ~ introduit une sous-rubrique dans laquelle sont signalés des mots ou des locutions ayant avec celles qui sont traitées des liens d'équivalence ou de similitude. Entendons par similitude le lien qui existe entre deux locutions dont le sens est simplement voisin mais qui pourraient être employées dans les mêmes circonstances. C'est ce lien de similitude qui unit, par exemple, sous l'entrée *chef-d'œuvre, chef-d'œuvre en péril* (désignant une personne vieillissante ou dont la santé décline) à *son et lumière* (qui a servi à désigner les personnes âgées). On peut observer que, de surcroît, les locutions mentionnées sont tirées du même champ sémantique.

Nous n'avons en outre pas jugé utile de nous limiter à renvoyer à des locutions appartenant strictement à la même partie du discours : ainsi, sous *tout cuit* on fait un renvoi non pas à *dans la poche* mais à *c'est dans la poche.*

Ces renvois sont tantôt internes : l'astérisque placé après un mot indique que la locution est traitée dans le dictionnaire sous le mot indiqué ; l'absence d'astérisque est un renvoi externe : la locution n'est pas traitée dans le dictionnaire.

Les exemples

Notre ambition première étant documentaire, notre démarche a donc d'abord consisté à mettre en fiches les contextes dans lesquels apparaissaient les locutions que nous voulions traiter. Les sources que nous avons retenues sont en grande partie contemporaines. Il s'agit surtout de romans, d'essais, de pièces de théâtre, de scénarios de films, de textes de sketches, de chansons et de la presse. Notre bibliographie n'est pas un palmarès : nos choix ne doivent rien à des considérations esthétiques, notre but étant strictement lexical, nous avons choisi nos titres de manière à couvrir au mieux différents usages du lexique et nous avons privilégié ceux qui nous ont semblé porteurs d'un bon reflet de la langue parlée... et tant mieux si certains ont en plus des qualités littéraires, théâtrales ou cinématographiques reconnues. Si la période contemporaine (entendons par là les années 70-80) est très largement dominante, il n'a pas paru judicieux de s'y enfermer. La langue parlée n'a pas évolué au point de rendre caduque toute citation plus ancienne.

Il a paru indispensable d'accorder un espace généreux aux exemples cités, de façon à illustrer chaque locution ainsi que ses variantes les plus caractéristiques. On remarquera qu'ici ou là ont été retenus des contextes qui sont moins des exemples au sens strict que des évocations, des remotivations et parfois des jeux de mots ; mais il nous a semblé que ces illustrations légèrement décalées avaient aussi leur place dans ce relevé, de même qu'elles ponctuent la langue de tous les jours. Pour ne pas multiplier les étiquettes, nous n'avons pas estimé nécessaire d'indiquer explicitement tous les cas où s'observe ce décalage. Faut-il ajouter que nous avons eu le souci de respecter les textes et leur ponctuation — ou leur absence de ponctuation, visiblement voulue chez tel ou tel auteur ?

Lorsque plusieurs exemples se suivent, ils sont classés selon l'ordre alphabétique de leur référence (nom d'auteur, titre de film, titre de journal, etc.). En renonçant à l'ordre chronologique habituel, nous voulons marquer que notre travail n'a pas de prétentions historiques ; bien loin de méconnaître l'intérêt et même la nécessité d'une telle perspective, nous ne l'avons abordée que de manière allusive, la documentation que nous avons réunie ne nous permettant pas d'aller plus loin dans cette direction.

Dans les exemples, il arrive qu'un mot soit suivi de l'astérisque, cela constitue un renvoi à une autre entrée du dictionnaire.

Lorsque l'occasion s'est présentée, nous avons illustré aussi nos locutions par un titre de film, de roman ou par un slogan publicitaire : ces indications nous ont paru intéressantes en ce qu'elles apportent un témoignage supplémentaire de vitalité.

REMERCIEMENTS

Nos remerciements s'adressent d'abord à Gérard Bacconnier, Jean-Pierre Chambon, Maurice Merlin et Michèle Sauvageot qui nous ont fait bénéficier de commentaires et de suggestions très utiles sur un premier état du manuscrit. Notre gratitude va aussi à tous nos proches pour le vif intérêt qu'ils ont manifesté envers notre travail, en attirant notre attention sur des expressions entendues ou lues ici et là, en nous signalant des textes susceptibles d'apporter de bons exemples et, plus encore, en nous apportant des informations sur l'origine ou l'histoire de certaines locutions. Si ce livre est meilleur qu'il n'eût été sans toutes ces contributions, nous demeurons seuls responsables des erreurs qui subsistent.

A

Abonné

○ **Être aux abonnés absents.** « Ne pas se manifester ; être sans réaction apparente ; ne pas ou ne plus donner signe de vie. » Comme l'abonné au téléphone qui est absent, l'intéressé ne « répond » pas. Le service téléphonique dit des **abonnés absents**, sur lequel s'appuie cette métaphore, a aujourd'hui disparu.

1. Je m'interroge : une partie de mon existence m'a échappé, sinon totalement, du moins dans des moments considérables. Quelque part, un facétieux individu qui me ressemble comme un frère emprunte mon identité quand les petits derniers [verres de vin, d'alcool] accumulés m'ont fait inscrire aux abonnés absents. (R. Bastide, J. Cormier, A. Blondin, *Alcools de nuit*, p. 45.)
2. Le type s'approche et tente de m'arrêter en me tirant par la manche [...]. Je me dégage en envoyant un coup de genou dans les côtes du franc-tireur. Pour la suite, je reste aux abonnés absents. Il faut dire qu'ils s'acharnent les loulous. Les coups pleuvent de partout. (J.-L. Lahaye, *Cent Familles*, p. 328.)

Accident

○ **Avoir l'air d'un accident de chemin de fer.** « Offrir une apparence lamentable (d'une personne). » Métaphore, comme dans la locution suivante, des dommages matériels et corporels que peut provoquer un accident, surtout s'il s'agit d'une catastrophe ferroviaire. Cf. « sa tronche [...], son profil de catastrophe ferroviaire » (A. Schifres, *Les Yeux ronds*, p. 241). Ch. Nisard dans *De quelques parisianismes populaires*, 1876, p. 113, relève en 1786 : **figure d'accident** « triste, effarée, comme à la nouvelle de quelque fâcheux accident ».

1. Pour les frusques, tu peux demander, j'ai toujours eu l'air d'un accident de chemin de fer [...]. (A. Blondin, *L'Europe buissonnière*, p. 391.)

○ **Transformer quelqu'un en accident de chemin de fer.** « Battre violemment. » ~ **Casser la gueule.**

2. Écoute-moi [...], si tu touches un seul cheveu de cette femme et du petit, je te transforme en accident de chemin de fer. Tu comprends, un seul cheveu et je fais sauter ta sale gueule. (J.-L. Lahaye, *Cent Familles*, p. 140.)

Accrocher

∅ **Les avoir bien accrochées.** « Faire preuve de courage physique (d'un homme). » Sur le modèle de **avoir le cœur (l'estomac) bien accroché** ; **les** représente ici l'un des nombreux mots du français non conventionnel désignant les **testicules** et il est d'ailleurs glosé dans l'exemple *infra.* Comparer avec **en avoir.**

Devant les Mollet, Ben Chemoul [...], Poizat, Laurier, tous les autres, il fallait montrer qu'on les avait accrochées solides les balloches ! En lutte j'étais dominé. Heureusement j'avais une monnaie d'échange... ma manchette de face qui calmait les ardeurs. (R. Lageat, *Robert des Halles*, p. 74.)

Achtung

○ **Achtung bicyclette !** L'expression apparaît surtout dans des contextes évoquant l'occupation allemande pendant la Deuxième Guerre mondiale. À rapprocher formellement de **attention* les vélos.** En emploi substantivé dans l'exemple 2.

— Pour prévenir quelqu'un d'un danger. « Attention ! Prends garde ! »

1. — Halte ! Halte ! Police !
Le sifflet strident. Je fonce en trombe sur la droite. Ils me prennent en chasse. Achtung bicyclette ! (A. Boudard, *La Cerise*, p. 343.)
2. Mâ'me Communal, pas plus conne qu'une autre dès qu'elle est en éveil, entrave bien le serbillon [signal d'un danger] sous-jacent, l'appel à la prudence, l'achtung bicyclette. (A. Simonin, *Du mouron pour les petits oiseaux*, p. 229.)

— Pour appeler l'attention sur un fait. ~ **Attention* les yeux.**

3. Les gens avaient envie d'oublier la misère du monde... le désastre de 40, ses conséquences, ce qui... hélas ! mais Dieu merci... se préparait car, achtung bicyclette ! ce n'était pas fini... Les gens sortaient, les gens s'étourdissaient. (R. Lageat, *Robert des Halles*, p. 113.)

Action

Ça manque d'action. « Il ne se passe rien, on s'ennuie. » L'expression renvoie à divers sens concrets du mot **action** et notamment aux moyens mis en œuvre en art ou en littérature pour traduire une action réelle.

Rester assise au sommet d'une tour, les cheveux dénoués flottant poétiquement au vent, ça va bien deux minutes* ; après, on attrape la crève et on commence à trouver que ça manque d'action. (Marie & Joseph, *Le Crime de la rue du ciel*, p. 27-28.)

Adulte

(Dose, portion) pour adulte. « Généreuse, large. » ~ **Pour grande* personne.** Avec ellipse de **pour** dans l'exemple 2.

1. Je montre une bouteille de bourbon au serveur et je lui fais signe de me servir la portion pour adulte. (San-Antonio, *Salut, mon pope !*, p. 89.)
2. — Il est réveillé ?
— Oui. Et mal luné comme tout ! Tu y'as pas été de main morte, avec ta drogue ! [...].
— J'ai mis la dose adulte. Ah ! Ah ! Ah ! (P. Siniac, *Le Casse-route*, p. 170.)

Aérodrome

Aérodrome à mouches (à libellules). Pour désigner la calvitie du sommet du crâne, dite hippocratique. Le sommet dégagé du crâne est assimilé à une piste en miniature. ~ **Mouchodrome.**

Il a le crâne luisant et dégarni, aérodrome à libellules. Pour limiter les lieux et les dégâts, une couronne en friche de douilles [cheveux] qu'on dirait peignées à l'électricité statique... (J.-L. Degaudenzi, *Zone*, p. 120.)

Affaire

∅ **Faire sa petite affaire (à une femme).** « Assouvir une envie sexuelle. » L'expression évoque de façon euphémique un coït banalisé et rapide.

1. [...] elle bascula sur l'édredon, Charles lui releva ses jupes, il fit sa petite affaire et s'endormit. (A. Demouzon, *La Petite Sauteuse*, p. 53.)

Les affaires sont les affaires. Formule du capitalisme affairiste pour lequel l'argent et le profit passent avant tout ; adaptation de la formule américaine *business is business*, qui est fréquemment attestée en français : « À la Cinq on ose se vendre franchement, business is business » (*Libération*, 8 septembre 1987, p. 8, col. 2). O. Mirbeau a donné ce titre à une pièce satirique en 1903.

2. Le capitalisme n'est pas une idéologie. Juste une façon d'organiser les affaires... Et les affaires sont les affaires ! Les idéologies changent, le fric reste maître. Partout. Dans le monde entier. (Demouzon, *Château-des-rentiers*, p. 185.)

Affiche

○ **C'est à l'affiche.** « C'est visible, évident, manifeste. »

Une gonzesse pareille, avec un tel châssis [...], elle allait se défendre dans l'existence, c'était à l'affiche. (A. Boudard, *L'Éducation d'Alphonse*, p. 237.)

Afficher

○ **C'est affiché.** Même sens et même image que **c'est à l'affiche***.

Ne te casse pas la tête [...], quoi que tu fasses avec ces mecs-là [les percepteurs] tu seras toujours marron. Ils te tiennent et ils te lâchent plus. C'est affiché [...]. (R. Bastide, J. Cormier, A. Blondin, *Alcools de nuit*, p. 231.)

Âge

Avoir passé l'âge (surtout à la 1re personne de l'indicatif présent). « N'être plus assez jeune. » ~ **C'est plus de mon (ton,** etc.) **âge.**

1. ROXANE : [...] il faut savoir sacrifier aux muses.
MATHIEU : Ça ne m'amuse plus. J'ai passé l'âge. Il est temps pour moi d'aller tremper ma plume dans l'encrier des autres. (F. Dorin, « Le tout pour le tout » dans *L'Avant-Scène Théâtre*, p. 43.)
2. Mais je veux un môme [...]. C'est simple à comprendre. J'vais quand même pas attendre que Bébert sorte [de prison] pour m'en faire un ! J'aurais passé l'âge. (J. Houssin, *Envoyez la purée !*, p. 16.)

L'âge du capitaine. Pour évoquer des questions oiseuses ou des problèmes absurdes. Par référence à des devinettes saugrenues où il faut trouver, à partir de données hétérogènes, l'âge du capitaine d'un navire.

3. La police avait passé la journée à ne pas trouver d'indice. L'inspecteur Granot, de la brigade antibavure de Limoges, avait menacé d'embarquer Alain qui répondait « Ta gueule, je souffre » à chacune de ses questions sur l'emploi du temps de la victime entre l'heure du café et l'âge du capitaine. (P. Desproges, *Des femmes qui tombent*, p. 28.)
4. Aspect général : une plouc, et même la plouc intégrale [...]. Cheveux : sales [...]. Les yeux : on les voyait pas [...] Âge : douze ans ou vingt, ou celui du capitaine. (S. Japrisot, *La Passion des femmes*, p. 98.)

Aimer

Complément d'objet direct + **(moi) j'aime.** Cet ordre syntaxique, fréquent en français parlé, met en relief le complément d'objet d'autant plus qu'il n'est pas repris par un pronom de la 3e personne (**moi j'aime** ça) ; la publicité ne manque pas d'y recourir comme dans le slogan « Vichy Saint-Yorre, j'adore ». La présence fréquente de **moi** accentue encore l'investissement affectif du locuteur.

1. Elle lui fit un câlin.
— C'était bon tu sais. Tu baises pas mieux qu'un autre mais tu baises tendre. Moi j'aime. (J.-A. Lion, *Poulets et Perroquets*, p. 125.)
2. Votre Tee-Shirt de l'Été [...] « Vivre à Strasbourg j'aime. » (*Vivre à Strasbourg*, mai 1986, p. 45.)

Voir aussi **tête**, exemple 9.

Air

L'air du temps. « Les idées, les goûts, les manières d'être et de sentir, qui commencent à être appréciés et à se répandre. » À rapprocher de la locution

être dans l'air « commencer à se répandre ». « L'Air du temps » est le titre d'une pièce de théâtre de C. Vildrac (1938) et « Air du temps », le nom d'un parfum de Nina Ricci.

1. [...] toujours attentif à l'air du temps, le centre Pompidou présente jusqu'au 2 mars 1987 une grande rétrospective sur le Japon des avant-gardes (1910-1970). (*Libération*, 13-14 décembre 1986, p. 20, col. 1.)
2. Locke [un artiste] n'a jamais été le génie qu'on a dit. Il s'y entendait pour capter l'air du temps. C'est moi qui en ai fait une star. (J.-F. Vilar, *Passage des singes*, p. 242.)

○ **Laisse-moi mon air!** « Va-t'en, dégage! » S'adresse à un importun qui « pompe l'air ». ~ **De l'air!**

3. Mal-baisé! Casse-toi! Laisse-moi mon air! Va respirer ailleurs! (F. Lasaygues, *Vache noire*, p. 129.)

Aller

Ça me (te, etc.) va comme... Pour dénoncer le ridicule vestimentaire ou n'importe quelle disconvenance. Sur le modèle de **aller comme un tablier à une vache.**

1. Je l'avais toujours connue en train de rire à tout le monde, belle fille un peu lourde de corps, mais vive d'esprit. L'air tragique lui allait comme un caleçon à une poule. (J. Amila, *Motus!*, p. 54.)
2. C'était son Jules qu'elle appelait Nounousse. Ça lui allait comme une robe du soir à un catcheur. (A. Boudard, *La Métamorphose des cloportes*, p. 68.)
3. Prof' de gym'! Ça te va comme un tablier à un cochon! (C. Roudé, *Rue Paradis*, p. 188.)

Ça va comme tu veux? Variante familière de la formule de politesse **ça va (bien)?**

4. « Ça va comme tu veux, mec? » Par politesse, il se rencardait, et sans plus approchait une chaise où il s'écrasait, rayonnant de joie de vivre qu'il ne demandait qu'à partager. (R. Giraud, *Carrefour Buci*, p. 44.)

Ça va comme un lundi (en réponse à la question **ça va?**). « Ça ne va pas très fort, ça va tout doucement. » Par allusion au peu d'entrain que l'on a parfois le lundi pour reprendre le travail. ~ **Ça va comme ça peut.** « Ça va comme un lundi » est le titre d'un ouvrage de A. Dolle (1984).

5. Ne dites pas :
— Comment ça va?
— Mal, je suis crevé, ma femme me trompe et mon négoce marche mal...
Mais dites :
— Comment ça va?
— Bof... Comme un lundi! (J.-P. Dionnet/P. Manœuvre, *Vive la France!*, p. 134.)
6. — Je peux lire ça bientôt?
— Juste le temps de placer les virgules.
— Dans trois heures, ça va? [...]
— [...]. Disons vers cinq heures, c'est possible?
— Non trois heures.
— Trois heures ça va.
Ça allait comme un lundi. (H. Prudon, *Plume de nègre*, p. 84.)

Je ne sais pas où on va, mais on y va (tout droit/très vite). Pour marquer l'issue inexorable ou imminente d'une situation dont l'évolution est défavorable. En variante dans l'exemple 8.

7. Ils avaient aimé pourtant ces heures débridées où les hallucinations de chacun avaient trouvé un terrain de rencontre propice. Ils s'étaient mis d'accord sur ce que Paul et Germaine exprimaient parfois :
— Où que c'est qu'on va comme ça ?
— On ne sait pas, mais on y va ! (L. Bériot, *Sacré Paul !*, p. 118.)
8. Tel est l'homme en proie à l'Idée, en même temps qu'à la contre-Idée. Où va-t-il ? Ma grand-mère s'en inquiétait beaucoup. Quand elle allait à la grand-messe, elle portait un chapeau de l'époque, surmonté d'oiseaux et d'herbages, qui lui donnait la plus grande majesté [...]. « Où allons-nous ? » demandait-elle, ainsi parée, en levant au ciel des yeux qui prenaient à témoin. Je ne sais, mais nous y allons très vite. Nous y sommes. Nous sommes même plus loin. (A. Vialatte, *Éloge du homard*, p. 132-133.)

○ **Où tu vas (toi) ?** « Tu te trompes. » La question reprend l'image de quelqu'un qui « fait fausse route ». Répandu à partir du parler des pieds-noirs. ~ **T'as fait un faux numéro*, t'as vu l'heure* ?**

9. Un jour on s'est marré parce qu'à la radio y avait Johnny, et mon frère avait confondu en disant : « Écoute maman c'est les Chaussettes noires... » Mais comme ma mère connaissait aussi, elle a dit : « Pas du tout c'est Johnny Halliday ça... où tu vas toi ?... » (G. Ben Aych, *L'Essuie-mains des pieds*, p. 137-138.)

Tu peux y aller. « Il n'y a aucun doute, tu peux me croire. » Pour appuyer, renforcer une affirmation. Par ellipse, selon les contextes, de **tu peux y aller voir, tu peux y aller franco.** ~ **Fais-moi confiance.**

10. Nos regards se croisent au-dessus du lit se perdent sur les murs aux papiers peints arrachés et décorés de grandes feuilles à dessin sur lesquels [*sic*] l'artiste a croqué des Simones à loilpé [des femmes nues] dans des poses pas possibles. Mais tu peux y aller le coup de crayon est sûr. (E. Hanska, *J'arrête pas de t'aimer*, p. 105.)
11. Incroyable cette salle à manger comme une cave voûtée mais en rez-de-chaussée avec vue sur la rivière. Immense ! [...] Et puis les meubles du vrai rustique d'époque tu peux y aller. (E. Hanska, *Barbe à papa*, p. 118.)

Allongé

○ **Le boulevard/Le jardin des allongés.** « Le cimetière. » Allusion à la position horizontale des personnes enterrées.

1. [...] la vie, cette chiennerie inutile qui se termine au boulevard des allongés [...]. (S. Caster, *Les Chênes verts*, p. 93.)
2. [...] c'est des poignées de cercueils qu'on fabriquait dans cette usine. L'antichambre du Jardin des Allongés, en quelque sorte. (J. Vautrin, *Bloody Mary*, p. 54.)

Allumette

Aller acheter (chercher) une boîte d'allumettes. Symbole de l'abandon de la vie conjugale ou d'une rupture amoureuse. Fondé sur le prétexte que l'on peut mettre en avant sans donner l'éveil. ~ **Aller acheter (chercher) un paquet de cigarettes*.**

— Il est parti, voici un mois.
— Et qu'est-ce qu'il t'a dit ?
— Rien. Il est parti sans prévenir.
Dur, pensa Matcho, les traditions se perdent. Avant, les gars avaient au moins la décence d'aller chercher une boîte d'allumettes-tison. (J. Bialot et C. Courchay, *Matcho et les Fourmis*, p. 29-30.)

Ambulance

On ne tire pas (jamais) sur une ambulance. « Il faut ménager quelqu'un qui est en difficulté. » Allusion aux conventions internationales qui protègent les ambulances en temps de guerre.

1. Si on m'a bien appris chez moi, depuis que je suis tout petit, qu'on ne tire jamais sur une ambulance, aujourd'hui j'ai grandi et on ne peut plus me faire le coup de l'ambulance. (*L'Événement du jeudi*, 18 décembre 1986, p. 73, col. 3.)
2. Il hocha la tête, l'air de dire : *vas-y, ouvre les vannes, balance-moi ce que tu penses*. On ne tire pas sur une ambulance. Encore moins sur un corbillard. Ce mec, il avait déjà onze doigts de pied dans la tombe. (A. Page, *Tchao Pantin*, p. 151-152.)

Ami

Un ami qui vous (te) veut du bien. Prototype de la signature d'un message anonyme. Repris comme slogan du journal *Tiercé Magazine* sous la forme plaisante de « Un ami qui vous veut du gain ».

1. — [...] j'ai vu Michelle, il y a quatre ou cinq jours [...]. Elle discutait avec un grand type brun et semblait s'amuser beaucoup.
[...]
François s'esclaffa :
— Il serait peut-être charitable, sinon amical, dit-il en plissant les yeux, d'envoyer une lettre à ce pauvre Bourrieu.
— Oui. On la signerait : un ami qui vous veut du bien. (B. Frank, *Les Rats*, p. 86.)
2. Il ouvrit et en retira une feuille 21 × 29, pliée en quatre [...]. C'était signé : un ami qui te veut du bien. (Oppel, *Barjot !*, p. 117-118.)

An

Avoir n **ans aux** + nom de fruit évoquant une saison.

Avoir n **ans aux cerises.** « ... au printemps », saison où l'on récolte les cerises.

1. Souvent imitée*, jamais égalée, Lio, vingt-quatre ans aux cerises, affirme bien haut que les brunes comptent pas pour des prunes. (*Télérama*, 14 janvier 1987, p. 55, col. 2.)

Avoir n **ans aux pommes.** « ... à l'automne », saison où l'on récolte les pommes.

2. [...] elle me connaît, c'est pas d'hier, ça fera trente-trois ans aux pommes, enfin à l'automne. (L.-F. Céline, *Maudits Soupirs*, p. 36.)

Avoir n **ans aux prunes.** « ... en été », saison où l'on récolte les prunes. Avec jeu de mots dans l'exemple 4, *Pflimle* signifiant en alsacien « petite prune » (surnom donné à P. Pflimlin).

3. Monsieur le comte de Paris, soixante-dix-huit ans aux prunes, c'est-à-dire beaucoup plus jeune qu'Antoine Pinay, est toujours en réserve. (*Le Canard enchaîné*, 5 mars 1986, p. 8, col. 1.)
4. Le maire [de Strasbourg], Marcel Rudloff, nous offrait du kouglof, des notables et le président Pierre Pflimlin, 80 ans aux prochaines petites prunes. (*L'Événement du jeudi*, 29 janvier 1987, p. 8, col. 2.)

— Variantes sur ce modèle. **Avoir** n **ans aux asperges** « ... au printemps », **aux châtaignes/aux noix** « ... à l'automne », **aux lilas** « ... au printemps », etc. (le choix des fruits ou des légumes n'étant pas toujours innocent).

5. Le téléphone sonna [...]. Ce fut Moune, dix-huit ans aux asperges, qui décrocha. (A.D.G., *Les Billets nickelés*, p. 11.)
6. [...] Florence, [...] onze ans aux lilas, les joues en pommes, la queue de cheval blond-blé, l'œil bleu-malice [...]. (F. Deschamps, *Croque en bouche*, p. 35.)
7. Il a la soixantaine pétulante ! Exactement « soixante-cinq ans aux noix » [...]. (F. Dorin, *Les Miroirs truqués*, p. 245.)
8. Aristide Baliachine, cinquante ans aux châtaignes, fils d'un immigré russe chauffeur de taxi, tenait un petit salon de coiffure à Pigalle, rue des Martyrs. (P. Siniac, *Les Enfants du père Eddy*, p. 20.)

Ange

∅ **Voir les anges.** « Jouir sexuellement. » Variante de **être aux anges**, mais en un sens bien particulier ; même image paradisiaque que dans **se retrouver au septième ciel.** ~ **Aller au bonheur*.**

En plus, j'en suis sûre, la Lison ne faisait pas semblant de voir les anges. Il n'y avait qu'à la regarder quand elle apparaissait après la bataille en haut du grand escalier, dans ses longs voiles transparents, les yeux brillants, les cheveux encore humides sur le front, plus orgueilleuse qu'une impératrice. (S. Japrisot, *La Passion des femmes*, p. 102.)

Angoisse

(C'est) l'angoisse ! À propos d'une situation difficile, insupportable. Par hyperbole.

1. Je lui ai dit que les vacances pour moi, c'était un peu l'angoisse. Que j'allais avec la famille dans l'Aveyron [...] mais que j'en avais marre, je connaissais tout le monde là-bas. (J.-B. Pouy, *L'Homme à l'oreille croquée*, p. 29.)
2. Au restaurant, c'est l'angoisse, il commande, se ravise, recommande et regrette systématiquement son choix. (C. Sarraute, *Allo Lolotte, c'est Coco*, p. 132.)

Voir aussi **gagner**, exemple 1.

Appeler

Tu vas (vous allez) savoir/Je vais te (lui, etc.) **montrer comment je m'appelle !** Formule de menace adressée à un interlocuteur dont on suppose, ou feint de supposer, qu'il ne sait pas la qualité de celui à qui il a affaire. Fréquent dans le langage des casernes. ~ **Tu vas (vous allez) savoir/je vais te (vous) faire voir de quel bois je me chauffe.**

1. T'as de la veine d'être là ! dit-il à Lucien. Si t'avais été dans la bande de gueulards, tu n'y coupais pas !... M'en vais leur montrer comment je m'appelle ! (J. Amila, *Motus !*, p. 112.)
2. Salaud de terroriste ! jura l'officier [...]. Attendez un peu qu'on arrive là-haut... Saurez comment je m'appelle ! (P. Siniac, *Viande froide*, p. 118.)

Arbre

En bois d'arbre. « En bois. » Cette expression tautologique marque, de façon plaisante, l'authenticité ou la simplicité du matériau considéré.

C'était une barque marseillaise avec la voile latine. Un truc pas croyable, en bois d'arbre, pour un type qui aurait pu se payer un yacht... (C. Roudé, *Rue Paradis*, p. 117.)

Arc-en-ciel

Passer par toutes les couleurs de l'arc-en-ciel. Renforcement de **passer par toutes les couleurs** « avoir très peur ; subir de rudes épreuves ».

Mais le plus grave, c'est ce parachute qui refuse de s'ouvrir, à moins de cinquante mètres du sol. Et maintenant quarante mètres, trente-cinq, trente. Observez le visage, un vrai caméléon, on dirait qu'il passe par toutes les couleurs de l'arc-en-ciel. (R. Cousse, *Le Bâton de la maréchale*, p. 147.)

Argus

Ne plus être coté à l'Argus. « Être très âgé (d'une personne). » Argus aux yeux multiples, symbole mythologique de la vigilance et de la clairvoyance, a donné son nom à plusieurs journaux parmi lesquels l'*Argus de l'automobile*, qui indique la cote des voitures d'occasion de moins de 8 ans.

[...] les décatis, comme les éléphants dropant bécif [sans pouvoir y échapper] dans leur cimetière pour y replier en loucedoque [doucement] leur parapluie, émigrent à Pau, Cannes, Enghien, tous ces bleds où la population, en majorité, n'est plus cotée à l'Argus. (J. Houssin, *Roulez jeunesse !*, p. 106-107.)

Armoire

Armoire bretonne; armoire à glace; armoire normande. « Personne (homme surtout) à la carrure impressionnante. » Métaphore fondée sur l'aspect de ces meubles, souvent volumineux et massifs.

1. C'est une nature, Marc Gambado : un mètre quatre-vingt-huit, cent cinq kilos, la vraie armoire bretonne mais en même temps la mollesse d'une chique et la douceur de l'agneau qui vient de naître. (P. Adler, *Bonjour la galère !*, p. 75.)
2. L'homme revenait. Il n'était pas seul. Deux armoires normandes, deux quintaux de muscles, l'encadraient. (J. Bialot et C. Courchay, *Matcho et les Fourmis*, p. 177.)
3. [...] monsieur Bill arrivant au gymnase [...]. Il s'escrimait sans grand succès à manier poids et haltères en compagnie des grands et gros formats ou, comme on disait, des « armoires à glace », surtout Antillais et Africains, qui, à partir des années 50, commençaient d'envahir les salles. (L. Chevalier, *Les Ruines de Subure*, p. 155.)
4. Cette femme, bien que d'origine berrichonne, ressemble [...] à une armoire normande bien astiquée. À cause de cet air maniaquement propre, mais aussi de sa carrure et de sa hauteur qui va chercher dans les un mètre quatre-vingt-quatre. Une armoire normande qui causerait beaucoup. (E. Hanska, *Fascination*, p. 162.)

Arracher

Ça arrache! « Ça a de l'allure, c'est remarquable. » L'image se trouve déjà avec un sens voisin dans **s'arracher** « se distinguer, sortir du commun ». Comparer avec des verbes comme **transporter, ravir.** ~ **Ça dégage*, ça décoiffe*, ça déménage*.**

Ton cuir, ça dégage* ! Ça déménage* ! Ça arrache ! (A. Schifres dans *Le Nouvel Observateur*, 4 décembre 1982, p. 62, col. 2.)

Arrêt

Arrêt(-)buffet. « Pause au cours d'un déplacement, au milieu d'une activité, pendant laquelle on se restaure. » Du vocabulaire des annonces aux voyageurs, faites naguère dans les gares ou dans les trains.

1. Jusqu'à neuf heures du soir, nous restons plongés dans nos papiers et je vous ferai remarquer que je ne bois pas une goutte de la bouteille de ouisquie qui gît dans mon tiroir.
A neuf plombes, arrêt buffet dans un snack de la rue Denis-Papin où une moutarde extrêmement forte aide à faire passer le steak, café et on repart pour trois tours. Comme j'ai fini vers onze heures, je donne un coup de main à Romuald [...]. (A.D.G., *Le Grand Môme*, p. 53.)
2. PAMÉLA : Ils [les Indiens] se replient...
JOHN-EMERY : Ouais, petite pause. Arrêt-buffet. (R. de Obaldia, *Du vent dans les branches de sassafras*, p. 165.)

Arrêt(-)pipi. « Petite halte dans un trajet (souvent automobile), permettant de satisfaire des besoins naturels. »

3. Comme le chantait approximativement Prévert, « Plus tard, il sera trop tard, notre envie c'est maintenant »... Sauf si la largeur des routes permet de doubler le peloton, l'arrêt-pipi n'est jamais aisé, carrément impossible dès que se tortille le chemin, que s'engage la bagarre.

Un suiveur atteint d'incontinence d'urine, ce n'est pas concevable. (R. Fallet, *Le Vélo*, p. 80.)

4. [...] nous étions partis tôt le matin de la mairie du XXe arrondissement [...]. Bien qu'il s'agît cette fois de vieillards et non d'enfants, je reconnus la même ambiance d'angoisse et d'excitations mêlées, de chants à reprendre en chœur et d'arrêts pipi obligatoires. (G. Mordillat, *Vive la sociale !*, p. 94.)

Arriver

Arriver comme les carabiniers. « Arriver trop tard. » ~ **Arriver après la bataille.** Par allusion au couplet célèbre de l'opéra-bouffe *La Diva et les Brigands*, 1869 (livret de Meilhac et Halévy, musique d'Offenbach) : « Nous sommes les carabiniers [...] ; Mais par un malheureux hasard [...] ; Nous arrivons toujours trop tard. »

1. M'est avis qu'il va falloir maintenant jouer très serré. La Maison Poulaga ne va pas supporter très longtemps d'arriver toujours comme les carabiniers. Ils vont bricoler dare-dare dans l'initiative brutale. (A.D.G., *La Divine Surprise*, p. 65.)

2. — Tiens, le petit Magne ! Vous arrivez comme les carabiniers. Tout est consommé !
— C'est-à-dire ?
— Comment ? Vous n'êtes même pas au courant ?... Le Vieux a passé des aveux complets, il y a une heure... (J. Amila, *Contest-flic*, p. 173-174.)

Être arrivé avant d'être parti. « Ne pas être plus avancé, ne faire aucun progrès. » C'est le sens de l'expression dans l'exemple *infra*. ~ **Faire du sur place.** La locution a souvent un autre sens, plus usuel, « être arrivé (ou revenu) très peu de temps après être parti ». Dans un cas comme dans l'autre, il s'agit d'une hyperbole.

3. Par où commencer ? [...] Ginette ? Elle t'a dit tout ce qu'elle en savait. Tonton, rien à en tirer. Avec ça, tu es arrivé avant d'être parti. (C. Courchay, *Avril*, p. 115.)

Asseoir

Reste(z) assis ! Pour annoncer une nouvelle qui va surprendre l'interlocuteur, le laisser « baba ». Cette invitation — qui peut être faite à une personne qui n'est pas nécessairement assise — évoque un sens familier de **asseoir** « déconcerter » (surtout au passif), qu'elle anticipe plaisamment. ~ **Tiens-toi bien !**

Le changement de look [du *Monde*], lui, n'est prévu que l'an prochain, quand le journal disposera d'une toute nouvelle imprimerie à Ivry. Au programme, quadrichromie, cartes et graphiques en couleurs, et peut-être même (restez assis) une photo en « une ». (*L'Événement du jeudi*, 8 février 1988, p. 66, col. 3.)

Attendre

J'ai failli attendre. Pour marquer sa légère impatience d'avoir dû attendre quelqu'un ou quelque chose. Par allusion à la phrase traditionnellement attribuée à Louis XIV dont le carrosse s'était présenté à l'heure précise et non quelques instants auparavant comme à l'habitude.

1. Donna avançait, les bras chargés d'un volumineux colis blanc, plein à craquer. Clément suivait, un large sac vide, en plastique bleu, pendu à sa main gauche.
— Ah, vous voilà ! J'ai failli attendre. (J. Bialot, *Le Manteau de saint Martin*, p. 169.)
2. Ce soir [du 2e tour des élections présidentielles], il faudra, avant que le téléspectateur n'ait le temps de pousser un rageur « j'ai failli attendre », lui donner le nom de son président de la République. (*Télérama*, 4 mai 1988, p. 105, col. 3.)

Attention

Attention le (la, les) + nom. Pour attirer l'attention de façon expressive ; c'est l'ellipse de la préposition **à** qui crée cette expressivité. « Attention les dégâts » est le titre français d'un film italien de E.B. Clucher (1984). ~ **Bonjour* le (la, les)** + nom.

1. [...] cette Californie habitée par trop de légendes est condamnée à mourir de froid. Rouler vers Santa Barbara. Attention les détours : « Un accident à cet endroit ne pouvait surprendre personne, pas même un flic (...) » (*Le Monde*, 15 novembre 1986, p. 24, col. 1.)

Attention les vélos ! Même sens que **attention les yeux**, *infra*. À rapprocher formellement de **achtung* bicyclette**, mais s'emploie surtout comme renforcement expressif.

2. Attention les vélos il ne faut pas confondre, avec Zingaro, les coups les plus fumants c'était les plus fumiers. (Bayon, *Le Lycéen*, p. 104.)
3. — Je vais y réfléchir.
Et quand Alex se mettait à réfléchir, attention les vélos. Ça faisait mal dans Landerneau. (E. Hanska, *L'Imparfait du subjectif*, p. 40-41.)
4. [...] ma grand-mère quand elle disait d'un mec que c'était un Monsieur attention les vélos ça voulait dire que c'était quelqu'un. (E. Hanska, *J'arrête pas de t'aimer*, p. 18.)

Attention les yeux ! Pour mettre en valeur ce que l'on dit, pour appeler l'attention sur un fait important, inattendu. « Attention les yeux » est le titre d'un film de G. Pirès (1976).

5. Une Fédé FO des — attention les yeux ! — « personnels civils de la Défense » (des jaunes, quoi) estime en circonvolutionnant que « le rétablissement du travail de nuit des femmes (est une) source supplémentaire de chômage et un recul social inacceptable ». (*Le Canard enchaîné*, 17 décembre 1986, p. 7, col. 3.)
6. Attention les yeux, Madonna-Lolita est de retour. Elle a mis au placard ses frusques de chipie de lycée moyen et ses allures de pimbêche allumée pour se reconvertir dans le genre Marilyn des années 80. (*L'Événement du jeudi*, 25 septembre 1986, p. 134.)

Voir aussi **bonbon**, exemple 1.

Aujourd'hui

C'est pas d'aujourd'hui. « Il y a longtemps. » ~ **Ça ne date pas d'hier.**

1. J'ai quarante-trois ans. Je fais le gugusse et je suis fatigué... On en avait déjà parlé...

c'est pas d'aujourd'hui ! [...] Trois cent quatre vingt mille par mois pour commencer. Voiture fournie, essence gratis. Et le treizième mois. (« Salut l'artiste » d'Y. Robert dans *L'Avant-Scène Cinéma*, p. 28.)

C'est pour aujourd'hui ou pour demain ? Pour manifester de l'impatience envers quelqu'un afin qu'il s'exécute.

2. — Alors cette faux ? me demanda maman, lorsqu'elle me vit revenir. C'est pour aujourd'hui ou pour demain ? (B. Deflandre, *La Soupe aux doryphores*, p. 359.)
3. — Réponds, grand-père. T'as mal au ventre ou à l'âme ?
Il était très embarrassé pour me répondre.
— Alors, grand-père, c'est pour aujourd'hui ou pour demain ? (J. Lanzmann, *La Baleine blanche*, p. 108.)

Autant

Autant pour moi ! Formule par laquelle quelqu'un reconnaît s'être trompé. À rapprocher de **au temps pour moi**, de même sens, qui est un emploi figuré de l'injonction militaire **au temps !** traditionnellement utilisée, notamment lors du maniement d'armes ; on trouve d'ailleurs **autant** seul dans ce dernier emploi : « Autant ! gueula Grosjean. Quand je dis : Durandal, je veux entendre claquer les talons. Nom de Dieu ! » (A. Blondin, *L'Europe buissonnière*, p. 347.)

Ils ne rentrent pas sur Digne ? Pas tout de suite, ils s'arrêtent boire un coup chez Ginette. Autant pour moi. Dans ces conditions, pas question d'y aller. (C. Courchay, *Avril est un mois cruel*, p. 99.)

Autre

Ça n'arrive qu'aux autres. Formule employée à propos d'événements pénibles, qui peuvent toucher beaucoup de personnes, mais dont le locuteur pense qu'ils ne lui arriveront jamais. « Ça n'arrive qu'aux autres » est le titre d'un film de Nadine Trintignant (1971) et « Ça n'arrive... qu'aux autres » celui d'un ouvrage de G. Kervella et G. Jean (1982).

1. Marceau restait seul et se sentait piteux, responsable [...]. Les agressions, c'était quotidien, tout le monde le savait. Mais, comme l'incendie ou l'accident de la route, on imaginait que ça n'arrivait qu'aux autres. (J. Amila, *Le Pigeon du faubourg*, p. 40.)
2. Ces choses-là n'arrivent qu'aux autres. Les babies, j'avais toujours été contre. Une question de survie... Pour moi, un gosse, c'était juste la meule que l'on attache au cou du galérien avant de le balancer aux murènes. (C. Courchay, *Le Chemin de repentance*, p. 121.)

D'un + nom **l'autre.** Pour **d'un** + nom **à l'autre.** « D'un château l'autre » est le titre d'un ouvrage de L.-F. Céline (1957).

3. De fil en aiguille, comme on dit, d'une idée l'autre, je suis parti sur Raymonde à propos d'Hortense et sur Hortense à propos des gens que je visite pour telle ou telle raison... (M. Audiard, *La Nuit, le Jour*, p. 77.)
4. Question petit doigt sur la couture, je faisais certes pas la force principale de la 1re Armée française. Mes classes, en plus, je les avais faites à l'intérieur, aux forces de l'ombre, d'un

groupe franc l'autre... au gré des circonstances, à ma fantaisie. (A. Boudard, *L'Hôpital*, p. 19.)

Il n'y en a pas un(e) pour racheter/relever l'autre. À propos de choses mauvaises ou en mauvais état, de personnes dont le comportement, la santé ou les affaires laissent à désirer ; aucune de ces choses ou de ces personnes que l'on rapproche ou compare n'étant en mesure de compenser le handicap de l'autre.

5. ROXANE [...] : On m'a volé tous mes livres hier soir [...].
MATHIEU : [...] mon film ne se tourne plus le 12, et je ne sais pas comment payer mon tiers provisionnel.
NICOLAS : Oh ben dis donc ! Il n'y en a pas un pour racheter l'autre. (F. Dorin, « Le tout pour le tout » dans *L'Avant-Scène Théâtre*, p. 50.)
6. [...] la plupart des femmes qui s'intéressent aux choses intelligentes sont moches. Dans les concerts de jazz ou dans les réunions politiques, il n'y en a, en général, pas une pour relever l'autre ! (*Siné jazzote*, p. 140 [1967].)

○ **Sans autre.** « Sans aller chercher plus loin, sans discussion, sans plus. » Locution caractéristique de la Suisse romande ; si elle ne s'y... cantonne pas, son emploi en France semble cependant restreint.

7. Du canapé du salon, enveloppé dans une couverture qu'il a extraite de son paquetage, il fait un petit bonsoir et sans autre, s'endort. (M. Rheims, *Attila*, p. 45.)

Vous en êtes un(e) autre. Pour retourner son discours (compliment ou injure) à l'interlocuteur ; par ironie. Les exemples *infra* sont des échos de cette repartie.

8. Il y a fort longtemps déjà, comme j'avais envoyé à Bertrand Poirot-Delpech un nouveau Thompson (quatorze ans après le premier) avec une dédicace interrogative sur le point de savoir si « ça tenait encore », il me répondit : *Si ça tient ? Vous le savez très bien, espèce d'auteur, et moi qui en suis un autre, ça me fait assez enrager !* (P. Daninos, *Profession : écrivain*, p. 25.)
9. Ah !... si tous les obsédés du monde voulaient bien se donner la main...
J'espère, Maryvonne, que vous en êtes une autre... (*Siné jazzote*, p. 16 [1967].)

Avec

Faire avec. « S'accommoder, prendre son parti de (quelqu'un ou quelque chose). » Par ellipse d'un pronom de rappel.

1. Sa montre était arrêtée. Ce qui arrivait assez souvent avec ce modèle bon marché [...]. On lui avait dit une fois que la réparation coûterait aussi cher qu'une montre neuve du même modèle, et qu'il valait mieux faire avec. Il suffisait souvent d'une secousse au poignet pour que la petite tocante reparte au boulot. (J. Amila, *Le Pigeon du faubourg*, p. 64.)
2. On choisit ses copains mais rar'ment sa famille
Y'a un gonze mine de rien qu'a marié ma frangine
Depuis c'est mon beau-frère alors faut faire avec. (Renaud, « Mon beauf' » dans *Mistral gagnant*, p. 106.)
3. [...] comme disait ma grand-mère, quand il y a des souris dans la maison, il faut faire avec [...]. (M. Rheims, *Attila*, p. 215.)

Un jour avec ; un jour sans. « Un jour favorable ; un jour non favorable. » Par référence aux restrictions pendant la guerre 1939-1945 (jours sans alcool dans les cafés, sans viande dans les boucheries, etc.).

4. — Je suis désolée. Je n'ai pas envie [de faire l'amour], ce n'est pas ma faute.
— Est-ce que c'est la mienne ?
— Oh non ! Tu es adorable !
— Alors, pourquoi n'as-tu pas envie ?
— Je ne sais pas, moi... Un ensemble de choses : le cadre, l'heure, la fatigue, les soucis. Et puis, il ne faut pas chercher de raisons. On a des jours avec et des jours sans. Aujourd'hui, c'est un jour sans. Voilà tout. Ce n'est pas plus grave que ça. (F. Dorin, *Les Jupes-culottes*, p. 221.)
5. Au matin j'étais dans son lit, elle était dans la cuisine et j'avais faim. J'entendais des bruits dans la rue, des engueulades, c'était beau. C'était un jour avec. (H. Prudon, *Plume de nègre*, p. 132.)

B

Bagage

○ **Prendre quelqu'un dans ses bagages.** « Prendre quelqu'un avec soi lors d'un déplacement. » La locution n'implique pas que l'on compare ce « quelqu'un » à une valise — et encore moins qu'on l'y mette ! — mais qu'il est accepté ou souhaité comme étant plus ou moins indispensable ; en termes sédentaires, on dirait qu'il **fait partie des meubles.**

C'est un nouveau projet de voyage qui nous réconcilie. La radio envoie Mehdi à Marrakech et il me prend dans ses bagages. (E. Hanska, *J'arrête pas de t'aimer*, p. 63.)

Bague

Bague au doigt. Symbole de l'état de mariage. Par référence à l'alliance, portée traditionnellement en France à l'annulaire gauche.

1. Contrairement à ce que je pensais, il est devenu non seulement plus « chic », mais plus courant de vivre à Paris à trente ans sans bague au doigt. (M. Bourrillon, *Côté cœur*, p. 29.)
2. [...] il avait cru, [...] il croyait toujours en l'impossible : la passion à perpétuité, bague au doigt. (A. Jardin, *Le Zèbre*, p. 60.)

Baguette

Baguettes de tambour. « Cheveux raides. » Renforcement plaisant de « cheveux raides comme des baguettes ».

[...] une chevelure hirsute en baguettes de tambour, d'un joli poil de carotte [...]. (P. Siniac, *Reflets changeants sur mare de sang*, p. 163.)

Baignoire

○ **Baignoire à roues.** Désignation péjorative d'une voiture encombrante et peu performante.

— [...]. C'est pas de la baignoire à roues comme le prétendent les envieux. Elle grimpe aux murs comme une fleur. Deux cents chrono sans fatigue. Tu verrais un peu comme j'te les fais transpirer, tous ces prétentieux avec leurs turbos de merde ! (J. Houssin, *Bras de fer*, p. 118.)

Bain

○ **Envoyer quelqu'un au bain.** « Se débarrasser d'un importun, rembarrer. » ~ **Envoyer promener.**

— T'es sûr que tu veux pas voir le docteur ? T'as pas de fièvre ? Ton bras te fait mal ? Elle m'a tellement posé de questions qu'à la fin je l'ai envoyée au bain. (J.-M. Proslier, *Excusez-moi si je vous demande pardon*, p. 218.)

Balai

∅ **Balai à/de chiottes.** « Petite moustache taillée en carré. » Image analogue à celle de la **brosse** pour les cheveux, mais avec une connotation très familière.

1. Je pensais pourtant que devant l'Hitler à moustaches en balai de chiottes, Goering la gravosse, l'hystérique Goebbels, et Hess le bellâtre, notre « Taureau de Vaucluse » avait baissé son froc. (R. Lageat, *Robert des Halles*, p. 96.)
2. [...] le teint rougeaud, l'œil allumé, une cigarette dansant à ses lèvres que surmontait une moustache fine du même style que le petit balai à chiottes qu'exhibait Hitler. (A. Le Breton, *2 Sous d'amour*, p. 148.)

Balancer

○ **Ça balance !** « Il y a du rythme, du tonus (d'une musique). » L'expression fait écho à **ça swingue !** « Ça balance pas mal à Paris » est le titre d'une chanson de Michel Berger, interprétée par France Gall (1976).

1. Et pourtant, ça balançait ! [...] Pierre-Marie-l'Antillais-le-roi-du-custom faisait un ravage à la batterie [...] ! Mouloud, à la basse, se débrouillait comme un chef* [...]. (C. Roudé, *Rue Paradis*, p. 161.)
2. Que ça balance et que ça chauffe* en 1966 [...]. (*Siné jazzote*, p. 109 [janvier 1966].)

Balayette

∅ **Dans le cul la balayette !** Expression de dépit ou de mépris (selon le point de vue du locuteur) apparentée à **être baisé, possédé, l'avoir dans le cul**, mais dont les connotations sexuelle et scatologique ne sont plus guère perçues. « Dans le cul la balayette / Le manche et l'étiquette » était un refrain chanté par les potaches lyonnais dans les années 50.

1. Toujours la même histoire : les zigs de la grande maison ne font pas leur travail comme

ils devraient, de sorte qu'une fois de plus toujours la même histoire ! de sorte qu'une fois de plus dans le cul la balayette ! Et c'est encore lui [...] qui sera obligé de réparer leurs maladresses [...]. (P. Joffroy, *Les Petits Chemins*, p. 279.)

2. La vie ! Oh merde ! Dans le cul la balayette [...]. Marie-Marie se marie et te voilà marri. (San-Antonio, *Laissez pousser les asperges*, p. 32.)

— Variante (sentie comme une atténuation). **Dans le dos, la balayette !**

3. — Une [moto] 600 Triumph... On n'a pas l'équivalent en France. Je me tape le cent quatre-vingts comme une fleur. Pas une bagnole qui lui résiste. La D.S. ?... dans le dos, la balayette ! (J. Amila, *Jusqu'à plus soif*, p. 90.)

Banlieue

De banlieue. « De second ordre ; sans intérêt. » Image de l'opposition entre la ville et la banlieue, à valeur péjorative. ~ **De prisunic*.**

Je pense bien entendu suivez* mon regard aux fanfarons de ciné-club [...], aux bluffeurs du 35 millimètres, aux Monsieur Cinéma de banlieue, aux pseudo-incollables du 7e art, à tous ceux qui nous empêchent de manger nos Miko tranquillement, qu'ont réponse à tout quand on leur demande rien [...]. (D. Rondeau, *L'Âge-déraison*, p. 85.)

Baraque

Casser (défoncer,...) la baraque. « Faire du grabuge, du scandale. » **Casser la baraque à quelqu'un.** « Ruiner les projets de quelqu'un, le démolir. » ~ **Casser la cabane*.**

1. Et pourquoi les Lyonnais voudraient nous casser la baraque ? On n'a jamais empiété sur personne, surtout pas sur des Français qui travaillent ! (*Hara Kiri*, décembre 1985, p. 25, col. 2.)
2. Mon lieutenant, vous nous avez mal compris, nul parmi nous n'entend défoncer la baraque — respectueux des institutions — mais si d'aventure, certains le prétendent, on devait vous sacrer roi de France, vous ne sauriez compter sur unité plus dévouée que la nôtre. (M. Rheims, *Attila*, p. 210.)

— Avec une résonance métaphorique.

3. Les rénovateurs du PC, qui voudraient bien casser la baraque du Colonel-Fabien mais sont trop bien élevés pour ça, choisissent le ravalement de la façade. (L. Fournier, *C'est nouveau, ça vient de sortir*, p. 45.)

Faire sauter la baraque. « Remporter de gros gains (à un jeu d'argent). » Sur le modèle de **faire sauter la banque.**

4. Ripoux 1er, après sa course mémorable à Vincennes, cotait pas loin des 40 contre 1. Avec nos petites économies, multipliées par 40 et je compte pas les jumelés, on devait raisonnablement faire sauter la baraque et avoir de quoi voir venir l'avenir... (L. Simon et S. Michael, *L'Été des ripoux*, p. 37.)

Barre

∅ **Avoir la barre (à mine).** « Être en érection. » Métaphore du vocabulaire technique, à comparer avec des métaphores tirées du vocabulaire de la pêche à la ligne (**avoir le bambou, la gaule**) ou de l'ameublement (**avoir la tringle**).

1. Dès qu'ils voient une belle, des plus dénudées, ils vont vers elle. Ils se rincent l'œil pour tuer le temps...
— Ça me donne envie de baiser, dit Pat. J'ai la barre à mine. (M. Charef, *Archi Ahmed*, p. 105.)
2. Chamarat en éprouva un commencement de semblant d'érection [...]. Rien qu'en songeant à ça, Chamarat tenait une de ces barres ! (Géant Vert Inc, *Casse-bonbons*, p. 150.)

Mettre/Placer la barre (plus ou moins) **haut**. « (Se) fixer des objectifs (plus ou moins difficiles à atteindre). » Du vocabulaire des sports (saut en hauteur ou à la perche, jumping).

3. Le maire lui a notamment confié les affaires culturelles de la ville [...]. L'année de sa prise de fonctions, Alexis Lagalaye n'a pas craint de placer la barre un peu haut : poésie avec Michèle Torr, musique avec la fanfare du 1er Régiment de Hussards Parachutistes, science avec Jean-Claude Bourret pour son livre sur les OVNI. (C. Laborde, *L'Os de Dionysos*, p. 44-45.)
4. Je préfère pour l'instant ne pas rêver. Je veux penser à ce que je ferai demain et pas plus loin. Car je me connais, si je n'obtiens pas tout*, tout de suite, je m'impatienterai, je veux pas mettre la barre trop haut, comprends cela. (Sapho, *Ils préféraient la lune*, p. 242.)

Barreau

Barreau de chaise. « Gros cigare. » Par analogie de forme. ~ **Bâton* de chaise.**

1. Produit de luxe, le havane est cher. On peut, certes, acheter de bons cigares de Cuba à un coût variant entre 10 et 20 francs [...]. Mais, pour l'amateur, rien ne vaut les fameux « barreaux de chaise ». (*Le Monde Loisirs*, 23 novembre 1985, p. IV, col. 6.)
2. Duck se balançait mollement dans un rocking-chair en fumant un Davidoff gros comme une baguette de pain. [...] il défrimait Streiger à travers la fumée odorante de son barreau de chaise. (San-Antonio, *Plein les moustaches*, p. 45.)

Bas

∅ **Bas duc.** Abréviation de **bas du cul** « (personne) de petite taille ». À comparer avec **trou* duc.** ~ **Loin du ciel.**

1. L'autre, le bas d'uc' [*sic*], Frappadingue, je le surnomme... Ni dingue ni frappeur, un esquiveur de première : tous les directs du gauche de Moustache avec son blair qu'il les arrête !... (R. Lageat, *Robert des Halles*, p. 151.)

○ **(Être) bas de/du plafond.** « (Être) bête, borné (d'une personne). » Dans quelques expressions, comme celle-ci, **plafond** désigne la tête ; un front bas est réputé être le signe d'une intelligence bornée.

2. Tout le monde est d'accord là-dessus, à part les vraiment bas-de-plafond, pour reconnaître que mon A.G.M. [arrière-grand-mère] est une femme EXTRAORDINAIRE ! (E. Hanska, *Barbe à papa*, p. 13.)

3. — Vous vous rendez compte de ce que vous avez fait ? Faut vraiment être bas de plafond [...]. (J. Hougron, *Coup de soleil*, p. 93.)

— Variante. **Bas du béret.** ~ **(Être) ras de la casquette*.**

4. Ils sont cinq, vêtus de treillis, chaussés de bottes de saut, la tête carrée et le cul pesant. Ils sont chez eux et ils veulent le faire savoir [...]. Le gros bas du béret se rappelle les consignes : pas de vagues* devant témoins. (J.-P. Demure, *Aix abrupto*, p. 29.)

Bascule

○ **Avoir mis ses pompes (ses semelles, ses souliers) à bascule.** « Être ivre. » Métaphore fondée sur la démarche hésitante et l'équilibre précaire de celui qui a trop bu.

1. Les expressions que l'on applique à un homme dans les vapeurs éthyliques ont généralement une connotation de mouvement : il a mis « ses pompes à bascule » ou : il a « pris son lit* en marche ». (R. Bastide, J. Cormier, A. Blondin, *Alcools de nuit*, p. 100.)
2. — Hé bé, quand je suis rentré [...], j'avais chaussé les chaussures à bascule, la voiture heureusement connaît le chemin de la maison. (J. de Bougues-Montès, *Chez Auguste*, p. 94.)

Base

Scier à la base. « Surprendre vivement ; interloquer. » Amplification de **scier.** ~ **Scier les pattes*.**

1. — Bref, tu m'en donnes combien ?
— J't'en donne rien, répond aussitôt Gégé. Les diams et les pièces montées, j'en veux pas. Tu peux les reprendre. Moustique ouvre la bouche, scié à la base. Il s'attendait à devoir céder du rabiot sur le toutim, mais pas à un faux bond définitif. (J. Houssin, *Bras de fer*, p. 93-94.)
2. — Ton père, ton père... c'est Sly Baker.
J'ai l'impression de recevoir un coup de matraque sur la cafetière.
— LE Sly Baker ? je fais, comme une cloche.
Et papa Rousse bat des paupières.
Là, il me scie à la base, l'ancien. (M. Villard, *Le Roi*, p. 26.)

Basket

Être à l'aise/bien/mal dans ses baskets. « Être/ne pas être à l'aise, en forme, bien dans sa peau. » Par référence aux chaussures de sports (**baskets** ou type voisin) adoptées depuis une quinzaine d'années en toute occasion par les adolescents, pour lesquels elles sont un symbole identitaire.

1. Ce soir-là j'étais mal dans mes baskets. Stress. Blues. Pour rien vous cacher, Cécelle avait été dure-dure. J'en avais énorme sur la patate. Cécelle c'est celle que j'aime. Ma supergonzesse. (F. Lasaygues, *Vache noire*, p. 23.)
2. À l'aise dans ses baskets, tranquille comme Baptiste, jouissant de son propre spectacle, cet homme-là [Raymond Barre] est un cas dans le grand cirque politico-télévisuel. (*Télérama*, 14 janvier 1987, p. 66, col. 3.)

3. À la lecture de nos griefs contre le CES [...], tu vas nous imaginer en victimes : eh bien, pas du tout, on est bien dans nos baskets. (« *22 lycéens* », p. 58.)

— Variante libre.

4. Un pays [l'Allemagne] bien dans ses Adidas. (Titre de *Libération*, 24-25 janvier 1987, p. 3.)

Voir aussi sous **moins**, exemple.

○ **Faire basket(s).** « Filer à l'anglaise ; s'échapper. » Par référence aux départs rapides et silencieux que permettent les baskets.

5. Elle va lui chercher des cigarettes
au village dix bornes à pied c'est long
quand elle revient il a fait basket
en lui gaulant sa valise en carton (Renaud, « Le retour de la Pépette » dans *Mistral gagnant*, p. 174.)

6. Je morganerai [mangerai] pas de l'avoine d'indic, mais celui-là, de pognon, je vais pas le laisser faire baskets... (J.-L. Degaudenzi, *Zone*, p. 123.)

Lâcher les baskets à quelqu'un. « Laisser tranquille, quitter, abandonner. » Variante de **lâcher les pompes.** « Lâche-moi les baskets » est le titre français (1977) d'un film américain de Joseph Ruben.

7. Elle [Marie] me suit comme un petit chien, pas de risque qu'elle me lâche les baskets. (C. Giudicelli, *Station balnéaire*, p. 84.)
8. Vous pouvez rester jusqu'à ce que vous soyez retapé et que les flics vous aient lâché les baskets. Ici vous êtes en sûreté. (A. Le Breton, *Bontemps et les Holdopeuses*, p. 60.)

S'accrocher aux baskets de quelqu'un. « Suivre de près ; être sur le dos de. » Même sens que **s'accrocher aux basques de quelqu'un**, et très proche pour l'oreille, mais l'origine de la locution est bien à chercher du côté des **baskets** : elle est construite sur le modèle de et en opposition à **lâcher les baskets.**

9. Ce n'est plus nous [les parents] qui nous accrochons à vos basketts [*sic*], mais vous [les enfants] qui refusez de nous lâcher les mocassins. (Ch. Collange, *Moi, ta mère*, p. 27.)

Bateau

Être (embarqué) dans le même bateau. « Être confronté à la même situation critique, être engagé avec d'autres dans une situation difficile. » Par référence au passager embarqué en mer qui ne peut quitter le navire.

1. — [...] Vous me comprenez, André ? Je ne vous aime pas, et vous me détestez. Mais nous sommes dans le même bateau et nous devons être solidaires... (J. Amila, *Motus !*, p. 164.)
2. Je les dévisageai tous les cinq. Ils paraissaient intrigués, mais sans exagération [...].
— Si je vous ai demandé de venir, c'est pour qu'il n'y ait ni redite ni malentendu, précisai-je. Nous sommes tous les six embarqués dans le même bateau. (A. Terrel, *Le Croque-mort et sa veuve*, p. 99.)

Bâton

○ **Bâton de chaise.** Variante moins usuelle de **barreau* de chaise.**

1. L'air de la cave était empesté par la fumée des bâtons de chaise que les barbus grillaient sans discontinuer. (P. Canal, *L'Homme qui a vu Durand*, p. 180.)

○ **Être taillé dans un bâton de sucette.** « Être filiforme, maigre et élancé. » Par hyperbole. Repose sur une image similaire à celle que l'on trouve dans **maigre comme un clou.** ~ **Passer entre le mur* et l'affiche sans la décoller.**

2. [...] vous savez bien, le gringalet taillé dans un bâton de sucette, celui qui a joué avec Johnny Tonnerre et les Maniacs, eh bien il a retenu les leçons. (M. Embareck dans *Best*, octobre 1982, p. 68, col. 4.)

Baver

○ **Baver sur les chaussettes à quelqu'un.** « Excéder. » **Baver** a ici une connotation péjorative, renforcée par **les chaussettes** qui souligne que cette atteinte reste à ras de terre. On peut aussi considérer la locution comme une variante euphémique de **baver sur les couilles, sur les rouleaux,** de même sens, bien attesté en argot.

Il ajouta que les discussions commençaient à lui baver sur les chaussettes et il claqua la porte de la réunion. Sa grossièreté l'avait soulagé. (J. Giovanni, *Tu boufferas ta cocarde*, p. 97.)

Bavure

Net et sans bavures. Cliché d'allure pléonastique employé pour signifier que quelque chose est réalisé de manière propre, précise, impeccable. ~ **Ça fait pas un pli.**

Le coup claqua sec et la boule de Gégé remplaça celle de Paul, par la magie de la pétanque. C'était net et sans bavures. (J. Houssin, *La Nuit du dobermann*, p. 77.)

Beau

Beau comme un camion. « Très beau. » Comparaison inattendue, à valeur de superlatif. Dans l'exemple 1, jeu de mots sur le titre de l'œuvre de M. Duras.

1. Que voulait signifier Marguerite Duras dans le fameux film tiré de sa pièce de théâtre, conduit en quatrième vitesse par Depardieu ? Que l'homme est beau comme un « camion ». (*Le Canard enchaîné*, 11 mai 1988, p. 7, col. 4.)
2. [...] cette jeune femme qui lança, épanouie, translucide, enthousiaste, pour évoquer sa première rencontre avec l'époux futur : « Il était beau comme un camion ! [...] » (*Le Monde*, 21-22 février 1988, Supplément, p. 31, col. 3.)

— Sur ce modèle, mais moins lexicalisé (avec effet de rime intérieure dans l'exemple 3).

3. *Napoli Milionaria* interprété et réalisé en 1950 par Eduardo de Filippo (avec Toto, beau comme un couteau) présenté, avec trente-deux films, à la cinémathèque de l'Acropolis [...]. (*Libération*, 20 décembre 1985, p. 37, col. 3-4.)

4. Y rêvait d'une gonzesse qu'aurait été qu'à lui,
belle comme un tatouage mais quand même intelligente [...] (Renaud, « Baston ! » dans *Mistral gagnant*, p. 102.)

Beau comme un Jésus. « Beau, mignon. » Bienveillante et plaisante lorsqu'il s'agit de jeunes enfants, la locution peut se charger d'ironie — voire de sous-entendus — lorsqu'il s'agit d'adultes. ~ **Beau comme un dieu.**

5. Ils mettent leurs vêtements civils dans leur valdingue. On leur file un uniforme kaki. Short anglais. Écussons belges ou français. Chemise de scout et petit foulard. L'est beau comme un Jésus [...]. (E. Hanska, *La Mauvaise Graine*, p. 94.)

○ **Se la faire belle.** « Être à l'aise, mener la belle vie. » **La** représente probablement **la vie.**

6. [...] Jeannot l'Andouille se plante à notre table.
— Salut, les aminches, on se la fait belle ?
— Tellement belle qu'on n'a même pas de quoi t'inviter [...]. (R. Giraud, *Les lumières du zinc*, p. 25.)
7. Il disait : « Ne nous précipitons pas, fréquentons-nous un peu et ensuite nous pourrons vivre une belle passion tranquille. » Elle ne voyait pas très bien ce que la passion et la tranquillité pouvaient bricoler ensemble, mais la formule l'enchantait [...]. Son cul pourrait se la faire belle sans que le reste de sa personne y participe. (E. Hanska, *Fascination*, p. 19.)

Voir aussi **bleu**, exemple 4.

(Tout ça) c'est bien beau, mais... Pour prendre congé, en précisant éventuellement la raison de son départ. ~ **C'est pas tout ça ; c'est pas le tout (mais)... ; c'est pas qu'on s'ennuie.**

8. — Tout ça, c'est bien beau, dit-il en vidant son verre [...], mais il faut que je m'en aille si je ne veux pas manquer le train de six heures. (J. L'Hôte, *La Communale*, p. 27.)

Bébé

Refiler (repasser) le bébé à quelqu'un. « Transmettre à quelqu'un une tâche, une situation souvent embarrassante, s'en débarrasser sur lui. » Cette locution, où le bébé qu'on a sur les bras est le symbole d'un handicap, est probablement une adaptation de l'anglais *he was left holding the baby.* ~ **Refiler le paquet*.**

1. L'Assemblée et le gouvernement ont fait preuve hier de bonne volonté en décidant d'amender les projets de loi sur le cumul des mandats, avant de repasser le bébé aux sénateurs. (*Libération*, 20 décembre 1985, p. 11.)
2. La fête des mères fait en effet partie de ces — si j'ose dire — bébés que Vichy refile à la IVe République. (A. Schifres, *Ceux qui savent de quoi je parle*, p. 40.)

Bégonia

Charrier dans les bégonias. « Exagérer. » Renforcement expressif et plaisant de **charrier.** L'emploi familier de **charrier** « exagérer » est ici plus ou moins confondu avec le sens de base du verbe qui donnerait à la locution le sens de « rouler en voiture dans un massif de bégonias » (un peu comme **marcher sur** ou **piétiner les plates-bandes de quelqu'un**). Mais pourquoi des bégonias ?

1. Tu charries un peu dans les bégonias [...] ! Pardon* si je m'excuse, mais les cousins à la mode de Bretagne si t'appelles ça des pères... Et puis moi j'en demande pas des douzaines ni des centaines, j'en veux UN ! (E. Hanska, *Barbe à papa*, p. 119.)

— Variante. **Piétiner dans les bégonias.**

2. [...] tout le monde fut d'accord pour trouver que Félix Badonce « piétinait dans les bégonias ». (A. Vialatte, *Badonce et les Créatures*, p. 38.)

Belge

ø **(Tiens) fume, c'est du belge !** Réplique obscène, dans le langage des hommes, parfois accompagnée d'un geste, simulant une invitation à la fellation. Si le premier élément de la locution peut s'expliquer aisément (cf. **avaler la fumée, tailler une pipe**), le second est resté relativement opaque aux commentateurs qui ont traité de cette expression. L'exemple suivant fournit une hypothèse qui retient l'attention. « Fume c'est du + nom d'auteur » est le titre d'une collection éphémère lancée en 1975 par R. Kesselring.

Pour ma part je fis rapidement mes classes. J'appris à mon tour à crier : « Mort aux vaches ! A bas les flics ! » en me tenant hors de portée de leurs représailles. Autant qu'il m'en souvienne, nous n'en étions pas encore au bras d'honneur si éloquent. Nous c'était : « Tiens, fume ! » La main à plat qui claque sur la cuisse puis se porte en auvent à hauteur de la braguette. Le geste rappelle celui du Manneken piss, ce qui expliquerait l'apostrophe complémentaire : « C'est du belge ! » (R. Bastide, J. Cormier, A. Blondin, *Alcools de nuit*, p. 140.)

Berthe

Adieu Berthe !

— Pour marquer avec désinvolture que l'on se désintéresse de quelque chose ou que l'on prend congé de quelqu'un d'une façon brutale. « Adieu Berthe » est le titre d'une adaptation pour le théâtre de A. Husson et F. Blanche (1968).

1. Il se fait dans les 10-11 heures [...]. Croyant couchée toute la famille, ils s'installent devant les « Enfants du rock ». Adieu Berthe et bonjour tristesse. Blues garanti : les vidéoclips sont de vraies galères [...]. (A. Schifres, *Ceux qui savent de quoi je parle*, p. 213.)

— Variante. **Ciao Berthe !**

2. Après ce coup-là, on s'est fâchés de nouveau [...]. Du coup je prends mes clics et mes clacs et ciao Berthe. (E. Hanska, *La Mauvaise Graine*, p. 194.)

— Pour signifier la disparition brutale et irrémédiable de quelque chose.
~ **Adieu la valise !**

3. — Ah ! oui. Quand le bateau s'est retourné ?
— Ouais !

— Putain, on avait trop chargé, adieu Berthe ! Tout à la flotte. (J. de Bougues-Montès, *Chez Auguste*, p. 33.)

Bête

Bête de scène. « Artiste (acteur de théâtre ou de cinéma, chanteur) particulièrement remarquable, qui a beaucoup de présence. » **Bête** a ici une valeur intensive, comme dans la comparaison **comme une bête**, mais à connotation positive.

1. Je suis une bête de scène, moi... J'suis une bête... Le rythme... Je l'ai dans la peau... (G. Bedos, S. Daumier, « La bête de scène » dans *L'Avant-Scène Théâtre*, p. 19.)
2. Sûr qu'à force de performances, on allait oublier que le boss [Bruce Springsteen] est un songwriter avant d'être une bête de scène. (M. Embareck dans *Best*, octobre 1982, p. 81, col. 2.)

Voir aussi **chaud**, exemple 6.

— Par jeu de mots.

3. [...] c'était, avant-hier [dans le Tour de France], l'explosion provoquée par Thévenet, jailli comme un geyser au flanc du mont Ventoux ; ce fut, hier, la montée sur Merlette d'un Agostinho au maximum de l'orgie athlétique, véritable bête de cimes. (A. Blondin, *Ma vie entre des lignes*, p. 356.)

La petite bête (qui monte, qui monte). Transposition, dans le domaine érotique, d'une expression qui accompagne des chatouilles que l'on fait à un bébé.

4. Qu'elle lui caresse déjà les cuisses, dessous sa robe joue la petite bête [...]. Ah ils sont cochons dans le quartier. (L.-F. Céline, *Maudits Soupirs*, p. 180.)
5. Elle lui appliqua une main experte entre les jambes et joua à la petite bête qui monte. Il se laissa faire avec plaisir et elle le poussa sur son dessus-de-lit en dentelle. (E. Hanska, *Fascination*, p. 141.)

— Dans un jeu de mots.

6. Par le hublot, la jeune femme suivait le lent balancement de l'aile.
Les voyants rouges s'allumèrent : No smoking - Fasten seat belt.
Matcho caressa la cuisse d'Odile.
— La petite seat-belt qui monte, qui monte... (J. Bialot & C. Courchay, *Matcho et les Fourmis*, p. 105.)

Béton

De/En béton. « Solide, à toute épreuve (d'une personne ou d'une chose). » Du vocabulaire de la construction.

1. — [...] Qu'est-ce que tu paries qu'entre midi et deux heures ils ont encore un alibi en béton ? (J. Hougron, *Coup de soleil*, p. 248.)

2. — On pourra peut-être se planquer trois semaines, un mois. Et ensuite quitter la France, dit-elle [...].
— Oui, mais alors il nous faudra des tocs [faux papiers d'identité] en béton, remarqua-t-il. Des papiers qui répondent. Du solide. Et ça coûtera. Ils n'ignoraient pas que le faussaire auquel ils s'adresseraient se montrerait gourmand. (A. Le Breton, *Bontemps et les Loubards*, p. 189.)
3. Pour sa p'tite gueule, ses poings d'béton,
plus d'une se s'rait j'tée à la Seine,
elles lui parlaient d'amour, d'passion,
y répondait par des châtaignes,
c'était une teigne. (Renaud, « La teigne » dans *Mistral gagnant*, p. 82.)

Voir aussi **enfer**, exemple 2, et **idiot**, exemple 3.

Beurre

(Il n'y a) pas plus de + nom + **que de beurre en branche(s).** « Il n'y a pas du tout de. » Si les expressions de même sens comme **... que de beurre au cul (aux fesses)** s'expliquent assez aisément, on voit mal de quelle **branche** il peut s'agir ici. On peut penser à une variante de **beurre en broche**, mais il n'est pas assuré que **beurre en broche** soit le type initial : c'est peut-être lui qui est, l'allitération aidant, une variante de **beurre en branche** (sur le modèle des céleris ou des épinards en branches) désignant un végétal de fantaisie impossible à trouver.

1. À Béton-les-Bruyères. Pas plus de bruyère que de beurre en branches. Nous n'irons plus au bois. (E. Hanska, *La Mauvaise Graine*, p. 109.)
2. Il n'y a pas plus de Toison d'or [...] que de beurre en branche. (M. Sportès, *Le Souverain poncif*, p. 15.)

Le beurre et l'argent du beurre. « Tous les avantages (d'une situation). » Manière de dire que l'on veut tout à la fois ; cette voracité apparemment contradictoire est renforcée par l'emploi du mot **beurre** symbole du profit (cf. **assiette au beurre, faire son beurre**). « Le Beur et l'argent du beur » est le titre clin d'œil d'un roman policier de G. Pierquin (1987). ~ **On ne peut pas avoir le lard et le cochon.**

3. — Tu ne crois pas que nous devrions les aider [les enfants] un peu au point de vue financier ? [...].
— On ne peut pas avoir le beurre et l'argent du beurre, la liberté et les sous des parents [...]. (N. de Buron, *Qui c'est, ce garçon ?*, p. 131.)

— Dans l'exemple suivant, allusion aux stocks de beurre difficiles à écouler.

4. Guillaume [le ministre de l'agriculture] finit quand même par conclure : « Le gouvernement est attaché à son agriculture. C'est toute la différence avec la gestion antérieure. » Il n'a oublié dans sa tirade que le beurre et l'argent du beurre. (*Libération*, 18 décembre 1986, p. 5, col. 2.)

Pour du beurre. « En faisant semblant. » À rapprocher de la locution **compter pour du beurre** « pour rien ».

5. [...] il agrippe la poignée, passe l'index sous le pontet, aligne la mire sur la nuit totale qui occulte la fenêtre. Il tire pour du beurre, en faisant du bruit avec sa bouche. (Demouzon, *Château-des-rentiers*, p. 182.)

6. [...] Filo portait de redoutables tatanes renforcées à chaque bout par des morceaux de ferraille arrondis [...]. Inutile de dire que, lorsque Filo tapait, ce n'était pas pour du beurre. (B. Deflandre, *La Soupe aux doryphores*, p. 48.)

○ **Un beurre.** « Un peu, un rien (en emploi polémique). » À rapprocher de la valeur minimale à laquelle renvoie le mot dans la locution **compter pour du beurre.**

7. — Arlette, laisse-moi me barrer, a dit Ange [...].
— Tu l'aurais fait, toi ?
— Moi, j'aurais pas fait ce que tu as fait, Arlette...
— Un beurre... (J.-B. Pouy, *L'Homme à l'oreille croquée*, p. 167.)
8. — Bon alors, Natacha, écoute. Si t'es partie pour être désagréable, t'as qu'à le dire tout de suite [...].
— Un beurre, que j'vais être désagréable, espèce de même pas flic ! (L. Simon et S. Michael, *L'Été des ripoux*, p. 34.)

Biblique

D'une simplicité biblique. « Très simple. » Par allusion aux goûts simples des personnages de la Bible.

1. L'arnaque qu'il avait mise au point était d'une simplicité biblique. Il proposait à ses amis [...] de placer leur argent en Suisse, à l'abri des regards indiscrets, moyennant des intérêts de 120 % par an ! C'était gros, mais ça marchait. (*Le Canard enchaîné*, 21 décembre 1988, p. 4, col. 1-2.)
2. [...] entre moi et Lolotte, ce serait [la séparation] d'une simplicité biblique. Pas d'avocat, pas d'audience, pas de conciliation, pas de juge, pas de rien. Au revoir et merci. (C. Sarraute, *Maman coq*, p. 166.)

Bicher

Bicher comme un (petit, vieux) pou. « Jubiler. » Locution à valeur intensive formée à partir de **fier comme un pou** (où **pou** désigne à l'origine le **coq**). Variante développée **bicher comme un pou sur la tête d'un teigneux.**

1. Duchien, admirateur forcené de René Page, bichait comme un vieux pou de devoir débattre avec lui de ses ennuis sentimentaux. (E. Hanska, *Fascination*, p. 129.)
2. Elle biche comme un pou, Irène, de cette sollicitude de Pierrot [...]. (A. Simonin, *Hotu soit qui mal y pense*, p. 54.)
3. — Regardez-le, comme il est heureux ! persifla Bobin. Il biche comme un petit pou. (P. Siniac, *Le Casse-route*, p. 52.)

Bide

Gras du bide. « (Homme) gros, bedonnant » (péjoratif). ~ **Gros plein de soupe.**

1. C'est un col blanc un peu gras du bide qu'est tout seul qui boit son café au bout du comptoir il a une vraie gueule d'enterrement. (F. Caradec, *La Compagnie des zincs*, § 15.)

2. Ils étaient cinq ou six. Du concentré de café du commerce. Du gras de [*sic*] bide en moyenne nationale IFOP — c'était le début des sondages —, de la chair à couperose, des Travail-Famille-Patrie à l'apéro, vous remettrez ça c'est ma tournée, des tricots de peau, pauvres à penser et fiers à bras [...]. (D. Rondeau, *L'Âge-déraison*, p. 26.)

Bidet

🚫 **Raclure de bidet.** « Avorton. » Déjà **eau de bidet** chez R. Ponchon en 1898 (J.-C. Carrière, *L'Humour 1900*, p. 160). ~ **Échappé de pessaire* ; rescapé de stérilet* ; résidu de capote, de fausse couche.**

Cette raclure de bidet s'illusionne visiblement, mais ne peut cependant colporter de telles espérances que parce que vous les lui avez confiées.
Fils raté de votre père, vous ne serez pas surpris de trouver dans la génération suivante une débilité aggravée. (*Internationale situationniste*, septembre 1969, p. 115.)

Bidon

○ **Arranger les bidons.** « Arranger la situation. » La locution est probablement fondée sur le sens argotique de **bidon** « bluff, tromperie ; marchandise trompeuse ». **Arranger les bidons** c'est donc donner meilleure tournure à une situation délicate, difficile et, par extension, arranger n'importe quelle situation. ~ **Arranger les billes*.**

1. Un splendide bouquet de lilas blancs et de tulipes rouges apporté par un livreur [...].
— Si ce rusé salaud croit qu'il va arranger les bidons avec trois lilas et deux tulipes, il se trompe drôlement, dit Justine. (N. de Buron, *Qui c'est, ce garçon ?*, p. 218.)
2. Les mineurs non accompagnés ne sont pas autorisés à fréquenter les hôtels. D'ailleurs, s'ils sont accompagnés, ça n'arrange pas forcément les bidons du majeur qui va avec. (E. Hanska, *Barbe à papa*, p. 108.)

○ **Garer ses bidons.** « Prendre soin d'éviter de faire ou de dire quelque chose. » Variante de la locution précédente, l'accent étant mis ici sur l'aspect préventif du comportement à tenir.

3. — T'as pensé ça ?
Rien qu'au ton, Lionel avait compris qu'il fallait garer ses bidons :
— Je dis ça pour rigoler. (G. Coulonges, *Pause-café*, p. 247.)

Bien

Ça fait du bien quand ça s'arrête (par ironie). À propos d'une situation que l'on apprécie... quand elle cesse. Probablement par allusion à l'histoire du fou qui se tape sur la tête parce que « ça fait du bien quand ça s'arrête ».

1. [...] ces annotations pour le moins capricieuses déboussolent d'autant mieux les élèves qu'elles sont mêlées à des remarques pertinentes sur des constructions réellement erronées... Ça les déboussole et surtout ça les dégoûte de tout effort d'expression. Dans le paquet de copies

de troisième remises par Sophie, on a du mal à discerner l'ombre d'un quelconque progrès à mesure que l'année scolaire avance [...]. Encore heureux que les vacances étaient proches, elle n'aurait plus su écrire un mot, Sophie !... On est tenté de dire que c'est une curieuse conception de l'enseignement que cette espèce de « ça fait du bien quand ça s'arrête » ! (C. Duneton, *À hurler*, p. 24-25.)

— Variante libre.

2. L'abstinence, ça fait du bien surtout quand tu t'arrêtes. Mais après, c'est comme avant. (F. Caradec, *La Compagnie des zincs*, § 58.)

Si ça me (te, etc.**) fait pas de bien, ça me (te,** etc.**) fera pas de mal.** Pour marquer qu'un traitement ou une démarche quelconque n'offre pas de risque et que ses résultats, au pire, ne peuvent qu'être nuls. Selon les contextes, l'expression prend les couleurs de la persuasion ou de la résignation.

3. Elle [ma mère] devait se convaincre qu'un bon choc, un beau traumatisme dans le dos ou dans le cul, ça ne pourrait pas me faire de mal si ça ne me faisait pas de bien. (Bayon, *Le Lycéen*, p. 55-56.)

Y a pas de mal à se faire du bien. Invitation à profiter des petits plaisirs de l'existence ; à comparer avec **on n'a que le plaisir* qu'on se donne** !

4. On but à cette nouvelle étape... du champagne millésimé.
— Faut vivre, avait lancé Roger.
— Tant qu'on veut, avait renvoyé en écho la baronne, y a pas de mal à se faire du bien, montrant ainsi qu'elle savait parler comme eux, comme Paul le lui avait appris depuis qu'elle le côtoyait. (L. Bériot, *Sacré Paul !*, p. 210.)

Bienvenue

Bienvenue au club ! Pour saluer l'entrée d'une personne dans un groupe quelconque. Cette forme plaisante d'intronisation démarque le slogan publicitaire « Bienvenue au Club Méditerranée ! »

Elles sont jeunes, paumées, velléitaires, les héroïnes de Mary Gaitskill, et, comme l'auteur, joyeusement désespérées [...]. Des nouvelles, les récits de « Mauvaise conduite » ? Plutôt des tranches d'un quotidien triste à pleurer, qui font rire à chaque page. Le sexe ? Nul. L'amour ? Zéro. Restent la précision féroce et les débuts turbulents de l'auteur. Bienvenue au club, miss Catastrophes ! (*L'Express*, 25 novembre 1988, p. 164, col. 4.)

Bigoudi

○ **En avoir sous les bigoudis.** « Être intelligent ; connaître beaucoup de choses. » ~ **Avoir du chou, du cigare* ; en avoir dans la tête ; en avoir sous la casquette*.**

1. Une chose est sûre, il [F. Mitterrand] en a sous les bigoudis. Je suis pas inquiète pour son avenir. (C. Sarraute dans *Le Monde*, 13 janvier 1988, p. 46, col. 6.)

○ **Travailler du bigoudi.** « Être fou. » Comme dans l'expression précédente, l'image renouvelle le paradigme des désignations de la tête et du couvre-chef. ~ **Travailler du chapeau.**

2. Tu veux que j'aille foutre la vérole [vendre de la drogue] dans le bétail à Toussaint ? elle gueulait, cette morue. Mais tu travailles du bigoudi, ma parole ! J'lui donne pas trois jours avant de m'faire cisailler le portrait [...]. (J. Houssin, *Bras de fer*, p. 47.)

Billard

Avoir un œil qui joue au billard et l'autre qui compte (marque) les points. « Être atteint de strabisme divergent. » ~ **Avoir un œil qui dit merde (zut) à l'autre** (strabisme divergent), **avoir les yeux qui se croisent les bras** (strabisme convergent).

1. [...] même si sa gueule était d'une tarderie [laideur] immense à cause de l'œil qui jouait au billard pendant que l'autre comptait les points, Nicole avait un corps godant [excitant]. (A.D.G., *Les Panadeux*, p. 40).
2. [...] bronzé comme un pot de crème fraîche... Dragan Draganoff !... Ah ! j'oublie... un œil qui joue au billard, l'autre qui marque les points !... Mon poulain atteint le mètre quatre-vingt-dix pour soixante-quinze kilos... Pas gras pour un catcheur. (R. Lageat, *Robert des Halles*, p. 149.)

○ **Dévisser son billard.** « Mourir. » Le **billard** désigne ici la « queue de billard » que l'on dévissait en fin de partie.

3. — Si tu savais ce qu'on a vécu cette nuit !
— Quoi encore ?
— On a eu mille personnes dans le local ! À la fois ! Et un ministre qu'a dévissé son billard ! (V. Thérame, *Staboulkash*, p. 247.)

Bille

Ces locutions, sauf la dernière, sont fondées sur le sens de **billes** « argent » en français non conventionnel. Elles peuvent parfois être remotivées, en référence aux billes avec lesquelles jouent les enfants.

○ **Arranger les billes de quelqu'un.** « Arranger la situation, les affaires. » ~ **Arranger les bidons*.**

1. J'étais légèrement moins enthousiaste. [...] je ne pensais pas que la petite farce [...] était de nature à arranger mes billes. (A.D.G., *Joujoux sur le caillou*, p. 100.)
2. Juliette préférait revoir [le film] *Le Mépris*. Pierrot, je me demande si ça lui a vraiment plu ou s'il a fait semblant pour arranger ses billes mais moi je me suis endormie. (E. Hanska, *Barbe à papa*, p. 16.)

○ **Compter ses billes.** « Faire ses comptes ; se montrer parcimonieux. »

3. [...] les vaches maigres sont sur les écrans. Loin de rivaliser en nouvelles sorties massives, les distributeurs semblent respecter une période sabbatique et comptent leurs billes. (*Première*, février 1986, p. 43, col. 1.)

○ **Défendre ses billes.** « Défendre ses intérêts dans une transaction, une affaire. »

4. [...] le vieux Léonce défendait farouchement ses billes : ergotant, disputant sous à sous [*sic*, au pluriel], pire qu'un Grec, travaillant à l'usure. (M. Audiard, *La Nuit, le Jour*, p. 52.)

○ **Mettre (placer) ses billes dans quelque chose.** « Investir, placer de l'argent dans quelque chose. »

5. En définitive, je suppose, qu'il a mis des billes dans le cinéma uniquement pour ça, se farcir quelques gazelles peu farouches. (A. Boudard, *Cinoche*, p. 237.)
6. Barre aurait d'ailleurs frayé, pour ne pas dire fricoté, avec des gens de gauche. Mais il est rappelé, d'autre part, qu'il a placé quelques billes [...] dans une société planquée dans un paradis fiscal, le Liechtenstein. (*Le Canard enchaîné*, 19 février 1986, p. 2, col . 7.)

○ **Perdre ses billes.** « Perdre ses moyens ; être désemparé. »

7. [...] celle-là
Qui, bien sûr, laissait beaucoup
Trop de pierr's dans les lentilles,
Mais se pendait à mon cou
Quand je perdais mes billes ! (G. Brassens, « Auprès de mon arbre » dans *Poèmes & Chansons*, p. 90.)
8. — Parle pas comme ça. Je t'aime, tu sais. Je ferai tout ce que tu voudras.
Alors moi quand on me cause comme ça je perds mes billes. (E. Hanska, *L'Imparfait du subjectif*, p. 52-53.)

○ **Prendre les billes de quelqu'un.** « Prendre la défense de quelqu'un, prendre fait et cause pour quelqu'un. » ~ **Prendre les patins de quelqu'un.**

9. — [...] c'est sa vie. C'est lui que ça regarde [...].
— Il peut bien vivre comme il veut, cela ne me fait ni chaud ni froid. Tu prends ses billes d'une façon... (C. Courchay, *Quelque part*, p. 204.)

○ **Remettre les billes au milieu.** « Remettre les choses au point. » Image de la mise initiale dans les jeux d'argent. ~ **Calmer le jeu, remettre la balle au centre.**

10. [...] les plus virulents [des grévistes] sont souvent les gars qu'on n'avait jamais vus auparavant. Les jeunes essentiellement. Il faut parfois les tempérer, remettre les billes au milieu... (*Le Monde*, 30 décembre 1986, p. 16, col. 2.)

○ **Remonter ses billes.** « Se remettre en fonds. » Variante du plus ancien **remonter ses boules. Remonter les billes de quelqu'un.** « Renflouer. » ~ **Se refaire.**

11. Pour le braquage qui devait remonter nos billes, fallait pas y compter dans le coin, ça grouillait [...] d'uniformes en ville [...]. (A.D.G., *La Divine Surprise*, p. 108.)
12. Il s'est drôlement requinqué, Gabin, ces derniers temps. Sa santé lui est revenue en même temps que sa cote d'homme de poids. Ces deux choses conjuguées lui ont permis de remonter ses billes et de regrouper suffisamment d'osier pour claper sans se soucier du lendemain. (J. Houssin, *Envoyez la purée !* p. 9.)

○ **Rentrer dans ses billes.** « Récupérer l'argent investi ; rentrer dans ses frais. » ~ **Rentrer dans ses boules.**

13. [...] « si » le Maltais rentrait pas dans ses billes à l'échéance qu'il avait fixée, Tony sortait plus de là. Justement ou injustement, il s'en cognait*, il voulait pas voir interrompre sa vie par un séjour au placard. (A. Simonin, *Une balle dans le canon*, p. 179-180.)

○ **Reprendre (retirer) ses billes.** « Retirer son argent, cesser d'investir (dans telle ou telle opération). »

14. Deux des plus importants [sponsors du Paris-Dakar], les cigarettes Gauloises et Rothmans ont, cette année, repris leurs billes. (*Le Canard enchaîné*, 31 décembre 1986, p. 4, col. 5.)

— Par extension. « Se retirer d'une affaire, d'une action. »

15. Bien sûr, le serment était gênant, il n'était pas dans le caractère de Quentin de reprendre

ses billes. Mais quelle valeur pouvait conserver un vœu qui était devenu une gageure, une gageure qui tournait à l'entêtement ? (A. Blondin, *Un singe en hiver*, p. 180.)

16. Pas question [...] de laisser tout tomber, de tout plaquer et de foutre le camp. Il s'était beaucoup trop avancé dans l'engrenage pour retirer ses billes. (P. Siniac, *Les Congelés*, p. 138.)

○ **Toucher sa bille.** « Être compétent, habile ; être actif (dans tel ou tel domaine). » Du vocabulaire du billard où il faut « toucher » sa bille ou celle de l'adversaire pour réussir le coup. ~ **Toucher sa canette*.**

17. À la baston, Manu, il a la réputation de toucher un peu sa bille. L'Arabe en fait l'expérience. Flingué d'entrée, il est. Il recule d'une demi-douzaine de mètres avant de s'écrouler dans le gravier, le visage ensanglanté. (J. Houssin, *Envoyez la purée !*, p. 85-86.)

Voir aussi **emmerder**, exemple.

Billet

○ **Avoir son billet.** « Avoir son compte. » Par référence au billet sur lequel est inscrit le compte à régler ou, plus probablement, au billet qui permet de partir en voyage. Comparer avec **ramasser un billet de parterre.**

— Il est cané [mort] au moins ? demande quelqu'un [...].
Une voix lance, avec un laconisme éloquent :
— C'est Cotrini qui a tiré.
— Du moment qu'il a lâché ses flingues, c'est qu'il a son billet ! appuie un autre. (P. V. Lesou, *Cœur de hareng*, p. 169.)

Bique

∅ **Bique et bouc.** « Qui est homosexuel passif et actif ou bisexuel ; qui évoque cette manière d'être. » Métaphore qui s'appuie sur le dimorphisme sexuel que l'on peut observer chez la chèvre (dans certaines régions de France, comme en Charente-Maritime, la chèvre hermaphrodite est qualifiée de **ni bique ni bouc**). ~ **Marcher à l'huile et au vinaigre, être à poil et à plume, à voile* et à vapeur.**

Un bandeau blanc [...] ajoute la touche bique et bouc au personnage. Ni chair ni poisson. Jacky l'insaisissable. (J. Houssin, *Envoyez la purée !*, p. 143.)

Biscotte

○ **Rasé à la / avec une biscotte.** « Mal rasé ou pas rasé. » Par exagération. ~ **Rasé au / avec un couteau* de cuisine, rasé de la veille*.**

Avec mon imper de détective privé sans contrat [...], mes yeux bouffis et mes joues rasées à la biscotte, je n'avais pas l'air dans mon assiette. (H. Prudon, *Plume de nègre*, p. 85.)

Bisquer

Bisque, bisque, rage! Pour exciter quelqu'un en s'en moquant. Surtout dans le langage des enfants, qui s'accompagnent du geste en frottant les deux index l'un contre l'autre. Il existe aussi une variante développée : **Tu bisques, tu rages, tu manges du fromage!** mentionnée dans M.-H. Gonthié, *La Gueille-Ferraille des mots. Éléments de vocabulaire populaire bordelais*, Bordeaux, FOL, 1979, p. 10.

1. Bisque, bisque rage. Plus je les taquine, plus ils enragent. Moi, la Renault 5 TS, je vrombis [...] je vire, je vole, je virevolte [...]. Les frimeurs pâlissent quand ils me voient dans leur rétroviseur. (*Le Nouvel Observateur*, 4 décembre 1982, p. 64 [Publicité].)
2. « Je ne veux pas que vous jouiez à ces jeux brutaux ! Je confisque la balle ! Et toi, tu vas au piquet ! » il m'a dit, monsieur Bordenave. Moi je lui ai dit que c'était drôlement injuste. Agnan, lui, il m'a fait « bisque, bisque, rage » et il avait l'air tout content [...]. (Sempé/Goscinny, *Le Petit Nicolas*, p. 146.)

— Variante. **Bisque, bisque, enrage!**

3. — Bisque, bisque, enrage ! [...] sale cafard ! marmottait à voix basse Tigibus en lui faisant les cornes. (L. Pergaud, *La Guerre des boutons*, p. 236.)

Bite

∅ **Bite chauffante.** « Thermoplongeur. » Probablement originaire de l'argot des casernes, où l'on dit aussi **couille chauffante**.

1. [...] je lui racontai qu'on n'a pas le droit d'avoir de réchaud en cellule pour se faire des boissons chaudes. L'administration vend cinquante balles une résistance électrique qu'il faut immerger dans un bol pour faire chauffer le liquide : on appelle ça une *bite chauffante*. (Marie & Joseph, *Jazz Belle*, p. 134.)

∅ **Faire chier la bite (à quelqu'un).** « Ennuyer, excéder. » Forme intensive de **faire chier**; image hardie et osée tant à l'égard de la bienséance que de la physiologie.

2. — [...]. Dis, on fait rien de mal ! [...] Fais pas chier la bite, on est dans notre droit. (A. Boudard, *Bleubite*, p. 99.)
3. On promet, au joyeux klaxonneur, des représailles inédites, de l'inauguration dans le sévice et l'originalité dans la sanction. Les fenêtres s'ouvrent, les insultes fusent.
— T'as pas fini de nous faire chier la bite, enfoiré ! gueule un mastard en tricot de corps.
— Flingue-le, Lucien ! renchérit une furie. (J. Houssin, *Roulez jeunesse !*, p. 167.)

Blaise

À l'aise, Blaise! Pour souligner la satisfaction, la facilité; renforcement plaisant de **à l'aise**, avec utilisation de la rime intérieure.

1. Le flouze, on l'avait planqué dans les socquettes, comme des cons, pour le cas où on serait fouillés... À l'aise Blaise. (Bayon, *Le Lycéen*, p. 297.)

2. [...]. Quel est ton nom ?
— Blaise.
— À l'aise ! je rigole. (San-Antonio, *Galantine de volaille*, p. 65.)

Blanc

Plus blanc. « Mieux. » Par allusion à la lessive qui lave plus blanc (langage de la publicité), pour qualifier de façon superlative. La locution paraît moins lexicalisée que **plus blanc que blanc.**

1. [...] le président d'un parti [le Front national] qui prétend n'avoir besoin de personne pour laver plus blanc. (*L'Événement du jeudi*, 25 juin 1987, p. 4, col. 1.)
2. — Pardonne-moi. Je t'aime.
— Moi aussi.
— Je t'aime plus. Je t'aime depuis longtemps.
Il rit, fait allusion à la publicité d'une marque de lessive :
— Oui, mais moi je t'aime plus blanc. (R. Fallet, *L'Angevine*, p. 284.)
3. Une fois qu'il était propre et qu'il s'était rasé avec Bic qui attaque le poil à la base et qui rase plus blanc, alors on lui permettait de rentrer dans la chambre. (J. Lanzmann, *Rue des Mamours*, p. 141.)

Plus blanc que blanc. Par allusion à un slogan publicitaire pour une lessive, gentiment moqué par Coluche dans son sketch sur la publicité : « Moins blanc que blanc, j'm'en doute, c'est gris. Mais... plus blanc que blanc ? C'est nouveau, ça vient de sortir*. » À valeur de superlatif.

4. De la rue, ne me parvenait aucun bruit. Je m'en étonnais [...]. Et si c'était la neige ! Je me levai d'un bond. A fond sur la manivelle du volet. Plus blanc que Blanc, blanc Persil, Skip partout, Lannemezan sous la neige ! (C. Laborde, *L'Os de Dionysos*, p. 86.)
5. J'étais le nègre, le confesseur pervers d'un blanc plus blanc que blanc. (H. Prudon, *Plume de nègre*, p. 63.)

Bleu

En bleu, blanc, rouge. « De toutes les couleurs, en n'importe quelle couleur. » L'association des trois couleurs de la France est utilisée en raison de sa popularité, de façon banalisée, dans des contextes où elle perd toute connotation patriotique.

1. Je me tombe deux beautés athéniennes en moins d'une plombe et voilà qu'elles s'appellent toutes deux Alexandra. Y a de quoi se la faire peindre en bleu, blanc, rouge [...]. (San-Antonio, *Salut, mon pope !*, p. 99.)

○ **Faire bleu ; faire la bleue.** « Faire l'école buissonnière, sécher des cours. » Locution originaire de l'est de la France (où elle calque l'allemand *blau machen*) et dont la diffusion est peut-être géographiquement assez restreinte.

2. J'ai commencé [au collège] à faire la « bleue », parce que j'en avais marre. Il y en a beaucoup qui font ça. (*La Vie, tu parles*, p. 34.)

— « S'en aller, faire une fugue. »

3. Nickette Nicky ma p'tite fleur on va faire la bleue. On va se tirer aux Amériques. (E. Hanska, *La Mauvaise Graine*, p. 219.)
4. Je fais la belle. Je fais la bleue. Je veux me la faire belle* près de la grande bleue. (E. Hanska, *L'Imparfait du subjectif*, p. 7.)

La grande bleue. « La Méditerranée, la mer. » Par antonomase.

5. On était bien tous les deux, mon cata[maran] et moi sur la grande bleue. (*Libération*, 29-30 novembre 1986, p. 38, col. 4.)
6. [...] je tourne le dos à ce que des poètes daltoniens ont baptisé « la grande bleue ». [...] un immense scintillement, un miroitement infini m'entourent. (San-Antonio, *Salut, mon pope !*, p. 124.)

Voir aussi *supra*, exemple 4.

Blond

Les chères têtes blondes. « Les jeunes enfants. » La plupart des jeunes enfants ont les cheveux de couleur blonde ou châtain clair. Le refrain de la chanson « L'Entrecôte », de Zimmermann et Goupil (1927), qui fut en 1946 le premier grand succès des Frères Jacques, a pu contribuer à la diffusion de l'expression : « C'est pour pouvoir acheter l'entrecôte/Qui nourrira les chères têtes blondes (...). »

1. Pas une maternelle qui ne soit « dotée » de son Minitel [...], pas une communale du plus reculé des hameaux de la Haute-Corse où nos chères têtes blondes, (eh oui, il y a des Corses blonds...), avant même de savoir lire ou écrire, ne pianotent sur l'ordinateur [...]. (L. Fournier, *C'est nouveau, ça vient de sortir*, p. 112.)
2. [...] à chacun de ses quarts d'heure télévisés, le Premier ministre ne rate pas l'occasion d'étaler en premier plan la photo de ses chères têtes blondes. (C. Sarraute, *Dites-donc !*, p. 91.)

Bocal

○ **Agité du bocal.** « Personne excitée. » C'est dans l'argot des casernes que **bocal** a d'abord désigné le casque puis la tête. « À l'agité du bocal » est le titre d'un pamphlet de L.-F. Céline, adressé à J.-P. Sartre en 1948. Une critique du film « Chouans » (sorti en mars 1988) porte ce titre clin d'œil : « Les agités du bocage » (M. Braudeau dans *Le Monde*, 24 mars 1988, p. 19.)

L'« underground », cher aux babas-patchouli des années 70, renaît sous les coups de boutoir de ces agités du bocal, sains et vigoureux [un groupe de musique rock]. (*Télérama*, 28 janvier 1987, p. 38, col. 3.)

Boche

∅ **Encore un que les Boches n'auront pas!** Formule marquant la satisfaction d'avoir bu une consommation, pris un repas, etc. Équivalent personnalisé de **toujours ça de pris* sur l'ennemi**, la locution a pu apparaître lors de la Première Guerre mondiale ; elle vieillit.

1. À la fin de chaque repas, mémère disait : « Encore un qu'les Boches n'auront pas ! » (G. de Cortanze, *Les enfants s'ennuient*, p. 119.)
2. « Encore un que les Boches n'auront pas ! »
Comme disait mon père, après chaque repas pris à la ferme, en repliant son Opinel. (San-Antonio, *Bons Baisers où tu sais*, p. 41.)

— Avec variantes de **Boches.**

3. Les deux vieilles connes leur avaient servi un thé [...]. Et même un petit verre de tord-boyaux qui devait dater d'avant l'autre guerre, avec des réflexions désuètes du genre « Encore un que les Prussiens n'auront pas ! » (J. Amila, *Au balcon d'Hiroshima*, p. 75.)
4. Encore un que les Allemands n'auront pas [...]. (M. Sportès, *Le Souverain poncif*, p. 11.)

— Appliqué à un autre ennemi, réel ou virtuel.

5. Et le Captain Beaujol reposa son verre vide sur le zinc du Café du Pauvre :
— Encore un que les fellouzes auront pas ! (R. Fallet, *Le Beaujolais nouveau*, p. 21.)
6. À leur réveil, ils avaient chanté en chœur [...], la journée commençait bien. Encore une que les Russes n'auraient pas. (D. Rondeau, *L'Âge-déraison*, p. 64.)

Bœuf

Enlevez le bœuf ! « La chose est prête ; la situation est mûre ; le tour est joué. » Du vocabulaire de la boucherie où la viande une fois pesée est prête à être emportée. On entend parfois **enlevez le bœuf, la vache est pesée.** ~ **Enlevez, c'est pesé*.**

1. Cette fois il risque la relègue. Pour un sac à main... la vioque a poussé des cris... une paire de vaches à roulettes juste par là. Enlevez le bœuf ! (A. Boudard, *La Cerise*, p. 126.)

○ **Gagner son bœuf.** « Gagner sa vie. » L'image s'inscrit dans la même série que **gagner son bifteck, son entrecôte** ou encore **gagner son pain, sa croûte.**

2. — On ne s'imagine pas un homme comme toi fréquentant des galeries ou des musées.
— Parce que les gens sont bourrés d'idées reçues. Sous prétexte que je gagne mon bœuf en tuant des gens, je devrais être un type inculte, dénué de tout sens artistique. (San-Antonio, *Galantine de volaille*, p. 151.)

○ **Les bœuf-carottes.** « L'Inspection générale des services de la police. » Cette image culinaire, dans l'argot de la police, s'explique peut-être comme le propose l'exemple qui suit, bien qu'en fait ce sont les interrogés qui sont « cuisinés ».

3. Ça allait, à coup sûr, tourner vinaigre cette altercation, virer au pugilat inter-poulets, la baston [la bagarre] bœuf-carottes. (J. Houssin, *Faites pas pleurer le Dobermann !*, p. 122.)
4. — Les poulets, moi je les renifle à cent mètres. Non seulement c'est des flics, mais en plus je te parie que c'est les bœuf-carotte [*sic*]...
— Les quoi ?
— L'IGS, l'Inspection générale des Services, la police des polices [...].
— Pourquoi les bœuf-carotte ?
— Parce que quand ils te tiennent, ils te font mijoter à petit feu. (L. Simon, *Les Ripoux*, p. 146.)

Boire

Boire comme un évier. « Boire beaucoup. » Variante domestique de **boire comme un trou.** ~ **Pompera* comme les shadocks.**

1. Et mon Poppy est parti avec sa bordée. Naturellement, ils ont bu comme des éviers, la bière, ça n'apparaît pas, mais ça vous saoule très bien. (M. Bédu, *La Vie dure*, p. 79.)
2. [...]. Cette jeunesse boit comme un évier, et des liqueurs sans marques. Elle passe sa vie à se satisfaire follement comme dans les rêves. (P. Morand, « La nuit romaine » dans *Ouvert la nuit*, p. 111-112.)

On boit de bons coups mais ils sont rares! Formule plaisante pour réclamer à boire.

3. — 1952 ! lança le gaillard à la pipette [...].
— ???, fîmes-nous d'une seule voix, en levant nos godets.
— 1950 ! reprit le gaillard.
— !!!
— 1947 !
— ...
— 1931 !
Cette fois, il se trouva quelqu'un d'assez averti pour avancer « qu'on allait être dans un drôle d'état en arrivant à 1815 » [...]. En quoi notre compagnon s'était montré plus prudent qu'un pèlerin précédent, lequel, pour s'être abandonné par manière de rigolade à déclarer sous des piliers identiques [d'une cave] : « On boit de bons coups mais ils sont rares », se retrouva dans le quart d'heure raide comme un morceau de bois et tout paralysé d'hébétude éthylique [...]. (A. Blondin, *Ma vie entre des lignes*, p. 189.)
4. « J'ai faim ! » criait-elle.
Elle mangeait comme pour se venger de quelque chose et jetait tout le temps des phrases types du genre : « On boit de bons coups mais ils sont rares » [...]. Aussi Marguerite lui servait des triples rations. (R. Sabatier, *Trois Sucettes à la menthe*, p. 68.)

Bois

Bon sang de bois! Interjection marquant l'étonnement, la surprise, l'agacement. Variante euphémique de **bon Dieu de bois!** lequel est déjà pour **bon Dieu de Dieu!**

1. Ce serait bien si ces bon sang de bois de gendarmes se pointaient.
Voilà ! Voilà !
[...] une 4 L bleu marine apparaît au sommet du chemin. (F. Fossaert, *Touche pas à ma cible*, p. 243.)
2. Quand il a vu rentrer Olga, évidemment il n'était pas content du tout et il a dit : « Bon sang de bois, mais qu'est-ce que vous faites ici? Vous voyez bien que je suis occupé ! » (J. Lanzmann, *Rue des Mamours*, p. 17.)

Chèque en bois. « Chèque sans provision. » Comme une personne qui est « de bois », c'est un chèque dont on ne peut rien tirer, qui n'a pas de répondant. ~ **Chèque à ressort*.**

3. Juste une fois. Je louerai une chambre au Ritz. Un chèque en bois. Mais on se paiera une ultime fête au champagne pour faire la pige aux jours de galère. (E. Hanska, *J'arrête pas de t'aimer*, p. 39.)

Boîte

Boîte à + nom. Pour désigner une partie du corps. Certaines locutions semblent moins lexicalisées, comme **boîte à idées** « tête, crâne » (San-Antonio, *Le Trouillomètre à zéro*, p. 203) ou **boîte à réflexions** « tête, cerveau » (R. Kesselring, *Putain d'amour*, p. 193). Celles qui suivent appartiennent surtout à l'usage populaire.

○ **Boîte à camembert; boîte à fromage.** « La bouche. » Surtout dans des contextes où l'on invite quelqu'un à se taire. Fréquent dans la langue des enfants.

1. Je lui disais qu'il avait bien fait de se contrôler tout à l'heure, de boucler un peu sa sale boîte à camembert. (Bayon, *Le Lycéen*, p. 42.)

○ **Boîte à dominos.** « La bouche. » Désigne parfois aussi « le cercueil », les dominos désignant alors les os et non plus les dents.

2. Elle ferme les yeux. Je me penche sur elle et je fais l'inventaire de sa boîte à dominos. Les trente-deux pièces s'y trouvent rassemblées. (San-Antonio, *Salut, mon pope!*, p. 108.)

○ **Boîte à lait.** « Sein de femme. »

3. Germaine entra, boîtes à lait plantureuses en avant, l'air effarouché. (A.D.G., *Cradoque's band*, p. 74.)
4. Elle se leva, dans un long soupir qui fit darder la pointe de ses boîtes à lait sous le tissu mauve comme son regard, se rebiffa encore. (A. Le Breton, *Du rififi à Paname*, p. 12.)

∅ **Boîte à ouvrage.** « Sexe de la femme (envisagé sous l'aspect érotique). »

5. Le rendez-vous avec Irène, il n'en est plus question, et pour le régal de la boîte à ouvrage, cette frangine va, sûr, passer au travers ! (A. Simonin, *Hotu soit qui mal y pense*, p. 229.)

○ **Boîte à ragoût.** « Estomac, ventre. »

6. [...] les copains, on ne les dénonce pas même s'ils vous balancent du 11/43 en plein dans la boîte à ragoût. (J.-B. Pouy, *La Pêche aux anges*, p. 23.)
7. — Ah, vous vous intéressez à la boxe ?
— À cause de l'atmosphère bon enfant. Ces spectateurs qui crient : « Vas-y, dans la boîte à ragoût ! » (A. Schifres, *Ceux qui savent de quoi je parle*, p. 297.)

Bombe

À toute bombe. « Très vite, à toute allure. » Sur le modèle de **à tout(e) berzingue, à toute blinde,** à partir de locutions plus anciennes du type **en bombe, comme une bombe**, de même sens ; à comparer avec **à toute pompe.** ~ **Vitesse grand V*.**

Du coup, je me lève comme un ressuscité et m'habille à toute bombe. (P. Conil, *Flip-frac*, p. 88.)

Bon

Avoir tout bon. « Avoir vu juste, ne s'être pas trompé. » Du vocabulaire des écoliers et des étudiants ; le contraire est **avoir tout faux*.**

1. Mitterrand, comme Lang, comme d'autres, a joué au jeu du tiercé télévisuel : il a écrit ses pronostics sur un bout de papier. « Jusqu'à présent, j'ai tout bon », dit-il. Reste TF1... Suspense ? (*L'Événement du jeudi*, 12 mars 1987, p. 16, col. 3.)

C'est bon pour ce que tu as ! Souvent en emploi plaisant. Formule employée à propos de conseils d'hygiène de vie en vue de remédier à des maux réels (et dans ce cas mal définis) ou supposés.

2. Bref, ce début de vacances, et pourtant c'était pas la Toussaint, ça sentait, dans ma tête, puissamment le chrysanthème. Mon pater, qui remarque tout, me dit tout le temps, t'as qu'à faire du sport, c'est sûrement bon pour ce que tu as. (J.-B. Pouy, *L'Homme à l'oreille croquée*, p. 52.)
3. [...] refusant d'y goûter, malgré l'invitation sans façon de la nonne géante : « Bois, mon gars, c'est bon pour c'que t'as. » (D. Van Cauwelaert, *L'Orange amère*, p. 48).

C'est tout bon. « C'est bien, c'est parfait. » Même origine que **avoir tout bon.** « Killy, c'est tout bon » est le titre d'une chanson d'Hugues Aufray (1967).

4. — J'ai des renseignements d'Interpol et j'ai téléphoné à Gênes et à Rome. Je te passe le détail, mais le résultat, c'est tout bon. (J. A. Lion, *Poulets et Perroquets*, p. 215.)

○ **Y a bon banania.** Pour qualifier une chose ou une situation profitable, qui excite la convoitise. D'une publicité de naguère pour le chocolat en poudre Banania.

5. — Merde, écoutez-moi ! Écoutez-moi, les mecs, beugla Jeanine. Tandis que Dany nous fait perdre notre temps, la patronne du café empoche ! Pas vrai, madame Georgette ? Cent dix consommations y'a bon banania, hein ? (M. Anissimov, *Le Bal des Puces*, p. 89.)

Bonbon

∅ **(À) ras du/le bonbon.** « Très court (d'un vêtement féminin). » Le **bonbon** désigne ici par métaphore soit le postérieur, soit le sexe féminin. **À ras du cul, du gazon* ; ras de touffe*.**

1. Suivaient les majorettes. [...] une jupette de tennis ras le bonbon, attention* les yeux. (C. Courchay, *Quelque part*, p. 120.)
2. Minijupe à ras du bonbon et chemise à fleurs [...]. (*L'Événement du jeudi*, 21-27 juillet 1988, p. 78.)
3. Quant à la jupe à ras le bonbon, [...]
C'est pas compliqué, mais c'est bon. (L. Ferré, chanson *La « The Nana »*, 1971.)

Bonheur

∅ **Aller au bonheur.** « Jouir sexuellement. » ~ **Voir les anges*.**

1. Ainsi vont les dames, je parle pas de toutes, mais en somme... Et puis, y a aussi le tour à tour ange et vampire, tout ça se trouve. Y a qu'à les voir aux caresses, la façon qu'elles vont au bonheur, c'est des chevaucheuses de balais [...], elles vous montent là, vous galopent au train du sabbat [...]. (L.-F. Céline, *Maudits Soupirs*, p. 65.)

Ne pas connaître son bonheur. « Ne pas apprécier sa situation, alors que d'autres l'estiment enviable. » C'est d'ailleurs dans la bouche des autres que la locution est la plus fréquente.

2. — C'est le bel âge !
— Il ne connaît pas son bonheur ! (P. Daninos, *Le Jacassin*, p. 42.)
3. Quel boulot mes pauvres enfants ! Ah, vous ne connaissez pas votre bonheur, dans l'hôtellerie ! Pas de soucis ! On présente la note et tac ! Ça tombe... (A. Husson et F. Blanche, « Adieu Berthe ! » dans *L'Avant-Scène Théâtre*, p. 32.)

Bonjour

(Bien) le bonjour chez toi/chez vous. Cette formule d'adieu, employée hors situation, et notamment lorsque celui qui l'emploie ne connaît pas son interlocuteur, prend une valeur plaisante ou ironique.

1. Dans sa p'tite tête, Victor a un plan qui le retient de se tirer quand il en a plein la tronche : supporter, supporter et fermer sa gueule jusqu'à ce qu'il sache vraiment le métier. Et ce jour-là, le jour où il sera vraiment un pro [...], alors salut Nénesse, bien le bonjour chez toi. (J.-P. Demure, *Découpe sombre*, p. 231.)
2. PIERRE [...] : Je suis ici chez moi. Barrez-vous.
MME RAPONS [...] : Monsieur, je suis douée d'une patience *infinie* avec les enfants, mais je ne suis pas qualifiée pour soigner les fous. (*Elle remet ses gants, prend sa valise hors champ*). Je vous salue. Bien le bonjour chez vous. (C. Serreau, « Trois hommes et un couffin » dans *L'Avant-Scène Cinéma*, p. 69.)

Bonjour, bonsoir. Pour exprimer des relations superficielles, comme en ont les gens qui se voient assez régulièrement (dans l'ascenseur, le bus, etc.) mais sans se connaître vraiment.

3. [...] mon rêve, c'est [...] le pavillon, si possible pas de voisins, ou bonjour-bonsoir et c'est marre, le klebs qu'on fait pisser deux fois par jour, la retraite à cinquante-cinq piges [...]. (P. Siniac, *Pas d'ortolans pour La Cloducque*, p. 242-243.)
4. — Oh ! hé, hein, bon, glapit-elle, vous permettez ? J'suis pas coupable, moi ! J'ai rien fait. Je le connais juste comme ça, ce môme... bonjour, bonsoir... D'ailleurs, ça fait six mois qu'on l'a pas revu. (J. Vautrin, *Bloody Mary*, p. 105.)

Voir aussi **too much**, exemple 3.

Bonjour le (la, les) + nom. Équivalent d'une exclamation (**quel** + nom) marquant une surprise désagréable. Par antiphrase. « Bonjour l'angoisse » est le titre d'un film de P. Tchernia (1988). ~ **Attention* le (la, les)** + nom.

5. C'est ta dernière chance de pas te retrouver tout seul et solitaire. Parce que, la solitude,

tu la supportes pas et quand il va y avoir ici que du silence et ton grand lit tout vide, alors : bonjour l'angoisse ! Je te connais par cœur. (R. Forlani, « Grand-père » dans *L'Avant-Scène Théâtre*, p. 10.)

6. Demandez aux lycéens, voire aux étudiants de lettres, qui était Montesquieu, qui a écrit *Les Confessions* ou *Nicomède* et bonjour la surprise ! (E. Genouvrier, *Naître en français*, p. 148.)
7. Elle a r'tiré ses charentaises,
bonjour l'odeur,
pour roupiller super à l'aise
pendant trois heures ! (Renaud, « L'auto-stoppeuse » dans *Mistral gagnant*, p. 87.)
8. [...] le mercredi, dur : cours de 8 heures à 13 heures dont deux de français, plus une heure de latin, plus deux heures de maths : bonjour la galère* ! (« *22 lycéens* », p. 124.)

Voir aussi **bonsoir**, exemple 2 ; **crise**, exemple 1, et **trop**, exemple 3.

— Par référence à un slogan anti-alcoolique (1984-1985) : **Un verre ça va, trois verres, bonjour les dégâts.**

9. Le vrai romancier ne doit en aucun cas casser les couilles à son lecteur, sinon il tombe dans la catégorie « écrivain » et alors là, bonjour les dégâts ! (San-Antonio, *Fais pas dans le porno...*, p. 48.)
10. Il n'aimait pas trop les têtes nouvelles dans sa petite vie. Un, deux amis, ça suffit. Trois amis : bonjour les dégâts. (P. Siniac, *Les Enfants du père Eddy*, p. 68.)

Voir aussi **feu**, exemple 1.

— Ordre inversé (nom + **bonjour**).

11. Il aperçoit la gardienne de l'immeuble (concierge, c'est dans les endroits modestes) en train de petit déjeuner. Elle se néglige pas : chocolat crémeux, toasts beurrés et surconfiturés ! Les calories, bonjour ! (San-Antonio, *Galantine de volaille*, p. 184.)

— Avec un clin d'œil au roman de F. Sagan « Bonjour tristesse » (1954). Voir **Berthe**, exemple 1.

○ **T'as le bonjour !** Pour signifier qu'il vaut mieux renoncer, qu'il est impossible d'aboutir (dans une action), de réussir (dans une entreprise). Toutes les formules utilisées pour prendre congé peuvent être employées, en français populaire, pour indiquer que l'on abandonne, que l'on renonce. ~ **T'as le bonsoir*.**

12. Clodarec lâcha la sonnette.
— Est-ce qu'on va pouvoir enfoncer ça ? demanda-t-il.
— Si les verrous sont tirés, t'as le bonjour.
— Mais ils ne le sont peut-être pas... estima Clodarec. (J. Houssin, *Plus noir qu'un Dobermann*, p. 149.)

Bonne

Je (ne) suis pas ta/sa bonne (boniche) ! Pour marquer son refus d'être exploité par quelqu'un, d'obéir à ses injonctions.

1. Fille Aînée accuse Monsieur Gendre d'être un petit bourgeois terrorisé par sa mère et ne pensant qu'à sa retraite. Louis lui rétorque qu'elle n'a à la bouche qu'une seule phrase : « Je ne suis pas ta bonne ! » (N. de Buron, *C'est quoi, ce petit boulot ?*, p. 289.)
2. — Je ne veux pas que tu me parles comme ça [...] Je ne suis pas ta bonne ! crie-t-elle en se hâtant. (G. Mordillat, *À quoi pense Walter ?*, p. 95.)

Bonsoir

Bonsoir le (la, les) + nom. (À propos de choses.) « Tant pis pour. » ~ **Adieu.**

1. Allez ! j'me fume un dernier morceau de H à la pipe à eau et puis je m'écroule. J'écoute les Eagles au casque *Motel-California*. À fond* la caisse. Bonsoir les esgourdes. Le rock ça rend sourd. (F. Lasaygues, *Vache noire*, p. 37.)
2. Au train où ça va, bientôt personne ne voudra plus embaucher personne. Bonjour* le chômage et bonsoir la Sécu. (C. Sarraute dans *Le Monde*, 30 janvier 1988, p. 28, col. 6.)

T'as le bonsoir! Même sens que **t'as le bonjour*** *supra*.

3. — Pour trouver une place [de stationnement], nous avons le bonsoir, constatait-il en démarrant au ralenti. (R. Giraud, *La Coupure*, p. 130.)

Bonux

○ **Cadeau Bonux.** Pour désigner une chose que l'on reçoit en surplus, en prime. Par référence aux petits cadeaux glissés dans les paquets de lessive de la marque Bonux.

1. Dans mes vadrouilles, c'est des endroits pour dormir que je cherche, des lits. Et les filles, les femmes que je trouve parfois dedans, c'est un petit plus. Comme qui dirait le cadeau Bonux. (R. Forlani, *Papa est parti, maman aussi*, p. 117.)
2. Vous ne faites que rééditer en tâchant de lui redonner les couleurs de la nouveauté un vieux produit des familles* à la fois sympathique et utile, mais qui est sur le marché depuis quatre-vingt-deux ans. [...] *Petit Larousse* est devenu plus que jamais une affaire de gros sous, [...] la concurrence est sérieuse et [...] il faut veiller au grain. Pour cela, vous n'hésitez pas à multiplier les enjoliveurs et les cadeaux Bonux. (*Le Monde*, 5 octobre 1988, p. 16, col. 2.)

Borgne

∅ **Étrangler le borgne.** « Se masturber (d'un homme). » Variante de **étrangler Popaul**, le **borgne** étant l'une des désignations du pénis en argot.

J'aime pas recevoir des ordres
J'aime pas me lever tôt
J'aime pas étrangler l'borgne
Plus souvent qu'il ne faut. (Renaud, « Déserteur » dans *Mistral gagnant*, p. 149.)

Bouc

○ **Coup de bouc.** « Mouvement sec par lequel on relève le menton, pour ne pas perdre un pouce de sa taille. » Par métonymie, **bouc** « barbiche au menton » désigne ici le menton lui-même; du vocabulaire des casernes où le « coup de bouc » est vivement recommandé par les gradés pour obtenir un garde-à-vous impeccable.

1. Relever le menton en coup de bouc pour passer devant la concierge [...]. (G. Dormann, *Je t'apporterai des orages*, p. 149.)

Puer le bouc. « Sentir très mauvais. » Par exagération, le bouc étant l'animal domestique dont l'odeur est la plus pénible à supporter pour l'homme.

2. [...] un jeunot mal fringué qui pue le bouc négligé [...]. (San-Antonio, *Galantine de volaille*, p. 34.)

Bouche

Ferme les yeux et ouvre la bouche! En guise de réponse à une question gourmande (habituellement posée par un enfant), pour annoncer une surprise ; l'exemple *infra* est un écho de cet emploi.

— Alors braconnier... La chasse a été bonne ce matin ?
— Ferme les yeux et ouvre la bouche. (Dubos/Pichard, *Caroline choléra*, p. 3.)

Bouchon

○ **Au bouchon.** Pour désigner le mode de rémunération d'une hôtesse de boîte de nuit, selon le nombre de bouteilles de champagne qu'elle fait commander par les clients.

1. [...] j'essayais de m'en convaincre vilainement, cette personne [...] n'était après tout qu'une catin de luxe marchant au bouchon [...]. (A.D.G., *Balles nègres*, p. 106.)
2. [...] j'en avais vues [*sic*] deux ou trois en arrivant, petites putes amatrices, filles qui se débrouillent, cavettes aux yeux de Simone. Elles touchaient une vague commission au bouchon, étaient fermement priées de ne jamais faire de contrecarre [contrariété] aux quatre pensionnaires de l'endroit. (A.D.G., *Le Grand Môme*, p. 35.)
3. — [...] Et les frangines ? Elles dérouillent au moins ? [...]
— Sophie et sa frangine sont passées à travers, comme d'habitude. Y a que les deux nouvelles qui grattent leur sapin au bouchon. Pas de quoi se rouler par terre. (J. Houssin, *Bras de fer*, p. 121-122.)

Boudin

○ **En avoir dans le boudin.** « Être doué, avoir du répondant. » Comme la suivante, cette métaphore est fondée sur le sens de **boudin** « estomac » en français non conventionnel. ~ **En avoir dans le ventre, dans les tripes.**

1. — Ben ! qu'est-ce que tu fais là, Albert, toujours à lire ? Tu vas t'abîmer la santé.
L'autre le considère rêveusement, avec les yeux de quelqu'un qui revient de loin :
— Vieux, murmura-t-il, celui qu'a écrit ça, il en avait dans le boudin. (A. Blondin, *L'Europe buissonnière*, p. 403.)

○ **Scier le boudin.** « Donner des haut-le-cœur, des nausées. »

2. DELOUX [...] : Tu regardes le film, toi ?
MARC : Non, ça me casse les pieds les versions originales... Ça me scie le boudin, si tu vois

ce que je veux dire. (« La meilleure façon de marcher » de C. Miller dans *L'Avant-Scène Cinéma*, p. 10.)

Bouffe

○ **On se téléphone, on se fait une bouffe.** Pour marquer, en prenant congé de quelqu'un, que l'on espère le revoir autour d'un repas (ou parfois, pour renvoyer cette rencontre aux calendes grecques).

1. Allez salut Michel à la prochaine
On s'téléphone, on s'fait une bouffe ça baigne (Renaud, « La Blanche » dans *Mistral gagnant*, p. 109.)
2. Officiellement, on ne se quittait pas. On s'évitait plutôt : — Bonjour coco, on se téléphone, on se fait une bouffe. (J. Vautrin, *La Vie Ripolin*, p. 73.)

Boule

○ **Avoir les boules.** « Être angoissé, énervé ; être excédé ; être dans un état d'agitation, de tension ; avoir peur. » Comme son équivalent **avoir les glandes**, cette locution est attestée depuis une douzaine d'années. On peut y voir une métaphore de la **boule dans la gorge** « sensation de gêne accompagnant une forte émotion » (cf. par exemple T. Topin, *Un gros besoin d'amour*, p. 47 : « Les artistes appellent ça le trac, les autres la boule »), croisée avec **les boules** « engorgement des ganglions du cou » (non attesté, mais dans certaines régions de France, on rencontre **billes** en ce sens). Voir aussi F. Lasaygues, *Vache noire*, p. 108 : « Les boules ! Le nœud dans la gorge. »

1. El C. suffoquait. Moi aussi. De rage !
— Salaud, tu me fous dans la merde et tu pionces ! Dégoise ou je t'étripe [...].
— Je me doutais qu'tu choperais les boules, couina-t-il. J'ai tenu jusqu'au matin, mais ils ont fini par m'avoir. (M. Embareck, *Sur la ligne blanche*, p. 189-190.)
2. Dans ce métier [de policier], il ne faut pas être manchot. Quand vous entrez dans un appartement où tout est noir et que vous cherchez un macchabée, c'est comme au ciné. On a les boules. Un collègue a trouvé comme ça un type pendu dans un placard. (*L'Événement du jeudi*, 24 avril 1986, p. 50, col. 2.)
3. Y'a pourtant des rockys
Qu'ont dû avoir les boules
En m'voyant applaudi
Même par les babas cools
Quel panard ! (Renaud, « À quelle heure on arrive ? » dans *Mistral gagnant*, p. 126.)
4. J'ai toujours des doutes avec toi. Quand je te regarde et que je croise tes yeux, j'ai chaque fois l'impression de visionner un morceau de gruyère en train de couler. Ça m'angoisse, tu comprends. J'ai les boules, de noires inquiétudes. (San-Antonio, *Poison d'avril*, p. 173.)

Voir aussi **eczéma**, exemple, et **rien**, exemple 11.

— Tournure impersonnelle.

5. Je sens mon palpitant qui bat le tambour. Sur l'étagère au-dessus de moi y a la collèque de zincs modèles réduits à Mandrax. Stukas. Messerschmidts. Mirages. Migs. Y me vient les boules. Et si j'en faisais de la bouillie de ses merdes en plastoque ! (F. Lasaygues, *Vache noire*, p. 67.)

— Avec un geste symbolisant la somatisation.

6. [...] toutes les filles, quand elles ont le cafard ou qu'elles ont peur, elles disent qu'elles ont les boules. Elles se mettent les deux doigts à hauteur de la gorge juste sous le menton et elles disent : « J'ai les boules. »
Moi aussi je le dis. Mais l'écrire, c'est différent. Je préfère écrire que j'ai le cœur dans la gorge [...]. (Stéphanie, *Des Cornichons au chocolat*, p. 12.)

○ **Filer (foutre) les boules à quelqu'un.** « Angoisser, énerver ; excéder ; mettre dans un état d'agitation, de tension ; faire peur. » ~ **Foutre les glandes*.**

7. [...] il fallait se rendre à l'évidence : il l'aimait, cette Rosalie.
« Il l'aimait, cette Rosalie. » Ces mots tout cons lui foutaient les boules [...]. Pire que ça, il se traite intérieurement de ringard et de minable. » (E. Hanska, *Fascination*, p. 130.)

Voir aussi **vaseline**, exemple 1.

— Tournure impersonnelle.

8. Ça me fout les boules, les gens, suffit de leur donner un petit bout de soi, après, ils essaient de vous culpabiliser comme si on leur appartenait tout entière. (C. Breillat, *36 fillette*, p. 205.)
9. Au bruit de mes talons ferrés les clebs aboient dans les jardins [...]. Ça me fout les boules. (F. Lasaygues, *Vache noire*, p. 70.)
10. [...] déjà, à l'école, ça lui foutait les boules de voir des caves s'attaquer à plus faible qu'eux. (D. Pennac, *Au bonheur des ogres*, p. 47.)

Boulet

Sentir le vent du boulet. « Échapper de peu à un grave ennui, à un danger. » Image du déplacement d'air causé par un boulet de canon.

1. Les responsables de stations [de sports d'hiver] ont senti le vent du boulet passer l'an dernier pendant les vacances d'hiver des Parisiens. On les attendait de pied ferme comme chaque année [...]. Ils ne sont pas venus. Enfin, pas tous. La Plagne n'a rempli ses locations qu'à 70 %. (*Le Nouvel Observateur*, 2 février 1989, p. 56, col. 1.)
2. Patrick Sabatier peut respirer. Son idée d'émission pour sa rentrée sur la Une le 22 janvier, il a fini par la trouver. Mais il a senti le vent du boulet. Entre juin et octobre, cinq mois d'enfer, il a vu s'écrouler le fruit de onze ans d'efforts pour devenir le numéro un. Il en est encore tout retourné. (*Rolling Stone*, 13 janvier 1988, p. 111.)

Boulon

○ **Paumer/Péter ses boulons.** « Ne plus se contrôler, se comporter de façon anormale, déraisonnable. » Du vocabulaire de l'atelier ou de l'usine. ~ **Être dévissé de la toiture*.**

1. Eljie est plutôt contente. Le Grand est en train de paumer ses boulons. Y a bon. Plus qu'à lui faire suivre les rails. Puisqu'il est déjà en train. (E. Hanska, *La Femme coupée en deux*, p. 84.)
2. [...] je sens que je vais morfler un max [voir *maximum*]. Je vais raquer l'addition. Pourquoi tu vas me le dire. Pour une connerie d'incident de parcours. Ça arrive à tout le monde de péter ses boulons. Dès que je sors des rails les uns comme les autres j'ai remarqué y m'ratent pas. (E. Hanska, *J'arrête pas de t'aimer*, p. 66.)

Serrer/Resserrer les boulons. « Adopter une gestion plus rigoureuse ; adopter une conduite plus énergique, faire preuve de fermeté. » ~ **Serrer la vis. Desserrer les boulons.** « Se montrer plus souple, céder. »

3. « [...]. Il n'y a aucune solidarité... Chirac et son cabinet se révèlent incapables de serrer les boulons. » Ces commentaires aimables sont de Gérard Longuet, ministre des PTT [...]. (*Le Canard enchaîné*, 26 novembre 1986, p. 2, col. 2.)
4. Pourtant, la relation entre le dogme catholique et la lumière évangélique grince depuis que Jean-Paul II s'est mis à resserrer les boulons avec son énergie inspirée. (*L'Événement du jeudi*, 26 décembre 1985, p. 19, col. 2.)
5. Heureusement que Mandrax a fini par desserrer les boulons de son entêtement de primate ! J'dis heureusement pasque j'étais à un poil de lui filer mes quinze jours. (F. Lasaygues, *Vache noire*, p. 90.)

— Variante. **Visser les boulons.**

6. Exercice délicat pour l'ancien haut fonctionnaire plus porté à garder la boutique, à visser les boulons, bref à jouer les soutiers, pendant que « son » ministre bat les estrades. (*Le Monde*, 21 avril 1988, p. 22, col. 1.)

Bourré

○ **Bourré/Plein comme un coing.** « Complètement ivre. » Fruit rond à la peau bien tendue, le coing traduit ici l'idée de plénitude qu'on associe fréquemment à l'ivresse (cf. **rond* comme un petit pois**).

1. Un petit gniace à la taille jockey, sapé grand-père, poussa son « fiancé » dans les bras de Lucien, lui vantant sa gentillesse. Lucien laissa faire, voulant voir jusqu'où allait le jeu.
Il le vit quand, bourré comme un coing, il chercha dans sa poche pour payer les consommations. Plus un flache, ratissé complètement [...]. (A.D.G., *Cradoque's band*, p. 175-176.)
2. L'un [des agents] contrôlait un automobiliste bourré comme un coing et qui ne parvenait pas à extraire sa carte grise de son portefeuille. (A. Page, *Tchao Pantin*, p. 103.)

○ **Bourré comme un petit Lu.** Même sens. Déformation de **beurré comme un petit Lu**. De **Lu** (Lefèvre-Utile) nom d'une marque de petits-beurres.

3. Une Californienne super, m'explique Steph. Vingt-deux ans, blonde, carrossée comme une Chrysler, bourrée comme un petit Lu dès 9 heures du matin [...]. (P. Adler, *C'est peut-être ça l'amour*, p. 187.)

○ **Bourré comme une andouillette.** Même sens. Même comparaison de remplissage maximum que dans **rond/plein comme un boudin.**

4. — Manifestement, commenta Jean Le Vert, d'une voix lente, rauque et farineuse, l'amiral est bourré comme une andouillette. (L. Bériot, *Sacré Paul !*, p. 96.)

○ **Bourré/Plein comme une cantine.** Même sens. Comparaison fondée sur le remplissage maximum que l'on fait souvent d'une cantine avant de partir en voyage, celle-ci étant dite aussi **bourrée** ou **pleine.**

5. — [...]. David, tu vas me convoquer ta vieille poivrote. J'veux la voir demain matin au burlingue.
— Si elle est pas pleine comme une cantine, t'en tireras rien, prévient Silverberg. Cette gonzesse, c'est comme une caisse sans gazoline, si tu lui files pas à boire, elle démarre pas. (J. Houssin, *Comme un rat*, p. 46.)

6. Bukowski, les Français le connaissent depuis qu'il s'est fait virer d'« Apostrophes » par Pivot. C'était en 1978. Il était bourré comme une cantine. (*Le Nouvel Observateur*, 4 septembre 1987, p. 47, col. 3.)

○ **Bourré/Plein comme une vache.** Même sens. Comparaison à valeur intensive, la vache est l'un des plus gros animaux domestiques (et de surcroît, le mot entre souvent dans des expressions péjoratives). ~ **Bourré comme un cochon.**

7. — Viens, Lucien, on va boire un verre [...].
— Bon, alors vite fait, hein ?
À deux heures du matin, j'étais dans mon lit. Bourré comme une vache. (É. Kristy, *Circulez !*, p. 161.)

Bousculer

Ça ne se bouscule pas. « Il n'y a pas beaucoup (de gens, de choses). » Par litote.

1. Je coulai un regard saturé sur le paysage désolé par la canicule [...]. On ne voyait âme qui vive [...].
— Ça ne se bouscule pas beaucoup dans le secteur, soupirai-je.
— La sieste ! répondit Duck. (San-Antonio, *Plein les moustaches*, p. 21-22.)
2. [...] je reviens à la charge et m'adresse à la bonne femme :
— Ça ne se bouscule pas les additions, dites donc...
— Les clients ont tout leur temps, monsieur [...]. (P. Siniac, *Pas d'ortolans pour La Cloducque*, p. 210.)

Bout

Bout de chou. « Petit enfant. » Terme expressif, surtout en appellatif, qui joue sur les valeurs hypocoristiques de **bout** et de **chou.**

1. Tiens, Maïrine. Alors, bout de chou ? Tu veux Babou ? justement, la voici. (C. Courchay, *L'Embellie*, p. 48.)
2. Hé non, elle n'a encore trouvé personne dans le quartier [...], personne à qui le confier [à garder], ce petit bout de chou... (C. Sarraute, *Maman coq*, p. 49.)

Bout de zan. Même sens et même emploi ; un peu vieilli. De **Zan,** nom d'une marque de réglisse.

3. Un garçonnet d'une dizaine d'années s'approcha de Bernard, un mégot à la main.
— Vous avez du feu, monsieur ?
— Tiens, bout d'zan, et fais-toi pas épingler par ta mère. (R. Fallet, *Banlieue sud-est*, p. 151.)

Bouton

Donner (filer) des boutons à quelqu'un. À propos de quelqu'un ou de quelque chose que l'on ne supporte pas. La locution s'appuie sur le fait que ce que l'on ne supporte pas déclenche une allergie (cf. **donner de l'eczéma*, de**

l'urticaire*) ou peut rendre malade, faire vomir. ~ **En faire une jaunisse***.

1. Le gauchisme est une impasse. Tous les gauchismes. Sympathique mais cul-de-sac. Le trotskisme nous accable, le maoïsme nous donne des boutons, le P.C. et ses dissidents sentent le soufre. Nous en avons horreur. (S. Moati, *La Saison des palais*, p. 49.)
2. [...] la politique intérieure qui, visiblement, les [des jeunes] ennuie à mourir. Seule exception à cette règle intangible : Le Pen, dont chaque prestation leur donne des boutons. » (« *22 lycéens* », p. 8.)

Braise

○ **N'y voir que de la braise.** Variante moins usuelle de **n'y voir que du feu** « ne s'apercevoir de rien ».

[...] le coup du divan, ça pue la combinazione, style on fait dodo ensemble et on met le réveil à six heures, comme ça, tu iras finir la nuit au salon et les mômes n'y verront que de la braise [...]. (P. Adler, *Bonjour la galère !*, p. 71.)

Branché

○ **Être branché** + nom. « Apprécier, rechercher (la nouveauté). » Par ellipse de **être branché sur** ; langage des jeunes.

— Ben moi, c'est un peu autre chose, j'ai pas envie des mêmes trucs que toi. Je suis pas branché gadgets, babioles et tout le truc. Là-bas d'où je viens, t'es habitué à l'essentiel. Le reste... On te fait croire que t'as besoin de ces trucs. (Sapho, *Ils préféraient la lune*, p. 70.)

Braquet

○ **Changer de braquet.** « Changer d'attitude pour être plus efficace. » Métaphore du cyclisme.

Face aux attaques de l'opposition [...], les socialistes estiment qu'il est urgent de changer de braquet. (*Le Monde*, 21 octobre 1988, p. 1, col. 3-4.)

Bravo

○ **Avoir les fesses qui font bravo.** « Trembler de peur. » ~ **Avoir les grelots, jouer des castagnettes.**

Quand elle se met en colère j'ai les fesses qui font bravo ! [...]. C'est une expression de famille, on se la retransmet de père en fils, c'est ça l'héritage. (M. Viala, « J'veux du bonheur » dans *L'Avant-Scène Théâtre*, p. 12.)

Bretelle

○ **Arriver/Tomber sur les bretelles de quelqu'un.** « Arriver, se présenter chez quelqu'un que l'on dérange. » La locution s'appuie sur le sens de **bretelle** « courroie, sangle passée sur l'épaule pour porter quelque chose » : **arriver** ou **tomber sur les bretelles de quelqu'un** c'est devenir pour lui une charge, un poids (le pluriel **bretelles** est probablement dû aux **bretelles** qui soutiennent le pantalon). ~ **Tomber dessus.**

1. Des représentants, démarcheurs, placiers en tout genre, il leur en arrive sur les bretelles du matin au soir... Les mieux disposés de nature, les plus aimables, à la longue ils virent acariâtres, acerbes, on les rend farouches. (A. Boudard, *Le Café du pauvre*, p. 38.)
2. Celui qui va lui succéder, on se demande un peu quel genre de gonze va nous tomber sur les bretelles. (A. Boudard, *L'Hôpital*, p. 229.)

○ **Avoir quelqu'un sur les bretelles.** « Avoir la charge de quelqu'un. » C'est le résultat de la locution précédente (déjà au XVIIe siècle on se plaignait d'**en avoir jusqu'aux** ou **par-dessus les bretelles**, pour « être engagé dans une mauvaise affaire »). ~ **Se coltiner quelqu'un.**

3. Il [le médecin] a déjà sur les bretelles tous les mourants... les ivrognes avec leurs bagarres des dimanches soir... (A. Boudard, *L'Hôpital*, p. 220.)
4. Il se retrouve maintenant avec cette givrée sur les bretelles. Tout le monde la convoitait et, subitement, personne n'en veut plus. (J. Houssin, *Envoyez la purée*, p. 139.)

○ **C'est une autre paire de bretelles.** Variante de **c'est une autre paire de manches** « c'est vraiment autre chose ».

5. [...] on espérait laver notre linge sale en famille comme à l'accoutumée. Seulement fallait détecter celui qui le salissait. Et ça mon rat, une autre paire de bretelles sauf ton respect. (E. Hanska, *L'Imparfait du subjectif*, p. 58.)

○ **Remonter les bretelles à quelqu'un.** « Réprimander. » C'est probablement ici l'image d'une altercation au cours de laquelle on saisit son interlocuteur par les bretelles de pantalon pour le secouer ou le soulever de terre.

6. J'étais déjà monté chez elle souventes fois, mais pas touche*... elle me tapait sur les pognes, contrait sévère mes tentatives de main tombée au valseur... elle me remontait les bretelles lorsque je me faisais trop pressant. (A. Boudard, *Le Café du pauvre*, p. 238.)
7. — Pour moi, seuls les faits comptent et peuvent être communiqués. Les spéculations, les suppositions, tout cela ne sert qu'à vous faire remonter les bretelles par vos supérieurs. C'est le défaut de la formation policière. On se méfie des imaginatifs, chez nous. (J.-A. Lion, *Les Truands du Temple*, p. 186.)

Breton

ø **De bas Breton.** Pour spécifier l'inculture, la rusticité. Locution injurieuse pour les Bretons ; la Bretagne (et *a fortiori* la **Basse** Bretagne), vue de Paris, a longtemps été considérée comme très attardée. Voir aussi **comme la vérole* sur le bas clergé breton.**

Ce retard que j'ai pour les arts et les belles lettres ! Bloqué au niveau certif. Ça me travaille un peu, me complexe cette ignorance de bas Breton. (A. Boudard, *L'Hôpital*, p. 137.)

Bricole

Il va (il risque de) m'(t', etc.) arriver des bricoles. « Je risque (tu risques...) d'avoir des ennuis plus ou moins graves. » Il s'agit bien sûr ici d'une litote, une **bricole** n'étant de soi qu'une « chose sans importance, insignifiante. »

Faut que jeunesse se passe — mes copains et moi sommes pas contre, mais plus avant il risque de vous arriver des bricoles. (M. Rheims, *Attila*, p. 128.)

Brin

○ **Semer (foutre) le brin.** « Créer le désordre ; apporter le trouble. » **Brin** est ici une variante de **bran, bren** « merde » et la locution est sur le modèle de **foutre la merde.**

Sûr que c'est pas des charres. Dédé le Dingue va foutre le brin dans le pays avec ses conneries. (M. Embareck, *Sur la ligne blanche*, p. 87.)

Brioche

∅ **Avoir une brioche au chaud/au four.** « Être enceinte. » Métaphore du vocabulaire de la boulangerie-pâtisserie, fournisseur de quelques autres images anatomiques ou érotiques comme **baba, miches, mille-feuilles, avoir le petit pain*** ou **tremper* son biscuit.**

— [...]. Ah. Je dois vous confier quelque chose. (Ça y est, se dit Zek, Poely a une brioche au four.) Je crois qu'elle va rester là-bas, à Baltimore. (A. Schifres, *Les Yeux ronds*, p. 298.)

Briquette

... et des briquettes. « Et un peu plus. » Sur le modèle de **... et des poussières** ; **briquette** renvoie à un même contenu d'insignifiance que dans **c'est de la briquette.**

[...] Gondolier, il a tout le Complexe néo-culturel à ses bottes, tandis que Paul, à trente ans et des briquettes, il est seulement directeur d'une [...] M.J.C. de merde... (Marie & Joseph, *Chaudes Bises*, p. 13.)

Bronzer

Bronzé comme un lavabo. « Dont la peau est blanche, sans hâle. » Comparaison à valeur d'antiphrase comme dans **bronzé comme un cachet d'aspirine, comme une peau de fesse. Bronzé comme un pot de crème fraîche** (voir **billard,** exemple 2) ne semble pas lexicalisé.

Elle a beau avoir que treize ans, c'est pas marrant pour elle [de ne pas aller en boîte] ! T'as vu le temps qu'il fait ?... Déjà qu'elle va rentrer [de vacances] bronzée comme un lavabo, si en plus elle s'emmerde... (C. Breillat, *36 fillette*, p. 29.)

Brosse

Brosse à reluire. Symbole de la dévotion servile, de la flagornerie (surtout dans les locutions **manier, passer la brosse à reluire**). Cette métaphore d'origine domestique, et qui se retrouve dans **cirer* les bottes, les pompes**, renouvelle **lécher les bottes.**

1. Dans une tribune libre du *Monde* (3 mai), cette envolée lyrique du camarade socialiste Jean-Pierre Chevènement : « Ce que Roosevelt et Churchill, jadis, symbolisèrent, la France l'attend aujourd'hui de François Mitterrand. » En voilà un qui est bien parti pour obtenir le ministère de la brosse à reluire. (*Le Canard enchaîné*, 4 mai 1988, p. 2, col. 6.)
2. A force d'intrigues et de pots-de-vin, j'ai été enfin élu « membre actif de l'Académie du Jazz ». C'est la juste récompense [...] de mes coups de brosse à reluire distribués à bon escient ici et là ! (*Siné jazzote*, p. 56 [1964].)

Brouette

○ **Des brouettes.** « Un grand nombre ; une grande quantité. » ~ **Des caisses*, des kilos*, des tonnes*, des wagons*.**

Les adresses qu'affectionne Moustique, naturlich, elle en connaît des brouettes. Entre le Rital du coin de la rue qu'il fréquente régulièrement et les *Trois Marches* de Versailles où il se réjouit toujours de morganer [manger], y a toute une chiée de régaleurs susceptibles d'avoir attiré la convoitise d'une paire de morfals. (J. Houssin, *Comme un rat*, p. 77-78.)

Brouter

∅ **Les brouter à quelqu'un.** « Ennuyer, importuner, exaspérer. » ~ **Les briser, les casser, les chauffer*, les gonfler*, les limer*, les peler, les râper*.** La locution est plus explicite dans la contrepèterie **brouiller l'écoute.**

— Je vous ai dit de décamper !
— Qu'est-ce que tu nous les broutes ! dit Madjid qui s'énerve. (M. Charef, *Archi Ahmed*, p. 70-71.)

Brume

○ **Les brumes du Nord.** Symbole, pour un Provençal, des régions septentrionales au climat inhospitalier, qui commencent... dès que l'on quitte la Provence. Diffusé à partir de M. Pagnol, sinon créé par lui, en 1931 dans *Fanny*, acte III, sc. 2 : « Elle est à Bourges, là-haut, dans les brumes du Nord. »

C'était en 1900. Mon père accomplissait son service militaire, non pas à Antibes ou à Nice, comme tout le monde, mais à Lyon où la protection d'un estivant compositeur [...] lui permettait d'exercer dans les théâtres de la ville ses talents de clarinettiste, ce qui [...] plaît aux dames et compense l'exil dans les brumes du Nord. (H. Tournaire, *Jules empaillé*, p. 9.)

Bulle

∅ **Ça va chier des bulles.** « Ça va barder. » Renforcement expressif de **ça va chier.**

1. C'était l'heure des comptes. Ça allait chier des bulles. Zingaro, je me le voyais mal barré. Surtout, ce que j'espérais, c'était qu'il la fermerait bien, qu'il n'ouvrirait pas sa sale gueule pour me donner. (Bayon, *Le Lycéen*, p. 249.)
2. Ça va chier des bulles quand elle va apprendre la nouvelle. Normalement, elle devrait pleurer de joie de retrouver sa fille chérie, mais je t'en fous. Je vais encore me faire tarter j'en ai marre. (E. Hanska, *Barbe à papa*, p. 127.)

— Variante développée. **Ça va chier des bulles carrées.**

3. Ça va chier des bulles carrées, aujourd'hui ! (San-Antonio, *Ça baigne dans le béton*, p. 24.)

But

○ **Renvoyer quelqu'un dans ses buts.** « Remettre à sa place, rembarrer. » Du vocabulaire des sports, notamment du football (l'interlocuteur n'ayant plus, comme ressource, qu'à se tenir sur la défensive, à protéger ses arrières). ~ **Renvoyer dans les cordes*.**

Raymond Barre est là, mais il ne dit rien. Quand un de ces [*sic*] proches, Jean-Pierre Soisson, prend la parole pour signifier sa lassitude de l'alliance avec le RPR, il est sèchement renvoyé dans ses buts par Jean-Claude Gaudin : d'abord, qu'es-tu allé faire à l'Élysée ? (*Le Monde*, 12 mai 1988, p. 7, col. 4.)

C

Ça

Arroser ça ; fêter ça. Expression stéréotypée marquant la célébration d'un événement heureux, d'un succès, par des libations, des agapes.

Le jour du conseil de révision, les conscrits enrubannés défilèrent comme d'habitude avec leurs drapeaux et leurs cocardes, et s'en furent « fêter ça » au café de la Place [...]. (R. Vincent, *L'Adieu aux champs*, p. 86-87.)

Cabane

○ **Casser la cabane à quelqu'un.** « Anéantir les plans de quelqu'un, détruire ses projets. » Comme dans la locution suivante, la **cabane** est la métaphore des projets échafaudés. ~ **Casser la baraque*.**

1. Je pense que je lui ai cassé la cabane en récupérant ses fafs [papiers d'identité], au physicien. Personne ne peut plus apprendre sa mort [...]. Quelle affaire !... (San-Antonio, *Les morues se dessalent*, p. 165.)

○ **Monter une cabane à quelqu'un.** « Monter un coup, mystifier quelqu'un. » ~ **Monter une baraque, un bateau.**

2. Tu crois à ce qu'ont raconté les journaux ?
— T'es bien placé pour savoir que c'est arracheurs de dents et compagnie ! [...]
— Tu penses qu'on lui a monté une cabane ?
— Va savoir... Il était bien assez naze pour se foutre seul dans un merdier. (M. Embareck, *Sur la ligne blanche*, p. 65-66.)

Cacher

On ne peut rien te (vous) cacher. « Tu es (vous êtes) très observateur, très perspicace, très bien renseigné. »

Il [...] regarda hâtivement le jeu de faux papiers. [...].
— C'est tout à fait ce qu'il me faut, fit Michel en reprenant place en face de l'Italien. Ça vient de chez Domi ?
— On peut rien te cacher. (J. Houssin, *Le Dobermann américain*, p. 58.)

Cachet

Le cachet de la poste faisant foi. « Comme peut l'attester le cachet d'oblitération d'une lettre ou d'un colis acheminé par la poste. » Le cachet apposé sur un envoi porte le lieu, la date et l'heure à laquelle il a été pris en charge par les services postaux pour son expédition.

Ce qui manque le plus à Ferrier, c'est la lettre de Christine. Pendant plus de quatre ans, elle a écrit chaque jour [...]. Pendant plus de quatre ans, elle a pensé à lui chaque jour « le cachet de la poste faisant foi » [...]. (R. Fallet, *L'Angevine*, p. 304.)

Cadeau

C'est pas un cadeau ! « C'est quelqu'un ou quelque chose de pénible, de pas drôle. » Par euphémisme. ~ **C'est pas du gâteau, c'est pas évident*, il faut se le faire.**

1. Deux années plus tard, en prime, il y eut ma frangine, Raphaële, qui n'est pas vraiment un cadeau, elle non plus. (P. Adler, *Bonjour la galère !*, p. 15.)
2. [...] si la gauche se prépare à déguster, l'opposition est unanime pour déclarer : « Tonton [F. Mitterrand], c'est pas un cadeau ! » (*Le Canard enchaîné*, 25 décembre 1985, p. 8.)

Café

● **Café colonial.** « Vin blanc ou rouge, consommé à jeun. » Par référence aux habitudes de certains coloniaux, militaires notamment.

Aucune préférence... gros rouge, blanc sec... cognac... calva... schnaps ! toutes les bouteilles lui sont bonnes ! Yop, au goulot dès les aurores ! à la manœuvre... café colonial ! son litron à jeun ! (A. Boudard, *Bleubite*, p. 48.)

Cafetière

∅ **En bec de cafetière.** « En érection. » Par analogie de forme avec la cafetière traditionnelle.

[...] il nous affirme qu'il a le don de bander, quand et où il veut, de rester en bec de cafetière une plombe si ça lui chante. (A. Boudard, *L'Hôpital*, p. 285.)

Cage

○ **Cage à miel.** « Oreille. » D'après **miel (d'oreilles)** « cérumen », bien attesté en français populaire.

1. Après tout c'est quoi, une bouille? Deux yeux gélatineux. Deux narines, deux cages

à miel, une bouche ; autrement dit des trous, quoi ! (San-Antonio, *Salut, mon pope !*, p. 81-82.)

○ **Cage à poules (aux singes).** « Cellule grillagée dans un commissariat de police, une gendarmerie. » Par analogie des cages pour la volaille (ou pour les singes dans un zoo).

2. — [...] Marcel, boucle-le dans la cage aux singes !
Le gendarme souleva le type par la chemise et le raccompagna *manu militari* vers la cellule de transit, une grande cage en fer qui occupait la moitié du rez-de-chaussée du poste de gendarmerie. (Oppel & Dorison, *Canine et Gunn*, p. 161.)
3. — Dites, inspecteur ! On a encore ramassé Jésus [un délinquant], vous l'interrogez ?
— Non merci, j'ai déjà donné* !
Dans la cage à poules, Jésus nous regardait avec des yeux de fou. (L. Simon, *Les Ripoux*, p. 76-77.)

Caisse

Caisse à savon. Désignation péjorative d'une voiture peu performante.

1. Il y avait longtemps qu'elle n'avait plus vu une pareille bagnole [une Cadillac].
Les quelques riches du coin se trimbalaient tous avec les dernières Renault ou adoptaient timidement les marques allemandes, Mercedes ou BMW, mais celle-là, aux yeux de Maude, les reléguait toutes au rang de caisses à savon. (J. Houssin, *Le Dobermann américain*, p. 12.)

○ **Des caisses ; six/dix caisses.** « Beaucoup. » ~ **Un (sacré) paquet, des brouettes*, des tonnes*, un wagon*.**

2. J'ai rencontré des personnes, des jeunes, des vieux, des enfants. Les enfants j'en ai connu des caisses ! (C. Duneton, *Le Diable sans porte*, p. 22.)
3. C'est encore pas lui qui m'apprendra le kamasutra en cours accélérés mais des câlins m'en fait six caisses. (E. Hanska, *J'arrête pas de t'aimer*, p. 35.)
4. Sur l'Éthiopie, j'en ai pas dix caisses à raconter. Coluche est l'un des premiers qu'on a contactés pour faire partie de la bande de ceux qui allaient chanter. (Renaud dans F. Tenaille, *Le Roman de Coluche*, p. 144.)

○ **En faire six/dix caisses.** « En faire une histoire. » ~ **En faire un fromage, une galère*, un plat, un sac*, un saladier, un vélo.**

5. Faut pas en faire six caisses [de problèmes conjugaux]. J'ai demandé à ma bergère si elle voulait se retrouver dans le journal, elle a dit non. Alors si quelqu'un touche à ma vie privée, pas dur : il a un procès au cul ! (Coluche dans F. Tenaille, *Le Roman de Coluche*, p. 116.)

○ **Foutre (mettre) quelqu'un en caisse.** « Se moquer de quelqu'un. » Variante moins usuelle de **mettre en boîte.**

6. Elle rigola, se foutant en caisse toute seule. Mal barrée si elle commençait à poétiser. (E. Hanska, *Fascination*, p. 82.)

○ **Rouler la/sa caisse.** « Rouler les épaules ; prendre une attitude prétentieuse, provocante. » Variante de **rouler les mécaniques.** Comme **buffet** ou **coffre** dans d'autres emplois, **caisse** est ici une analogie pour « buste, torse ».

7. Je me levai, frottant mes mains, roulant ma caisse. Ce que je venais d'écrire était superbe et je n'avais aucune raison de me le cacher. (C. Laborde, *L'Os de Dionysos*, p. 8.)

— Variante. **Roule pas ta caisse, t'as paumé une planche.**

8. Lui, il punkisait un max [voir *maximum*]. Il était accompagné d'un pote dans le même style et embrassa sa sœur vite fait sans s'arrêter. « Roule pas ta caisse t'as paumé une planche » qu'elle lui lance la frangine pour le remettre à sa place. Ça a pas traîné la repartie : « 'cupe-toi [voir *occuper*] de tes miches la grosse. » (E. Hanska, *La Femme coupée en deux*, p. 51-52.)

○ **Voyez caisse!** Pour indiquer que l'on doit subir les inconvénients d'une situation, payer les pots cassés, ou que quelqu'un « encaisse » un coup. Métaphore sur une expression du vocabulaire du petit commerce où les vendeurs invitent le client à payer à la caisse.

9. Suivez* mon regard : Machin avait fait venir des mercenaires pour perpétrer ce mauvais coup [...] ce qui permettait de lui mettre sur le dos tous les attentats réellement commis par les indépendantistes et voyez caisse, même si je ne m'en sentais guère pour payer la facture de tous ces petits dépôts de dynamite. (A.D.G., *Les Billets nickelés*, p. 22.)
10. P'tit Louis, précis au point de réception, cueille le chauffeur d'un shoot fulgurant en pleine poire. Voyez caisse! (J. Houssin, *Bille en tête*, p. 81.)

Cake

Tronche de cake. « Tête d'imbécile ; imbécile. » Péjoratif et insultant. Même si un jeu de mots sur **tranche de cake** est sous-jacent, **cake** ne désigne pas une pâtisserie ; il s'agit ici d'une francisation du provençal **quèco** « membre viril » (que F. Mistral, dans son *Tresor*, donne aussi comme « terme de caresse ») et la locution est sur le modèle de son équivalent plus usuel **tête de nœud**.

1. Je lance l'invitation en y englobant Renaud... pas faire autrement, mais je me passerais bien de sa tronche de cake. (A. Boudard, *L'Éducation d'Alphonse*, p. 239.)
2. C'est vrai qu'elle a plus ses règles plus de nibars et plus de fesses. C'est vrai aussi qu'elle est devenue anorexique. Mais elle ne se bile pas trop pour ça. Elle se bile pour l'autre tronche de cake qui se pavane sous sa belle couvrante en cachemire... (E. Hanska, *La Femme coupée en deux*, p. 178.)

— Sous la forme **tranche de cake.**

3. Il salua en riant une ancienne prostituée avec qui il avait eu affaire lors de son passage à la Mondaine.
— On s'est recyclée, ma grande?
— On se connaît? demanda l'autre tranche de cake, maquillée à la truelle. (J. Houssin, *Les Crocs du Dobermann*, p. 135.)

Caleçon

Se retrouver en caleçon. « Se retrouver démuni ; ne rien obtenir. » Métaphore vestimentaire qui renouvelle **y laisser/perdre sa chemise, sa culotte*** ; s'emploie surtout en parlant des hommes. ~ **Se retrouver en slip*.**

Le secrétaire général du Front national, M. Jean-Pierre Stirbois, a affirmé pour sa part que le RPR et l'UDF « risquent de se retrouver en caleçon » le 12 juin. Il a assuré que les candidats de son parti seraient en mesure de se maintenir dans 141 circonscriptions pour provoquer des « triangulaires ». (*Le Monde*, 19 mai 1988, p. 12, col. 3.)

Calmer

On se calme! Invitation à reprendre son sang-froid, à contenir son agressivité. L'expression, fréquente chez Coluche, a pris la relève de **du calme** ou de **calme-toi, calmez-vous.** ~ **Calmos!** « On se calme et on boit frais à Saint-Tropez » est le titre d'un film de Max Pecas (1987); « On se calme! » est un essai anonyme sur les « médicaments anti-stress » (Paris, 1989).

1. Deux malabars t'ont empoigné par les bras. Tu as essayé de les secouer. Leur prise s'est resserrée. Celui de gauche t'a soufflé dans l'oreille : « On se calme, l'ami, je voudrais pas te faire bobo. » (C. Courchay, *Quelque part*, p. 419.)
2. Le journaliste déteint un peu avec sa chemise bariolée, son jean crasse et ses chaussures poussiéreuses. Il ne semble pas très à l'aise. Son visage d'angelot paumé attendrit Sandrine. On se calme. Assez de bagarre pour aujourd'hui.
— C'est quoi, Radio-Puce, demande-t-elle en souriant? Un gag? (J.-P. Demure, *Aix abrupto*, p. 135.)

Canaille

Il n'y a de (la) chance/de (la) veine que pour la canaille! Pour souligner, sur le ton de l'ironie ou de la taquinerie, qu'une personne a beaucoup de chance (et qu'elle ne le mérite peut-être pas).

— Té! Nénesse! J'en ai un autre... Oh! putain, qu'il tire... Il est gros...
Effectivement, le scion de la canne à pêche pliait tant et plus. A croire qu'il n'y a de veine que pour la canaille! (J. de Bougues-Montès, *Chez Auguste*, p. 43.)

Canard

Faut pas prendre les enfants du bon Dieu pour des canards sauvages! Pour signifier que l'on n'entend pas être pris pour un naïf, un imbécile, une victime désignée. L'origine de cette expression plaisante n'est pas éclaircie; à comparer avec **se faire plumer (comme un pigeon), être pigeonné, être le dindon de la farce.** C'est l'exergue du livre d'A. Blondin, *Les Enfants du bon Dieu* (1952) et le titre d'un film de M. Audiard (1968); la même année, le 9 septembre 1968, de Gaulle y fait allusion : « [...] l'étrange illusion qui faisait croire à beaucoup que l'arrêt stérile de la vie pouvait devenir fécond; que le néant allait, tout à coup, engendrer le renouveau; que les canards sauvages étaient les enfants du Bon Dieu » (cité dans A. Passeron, *De Gaulle 1958-1969*, Paris, 1972, p. 39.)

1. La voix de Minier s'éleva la dernière. Elle disait :
— Il ne faudrait quand même pas prendre les enfants du bon Dieu pour des canards sauvages! Ce doit être une recette qu'on se transmet de père en fils chez les Minier. (A. Blondin, *Les Enfants du bon Dieu*, p. 212.)

— Variante.

2. Faut quand même arrêter de prendre le peuple de France pour des canards sauvages ! Au lieu d'embêter nos pauvres automobilistes [...], qu'on rabatte des meutes d'aubergines sur les environs des fast foods. Là elles dresseront de juteux procès-verbaux à tous ceux qui laissent traîner dans nos caniveaux les immondes emballages criards qui ont contenu la pitance infâme. (J.-P. Dionnet/P. Manœuvre, *Vive la France !*, p. 113.)

Canette

○ **Toucher sa canette.** « Être habile, compétent. » Variante de **toucher sa bille***, l'expression est d'origine régionale, **canette** désignant une bille ou une boule dans l'Ouest (Normandie, Bretagne).

[...] pour la cuisine, il touche sa canette, [...], mais pour le reste, il faut pas lui demander la lune. (P. Djian, *37°2 le matin*, p. 118.)

Caniveau

● **Au-dessous du niveau du caniveau.** « Du plus mauvais goût (d'une pensée ou de son expression). » Métaphore du caniveau qui charrie les ordures ; avec effet de rime interne. ~ **De bas étage.**

Les nettoyeurs de bagnoles, avec leurs « nénettes », leurs peaux de chamois, leurs polluants mousseux et leur état d'esprit au-dessous du niveau du caniveau me font si honte que je n'essuie pas autrement mon vélo que d'une paume distraite, d'un coup de casquette bourru. (R. Fallet, *Le Vélo*, p. 33.)

Cap

(T'es) pas cap! En guise de défi à quelqu'un. « Tu n'auras pas le courage, tu n'oseras pas. » Abréviation de **capable** ; cette expression appartient surtout à la langue des écoliers.

1. Dans les écoles pour hasbeen, [...] quand il s'agissait de commettre une sottise, de boire l'encre d'un encrier, par exemple, il se trouvait toujours un bon copain pour lancer : « t'es pas cap' ». (*Le Canard enchaîné*, 5 mars 1986, p. 5.)
2. Le sport est une folie codifiée. Le record, une idée simple qui a dévié, un geste banal qui dérape, le quotidien saisi par la débauche. Sa devise est celle de notre enfance. « T'es pas cap'. » (A. Schifres, *Ceux qui savent de quoi je parle*, p. 106.)

— Réponse au défi. **Moi, pas cap?**

3. Déjà, quand elle était petite, au cri de : « Moi, pas cap ? » elle sautait du toit. Et se cassait les deux astragales. (N. de Buron, *Qui c'est, ce garçon ?*, p. 219.)

Capot

○ **Baisse (ferme) le capot, on voit le moteur!** Quolibet à l'adresse d'une fille, d'une femme dont on voit la culotte. Cette plaisanterie vieillotte est une métaphore tirée du vocabulaire de l'automobile, domaine qui a fourni beaucoup d'images appliquées à la femme.

1. Nous, on la suit à distance, en lui disant des trucs :
— Hé, ferme le capot, on voit l'moteur !
et puis quand elle en a marre de marcher, elle s'arrête.
— Mais, qu'est-ce que vous êtes bêtes de me suivre comme ça ! (Binet, *L'Institution*, p. 27.)
2. [...] tandis qu'arrivait, en sens inverse, une cycliste retroussée à pleines cuisses, il ne se contint plus et lança par la portière : « Hé ! Sidonie ! Baisse le capot, on voit le moteur. » (A. Blondin, *L'Europe buissonnière*, p. 253.)

Carré

(Lit) au carré. « Dont les couvertures sont bordées à angle droit, sans plis, d'une manière nette et ordonnée. » Du vocabulaire des casernes, où cette pratique est traditionnellement et vigoureusement conseillée.

1. Une fois en place, au pied du lit, dans les brises marines qui tranchaient sur nos transpirations, nous reçûmes l'ordre de présenter le paddock refait au carré, la revue de paquetage. C'était la suite du programme. Le lit au carré — (au fait, qu'est-ce que ça donne le carré du lit ?) — en claire journée c'était déjà un turbin coton. Mais à l'obscur des étoiles, ça prenait des dimensions colossales. D'un seul pli, chacun se courba sur sa couche, se déracinant des yeux pour appréhender le fameux carré — qui n'est d'ailleurs qu'un rectangle — tandis que notre fier gradé avait repris ses oraisons [...]. (M. Bédu, *La Vie dure*, p. 32.)
2. [...] M. Lourmel était très exigeant [...] sur son lit qu'il fallait faire au carré, comme au régiment qu'il disait, et ça lui allait bien de dire ça, lui qui s'était fait réformer pour débilité mentale. (J. Lanzmann, *Rue des Mamours*, p. 102.)

○ **Mettre à quelqu'un la tête au carré/Avoir la tête au carré.** « Rouer de coups ; être roué de coups. » Image, un peu forcée, de la tête déformée par les coups. ~ **Faire une grosse tête*.**

3. — [...]. Le mieux que t'as à faire, c'est de plus refoutre les pieds dans nos magasins ! Tu dégages et qu'on te revoie plus ! [...]
Manivelle a envie de répondre que s'il refout plus les pieds dans le magasin, ça l'empêchera pas de les attendre à la sortie, les uns après les autres, pour leur mettre une tête au carré ! (V. Thérame, *Bastienne*, p. 21.)

Voir **fête**, exemple 2, et **tête**, exemple 5.

— Plus rarement. **Mettre à quelqu'un la gueule au carré.**

4. [...] attention mon p'tit gars, tu veux qu'on te mette ta petite gueule au carré [...]. (D. Rondeau, *L'Âge-déraison*, p. 122.)

Carte

∅ **Carte de France.** « Trace de pollution nocturne sur un drap. » Par une analogie de forme aléatoire.

1. L'individu dont il s'agit semblait se caresser son endroit fragile d'un geste de va-et-vient. Son sexe, érigé vers le haut, semblait démesuré par rapport à nos bougies d'anniversaire. Ce fut alors quatorze* juillet pour le garçon. Il ferma les yeux et un liquide blanc et visqueux, dans un jet, vient salir son ventre et ses cuisses [...]. Je pense que cette nuit, nombreux sont ceux qui ont tenté le grand Chlem, mais gare aux cartes de France ! (J.-L. Lahaye, *Cent Familles*, p. 124-125.)

— Variante. **Carte de géographie.**

2. En ce moment, je me refais un pucelage. Mon lit tu peux y aller. Net. Pas la moindre carte de géographie sur mes draps. Mes piles sont nases. Ou alors j'ai disjoncté. (E. Hanska, *J'arrête pas de t'aimer*, p. 140.)

○ **Perdre la carte.** « Ne plus avoir ses esprits, s'égarer. » Cette variante de **perdre le Nord, la boussole** ou encore de **perdre la boule, perdre les pédales** ne semble pas appartenir à l'usage général ; il s'agit probablement d'un régionalisme (ouest et sud de la France et Québec). Malgré les synonymes indiqués ci-dessus, il ne serait pas impossible que la locution de départ renvoie au sens de « carte à jouer » ; mais seule une documentation appropriée permettrait de trancher.

3. Seulement là, il venait de perdre la carte mon pépé. Il avait eu une légère attaque [...], il savait plus tellement où il allait. (C. Duneton, *Le Diable sans porte*, p. 144.)

Carton

○ **Faire un carton.** « Remporter un vif succès. » Métaphore tirée du vocabulaire du tir. ~ **Faire un malheur, un tabac.**

Voir **mal**, exemple 2.

Cas

Au cas où. « À toutes fins utiles. » Ellipse de la proposition subordonnée, fréquente dans la langue parlée.

1. Pauline prétexta l'heure de la sortie des classes pour prendre congé, merci encore, on se fait la bise ? Je lui ai tout de même laissé mon numéro de téléphone au cas où, sans espérer qu'elle le perde mais presque... (M. Embareck, *2 – 1 = 0*, p. 99.)
2. Gérard, par contre, se faisait drôlement chier. Pour lui, comme d'habitude, pas de scotch, le rôle du planton qui attend près de la porte au cas où. (F. Fossaert, *Prouvez-le !*, p. 93.)

Case

Avoir une case de vide (flottante). « Être un peu fou. » Image fondée, comme **avoir une case en moins**, sur la division symbolique du cerveau en **cases** correspondant à autant de types d'activité mentale ; **flottante** renvoie à l'instabilité, au manque de contrôle.

1. — J'vais m'occuper des pauvres, lâche l'Abbé. Leur filer un toit et de quoi becter.
— T'es dingue ! glousse le jeune voyou. J'te jure, l'Abbé, t'es complètement givré ! T'as vraiment une case de vide dans le sinoquet... (J. Houssin, *Bras de fer*, p. 165.)
2. Gironde, courageuse, mais avec une case flottante dans le sinoquet, si tu vois c'que je veux dire*... Elle se marrait tout le temps, pour que dalle. (J. Houssin, *Envoyez la purée !*, p. 35.)

Être à la case départ. « Être au début d'un parcours. » Même métaphore que dans la locution suivante.

3. Il a annoncé hier officiellement sa candidature depuis Lyon. [Raymond] Barre à la case départ. (*Libération*, 9 février 1988, p. 1, titre.)

Retourner/Revenir à la case départ. « Recommencer depuis le début ; repartir à zéro. » Métaphore tirée du vocabulaire de certains jeux de société où les étapes que doivent parcourir les joueurs sont matérialisées par des cases, la première étant dite **case départ** ; calque probable de l'anglais *let's go back to square one*. ~ **On efface* tout et on recommence.**

4. [...] je lui demande de me raconter tout en détail et dans l'ordre depuis qu'on s'est quittés. Au bout de deux minutes, elle se remet à chialer. Je lui dis « mollo », en lui saisissant les mains à travers la table. Faut absolument revenir à la case départ. Je suis perdu, moi. Je nage dans cette embrouille. (C. Breillat, *Police*, p. 182.)
5. Pour apaiser les inquiétudes de sa mère, il [le jeune Coluche] va jusqu'à s'inscrire aux cours gratuits de l'école de dessin industriel du boulevard Montparnasse. Las, ce n'est pas son fort ! Et, une fois encore, il doit revenir à la case départ. (F. Tenaille, *Le Roman de Coluche*, p. 18.)

Retour à la case départ. « Fait de repartir à zéro, de recommencer. » ~ **Retour au point zéro** (dans J.-B. Pouy, *La Clef des mensonges*, p. 156.)

6. Mehdi s'est installé chez un pote dans l'appart qu'il partageait quand on s'est connus. Retour à la case départ. (E. Hanska, *J'arrête pas de t'aimer*, p. 116.)
7. [...] on n'exile pas un amant transi d'amour loin de sa maîtresse sans provoquer un effet boomerang. Le retour à la case départ du prétendant est une nécessité de la nature. (A. Jardin, *Bille en tête*, p. 149.)

Casquette

○ **Avoir la casquette à ras les pâquerettes.** « Être d'un esprit obtus. » ~ **Être bas* de plafond, avoir l'intelligence près de la moquette*.**

1. On a lu avec la prof ce que tu dis sur la censure [...]. Nous, on lui dit que c'est surtout la bêtise des gens qui fait la censure. [...] et on se dit qu'ils ont la casquette (cervelle) à ras les pâquerettes. (« *22 lycéens* », p. 47.)

○ **(Être) ras de la casquette.** Même sens que le précédent. ~ **Bas* du béret.**

2. S'il y a un truc que je haïssais, c'étaient les cours de gym. Les profs ras de la casquette,

leurs blagues : « Allez, Manœuvre, à la manœuvre ! » Un jour j'en ai eu marre : « Celle-là, m'sieur, elle a cessé de me faire rigoler quand je suis sorti de la maternelle. » (P. Manœuvre, *L'Enfant du rock*, p. 50.)

Avoir n **casquettes.** « Avoir plusieurs fonctions. » Allusion aux tenues ou aux uniformes qui varient avec les professions.

3. Le patron du laboratoire est corse, lui aussi. Des environs de Bastellica. Il a deux casquettes : employé de la préfecture d'une part, expert privé de l'autre. (D. Daeninckx, *Le Bourreau et son double*, p. 112.)
4. Et comme les magasiniers [de la Bibliothèque nationale] ont deux casquettes : la communication des volumes mais aussi leur conservation, ils ont pris le parti de remplir cette seconde tâche (classement, dépoussiérage), avec le soin le plus extrême. À la grande fureur des lecteurs exaspérés. (*Le Monde*, 3 juillet 1987, p. 18, col. 3.)

Casquette en plomb (plombée)/en zinc. « Mal de tête dû à un excès de boisson. » Croisement de **(avoir le) casque**, de même sens (cf. **avoir la tête lourde, dans un étau**) avec **(avoir, tenir une) casquette** « être ivre » qui a remplacé l'expression désuète **être casquette.** ~ **(Avoir la) gueule de bois, (avoir) mal aux cheveux.**

5. Le soir, on se fait des « rapidos », on a vu ça dans un film, tequila et schweppes, on tape un coup le verre sur la table et on avale cul sec. On peut en boire plein. Le lendemain, par contre, la casquette en zinc. (J.-B. Pouy, *L'Homme à l'oreille croquée*, p. 65.)
6. Fifi ne nous a même pas vus partir. Envapée, moite, allongée à poil sur la moquette. Pétée. Moi, je ne suis pas mieux. La casquette en plomb. Quelle nuit ! (J.-B. Pouy, *Nous avons brûlé une sainte*, p. 165.)
7. Putain d'mufflée que j'me suis pris
[...]
Je m'souviens même plus c'qu'on fêtait
Mais on n'a pas bu trop d'tisane
C'matin, j'ai une casquette plombée
Sur le crâne. (Renaud, « Pochtron ! » dans *Mistral gagnant*, p. 136.)

En avoir plein la casquette. « Être excédé, en avoir assez. » ~ **En avoir plein le cul ; en avoir ras le bol, ras le cul, ras* les baskets, ras* la casquette.**

8. « Quand je vais à Aurillac et que je dis que je suis de Quézac, soupire avec émotion une vieille dame, on me dit les gars de Quézac on en a plein la casquette. » (*Libération*, 10 février 1986, p. 18, col. 4.)

En avoir sous la casquette. « Connaître beaucoup de choses ; être intelligent. » L'image renouvelle, de façon plaisante et familière, **avoir du chou, du cigare* ; en avoir dans la tête, en avoir sous les bigoudis*.**

9. [...] le père Ju en avait sous la casquette. Mieux que ça, c'était un sage. (J. Amila, *Terminus Iéna*, p. 141.)
10. — [...]. J'ai pas que des biscottos, figure-toi, j'en ai aussi sous la casquette. (J.-P. Demure, *Découpe sombre*, p. 118.)

Casser

À tout casser. « Au maximum, tout au plus. »

1. [...] à dix-huit ans elles ont un sourire sauvage, si je pouvais je les prendrais toutes à cet âge-là, vingt ans à tout casser. (P. Djian, *Zone érogène*, p. 80.)
2. — [...] mais votre voiture elle est où donc ?

— Pas loin d'ici, sur un chemin de terre qui mène à une espèce de grange en pierre, ça doit être à une borne à tout casser. (F. Fossaert, *Touche pas à ma cible*, p. 66.)

Ça passe ou ça casse! Pour signifier que, dans une situation hasardeuse, on joue le tout pour le tout; avec effet de rime intérieure.

3. Il roula très vite. À partir de maintenant tout irait vite. « Ça passera ou ça cassera », se disait-il. (J. Giovanni, *Tu boufferas ta cocarde*, p. 166.)
4. Quand on est une vedette, reconnue partout, en pleine ascension et adulée de foules considérables, il est parfois difficile d'assumer ce rôle. Ou ça passe, ou ça casse (R. Lefèvre, *Renaud*, p. 73.)

J'aurais mieux fait de me casser une jambe (le jour où...). Expression marquant le regret de n'avoir pas eu d'empêchement le jour où l'on s'est trouvé impliqué dans une action ou dans une affaire qui a mal tourné.

5. — Ah non! Eljie! Vous allez trop loin. Je ne tolère pas que vous me traitiez de porc.
— [...] Faut vous y faire. Mais la vulgarité Papa c'est pas ce que vous croyez. Vous mêlez pas de ça.
— Et elle m'appelle Papa. De mieux en mieux. Mais qu'est-ce que j'ai fait pour mériter ça. J'aurais mieux fait de me casser une jambe... (E. Hanska, *La Femme coupée en deux*, p. 199.)
6. Mon plan. Une riche idée! Bordel, j'aurais mieux fait de me casser les deux pattes le jour où j'ai ruminé cette folle machine de vengeance. (F. Lasaygues, *Vache noire*, p. 165.)

— Variante argotique. **J'aurais mieux fait de me flinguer une guitare (le jour où...).**

7. — [...]. Le jour où je t'ai filé cette adresse, j'aurais mieux fait de me flinguer une guitare. Ça m'aurait coûté moins cher. (J. Houssin, *Bille en tête*, p. 156.)

Ne pas casser des briques. « N'avoir rien d'exceptionnel, d'extraordinaire. » Variante intensive de **ne rien casser**.

8. La brune qui se trouvait près de moi était pas mal, la blonde cassait pas des briques [...]. (P. Djian, *Zone érogène*, p. 236.)
9. Dans un long fourreau rouge et scintillant, Rita avançait en se dandinant légèrement sur ses hauts talons. C'était une petite blonde qui cassait pas des briques sauf qu'elle avait du je ne sais quoi. (E. Hanska, *La Femme coupée en deux*, p. 21.)

○ **Se casser le tronc.** « Se donner de la peine, se faire du souci. » Variante, comme **se casser la nénette, le cul (le train...)**, de **se casser la tête**.

10. — [...] Servez-moi un coup de blanc!
— Et pour Madame? [...]
— Même chose! Vous cassez pas le tronc! (J. Amila, *La Bonne Tisane*, p. 14.)
11. Mon seul rêve, c'était d'être mensualisé et ne plus jamais me casser le tronc avec ça, ne plus jamais voir la tête de mon banquier. (P. Djian, *Maudit Manège*, p. 115.)

Casserole

Accrocher une casserole à quelqu'un; avoir une casserole au derrière/au cul. « Mettre quelqu'un dans une situation difficile, trouble, qui peut nuire à son image, à sa réputation, à son avenir; supporter un handicap en raison de son passé. » L'image évoque les facéties des enfants accrochant une casserole (ou quelque chose d'analogue) à la queue d'un chien, pour s'amuser de l'embarras de l'animal et du bruit qui en résulte. ~ **Accrocher une gamelle* à quelqu'un.**

Je crois justement que le défaut de Le Pen, par rapport à son talent médiatique, la capacité énorme qu'a ce type-là de passer à la télévision, c'est d'avoir fait la connerie de s'enfermer dans le racisme, qui le limite dans son audience future, et qui lui fait une casserole au cul qui se détachera jamais. (*Le Nouvel Observateur*, 6 mars 1987, p. 33, col. 2-3 [Coluche, le 27 février 1986.])

Causer

C'est façon (manière) de causer (de parler, de dire). Même valeur que *infra* ; fréquent en association avec **ce que j'en dis.**

1. — Moi, ce que je vous en dis*, hein, c'est manière de causer, et aussi pour vous rendre service... La Félicité, c'est une garce... une vraie garce. (Exbrayat, *Félicité de la Croix-Rousse*, p. 75.)

C'est (juste, seulement) pour causer (pour parler, pour dire). Formule employée par une personne qui veut prendre ses distances avec les propos qu'elle vient d'émettre.

2. — [...] je vous croyais en prison ou en cavale comme les copains...
— Parle pas de malheur*... c'était déjà pas bien brillant... y manquerait plus que ça.
— J'sais, c'que j'disais, c'était pour parler. (R. Giraud, *La Coupure*, p. 87.)
3. — [...] le financier libanais qui a acheté le *France* et la pendulette personnelle de Louis XIV, et le prince [...] qui se faisait construire un bungalow en marbre au sommet du mont Paramount, parce qu'il croit que c'est là qu'on tourne les films.
— Perrigaud, je me fous de la pendulette et du bungalow.
— C'était pour dire, seulement pour dire ! (H. Viard, *Ça roule pour Bonape*, p. 339.)

Ceinture

Accrochez/Attachez vos ceintures ! Invitation à se tenir prêt à toute éventualité. Expression reprise des consignes données aux passagers des avions. Selon P. Germa, « on doit cette expression à l'Américain J. L. Mankiewicz, réalisateur-scénariste de *Eve (All about Eve)*, un film sorti en 1950, dans lequel la formule est lancée par Bette Davis : Attachez vos ceintures ! La nuit va être très agitée ».

1. [...] je vais vous décrire, comme si vous y étiez, la boutique, le « super » et l'« hyper » des années 1990 et au-delà. Accrochez vos ceintures et préparez vos cartes de paiement à microprocesseur incorporé [...]. (F. Gruhier, *Les Délices du futur*, p. 48.)

Au-dessous /En dessous de la ceinture. Pour désigner cette région du corps (ou des gestes, des propos crus ou grossiers en relation avec elle) dans ses fonctions sexuelle ou excrémentielle. Par euphémisme.

2. Aujourd'hui, je vais vous parler d'éducation sexuelle, puisqu'il le faut... personnellement, je ne me suis jamais attardé sur ces choses qui sont en dessous de la ceinture... (Cabu, *Catherine*, p. 24.)

Au-dessus de la ceinture. Image inverse de la précédente.

3. Les jambes de Jeanne en contre-jour sous la robe de mousseline et légèrement écartées

redevenaient le compas du diable, un individu qui ne lâche pas prise, qui ne vous laisse pas la liberté que Dieu seul peut donner ! Depuis des semaines qu'il voulait vivre enfin au-dessus de la ceinture, Dièze recommençait à suffoquer. (D. Boulanger, *Jules Bouc*, p. 133.)

4. Avec vous [...] je plane nettement au-dessus du niveau de la mer. Bien au-dessus du niveau de la ceinture. Vous êtes le speaker de mon cœur. (E. Hanska, *La Femme coupée en deux*, p. 34.)

Cent

À cent balles. « Sans valeur, de rien. » Comme dans l'expression **t'as pas cent balles?** *infra*, il s'agit ici d'un chiffre rond qui renvoie à une somme de peu de valeur. ~ **De prisunic*.**

1. Lionel reprochait vertement à 08 38 ses talents de devin à cent balles, et l'autre se contentait de se défendre en insultant copieusement son détracteur. (Géant Vert Inc, *Casse-bonbons*, p. 158.)
2. [...] nous pouvons aussi [nous, les femmes] subvenir à nos nombreux besoins. Pas uniquement l'argent de poche pour se payer les clopes ou la paire de collants (le « Chéri, t'as pas cent balles ? » — ou mille ou dix mille selon les moyens du chéri en question — a proprement disparu de notre vocabulaire de base). Mais aussi les sous pour le loyer, la voiture, les voyages [...]. (M. Fitoussi, *Le Ras-le-bol des superwomen*, p. 47.)

À cent mètres. « D'emblée, à première vue. »

3. Flandin [...] s'était habillé de cette manière inimitable qui permet de reconnaître les flics à 100 mètres [...]. (F. Fossaert, *Prouvez-le !*, p. 66.)

En cent comme en mille. « Vous ne le devineriez jamais. » Croisement de **je vous le donne en cent** (ou **en mille**), pour le sens, avec **en un mot comme en cent** (ou **en mille**), pour la structure.

4. — En cent comme en mille, je vous préviens, il s'en passe de drôles à la fac de Lettres. Alors quoi, les binoclards chébrans, vous n'avez rien su ? Rien vu ? (J.-P. Demure, *Aix abrupto*, p. 85.)

T'as pas cent balles? Formule type d'une personne qui sollicite de l'argent, et particulièrement d'un « tapeur ». Selon le contexte, il peut s'agir aujourd'hui de cent centimes ou de cent francs. « T'as pas cent balles » est le titre français d'un film anglais de Philippe Mora (1974) et « Salut, la puce, t'as pas cent balles » le titre d'un film de Richard Balducci (1982).

5. Vous m'auriez vue ce matin [...] ! Je faisais la manche : t'as pas 100 balles [...] ?
— Quoi ?
— Je fais la quête [...]. (C. Sarraute dans *Le Monde*, 2 décembre 1987, p. 40, col. 5.)

Cercueil

○ **Cercueil à roulettes.** Désignation péjorative de l'automobile. Une auto est parfois appelée une **caisse** et le cercueil en est une ; mais ici cette image renvoie aux risques de la circulation et est à rapprocher de **rouler à tombeau ouvert** (cf. exemple 2).

1. Et puis ne vous êtes-vous jamais payé, comme nous, une sacrée pinte de rire à la terrasse

d'un café en regardant les véhicules des autres ? Les chars d'assaut mastoques des Allemands, les pots* de yaourt italiens [...], sans oublier les gigantesques et grotesques cercueils à roulettes américains... (J.-P. Dionnet, P. Manœuvre, *Vive la France!*, p. 86.)

— Variante. **Tombeau à roulettes.**

2. — Arrête, bon sang, arrête ! [...]. Elle a filé un coup de patin. La voiture a tangué et s'est immobilisée sur le bord de la nationale [...].
Elle m'a regardé, comme soulagée que ça soit moi qui aies [*sic*] pris la décision de stopper ce tombeau à roulettes. (J.-B. Pouy, *La Clef des mensonges*, p. 68.)

Cerise

○ **Être la cerise sur le gâteau.** « Être le clou, le fin du fin, ce qui coiffe tout le reste. » Calque de l'anglais *cherry on the sundae* ; peu usuel en France, davantage au Québec où l'on dit aussi **être la cerise sur le sundae.**

1. Les télévisions privées seront attribuées à ceux qui auront présenté le meilleur projet culturel. Les critères ne sont pas précisés. En tout cas, on s'agite beaucoup, le « magazine culturel » apparaît soudain comme la cerise sur le gâteau, la question subsidiaire qui vous permet de gagner le gros lot. (*Le Monde*, 23-24 novembre 1986, Supplément, p. 7, col. 1.)
2. [...] Bernard Hinault se tient à la disposition de son nouveau patron, Jean-François Naquet-Radiguet. Celui-ci a déclaré un jour que Hinault, coureur promu apparatchik, ne serait pas seulement « la cerise sur le gâteau ». Mais encore ? « Eh bien, je ne suis pas là pour faire de la figuration mais pour bosser. » (*Le Monde*, 15 juillet 1987, p. 7, col. 6.)

○ **Se faire la cerise.** « S'en aller, partir. » Origine obscure. ~ **Se faire la belle ; se faire la malle, la valise.**

3. Enfin au petit jour *On* s'est fait la valise, la cerise, en lousdée [en douce], comme un voleur... (J. C. Grumberg, *La Nuit*, p. 147.)
4. [...] comme j'avais des pompes tout terrain j'en ai profité pour me faire la cerise au plus vite. (E. Hanska, *L'Imparfait du subjectif*, p. 161.)

Chaise

Intellectuel en chaise longue. « Personne qui s'adonne à des spéculations loin de tous les problèmes concrets et pratiques. » Le farniente attaché à l'image de la chaise longue renforce ici le caractère péjoratif que peut avoir pour certains le mot *intellectuel.* « Les Intellectuels en chaise longue » est le titre d'un factum de G. Suffert (1974).

La perche que voudront nous tendre [...] les intellectuels en chaise longue et autres enc. de mouches* en rond ! (M. Sportès, *Le Souverain poncif*, p. 13-14.)

Changer

Il n'y a que les imbéciles (les cons) qui ne changent pas d'avis (d'opinion). Pour marquer, de façon proverbiale, que c'est un signe d'intelligence de reconnaître ses erreurs, de rectifier un jugement erroné.

1. ROGER [...] : Je me suis trompé sur toi, Georges, je te prie de m'excuser.
GEORGES : Il n'y a que les imbéciles qui ne changent pas d'opinions.
ROGER : Absolument ! Maintenant je n'en changerai plus ! (F. Dorin, « L'étiquette » dans *L'Avant-Scène Théâtre*, p. 35.)

Voir aussi **fier**, exemple 1.

Plus ça change, plus c'est pareil. Formule désabusée pour souligner que malgré beaucoup de modifications apparentes, tout reste identique en profondeur. Par référence à la formule d'A. Karr : « Plus ça change, plus c'est la même chose » ; l'auteur avait projeté d'en faire un ouvrage : « Ces quelques feuillets ne sont qu'un fragment d'un livre que j'achève, et qui aura pour titre : Plus ça change, plus c'est la même chose » (*Fragments d'un livre sous presse*, Nice, 1871, p. 1).

2. Je vous parle de la période entre 46 et 75... trente ans environ. Après, ça va prendre une autre tournure mais sans que l'essentiel soit touché [...]. Plus ça change et plus c'est pareil, comme disait je ne sais qui... la sagesse populaire sans doute. (A. Boudard, *La Fermeture*, p. 298.)

Chanter

Chanter comme une casserole. « Chanter faux. » Par référence au bruit d'une casserole qui heurte un autre objet.

— Pépère, chante-moi la chanson des Chasseurs alpins !
— T'es formidable toi, comme loustic !... Je chante comme une casserole !
— Chante, pépère ! (R. Lageat, *Robert des Halles*, p. 175-176.)

Chapeau

Démarrer (partir) sur les chapeaux de roues. « Commencer très bien, prendre un départ rapide. » Du vocabulaire de l'automobile.

1. Pour un limier, il n'existe rien de pire que les enquêtes qui piétinent. À ce sujet, le colonel ne pouvait pas se plaindre, la sienne démarrait plutôt sur les chapeaux de roues [...]. (P. Canal, *L'Homme qui a vu Durand*, p. 61.)
2. [...] au début de l'automne, l'opposition en fit [de l'immigration] pour ainsi dire son cheval de bataille. Parti sur les chapeaux de roue [*sic*], le problème semble maintenant résumé à un modeste chapitre comme pour signifier que, tout compte fait, il ne méritait pas tant de battage. (*Libération*, 13 janvier 1986, p. 3, col. 2.)

○ **Manger son chapeau.** « Se déclarer vaincu. » Calque de l'anglais *I'll eat my hat if...* « je veux bien être pendu si... ».

3. Lorsqu'elle fut partie, B.B. avant de quitter, à son tour, le bureau de son adjoint, crut bon de remarquer :
— Si cette fille-là a tué quelqu'un, je veux bien manger mon chapeau !
Ce qui, d'ailleurs, ne l'engageait pas beaucoup car il n'en portait pratiquement jamais. (Exbrayat, *Félicité de la Croix-Rousse*, p. 142.)

Refiler le chapeau à quelqu'un. « Faire porter à un tiers la responsabilité d'une situation scabreuse. » Variante croisée de **faire porter le chapeau** et de **refiler le bébé*, le paquet*.**

4. Tout cela aura lieu loin de moi. Parce qu'avec six assassinats sur le râble, j'égrènerai dans un trou les unités de la perpétuité.
— Pourquoi ?
Pourquoi moi ?
Pourquoi m'avoir refilé le chapeau à moi ? (D. Pennac, *Au bonheur des ogres*, p. 278.)

T'occupe pas du chapeau de la gamine ! « Cela ne te regarde pas, occupe-toi de tes affaires, ne t'en fais pas. » C'est en 1836, avec le vaudeville *La Gamine de Paris*, qu'apparaît pour la première fois dans un texte français le mot **gamine**. On pouvait espérer y rencontrer l'expression, au détour d'une réplique ou d'un couplet ; il n'en est rien, l'expression est absente de ce livret.

5. — Eh ! va donc ! jeta Blanche en levant le coude à hauteur du menton.
— N'empêche que..., dit Marguerite.
— T'occupe pas du chapeau de la gamine ! (R. Sabatier, *Trois Sucettes à la menthe*, p. 37.)
6. — Où me conduis-tu ? m'inquiété-je, frappé par la détermination de mon ami.
En effet, il roule sans la moindre hésitation, tournant à gauche ou à droite en homme sachant où il veut aller et sachant y aller !
— Occupe-toi pas du chapeau de la gamine, j'ai mon plan. (San-Antonio, *Salut, mon pope !*, p. 141-142.)

Chapiteau

∅ **Monter le chapiteau.** « Être en érection ; faire l'amour (d'un homme). » Métaphore du chapiteau de cirque (l'érection tendant le drap). ~ **Hisser les couleurs*.**

1. En cette fin d'année, comme la bonne madame Labé ne s'est pas trop penchée par la portière, comme le bon monsieur Labé n'a pas trop monté le chapiteau [...] — du moins pas davantage que les années précédentes — le couple « fait » le Kenya pendant huit jours. (R. Fallet, *L'Angevine*, p. 176-177.)

— Variante. **Dresser le (son) chapiteau.**

2. Une dame qui descend de voiture, une marchande de chaussures en action, une pensée inavouable, et voilà mister Popaul qui dresse son chapiteau ! (San-Antonio, *Renifle, c'est de la vraie*, p. 133.)

Chasse

Être en chasse. « Être en rut (d'un animal). » Littéralement, c'est poursuivre un animal de sexe opposé, lui donner la chasse.

1. La voix larmoyeuse il a le Marco Gaspard. Il se met à tourner, gémir tel une chienne en chasse... (A. Boudard, *Bleubite*, p. 112.)
2. — Attention ma p'tite dame, ces clébards, quand ils sont comme qui dirait en chasse, faut s'en méfier comme de la vérole ! (Oppel & Dorison, *Canine et Gunn*, p. 64-65.)

Château

○ **C'est la vie de château, pourvu que ça dure!** Symbole de la vie facile et agréable, cette formule est parfois imposée à des soldats, en guise de brimade supplémentaire, par des petits gradés ou des officiers subalternes, pour accompagner des « pompes ».

1. « C'est la vie d'château, pourvu qu'ça dure, mon adjudant. » (J.-P. Dubois, *Éloge du gaucher*, p. 41.)
2. L'officier continue de brailler :
— Bande d'en... toute la série dix pompes, en disant : « C'est la vie de château, pourvu que ça dure! » (J. Taravo, *Les Derniers Joyeux*, p. 57.)

Chaud

○ **Avoir chaud aux fesses (aux miches).** « Avoir peur, courir des risques importants. » Intensif de **avoir chaud** en ce sens, avec l'image des fesses, partie du corps la plus exposée aux coups lorsqu'on est poursuivi.

1. — Ouais, fit un soldat qui nous avait entendus, avec cet engin [une mitrailleuse] les Stuka vont avoir chaud aux miches! (B. Deflandre, *La Soupe aux doryphores*, p. 35.)

○ **Chaud devant!** Formule employée par le personnel chargé du service de table dans les brasseries et restaurants populaires afin de faire libérer le passage. « Chaud devant! » est le titre d'un ouvrage de J. Faizant (1987).

2. Les derniers clients en étaient aux hors-d'œuvre quand les premiers entamaient le dessert [...]. Dix fois je redoutai le grand embouteillage [...]. Tous esquissaient des entrechats, faisaient des pas de deux pour ne pas se rentrer dans le lard. « Chaud devant! » murmuraient les plus bruyants. (P.-M. Doutrelant, *La Bonne Cuisine*, p. 32-33.)

— Dans d'autres situations, pour faire libérer le passage.

3. Asperge [un déménageur] me sauve la mise en surgissant à reculons sur le palier, tenant les pieds de la table et criant :
— Attention, chaud devant. (J.-L. Benoziglio, *Cabinet portrait*, p. 39.)
4. Chaud devant, chaud chaud
C'est le mambo. (R. Gotainer, « Le Mambo du décalco » dans *Chants zazous*.)
5. [...] Jérémy [...] se met à gueuler :
— Chaud devant, bordel, on n'a pas que ça à faire! (D. Pennac, *La Fée carabine*, p. 147.)

— Par jeu de mots.

6. Depuis que l'animal politique s'est métamorphosé en bête* de scène, dans son complet bleu, elle se voit déjà en haut de l'affiche, la bê-bête qui monte, qui monte, qui monte. Attention, show devant! (*L'Événement du jeudi*, 2 juin 1988, p. 140, col. 1.)

∅ **Mettre coquette au chaud; se la mettre au chaud.** « Coïter (en parlant d'un homme). » Déjà en 1718, Le Roux indique : « **Tabourer.** Pour coucher avec une femme, embrasser, baiser, le lui mettre tout chaud de peur de l'enrhumer. »

7. Regarde Bukowski et Gainsbourg. Avec leur vieille gueule. Ils tombent [des filles] encore comme des malades*, d'après ce qu'ils disent. Ils cartonnent un maximum. Ils se la mettent au chaud sans arrêt. (E. Hanska, *Fascination*, p. 48.)

8. Ça l'amène aussi à réaliser que voilà un bout de temps qu'il n'a pas mis coquette au chaud, et le convainc de l'urgence qu'il y a à pallier cette carence. (A. Simonin, *Hotu soit qui mal y pense*, p. 186.)

Ne pas être chaud-chaud pour... « Avoir peu d'inclination pour, ne pas être disposé à. » Variante familière de **ne pas être chaud pour...**

9. Je suis pas chaud-chaud pour cette expédition qui m'apparaît pleine d'aléas et, pour tout dire, tirée par les cheveux. (A.D.G., *La Divine Surprise*, p. 16.)

○ **Pendant que/Tant que c'est chaud.** « Pendant qu'on a quelque chose encore présent à l'esprit ; pendant que tout est encore en place. » Du vocabulaire des repas où l'on invite à se servir ou à se resservir **pendant que c'est chaud,** mais l'expression recoupe aussi **battre le fer quand il est chaud.**

10. Christini se leva.
— Messieurs, la course du Dobermann s'achève cette nuit. J'ai l'adresse. C'est l'hallali ! On y va tout de suite, tant qu'c'est chaud. (J. Houssin, *Le Dobermann et le Phénix*, p. 187.)

11. METTEUR EN SCÈNE [...] : Allez on la refait tout de suite pendant que c'est chaud [...].
ASSISTANT-CAMÉRA [...] : On recharge, monsieur !
METTEUR EN SCÈNE [...] : Bon, dépêchons-nous... on perd du temps [...] Allez... en place les enfants... en place... (« Salut l'artiste », d'Y. Robert dans *L'Avant-Scène Cinéma*, p. 19.)

Chauffer

○ **Ça chauffe !** Pour évoquer les qualités propres d'un groupe de rock 'n roll (ou, par extension, de jazz). L'expression semble caractéristique du vocabulaire du rock français du début des années 60 (cf. *infra*, ex. 2). ~ **Ça swingue** (jazz), **ça balance*** (jazz et autres).

1. Bien entendu, l'événement du mois est la venue à Paris de Ray Charles. Quelle merveille !... Ça, pour chauffer, ça chauffe ! (*Siné jazzote*, p. 8 [1962].)
2. Les Pirates, les Chaussettes Noires, les Chats Sauvages et les Caleçons Rouges (dont je faisais partie — un groupe de banlieue Sud qui n'a pas percé), ça chauffait et ça choquait pour l'époque. (*La Vie, tu parles*, p. 95.)

Voir aussi **balancer**, exemple 2.

Faites chauffer la colle ! Exclamation populaire qui souligne plaisamment la maladresse de quelqu'un qui a cassé quelque chose. La formule renvoie aux anciennes colles qu'il fallait faire chauffer avant de les employer.

3. La tradition limonadière voulant qu'on servît les verres devant les clients assis, sous leur œil évaluateur, Marceau et ses copains commandaient exprès des apéritifs différents en les choisissant doubles [...].
Si l'on était six, le garçon devait apporter douze bouteilles sur un plateau dont on envisageait la chute, prêt à crier « Faites chauffer la colle ! » (R. Sabatier, *Les Fillettes chantantes*, p. 68.)

○ **Les chauffer à quelqu'un.** « Ennuyer, importuner, exaspérer. » Par ellipse de **chauffer les oreilles.** ~ **Les briser, les brouter*, les casser, les gonfler*, les limer*, les peler, les râper*.**

4. — Tu ferais bien de ne pas nous les chauffer, il a sifflé. Surtout qu'on peut pas blairer les mecs dans ton style. (P. Djian, *Zone érogène*, p. 76.)

Chaumière

Dans les chaumières. Symbole des milieux populaires.

1. Giscard aurait aimé, de surcroît, faire figurer dans le programme l'abaissement à 20 % de la taxe, actuellement de 40 %, qui frappe, depuis l'année dernière, les successions en ligne directe supérieures à 11,2 millions de francs. [...] mais les conseillers fiscaux de l'opposition ont fait valoir que cette fleur faite aux nantis risquait de faire mauvaise impression dans les chaumières. (*Le Canard enchaîné*, 22 janvier 1986, p. 2, col. 2.)
2. Du coup, monsieur des Gares est rentré tout spécialement d'Écosse en costume folklorique pour me féliciter. Il avait en effet profité de l'expédition pour étudier les mœurs locales et ne désespère pas d'en tirer un feuilleton épicé dont on parlera dans les chaumières. (R. Cousse, *Le Bâton de la maréchale*, p. 91.)
3. Votre dossier « Hep Taxi ! » paru dans le dernier *Événement du jeudi* est un pur chef-d'œuvre, bravo ! Soyez certain qu'il est lu avec attention dans les chaumières et qu'on en parle... ou plutôt qu'on le dissèque. (*L'Événement du jeudi*, 5 février 1987, p. 57, col. 1.)

Faire pleurer (dans) les chaumières. Surtout à propos d'articles de presse. « Attendrir par des histoires à l'eau-de-rose ; émouvoir, bouleverser le lecteur. »

4. *Deux hommes sont là, qui regardent la voiture. Un photographe et un journaliste de Lyon* [...]. Costes (*au photographe*). T'en feras une de face, en plongée, qu'on voie les fauteuils ; les carcasses de fauteuils, c'est payant, ça fait pleurer les chaumières. Et n'oublie pas une amorce du volant ! Tu ouvriras la porte ! (« L'horloger de Saint-Paul » de Bertrand Tavernier dans *L'Avant-Scène Cinéma*, p. 15.)
5. Baudouin sera toujours ce jeune homme en quête de lui-même et de son destin, ce « roi triste » qui fit verser tant de larmes à tant de jeunes filles dans les chaumières des courriers du cœur. (*Le Monde*, 29 janvier 1987, p. 1, col. 6.)

Chaussette

○ **Avoir le cœur dans les chaussettes.** « Être sous l'effet d'une grande peur. » Métaphore plaisante sur le modèle formel de **avoir l'estomac dans les talons.** ~ **Les avoir à zéro.**

1. [...] elle a démarré comme une folle. Direction Toulon ! Par la corniche... [...]. Le moteur hurle, les pneus gémissent. La nuit glisse autour de nous, comme une gaine de soie noire. Je me cramponne. Le cœur dans les chaussettes. (R. Kesselring, *Putain d'amour*, p. 171.)

○ **Avoir le moral dans les chaussettes.** « Être complètement démoralisé. » Même métaphore que ci-dessus. ~ **Avoir le moral à zéro, à moins*...**

2. Je suis triste de réintégrer ce foyer [...]. Freddy et Richard ont, comme moi, le moral dans les chaussettes. (J.-L. Lahaye, *Cent Familles*, p. 288.)

○ **Il y a du pied dans la chaussette.** « Ça va bien. » Expression d'origine obscure ; renforcement de **(il) y a du pied** (cf. L. Pergaud, « Les Rustiques » [av. 1915] dans *Œuvres complètes*, Paris, Mercure de France, 1987, p. 907), qu'on pourra mettre en rapport avec les locutions d'origine argotique **prendre son pied** « avoir du plaisir (sexuel) » et **mettre ses chaussettes à la fenêtre** « être frustrée du plaisir sexuel (d'une femme) ».

3. Il court chercher un de ses livres, le dédicace :
À Menthe ma jolie voisine [...], l'emballe, le porte au café.

— Vous lui donnerez ça, Jacques.
Jacques recligne un œil où galipette une gaudriole :
— C'est comme si c'était fait*, monsieur Ferrier. Et espérons qu'il y aura du pied dans la chaussette !... (R. Fallet, *L'Angevine*, p. 71.)

4. — Je voudrais vous voir, lui dit-il. J'ai des ennuis.
— Sérieux ?
— Je crois.
— Bon, j'arrive. D'ici vingt minutes, chez Pascal.
La voix toussota dans l'appareil.
— Vous faites pas de mouron, hein ! Surtout pas. Y a toujours du pied dans la chaussette. (A. Hardellet, *Le Seuil du jardin*, p. 101.)

Chauve

Chauve comme un genou. « Complètement chauve. » ~ **Casquette en peau* de fesse, en peau de genou.**

1. Les Krishies étaient tous chauves comme des genoux. (J. Houssin, *Blue*, p. 100.)

Chauve comme une boule de billard. Même sens. Image de la boule de billard extrêmement lisse.

2. [...] à ma droite le challenger de Saint-Dizier velu comme un gorille et chauve comme une boule de billard : Marcel Thil. (R. Lageat, *Robert des Halles*, p. 65.)

Cheese

○ **Sourire cheese.** « Sourire simulé obtenu, devant un appareil photographique, par la position des lèvres en articulant le mot anglais *cheese*. » « Ouistitisexe détrône en 1986 le trop British "*Cheese, please, Louise*" pour crisper les sourires photographiques. » (*L'Express*, 3 juin 1988, p. 124, col. 1). ~ **Ouistiti*, sexe.**

Norah accentua le sourire [...]. Une vraie réclame pour dentifrice. Le sourire « Cheeze » [*sic*] dans toute sa splendeur. (J. Amila, *La Lune d'Omaha*, p. 157.)

Voir aussi **ouistiti**, exemple 1.

Chef

Comme un chef. « Aisément, facilement, sans problème. » Par les qualités qui sont habituellement les siennes, le chef se prête à des comparaisons à connotations positives, non exemptes, parfois, d'ironie. ~ **Comme un grand*.**

1. [...] on se décida à la trépaner [...]. Tumeur bénigne ; elle survécut comme un chef, plus d'une dizaine d'années, sans trouble aucun, à l'extraction. (Bayon, *Le Lycéen*, p. 235.)
2. C'était Jeff au volant [...]. Tout en conduisant comme-un-chef il me causait [...]. (C. Rochefort, *Printemps au parking*, p. 67.)

Voir aussi **balancer**, exemple 1.

La surprise du chef. « Quelque chose qui cause une vive surprise. » Renforcement de **surprise.** Du vocabulaire de la restauration, où la **surprise du chef** figure parfois sur les menus, pour « désigner » un dessert.

3. Ce que j'ai vu d'abord, ce sont ses chaussettes roses. Un détenu, jambes nues, avec des petites godasses, et des chaussettes de gosse, c'était la surprise du chef. (J.-B. Pouy, *La Clef des mensonges*, p. 16-17.)
4. Mais surtout, arriva *in fine* de cette *Heure de vérité* la surprise du chef : durant leur échange, la Sofres avait interrogé son échantillon de téléspectateurs. Or que disaient ces « gens » ? 55 % d'entre eux affirmaient que la télévision actuelle est moins bonne ou pire qu'avant la réforme Léotard. Tandis que 11 % seulement l'estimaient en progrès... (*Télérama*, 15 février 1989, p. 6, col. 1.)

Chef-d'œuvre

Chef-d'œuvre en péril. Pour qualifier ironiquement une personne, et particulièrement une femme vieillissante. Par métaphore de *Chefs-d'œuvre en péril*, nom d'une action en faveur de la sauvegarde des monuments historiques à l'initiative d'André Malraux, ministre des Affaires culturelles de 1959 à 1969 ; cette entreprise a donné son titre à une série d'émissions de Pierre de Lagarde, diffusée à la radio à partir de 1962 et à la télévision depuis 1964. ~ **Son et lumière** (ce genre de spectacle ayant souvent une ruine historique pour décor).

Elle avait dû être formidablement belle [...]. Les soucis s'étaient chargés de la faire passer rapidement dans la catégorie des chefs-d'œuvre en péril. Elle avait choisi sa vie. Rien à regretter. Femme de voyou, faut pas croire, ça vaut son pesant de rides. (J. Houssin, *Le Dobermann et le Phénix*, p. 27.)

Chemise

Il (elle) est dans sa chemise ! En réponse ironique à la question « Où est (telle ou telle personne) ? » pour dissimuler son ignorance ou pour manifester son refus de répondre. ~ **Je l'ai pas dans ma poche* !**

1. — Vous désirez ? demanda le Duc.
— Où est maman ? répondit Adhémar.
— Dans sa chemise, fit le Duc, narquois.
[...]
— Je veux voir maman ! hurla Adhémar.
(Les Frères Ennemis, *L'Idée fixe d'Adhémar Félé du Peyronnet*, p. 39.)

— Variante développée. **(...) et la tête lui sort.**

2. — Clémence, répondit-il, tu vois bien qu'elle est pas là...
— Et où elle est ?
La réponse habituelle lui arrive en plein sur la tronche :
— Elle est dans sa chemise et la tête lui sort. (Y. Audouard, *La Clémence d'Auguste*, p. 93.)

Cheval

À un cheval près. « Approximativement, à peu près. » Même profil phonétique que **à un cheveu près.** ~ **À une queue de vache près.**

1. — L'autopsie de Rosa?
— Ça n'a pas traîné, on a eu les résultats tout à l'heure, ce qu'on pensait ! Même arme, heure du crime : environ 2 heures du matin... à un cheval près, hein ? (Bachellerie, *L'Île aux muettes*, p. 144.)

○ **J'en parlerai à mon cheval.** Pour manifester le peu de cas que l'on fait des propos de quelqu'un, à qui l'on adresse cette formule en guise de réponse. La variante **j'en parlerai à mes lapins** semble moins répandue. ~ **Cause à mon cul*, ma tête est malade.**

2. À notre entrée, soulevant sa canne, un birbe s'est écrié :
— Le drame, jeunes gens : c'est la perte des traditions !
— T'as raison l'ancêtre, lui a dit Blanchette, [...] j'en parlerai à mon cheval. (J. Cordelier, *Sang et Plumes*, p. 60.)
3. — Hé ! Ho ! Tu dégages oui ou merde?... T'es piquée ou quoi?
La vieille battit en retraite mais continua à dire des choses vilaines dans un anglais débité à la mitraillette.
— C'est ça, dit négligemment Globule en lui tournant le dos, j'en parlerai à mon cheval... (J.-A. Varoux, *Un Globule dans la Tamise*, p. 132.)

Jouer (miser, parier sur) le mauvais cheval. « Commettre une erreur d'appréciation, faire un pari qui se révèle mauvais. » Du vocabulaire des turfistes.

4. Un beau matin, la France réalisa qu'elle avait encore joué le mauvais cheval (vapeur) en négligeant l'avènement d'une technologie nouvelle. Elle fut donc obligée, pour essayer de rattraper le temps perdu, de prendre le train* en marche en suppliant la Grande-Bretagne de lui envoyer quelques ingénieurs spécialistes du rail pour la remettre sur la bonne voie. (J.-P. Dubois, *Éloge du gaucher*, p. 132.)

Cheveu

Avoir un cheveu sur la langue/entre les dents. « Zézayer légèrement, zozoter », comme on le ferait avec un cheveu sur la langue.

1. ANTOINE : Ah oui ! Elle a un petit cheveu.
HENRIETTE : Moi, j'ai un petit cheveu?
ANTOINE : Oui, sur la langue.
HENRIETTE : Moi, j'ai un petit cheveu sur la langue? Répète-le que j'ai un petit cheveu sur la langue ! (R. Devos, « Extra-muros » dans *L'Avant-Scène Théâtre*, p. 40.)
2. — [...] Tu avais bien choisi ta phrase parce qu'en même temps que ton visage, ton cheveu est revenu à ma mémoire — le cheveu que tu as entre les dents. Il m'est revenu. (A. Roussin, « Le mari » dans *L'Avant-Scène Théâtre*, p. 32.)

— Avec une graphie expressive.

3. Mais, aussi longtemps puissent-ils vivre [les Italiens], ils seront quand même toujours trahis par le zézaiement. Rien à faire, ils zozotent. Le çeveu sur la langue italien, ça ne part qu'avec la bête. (F. Cavanna, *Les Ritals*, p. 69.)

Cheville

Ça va (ça enfle/gonfle pas trop), les chevilles? Formule, habituellement interrogative, que l'on adresse à quelqu'un qui manifeste de la suffisance, de la vantardise, pour lui faire sentir qu'il va trop loin. Des contextes plus développés indiquent que l'expression dérive du type **avoir les chevilles enflées/gonflées; qui enflent/qui gonflent** (voir *infra* exemple 1); à rapprocher de **s'enfler, se gonfler d'importance** et de **ne pas se donner de coups de pied.**

1. — [...] Tu es le premier.
— Toujours et partout, lança Valoti en écartant les bras d'un geste théâtral.
— Tu n'as jamais les chevilles qui enflent? (A. Reynaud-Fourton, *Les Mystifiés*, p. 75.)
2. Oh! l'intello! Ça gonfle pas trop, les chevilles? (C. Roudé, *Rue Paradis*, p. 127.)
3. — Bon. Un habile créneau par Nanard le panard.
— Ça va les chevilles. Tu crois que tu vas pouvoir passer la porte? (Sapho, *Ils préféraient la lune*, p. 90.)

— En contexte libre.

4. Les regards chauds des mâles autour d'elles étaient les plus vibrants témoignages de l'effet qu'elles produisaient : phénoménal.
Tout simplement.
Leurs chevilles vont bien, merci. (D. Guirous et N. Galan, *Si la Cococour m'était contée*, p. 236.)

Chez-soi

Mieux vaut un petit chez-soi qu'un grand chez les autres. Expression d'allure proverbiale marquant que l'on préfère posséder peu ou jouir de peu, mais sans rendre de comptes à personne. Jeu de mots à partir de **chez-soi** « domicile personnel » (aux connotations affectives, renforcées ici par **petit**).

Dans la Manche et dans le Sud-Finistère, on divise [les héritages], on préfère un petit chez-soi à un grand chez-les-autres. (*L'Événement du jeudi*, 26 mars 1987, p. 77, col. 2.)

Chier

ø **À chier.** « Insupportable, exécrable. » Métaphore fondée sur les réactions physiques que peut entraîner quelque chose qu'on ne supporte pas. ~ **À dégueuler, à vomir; donner la gerbe*.**

1. — Chef éclairagiste, vos lumières sont à chier, passez-moi l'expression. Impossible de travailler dans des conditions pareilles. (D. Guirous et N. Galan, *Si la Cococour m'était contée*, p. 59.)
2. — Dommage que vos cousines n'aient pas été là!
— Aucun regret, me répond Albin, t'as entendu l'orchestre? À chier! (F. Hébrard, *Un mari c'est un mari*, p. 102.)

ø **Chier à la gueule de quelqu'un.** « Mépriser de façon outrageante. » Variante de **chier sur quelqu'un** ou **quelque chose, gueule** accentuant ici le caractère injurieux de la locution.

3. C'est à cause de femmes comme Babe que nous sommes toutes discréditées. Que nous devons nous battre comme des bêtes. Qu'on nous chie encore à la gueule. (V. Thérame, *Staboulkash*, p. 12.)

∅ **Fais pas chier!** « Cesse de nous/m'embêter. » Forme elliptique, très fréquente, de **ne me/nous fais pas chier.**

4. — Dis, Sweetie, ça fait combien de jours que tu t'es pas levée?
— Fais pas chier, dit-elle. (G. Mordillat, *À quoi pense Walter?*, p. 121.)
5. — Écoute, j'ai une bonne nouvelle! [...]
— Fais pas chier. [...] fous-moi la paix. (T. Topin, *Honey money*, p. 49.)

∅ **Ne pas se faire chier.** « Ne pas se gêner, ne pas s'en faire. » Litote particulièrement utilisée pour marquer qu'un comportement paraît déplacé ou outrancier. ~ **Ne pas s'emmerder, ne pas s'ennuyer.**

6. Il reconnut la silhouette du commissaire qui buvait un coup sur la terrasse avec une dame [...]. « Y en a qui se font pas chier », pensa le gendarme [...]. (T. Topin, *Graffiti rock*, p. 175.)

Chiotte

∅ **De chiotte(s).** « Très mauvais, exécrable. » Écho du caractère péjoratif attaché aux lieux d'aisance et de l'interjection **aux chiottes**, formule de rebut.

1. — Quel temps de chiottes, dit Vérone en essuyant la buée sur le pare-brise. (T. Topin, *14e Nocturne*, p. 64.)

∅ **Goût de chiotte(s).** « Très mauvais goût (d'une personne). »

2. — Ne mélange pas les carreaux avec les rayures ou les pois, ne confronte pas deux roses violents, fais-moi de jolis camaïeux, renonce à ton goût de chiotte quoi. (M. Anissimov, *Le Bal des Puces*, p. 38.)
3. — T'es bon [à la guitare], mais tu as un goût de chiottes. (M. Villard, *Le Roi*, p. 98.)
4. YANA : [...] mon petit-fils préféré a un goût de chiottes pour la nourriture. Va chercher cette horreur de hamburger dans le four... Barbare! (A. Visdei, « Complot de générations » dans *L'Avant-Scène Théâtre*, p. 39.)

Choc

Tenir le choc. « Supporter une épreuve sans dommages. » Plus usuel que ses correspondants **soutenir** ou **supporter le choc.** ~ **Tenir le coup.**

On dit que c'est un vin qui ne voyage pas. Mais vous allez goûter, celui-là a tenu le choc. (Demouzon, *Château-des-rentiers*, p. 81.)

Chocolat

Médaille en chocolat. Symbole d'une récompense dérisoire ou d'une chose futile. Au XIXe siècle, la « médaille de Sainte-Hélène » était qualifiée en argot de **médaille en chocolat**, en raison de sa couleur ; vers la même époque apparaît la locution d'origine obscure **être chocolat** « être dupé, trompé ». Il est possible que l'actuelle **médaille en chocolat** doive sa valeur à ces deux locutions ; mais il est plus probable qu'elle renvoie à un sens, scatologique à l'origine, comme celui qu'avaient au XVIIIe s. la **médaille de papier volant** ou la **médaille des Pays-Bas**, « merde, étron » (cf. C. Nisard, *De quelques parisianismes populaires*, 1876, p. 157).

1. On nous a félicitées, encouragées, congratulées... Et après?
Après, le sentiment de s'être battues pour des médailles en chocolat. (M. Bourrillon, *Côté cœur*, p. 87.)
2. À Elkabbach qui lui demandait sur Europe 1 s'il serait candidat à l'Élysée, Giscard a répondu par cette formule frappée en médaille en chocolat : « Laissez Valéry tranquille. » (*Le Canard enchaîné*, 15 octobre 1986, p. 1, col. 6.)

Chose

On est (bien) peu de chose (tout de même) ! Formule de désillusion devant la condition humaine (surtout lors d'un décès). ~ **Ce que c'est* que de nous.**

1. L'aube révélera à la foule accourue les pans fumants des murs encore debout et le mikado compliqué de la charpente effondrée. On entendra des propos lourds de sens :
— On est bien peu de chose.
— Dire qu'hier encore...
— On ne peut jurer de rien.
— C'est la faute* à pas de chance. (P. Canal, *L'Homme qui a vu Durand*, p. 252.)
2. — Ce que c'est* que de nous. On est bien peu de chose, monsieur le curé, geignait-elle, très influencée dans la recherche de l'aphorisme plat par vingt ans de mariage avec un expert. (P. Desproges, *Des femmes qui tombent*, p. 56.)
3. Le gaz accumulé explose et la moitié de l'immeuble s'effondre dans un bruit de jugement dernier [...].
— Ben vrai ! dit Mme Gilet qui ne perd pas un mot de ce funeste récit, ce qu'on est peu de chose tout de même ! (J. Faizant, *Rue Panse-Bougre*, p. 214-215.)

Voir aussi **meilleur**, exemple 1.

— Variante développée. **On n'est pas grand-chose en ce bas monde !**

4. — Pauvre M. Lanvallay ! [...] On n'est pas grand-chose en ce bas monde, hein, Darius? (Exbrayat, *Félicité de la Croix-Rousse*, p. 53.)

(Ben) voilà autre chose ! Pour marquer sa stupéfaction, quand on apprend ou découvre quelque chose à quoi on ne s'attendait pas.

5. Voyons un peu ! (*Elle lit* :) « Le principe de la démocratie se corrompt non seulement lorsqu'on perd l'esprit d'égalité, mais encore quand on pousse cet esprit à l'extrême et que chacun veut être égal à ceux qu'il a choisis pour lui commander. Montesquieu. »
Ah ben ! voilà autre chose ! S'il croit que c'est avec des trucs comme ça qu'il va amuser le pauvre monde, il file un mauvais coton en ce moment. (F. Dorin, « Le tournant » dans *L'Avant-Scène Théâtre*, p. 5.)
6. Ben v'là aut'chose. D'après les cosmonautes russes, il serait impossible de concevoir des enfants dans l'espace, et, en décryptant les propos des uns et des autres, on comprend qu'il a dû s'en passer de belles dans les Soyouz militaires de campagne ! (A. Gillot-Pétré, *Ma gueule d'atmosphère*, p. 100.)

Chou-fleur

Oreille en chou-fleur. « Oreille boursouflée (par des coups, le plus souvent). » Par analogie avec les inflorescences du légume en question ; fréquent en parlant d'un boxeur, d'un catcheur.

1. Le troquet à l'oreille en chou-fleur avait l'air de se douter du gâchis. (J. Amila, *La Bonne Tisane*, p. 115.)
2. [...] des carrures qui se posaient là, et des tronches, nez cassé, oreilles en chou-fleur, arcades coupées mal recousues, à filer les flubes [à faire peur] à Fantomas ! (R. Lageat, *Robert des Halles*, p. 35.)
3. [...] si vous êtes un boxeur [...]. La gloire qui ruisselle au fond de vos saletés d'oreilles en choux-fleurs. (J. Vautrin, *Canicule*, p. 244.)

Chrysanthème

Inaugurer les chrysanthèmes. « Tenir un rôle purement honorifique, jouer les potiches (d'un personnage public). » Expression due au général de Gaulle, lors d'une conférence de presse, le 9 septembre 1965 : « [...] qui a jamais cru que le général de Gaulle, étant appelé à la barre, devrait se contenter d'inaugurer les chrysanthèmes » (texte dans *Le Figaro*, 10 septembre 1965, p. 7, col. 3.) Les chrysanthèmes désignent ici, par métonymie, les expositions florales inaugurées par un personnage important (et d'une façon plus générale, toute inauguration) ; mais le choix du mot **chrysanthèmes**, désignant les fleurs traditionnelles des cimetières, donne à la locution une coloration désuète.

1. Inaugurer les chrysanthèmes, c'est bien, mais passer à « Apostrophes », c'est mieux lorsqu'on est un homme politique français. (*L'Événement du jeudi*, 10 septembre 1987, p. 106, col. 1.)
2. C'était compter sans la petite dame [Michèle Cotta]. Un entregent phénoménal, une connaissance parfaite de toutes les allées de tous les pouvoirs, un sens inné de la diplomatie joint à un caractère qui pouvait être aussi tenace que son sourire velouté, ont vite suggéré qu'elle ne se bornerait pas à inaugurer les chrysanthèmes. (*Télérama*, 17 septembre 1986, p. 5, col. 2.)

Chute

Point de chute. « Endroit où l'on peut se fixer, s'installer, de façon plus ou moins temporaire ou précaire. » Du vocabulaire de la balistique, où le **point de chute** désigne l'endroit où tombe un projectile.

1. Avant d'être démobilisé j'avais prévu un point de chute à l'autre bout de Paris. Un copain de guerre qui m'offre un asile [...]. (A. Boudard, *Le Café du pauvre*, p. 14.)
2. Heureusement qu'il a voyagé et loué la Volvo sous une fausse identité. Heureusement qu'il a des « points de chute » en France et ailleurs en Europe. (San-Antonio, *Le Casse de l'oncle Tom*, p. 179-180.)

— Par extension. « Situation de repli. »

3. Curieux gouvernement, en tout cas ! [...] deux de ses piliers, Chalandon et Giscard, sont atteints de démissionnite aiguë et n'ont qu'une idée : se tirer au plus vite et trouver des points de chute. (*Le Canard enchaîné*, 26 novembre 1986, p. 2, col. 2.)

Un (deux, etc.**) de chute !** Pour commenter, sans ménagements, la chute d'une personne ou d'une chose, l'élimination, la disparition, le décès d'une personne. Métaphore fondée sur le vocabulaire de certains jeux de cartes, notamment du bridge. ~ **Un de moins !**

4. Haget freine à fond, la voiture se déséquilibre, elle glisse sur l'herbe, dérape et percute de plein fouet les arbres [...]. Après le fracas, un silence total est tombé. Je m'approche de la voiture. Haget gardera éternellement ses explications. Sa belle gueule a bouffé de l'acier et du verre. Un de chute. Adieu salaud. (F. Joly, *Be-bop à Lola*, p. 115-116.)

Cigare

○ **Avoir du cigare.** « Être intelligent. » De **cigare** « tête (siège de la pensée) ». ~ **Avoir du chou, en avoir sous la casquette*, sous les bigoudis*.**

Me parle de Nietzsche et de Lautréamont ses copains de jeunesse. Zétudes supérieures connaît* pas. Trois ans de placard ça vous file une sacrée culture quand on a du cigare. (E. Hanska, *J'arrête pas de t'aimer*, p. 172.)

Cigarette

Aller acheter (chercher) des cigarettes/un paquet de cigarettes. Symbole de l'abandon de la vie conjugale ou d'une rupture amoureuse, pour un homme. ~ **Aller acheter, chercher une boîte d'allumettes*.**

— [...] Quant à son cornichon de premier mari, il a bien fait d'aller chercher des cigarettes. Bon débarras ! (E. Hanska, *Barbe à papa*, p. 66.)

Cimetière

○ **Cimetière à poulets.** « L'estomac ; le ventre. » Image de la même veine que la **boîte* à ragoût**, le **panier au pain**, ou le **tiroir à saucisses.**

J'ai quand même pas trop oublié de me remplir le cimetière à poulets, de redemander du picrate quand mon gorgeon criait misère... (R. Lageat, *Robert des Halles*, p. 138.)

Cinéma

Arrêter son cinéma (surtout à l'impératif). « Cesser de se comporter de manière outrancière ou affectée, de tenir des propos exagérés. » Dans cette expression et la suivante, **cinéma** a pris le relais de **cirque** et **comédie**, mais sans toutefois les supplanter. ~ **Arrêter son cirque, sa comédie ; arrêter son char(re), ses conneries*.**

1. Tu t'es adossé au mur. Soleil. Tu as fermé les yeux, l'alcool t'a apaisé. Bon. Arrête ton cinéma... (C. Courchay, *Avril*, p. 81.)
2. [...] je t'en prie, arrête ton cinéma... Et cesse de bouffer comme ça, c'est aberrant. (C. Sarraute, *Allo Lolotte, c'est Coco*, p. 123.)

— Variante développée. **Laisse tomber ton cinéma, je connais le film** (dans T. Topin, *Piano barjo*, p. 132).

Toujours le même cinéma. « Toujours la même chose. » ~ **Toujours le même cirque, la même comédie ; toujours la même (les mêmes) connerie(s).**

3. Toujours le même cinéma : dresser la table, apporter la bouffe, desserte roulante et le tintouin... (A. Vergne, *L'Innocence du boucher*, p. 146.)

Cirer

○ **Cirer les pompes de/à quelqu'un.** « Flatter bassement quelqu'un ; manifester une complaisance excessive envers quelqu'un. » ~ **Brosse* à reluire ; cirer, lécher les bottes à quelqu'un.**

1. Il [un présentateur de télévision] envoie parfois des piques assassines à ses invités. On l'accuse même d'avoir la grosse tête. Certaines vedettes bouderaient même son plateau de peur de se faire un peu secouer. « C'est un jeu, répond-il. Mes meilleurs amis ne sont pas épargnés. Plus je les aime, plus je les égratigne. Cirer les pompes d'un chanteur, ce n'est pas mon truc [...]. » (*Le Figaro TV Magazine*, 12 septembre 1987, p. 104, col. 1.)
2. — Dis, reprit Martel, ce Sylvain Lerail, c'est un gros morceau ?
— On peut difficilement faire plus puissant et plus répugnant dans le monde des courses. Les présidents des sociétés lui cirent les pompes. (J. Houssin, *Le Pronostiqueur*, p. 38.)

Clair

Pas clair. « Qui a un comportement louche, une attitude bizarre (d'une personne). » ~ **Pas net*.**

1. [...] il m'avait quand même traité d'étranger devant toute la classe. [...] Du côté du racisme il était pas clair le prof d'anglais [...]. (A. Begag, *Béni ou le Paradis privé*, p. 43.)
2. Leur fils, Julien, il est pas très clair... Fecaccha prétend qu'il se drogue... (A. Terrel, *Le Croque-mort et sa veuve*, p. 55.)

Clé

La clé du champ de tir. Expression plaisante, née dans les casernes, pour désigner une chose qui n'existe pas et à la recherche de laquelle on invite un naïf (une jeune recrue). Cette clé, ainsi que le compas à trois branches, la corde* à tourner le vent, le fusil* à tirer dans les coins, la machine à cintrer les guillemets, etc., serait digne de figurer au *Catalogue d'objets introuvables* de J. Carelman ; on pourrait y joindre les étiquettes cintrées pour bouteilles, de G. de Pawlowski, dans J.-C. Carrière, *Anthologie de l'humour 1900*, p. 298. La variante **La clé du champ de manœuvres** est le titre d'une contribution de Léo Malet à l'ouvrage collectif d'inspiration surréaliste *La Conquête du monde par l'image* (1942).

Pour le cas où vous trouveriez la clé de l'énigme, n'hésitez pas à nous la rapporter. Veillez toutefois à ne pas confondre avec la clé du champ de tir. (R. Cousse, *Le Bâton de la maréchale*, p. 58.)

Clou

○ **Piquer des clous.** « Somnoler en position assise. » Par référence aux mouvements de la tête, qui plonge alors de temps à autre. En ce sens, **cogner des clous** est usuel au Québec.

Françoise [...] se tient au contraire très droite, le buste immobile et raide, la tête comme trop lourde sur le cou flexible, « piquant des clous », des roupillons de quatre ou cinq secondes, avec des soubresauts de petit chien qui rêve [...]. (M. Audiard, *La Nuit, le Jour*, p. 188.)

Coaltar

○ **(Être) dans le coaltar.** Par métaphore du sens de base « goudron ». On trouve diverses graphies qui reflètent la prononciation du mot.

— « [Être] dans l'obscurité. »

1. La Ville-Lumière on appelle Paris depuis Napoléon le Troisième et M. Haussmann son baron. Pour être franc, à deux plombes du mat' passage Pecquay en 1925, on est dans le coaltar. Un vague bec de gaz tous les cent mètres. (R. Lageat, *Robert des Halles*, p. 25.)

— « [Être] hébété, inconscient ; être dans un état second sous l'effet de l'alcool ou de la drogue. » ~ **Être dans le cirage ; être dans les vapes.**

2. [...] ils se pointent, presque satisfaits d'avoir enfin à enchrister autre chose que des [...] camés dans le coltar. (J. Houssin, *Roulez jeunesse !*, p. 29.)
3. En arrivant dans la cuisine
J'me suis dit tiens un p'tit Ricard
Mais après mes quatorze bibines
J'étais un p'tit peu dans l'coltard (Renaud, « J'ai raté télé-foot » dans *Mistral gagnant*, p. 115.)
4. Chanfier, la tête en sang, fut transporté d'urgence à l'hôpital [...]. L'ancien flic reposait sur son lit d'hôpital, dans une chambre particulière (Chanfier n'aimait pas tellement ces égards). Il était encore un peu dans le colletard et sa tête était toujours bandée. Mais il avait à présent la certitude de pouvoir sortir de ce cauchemar. (P. Siniac, *Femmes blafardes*. p. 281.)

Cocher

○ **Moustaches à la cocher de fiacre.** « Moustaches tombantes à bouts effilés » (attribut traditionnel du cocher de fiacre).

On l'appelle Jojo. [...] il porte sur une gueule d'ablette crevée des bacchantes taillées à la mode dite « cocher de fiacre » tombantes et effilées [...]. (M. Audiard, *La Nuit, le Jour*, p. 161.)

Cochon

Les cochons n'en veulent plus. Pour indiquer qu'un produit de la terre a donné en abondance. Les porcs étant les animaux domestiques les plus gloutons et les moins exigeants, l'image de leur satiété traduit un rendement exceptionnel.

1. [...] la formule de politesse dont usent les Auvergnats quand ils invitent un visiteur à déguster les produits de leur terroir : « Mais si, prenez, les cochons n'en veulent plus. » (X. Fauche et L. Rioux, *Tics d'époque*, p. 81.)

On fera quelque chose de toi si les petits cochons ne te mangent pas. Formule plaisante que les adultes adressent aux enfants pour leur manifester leur satisfaction.

2. J'ai acheté une boîte de pastels et du papier Ingres, Mademoiselle [la professeur de dessin] a posé trois vases sur une table.
Elle retouche une ombre, un arrondi, la lumière sur un morceau de porcelaine. Elle dit qu'on fera quelque chose de moi si les petits cochons ne me bouffent pas. (D. Belloc, *Néons*, p. 111.)
3. Quel merveilleux bonhomme c'était, grand-père. Nous étions à sept kilomètres de Bougival mais il jouait le jeu. Comme ça valait une récompense j'ai dit : « Léon, si les petits cochons ne te mangent pas, on fera quelque chose de toi. »
C'est ce qu'il me disait lui-même lorsqu'il voulait me féliciter. (J. Lanzmann, *La Baleine blanche*, p. 64-65.)

Cœur

Un cœur grand (gros) comme ça. « Un cœur très généreux. » La comparaison a une valeur intensive ; le geste auquel renvoie le pronom **ça** est généralement fictif.

1. [...] Dane, une photographe française, avec « un cœur gros comme ça », tendre et râleuse, semblant s'en vouloir de se laisser séduire par cette Afrique rebelle et sauvage. (*Le Monde*, 11 janvier 1986, p. 20, col. 3.)
2. Marcel Bleustein-Blanchet, le fondateur de Publicis, est un affectif, un émotif, avec « un cœur gros comme ça », selon le mot de son ami Chaban-Delmas. (*Le Monde*, 8 novembre 1986, p. 36, col. 3.)

Cogner

○ **C'est à se cogner le derrière au lustre.** « C'est insensé. » A pris le relais de **c'est à se taper le derrière au plafond,** naguère abrégé **c'est astap!** ~ **C'est à se taper le cul par terre.**

1. Ce qui peut se dire comme âneries à la télé, c'est à ne pas croire ! C'est à se cogner le derrière au lustre. (C. Sarraute, *Dites-donc !*, p. 130.)

○ **S'en cogner; se cogner de** (surtout à l'indicatif présent). « Se moquer (de). » Sur le modèle de **s'en battre l'œil, s'en tamponner, s'en taper*.** ~ **N'en avoir rien* à ...**

2. Je crois comprendre qu'elle n'avait pas le droit de [...] recevoir des soldats de l'U.S. Army dans son rade. On s'en cogne d'ailleurs des démêlés de cette bistrote avec les Ricains. (A. Boudard, *Le Corbillard de Jules*, p. 41.)
3. L'âge, ce n'est pas son problème. La coquetterie non plus. Du moins elle l'affirme dans ce langage de chambrée qu'elle emploie avec l'espoir inavoué de précisément se rajeunir : « Les rides, je m'en tape* ! Les kilos, je m'en cogne ! Quand on a du chou [quand on est intelligent], on peut se passer de son cul ! » (F. Dorin, *Les Jupes-culottes*, p. 10.)

Voir aussi **bille**, exemple 13.

Coiffé

○ **Coiffé comme un dessous de bras.** « Mal coiffé ou pas coiffé. » ~ **Coiffé avec un clou, avec les pattes du réveil, avec un pétard*, avec un râteau.**

En plus, il est coiffé comme un dessous de bras. (S. Collaro dans « Cocoricocoboy » sur TF1, 3 juin 1987.)

Coller

∅ **Coller au cul (aux fesses, au train) à quelqu'un.**
— « Serrer de près, suivre de près (d'une personne). » Même métaphore (et sens voisin) que **être sur le dos de quelqu'un.**

1. Plus ça allait, plus on me collait au train. Je n'avais rien d'intéressant, rien de merveilleux, mais les journaux parlaient de moi, l'affaire était entendue. (P. Djian, *Maudit Manège*, p. 274.)

— « S'attacher à (d'une chose). » ~ **Coller à la peau.**

2. [...] cette comédienne [Claire Nadeau] qui change de rôle plus vite que son ombre*. Une véritable tornade. Non, non, elle n'a rien de Foldingue, même si ce rôle lui « colle désormais aux fesses » comme elle dit. (*Télérama*, 14 janvier 1987, p. 107, col. 2.)

Colon

(Ben) mon colon! Exclamation familière marquant l'admiration, la surprise, l'ironie. Expression centenaire, originaire du langage des casernes, dont il est difficile de déterminer la part qu'elle doit au colon de la colonisation algérienne ou au colonel, père du régiment.

1. Je cours jusqu'à la glace de la salle de bains et regarde ma tronche. Ben mon colon, en effet, bien parti je suis pour un premier prix à un concours de peinture non figurative. Grand art : indigo sous les paupières, rouge sur le front, crâne d'une couleur indistincte mais aux cheveux collés par le sang coagulé [...]. (A.D.G., *Le Grand Môme*, p. 44.)
2. Sûr que s'il existait un concours du chauffeur de taxi au langage le plus châtié, il gagnerait, sûr. Il savait, lui, ce que causer veut dire, mon colon ! (J. Bialot, *Le Manteau de saint Martin*, p. 18.)

Colossal

○ **Colossale finesse.** Pour marquer qu'un procédé est cousu de fil blanc, qu'il manque de finesse. Allusion à une réplique célèbre de *Babette s'en va t'en guerre* (1959), film de Christian-Jaque dont les dialogues sont de Michel Audiard : le chef de la Gestapo, incarné par Francis Blanche, qui s'exprime avec un accent germanique caricatural, s'adresse à l'héroïne (Brigitte Bardot) : « Ach ! Babette !... Petit ange !... À nous deux on en fera fusiller, du monde ! Une idée à moi... Colossale finesse ! »

La marque Chanel donne lieu, elle aussi, à de « colossales finesses », comme aime à le répéter Bernard Lehman, le vice-président : on trouve des parfums Cherel, Chanel « N° 15 », Chance (édité en Bulgarie en 1966) ou Canal « 15 », tout simplement parce que Canal se prononce Chanel en anglais. (*L'Événement du jeudi*, 2 juin 1988, p. 109, col. 2.)

Combat

... même combat ! Pour marquer plaisamment que l'on entend défendre avec une même énergie des objectifs variés. Sur le modèle de slogans, proclamant la solidarité entre différents groupes sociaux.

Le Français a longtemps été réputé pour une singularité à se mettre à table trois fois par jour à heures fixes. Tandis que les peuplades environnantes se sustentaient quand bon leur semblait, sans s'occuper des horloges, chez nous, au temps béni des colonies et du franc germinal, la cloche du déjeuner (ou du dîner) sonnait toujours au même instant. Stabilité du franc, inflation zéro, heure du repas : même combat. (F. Gruhier, *Les Délices du futur*, p. 43.)

Combien

○ **Combien de** + nom **(mon fils)?** Pour inviter l'interlocuteur à préciser le nombre de fois qu'il a fait telle ou telle chose. Par référence plaisante à la question des confesseurs de naguère interrogeant leurs pénitents : « Combien de fois ? »

— J'ai mangé des croissants, dis-je [...].
— [...] combien de croissants mon fils ?
— Heu, deux je crois. Peut-être trois. (C. Rochefort, *Printemps au parking*, p. 86.)

Commencer

Ça commence à bien faire ! Pour marquer qu'on est particulièrement excédé par quelqu'un ou par quelque chose. Par antiphrase. ~ **Ça suffit, c'est assez !**

Les crises de Bobin, ça commençait à bien faire. Les cinq hommes en avaient l'habitude. Et personne n'y prêtait attention. (P. Siniac, *Le Casse-route*, p. 30.)

Commission

Faire soi-même (tout seul) ses commissions. « Ne pas avoir besoin d'aide ou d'intermédiaire. » Par référence à **commission** « message que l'on transmet. »

1. — Vaut peut-être mieux y aller à deux, insinua-t-il.
Le Comte tâta la poche de son veston.
— Je fais mes commissions tout seul. T'inquiète pas ! (J. Amila, *La Bonne Tisane*, p. 29.)
2. Fais donc tes commissions toi-même [...]. Autant finir en face à face. (C. Courchay, *L'Embellie*, p. 223.)

Complet

○ **Afficher complet.** « Être complètement rempli, ne plus avoir de place. » Du vocabulaire de l'hôtellerie et des salles de spectacle.

Jill est roulée comme une saucisse de cantine et son short affiche complet. Une bouille adorable avec un petit nez rigolard. (F. Lasaygues, *Bruit blanc*, p. 59.)

Compliqué

C'est pas compliqué. Pour présenter une évidence ou pour résumer une question. ~ **C'est simple.**

— [...]. C'est bon, ta bouffe.
— Ça manque de piquant.
— Tu goûterais à la tambouille de ma grand-mère. C'est pas compliqué : tu sors de table, tu files te mettre la langue sous le robinet de l'évier. (R. Forlani, *Papa est parti, maman aussi*, p. 168.)

Compresse

○ **Mouiller (remouiller) la compresse à quelqu'un.** « Être excessivement affable envers quelqu'un. » Métaphore tirée des soins que l'on procure à un malade, cette locution est peut-être un fait d'auteur. « Remouille-moi la compresse » est le titre d'un roman de San-Antonio, 1983. ~ **Être aux petits soins pour quelqu'un.**

1. [...] ne jamais trop mouiller la compresse aux subordonnés, sinon, très vite, ils se croient supérieurs à toi et te pissent contre. (San-Antonio, *Après vous s'il en reste*, p. 156.)
2. — Merci d'avoir répondu spontanément à mon appel, mon petit, me fait-il avec solennité.
— Tout naturel, monsieur le directeur.
[...]. Jamais hésiter à remouiller la compresse des supérieurs puisqu'ils aiment. (San-Antonio, *Galantine de volaille*, p. 25.)

Compte

○ **Allonger (étendre...) pour le compte.** « Mettre knock-out. » **Être sonné (allongé, assommé, couché...) pour le compte.** « Être knock-out ; être mort. » Du vocabulaire de la boxe où l'arbitre **compte** dix secondes avant le knock-out.

1. [...] je me suis senti d'un coup si faible, sonné pour le compte, que je pourrais plus arquer, bondir comme avant, courir galoper comme les autres [...] (L.-F. Céline, *Maudits Soupirs*, p. 40.)
2. Et il cogna. Du droit. Un coup rapide, sec et imparable. Sa spécialité. Le petit alla valdinguer contre un des tabourets du bar et demeura étendu. Pour le compte. (A. Le Breton, *Du rififi à Paname*, p. 25.)
3. Un autre bruit retentit, mais plus sourd. C'est Vial qui s'est écroulé sur le ciment. Couché pour le compte, cette fois. (P. V. Lesou, *Cœur de hareng*, p. 158.)
4. Deux gars sont venus à la rescousse. D'un revers du bras et d'un coup de genou, Rachid les a allongés pour le compte. (C. Roudé, *Rue Paradis*, p. 129.)
5. Grotesque et saucissonné, bouche fermée par du sparadrap, l'infortuné chef de gare est garrotté sur sa chaise. En outre et c'est le plus grave, il est assommé pour le compte. (J. Vautrin, *Typhon-Gazoline*, p. 129.)

Con

⊘ **Con à bouffer sa bite/de la bite.** « Extrêment bête ; complètement idiot. » ~ **Bête à manger du foin.**

1. — T'es un salaud et un fumier, mais le pire, c'est que t'es con à bouffer de la bite, dit Manu. (T. Topin, *55 de fièvre*, p. 133-134.)

∅ **Con comme une bite ; con comme un manche/une valise (sans poignée).** Ces quelques comparaisons (parmi d'autres) équivalent à un superlatif : « Tout à fait stupide. » ~ **Con comme un balai, comme la lune, comme un panier (percé).**

2. — Lamoulière, couchez-vous ! hurlait le commissaire Massoneau, couchez-vous, putain !
Et ce connard de Lamoulière, con comme une bite, tout juste sorti de l'école de police qui continuait à cavaler ! (F. Fossaert, *Prouvez-le*, p. 59.)

3. — [...] Écoutez-moi ce petit tocard ! C'est maigre comme un haricot, ça crève la faim et c'est con comme une valise ! (R. Kesselring, *Putain d'amour*, p. 13.)
4. Le premier de ces matelots
était Breton jusqu'au mégot
mais il était con comme un manche
comme un déjeuner du dimanche
comme un article du *Figaro* (Renaud, « Trois matelots » dans *Mistral gagnant*, p. 175.)

Aussi con que ma bite est mignonne. Même valeur.

5. [...] notre fier gradé avait repris ses oraisons, nous traitant charitablement d'ordures. « Vous êtes aussi cons que ma bite est mignonne », qu'il prétendait, sentencieux, et autres gentillesses [...]. (M. Bédu, *La Vie dure*, p. 32.)

○ **(Être, se trouver, se retrouver) comme un con.** « (Être) tout bête, bien ennuyé, désemparé. » ~ **Comme deux ronds de flan.**

6. — Ouais [...]. T'as qu'à lui téléphoner, y'a une cabine, là... Grouille, y'a un mec qui la veut ! Le mec en question était un Noir, en boubou. Baroco bloqua la porte de la cabine au moment où il allait y pénétrer, disant méchamment : « T'as qu'à te servir de ton tam tam ! » puis se trouva comme un con devant l'engin de téléphonie, sans la moindre ferraille pour l'alimenter. (Marie & Joseph, *Le Crime de la rue du ciel*, p. 104.)

— **Se retrouver tout con.** Même sens.

7. A présent on en est à décrire les vagins et les prépuces. Et après ? C'est l'ère du télescope électronique : tous au mont Palomar !... Dépêchez-vous, car demain vous allez vous retrouver tout cons : y aura plus rien à montrer. Faudra recommencer au Roman de la Rose. (M. Bédu, *La Vie dure*, p. 17.)
8. Josiane elle disait que certains joueurs de tennis inscrits chez son père se mettaient un mouchoir dans le short pour se faire valoir davantage même qu'une fois l'un d'eux avait perdu le sien pendant un échange et que le type s'était retrouvé tout con. (J. Lanzmann, *L'Âge d'amour*, p. 107-108.)

○ **Jouer au con.** « Faire l'imbécile, faire des bêtises ; ne pas se montrer coopérant. » ~ **Faire des conneries. Jeu de con(s).** « Comportement stupide. »

9. — Joue pas au con [...]. On ne te veut pas de mal ! (J. Amila, *Pitié pour les rats*, p. 147.)
10. L'œil froncé à ras du sable, on dénichait les scorpions sous les pierres pour passer le temps, tandis que des énervés s'engueulaient à portée de fusil, parce que certains ne respectaient pas les règles. C'était le jeu idéalement crétin, le vrai jeu de cons à tourner gaga... (M. Bédu, *La Vie dure*, p. 26.)

Concombre

○ **Avoir été élevé au jus de concombre.** « Être ou paraître anémique, maladif, mou. » Peut-être sur le modèle de **avoir du jus de navet dans les veines**, de même sens, **concombre** entrant ici dans la série des emplois figurés déjà illustrés par **cornichon** ou **courge.**

— [...]. J'vais aller causer avec le type qui attend dans le salon. J'veux que tu t'pointes dans dix minutes avec des rafraîchissements. OK ? [...]
— J'espère que t'as pas l'intention de me coller ce nave sur les bretelles ! cracha-t-elle. Il a une tronche d'aide-comptable élevé au jus de concombre. (J. Houssin, *Bras de fer*, p. 10-11.)

Confiture

Donner de la confiture à un (aux) cochon(s). « Accorder un bien dont le bénéficiaire n'est pas digne. » L'expression concurrence, en plus familier et avec une allusion plus nettement alimentaire, la formule biblique **des perles aux pourceaux (aux cochons).**

1. — [...] je ne pouvais plus l'arrêter : « Et Françoise est la plus ceci... et Françoise est la plus cela... » Il a même ajouté : « Ç'aurait été dommage que l'autre pignouf, tu vois de qui il voulait parler, profite de ça. Ç'aurait été de la confiture à donner à un cochon. » Textuel* ! (F. Dorin, « Comme au théâtre » dans *L'Avant-Scène Théâtre*, p. 60.)
2. [...] papa décida que l'on m'en achèterait un, spécialement pour moi : un trois-quarts [...]. — Lui acheter un violon ? Après ce qu'il a fait, c'est bien encore donner de la confiture à un cochon ! Grand-mère tranchait. (B. Deflandre, *La Soupe aux doryphores*, p. 120.)

Connaître

Complément d'objet direct + **connais pas.** Pour souligner une ignorance involontaire ou délibérée, ignorance souvent considérée comme choquante par un tiers qui la constate ; par ellipse de **je ne connais pas.** Le titre du film de Bertrand Blier « Hitler connais pas » (1963) semble bien avoir contribué à la diffusion de l'expression.

1. « Avez-vous pensé aux contraintes d'une position officielle ? » a demandé François Mitterrand à Régis Debray, peu après le 10 mai.
   Apparemment non. Obligation de réserve, connais pas ! (B. Poirot-Delpech dans *Le Monde*, 8 janvier 1988, p. 18, col. 1.)
2. [...] à partir de cinquante ans, on sent la fin approcher à présent. Soixante mois plus tard, terminé, on n'est plus bon à rien [...].
   Sauf aux commandes de l'État. Alors là, la retraite, connais pas. (C. Sarraute, *Dites-donc !*, p. 21.)

Voir aussi **dire**, exemple 7.

— Variante **connaît pas**, par ellipse de **il (elle) ne connaît pas.** Voir **cigare**, exemple.

— Par extension. Pour marquer l'absence d'une chose.

3. Juste avant d'arriver à Cassis, il a pris [à moto] sur la droite un chemin de terre en pente [...]. Goudron : connais pas ! (C. Roudé, *Rue Paradis*, p. 8.)

Je ne connais que ça/que lui (qu'elle) ! « Je connais très bien cela ; je le (la) connais très bien. » Par hyperbole. S'emploie notamment comme dans l'exemple suivant, pour rattraper une légère perte de mémoire.

4. — [...] Mais oui, nom de d'là, que je lui dis ! c'est vrai ! J'avais oublié ! [...] Bien sûr ! Je ne connais que ça ! (J. L'Hôte, *La Communale*, p. 100.)

Connerie

○ **Arrêter ses conneries** (surtout à l'impératif). « Cesser de faire ou de dire des choses stupides. » ~ **Arrête ton char(re) ; arrête ton cinéma*, ton cirque, ta comédie.**

1. — T'as qu'à tirer sur la ficelle, dit Filo en lui tendant l'objet [une grenade].
Il fit semblant de le faire.
— Arrête tes conneries, répliqua Ti-Pierre, tu vas nous faire péter la tronche. (B. Deflandre, *La Soupe aux doryphores*, p. 18-19.)
2. [...] Lambert avait [...] ce bon sourire de l'homme détaché des choses matérielles [...]. Avec tout de même, parfois, une réaction, quand Bensoussan poussait le bouchon un peu loin :
— Tu déconnes.
Avec sa variante dans les cas extrêmes :
— Arrête tes conneries. (A. Page, *Tchao Pantin*, p. 46.)

Copain

Comme les copains. « Comme les autres, malgré ses prétentions. » Dans cette locution et dans la suivante, **les copains** est une variante familière de **les autres, tout le monde**, qui a sans doute pris naissance dans un milieu masculin, peut-être l'armée.

1. La décontraction — simulée ? — de Sébran l'exaspérait ; il finit par se dire que Sébran s'efforçait de jouer les mecs dotés d'un sang-froid invulnérable. Une façade. Placé devant l'imminence du danger, Sébran serait comme les copains : prêt à faire dans son calcif [...]. (P. Siniac, *Deux Pourris dans l'île*, p. 161-162.)
2. — Il était sous-directeur des relations extérieures aux Potasses du Midi. Ils l'ont licencié la semaine dernière, sans prévenir [...]. Terminé la télévision en couleurs, le magnétoscope, les balades en avion [...]... le Japon ! Vous m'en direz tant ! Le ski en hiver ! Va peut-être falloir se décider à vivre comme les copains ! (P. Siniac, *Luj Inferman' ou Macadam Clodo*, p. 106.)

Faire comme les copains. « Se débrouiller. »

3. [...] maintenant [...] je fais comme les copains. J'emprunte la moto de ceux qui en ont une et les vieux font l'autruche. (P. Adler, *Bonjour la galère !*, p. 42.)

Copie

Revoir sa copie. « Modifier un projet pour qu'il obtienne l'agrément des personnes auxquelles il est destiné. » Métaphore du langage scolaire.

Trois semaines après avoir dévoilé ses projets, le ministre reconnaît qu'il est contraint de revoir sa copie [...]. (*Le Monde*, 8 février 1989, p. 10, col. 1-2.)

Coquette

Faire sa coquette (sujet masculin ou féminin). « Se faire prier. » Variante de **jouer les (grandes) coquettes,** locution tirée du vocabulaire du théâtre.

Tout le monde hésite. Titi arbore une jambe plâtrée, résultat d'une virée en moto. « J'irai de toute façon [à un concert] avec Marilyn, dit Habib. C'est des potes, ils m'ont filé des places. Alors Titi, on fait sa coquette ? » (Sapho, *Ils préféraient la lune*, p. 62.)

Voir aussi **franc** (adjectif), exemple 2.

Corbeau

○ **Les corbeaux volent à l'envers...** Pour exprimer plaisamment le caractère déshérité d'une région.

Par ici la terre est très dure
Disait l'Arthur
Même les corbeaux volent à l'envers
Pour ne point voir la misère. (R. Gotainer, « Trois vieux papis », dans *Chants zazous*.)

Corbillard

○ **Gueule (tête) à caler les roues de corbillard.** « Air maussade, renfrogné, sinistre. » Variante de **gueule d'enterrement**, mais à partir de **gueule en coin** « figure anguleuse et laide » et de l'équivoque sur **coin** « angle » et **coin** « cale de bois ».

1. — Tu les écoutes, ces pédés-là, s'énerva Bernard, avec leur nœud d'cravate en tête d'épingle, leurs pieds plats et leurs têtes à caler les roues de corbillard. (R. Fallet, *Banlieue sud-est*, p. 103.)
2. Tonton, derrière son bar, guettait le départ d'un habitué à la mine sinistre. Ses trois pastagas [pastis] avalés cul sec l'un derrière l'autre ne l'avaient pas déridé d'un poil. Dès qu'il fut dehors, Tonton s'exprima enfin :
— Ah là là ! Celui-là, une vraie gueule à caler les roues de corbillard ! (E. Hanska, *Fascination*, p. 26-27.)

Corde

Corde à tourner (virer) le vent. Expression plaisante désignant un moyen imaginaire de faire changer la direction du vent, à la recherche duquel on envoie un naïf. Voir *supra* **clé**.

1. Gian Battista partit à la recherche d'une cabine téléphonique en état de marche, version française et moderne de la quête du Graal ou de la corde à tourner le vent. (Marie & Joseph, *Si t'as peur, jappe*, p. 198-199.)

○ **(R)envoyer quelqu'un dans les cordes.** « Écarter, repousser. » Du vocabulaire de la boxe et du catch, où un concurrent envoie son adversaire dans les cordes du ring. ~ **Renvoyer dans ses buts***.

2. La même réunion avait inscrit à son programme « l'esthétique corporelle au masculin », où nous sommes directement interpellées, sinon renvoyées dans les cordes. L'organisateur du

machin y va carrément : « On a beaucoup parlé de la féminitude, on parle enfin de la masculinité. » Il faut dire que le marché est porteur, publicitairement parlant. (*Le Canard enchaîné*, 11 mai 1988, p. 7, col. 5.)

Cordonnier

Les cordonniers sont (toujours) les plus mal chaussés. Pour indiquer que l'on manque parfois de ce que l'on est pourtant à même d'avoir facilement puisqu'on le procure à d'autres.

Depuis quelques jours, le médecin de la rue de Courcelles, lui aussi, souffrait de la tête [...]. Pauvre toubib ! Pas même le temps de se soigner, d'aller se faire radiographier [...]. Comme les cordonniers ! Qui sont les plus mal chaussés, c'est bien connu. (P. Siniac, *Viande froide*, p. 71.)

Corsage

○ **Avoir du corsage.** « Avoir de la chair, de la charpente (d'un vin rouge). » Variante d'expressions plus courantes du vocabulaire de la dégustation : **avoir du corps, de la corpulence, être corsé.** ~ **Avoir de la cuisse*, de la fesse*.**

Il a [le Cornas] du corsage, de la moelle, du bouquet : charnu comme un Bourgogne, il est moins chargé, moins compact, moins mystérieux aussi que le roi des vins. (R. de Campelonne cité par Ch. Forot, *Odeurs de forêt*, p. 37.)

Voir aussi **cuisse**, exemple 2.

Cosaque

○ **À la cosaque.** « Brutalement, sans ménagement. » Sur le modèle de **à la hussarde.**

Avant qu'elle n'eût le temps de piger, je l'avais culbutée sur la carpette, Berty, à la cosaque je lui faisais le Don de ma personne. (San-Antonio, *Salut, mon pope !*, p. 191.)

Costume

Costume cravate ; costard-cravate. Type de l'uniforme du petit cadre.

1. [...] des jeunes, costard-cravate qui jouaient aux privés entre les piles de Pampers anti-fuite et les têtes de gondoles remplies de saucisses en solde. (D. Daeninckx, *Le Bourreau et son double*, p. 125.)
2. Je fis la connaissance, à un déjeuner en ville, du directeur littéraire. Haddad m'avait briefé : « Costume cravate et pas de doigts dans le nez. Soyez sûr de vous, rassurant. » (H. Prudon, *Plume de nègre*, p. 66.)

Costume trois-pièces ; costard trois-pièces. Même valeur.

3. Le public, style costume trois-pièces, cravate club et attaché-case est, au début un peu sourcilleux [...]. (D. Guirous et N. Galan, *Si la Cococour m'était contée*, p. 184.)
4. Mais alors... sapé ! [...] Pas le style costard-trois-pièces-employé-de-banque. Ah ! ça non ! Un pantalon léger, à pinces, gris clair. Une chemise en jersey souple [...]. La classe. Super. » (C. Roudé, *Rue Paradis*, p. 25.)

Côtelette

○ **Gagner sa côtelette.** « Gagner sa vie. » La formule appartient à la même série que **gagner son bœuf*, son bifteck, son entrecôte,** ou **gagner son pain, sa croûte.**

1. Finalement, Raymond s'était vu obligé de gagner sa côtelette d'une manière un peu plus admise par le commun des mortels. (P. V. Lesou, *Un Condé*, p. 49.)

● **Pisser sa côtelette.** « Accoucher. » Ce type de métaphore, dont la vulgarité est accentuée par le statut de **pisser** qui est de nos jours un mot trivial, est très ancien ; sans remonter à la côte d'Adam, on évoquera A. Oudin dans ses *Curiositez* en 1640 : « **Pisser des os**, faire un enfant. » L'exemple 3 est un écho de cette locution.

2. Bruno la secoua :
— Eh ! la petite dame ça va ?
Le rire de Tarin éclata de nouveau. Rocky ne venait-il pas de lui susurrer qu'« elle avait pissé sa côtelette... » ? (R. Fallet, *Pigalle*, p. 174.)
3. Zekorni, tu parles d'un patronyme [...]. Né en 1930, oh la. Côtelette mal pissée. Avorton pathétique. Ce merdeux ne ressemble pas du tout à son extrait de naissance [...]. L'un ou l'autre est faux. (A. Schifres, *Les Yeux ronds*, p. 41.)

Coucou

∅ **Coucou la voilà !** Stéréotype de l'invitation exhibitionniste. L'expression, sous diverses formes (**coucou le (la) voilà, coucou me voilà**), marque habituellement l'apparition inopinée de quelque chose ou de quelqu'un. On peut la mettre en relation avec le coucou des pendules qui sort du boîtier pour annoncer l'heure. **La** est ici le substitut d'un des mots du français non conventionnel désignant le pénis (comme **bite, pine** ou **queue**) qui, par ailleurs, est parfois appelé l'**oiseau** ou le **petit oiseau.**

Rachid ayant renoncé à descendre chercher le courrier complètement à poil. Il consentait à nouer une serviette autour de ses reins. La perdait en général entre le deuxième et le premier [...]. Bernard me sifflait, acide :
« Quel effet ça fait de vivre avec un exhibitionniste ? Coucou la voilà ? » (C. Roudé, *Rue Paradis*, p. 179.)

Couille

∅ **À couilles rabattues.** « De façon impétueuse, sans retenue. » Cette locution adverbiale, qui démarque plaisamment **à bride abattue**, s'entend surtout dans **baiser à couilles rabattues.**

1. […] voici quelques cas typiques qui nous permettront de bien reconnaître le bonheur le jour où il nous tombera dessus à couilles rabattues. (P. Desproges, *Manuel de savoir-vivre*, p. 53.)
2. — […]. Ah, ces célibataires, ça se croit tenu de baiser à couilles rabattues. (F. Ryck, *Prière de se pencher au-dehors*, p. 155.)

∅ **C'est de la couille en barre.** « C'est sans importance, insignifiant. » Intensif de **c'est de la couille**, sur le modèle formel (et par antithèse) de **c'est de l'or en barre.**

3. Jojo me conseillait surtout de m'occuper de mes mous [poumons] bectés aux bacilles. Le reste, pour lui, c'était du vent, de la couille en barre, de l'enfantillage. Il raisonnait en homme sensé, ça lui était facile […]. (A. Boudard, *La Métamorphose des cloportes*, p. 110.)

∅ **Se faire des couilles en or.** « Gagner beaucoup d'argent. » À rapprocher de l'ancien **avoir le cul jaune** « être riche (en louis d'or) » ou **l'avoir en or** « avoir de la chance ».

4. […] la température baissait et […] les marchands de fourrure se faisaient des couilles en or. (P. Djian, *37°2 le matin*, p. 104.)
5. […] elle était standardiste de nuit dans une entreprise de dépannage en tout genre. Son patron se faisait des couilles en or […]. (F. Joly, *Be-bop à Lola*, p. 24.)

— Variante argotique. **Se faire des burnes en joncaille.**

6. […] en Argentine où un de ses vieux potes […] se faisait des burnes en joncaille avec une volière [maison close] qu'il aurait prise en gérance. (J. Houssin, *Comme un rat*, p. 53.)

Couleur

∅ **Hisser les couleurs; faire le salut aux couleurs.** « Être en érection; faire l'amour (d'un homme). » Métaphore du mât où est monté le drapeau, qui a pu naître dans la langue des casernes. ~ **Monter le chapiteau*.**

[…] je la saisis dans mes bras et la presse contre moi. Alors là, c'est le vrai salut aux couleurs. (San-Antonio, *Les morues se dessalent*, p. 65.)

Coup

○ **En avoir un coup dans les carreaux/dans la jupette/dans la musette.** « Être ivre. » Variantes plaisantes de **en avoir un coup dans le nez**, combinant les locutions **boire un coup** et **en prendre un coup** « subir un dommage physique » (cf. **en tenir une* bonne, une sévère**).

1. […] nous avions vidé […] une carafe de bourbon […]. Au moment de la quitter, j'en tenais un coup dans les carreaux […]. (M. Embareck, *2 – 1 = 0*, p. 189.)

2. Comme ils en ont tous un sérieux coup dans la jupette. Pensent plus à surveiller les mômes qu'en profitent naturliche pour liquider les fonds de verres et fumer les mégots. (E. Hanska, *La Mauvaise Graine*, p. 106.)
3. Le temps de se rafraîchir, de se changer, ils ressortaient dîner dans un bistrot auvergnat, et quand ils revinrent, ils en avaient un joli coup dans la musette, ce qui émoussa leur odorat tout en avivant leur désir. (A. Vergne, *L'Innocence du boucher*, p. 138.)

Être aux cent (aux quatre cents) coups. « Être vivement inquiet. » Cette locution familière, qu'on ne confondra pas avec **faire les cent/quatre cents coups**, semble d'une diffusion assez restreinte sous la forme **aux quatre cents coups.**

4. [...] Lili Boudard, qui la cherchait partout « aux quatre cents coups », comme elle disait, avait fini par la trouver [...] et, devant tout le monde, lui avait allongé une super-beigne, avec l'espèce de jouissance sadique de la bonne mère de famille qui tient à montrer aux gens que non seulement elle n'a pas peur de faire son devoir mais qu'encore sa vie n'est pas facile. (G. Dormann, *Je t'apporterai des orages*, p. 170.)
5. Il est arrivé des lettres. Pas de Juliette. De ma mère, aux cent coups comme elle se disait. (Y. Gibeau, *Mourir idiot*, p. 179.)

∅ **(Il) y a des coups de pied au cul (quelque part) qui se perdent.** Pour marquer son indignation face à une attitude que l'on réprouve, et à laquelle on ne peut rien ou devant laquelle on temporise.

6. — Si tu ne veux pas perdre ta place, ne te mêle pas de ce que doivent faire les autres, compris ? On est bon avec toi, profites-en, et boucle-la !
— Je te jure qu'il y a des coups de pied au cul qui se perdent ! dit Pierrot. (J. Amila, *Jusqu'à plus soif*, p. 132.)
7. Or, j'avais hérité d' grand-père
Un' pair' de bott's pointu's
S'il y a des coups d' pied que'que part qui s' perdent
C'lui-là toucha son but.

C'est depuis ce temps-là que le bon apôtre
Ah ! c'est pas joli...
Ah ! c'est pas poli...
A un' fess' qui dit merde* à l'autre. (G. Brassens, « Grand-père » dans *Poèmes & chansons*, p. 129.)

— Variante. **(Il) y a des taloches qui se perdent.**

8. — Y a des taloches qui se perdent, elle maugrée. Mériterait qu'on lui rabatte son caquet à c'te grande andouille. (J.-J. Dupuis, *La Gigue des féroces*, p. 183.)

Tous les coups sont permis. Pour qualifier une situation de lutte ouverte, sans merci.

9. — Tu entends, Stepan, gémit Mme de Trébizonde, tu entends ce que dit cet homme !... Écoutez, Baptiston, je sais que nous vivons une période d'anarchie où tous les coups sont permis, cependant... (A. Blondin, *L'Europe buissonnière*, p. 156.)

Un coup je te...., un coup je te... Pour marquer une alternance (qui peut être celle de la douche écossaise).

10. On est en alternance [politique], en France : un coup je te vois, un coup je te vois pas ! Comme ça y en a pour tout le monde ! (San-Antonio, *Circulez ! Y a rien à voir*, p. 50.)
11. [...] Mme Flesch, dont la santé mentale résistait de plus en plus mal au régime inventé par son mari : un coup je te caresse, un coup je te savate la tronche. (A. Vergne, *L'Innocence du boucher*, p. 77.)

Courir

○ **Cours après moi que je t'attrape!** Pour marquer, dans une entreprise de séduction amoureuse, le jeu du partenaire [la femme, le plus souvent] qui, bien qu'intéressé, fait mine d'être indifférent pour être en position de force. « Cours après moi que je t'attrape » est le titre d'un film de Robert Pouret (1976).

1. — Est-ce que vous vous rendez compte à quel point vous [les femmes] pouvez être dédaigneuses ! [...]
Il ne faut tout de même pas confondre. Notre numéro de princesse lointaine, c'est destiné à susciter leur curiosité. Cela fait partie du cérémonial de la séduction. Un « cours après moi que je t'attrape » des plus classiques. Ils [les hommes] ne sont tout de même pas dupes... (M. Bourrillon, *Côté cœur*, p. 124-125.)
2. [...] je trouve Diane bien naïve de croire que sa mère a pu tomber dans le vieux piège de la jalousie et de me prendre, moi, pour un pauvre innocent parce que je ne crois pas, comme elle, à l'universalité du « cours après moi que je t'attrape ». (F. Dorin, *Les Jupes-culottes*, p. 282.)

Ne pas courir après. « Avoir peu de goût pour, ne pas aimer quelque chose ou quelqu'un. » Litote pour marquer le peu d'empressement.

3. Nous, les flics, on court pas après. (J. Vautrin, *À bulletins rouges*, p. 23.)

○ **S'il court aussi vite que je l'emmerde (qu'il est con)** + proposition au futur. Pour marquer, de façon péjorative et intensive, le peu d'estime que l'on a pour quelqu'un.

4. — S'il court aussi vite que je l'emmerde, il aura sûrement une médaille d'or aux Jeux olympiques... (R. Réouven, *Un tueur en Sorbonne*, p. 71.)

Course

Être hors course. « Ne plus être en mesure de travailler, d'être efficace. » Autre forme de **n'être pas** ou **n'être plus dans la course** ; du vocabulaire des sports. ~ **Hors circuit.**

1. Il venait de reprendre son service, le voilà de nouveau [un gendarme blessé] hors course. (J.-A. Lion, *Les Truands du Temple*, p. 101.)

Résultat des courses (au singulier ; le plus souvent sans article, parfois avec l'article défini). « Au bout du compte ; (en) conséquence. » Probablement du vocabulaire des turfistes.

2. Prenez les élections. Bien sûr, on vous fait le coup du changement : [...] « changer la vie » de François Mitterrand, « pour changer » avec Jacques Chirac... Résultat des courses. On élit en 1981, pour incarner le changement, un homme de soixante-cinq ans qui a été de tous les ministères ou à peu près sous la IVe République [...]. (L. Fournier, *C'est nouveau, ça vient de sortir*, p. 44.)
3. — Et vous, qu'est-ce que ça [une enquête] a donné ? [...].
— Le résultat des courses c'est qu'on est dans la panade... (T. Jonquet, *Le Manoir des immortelles*, p. 80.)

— Variante. **Bilan des courses.**

4. La rigueur doit donc être prolongée [...], ce qui n'est pas simple quand on se trouve en année préélectorale. Bilan des courses, le budget 1988 devra réaliser quarante milliards d'éco-

nomie pour financer vingt milliards d'allègement d'impôt, quinze milliards de déficit budgétaire et seulement cinq milliards de dépenses nouvelles. (*Libération*, 13-14 décembre 1986, p. 4, col. 4-5.)

Court

(Elle est) courte, mais bonne. Pour souligner, quand on la rapporte ou quand on l'entend, qu'une plaisanterie ou une information est particulièrement réjouissante. Comparer avec l'aphorisme **les plaisanteries les plus courtes sont les meilleures.**

[...] le maître du cru nous annonça :
— Il y aura du jus cette année !
Cette information courte, mais bonne [...] je vous la confirme [...]. (A. Blondin, *Ma vie entre des lignes*, p. 190.)

Court-bouillon

○ **Se mettre la rate au court-bouillon.** « Se tracasser, se faire du mauvais sang ; se donner de la peine. » On rapprochera cette image culinaire de **bouillir (d'impatience, d'inquiétude)**, la rate étant par ailleurs, selon la médecine ancienne, un organe susceptible de sécréter la « bile noire » engendrant la mélancolie (ce rôle est conjuré quand on **se dilate** ou **s'épanouit la rate**). « La rate au court-bouillon » est le titre d'un roman de San-Antonio (1965).

1. [...] sa cervelle en perpétuelle ébullition... cette manie d'attaquer vingt sujets à la fois... de les lâcher, les reprendre... de se mettre, quoi qu'il en dise, la rate au court-bouillon pour des choses qui n'en valaient pas du tout la peine. (A. Boudard, *L'Éducation d'Alphonse*, p. 157-158.)
2. [...] on va pas se mettre la rate au court-bouillon pour quelqu'un qui nous a déjà envoyé chier une première fois quand on a voulu l'aider, après tout. (P. Conil, *Flip-frac*, p. 126-127.)

Couteau

Au couteau. « Acharné, âpre. » Par référence à un combat rapproché à l'arme blanche.

1. Vacarme de coups de frein. Déchirants abois des klaxons. Cris des coureurs qui, dans ce capharnaüm, progressent plus vite que nous [...] c'est la guerre au couteau, maintenant, dans ce que les chroniqueurs appellent le « boyau » ou la « tranchée » d'Arenberg. (R. Fallet, *Le Vélo*, p. 89.)
2. Ça a été un match au couteau, comme on dit. (« Téléfoot » sur TF1, 7 décembre 1986.)

○ **Rasé au/avec un couteau de cuisine.** « Mal rasé ou pas rasé. » Par exagération plaisante. ~ **Rasé avec une biscotte*, rasé de la veille*.**

3. Gueules rasées au couteau de cuisine, gueules de sournois, d'assassins blêmes, d'étrangleurs à la petite semaine. (A. Boudard, *La Cerise*, p. 20.)

4. Un mec est sorti, plutôt miteux, [...] rasé au couteau de cuisine, genre : « Le savon c'est quoi au juste ? » (J.-A. Lion, *Les Truands du Temple*, p. 92.)

Couvert

∅ **Remettre le couvert.** « Faire à nouveau l'amour. » Comme on remet le couvert ou la table pour un nouveau repas, on les remet aussi figurément pour satisfaire l'appétit sexuel. À rapprocher de **service trois pièces** désignant les organes sexuels de l'homme.

1. Pierrot m'a fait un feu d'artifice sexuel [...], on a remis le couvert et on a découvert qu'on s'était toujours aimés. (E. Hanska, *L'Imparfait du subjectif*, p. 68.)
2. Allons, San-A., au travail, mon chaud lapin ! C'est pas désagréable de remettre le couvert avec une nouvelle frangine, moins de dix minutes après qu'on a dit « au revoir-mademoiselle-merci » à la précédente. (San-Antonio, *Salut, mon pope !*, p. 111-112.)

Crabe

En crabe. « De travers (avec un verbe de mouvement). » Cette locution adverbiale, par analogie avec la marche du crabe, s'emploie surtout à propos d'un véhicule.

C'est la deuxième fois que Jean sort d'un virage à moitié en crabe [...]. (F. Fossaert, *Touche pas à ma cible*, p. 201.)

Crac

∅ **Crac, boum, hue !** Onomatopée exprimant la fougue dans une relation sexuelle. Largement diffusé par la chanson « Les Play-boys » (1969) écrite par Jacques Lanzmann et chantée par Jacques Dutronc : « J'ai un piège à filles qui fait crac boum hue ! » ~ **À la cosaque*, à la hussarde.**

J'avais emménagé [dans une pension de famille] en même temps qu'un jeune couple [...] en voyage de noces [...]. A peine arrivés, ils s'enfermèrent dans leur chambre et crac, boum, hueueueu U ! Ils n'en ressortirent que vingt-quatre heures après, pour se mettre à table. (J. de Bougues-Montès, *Chez Auguste*, p. 136.)

Cracher

○ **Ça crache !** « Ça a de l'allure, c'est formidable (surtout à propos de musique). » L'expression renvoie à des contextes figurés où **cracher** est employé de façon valorisante comme **cracher du feu.** ~ **Ça arrache*, ça dégage*, ça déménage*, ça (en) jette.**

1. La guitare dans le dernier morceau de Siouxie et Banshees, ça crache très fort ! (*20 Ans*, novembre 1987, p. 101, col. 2.)

∅ **Cracher à/dans la gueule de quelqu'un.** « Dire quelque chose pour insulter, outrager quelqu'un. »

2. — Je suis Officier de Police, Brigade Criminelle ! Et les ordures dans ton genre, je leur crache à la gueule !
Ce qu'il fit ; peu, mais bien ! (J. Amila, *À qui ai-je l'honneur ?*, p. 166.)
3. — [...] Qu'est-ce qui nous reste comme ressource, le jour où on se fait appeler Jules par un quidam ? Qu'est-ce qu'on fait ? On continue à se faire cracher dans la gueule ? Et l'honneur, on se le met où ? (A. Roussin, « La claque », dans *L'Avant-Scène Théâtre*, p. 20.)

— Avec un complément d'objet interne.

4. Mais en attendant, je chante
et je te crache à la gueule
cette petite chanson méchante
que t'écoutes dans ton fauteuil. (Renaud, « Société, tu m'auras pas ! » dans *Mistral gagnant*, p. 11.)

○ **Cracher à n pas.** Pour marquer de façon plaisante la mâle assurance d'une personne, à bonne distance de laquelle la métaphore invite à se tenir ; on rapprochera cette affirmation imagée de **pisser* loin.**

5. Voilà comment je suis, moi, Laurence de Cinq-Cygne ! Grimpe à jument, crache à quinze pas, soixante lieues dans les fesses sans un furoncle [...]. (J. Amila, *Terminus Iéna*, p. 20.)

(Promis,) juré, craché ! Formule employée pour affirmer solennellement quelque chose. Cracher accompagne parfois certains serments, comme pour sceller sa parole à celle de l'autre, notamment chez les enfants. « Juré, craché, c'est du vrai », slogan d'une publicité pour le café décaféiné Grand-Mère (1988).

6. On fit la sourde oreille, mais comme les psychiatres consultés recommandaient de ne pas contrarier le malade, on lui affirma que les recherches commenceraient immédiatement, promis, juré, craché. (P. Canal, *L'Homme qui a vu Durand*, p. 115.)
7. Mauroy a fait dire à l'Élysée, à Matignon et à la direction du PS qu'il s'était démené comme un beau diable — juré, craché — pour dissuader, hélas en vain, son collaborateur Thierry Pfister de publier « La Vie quotidienne à Matignon au temps de l'union de la gauche ». (*Le Canard enchaîné*, 27 novembre 1985, p. 2, col. 2.)

Craindre

○ **Ça craint !** Pour qualifier une chose ou une situation de désagréable, sans intérêt ou de dangereuse, mauvaise, inquiétante, insupportable.

1. Olga. Essoufflée. La trouille dans la gorge. Des mots entrecoupés. Ça craint. Max croit que c'est elle qui a refilé le tuyau à Mandrax. C'est Zazou qu'aurait entendu une jactance top secret. (F. Lasaygues, *Vache noire*, p. 153.)
2. Un vieux con vient de dire à deux femmes du Maghreb (algériennes ?) qui parlaient ensemble, de se taire, qu'elles faisaient trop de bruit. Une répond : « Et nous la fumée nous gêne et on ne dit rien. » Et puis maintenant, elles parlent tout bas. C'est dans le TGV en France en 1986. Ça craint. (*Libération*, 10 février, 1986, p. 45, col. 4.)

○ **Ça craint pas !** « Il n'y a pas de risque, pas d'inquiétude à avoir. »

3. Y pionçait dans les arbustes du remblai. D'habitude, ça craint pas, surtout à plusieurs à part que ça caille les roupettes [...]

... Le mec, y ronflait en solo. Buté. Dessoudé [...]. Mais c'est pas un crime de zonard. (J.-L. Degaudenzi, *Zone*, p. 171.)

4. — Eh ! je claironne. Fais pas le con Berlan. Si tu t'endors et qu'y a un contrôle keskeu je fais, moi ?
— Ça craint pas... y ronchonne pâteusement. L'inspecteur y fait le nord de Paris c'te semaine... (F. Lasaygues, *Vache noire*, p. 55.)

Crapaud

○ **(Avoir l'air d') un crapaud sur une boîte d'allumettes.** À propos d'une personne juchée sur quelque chose (notamment sur un vélo) et qui paraît inélégante, déplacée et un peu ridicule ; employé aussi par moquerie en parlant d'un homme qui forme un couple avec une femme particulièrement replète.

1. — [...]. Voilà Juliette... et sa fille Nina.
— Je les ai déjà vues. Surtout la petite, sur Princesse [une jument] elle a l'air d'un crapaud sur une boîte d'allumettes. (E. Hanska, *Barbe à papa*, p. 132.)
2. — [...]. Je vais remonter la selle de mon vélo. J'avais l'air d'un crapaud sur une boîte d'allumettes. (R. Sabatier, *Les Noisettes sauvages*, p. 283.)

La bave (le venin) du crapaud n'atteint pas la blanche colombe. Pour marquer, avec dédain ou indifférence, que l'on reste insensible à une attaque, à une insulte.

3. — Quel est votre sentiment sur toutes ces accusations ?
— Le venin du crapaud n'atteint pas la blanche colombe. (*La Hulotte*, 1er trimestre 1982, p. 2-3.)

Crèche

∅ **Mettre le petit Jésus dans la crèche.** « Coïter avec une femme. » La métaphore est plus plaisante qu'irrévérencieuse ; elle évoque, au premier degré, le langage des enfants ou destiné aux enfants ; à comparer avec **emmener Popaul au cirque.** ~ **Tremper* son biscuit.**

1. Puisque tout est fermé, me dis-je, merde ! je vais aller passer la nuit au bordel ! [...]
— C'est fermé, c'est Noël ! [...]
Je retournai au taxi qui me ramena en silence à la pension de famille [...]. Je n'avais donc pas mis le petit Jésus dans la crèche, je me couchai après avoir pris un verre d'eau dans un verre à dents, rien n'est aussi mauvais. (J. de Bougues-Montès, *Chez Auguste*, p. 138.)
2. Elle nous raconte que Jo l'a amenée dans un champ [...]. Il l'a coincée dans l'herbe [...]. Il lui est monté dessus. Et puis, il a essayé de mettre sa langue. « Ouvre-la ta bouche, il lui disait, merde » [...]. Et en partant, il lui a crié : « Fais gaffe, la prochaine fois, je te mettrai le petit Jésus dans la crèche. » (S. Caster, *Les Chênes verts*, p. 83.)

Créneau

Monter au créneau. « S'engager, intervenir personnellement dans une action qui a un caractère de lutte ; adopter une attitude offensive. » ~ **Monter au filet***.

1. — C'est le troisième [lapin] cette semaine Papa et on n'est jamais que mercredi.
— Et alors ? Et alors ? Il est en promo, en ce moment, le lapin chez Leroux. Alors, on en profite. Et ça y est, brusquement, l'auteur, enfin le coauteur de mes jours, de monter au créneau. Et de se frapper les hanches [...].
— Putain ! Vous me gonflez tous ! Estimez-vous heureux de bouffer du lapin ! Bientôt, y aura plus que les nouilles ! (P. Adler, *C'est peut-être ça l'amour*, p. 6.)
2. Le Président, cette fois, a organisé la riposte. Premier temps : il se tait et fait monter au créneau ses fidèles. (*L'Express*, 13 novembre 1987, p. 26, col. 2.)
3. Mercredi, Raymond Barre est monté au créneau dans le débat budgétaire à l'Assemblée. (*Le Point*, 1er novembre 1982 dans *La Revue du traducteur*, mai 1983, p. 39.)

Creux

Avoir un petit creux. « Avoir un peu faim. » Variante abrégée et hypocoristique de **avoir un creux dans l'estomac.**

1. Astucieuse, elle a rempli le réfrigérateur de denrées extrêmement variables, susceptibles de satisfaire soit « un petit creux », soit une grande fringale. (F. Dorin, *Les Jupes-culottes*, p. 68.)

○ **Creux comme un radis.** « Ignorant, inculte. » Par référence au radis creux qui déçoit celui qui le croque ; mais en même temps à **radis**, symbole d'une valeur minimale, insignifiante.

2. Elle déclame le dernier article de Machin-Bidule dans *Le Monde*. Ou alors elle ressort un auteur du XVIIe [...]. Elle enchaîne sur la mode où là aussi elle est imbattable. En réalité cette pauvre Marie-Laure est creuse comme un radis. Mais elle s'arrange toujours pour glaner le matériel qui la fera briller dans les dîners mondains. (E. Hanska, *La Femme coupée en deux*, p. 219.)
3. LAURENT (*exalté*) : Dernière nouvelle de la radio !... Réforme de l'enseignement !... Le ministre supprime les maths dans le programme de troisième !
NAT : Hosannah, mon bijou !... que peux-tu souhaiter de mieux ?!
LAURENT (*piteux*) : Que ce soit vrai ! [...] Je n'ai rien révisé, j'ai tout oublié !... je suis creux comme un radis !... (Y. Jamiaque, « Acapulco Madame » dans *L'Avant-Scène Théâtre*, p. 20.)

Crever

ø **Crève salope !** Injure grossière à l'adresse d'une personne, l'expression marque aussi le rejet de toute forme d'autorité et elle est particulièrement attestée en 1968. Un tract d'avril 1968, publié à Bordeaux par un « Comité de salut public des vandalistes » et construit sur le mode *ne dites plus [...] mais dites [...]*, propose de substituer **crève salope !** à des formules telles que **monsieur le professeur ; bonsoir papa ; pardon, m'sieur l'agent** ou **merci, docteur** (reproduit dans R. Viénet, *Enragés et situationnistes dans le mouvement des occupations*, Paris, Gallimard, 1968).

1. J'aurais pu me mettre à étudier ce genre de question pendant mes huit ans de maladie, faire des statistiques, des comparaisons... Ça me ferait maintenant un petit bagage [...] l'occase qu'on m'offre une petite planque, une chaire percée à l'université de Nanterre... crève salope ! avec la retraite à soixante piges. (A. Boudard, *L'Hôpital*, p. 258.)
2. Je v'nais de manifester au Quartier [latin].

J'arrive chez moi fatigué, épuisé,
mon père me dit : Bonsoir fiston, comment qu'ça va?
J'ui réponds : Ta geule sale con, ça t'regarde pas!
et j'ui ai dit Crève salope! (Renaud, «Crève salope!» dans *Le Temps des noyaux*, p. 53.)

Crise

(C'est) la crise! Pour marquer de façon intensive la surprise, l'étonnement joyeux ou l'abattement, le dégoût. Par ellipse des diverses crises que l'on peut «piquer» : crise de rire, de fou rire, d'enthousiasme ou d'abattement, de désespoir, etc.

1. Non chui plus amoureuse. J'ai plus la haine* non plus. Mais dès qu'on se quitte c'est la crise. Bonjour* la névrose. (E. Hanska, *J'arrête pas de t'aimer*, p. 132.)
2. Au fait, je me suis teint les cheveux, tu verrais ça, la crise, ça a raté. Ils sont presque verts. (H. Prudon, *Plume de nègre*, p. 197-198.)

Croire

Je ne suis pas celle (celui) que vous croyez. Pour décliner des avances amoureuses.

1. — La situation est inextricable, poursuit Zoé. Tu leur fais des frais [aux hommes]? Ils reculent façon «je ne suis pas celui que vous croyez». Tu ne fais rien? Ils se persuadent qu'ils ont bien fait de ne pas sortir de leur coquille : tu les aurais probablement rembarrés. (M. Bourrillon, *Côté cœur*, p. 37.)
2. Par deux fois, hier et avant-hier, un monsieur très correct, avec peut-être un léger accent étranger, lui avait dit en lui barrant la route, à la sortie du travail :
— Fraülein Meinmein, voulez-vous promenade?
Elle avait refusé, bien entendu, en répondant avec astuce :
— Je ne suis pas, monsieur, celle que vous croyez. (P. Dac et L. Rognoni, *Bons Baisers de partout*, p. 73-74.)

Que tu crois! En réponse aux affirmations de quelqu'un. «Tu te trompes.» Par ellipse de **c'est ce que tu crois.**

3. — Tu n'as jamais eu de fille, il a soupiré. Tu ne peux pas comprendre.
— Que tu crois. (P. Djian, *Maudit Manège*, p. 25.)

S'y croire. «Avoir le sentiment, l'illusion d'être quelque part ou qu'une chose est arrivée.» C'est le remplacement par **y** du complément circonstanciel qui donne à la locution un caractère de généralité.

4. S'il s'était écouté, Jeannot, il serait rentré et aurait buté le moustachu; il s'y croyait; le Nave. (A.D.G., *Les Panadeux*, p. 17-18.)

T'as qu'à croire! Pour signifier qu'il est imprudent d'accorder du crédit à une chose dont on n'est pas certain.

5. J'ai sonné. Réplique immédiate, un aboiement furieux [...].
— Je n'aime pas les chiens.
— Moi non plus. Je suppose qu'il est attaché.
T'as qu'à croire! disait ma mère. Lorsque la porte pivota, nous nous sommes trouvés face

à un berger beauceron au regard sans amitié. (J. Bialot, *Un violon pour Mozart*, p. 90.)

Tu me croiras ou tu me croiras pas mais... Pour prévenir le doute chez l'interlocuteur et lui assurer qu'on dit vrai. ~ **Tu me croiras si tu veux ; t'es pas obligé de me croire.**

6. Alors, tu me croiras ou tu me croiras pas mais la voilà qui fond en larmes et qui me lance tout plein de mots doux [...]. (C. Exbrayat, *Félicité de la Croix-Rousse*, p. 97.)

○ **Vous ici ! Je vous croyais au zoo/aux eaux !** Expression qui se prononce en insistant sur les liaisons et qui joue sur l'homophonie de **au zoo** et **aux eaux** avec **zozo** (« sot ») comme l'indique la graphie de l'exemple *infra*. Employée pour manifester son étonnement de rencontrer quelqu'un, elle se dit surtout pour le plaisir de l'allitération.

7. — Vous ici ! Mais je vous croyais zozo !
— Ce n'est pas le moment de rigoler, mademoiselle Paulette. (Pichard/Wolinski, *Paulette*, t. I, p. 65.)

Croiser

Croiser les doigts. Faire ou évoquer ce geste pour conjurer le mauvais sort. ~ **Toucher du bois.**

1. Rocheteau frappe trois coups à la porte. Charlot croise les doigts, priant le ciel pour que personne vienne l'ouvrir, cette lourde maudite. (J. Houssin, *Envoyez la purée !*, p. 181.)
2. [...] je passe une audition aux Bouffes-Parisiens, cet aprèm', alors tu croises les doigts et tu touches du bois pour moi, hein? Surtout oublie pas. (C. Sarraute dans *Le Monde*, 17 mars 1987, p. 46, col. 6.)

Croquis

Faire un croquis. « Expliquer par le détail, donner des explications supplémentaires à quelqu'un qui aurait déjà dû comprendre. » Variante de **faire un dessin**, avec la même connotation de légère ironie ou d'impatience.

— [...] Tu commences à saisir ?
— Toujours pas, dit Masson.
— Je vais te faire un croquis, papa. (A. Hardellet, *Le Seuil du jardin*, p. 72-73.)

Cuiller

○ **Être né avec une cuiller d'argent dans la bouche.** « Être issu d'une famille très riche. » Calque de l'anglais *to be born with a silver spoon in one's mouth.*

1. — [...] mon beau-père, qui est un homme formidable, qui a tout construit par lui-même. Il n'est pas né avec une cuiller d'argent dans la bouche, vous savez. (R. Badinter dans *Le Monde*, 31 janvier 1986, p. 27, col. 1.)

— Variantes. **Être né avec une cuiller d'or/dorée dans la bouche.**

2. ... Claude Évin, qui n'est pas vraiment né, en 49 à Cellier (en Loire-Atlantique) avec une cuillère d'or dans la bouche, pourrait se vanter d'avoir grimpé rapidement tous les échelons d'une carrière politique en or. (*Le Canard enchaîné*, 19 octobre 1988, p. 7, col. 4.)
3. D'elle, de la petite « Chryso miou [Christina Onassis] », « ma dorée », comme l'appelait son père Aristote Onassis, on pourrait dire qu'elle naquit avec une cuillère d'or dans la bouche. (*Le Monde*, 22 novembre 1988, p. 48, col. 3.)
4. Moi, voyez, je la trouve plutôt modeste [Mme Thatcher]. Parce qu'enfin elle n'est pas née avec une cuiller dorée dans le bec, et regardez un peu ce qu'elle est devenue : le plus grand homme politique de l'après-guerre. (C. Sarraute dans *Le Monde*, 4 mai 1989, p. 26, col. 5.)

Cuire

Tomber tout cuit dans le bec. « Arriver facilement. » Variante simplifiée des **alouettes qui tombent** (ou ne tombent pas) **toutes rôties (dans le bec).**

1. — Jenni est adorable. Vous avez une vraie perle [...].
— Le bon Dieu lui a donné un cul mais il a oublié le reste... (Sa voix commence à dérailler sous l'effet de l'alcool.) Elle se donne de grands airs. Facile quand tout vous tombe tout cuit dans le bec. Moi, je me suis fait tout seul. (F. Lasaygues, *Bruit blanc*, p. 129.)

Tout cuit. « Facile, simple. » Renvoie à l'image des mets prêts à être consommés, comme son équivalent **tout mâché (à l'avance).** ~ **C'est dans la poche.**

2. Les ailiers canadiens réussissent plusieurs débordements et, devant, Jean-Pierre Papin rate des buts tout cuits par fébrilité. (*Libération*, 3 juin 1986, p. 21, col. 1.)

Cuisse

○ **Avoir de la cuisse.** « Avoir de la chair, de la charpente (d'un vin rouge). » Variante d'expressions plus courantes du vocabulaire de la dégustation : **être charnu, être plein.** ~ **Avoir du corsage*, de la fesse*.**

1. On lui sert un ballon de bourgueil au comptoir. [...] le bourgueil a de « la cuisse » [...]. (R. Fallet, *L'Angevine*, p. 96.)
2. Plus personne n'ose recourir aux vieilles métaphores qui entretenaient le folklore, sinon la connaissance, et qui en disaient plus sur le buveur que sur la boisson. Si quelqu'un déclare qu'un vin est affriolant ou caressant, qu'il a de la cuisse ou du corsage*, voire de la fesse* ou du nombril, on a envie de poser son verre pour observer l'interlocuteur. (*Le Monde*, 7 novembre 1987, p. 17, col. 3.)

Cul

∅ **Au cul la vieille, c'est le printemps!** Employé en guise d'incitation aux plaisirs de l'amour. L'exemple *infra* atteste une variante.

1. Comme il est doux le guilledou
Cerisier rose et pommier blanc
You you les petits canaillous
Au cul la belle c'est le printemps. (R. Gotainer, « Avant de voir ses yeux : le printemps » dans *Chants zazous*.)

○ **Avoir le cul entre deux chaises.** « Être dans une situation indécise ou difficile, où l'on risque de se retrouver **le cul par terre.** »

2. J'avais simplement dit soyons bien ensemble et toi t'as dû entendre viens ramer dans ma galère. T'as les jetons. Et moi alors. Qu'est-ce que tu crois. Taureau devenu bœuf. A force de rester le cul entre deux chaises tu t'es mutilé tout seul. (E. Hanska, *J'arrête pas de t'aimer*, p. 28.)
3. Et moi, j'ai dix ans. C'est un âge où ils disent qu'on a le cul entre deux chaises [...]. (J. Vautrin, *Baby Boom*, p. 70.)

ø **Cause (parle) à mon cul, ma tête est malade.** « Il est inutile de me parler, je ne suis pas disposé à écouter. » Comme on l'a déjà observé, cette expression a son ancêtre dans A. Oudin, en 1640 : « **Baisez moy au cul, la bouche est malade**, c'est une response à un importun qui demande un baiser. » ~ **J'en parlerai à mon cheval*.**

4. — Oh Jean-Marcel, tu me fatigues ! De toute façon, tu joues comme un con ! [...]
Mais il insiste ; Pierrot excédé :
— Té ! Parle à mon cul, ma tête est malade. (J. de Bougues-Montès, *Chez Auguste*, p. 161.)
5. Bobin posa son verre vide, et fit d'un ton mi-doucereux, mi-intéressé :
— Comment ?
Il prononçait « cabin ».
— Je dis que tu bois trop.
— Cabin ?
— Ouais, ça va... Cause à mon cul, ma tête est malade. (P. Siniac, *Le Casse-route*, p. 29.)

— Variante contextuelle sur ce modèle.

6. [...] la repartie bouleversante d'Alfred de Musset à George Sand : « Cause à mon cœur, ma tête est malade. » (P. Desproges, *Manuel de savoir-vivre*, p. 46.)

ø **Dormir/Loger à l'auberge/à l'enseigne/à l'hôtel du cul tourné.** Pour signifier qu'une femme est brouillée avec son conjoint, son partenaire. L'expression reprend, en la formulant plus crûment, l'image d'une femme qui **tourne le dos** à un homme, soit pour se refuser à lui, soit, plus simplement, par bouderie. ~ **Manger de la soupe à la grimace.**

7. — C'est un typhon, j'ai dit, pendant qu'elle continuait à m'agonir [...].
Elle a ramassé son bibi [...] et [...] elle est partie vers sa cahute sans vouloir entendre mes explications.
— Ben, a dit Justin, te v'là logé à l'enseigne du cul tourné ! (A.D.G., *Berry story*, p. 177.)
8. — [...]. Vous êtes bourré de morpions, Monsieur... Madame ? Est-ce que ça vous gratte ?
— Non, non, non. Docteur ! Nous dormons ensemble mais à l'auberge du cul tourné. (J. de Bougues-Montès, *Chez Auguste*, p. 174.)
9. [...] Lorraine boudait, accoudée à une barrière métallique.
« Hep, Gipsy, j'ai siffloté, tu mises sur qui ?
— Je mise que Claude va passer quelques nuits à l'hôtel du cul tourné...
— Bon dieu, t'es colère.
— Paraît que j' suis pas assez mondaine... » (M. Embareck, *2 – 1 = 0*, p. 78.)

ø **Et mon cul, c'est du poulet ?** Pour mettre en doute et tourner en dérision ce que dit l'interlocuteur. Dans l'exemple qui suit, l'expression est encore enrichie de l'équivoque **poulet** « policier ».

10. — Police.
— Et mon cul, c'est du poulet ?
Chaligny exhiba sa carte et repoussa sèchement le jeune homme vers l'intérieur. (J. Bialot, *Le Salon du prêt-à-saigner*, p. 39.)

— Variante plaisante sur ce modèle.

11. Et l'intelligence, c'est du poulet? (P. Desproges, *Manuel de savoir-vivre*, p. 99.)

○ **Être/Rester sur le cul; tomber sur le cul.** « Être très étonné, abasourdi. » **Laisser quelqu'un sur le cul; laisser quelqu'un le cul par terre.** « Étonner quelqu'un. » C'est littéralement « tomber assis » (et rester assis, si l'étonnement se prolonge).

12. [...] on sentait cette flamme à l'intérieur, c'était tout à fait curieux, je ne sais combien de fois j'avais éprouvé cette sensation en regardant Henri, peut-être une bonne centaine de fois, et les premiers temps, ça me laissait sur le cul. (P. Djian, *Maudit Manège*, p. 12.)
13. Il y a deux choses qui ont sauvé Bob à mon avis. La première, c'est qu'il n'était pas marchand de bagnoles [...]. La deuxième, et là je suis resté sur le cul, c'est qu'il était prêt à plier bagage pour venir s'installer près de chez nous avec Gloria. (P. Djian, *Maudit Manège*, p. 229.)
14. Le premier qui m'a dit à la fin d'un tour de chant : « Toi, il faut que tu continues d'écrire des chansons. Il faut raboter, mais ça viendra bien. » Monsieur Vian, tu te rends compte ! J'étais sur le cul, j'avais le sentiment que Notre-Dame s'écroulait sur mes méninges. (P. Perret dans *L'Événement du jeudi*, 4 décembre 1986, p. 114, col. 1.)
15. — Elle en est tombée sur le cul. Elle était contente, contente, vous pouvez pas savoir ! (R. Fallet, *L'Angevine*, p. 72.)
16. — Rigolez, rigolez... murmura-t-il, les yeux en dessous. N'empêche que moi, à force de fouiner, je connais des choses qui vous laisseraient tous le cul par terre... (R. Réouven, *Un tueur en Sorbonne*, p. 105.)

○ **Faire entrer quelque chose dans la tête de quelqu'un à coups de pied au/dans le cul.** « Avoir recours à la manière forte pour enseigner ou faire comprendre quelque chose. »

17. [...] une de ces cartes de géographie qu'on essayait de nous faire entrer dans la tête à grands coups de pied au cul, à nous dégoûter des voyages. (M. Charef, *Archi Ahmed*, p. 57.)

Faux cul. « Hypocrite. » Emploi figuré de **faux cul** « rembourrage que portaient autrefois les femmes sous les jupons, au bas du dos » (cf. l'expression plus récente **menteur comme un soutien-gorge**). ~ **Faux jeton.**

18. L'autre, la Mathilde, est une personnalité plus directe, plus généreuse, quoiqu'un peu faux cul sur les bords, mais brave malgré tout. (J.-J. Bricaire, M. Lasaygues, « La Berlue » dans *L'Avant-Scène Théâtre*, p. 17.)
19. Je lui fais signe de me rejoindre.
    — Salut Alex.
    — Tu connais la nouvelle? je demande, faux cul comme pas deux... (M. Villard, *Le Roi*, p. 96.)

○ **Gros cul.** « Véhicule poids lourd; gros camion. » Par référence aux dimensions importantes du véhicule.

20. — Descendez, dit Lucien.
    Toute tremblante, rabattant sa jupe sur les genoux comme si elle avait eu affaire à un jetonneur [voyeur], elle ouvrit sa portière. Lucien se glissa à sa place et desserra le frein à main. Il attendit pour déboîter qu'un gros cul passe. (A.D.G., *Cradoque's band*, p. 182.)
21. Jo descendait bien quinze fois par an sur la Côte, mais jamais, grand jamais par la Sept puante, bourrée de gros culs, de villages en chicanes et de villes idiotes qui cassaient la moyenne. (J. Amila, *Langes radieux*, p. 125-126.)

∅ **Mon cul sur la commode!** Développement expressif de **mon cul**! marquant l'exaspération, le dépit, le refus, parfois la surprise. Ses emplois recouvrent tous ceux du plus banal **merde**! avec toutefois une connotation triviale (qui lui donne un ton plus provocant), panachée d'une note cocasse. Phrase probablement tirée d'une chansonnette de Rip et Willemetz intitulée « Le cul sur la commode ». « Mon culte sur la commode » est le titre d'un roman de San-Antonio (1979).

22. Des clous, hurlai-je, des nèfles, peau de zob et tambourin, mon cul sur la commode, Commissaire, je ne porterai aucun de ces chapeaux-là ! (A.D.G, *Balles nègres*, p. 151.)

— Variante contextuelle sur le même modèle.

23. — Il voudrait des excuses.
— Non mais ! des excuses maintenant, vous entendez ?
— Mon cul dans la marine à voile ! s'exclama Gil, c'est tout vu*. (A. Blondin, *L'Europe buissonnière*, p. 399.)

Culbute

○ **Faire la culbute.** « Faire un bénéfice de 100 %. » Du sens de base « faire un saut périlleux, un tour complet, un soleil ». Cet emploi est particulier à la langue des commerçants ; pour le commun des mortels, c'est, à l'opposé, « se casser la figure, se ruiner ».

1. — Si tu m'en débarrasses [des manteaux de fourrure], je te fais un bon prix. Répare-les un peu, tu pourras encore faire la culbute. (M. Anissimov, *Le Bal des Puces*, p. 128.)
2. Il ne viendrait à l'idée de quiconque de demander à un financier comment il a fait la culbute à l'Esso Standard, ou à un magnat de l'eau minérale combien il gagne par bouteille. (P. Daninos, *Profession : écrivain*, p. 129.)

Culotte

Culotte de cheval. « Chez la femme, renflement graisseux sur la face externe des cuisses. » Par analogie du sens de base.

1. — Et ses cuisses, et ses cuisses ? [...]
— Elle a la culotte de cheval ! (M. Sportès, *Le Souverain poncif*, p. 133.)

Voir aussi **goutte**, exemple 2.

Culotte de gendarme. « Coin de ciel bleu. » Le contexte dans lequel apparaît habituellement cette expression est celui d'un ciel assez tourmenté et nuageux dans lequel on entrevoit une échancrure de bleu... de quoi **faire** (ou **tailler** ou **raccommoder**) **une culotte de gendarme.** L'expression est née après 1851, puisque c'est à partir de cette date que la culotte bleue a fait partie de l'uniforme quotidien de la gendarmerie. Dans l'exemple 2, il s'agit d'un emploi métaphorique.

2. Une culotte de gendarme [titre]. Après le 12, le chiffre 15 a porté chance à la Bourse de Paris. À l'issue de la semaine écoulée, la quinzième après le grand krach d'octobre, les valeurs françaises ont monté. De 1,4 % seulement. Ce n'est pas beaucoup. Mais après le déluge de feu tombé rue Vivienne, beaucoup ont poussé un soupir de soulagement. (*Le Monde*, 20-21 décembre 1987, p. 18.)

3. La pluie s'était arrêtée, dans le ciel apparaissait une déchirure bleue par où le regard pouvait fuir au-delà des nuages — assez grande pour tailler la culotte d'un gendarme, disait-on chez moi au temps où les gendarmes étaient bleus — [...]. (R. Vincent, *L'Adieu aux champs*, p. 12.)

Marquage à la culotte ; marquer à la culotte. « (Fait de) serrer de près un rival. » Du vocabulaire des sports, du football notamment.

4. Comme sur un terrain de foot quand l'enjeu est capital, les chaînes [de télévision] se marquent à la culotte : peu d'audace et beaucoup de sérieux. (*L'Événement du jeudi*, 8 octobre 1987, p. 28, col. 1.)
5. Le Premier ministre ne lâche pas le président d'une semelle lorsque ce dernier parcourt le monde. Ce « marquage à la culotte » commence dès le sommet des pays industrialisés à Tokyo [...] où M. Chirac explique à son homologue japonais que désormais, en France, c'est lui le patron. (*Le Monde*, 19 mars 1987, p. 10, col. 3-4.)

∅ **Si t'en veux pas, je la remets dans ma culotte.** « Si ça ne t'intéresse pas, n'en parlons plus. » Emprunté d'une chanson leste (où l'expression a le sens premier que l'on devine aisément) ; cf. San-Antonio, *Renifle, c'est de la vraie*, p. 188 : « l'air régénérateur [...] de *Si tu n'en veux pas je la remets dans ma culotte* ».

6. Voilà ma chanson mon pote
Si t'en veux pas, pas d'malaise*
Je la r'mets dans ma culotte
Mais tu sais pas c'que tu perds [...] (Renaud, « Ma chanson leur a pas plu... » dans *Mistral gagnant*, p. 145.)

— Variante contextuelle.

7. Mais vous savez, je suis comme Brassens, je fais ma petite chanson et si personne n'en veut, je la remets dans ma guitare. (C. Villers dans *Télérama*, 19 octobre 1988, p. 184, col. 2.)

○ **Y laisser/perdre sa culotte.** « Tout perdre. » Sur le modèle de **y laisser sa chemise. ~ Se retrouver en caleçon*, en slip*.**

8. Cela lui permet aussi de prendre une affaire avec trois-francs*-six-sous et de la revendre douze mois après avec un impressionnant bénéfice à un gogo qui, n'ayant rien compris, y perdra sa culotte au bout de six mois. (J.-L. Paulin du Besset, *Petit Frimeur*, p. 74.)

D

Dame

Ma bonne dame! En incise ou à la fin d'un énoncé qui s'adresse ou non à une femme. Employé pour évoquer avec ironie le conformisme étroit de Mme Tout-le-Monde.

1. Et pourtant, ma bonne dame, par rapport au Moyen Âge, la mortalité infantile a quasi disparu. (*Le Canard enchaîné*, 21 octobre 1987, p. 7, col. 2.)
2. Rien de ce qui est sexuel ne saurait donc nous être étranger : le gland d'Abélard et le prépuce d'Abraham [...], Minos et Pasiphaé, Sodome et Sapho... Ah, là, là, on en a vu, ma bonne dame! (L. Fournier, *C'est nouveau, ça vient de sortir*, p. 189-190.)

— Variante. **Ma pauvre dame!**

3. « Ce qu'il nous faudrait, c'est une bonne guerre! » Nombreux sont autour de nous les gens qui lâchent cette petite phrase en soupirant. [...] Faute de quoi, cette drôle de paix qui a envahi la France voici près de quarante années finira par nous encroûter totalement, les vraies valeurs seront de plus en plus bafouées, les jeunes d'aujourd'hui seront de moins en moins ce que c'était, ma pauvre dame [...]. (P. Desproges, *Manuel de savoir-vivre*, p. 19-20.)

De

Le mien de ; la tienne de (etc.) + nom. Tour de mise en relief consistant à détacher du possessif un nom déjà exprimé auparavant.

1. Les miens, de malheurs, sont arrivés ensuite et plutôt copieux. (M. Audiard, *La Nuit, le Jour*, p. 105-106.)
2. — Ta mère, j'en ai rien à foutre [...].
   — Moi, je suis polie avec la tienne de mère. Et Dieu sait qu'elle est tarte. (N. de Buron, *Vas-y maman*, p. 167.)
3. [...] les vieillards [...] qui cherchent, on croirait, à s'habituer aux leurs de funérailles. (Y. Gibeau, *Mourir idiot*, p. 30.)

Dec

○ **Sans dec.** « C'est vrai, c'est sûr ; sans exagérer. » Abréviation de **sans déconner**, de même sens. « Sans dec' » est le titre d'une chanson de Renaud (1978).

1. [...] de nos jours, par exemple dans la jeunesse, tout le monde parle, ou du moins comprend plus ou moins de la même manière — sans dec'. De l'enfant de PDG à l'enfant de pataouèt, en passant par les enfants de salauds* !... (Renaud, *Le Temps des noyaux*, p. 11 [préface de C. Duneton].)
2. Piccolo, il s'est dégoté un chopp [une moto] super. Ah, voilà. Oh dis donc, la bête. Je crois qu'y en a deux de cette taille-là, à Paris. Sans déc. (Sapho, *Ils préféraient la lune*, p. 49.)

Décoffrage

○ **Brut de décoffrage.** « À l'état brut, sans apprêt ; solide, sérieux (notamment à propos d'informations, de déclarations ou de comportements). » Du vocabulaire de la construction. ~ **Brut de béton ; brut de fonderie.**

1. J'te balance l'info brute de décoffrage. (*Vaines Recherches*, téléfilm de Nicolas Ribowski (1987) d'après le roman de H. Pagan.)
2. Pas de faux-fuyants, de poudre aux yeux, de démagogie. À chaque fois, sur chaque question, vlam, une réponse directe, brute de décoffrage, les yeux dans les yeux. (*Télérama*, 14 septembre 1988, p. 70, col. 1-2.)

— Emploi substantivé.

3. — Le journaliste en tire les conclusions qu'il veut [...].
À partir des mêmes éléments, *le Figaro* dira le contraire en dissertant de manière aussi convaincante ! L'important se trouve dans l'interview... Du solide, du brut de décoffrage... Lis ! Yves Guyot attaqua la première colonne. (D. Daeninckx, *Lumière noire*, p. 109.)

— Emploi adverbial.

4. M. Pandraud ne force pas sa nature. Il se contente de dire ce qu'il pense, « brut de décoffrage », sans recherche démagogique. (*Le Monde*, 21 avril 1988, p. 22, col. 1.)

Décoiffer

○ **Ça décoiffe !** « C'est impressionnant, spectaculaire, extraordinaire. » Métaphore du coup de vent ou de la tornade dont le souffle décoiffe.

1. — Vraiment, vous avez aimé [une pièce de théâtre] ? demande, épanouie, la jeune Célia.
— Formidable ! Ça décoiffe... (N. de Buron, *C'est quoi, ce petit boulot ?*, p. 265.)
2. [...] un terrible accident d'avion se produisit à Orly [...]. Et, à en juger par le contenu des premiers sacs que livrait le SAMU, « ça allait salement décoiffer » comme l'aurait dit le neveu de Gabelou, élève de seconde au lycée Henry-IV. (T. Jonquet, *La Bête et la Belle*, p. 42.)

Décor

Changement de décor. « Modification soudaine d'une situation. » Du vocabulaire du théâtre.

Le samedi il y eut un brusque changement de décor. Vers neuf heures du matin, au moment où il s'apprêtait à s'en aller, le téléphone sonna [...].

— Monsieur Vence, ce n'est plus la peine d'aller à Nantes. M. Hervé-Pico a changé d'avis. (R. Destanque, *Rapt-time*, p. 97.)

Défaut

Y a comme un défaut. « Il y a une lacune, quelque chose n'est pas au point. » **Comme** introduit un euphémisme dont le contraste avec la situation constatée ou critiquée peut être ironique ou comique. Expression lancée par F. Raynaud (voir exemple 2).

1. Y avait comme un défaut dans le système de surveillance de la prison. (« Journal télévisé de 20 h » sur TF1, 23 novembre 1986.)
2. FERNAND : [...] Je suis content ! seulement c'est les copains, ils m'ont dit : « Ton costard, là, là, y'a comme un défaut ! »
   LE TAILLEUR : C'est pas un défaut ! C'est un pli d'aisance... C'est la coupe melba ! Au début ça surprend et puis après on s'y fait... (F. Raynaud, « Le tailleur » dans *Heureux !*, p. 232.)

Dégager

○ **Ça dégage !** « Ça a de l'allure, c'est remarquable. » ~ **Ça arrache*, ça crache, ça déménage*.**

Anne s'est acheté une jupe de cuir noir, ça dégage. (C. Collange, *Moi, ta mère*, p. 151.)

Voir aussi **arracher**, exemple.

Dégorger

(Se faire) dégorger l'escargot/le poireau. « Éjaculer, coïter. »

1. Yann ouvrit les yeux. Il avait une envie folle de se marrer. Ça lui prenait quelquefois, après s'être dégorgé le poireau [...].
   Odile, surprise, regarda son amant pouffer, puis franchement éclater de rire. (J. Houssin, *Les Crocs du Dobermann*, p. 148.)
2. [...] Bisson s'était mis dans la tête de m'emmener au bordel. Lui, il avait déjà fait l'amour avec sa patronne, une fermière dont le mari était prisonnier. Il savait que j'étais puceau et ça l'amusait de me faire, comme il disait, « dégorger l'escargot ». (J. Lanzmann, *Le Têtard*, p. 254-255.)

Dégueu

○ **(C'est) pas dégueu !** « (C'est) bien, bon, remarquable, digne d'intérêt. » Par litote. Même figure que dans **c'est pas cochon, c'est pas sale*.** Dans la langue des jeunes, cette forme est plus fréquente que **c'est pas dégueulasse.**

Ah, quand même ! Le larfeuil [porte-feuille] ! [...]

Bon sang, un crapautard Lancel ! Moi je l'aurais embourbé [empoché, volé]. Pas Orlando. Surtout pas. Trop risqué. Y prend que les tunes, c'est une règle. [...]
Ça y est ! La liasse. 100... 200... 300... On a pas le temps de compter. Mais c'est pas dégueu. Orlando engrange... (J.-L. Degaudenzi, *Zone*, p. 134-135.)

Voir aussi **foutre**, exemple 3.

Délire

○ **(C'est) le délire !** Pour qualifier quelque chose de façon intensive, positivement ou négativement.

— Je me suis complètement planté en histoire : le délire !
— On a vu le clip de Chamfort. Super ! Le délire ! (M. Nahum-Valensi et C. Atlas, *Les Ados*, p. 117.)

Demain

Demain est/sera un autre jour. Même locution en allemand *Morgen ist auch ein Tag* et en anglais *tomorrow is another day* (dernière phrase de « Gone with the wind », roman de Margaret Mitchell et dernière réplique du film qui en est tiré, « Autant en emporte le vent » (1939) : « I'll think of some way to get him back. After all, tomorrow is another day !/Je trouverai un moyen de le reconquérir. Après tout, demain est un autre jour ») ou *Tomorrow is a new day* (titre d'un roman de J.A. Chase, traduit en français « Demain, ça ira mieux », en 1985.)

— À valeur positive. « Demain, ça ira mieux ; les choses peuvent s'arranger. » ~ **À chaque jour suffit sa peine.**

1. Chaude ambiance. Tous copains, tous frères. Allez : la vie n'est pas si moche et demain est un autre jour. (J.-L. Benoziglio, *Cabinet portrait*, p. 43-44.)
2. Dans ma chambre, je me déshabille dans le noir et me couche en grelottant. Je me sens bien, terriblement lointaine, indifférente. Que m'importe ce qui m'attend. « Demain est un autre jour. » Je m'endors sur cette pensée. Oui, demain est un autre jour. (R. Deforges, *Le Cahier volé*, p. 166.)

— À valeur négative. « Demain, les choses seront différentes, risquent de se gâter. »

3. — Que vois-je un matin [à la caserne] ? Ma brosse à dents au travail dans la bouche d'un autre ! Surprise. Il avait pas peur de l'user, il frottait dur ! Pas dégoûté qui plus est [...].
— Attends, mon salaud, me dis-je, demain sera un autre jour ! (J. de Bougues-Montès, *Chez Auguste*, p. 109.)

Demain il fera jour. Déjà en 1718 dans le *Dictionnaire comique* de Le Roux : « **Demain il fera jour**, se dit quand on veut penser à une chose ou la remettre. »

— À valeur positive. « Demain on y verra plus clair, les choses s'arrangeront. »

4. LE PETIT : Qu'est-ce qui est arrangé ?
JEAN-SÉBASTIEN : Ta grand-mère. Elle arrive. Elle va pas être longue. Elle demeure à deux pas.

Comme moi, je dois partir, elle va te prendre en main. Et demain... et demain... Demain il fera jour. (R. Forlani, «Grand-père» dans *L'Avant-Scène Théâtre*, p. 11.)

— À valeur négative. «Demain, les choses risquent de se gâter.»

5. — [...] je demanderai à M... heu... Legrand, de passer demain matin au commissariat pour qu'on examine ses papiers... heu... de près. Bonsoir, messieurs, et bonne fin de repas.
Et il s'est retourné vers Babouche :
— Ici, c'est pas un lieu public, c'est ton arrière-salle, c'est privé. Mais demain, il fera jour. (A.D.G., *La Divine Surprise*, p. 150.)

Demander

On ne vous/t'a (je ne t'ai, etc.**) rien demandé.** «Mêlez-vous/mêle-toi de ce qui vous/te regarde.» Formule énergique pour rabrouer quelqu'un. ~ **On ne vous a (je ne t'ai...) pas sonné.**

1. Thierry, en colère :
— Toi, on t'a rien demandé!
Pat s'avance vers Thierry, le menaçant du doigt.
— Tu veux te faire enfoncer le baigneur, rat de béton? (M. Charef, *Archi Ahmed*, p. 27.)

Si on te le demande, tu diras que tu n'en sais rien ; si on vous le demande, vous direz que vous n'en savez rien. Formule assez désobligeante employée pour signifier à l'interlocuteur qu'on refuse de répondre à sa question.

2. — Combien qu' tu l'as vendue [une voiture d'occasion], osa le beau Maurice.
— Si on te le demande, tu diras que tu n'en sais rien, tête de con. (F. Fossaert, *Prouvez-le*, p. 74.)
3. — C'est quoi, cette clef? j'ai demandé à la fille.
— Si on vous le demande, vous direz que vous n'en savez rien [...]. (J.-B. Pouy, *La Clef des mensonges*, p. 47.)

Démanger

Gratter quelqu'un là où ça le démange. «Flatter avec complaisance.» Image de l'animal que l'on caresse ou de l'épouillage réciproque. ~ **Caresser dans le sens du poil.**

[...] gratouiller la corde sensible de l'électorat chauvin là où ça le démange, l'opéra pop à la Bastille pour papa, pour fiston le temple du rock et point de vue Saint Esprit, Marguerite D [...]. (*Le Canard enchaîné*, 27 novembre 1985, p. 5, col. 6.)

Déménager

○ **Ça déménage!** «Ça a de l'allure, c'est formidable.» Image reprenant certains traits du verbe **déménager** : partir plus ou moins rapidement, changer. ~ **Ça arrache*, ça crache*, ça dégage*.**

1. Vitres teintées. Banquette rabattable. Coffre modulable. Ça déménage. Originale, ta radio d'origine. (*Première*, février 1986, p. 7 [publicité pour la Ford Fiesta].)
2. « Laisse béton », ce n'est pas lui [Renaud] qui l'a inventé... Seulement voilà : dans le refrain d'une chanson, qui s'appelle aussi « Laisse béton », c'est imparable... Évidemment, ça déménage sur les *FM* !... (Renaud, *Le Temps des noyaux*, p. 13 [préface de C. Duneton].)

Voir aussi **arracher**, exemple.

Dent

○ **Avoir la bouche pleine de dents.** Pour marquer l'ambition (à comparer avec **avoir les dents longues**) ; pour marquer la bêtise et la banalité de celui qui, lorsqu'il ouvre la bouche pour parler, n'a d'intéressant que ses dents. Comparer, dans un autre contexte, avec **avoir les mains pleines de doigts***. « La gueule pleine de dents » est le titre d'un roman de J. Hougron (1970).

1. Benoît d'Aubert, toujours battant, ouvrit le feu. Il avait la bouche pleine de dents.
— De mémoire de publicitaire, j'ai rarement vu un gouvernement se vendre aussi mal [...]. (S. Moati, *La Saison des palais*, p. 196.)

○ **Avoir les dents du fond qui baignent.** « Être ivre. » Manière hyperbolique de dire que quelqu'un est « plein ».

2. La jeunesse s'est remise à boire [...]. Pour « planer » [...] il suffit d'être bourré, c'est-à-dire « d'avoir les dents du fond qui baignent ». (A. Schifres dans *Le Nouvel Observateur*, 4 décembre 1982, p. 61, col. 3.)

— S'emploie aussi au sens de « avoir envie de vomir ».

3. Non merci, plus de bûche, j'ai les dents du fond qui baignent. Le cœur au bord des lèvres, les yeux veinés de petits ruisseaux roses, le foie gros de trop de foie gras, ils jouent des arpions dans leurs charentaises, enclenchent la télé-commande et beurp ! s'assoupissent devant les programmes rigolos, tandis que bobonne donne à manger aux lave-vaisselle. (*L'Est républicain*, 26 décembre 1987, p. 20, col. 5.)

○ **Avoir les dents longues à déchirer la moquette; avoir les dents qui raclent le plancher, qui rayent le parquet.** « Être extrêmement ambitieux. » Amplification de **avoir les dents longues.**

4. Redoutable un Chirac quand il prend son galop. Coriace un Mitterrand, surtout dans le revers [...]. Cassant un Barre s'il a raison. Dangereux un Fabius piqué au vif. Implacable de douceur un Rocard agressé. Tous, tour à tour, venimeux, sévères, brutaux, féroces, autoritaires. Et je ne parle pas de quelques autres dont les dents rayent le parquet. (A. Gillot-Pétré, *Ma gueule d'atmosphère*, p. 61.)
5. Le ministre socialiste de la Défense, Jean-Pierre Chevènement, a déclaré hier à Belfort que les rénovateurs de l'opposition « dont les dents râclent le plancher » ont, selon lui, pour seul programme de « mettre au placard Giscard et Chirac ». (*Libération*, 2 mai 1989, p. 48, col. 2.)
6. [...] si, à la radio, on accuse Laure Adler d'avoir les dents longues à « déchirer la moquette des studios », ses collaborateurs louent son professionnalisme sans faille. (*Télérama*, 12 octobre 1988, p. 161, col. 4.)

Avoir/Se caler (se remplir) une dent creuse. « Avoir faim/manger. » Par euphémisme. ~ **Avoir la dent.**

7. Pourquoi n'y a-t-il plus, bordel de Dieu, des compartiments avec couloir, main courante

et tout, je me sens coincé là-dedans, j'étouffe moi parmi tous ces glands affalés saucissonnant et pas même à l'horizon un vendeur ambulant de dégoûtationnants sandwiches pain de mie caoutchouteux — histoire de me donner une contenance tout en me calant une dent creuse. (J.C. Grumberg, *La Nuit*, p. 115.)

Avoir n **ans et toutes ses dents.** « Être en pleine forme, en bonne santé. » Une bonne dentition est un atout précieux, mais la formule joue aussi sur la rime intérieure. « Cent ans et toutes ses dents » est le slogan d'une publicité pour le petit-beurre LU (1988).

8. Elle est carrément sublime. Vingt-deux ans et toutes ses dents. Infirmière à Lariboisière au service de réanimation. Pas de doute ! Elle doit les ranimer. (P. Adler, *C'est peut-être ça l'amour*, p. 165.)
9. Petit-fils spirituel de Valentin le Désossé, Philippe Decouflé ajoute à ce prodige celui d'être un danseur complètement démontable : le thorax se déboîte, le genou se dévisse [...]. Le zouave a vingt-cinq ans, toutes ses dents, le sacrum en chewing-gum. (*Libération*, 28 novembre 1986, p. 44, col. 2-3.)

○ **Être enceinte jusqu'aux dents.** « Être dans un état de grossesse très avancé. » Sur le modèle formel de **être armé jusqu'aux dents.** ~ **Être enceinte jusqu'aux oreilles*, jusqu'aux yeux.**

10. Ils se consolent tous en mangeant les spaghettis que leur prépare la consciencieuse Nancy Sinatra, enceinte jusqu'aux dents et qui suit néanmoins son mari à la trace. (*L'Événement du jeudi*, 20 novembre 1986, p. 75, col. 1.)
11. Pauvre Lady Di ! Non seulement, en épousant son prince, a-t-elle dû convoler avec tous les chevaux de la famille royale, mais encore, à peine le lit de noces refroidi, s'est-elle retrouvée enceinte jusqu'aux dents. L'avenir de la dynastie, mes bons ! (A. Gillot-Pétré, *Ma gueule d'atmosphère*, p. 165.)

Les dents du bonheur/de la chance. « Léger écartement que présentent parfois les incisives antérieures de la mâchoire supérieure, et qui est réputé porter chance. »

12. Nous n'irons plus au bois... Nous ne jouerons plus à la marelle... ni à colin-maillard [...]. Nous ne dormirons plus avec les petites filles qui avaient les dents du bonheur... (M. Audiard, *La Nuit, le Jour*, p. 13.)
13. Les cheveux sont blonds, le sourire est large et les deux dents de devant très écartées : « les dents du bonheur », disait ma mère de ces dents-là ! (Bachellerie, *La Rue des Bons-Apôtres*, p. 11.)

○ **Sourire plein de dents.** « Large sourire qui montre des dents saines et éblouissantes de blancheur. » ~ **Cheese*.**

14. À quatre heures et demie. Il m'attendait. Devant le portail. Avec son sourire plein de dents. (C. Roudé, *Rue Paradis*, p. 6.)
15. Ddodjo s'est assis, toujours en faisant son sourire plein de dents. (Sempé/Goscinny, *Le Petit Nicolas*, p. 57.)

Dernier

La dernière ligne droite. Pour marquer un aboutissement proche. Du vocabulaire sportif des courses, où la dernière ligne droite précède l'arrivée.

1. — Allons, assieds-toi, me proposa Marlène. Tu ne manges rien depuis trois jours...
   — Je suis dans la dernière ligne droite de mon roman. (P. Djian, *Maudit Manège*, p. 355.)
2. Les ultimes manœuvres avant la dernière ligne droite sont plus qu'entamées. Du côté de

chez Jacques Chirac et Édouard Balladur, on reçoit les prétendants [à l'achat de TF1 privatisée] à tour de bras. (*Télérama*, 28 janvier 1987, p. 44, col. 1.)

Le dernier des Mohicans. « L'ultime représentant d'une catégorie de personnes. » Par référence au titre français du roman de J.F. Cooper *The last of the Mohicans* (1826).

3. « Je suis peut-être le dernier des Mohicans, mais je reste persuadé que M. François Mitterrand ne se représentera pas », a déclaré M. Jacques Toubon le vendredi 22 janvier. « Il est suffisamment sensible et lucide pour considérer qu'il n'y a pas assez de Français pour lui donner un second mandat. » (*Le Monde*, 24-25 janvier 1988, p. 5, col. 5.)

Descendre

∅ **Descendre en marche.** « S'interrompre au milieu d'un processus et, en particulier, pratiquer le coït interrompu, notamment à des fins anticonceptionnelles. » ~ **Sauter en marche.**

1. Au fond, ce n'est pas d'aujourd'hui que j'ai quitté cette société...
Depuis qu'ils sont partis peut-être, mon mouflet et sa mère.
Depuis que je n'allais plus jusqu'au bureau de poste retirer les mauvaises nouvelles recommandées [...].
Enfin depuis que la bite de mon père n'est pas descendue en marche une certaine nuit que maman jouait le jeu de l'espèce. (J.-L. Degaudenzi, *Zone*, p. 11-12.)

○ **L'ai-je bien descendu ?** Pour manifester son inquiétude face au regard que les autres peuvent porter sur soi. Par allusion à la phrase célèbre que Cécile Sorel prononça au cours d'un spectacle, dont le texte était de Jean Rieux, au Casino de Paris le 26 octobre 1933, après avoir descendu le grand escalier d'or.

2. Le narcissisme est la rançon du rendez-vous quotidien avec douze millions de spectateurs potentiels. Les messieurs de l'antenne se soumettent chaque jour à cette anxieuse interrogation « L'ai-je bien descendu ? » (*L'Événement du jeudi*, 14 novembre 1985, p. 103, col. 2.)

Tout le monde descend ! Pour indiquer qu'une action, un processus parvient définitivement à son terme. Du vocabulaire des transports en commun : « Terminus, tout le monde descend ! »

3. Ces bouffées d'angoisse ça vient d'où. D'aussi loin que je reviens. La Grande Trouille ça s'appelle. Qu'elle se pointe en uniforme flinguos au poing. Allez la fête est finie tout l'monde descend. (E. Hanska, *J'arrête pas de t'aimer*, p. 161.)

Désordre

Ça fait désordre. « Cela a une apparence désordonnée ; cela n'est pas conforme aux convenances. » Manière euphémique de dire que **ça la fout mal.** ~ **Ça fait pagaille*.**

1. Tu ne demandes pas le divorce parce que ce n'est pas bon pour ta carrière. Ça ferait désordre. (S. Moati, *La Saison des palais*, p. 194.)
2. Elle chiale comme un torrent à la fonte des neiges, ça fait désordre. (San-Antonio, *La Fête des paires*, p. 181.)

Deux

Jamais (pas) deux sans trois. « Une chose qui s'est produite deux fois ne manquera pas de se reproduire une troisième fois. » Proverbe très fréquent de la sagesse populaire, à nuance superstitieuse.

1. Pas deux sans trois, dit-on, mais là je n'en peux plus... elle m'a pompé, la dévorante ! Elle ne demanderait pas mieux que ça continue, mais les meilleures choses, hélas ! se terminent. (A. Boudard, *Le Café du pauvre*, p. 67.)
2. Nadia et moi, on en a profité pour préparer les valises. Jamais deux sans trois elle disait des bombardements. (Y. Gibeau, *Mourir idiot*, p. 216.)

Les deux, mon capitaine/mon colonel/mon général ! Pour indiquer de façon plaisante que deux choses (plus ou moins antinomiques) sont conjointement vraies. Caricature plaisante des réponses stéréotypées que l'on prête aux militaires, cette expression a sans doute son origine dans le répertoire du comique troupier.

3. Ou c'était tordu, ou c'était maladroit. Ou les deux, mon colonel. (A.D.G., *Les Billets nickelés*, p. 40.)
4. Pourquoi tant de Français sont-ils suspendus, chaque mois, aux paroles de Decaux, grands et petits, amateurs d'Histoire et d'histoires, ou qui s'en moquent ? [...] Cette flamme qui capte l'attention et ne la lâche plus, est-ce pur don, dur travail ? Les deux, mon général. (*L'Événement du jeudi*, 5 février 1987, p. 102, col. 1-2.)
5. Doit-il [le célibataire] être considéré comme la moitié d'un couple, ou bien est-il enroulé dans des problèmes spécifiques qu'il lui faut démêler ? Les deux, mon capitaine ! (*Le Point*, 28 septembre 1987, p. 39, col. 1.)

○ **On est (sera) deux !** Pour retourner une insulte à quelqu'un ou pour le menacer. Fréquent dans la riposte populaire : « Si tu veux jouer au con, on sera deux. » Déjà en 1640, dans A. Oudin, *Curiositez* : « **Nous serons deux** cela se respond lors que quelqu'un menace de nous battre. »

6. Fais attention à ce que tu dis, hein ! Parce que si tu veux jouer les idiots avec moi, eh bien, nous serons deux, et c'est toi qui perdras. Mange ta soupe ! (F. Raynaud, « Bourreau d'enfants » dans *Heureux* !, p. 246-247.)
7. — Combien je te le vends ? À toi, bouffi, qui me supporte[s] à déconner dans ta boîte à longueur d'années ? Je te le vends pas, je te le donne ! [...]
— M'appelle pas bouffi, tu sais qu'on est deux !
— Ça empêche pas ! On est deux bouffis ! C'est vrai, non. (V. Thérame, *Staboulkash*, p. 89.)

... y en a pas deux. Pour marquer, de façon familière, qu'une personne possède au plus haut point telle qualité ou tel défaut. ~ **Comme pas deux.**

8. Tête en l'air comme Georges, y'en a pas deux. (Oppel, *Barjot !*, p. 20.)

Diable

Au diable l'avarice ! Pour indiquer qu'on n'entend pas se priver ni lésiner. ~ **Ne lésinons pas !** Par jeu de mots, on entend parfois **Au diable les varices !**

1. — [...] Tu as ouvert l'autre bouteille ?

— Tu crois que c'est raisonnable?
— J'espère bien que non.
Je nous ai resservis, au diable l'avarice. (C. Courchay, *Avril*, p. 51.)

2. Ce que je voulais c'était juste consommer la vie. Mais alors à la louche. Carrément. Au diable l'avarice. Vingt-quatre heures sur vingt-quatre. Consommer la nuit. Consommer le petit jour. Le grand matin. (E. Hanska, *J'arrête pas de t'aimer*, p. 27.)

Le diable (bat sa femme et) marie sa fille/ses filles. Pour faire observer qu'il pleut et fait soleil en même temps. « Il pleut, il fait soleil, le diable bat sa femme » est le titre d'un ouvrage de M. Mauron (1975).

3. Un peu plus loin, moitié pluie et un peu de soleil d'orage, le diable — comme on dit — mariait ses filles. A-t-on jamais remarqué que, quand cela arrive, il y a toujours quelqu'un qui prend l'air grave pour le faire remarquer? C'est le patron de la guinguette qui le fit en essuyant ses verres. (J. Vautrin, *Billy-ze-Kick*, p. 180.)

Dieu

Chaque jour/Tous les jours que Dieu fait. « Chaque jour, tous les jours. » Renforcement de **chaque jour, tous les jours.**

1. En trois mois de temps, il était devenu célèbre dans son immeuble. Tous les jours que Dieu fait, dimanche compris, Bonge arpentait sa propriété. Le manteau et le chapeau verts étaient devenus la hantise des locataires. (F. Fossaert, *Prouvez-le*, p. 43.)
2. Chaque jour que Dieu fait, il entretient sa forme en courant allégrement ses 10 kilomètres. (J.-L. Lahaye, *Cent Familles*, p. 474-475.)

Qu'est-ce que j'ai fait (on a fait) au bon Dieu? Formule marquant le dépit ou le désespoir. « Mais qu'est-ce que j'ai fait au Bon Dieu pour avoir une femme qui boit dans les cafés avec les hommes? » est le titre d'un film de J. Saint-Hamont (1980).

3. Quel travailleur acharné! Il se demande ce qu'il a bien pu faire au bon Dieu pour qu'il lui balance dans les pattes ce ramier, ce dilettante de Marcel [...]. (A. Boudard, *La Cerise*, p. 90.)
4. [...] l'avant de la Simca s'écrase lamentablement par terre, arrêtant le véhicule dans un affreux bruit de ferraille.
— Putain, c'est pas vrai, se lamente Jean, en tapant à coups de poings sur le volant. Mais qu'est-ce qu'on a fait au bon Dieu? (F. Fossaert, *Touche pas à ma cible*, p. 203.)

— En particulier dans la bouche des parents se lamentant de l'attitude de leurs enfants.

5. — [...] Mais que te faut-il donc? Je vais finir par croire que tu es complètement déséquilibrée... Pourtant, nous n'avons rien à nous reprocher : ton éducation, [...] ton père, moi-même, sacrifices, patience, qu'est-ce que j'ai fait au Bon Dieu? (G. Dormann, *Je t'apporterai des orages*, p. 26-27.)
6. [...] et le cri du père comme une incantation divinatoire, l'interpellation d'un pauvre paternel aux démiurges d'en haut : mais qu'est-ce que j'ai fait au bon Dieu pour avoir un fils pareil! (D. Rondeau, *L'Âge-déraison*, p. 111.)

∅ **Y a pas de bon Dieu de** + nom **qui tienne!** Pour marquer énergiquement qu'on refuse de tenir compte de ce dont il est question. Variante de **y a pas de bon Dieu...** « Dieu lui-même ne saurait empêcher... »

7. C'est l'alerte d'extrême gravité... sept coups de sirène, trois courts quatre longs... t'as

pas entendu ?... Enfin des histoires. Je m'en fous, faut que je me précipite ! Y a pas de bon Dieu d'alerte qui tienne ! (L.-F. Céline, *Maudits Soupirs*, p. 184-185.)

Différence

Faire la différence. « Prendre l'avantage sur un ou des concurrents ; être meilleur qu'eux. » Du vocabulaire des sports, où l'on dit aussi **creuser l'écart.**

[...] il lui avait fait payer des piles, parce que c'étaient des Duracel longue durée qui font la différence [...] (J. Lanzmann, *Rue des Mamours*, p. 75.)

Dimanche

C'est pas tous les jours dimanche. « Ce n'est pas une vie agréable ; ce n'est pas tous les jours la fête. »

1. [...] tout le monde savait dans le quartier qu'entre elle et lui c'était pas tous les jours dimanche. (J. Lanzmann, *Rue des Mamours*, p. 16.)
2. Paraît qu't'es tombé dans une drôle de crevasse
Paraît qu'c'est pas tous les jours dimanche [...] (Renaud, « La Blanche » dans *Mistral gagnant*, p. 108.)

Faire ses dimanches de quelqu'un. En parlant d'une personne avec qui l'on aime(rait) prendre du plaisir. ~ **Faire son quatre(-)heures* de quelqu'un.**

3. Manille ne fut pas mécontente du compte rendu. Ce Page-là, elle en ferait bien ses dimanches. (E. Hanska, *Fascination*, p. 144.)
4. — Le magazine *Lui* je le lis tous les mois. Les filles sont très belles, j'en ferais bien mes dimanches. (J.-L. Lahaye, *Cent Familles*, p. 311.)
5. — Notez qu'elle a un beau cul, consent-il [...].
— Je ne vous le fais pas dire* !
— J'ai la femme d'un collègue qu'a le même [...]. J'en fais mes beaux dimanches quand je passe lui dire un petit bonjour [...]. (San-Antonio, *Renifle, c'est de la vraie*, p. 87.)

○ **Petit dimanche.** « Gratification accordée à quelqu'un. » Par métonymie, comme le petit noël est un cadeau à l'occasion de Noël.

6. — Donne toujours ce qu'il y a. Les élections ça creuse les bourses et les protections, ça compte. On a dû « désintéresser » pas mal de gourmands, ces derniers temps.
— Tu auras ton petit dimanche en partant, Jo. (J. Vautrin, *À bulletins rouges*, p. 134.)

Dire

À qui le dis-tu/À qui le dites-vous ! Pour confirmer et renforcer ce que vient de dire un interlocuteur, en marquant qu'on sait d'expérience de quoi il parle.

1. — L'important au seuil de la vie, déclara encore Benjamin, c'est de se mettre dans la peau de son rôle.
— À qui le dis-tu, répondit Muguet. (A. Blondin, *L'Europe buissonnière*, p. 32.)

Voir aussi **triste**, exemple 2.

C'est celui qui le dit qui y/l'est! Pour retourner une insulte à son auteur. Expression du langage des enfants, parfois utilisée de façon ludique par les adultes.

2. Le Président a dit à Léotard qu'il avait le look séminariste et l'air évêché. Le jeune ministre de la Culture a répondu : « C'est celui qui le dit qui y est. » (P. Desproges, *Chroniques de la haine ordinaire*, p. 77.)
3. Évidemment Dominique refusa d'enfiler l'étincelant débardeur ! Et ce fut notre première engueulade.
   — Nan, ça fait pédé !
   — C'est celui qui le dit qui l'est !
   — Toi-même. (P. Manœuvre, *L'Enfant du rock*, p. 81.)

— Au féminin.

4. Moune s'est avancée à ma rencontre. Elle m'a lancé :
   — Lâcheur !
   — C'est celle qui le dit...
   — Ah oui ? Comment ça ? Je croyais qu'on était copains ? (C. Courchay, *Avril*, p. 132-133.)

C'est le moins qu'on puisse dire. Dans un dialogue, pour marquer, de façon euphémique et parfois ironique, son accord avec ce qui vient d'être dit.

5. — Ils ne sont pas très coopérants, hein, chef ? risqua Jérôme.
   Cet avis [...] eut le don d'exaspérer le commissaire, mais il se borna à répondre doucement :
   — Ça, c'est le moins qu'on puisse dire. (Marie & Joseph, *Chaudes Bises*, p. 129.)

C'est plus facile à dire qu'à faire. Pour mettre en doute la possibilité de réaliser un projet. ~ **C'est pas évident***.

6. [...] Bensoussan avait pris la décision de parler [...], de tout lui raconter.
   Seulement voilà. C'était plus facile à dire qu'à faire. (A. Page, *Tchao Pantin*, p. 81.)

C'est toi qui le dis/C'est vous qui le dites! Pour marquer son désaccord, son incrédulité face à un interlocuteur.

7. — Non, répliqua papa [...]. « Nous avons perdu une bataille... mais pas la guerre. »
   [...] Grand-mère parla de nouveau :
   — C'est vous qui le dites !
   — Non ! trancha papa, c'est le général de Gaulle, hier soir à la radio de Londres.
   — De Gaulle, connais* pas ! (B. Deflandre, *La Soupe aux doryphores*, p. 82.)
8. — La preuve du contraire est dans le maquis ! lâcha O'Keefe en regardant droit devant lui.
   — C'est vous qui le dites, signor Tom ! (Oppel & Dorison, *Canine et Gunn*, p. 138.)

Ça dit bien ce que ça veut dire ; des mots qui disent bien ce qu'ils veulent dire. « (C'est) sans ambiguïté. »

9. « Insuffisance cardiaque », tel avait été, cette fois-là, le rapport médical. C'étaient deux mots pudiques, deux mots conçus pour ne pas effrayer, mais qui disaient bien ce qu'ils voulaient dire. Désormais, il faudrait lui éviter tout choc émotif. (P.V. Lesou, *Un Condé*, p. 15.)

Ça va sans dire mais ça va mieux en le disant. Formule par laquelle on ponctue une affirmation ou une riposte, pour marquer qu'on entend mettre les points sur les i. Renouvellement de l'expression figée **ça va sans dire**, cette repartie apparaît sous la plume de Talleyrand, dans une lettre à Louis XVIII du 13 octobre 1814 (*Mémoires* de Talleyrand, éd. par P.-L. et J.-L. Couchoud, Paris, 1982, p. 725).

10. MARC [...] : Oui, je disais : les petits services qu'on peut se rendre,... que TU peux me rendre.
PHILIPPE : Oui, bien sûr, ça va sans dire.
MARC : Mais ça va mieux en le disant, hein ? (« La meilleure façon de marcher » de Cl. Miller dans *L'Avant-Scène Cinéma*, p. 17.)
11. Ça fait longtemps qu'on n'a pas râlé sur *Libé* : alors, allons-y... Après tout, ça va mieux en le disant. (« *22 lycéens* », p. 128.)

Ce que j'avais pas dit ! S'emploie lorsqu'on rapporte une conversation qui a été plus loin qu'on ne le souhaitait, dans la mesure où l'on s'était trop avancé sans y prendre garde.

12. — C'est du joli ce que vous racontez là, intervint Armande. Il y a quand même des braves gens sur la terre.
Ce qu'elle avait pas dit là. C'était toujours un grand malheur de relancer Cruel sur le sujet de la vertu. Le voilà aussitôt reparti sur les secouristes, les pompiers volontaires, les donneurs de sang, les bonnes sœurs. (A. Schifres, *Les Yeux ronds*, p. 231.)

Ce que j'en dis ; ce que je t'en dis ; ce que je vous en dis. Expression désabusée ou minimisante qui, dans un dialogue, introduit un commentaire restrictif ou se substitue à tout commentaire. Ces formules sont souvent associées à d'autres, de valeur similaire : **[...] c'est façon (manière) de causer*** ; **[...] c'est pour causer***.

13. — M. Cormon s'est suicidé, madame, c'est indubitable !
Elle [la bouchère] grince :
— Je sais pas si c'est ce que vous dites mais on peut pas dire que ça fasse bonne impression, en tout cas ! Remarquez, ce que j'en dis... je ne perds pas un client, il était végétarien. (Bachellerie, *La Rue des Bons-Apôtres*, p. 126.)
14. [...] Lucien se tourne vers Louis.
— Et ce monsieur, qu'est-ce qu'il en dit ?
Louis a l'habitude de ne jamais avoir d'opinion en présence de son frère, parce qu'il sait qu'une fois sur deux il dit une connerie.
— Ben moi ça me plairait bien, mais ce que j'en dis... (F. Fossaert, *Touche pas à ma cible*, p. 40.)
15. — Claire a une drôle de maladie qui la ronge [...].
— Mais non, elle ne va pas mourir. Elle m'a fait des gaufres hier [...] !
— Enfin, moi c'que j'en dis. Pauvre Claire, c'est bien malheureux tout d'même. (J.-L. Lahaye, *Cent Familles*, p. 109.)

Voir aussi **causer**, exemple 1, et **ennuyer**, exemple.

— À l'imparfait. **(Pour) ce que j'en disais.**

16. — Ben oui, quoi, que je t'aurais mis un polichinelle dans le tiroir, par inadvertance ? [...]
— T'es pas bien, Grogembre ? dit Marité en haussant les sourcils, t'as vu jouer* ça en Suède...
— Bon, bon, fit le matuche un peu déçu, pour ce que j'en disais... (A.D.G., *Cradoque's band*, p. 47.)
17. — Mon brave Nicolas, je vous en prie...
— Ce que j'en disais, moi, mon colonel...
— ... était parfaitement superflu ! [...] il faut parfois savoir la boucler avant de l'ouvrir.
— Bien, mon colonel. (P. Dac et L. Rognoni, *Bons Baisers de partout*, p. 65.)

Comme je te (vous) le dis ! « Parfaitement ! C'est exact ! Je n'invente rien ! » Pour confirmer une affirmation qui surprend l'interlocuteur. ~ **Comme ça se prononce***, **tel* que, tel quel, texto, textuel***.

18. — [...] La voie est sans cesse coupée par des bombardements et on ne laisse passer que les wagons militaires !

— C'est vrai ? demanda le chef de brigade consterné.
— Comme je vous le dis ! répondit Auguste. (J. L'Hôte, *Confessions d'un enfant de chœur*, p. 129.)

19. — Ça devait être demain [l'enterrement]. Normalement. Elle est morte hier. Mais le curé enterre plus les samedis.
— Comment ça ?
— Comme je te le dis [...]. M. le curé n'enterre plus le samedi, ni le dimanche bien sûr. C'est à toi de t'arranger pour claquer dans les jours ouvrables. (P. Pelot, *L'Été en pente douce*, p. 21.)

(J'aime) autant te/vous le dire. « Je t'/vous assure. » Pour appuyer une affirmation.

20. [...] le fourgon blindé qui transportait la paie des ouvriers [...]. Voilà ce que Hopferr voulait dévaliser. Un coup très important, et pas son premier, j'aime autant vous le dire. (P. Siniac, *Reflets changeants*, p. 13.)

Je ne te/J'te/Je (ne) vous dis pas. Dans un récit, pour insister sur quelque chose en évitant un long développement, parce que cela est jugé inénarrable, indicible ; mais, paradoxalement, l'expression est parfois l'amorce d'un long développement. ~ **Je ne/j'te raconte* pas.**

— Avec complément.

21. — [...] Rien que pour la Flûte [enchantée] on est presque une centaine [de chanteurs], on se perd un peu de vue, figure-toi ; je te dis pas la panique... (J.-P. Demure, *Aix abrupto*, p. 198.)
22. J'te dis pas c'qu'il est beau : il est beau. (J.-C. Paulin du Besset, *Petit Frimeur*, p. 220.)

— Sans complément.

23. On s'est marrées, mais marrées, j'te dis pas. On pouvait plus s'arrêter. Une heure à se tordre. (D. Ephron, *Tchao l'enfance*, p. 40.)
24. Il gueulait maintenant « Je travaille ! », et qui en doute ? Allons, allons ! Il s'accrochait à la manche de mon veston, dans un état, je ne vous dis pas... (J.C. Grumberg, *La Nuit*, p. 162.)

Voir aussi **gerbe**, exemple 2, et **pédé**, exemple 3.

Je ne te (vous) le fais pas dire. Pour bien marquer à l'interlocuteur que son énoncé, qu'il l'ait voulu ou non, va dans le sens de la pensée ou de l'argumentation du locuteur.

25. Où allons-nous ! Quel gouvernement ! Quelle époque, je ne vous le fais pas dire ! La décadence, mon cher, nous guette ! (A. Boudard, *L'Éducation d'Alphonse*, p. 24.)
26. Un peu piqué par l'indifférence du malade, Letartant abrégea :
— Maintenant que nous nous sommes présentés, vous me direz bien votre nom...
Puis rusa :
— Cela fait partie des usages et vous paraissez un homme bien élevé. Il y a des signes qui ne trompent pas.
— Je ne vous le fais pas dire, accorda Durand [...]. (P. Canal, *L'Homme qui a vu Durand*, p. 208.)

Voir aussi **dimanche**, exemple 5.

Juste pour dire. Pour annoncer qu'on sera bref. Utilisé aussi pour signifier « en faible quantité, très peu », notamment en parlant d'une consommation (« Un peu de whisky ? — Juste pour dire »).

27. Ah oui ! ça me revient, je voulais vous parler de *la Nouvelle Vague* et des *Yéyés*. Trois mots, juste pour dire... Je me rappelle, au départ, la façon qu'on les a salués, les jeunots de la pellicule ou de la goualante. Levée de boucliers en masse ! (San-Antonio, *Salut, mon pope !*, p. 82.)

On dira (tu diras, il dira, etc.) **ce qu'on voudra (ce que tu voudras, ce qu'il voudra,** etc.). Équivalent de **on a beau dire.**

28. — [...]. En tout cas, tu diras ce que tu voudras, mais il se passe de drôles de choses au jour d'aujourd'hui ! (Exbrayat, *Félicité de la Croix-Rousse*, p. 54.)

On dit ça! Pour marquer qu'on ne croit pas ce que dit l'interlocuteur que l'on soupçonne de s'abriter derrière des phrases toutes faites.

29. Il répondit sèchement :
— Tu m'emmerdes. Je me fiche de ce que tu fais.
— On dit ça !
— Je suis simplement poli et puis je te trouve mauvaise mine.
— En somme, tu m'aimes bien.
— C'est ça. (J. Hougron, *Coup de soleil*, p. 159.)

Qu'on se le dise! Pour marquer qu'un fait peu connu doit être largement divulgué ou pour lancer un avertissement pouvant inclure une menace voilée. C'est par cette formule que se terminent traditionnellement les annonces des gardes champêtres. ~ **À bon entendeur, salut!**

30. Une pré-rentrée difficile [...]. Je dis bien « pré-rentrée », car les profs rentrent toujours une semaine avant les élèves, qu'on se le dise... (C. Laborde, *L'Os de Dionysos*, p. 64.)

○ **Tu sais ce qu'il (elle) te dit, le (la)...?** suivi d'un nom qui reprend celui, considéré comme injurieux, lancé par un interlocuteur. Réponse à une insulte, à une moquerie, avec ellipse de **merde.** ~ **Il t'emmerde*, mon...**

31. — Quel emmerdeur, quel rabat-joie.
— Tu sais ce qu'y te dit le rabat-joie !
— Arrêtez, c'est pas le moment de chier dans la colle. (Sapho, *Ils préféraient la lune*, p. 96.)
32. — Combien t'as dit ?
— Vingt, mon capitaine.
Il tordit la bouche, méprisant.
— Tu sais c'qui t'dit le capitaine, y t'dit... (M. Villard, *Ballon mort*, p. 31.)

Tu veux (vous voulez) que je te (vous) dise? Formule introduisant une déclaration qui peut être choquante ou désagréable pour l'interlocuteur.

33. — [...]. Tu veux que je te dise ? T'as vraiment pas de cœur. (T. Topin, *Honey money*, p. 95.)

Tu vois (vous voyez) ce que je veux dire. Pour glisser sur quelque chose que l'on préfère traiter par prétérition.

34. [...] une exécution politique en 1943... Et deux pendaisons en septembre 1944, au jardin public... Des règlements de compte... Vous voyez ce que je veux dire... Quelques arrestations par dénonciations anonymes... des deux bords. Là, notre ville ressemble pratiquement à toutes les autres. (P. Siniac, *Femmes blafardes*, p. 85.)

Voir aussi **case,** exemple 2.

Vous avez dit + mention d'un mot, d'une locution. Pour relever un mot dont on trouve l'emploi peu approprié, étonnant ou révélateur. Par allusion au dialogue de Louis Jouvet et Michel Simon dans « Drôle de drame » (film de Marcel Carné, 1937, adaptation et dialogues de Jacques Prévert d'après *His first offense*, de Storer Clouston : « Moi, j'ai dit : bizarre..., bizarre ? Comme c'est étrange ! Pourquoi aurais-je dit "bizarre, bizarre ?" — Je vous assure, cousin, vous avez dit : ''bizarre, bizarre'' »). Ce tour est d'un emploi très fréquent comme titre d'articles de journaux ou de livres, comme celui-ci, en clin d'œil : « Vous avez dit blizzard » de P. Tranchard et F. Corteggiani (1987).

35. — Bizarre !
— Qu'est-ce qui vous semble bizarre ? [...] Ce qui est bizarre, mon bon Leroidec, c'est que vous ayez dit bizarre !
— Oh ! Il n'y a pas que moi. Au cinéma, déjà... (P. Dac et L. Rognoni, *Bons Baisers de partout*, p. 63.)

36. Pour les présidentielles, sont candidats virtuels des anciens Premiers ministres, des anciens présidents et quelques anciens ministres. Vous avez dit changement ? (L. Fournier, *C'est nouveau, ça vient de sortir*, p. 44.)

37. C'était ma modeste contribution au grand débat sur le Parti (débat ?, vous avez dit débat ?). (*La Vie, tu parles*, p. 124.)

Distance

Tenir la distance. « Être capable d'aller jusqu'au bout d'une action ; être résistant ; tenir longtemps. » Du vocabulaire sportif des courses où la distance est l'espace, l'étendue à parcourir. ~ **Tenir le coup, la longueur*, le parcours*.**

— À propos d'une personne.

1. Je te l'étends d'un seul* coup d'un seul sur la table en Formica et je lui roule un palot monstre à moustaches, ceux qu'elles préfèrent [...].
C'est p'têtre un peu rapide, mais moi je suis comme ça, je tiens pas la distance, tout dans le sprint, au bout de trois minutes, l'affaire est faite. (A.D.G., *Cradoque's band*, p. 15.)

2. Surtout qu'on s'enfile pas qu'un pastis... non... Une bonne petite biture ne fait jamais de mal. Entre hommes, on se réchauffe le moral. Pour l'alcool, je tiens la distance, j'ai pas à me plaindre. (C. Breillat, *Police*, p. 36.)

— À propos d'une chose.

3. Le trio blond a bien fourbi ses armes. On les attendait au tournant en se disant qu'ils n'étaient capables que d'un seul tube soigneusement mis sur orbite grâce à un clip particulièrement accrocheur. Erreur. *I've Been Loosing You* est un titre qui tient la distance. (*L'Événement du jeudi*, 5 février 1987, p. 116, col. 1.)

4. Elle avait toujours pesé quarante-trois kilos, était plutôt moins ridée qu'à vingt ans parce qu'elle prenait moins le soleil ; ses seins tenaient la distance et ses fesses restaient fines. (D. Van Cauwelaert, *L'Orange amère*, p. 74.)

Distribution

○ **Il était (n'était pas) derrière la porte le jour de la distribution.** Pour signifier l'absence ou la présence chez une personne de telle disposition, de telle qualité (le plus souvent l'intelligence).

[...] voilà un joyeux lascar qui n'était pas derrière la porte le jour de la distribution ! (G. Courteline, « Le pointeur de cloches » dans J.-C. Carrière, *Anthologie de l'humour 1900*, p. 229.)

Dix

Avoir les pieds (marcher) à dix heures (à dix heures dix). « Marcher avec les pointes des pieds très en dehors. » Image de la position des aiguilles d'une pendule qui indiquent dix heures ou dix heures dix. ~ **Marcher à la Charlot.**

1. — Tu as vraiment bonne mine dans ton petit slip avec tes pieds à dix heures dix. (J. Hougron, *Coup de soleil*, p. 223.)
2. Bertignon avait le corps blanc, les pieds à dix heures et des fesses en gouttes* d'huile qui faisaient, jointes au bourrelet qui lui tombait des hanches, un bel as de pique que nous aimions claquer à pleines mains. (G. Mordillat, *Vive la sociale !*, p. 175.)

Docteur

Jouer au docteur. Pour désigner des pratiques sexuelles enfantines. ~ **Jouer au papa* et à la maman ; jouer à touche-pipi.**

1. [...] deux garçons et deux filles qui ont l'air de jouer au docteur sans se soucier du qu'en dira-t-on. (P. Adler, *C'est peut-être ça l'amour*, p. 90.)
2. Le jeudi, il y avait aussi Colette, la petite cousine. Elle m'embrassait à pleins bras. « Fais-moi le cirque... », qu'elle me demandait. J'étais bien payé de mes singeries par des rires à pisser* dans la culotte. Après la gifle maternelle, elle en redemandait. Incorrigible. Un peu plus tard on a commencé à jouer au docteur. On ne riait plus. C'était sérieux. (M. Bédu, *La Vie dure*, p. 255-256.)

Voir aussi **papa**, exemple 2.

Variante. **Jouer au vétérinaire.** Voir **loin**, exemple 1.

Doigt

○ **(Avoir) les mains pleines de doigts.** Pour marquer le côté pataud, la maladresse physique d'une personne ou la répugnance que l'on a à être touché par quelqu'un (qu'il s'agisse d'une poignée de main ou d'une « main baladeuse »). Comparer, dans un autre contexte, avec **avoir la bouche pleine de dents*.**

1. D'abord je veux descendre, terminus, je veux plus que tu me touches avec tes mains pleines de doigts tout jaunes... (J.C. Grumberg, *La Nuit*, p. 105.)

Ne pas savoir quoi faire de ses dix doigts. « Être peu doué pour les activités manuelles ; être désœuvré. »

2. Je n'ai jamais su quoi faire de mes dix doigts. Je suis flic. C'est déjà pas si mal. Je ne dirais pas « inespéré », je ne me méprise pas à ce point. (É. Kristy, *Circulez !*, p. 41.)
3. — Au fait ! si tu sais pas quoi faire de tes dix doigts, donne donc des leçons de piano à ta gamine ! ça vous occupera toutes les deux ! (J. Vautrin, *Typhon-Gazoline*, p. 24.)

Se cacher derrière son petit doigt. « Refuser de voir les choses en face, se dissimuler la réalité. » Image d'un geste enfantin, pour dénoncer une attitude puérile.

4. L'UNEF-ID avait dû [lors d'une manifestation d'étudiants] mettre son mouchoir* syndical dans les lodens et les parkas. Même si, comme le confiait un étudiant [...] « Il ne faut pas se cacher derrière notre petit doigt, c'est eux qui ont lancé le mouvement. » (*Le Monde*, 29 novembre 1986, p. 7, col. 6.)

Donner

Avoir déjà donné ; j'ai (on a) déjà donné. « J'ai déjà donné » est le titre d'une chanson de Jacques Dutronc (1980), sur des paroles de Serge Gainsbourg.

— Réponse à un solliciteur pour l'éconduire.

1. Il [un retraité] sonne à toutes les portes, reçoit la liste des commissions [...]. On s'estime contraint d'être son obligé. Aussi redoute-t-on à chaque palier son coup de sonnette. A l'inévitable question « Vous avez besoin de quelque chose ? », beaucoup ont envie de répondre « on a déjà donné ». (D. Van Cauwelaert, *Vingt Ans et des poussières*, p. 18.)

— « Avoir déjà supporté quelque chose, avoir fait l'expérience de quelque chose. » ~ **Avoir déjà payé pour voir***.

2. Maman est enceinte. Isabelle aussi. Elles en sont toutes deux à trois mois. Elles ont le même gynéco. La même envie de morilles et de mangues. La même mine épanouie. Isabelle sans doute plus encore. Maman a déjà donné, Isabelle découvre. (P. Adler, *Bonjour la galère !*, p. 157.)
3. M. Jacques Chirac est fin prêt pour le 16 mars. Il a ravalé ses réticences anciennes — « J'ai épuisé les charmes de la fonction. Pour Matignon, merci, j'ai déjà donné ! » — vis-à-vis d'une expérience qui le contraint à forcer sa nature. (*Le Monde*, 19 mars 1987, p. 10, col. 2.)

Parfois sous la forme **j'ai/on a donné.**

4. — Toutes les histoires entre hommes et femmes sont mes affaires, affirme superbement Justine. Les bonshommes sont de tels salauds. Je sais. J'ai donné. (N. de Buron, *Qui c'est, ce garçon ?*, p. 212.)

Voir aussi **cage**, exemple 3, et **tête**, exemple 22.

Dormir

Dormir comme un bienheureux. « Dormir paisiblement, profondément. » Comparaison à valeur intensive. ~ **Dormir comme un ange, du sommeil du juste.**

J'entrouvris la porte pour écouter sa respiration [...]. Freddy dormait comme un bienheureux. (M. Villard, *Ballon mort*, p. 76.)

Dos

Avoir des yeux dans le dos. « Percevoir, sentir ce qui se passe derrière soi. »

1. — Allez, grand-père, en route !
Je l'aidais à remettre son sac, on repartait pour quatre ou cinq cents mètres de silence mais

comme j'avais les yeux dans le dos, dès que je le sentais en difficulté je m'arrêtais à nouveau (J. Lanzmann, *La Baleine blanche*, p. 61.)

Faire le dos rond. « Adopter un profil bas, éviter de se faire remarquer. » Variante, au figuré, de **faire le gros dos** « se courber, se ramasser (d'une personne) ».

2. Va-t-on voir s'affronter une charité de droite ? L'attitude de la mairie de Paris tend à le faire croire. Pendant plusieurs mois, elle fait le dos rond, et la sourde oreille. (*Libération*, 27 janvier 1986, p. 4, col. 1.)

○ **Faire un (des) enfant(s) dans le dos à quelqu'un.** La locution est peut-être à son point de départ une métaphore de la sodomie mais, dans les sens qui suivent, l'idée dominante est celle de faire quelque chose **derrière le dos** de quelqu'un, sans son consentement, en se cachant de lui.

— « Rendre enceinte par surprise. »

3. Eh ! Les bébés, ça s'trouve pas dans les magasins et j'crois pas
Que ta mère voudra qu'j'lui fasse un petit dans le dos. (Renaud, « Morgane de toi » dans *Mistral gagnant*, p. 140.)

— « Tromper. »

4. [...] Esther, avec laquelle il doit me faire des enfants dans le dos, en douce. Je les imagine se distillant des confidences sur l'oreiller en se dilatant la rate à mes dépens ! (M. Sportès, *Le Souverain poncif*, p. 90.)

Dose

Avoir sa dose ; en tenir une bonne dose. « Être ivre. » De **dose** « quantité de ce que l'on absorbe. »

1. Il semblait moins ivre que Fane, mais il en tenait pourtant une bonne dose : il s'y était repris quatre ou cinq fois pour décapsuler sa canette [...]. (P. Pelot, *L'Été en pente douce*, p. 111.)

Avoir sa dose. « En avoir assez. » De **dose** « quantité maximale de ce que l'on peut supporter ». ~ **En avoir sa claque, ras* la casquette.**

2. Terminé pour moi les campeuses,
j'ai eu ma dose,
me parlez plus d'auto-stoppeuses,
ça m'rend morose ! (Renaud, « L'auto-stoppeuse » dans *Mistral gagnant*, p. 89.)
3. [...] ils iraient voir la reine. Johnny en avait sa dose. Depuis trois jours, Luxembourg, Europe-I et Paris-Inter n'en avaient que pour elle. Elisabeth à Orly, le baise-main de Juin, le gueuleton d'Auriol ; et la grande java à l'Opéra. (D. Rondeau, *L'Âge-déraison*, p. 27.)

Voir aussi **matin**, exemple 3.

Droite

À droite et à gauche. « Ici ou là, au hasard des possibilités. » L'expression renvoie moins à la valeur spatiale « de tous côtés » qu'à l'instabilité ou à l'errance qu'elle peut engendrer, ce qui lui donne une tonalité souvent péjorative.

1. Miné par l'alcool, il avait été contraint à une cure de désintoxication à Villejuif. Après ça, il avait fait des petits boulots à droite et à gauche, en s'efforçant de changer son fusil d'épaule. (P. Siniac, *Le Casse-route*, p. 26.)
2. Ça ne marchait plus très fort pour lui [...]. Pendant deux ans, il a vécu à droite et à gauche sans domicile fixe et défoncé au dernier degré. (M. Villard, *Le Roi*, p. 44.)

Duel

Se battre en duel. « Être trop rares, en faible nombre par rapport à ce qui était escompté (de choses). »

Quand le dernier rivet [de la cassette] eut lâché prise, Natacha s'avança et souleva le couvercle en fermant les yeux. Chacun eut beau retenir son souffle, il n'y avait que le nombre minimum de louis d'or pour permettre d'employer le pluriel [...], deux piécettes d'Ancien Régime se battaient en duel sur un écrin moisi. (A. Jardin, *Le Zèbre*, p. 150.)

Dur

Dur, dur ; dur-dur. Exprime la difficulté, l'effort, la fatalité, parfois avec un léger recul ironique de la part du locuteur. « Dur dur » est le titre d'une chanson, interprétée par le groupe éphémère *Alex et les Lézards* (1980), et mentionnée dans le *Guide du tube* (Seghers, 1987). Celui-ci précise que la chanson a été inspirée « par le "dur, dur" inventé par Martin Lamotte qui ponctuait ainsi chacun de ses sondages d'opinion du Collaro Show ». L'exemple 4 évoque lui aussi le rôle joué par l'émission de S. Collaro dans la diffusion de cette formule.

— Adjectif.

1. Aujourd'hui, nous avons fait des textes sur la musique, et pour demain, chaque classe doit choisir cinq disques. Nous on en a choisi six mais ça a été dur, dur ! (« *22 lycéens* », p. 116.)

Dur dur de + verbe à l'infinitif.

2. Dur, dur de faire carrière, de s'imposer dans un monde d'hommes. Toutes les femmes qui en veulent vous le diront. (C. Sarraute, *Dites-donc !*, p. 122.)

Voir aussi **moi**, exemple 5 (où l'adjectif est invariable).

— Interjection.

3. — Autrefois tu mourais alcoolique à cinquante ans.
   — Dur, dur.
   — A cinquante ans, tu vois, j'étais pas mort. Alors, j'ai pas cessé de boire. (F. Caradec, *La Compagnie des zincs*, § 18.)
4. — Ah ! « Dur, dur ! », comme dans l'émission de divertissement télévisuel dont je tairai le nom pour ne pas faire de publicité à Collaro. (P. Desproges, *Manuel de savoir-vivre*, p. 121.)
5. On aperçoit la cagoule d'un pirate qui va et vient dans la cabine de pilotage du zinc. Des

gens chialent dans la salle d'attente, cramponnés à leur mouchoir et à leur verre d'eau minérale. Y z'ont des parents, des enfants, des femmes là-bas, en bout de piste, piratés. Dur-dur ! (F. Lasaygues, *Vache noire*, p. 42.)

Durillon

○ **Durillon de comptoir.** « Ventre rebondi, bedaine. » L'image laisse entendre que cet état est dû à la fréquentation trop assidue des comptoirs de cafés.
~ **Avoir les abdos Kro, le muscle Kronenbourg* ; œuf colonial.**

1. A quarante ans, il a même des allures de vieillard avec sa démarche traînante, ses yeux rougis par le manque de sommeil et son durillon de comptoir, canettes obligent. (J.-J. Dupuis, *La Gigue des féroces*, p. 45.)
2. Manu pose son regard sombre sur Hervé. Il le trouve brusquement ridicule, le julot. Avec son durillon de comptoir qui lui tend les boutons de la liquette [...]. (J. Houssin, *Envoyez la purée !*, p. 59.)

E

Eau

Dans ces eaux-là. (Succède souvent à une indication chronologique.) « À peu près. » Image du « niveau » des eaux.

1. — C'est un ancien flic ?
— Vous ne le saviez pas ? Ça ne m'étonne pas en fait [...]. Il s'est fait jeter en 72 ou 73, dans ces eaux-là. (D. Daeninckx, *Le Géant inachevé*, p. 65-66.)
2. C'était en mai, avril, dans ces eaux-là. Une chouette après-midi ensoleillée. Il faisait bon. (Bayon, *Le Lycéen*, p. 295.)

Maintenir la tête de quelqu'un hors de l'eau. « Lui permettre de survivre, de subsister, de s'en sortir. » Image de la personne qui se noie et à laquelle on porte secours.

3. J'ai perdu l'appétit d'aimer. Je suis atteint d'anorexie mentale et sexuelle [...]. Bertrand [...] me maintient tant bien que mal la tête hors de l'eau. (F. Dorin, *Les Jupes-culottes*, p. 12.)

○ **Une tête pleine d'eau.** « Un idiot. » Version populaire et péjorative de **hydrocéphale.**

4. Si votre enfant est un salaud
un vrai connard, une tête pleine d'eau
faites-en donc un militaire. (Renaud, « Trois matelots » dans *Mistral gagnant*, p. 178.)

Échalote

○ **Course à l'échalote.** « Fait de prendre quelqu'un par le col (la peau du cou) d'une main et par le fond du pantalon (la peau des fesses) de l'autre, pour le forcer à courir ; fait de talonner, de serrer de près. » De l'argot où **échalote**, comme **oignon**, désigne l'anus, le derrière. « La Course à l'échalote » est le titre d'un film de Claude Zidi (1975).

1. [...] il [J. Toubon] s'est prononcé contre « cette espèce de course à l'échalote qui consiste [...] à courir derrière les thèmes [politiques] des uns ou des autres ». (*Le Monde*, 15 avril 1987, p. 8, col. 2-3.)
2. Après de telles répliques, Marceau devenait désagréable, entraînait Olivier dans sa chambre en lui faisant « une course à l'échalote », lui donnait « un savon » en passant son poing refermé dans ses cheveux. (R. Sabatier, *Trois Sucettes à la menthe*, p. 203.)

École

Demain, (il) y a (d' l') école! « Demain, il faudra aller au travail. » Expression qui vise à mettre fin à une soirée qui se prolonge. Image tirée du langage des écoliers.

— On se boit le dernier, et au schloff [au lit], car demain y a école. (R. Giraud, *La Coupure*, p. 48.)

Écorcher

○ **Ça t' (lui,** etc.**) écorcherait la gueule de** + verbe de la même série que **dire.** Pour reprocher à une personne ses réticences à tenir certains propos, à utiliser certains mots (marquant l'assentiment, la sympathie, le respect...).

1. — Monsieur désire?
Et pourtant, ça lui écorche drôlement la gueule de m'appeler « monsieur ». Je suis pour lui catalogué, pas un gentlemane [*sic*], avec mon costard élimé, mes pompes à ouverture spontanée, ma liquette terne et froissée, je marque plutôt mal sur sa moquette. (A. Camille, *Les Trois Badours*, p. 20.)
2. — [...] Ça vous écorcherait la gueule de dire : « Je vous prie de m'excuser, monsieur Beria ? »
— Oui, m'sieur Beria.
— Comment ça, oui?
— Heu, je voulais dire : non, m'sieur Beria... (M. Embareck, *2 – 1 = 0*, p. 9.)
3. GÉRARD [...] : Ça t'écorcherait la gueule de m'appeler plus souvent « papa » ? Passe pour cette fois mais fais gaffe [...]. (A. Visdei, « Complot de générations » ds *L'Avant-Scène Théâtre*, p. 47.)

Écouter

S'écouter penser. « Avoir une haute idée de soi, être prétentieux. » Hyperbole plaisante à partir de **s'écouter parler** et jeu de mots possible avec **s'écouter pisser** ; comparer avec **se regarder* passer.** ~ **Descendre de vélo pour se regarder pédaler.**

— [...] Vous devriez savoir que la vengeance procède toujours par faiblesse de l'âme, qui n'est pas capable de supporter les injures. (La Rochefoucauld, nous voilà.)
Il se marre. C'est toujours ça de pris*. Avec ce genre de mecton qui s'écoute penser, il faut toujours jouer le jeu... Causer, faire le gus, transformer la violence en mots et dévier les intentions meurtrières sur la bretelle des motivations. (A.D.G., *La Divine Surprise*, p. 179.)

Écrire

Y a pas écrit... (sur mon front). Dans un contexte polémique. « Il ne faut pas me prendre pour un (con, idiot, etc.). » Image du front sur lequel on peut imprimer une marque, comme dans l'Apocalypse, ch. 7. Cf. Marie & Joseph, *Si t'as peur, jappe*, p. 235 : « [...] il avait les cheveux coupés en brosse, avec ce genre de front qu'ont souvent les militaires : il y a juste assez de place pour écrire le mot *con*. »

1. — Y a pas écrit poire extra sur mon front. (J.-P. Dionnet et P. Manœuvre, *Vive la France!*, p. 132.)
2. Tu n'as pas cherché à en savoir plus?
Tony montra son front malpropre.
— Y a pas écrit : Con diplômé d'État, ici. (J.-A. Lion, *Les Truands du Temple*, p. 100.)

— Variante. Avec le verbe **marquer**.

3. — [...] J'me sens pas bien du tout. Ça vous ennuierait de m'accompagner?
La fille lui lâche le bradillon [bras], contrariée.
— C'est marqué S.O.S. amitié sur mon front? elle demande en se soulignant le boulevard [front] de l'index. J'suis pas ici pour consoler les loquedus, moi! (J. Houssin, *Comme un rat*, p. 27.)

Eczéma

Donner (filer) de l'eczéma à quelqu'un. À propos de quelqu'un ou de quelque chose que l'on ne supporte pas. La locution s'appuie sur le fait que ce que l'on ne supporte pas déclenche une allergie (cf. **donner des boutons*, de l'urticaire***) ou peut rendre malade, faire vomir. ~ **En faire une jaunisse*.**

Je n'aime pas cette envie que Pépé manifeste de vouloir me parler seul à seul. Que me veut-il [...]? Que peut-il vouloir dire à un petit ringard comme moi? Cette question, ils se la posent tous, en me matant méchamment, les Sauveur, Gratien, et autres spadassins de service. Ça les gêne quelque part. Ça les gratte. Ça leur file de l'eczéma. Ils ont les boules*... (R. Kesselring, *Putain d'amour*, p. 244.)

Effacer

On efface tout et on recommence. « On oublie tout et on repart de zéro. » Métaphore du tableau ou de l'ardoise que l'on efface avant d'y écrire à nouveau. ~ **Passer l'éponge, retourner/revenir à la case* départ.**

1. Hier samedi demain lundi
Nous reprendrons la zizanie
Mais aujourd'hui, comme c'est dimanche
On efface tout et on recommence.
Viens mon amour, sèche tes pleurs
On efface tout et on recommence. (J. Lanzmann, *La Baleine blanche*, p. 76.)

— Croisé avec **recommencer (repartir) à zéro.**

2. Le public fut ébloui par le décolleté de la demoiselle. Son trac sut émouvoir. Cette jeune présence galvanisait Chartier, qui me remercia publiquement de lui avoir permis de retrouver son cher public, si fidèle. Celui-ci m'ovationna, magnanime. On effaçait tout et l'on recommençait à zéro. On refermait la parenthèse, tout rentrait dans l'ordre. (S. Moati, *La Saison des palais*, p. 259-260.)

Église

∅ **Vingt dieux, la belle église!** Interjection marquant l'étonnement admiratif (en particulier celui d'un homme devant une belle femme). Renforcement du juron familier et un peu rustique **vingt dieux**. **La belle église**, qui renvoie également à la sphère du sacré, en est un prolongement cohérent pour désigner métaphoriquement ce sur quoi porte l'admiration ; mais le choix de ce mot a peut-être d'autres motivations (comparer avec la valeur de **chapelle** dans certaines chansons d'étudiants comme *Les Filles de La Rochelle*).

Lauranne entre [...]. Devant sa fière absence de soutien-gorge, deux pensées me viennent [...]. La première : « Vingt dieux la belle église ! » [...]. (F. Dorin, *Les Jupes-culottes*, p. 69.)

Élémentaire

Élémentaire, mon cher Watson ! « C'est évident ; cela va de soi. » Par référence à la formule de Sherlock Holmes s'adressant à son compagnon le docteur Watson, par laquelle il termine ses célèbres déductions. Selon M. Vidal et J.-C. Glasser (*Histoire des plus célèbres répliques du cinéma*, Paris, 1989, p. 22-23), cette formule « n'apparaît nulle part dans les écrits de Conan Doyle » ; elle aurait été introduite plus tardivement. On la trouve par exemple, en anglais, dans *The Return of Sherlock Holmes* (1929) de Basil Dean.

1. Régulièrement, Werther refait ma conquête [...]. Parfois je me torture pour lui faire le coup du « pas ce soir chéri ». Pas de plaisir sans peine ni de passion sans frustration. Élémentaire, mon cher Watson. (E. Hanska, *Les Amants foudroyés*, p. 74.)
2. Comment combler le « trou » de la Sécurité sociale (35 milliards) ? Élémentaire, mon cher Watson ! C'est un problème de robinets : il suffit de rapatrier les 40 milliards de capitaux enfuis, paraît-il, à l'étranger depuis le 10 mai et qui, dans l'esprit de leurs propriétaires, doivent représenter le trou de l'insécurité sociale... (*Le Monde*, 12 novembre 1981, p. 1, col. 3-4.)

— Par jeu de mots.

3. Penser à sa liste de courses en réunion et préparer sa conférence dans les allées d'Euromarché : alimentaire, mon cher Watson. (M. Fitoussi, *Le Ras-le-bol des superwomen*, p. 26.)

Éléphant

(Voir voler) des éléphants roses. Stéréotype des visions cauchemardesques du délire éthylique ou des hallucinations psychédéliques.

1. [...] ma maison [...] sembla soudain ressortir d'un cauchemar alcoolique, sauf qu'au lieu d'éléphants roses ou de cafards noirs, ça grouillait d'inspecteurs [...]. (A.D.G., *Les Billets nickelés*, p. 13.)
2. Je sais qu' dans ma saoulographie
Chaque nuit pour des éléphants roses
Je chanterai la chanson morose
Celle du temps où je m'appelais Jacky. (J. Brel, « La chanson de Jacky » dans *Œuvre intégrale*, p. 283 [1965].)

Embrouille

Sac d'embrouilles. « Affaire confuse, situation délicate et compliquée. » Sur le modèle de **sac de nœuds.**

1. [...] en pleine nuit il faut toujours faire attention à ce qu'on dit. Le soleil arrive presque toujours ensuite et le jour se lève sur un sac d'embrouilles. (P. Djian, *Zone érogène*, p. 7.)
2. [...] l'instruction pour les filles c'est pas recommandé c'est même dangereux si on regarde les filles ici quand ça fait des études va savoir ce qui leur passe par la tronche elles savent plus où elles en sont elles confondent tout c'est sac d'embrouilles et boîte-à-nœuds les études [...]. (T. Topin, *Graffiti rock*, p. 46.)

Émile

○ **Je te le donne en mille, Émile!** « Je te défie de le deviner. » Amplification de **je te le donne en mille,** fondée sur l'assonance. **Émile** est un prénom, qui a été très populaire, souvent employé pour évoquer le Français moyen.

1. — Je veux être le candidat des minorités. Et les minorités ajoutées les unes aux autres, ça fait quoi? Je vous le donne en mille, Émile. Ça fait la majorité! (Coluche dans F. Tenaille, *Le Roman de Coluche*, p. 86.)
2. [...] je m'endors. Qu'est-ce y m'réveille? J'te le donne en mille, Émile : Berthe! (San-Antonio, *La Fête des paires*, p. 140.)

— Variante. **Je vous le donne, Émile.**

3. Les meilleures ventes sont pour Kundera, *L'insoutenable légèreté de l'être* (rien que le titre...), et, je vous le donne, Émile, pour Marguerite Duras. C'est épouvantable, mais c'est comme ça. (A. Vergne, « Chronique de littérature lisible » dans *Hara Kiri*, décembre 1985, p. 32, col. 1.)

Emmêler

S'emmêler les cannes/les crayons/les pattes/les pédales/les pieds/les pinceaux. « S'embrouiller. » Emploi figuré de locutions concrètes : **s'emmêler les pieds (les pinceaux)** ou **les jambes (cannes, crayons, pattes)** en marchant ou en courant et **s'emmêler les pédales** à vélo ou en automobile. ~ **Se mélanger* les pédales, les pinceaux.**

1. [...] Reagan a réussi, une nouvelle fois, à s'emmêler les pinceaux, affirmant qu'il était parvenu, à Reykjavik, à un accord avec Gorbatchev pour éliminer tous les missiles nucléaires stratégiques « dans une période de cinq ans ». Des versions précédentes faisaient état d'une réduction de 50 % des missiles stratégiques sur une période de dix ans... (*Libération*, 21 novembre 1986, p. 2, col. 4.)
2. [...] il s'emmêle un peu les pieds dans les fuseaux horaires [...]. (C. Sarraute, *Dites-donc*, p. 80.)
3. Vogard commençait à s'y perdre. Il se dit qu'il avait eu tort de n'avoir pas eu la méticulosité d'un Désiré Landru qui consignait tout ce qui avait trait à ses crimes dans un petit carnet [...]. À cause de son caractère désordonné, il commençait à s'emmêler les cannes. (P. Siniac, *Les Congelés*, p. 162.)
4. [...] en surveillant le Charbonnier à son entrepôt [...] on doit pouvoir remonter jusqu'au

Cantalou. Faut surtout pas s'emmêler les pédales. (P. Siniac, *La Nuit du flingueur*, p. 114.)
5. [...] un fringant universitaire évoquant [...], sans jamais s'emmêler les pattes, la problématique byzantine du sexe des anges. (M. Sportès, *Le Souverain poncif*, p. 86.)
6. D'accord, il [Raymond Barre] s'est un peu emmêlé les crayons en se comparant à la tortue de La Fontaine, pour expliquer qu'il était encore « non-candidat », oubliant que la tortue était partie la première... (*Télérama*, 14 janvier 1987, p. 66, col. 3.)

Emmerder

ø **Il (elle) t'emmerde, mon (ma)** + nom ! Riposte injurieuse à un interlocuteur avec reprise du mot à propos duquel on se sent vexé. ~ **Tu sais ce qu'il te dit*, le... ?**

— [...]. Ma vieille, elle avait même vu en rêve que je serais recalé[e] à mon cé-a-pé de coiffure... [...].
— Ça ! Y a pas besoin d'être prémonitoire pour voir que tu touches pas ta bille*. R'garde moi la coupe que tu t'payes ! T'appelles ça d'la coiffure ?
— Elle t'emmerde ma coupe ! (F. Lasaygues, *Vache noire*, p. 94.)

Encore

ø **Encore ! Encore !** Pour exprimer le paroxysme de l'amour physique chez une femme. ~ **Crier maman*.**

1. Avec Nicole, en dehors du « encore ! encore ! », il fallait bien que je lui débite quelque chose. (A. Boudard, *La Cerise*, p. 206.)
2. Quels mots employer au lit [...] ?
La femme pourra avantageusement dire : « Oh oui oh lala ah oui ah oui ah oui, encore, encore, apothéose ! » Afin de ménager la sensibilité de l'homme, elle aura intérêt à ajouter : « Oh ! Albert, c'est la première fois que je connais un tel bonheur dans les bras d'un homme. » Une simple petite phrase comme celle-ci suffit à ensoleiller la journée d'un honnête homme, sauf s'il ne s'appelle pas Albert. (P. Desproges, *Manuel de savoir-vivre*, p. 82.)

Enfer

D'enfer. « Extraordinaire. » Locution adjectivale à valeur intensive multiple qui renouvelle **du diable.** ~ **Du tonnerre.**

1. Le matin, il [...] se préparait deux litres de café super costaud, puis se mettait à œuvrer, debout, coinçant une feuille blanche contre un chevalet de peintre. L'émule de Balzac tenait une pêche d'enfer. (E. Hanska, *Fascination*, p. 159.)
2. J'ai écrit une aut' chanson
Un truc encore plus super
'vec des paroles en béton*
Avec une musique d'enfer. (Renaud, « Ma chanson leur a pas plu... » dans *Mistral gagnant*, p. 145.)

Ennuyer

Ne pas s'ennuyer. « Se donner du bon temps ; ne se priver de rien. » Par litote ; surtout dans des emplois, admiratifs ou ironiques, comme **Tu ne t'ennuies pas ! Il (on) ne s'ennuie pas !** ~ **Ne rien se refuser*, ne pas s'embêter, ne pas s'emmerder, ne pas s'en faire.**

— Ce que j'en dis*, c'est pour votre bien... Je vous ai aperçue avant-hier à la terrasse du Mirlidor... Avec... ce monsieur. Vous ne vous ennuyiez pas, dites donc ! Les commerçants de la rue Lacenaire commencent à jaser... (P. Siniac, *Les Congelés*, p. 46.)

Entendre

Ce qu'il (ne) faut (pas) entendre ! Pour marquer sa désapprobation ou son indignation devant ce qui est dit. ~ **On aura tout entendu !**

1. SOPHIE : J'y vais tout à l'heure pour le cours d'anglais. Avant, il y avait gym et piscine, et ça me rasait.
MARIE-PIERRE : Ça te rasait ! Ce qu'il ne faut pas entendre ! (F. Dorin, « L'intoxe » dans *L'Avant-Scène Théâtre*, p. 80.)
2. — [...]. Les femmes sont des usurières, mon cher ami. Pour vous avoir mouché, bercé ou donné le sein, elles vous poursuivent votre vie durant avec des reconnaissances de dettes.
— Seigneur ! dit Juliette. Qu'est-ce qu'il ne faut pas entendre ? (J. Faizant, *Rue Panse-Bougre*, p. 68-69.)

Envoyer

Ne pas l'envoyer dire (à quelqu'un). « Dire quelque chose à quelqu'un sans détours, sans ménagements. »

1. Du reste, Fille Aînée ne vous l'envoie pas dire :
— Je te le répète : tu t'es toujours laissé beaucoup trop faire par papa. (N. de Buron, *Qui c'est, ce garçon ?*, p. 211-212.)
2. De son après-midi passée devant le petit écran à suivre la prestation de son concurrent, M. Lagardère a le sentiment que le jury de la CNCL s'est comporté de façon partiale, et ne l'envoie pas dire. (*Le Monde*, 7 avril 1987, p. 16, col. 4.)

Épais

○ **En avoir épais (de** + infinitif). « En avoir assez. » Variante, intensive par sa forme elliptique, de **en avoir gros sur le cœur, sur la patate.**

1. Friands de fine tortore, les membres du gang en avaient épais de plus pouvoir raisonnablement grainer chez les grandes vedettes du frichti, ces endroits attirant invariablement la curiosité des condés. (J. Houssin, *Roulez jeunesse !*, p. 9.)
2. — Tu t'emmerdes dans cette piaule, hein...
— J'en ai épais ! Sortir du placard pour se retrouver ici ! Manque plus que les matons ! Ah ! je suis gâté ! (P. Siniac, *La Nuit du flingueur*, p. 97.)

Équipe

Fine équipe. « Groupe de joyeux lurons ; péjorativement, tout groupe que l'on veut tourner en dérision. »

1. Finalement, la famille, ce sont les gens qui vous aiment, quels qu'ils soient. Qui partagent avec vous la lenteur des jours et le pastis quotidien... Je la connaissais, cette fine équipe. Ils avaient fini par s'agglutiner plus par nécessité que par choix. (C. Courchay, *Quelque part*, p. 25.)
2. Il y avait un semi-remorque à charger. La petite bande y allait en musardant [...]. Norbert, deux pas derrière nous, houspillait la troupe : « Le chef a raison. Pour une fine équipe, c'est une fine équipe. Vous croyez p't'être que vous êtes payés pour vous promener ? J'en suis malade de travailler avec des ahuris pareils ! » (D. Rondeau, *L'Enthousiasme*, p. 103.)

Escalier

Escalier de service. « Anus (dans des relations de sodomie). » Métaphore du domaine de la construction, l'escalier de service s'opposant à l'entrée principale que l'on emprunte habituellement. ~ **Entrée de service.**

1. Y avait le page [le lit] aussi bien sûr, l'emprise charnelle, il m'avait un peu rencardé... qu'elle détestait pas les coups, que ça la faisait reluire... qu'elle aimait aussi qu'il prenne l'escalier de service. (A. Boudard, *La Cerise*, p. 446.)

○ **Monter l'escalier.** « Progresser dans sa condition, dans sa carrière. » Image analogue à celle de monter dans l'échelle sociale.

2. Quant à ses fréquentations homosexuelles, je n'y croyais pas trop. Même s'il s'agissait d'une nouvelle franc-maçonnerie à laquelle certains adhéraient pour monter l'escalier. (M. Embareck, *Sur la ligne blanche*, p. 23.)

Escalope

○ **Rouler une escalope.** « Donner un baiser lingual profond. » **Escalope** ne paraît pas être employé au sens de « langue » ailleurs que dans cette locution. Par analogie de forme. Comparer **avec rouler une saucisse.** ~ **Rouler un patin.**

Elle me colle ses douces lèvres sur la bouche... que je lui roule une escalope, là, devant ses amis, qu'ils sachent au moins de quoi il retourne. (A. Boudard, *La Métamorphose des cloportes*, p. 212.)

Esprit

Les grands esprits se rencontrent ! Pour marquer ironiquement que deux personnes ont la même idée en même temps ou font la même chose. Déjà Voltaire écrivait à l'un de ses correspondants en 1760 : « Les beaux esprits se rencontrent » (lettre du 30 juin 1760 à N.-C. Thiérot dans *Correspondance*, éd. par T. Besterman, Paris, Gallimard, Bibl. de la Pléiade, t. 5, 1980, p. 973).

— Tu pourras garder la pension [alimentaire], bien entendu.
— Tu es trop bonne !
— Sauf celle du mois dernier, évidemment.
— Les grands esprits se rencontrent, je m'apprêtais à t'envoyer un chèque. (M. Villard, *Ballon mort*, p. 20.)

Estampe

Estampes japonaises (notamment lorsqu'un homme invite une femme pour lui **montrer ses estampes japonaises**). Stéréotype plaisant de l'invitation d'une partenaire occasionnelle à des relations sexuelles. Certaines estampes japonaises — ou orientales, plus largement — sont célèbres pour leur érotisme.

1. Avant que j'aie eu le temps de m'y retrouver, elle refusa que je la raccompagne en disant :
— C'est moi qui vais te conduire jusqu'à ta porte. J'ai ma voiture rue de Sèze.
Comment trouva-t-elle une place pour stationner en bas de chez moi ? Quelle curiosité la poussa à monter voir mes estampes qui n'avaient rien de japonais ? Toujours est-il qu'elle ne repartit que le lendemain matin [...]. (J.-M. Proslier, *Excusez-moi si je vous demande pardon*, p. 235.)
2. Il lui faut du concret, du solide. Vous avez dû remarquer qu'elle n'aime pas les préliminaires. Soupers aux chandelles, champagne, violons tziganes ou estampes japonaises, tout cela est inutile ! Elle n'a pas besoin de s'échauffer pour se mettre en train. (M. Sportès, *Le Souverain poncif*, p. 27.)

Étienne

À la tienne, Étienne ! « À ta santé ! » Pour le plaisir de l'assonance ; entre dans le refrain de chansons à boire. « À la tienne, Étienne » est le titre d'un ouvrage de C. Laborde (1980).

1. Pour nous, un seul signe de ralliement : les « verres de contact » chers à notre Antoine. À la tienne Étienne, on se dit tu et la fête commence. (R. Bastide, J. Cormier, A. Blondin, *Alcools de nuit*, p. 45-46.)
2. J'empoigne la bouteille de rosé dont le goulot dépasse de la glacière. J'en sers deux verres, à la tienne Étienne. (J. de Bougues-Montès, *Chez Auguste*, p. 14.)

Être

Ce que c'est que de nous (tout de même) ! Formule de désillusion devant la condition humaine, surtout lors d'un décès. ~ **On est bien peu de chose***.

1. [...] les « Qui aurait dit ça ? » ou les « Ce que c'est que de nous tout de même ! » qui accompagnent, en fond sonore, le dernier voyage du commun des mortels. (Y. Audouard, *La Clémence d'Auguste*, p. 48.)
2. — Un événement à donner le frisson !
— Ah ! Bon.
— Une horreur, monsieur Lachouan !

— Mais encore ?
— Ce que c'est que de nous, tout de même !...
— On est bien peu de chose*, effectivement, reconnut François-Frédéric. (R. Réouven, *Un tueur en Sorbonne*, p. 40.)

Voir aussi **chose**, exemple 2.

Il (elle) est bien (là) où il (elle) est. « Il est inutile de le ou la déranger. » À propos d'une personne dont on ne souhaite pas la présence, considérée comme inopportune.

3. Il avait enlevé la chemise du Chat, il examinait la blessure.
— Ouh là ! gémit le Chat. Vas-y doucement [...].
Il murmura encore : « J'aime point les médecins... » et « qui dit médecin dit police, et la police... » Compléta : « la police, pour le moment, all' est ben là-v-où qu'alle est ! » (Marie & Joseph, *Le Crime de la rue du Ciel*, p. 130-131.)

Il (elle) est mieux là où il (elle) est. Pour exprimer la chance qu'a une personne défunte de ne pas vivre telle ou telle situation.

4. — N'empêche, si ma mère voyait ça...
— Elle est mieux là où elle est, la pauvre ! (P. Daninos, *Le Jacassin*, p. 34.)

Si..., (alors) moi je suis le pape/le président de la République/Napoléon/... Formule employée pour marquer l'incrédulité.

5. — D'accord, d'accord, fait Papa. Eh ben, si t'es espion, moi je suis le pape.
— Oh ! vous m'emmerdez à la fin. Vous voulez une preuve ?
— Ah ! oui, ça j'aimerais bien. (P. Adler, *Bonjour la galère !*, p. 106-107.)
6. Et *Sirocco*, le « magazine de l'évasion », qui fut, jusqu'à tout récemment, sponsorisé par le Club Méditerranée ? C'est, bien sûr, par le plus grand des hasards que toutes les séquences de présentation étaient tournées dans un Club Med. [...] Si ce n'est pas de l'intervention du sponsor dans le contenu même de l'émission, alors moi je suis président de la République. (*Télérama*, 28 septembre 1988, p. 82, col. 2.)

— (...) et moi je suis le pape/etc. Même valeur ; repartie à un interlocuteur.

7. Empoignée durement par le commerçant teigneux, la délinquante avait vainement tenté de faire vibrer chez lui la fibre humanitaire :
— Lâchez-moi ! je suis juge d'instruction !
— C'est ça ! Et moi, je suis Napoléon, avait répliqué le boutiquier, sans lâcher sa proie jusqu'à l'arrivée de police-secours. (*Le Canard enchaîné*, 19 octobre 1988, p. 4, col. 1.)
8. — Police [...].
— Montrez votre carte ! [...]
— Nous avons laissé nos cartes au bureau, mais vous pouvez ouvrir sans crainte, je suis le directeur de la police.
— Et moi, je suis le pape [...]. (San-Antonio, *Ça baigne dans le béton*, p. 205.)

Étude

Renvoyer quelqu'un à ses chères études ; retourner à ses chères études. Pour marquer ironiquement le renvoi ou le retour d'une personne à une situation antérieure ; souvent utilisé pour une personnalité écartée de la scène publique.

1. André Foucher, qui s'illustra naguère sous le nom de « Père Lafouche », a fait une réap-

parition timide [dans le Tour de France] [...] avant d'être renvoyé à ses chères études. (A. Blondin, *Ma vie entre des lignes*, p. 299.)

2. Selon la jeune fille, le policier exige qu'elle se déshabille entièrement, lui palpe les seins et, ne trouvant pas de drogue, la renvoie avec une claque sur les fesses à ses chères études. (*Le Monde*, 5-6 juillet 1987, p. 8, col. 2.)

Évident

C'est pas évident. « Ce n'est pas facile, ce n'est pas simple. »

1. Pour Suzanne T., agrégée de lettres classiques, effectuer un stage de six semaines en librairie, c'était concrétiser un rêve. Une passion pour les livres, ajoutée à un certain ras-le-bol des classes difficiles (« Le collège, ce n'est pas toujours évident ! »), l'ont poussée à faire sa demande. (*Le Monde de l'éducation*, février 1987, p. 15, col. 3.)
2. Enquêter dans un patelin dont on ne parle pas la langue n'est pas « évident », comme ils disent tous à présent. *Évident !* Un de ces mots bateaux qui flottent sur toutes les conversations sans les conduire nulle part. (San-Antonio, *Chauds, les lapins !*, p. 116.)
3. — [...] Emmène-les prendre un verre quelque part [...].
— Où veux-tu que je les emmène, moi ?
— N'importe où ! Au Fouquet's, au bar du Plaza, au Colisée, au tabac Saint-Germain, au Pam-Pam Opéra, au...
— Tu crois ? Ça me tente pas vraiment. Le Pam-Pam Opéra, ça fait un peu ringard... Le Plaza, c'est pas évident... (C. Sarraute, *Allo Lolotte, c'est Coco*, p. 57.)

Exception

L'exception confirme la règle. Pour exprimer qu'une dérogation à une règle ne saurait la remettre en cause. Adage de la sagesse populaire, aussi ancré — et aussi arbitraire dans son acception limitée — que **jamais deux* sans trois.** Il s'agit en fait de la troncation d'un adage juridique ancien (*exceptio firmat regulam in casibus non exceptis*) signifiant que « l'exception confirme la règle — permet son application— pour les cas qui ne sont pas explicitement exceptés, c'est-à-dire que la règle doit s'appliquer dans tous les cas non prévus dans la liste des exceptions ». S'emploie surtout sous la forme **(c'est) l'exception qui confirme la règle.**

[...] je crois à l'Amour ! Avec un grand A. Ce qui revient d'ailleurs à croire en Dieu. Tout est amour, sauf parfois de petits accrocs qui sont l'exception qui confirme la règle... (M. Viala, « Est-ce que les fous jouent-ils ? », dans *L'Avant-Scène Théâtre*, p. 45.)

Exemplaire

(Est-ce qu'il) faut faire une demande en trois exemplaires pour (obtenir quelque chose)**?** Pour marquer l'impatience, le dépit devant les difficultés d'une démarche. Par allusion aux exigences des administrations.

— Tu vas me la chercher. J'ai besoin de lui causer [...].

— Qu'est-ce qui se passe ? demanda-t-il en tentant vainement d'adopter un ton badin et amical. [...]
— Faut faire une demande en trois exemplaires pour jacter avec ta polka, dis, enflé ? (J. Houssin, *Les Crocs du Doberman*, p. 54.)

Expliquer

J't'explique pas! Dans un récit, pour insister sur quelque chose en évitant un long développement, parce que cela est jugé inénarrable, indicible ; mais, paradoxalement, l'expression est parfois l'amorce d'un long développement. ~ **J'te dis* pas, j'te raconte* pas.**

1. Si tu les voyais [les macs], avec leurs pelisses, leurs bagues et leurs bagnoles... Et la façon dont ils traitent les filles, j't'explique pas ! (N. de Buron, *Qui c'est, ce garçon ?* p. 26.)

S'expliquer avec (un mets, un plat). « Manger quelque chose avec appétit. » L'image est celle d'un dialogue avec ce que l'on mange, mais avec une nuance de sérieux, d'attention qui n'apparaît pas dans **dire deux mots** ou **tutoyer** qui, dans un emploi analogue, sont respectivement familier ou badin.

2. Paulo, qu'une truite meunière a comblé, est en train de s'expliquer avec un sauté de veau [...]. (A. Simonin, *Hotu soit qui mal y pense*, p. 47.)
3. J'ai rarement vu quelqu'un s'expliquer plus salement avec les écrevisses. Les coudes sur la table, la crème sur les joues, suçant ses doigts, crachant les carapaces [...]. (F. Hébrard, *Un mari c'est un mari*, p. 114.)

F

Facile

C'est facile, (c'est pas cher) et ça peut rapporter gros. D'après un slogan publicitaire (vers 1980) pour le Loto national; repris à propos de ce qui permet de gagner facilement de l'argent ou d'obtenir de grands avantages. « C'est facile et ça peut rapporter 20 ans ! » est le titre-clin d'œil d'un film de Jean Luret (1983).

1. Le roman historique, c'est facile et ça peut rapporter gros quand on a la manière. (*Le Canard enchaîné*, 10 décembre 1986, p. 7, col. 1.)
2. — [...] il est si simple de répondre à mes questions. Et ensuite de se taire. Sans compter que l'obéissance, c'est comme le loto, c'est facile et ça peut rapporter gros. (J.-A. Lion, *Poulets et Perroquets*, p. 218.)
3. — Que faire pour blanchir votre argent ?... Sachez truquer votre comptabilité [...].
— Arrête, J.-F. P., lança le ministre courroucé. Arrête, tu ennuies tout le monde.
— Oh, mais c'est chouette, continua J.-F. P., c'est facile, c'est pas cher et ça peut rapporter gros. (S. Moati, *La Saison des palais*, p. 252.)

Facteur

○ **C'est le facteur.** Allusion aux bonnes fortunes amoureuses que l'on prête traditionnellement au facteur rencontrant, lors de ses tournées, des femmes seules à la maison.

Joseph était bon, trop bon, et se contentait de hocher la tête lorsque, rentrant de l'atelier, il trouvait sur la table deux cratères encore demi-emplis d'ambroisie au cassis, sa spécialité. « C'était encore le facteur ? » demandait-il douloureusement à Marie. « Non. Aujourd'hui, c'était mon pote Gaby, l'archange, répondait l'espiègle vierge. » (*Le Canard enchaîné*, 25 décembre 1985, p. 6, col. 4.)

Facture

Garanti sur facture. « Donné pour sûr, pour vrai. » **Garantir sur facture.** « Assurer, certifier. » Du vocabulaire du commerce où l'on peut souvent bénéficier du service de garantie sur présentation de la facture.

1. Maurice c'est du pareil au même que les autres, c'est mon instinct qui me le dit, mais c'est garanti sur facture. (C. Breillat, *36 fillette*, p. 188.)
2. Moi qui suis sensible aux ambiances, je peux te garantir sur facture que celle de l'Institut Rotberg n'est pas folichonne [...]. (San-Antonio, *Bons Baisers où tu sais*, p. 18.)
3. Mais voici mieux, c'est vrai ce que je vous raconte là, garanti sur facture. Au mariage du prince Charles dans la cathédrale St Paul, les services de Mitterrand ont exigé qu'on installe sous sa chaise dorée un téléphone en liaison directe avec notre force de frappe. (C. Sarraute, *Dites-donc !*, p. 87.)

Faire

C'est comme si c'était fait ! (En réponse à une demande.) « Cela va être exécuté, réalisé sur-le-champ, tout de suite. » L'expression crédite la parole de l'interlocuteur d'une efficacité flatteuse qui n'a d'égale que le *dixit et facta sunt* de la Bible. ~ **Incessamment sous peu*.**

1. — Apporte du champagne pour tout le monde. Ensuite, sois gentil, tu condamnes la salle. On aimerait rester seuls pour boire un coup.
— C'est comme si c'était fait ! me répond-il, obséquieux. (A. Artillan et J. Noli, *Le Pied à l'étrier*, p. 183.)
2. — [...] sers-moi un autre Ricard.
— C'est comme si c'était fait, monsieur René ! (L. Simon, *Les Ripoux*, p. 38.)

Voir aussi **chaussette**, exemple 3.

C'est fait, c'est fait ! Pour exprimer l'aspect irrémédiable d'une situation et le regret ou le dépit que l'on peut en ressentir. Variante de **ce qui est fait est fait !**

3. Fallait qu'on emmène mon frère au boulot [...]. Il avait eu la chance de pas aller aux enfants de troupe, lui, recalé au certificat d'études. L'adjudant l'avait pas pris de bon cœur.
— C'est fait c'est fait ! il a dit. Maintenant, faut gagner ton pain. (Y. Gibeau, *Mourir idiot*, p. 161.)

Ça te (lui, etc.**) fait quel âge ?** « Quel est ton/son âge ? » Par euphémisme. ~ **Ça te (lui,** etc.**) fait combien ?**

4. — Ça te fait quel âge, déjà ? Oh la la ! Remarque, tu les parais pas. (C. Sarraute dans *Le Monde*, 13 décembre 1988, p. 48, col. 5.)

Faire comme Charles. « Attendre. » Jeu de mots sur **Charles attend/charlatan.**

5. — Qu'est-ce qu'on fout ? demanda Pierrot.
— Tu vois, dit l'autre. On fait comme Charles, on attend. (J. Amila, *Jusqu'à plus soif*, p. 145.)

Faire comme si. Par ellipse de « faire comme si de rien n'était ».

6. [...] Jeanne savait [...] que son amie pourrait bientôt respirer sans son aide. Victoria se repoudrait le front et le bout du nez. Elle était de nouveau prête à faire comme si. (N. Avril, *Jeanne*, p. 166.)

(Il) faut se le/la faire. À propos de quelqu'un qui est difficile à supporter. ~ **(Il) faut se le farcir, c'est pas un cadeau*.**

7. Ah ! les mémées [*sic*]..., j'te jure..., il faut se les faire ! (R. Devos, « Extra-muros » dans *L'Avant-Scène Théâtre*, p. 33.)
8. Tout ce qu'Athènes compte de snobinards semble être réuni ici. Ces mecs, c'est le genre

« Père a changé de Bentley parce que les cendriers étaient pleins ». Comme on dit dans les milieux huppés de chez nous : « Faut se les faire. » (San-Antonio, *Salut, mon pope !*, p. 88.)

Ni fait ni à faire. « Mal fait ; bâclé. » Autre formulation de l'idée exprimée par la locution **faire un travail à moitié** « l'abandonner avant son achèvement ; le bâcler ».

9. La rééducation se révéla très vite efficace au point qu'en l'espace de quelques mois je devins bègue [...]. Mon langage me ressemblait. Il n'était ni fait ni à faire. (J.-B. Dubois, *Éloge du gaucher*, p. 16.)
10. Enfin, n'oubliez pas de vous répandre dans tout Paris en éructant que la chronique météo de *Libé* n'est ni faite ni à faire, et que le présent bulletin est une illustration exemplaire de sa densité de merde. (A. Gillot-Pétré, *Ma gueule d'atmosphère*, p. 259.)

○ **Se faire quelqu'un.** « Brutaliser, casser la figure à, tuer. » ~ **Faire sa fête* à quelqu'un.**

11. Je vais me les faire. Et vilain. Sont pas trop balèses. De surin, de rasif, je crois pas qu'ils en aient. Ont trop l'air encore fringués par papa-mamy, à leur âge, mes petits conards ! (J.-L. Degaudenzi, *Zone*, p. 189.)
12. Cornecul, je vais me le faire. Je vais me le faire, répéta-t-il, ivre de rage, en commençant à étrangler soigneusement l'envahisseur que cet attentat à sa vie émut à peine. (P. Desproges, *Des Femmes qui tombent*, p. 116.)

Falloir

(Il) faut le faire ! « C'est incroyable, extraordinaire, difficile. » S'emploie souvent par ironie.

1. Dans toutes les mairies de France, il y a des inspecteurs des platanes. C'est écrit sur leur carte d'identité « Inspecteur des platanes » [...]. Sitôt qu'il y a un platane qui penche un peu, ils écrivent : « Un platane penche... » Il faut le faire ! (F. Raynaud, « Mon beau-frère inspecteur des platanes » dans *Heureux !*, p. 79.)
2. Elle avait entrepris d'importants rangements dans sa maison, commencé à liquider des vieux meubles sans valeur, à donner aux pauvres [...] de vieux livres, romans policiers, détectives, criminels, sadiques, et aussi ordinaires, des histoires — faut le faire ! — sans crimes. (P. Siniac, *Les Congelés*, p. 105.)

Quand (il) faut y aller, (il) faut y aller. Pour (se) donner de l'énergie, du courage au moment d'entreprendre une action difficile ou dangereuse. Expression popularisée par la chanson d'Henri Salvador « Quand faut y aller, faut y aller » (1967). « Quand faut y aller... » est le titre français d'un roman policier de T. White (1988).

3. Ce sera dur, mais quand faut y aller, pas [n'est-ce pas], faut y aller. (H. Viard, *Ça roule pour Bonape*, p. 285.)

Voir aussi **heure**, exemple 1.

Famille

Des familles. Pour évoquer la simplicité, la tranquillité, la sérénité de la vie de famille ou le côté solide et inusable, la qualité de certains produits.

1. Y s'croit dans un bon vieux polar des familles, à jouer les justiciers rigolards. (F. Lasaygues, *Vache noire*, p. 198.)
2. À mon retour, ils [mes parents] m'attendaient avec une surprise qui allait décider du reste de ma vie. Ils m'attendaient avec un Teppaz. Oui, Teppaz, vous avez bien lu ! Teppaz, le bon vieil électrophone des familles. (P. Manœuvre, *L'Enfant du rock*, p. 19.)
3. Fine laissa l'autoroute à main gauche, prit une secondaire très bombée. Il roulait lentement. Un quatre-vingts des familles. (P. Siniac, *Le Casse-route*, p. 102.)

Voir aussi **Bonux**, exemple 2, et **maximum**, exemple 7.

Faute

C'est la faute à pas de chance (à pas de bol). Expression populaire de la fatalité, marquant qu'on ne peut s'en prendre à personne mais au manque de chance.

1. Jusqu'ici, j'avais pensé que j'avais tiré les mauvais numéros [...]. Voilà que mes petites camarades m'expliquaient que ce n'était ni « la faute à pas de chance », ni la mienne, mais celle de la société. (M. Bourrillon, *Côté cœur*, p. 13.)
2. — Vous continuez vraiment à me prendre pour un con, hein ? Mais qu'est-ce que je vous ai fait pour que vous vous acharniez sur moi comme ça !
   — C'est la faute à pas de bol, j'te dis ! (L. Simon, *Les Ripoux*, p. 76.)

Voir aussi **chose**, exemple 1.

La faute à qui ? « A qui en revient la responsabilité ? » Le côté populaire donné par la préposition **à** est renforcé par l'absence de **c'est**.

3. Fot-il réformé l'ortograf ? On était bien tranquille. Ça faisait au moins dix-huit mois qu'on avait pas remis ça. Et voilà que c'est reparti. La faute à qui ? Aux profs. Ils en ont marre de l'enseigner, l'orthographe. (C. Sarraute, dans *Le Monde*, 1er décembre 1988, p. 40, col. 5.)

Faux

Avoir tout faux. « Être dans l'erreur, s'être trompé ; avoir manqué quelque chose. » Expression originaire du langage scolaire, diffusée par Coluche.

1. — [...] je voudrais savoir si vous pensez avoir rempli votre vie d'homme, c'est-à-dire vis-à-vis des vôtres, vis-à-vis de votre famille, et même des idées que vous vous faisiez de la vie ?
   COLUCHE : — Non, sur ce plan-là, j'ai tout faux. Parce qu'on peut pas jouer sa vie comme on le fait dans nos métiers, à son travail, et avoir une vie de famille. Ça déjà, moi j'y crois pas. Enfin j'ai essayé, et je l'ai raté. (Aldo/Jean-Mi/Ludo, *Coluche à cœur et à cris*, p. 256.)
2. C'était *Le Prix du danger*, d'Yves Boisset. Qui imagine un terrifiant jeu télévisé, inventé par une chaîne privée : le candidat doit échapper à cinq tueurs, qui essaient d'avoir sa peau [...]. Seul, Michel Drucker suggéra que Boisset n'avait peut-être pas tout faux, si l'on voulait bien se rappeler certaines émissions japonaises ou américaines. Dont, justement, on nous montra quelques extraits. (*Télérama*, 11 février 1987, p. 56, col. 1.)

— Par extension. « Être déconsidéré ; être rejeté. »

3. Tiens, essaie de dire à un pékin normal... un flic... un curé... une concierge... un type qui vient de gagner au tiercé... que t'es passé par l'Arnaque. Ça suffit pour avoir tout faux. (J.-L. Degaudenzi, *Zone*, p. 112.)

○ **Pour de faux.** « Pour s'amuser, pour faire semblant. » Pirouette sur le modèle de son contraire **pour de vrai.** ~ **Pour de rire.**

4. Petit Robert fait dans l'outrance, sanglotant à gros bouillons et déversant des torrents de gémissements. Il souffre pour de faux, mais avec des accents si prononcés que ce chagrin bidon devient foutrement pathétique. (J.-J. Dupuis, *La Gigue des féroces*, p. 89.)
5. Pi donner à bouffer
à des pigeons idiots
leur filer des coups d'pieds
pour de faux (Renaud, « Mistral gagnant » dans *Mistral gagnant*, p. 164.)

Faux col

(Un demi) sans faux col. « (Un demi de bière) servi sans mousse. » Par analogie de forme et de couleur avec le faux col de chemise. **Bock sans faux col** est attesté en 1880 : P. Alexis, « Les femmes du père Lefèvre » dans *Lucie Pellegrin*, p. 160-161 : « Le cafetier les compta. Ils étaient entrés dix-neuf ; plus Mauve et le Polaque. — Alors vingt et un bocks, et sans faux col... dit un Égyptien, à cheveux frisottants, au teint olivâtre. »

1. [...] il opta pour un bock [...]. Il aimait particulièrement le moment où le garçon en gilet guillotinait la mousse au ras du verre avec une règle plate en bois. Par habitude, il disait toujous « sans faux col » alors qu'il adorait tremper ses lèvres dans la mousse crémeuse. (R. Sabatier, *Les Fillettes chantantes*, p. 85.)
2. [...] lorsque papa m'emmenait au bistrot, [...] il commandait toujours un demi pression sans faux col ! Et moi, le mot faux col, s'appliquant à un breuvage, ça m'impressionnait parce que déjà, sans doute, je pressentais tout un délectable déclenchement jubilatoire dû aux mots. (San-Antonio, *Renifle, c'est de la vraie*, p. 50-51.)

Feeling

○ **Avoir le feeling avec quelqu'un.** « Être en communication immédiate et profonde avec quelqu'un. » ~ **Être sur la même longueur d'ondes, être en phase*. Avoir le feeling.** « Sentir spontanément les choses, les situations. » Emploi en locution d'un mot de la terminologie du blues (« Blues is a feeling » est le titre d'un célèbre morceau de blues) ; **feeling** est un concept central du genre (cf. P. Carles, A. Clergeat, J.-L. Comolli, *Dictionnaire du jazz*, Paris, Robert Laffont, 1988, qui le définissent « qualité émotionnelle dans la relation musicien-public »).

1. [...] le jeune homme se tourne une nouvelle fois vers Eljie. Il a tout de suite eu le feeling avec celle-là. (E. Hanska, *La Femme coupée en deux*, p. 155.)
2. Si vous arrivez chez Sylvain par la porte d'entrée, que vous vous retrouvez dehors par la fenêtre, pour réapparaître par le vasistas, c'est que Sylvain a pas le feeling avec vous. (*20 ans*, novembre 1987, p. 101, col. 3.)

Femme

○ **À nous les femmes qui fument!** Souhait masculin stéréotypé de conquêtes féminines faciles (les femmes qui fument étant naguère considérées comme les plus faciles). Cette expression, aujourd'hui vieillotte, était parfois complétée par **... et qui pètent dans la soie** ; dans l'exemple suivant, elle a une simple valeur d'incitation à l'effort.

Coutre me désigna l'extrémité du môle et me fit signe d'aller tourner le treuil de rescousse [...].
— Salut, Dédé ! me dit Soulas en se crachant dans les poignes. À nous les femmes qui fument ! T'es en forme pour la nuit aux manivelles ?
Il était déjà au treuil et avait lancé le filin à la passerelle. (J. Amila, *Motus!*, p. 10.)

Fendre

○ **Ça me (te,** etc.**) fend le cul.** « Ça m'étonne, me surprend vivement. » Sur le modèle formel de **fendre le cœur**, mais l'image se rapproche aussi de **scier à la base*, scier les pattes* ~ Mettre sur le cul.**

Ça te fend pas le cul à toi quand tu rencontres des gens si peu sensibles au froid ou à la chaleur qu'ils peuvent s'habiller en été au mois de janvier. Peut-être qu'ils sont protégés à l'intérieur d'eux-mêmes. (E. Hanska, *J'arrête pas de t'aimer*, p. 140.)

Fesse

○ **Avoir de la fesse.** « Avoir de la chair, de la charpente (d'un vin rouge). » Variante d'expressions plus courantes du vocabulaire de la dégustation : **être charnu, être plein. ~ Avoir du corsage*, de la cuisse*.**

1. Doudou me verse un grand verre d'un petit vin de la Loire qui a, selon lui, « plus de fesse qu'il n'en a l'air ». (F. Dorin, *Les Jupes-culottes*, p. 207.)

Voir aussi **cuisse**, exemple 2.

○ **Avoir quelqu'un aux fesses.** « Être poursuivi, recherché par quelqu'un ; avoir quelqu'un à ses trousses. » Équivalent de **avoir quelqu'un au cul** ; comparer avec **coller* au cul, aux fesses.**

2. En moins de temps qu'il n'en faut pour lire un menu de Mac Donald's, il aurait eu aux fesses la maison Poulaga [...]. (L. Simon et S. Michael, *L'Été des ripoux*, p. 185.)

Fête

Faire sa fête à quelqu'un. « Malmener quelqu'un. » Par antiphrase, comme dans son équivalent **ça va être ta (sa) fête. ~ Se faire* quelqu'un.**

1. [...] malheur au salaud qui soutire votre portefeuille de la poche de votre blouson pen-

dant que vous somnolez dans un train. Si vous teniez celui qui a osé, vous lui feriez *sa fête*. (C. Collange, *Moi, ta mère*, p. 101.)

2. Si je chope un voyou en train de tirer son sac à une pauvre bonne femme comme celle-là, je lui fais sa fête [...]. Si vous lui mettez une tête au carré* et votre flingue contre la tempe, le gars change de secteur neuf fois sur dix. (L. Simon, *Les Ripoux*, p. 31.)

Feu

Avoir du lait sur le feu. Voir *infra* **Avoir du lait sur le gaz*.**

1. [...] chaque fois qu'on se rencontre, il me fait réciter ma table des verbes [...] ! Et même que « déchoir » au présent de l'indicatif, tu peux dire « il déchoit ou il déchet ». Quant à surseoir, merci bien : bonjour* les dégâts ! Mais je suis là qui digresse pendant que j'ai du lait sur le feu ! (San-Antonio, *Renifle, c'est de la vraie*, p. 157.)

Avoir quelque chose sur le feu. « Avoir quelque chose en préparation, préparer quelque chose ». ~ **Mijoter.**

2. — Sûr et certain : tu as un truc sur le feu ! Le bruit court selon lequel tu saucissonnerais une pièce politique ! (M. Audiard, *La Nuit, le Jour*, p. 200.)
3. Gina réprouvait l'oisiveté. Pour elle, on est ce qu'on fait, point. Élever une fille ne suffit pas. Il aurait aussi fallu avoir deux ou trois révolutions sur le feu, sans parler des réprouvés de tout poil à materner. L'injustice restait son oxygène. (C. Courchay, *L'Embellie*, p. 124.)

○ **(Avoir) une casserole sur le feu.** Pour dire qu'on est occupé ou pressé. ~ **Avoir du lait sur le gaz*.**

4. Comme tous les inactifs, ils aimaient s'imaginer des tonnes de rendez-vous urgents, des centaines de casseroles sur le feu. (P. Canal, *L'Homme qui a vu Durand*, p. 45.)

Du feu de Dieu. « Exceptionnel, impressionnant. » ~ **Du tonnerre.**

5. [...] une paire de lolos [...] florissants [...], des miches du feu de Dieu. (M. Cerf, *Une passion*, p. 229.)
6. Glissant la main sous la table, il toucha du bois en souhaitant récolter un jeu du feu de Dieu. (R. Destanque, *Rapt-time*, p. 19.)

○ **Y a pas le feu au lac !/Y a pas le feu dans les montres !** « Rien ne presse ! » Renforcement de **y a pas le feu.**

— Légère ironie à l'égard des Suisses romands, auxquels on prête une réputation de calme et de lenteur. A l'oral, l'expression est articulée avec une inflexion traînante.

7. Cet accent suisse, qui parfois amuse, exaspérait pour le moment d'une façon prodigieuse notre héros [...].
— [...] Et où on va maintenant ?
— On retourne à la gare, lâcha Charbo, et vite.
— Faut pas être pressé, dit le chauffeur, y'a pas le feu dans les montres... (A.D.G., *L'otage est sans pitié*, p. 228.)

— Employé aussi sans allusion aux Suisses romands.

8. — [...] i'm faut quéques artiques pour l'ouverture [de la chasse].
— L'ouverture, l'ouverture, elle est dans quinze jours. Pas l'feu au lac ! (M. Embareck, *2 – 1 = 0*, p. 72.)

Sur le même modèle, avec le même sens. **Y a pas le feu au robinet!**

9. — [...]. Et ce que je veux, c'est pas seulement les mille briques, mais le salut des condés!... Sans trop se mouiller, et autrement peinard!... Dix ans, vingt ans s'il le faut! Y a pas le feu au robinet! (J. Amila, *La Bonne Tisane*, p. 30.)

Ficelle

De bouts de ficelle. « Insignifiant, mesquin », en particulier dans l'expression **marchandage de bouts de ficelle** « tractations mesquines ». Le bout de ficelle est le prototype d'une chose sans valeur.

1. [...] mon père et ma mère [...], ils se sont chamaillés durant des mois pour savoir qui emporterait la poêle Tefal et qui garderait le frigo. Mon père, il était si détérioré par ce marchandage de bouts de ficelle, qu'il avait fini par couper la poêle Tefal en deux avec sa scie à métaux. (J. Lanzmann, *Rue des Mamours*, p. 50.)
2. — C'est quoi, que tu lui proposes [à un enfant à naître]... Un avenir de bouts de ficelle? Non merci. Ni pour lui, ni pour moi. (T. Topin, *Un gros besoin d'amour*, p. 104.)

Tirer sur la ficelle. « Exagérer. » Surtout négativement **ne pas trop tirer sur la ficelle.** On remarquera que l'exemple suivant... file la métaphore.

3. Le ministre de l'Économie a également demandé au PC « de ne pas trop tirer sur la ficelle » à propos des mouvements sociaux car, selon lui, « elle risquerait de casser » (*Le Monde*, 19 novembre 1988, p. 9, col. 2.)

Ficher

Je t'en fiche! Pour marquer son désaccord avec quelqu'un; pour présenter un fait comme contraire à ce qui était attendu. ~ **Je t'en fous*! Va te faire foutre*!**

1. [...] la Générale s'interpose, elle crie garde-à-vous et relève un rien sa jupe afin de maintenir la tribu à distance respectable. Mais je t'en fiche, les sauvages s'en lèchent d'avance les babines [...]. (R. Cousse, *Le Bâton de la maréchale*, p. 48-49.)
2. Ah! je suis désolé! Je croyais être capable de vous vider mon sac, comme ça, de but en blanc; mais j't'en fiche! je suis encore coincé par ma satanée pudeur! (F. Dorin, *Les Jupes-culottes*, p. 5.)

○ **Se ficher de quelque chose comme d'une cerise.** « N'y attacher aucune importance. » Variante de **se soucier de quelque chose comme d'une guigne.**

3. [...] je lui ai dit que cela ne se faisait pas, en Angleterre, qu'on allait la prendre pour une rien du tout si elle allait dans les pubs sans être accompagnée. Elle m'a dit qu'elle s'en fichait comme d'une cerise. (R. Fallet, *Comment fais-tu l'amour, Cerise?* p. 61.)

Fier

(Être) + adjectif et fier de l'être. Renforcement expressif, et ironique dans la mesure où l'adjectif qui précède est du type **imbécile, con,** etc.

1. — [...]. Nous n'avions pas à revenir sur ce qui avait été voté. C'est même là l'un des fondements essentiels de toute démocratie qui se respecte.
— Seuls les cons ne changent* pas d'avis, relance Rô-rô.
— Dans ces conditions, je suis con et fier de l'être ! (P. Adler, *C'est peut-être ça l'amour*, p. 126.)
2. Il n'est pas possible d'avoir connu Malcolm et de connaître Max sans les aimer, les admirer et tenter de les aider. Si cela est être « snob gauchisant », alors je le suis et fier de l'être !... (*Siné jazzote*, p. 150 [1967].)

Filet

Monter au filet. « Passer à l'offensive ; prendre les devants. » Locution empruntée à la langue du tennis. Comparer à **monter au créneau***, tiré de la poliorcétique.

Mme de Chabanac remarque :
— Vous avez une bonne fréquentation des élèves.
Joëlle est un peu gênée.
— ... Ce n'est pas tous les jours comme ça.
Elle monte au filet :
— Je vous jure que je ne leur ai rien demandé.
L'inspectrice répond :
— Je vous crois. (G. Coulonges, *Pause-café*, p. 175.)

Fin

Arrondir sa (ses) fin(s) de mois. « S'assurer des gains complémentaires par une activité (en particulier prostitution occasionnelle) ou un travail qui s'ajoute à une source de revenus principale. » ~ **Faire des ménages***.

1. [...] une serveuse qui fait des passes pour arrondir ses fins de mois [...]. (*Le Monde*, 27 janvier 1989, p. 19, col. 3.)
2. [...] on est à la veille des élections [...]. Et moi et mes potes, on est en mission de confiance. La politique, on s'en fout pas mal. C'est plutôt pour arrondir notre fin de mois qu'on a dit oui à Jojo Meunier. En pré-électoral, l'argent circule. Autant que ce soit nous qui en profitions. (J. Vautrin, *À bulletins rouges*, p.10.)

Voir aussi **ménage**, exemple.

Les meilleures choses ont une fin ; tout a une fin. Pour exprimer avec fatalisme que le bonheur ne dure qu'un temps.

3. Les meilleures choses ont une fin. Les beaux jours enfuis, il fallut rentrer [...]. (D. Guirous et N. Galan, *Si la Cococour m'était contée*, p. 244.)
4. [...] on traverse la cour et on ramène nos pommes [...] dans le bistrot où, tout a une fin — et c'est heureux — faut savoir s'arrêter, y'a déjà beaucoup moins de trèpe [de monde]. (P. Siniac, *Luj Inferman' ou Macadam Clodo*, p. 17.)

Flinguer

(Il) y a de quoi se flinguer. À propos d'une situation désespérée, absurde ou insupportable. Par hyperbole.

Moi, j'avais pas envie de me presser. On avait pris l'autoroute jusqu'à Lyon parce que la nationale 7, y'a de quoi se flinguer tellement elle est gaie, mais après on se taperait la route Napoléon. (L. Simon et S. Michael, *L'Été des ripoux*, p. 15.)

Flou

Flou artistique. « Imprécision, souvent voulue, destinée à tromper ou à voiler la réalité. » Du vocabulaire de la photographie, cette métaphore est le plus souvent ironique.

1. Quand on se retrouve tous les deux seulâtres dans sa bagnole côté converse on se planquouze dans un flou artistique. Salut. Salut. Bisou sur chaque joue. (E. Hanska, *J'arrête pas de t'aimer*, p. 149.)
2. Le formidable acteur septuagénaire [F. Mitterrand], qui domine le théâtre politique français depuis six ans, après avoir collectionné, pendant des dizaines d'années, les seconds rôles, est-il à l'apogée de son talent, ou peut-il escompter une carrière encore septennale ? Tout son art consiste à faire croire qu'il doute. Ou à faire croire qu'il a tranché. C'est selon. Il nous balade depuis des mois dans un flou artistique qui décontenance ses rivaux, énerve ses ennemis, rend anxieux ses admirateurs, et accroît l'affectueuse pression de ses amis. (*Le Monde*, 5-6 avril, 1987, Supplément, p. 31, col. 2.)

Fois

Si c'est pas n **fois, c'est** n × m **(fois)/Si... pas** n **fois,... pas une fois !** Pour dire qu'une chose a été répétée ou s'est répétée de nombreuses fois. Par exagération.

1. — [...] S'il m'a pas dit cent fois qu'il voulait que ça s'arrête, que ça finisse, il me l'a pas dit une fois. (L. Bériot, *Sacré Paul !*, p. 1.)
2. Si le Pierre nous a fait rire avec cette histoire de guerre !... Si c'est pas cent fois c'est deux cents ! (A. Vialatte, *Badonce et les Créatures*, p. 59.)

○ **Une fois.** Ponctuation du discours, typique du français de Bruxelles (« un peu, donc ») et qui est l'un des belgicismes les plus fréquemment relevés par les Français. Si ce tour se rencontre aussi en Alsace et en Suisse, il est cependant considéré d'abord comme un cliché du français de Belgique et utilisé à ce titre, comme dans l'exemple qui suit, pour faire couleur locale. Le trait a déjà été relevé dans [A. F. Poyart], *Flandricismes, wallonismes...*, Bruxelles, 1806, p. 14.

3. Les Belges voulaient à toute force l'inviter à manger quelque part [...]. Il a argué de ses obligations familiales [...], il a largué ses clients, une fois [...]. (Oppel, *Barjot !*, p. 13.)

Fond

○ **À fond la caisse ; à fond les gamelles ; à fond les manettes.** Du vocabulaire non conventionnel de l'automobile et des deux-roues à moteur (**les gamelles** désignant les pistons) ; la variante syntaxique : **à fond de** + nom, est probablement sur le modèle formel de **à fond de train.** Variantes lexicales : **à fond la gomme** (croisement avec **mettre la gomme**), **à fond les casseroles** (à partir de **gamelles**). **À fond les ballons** ou **à fond de ballon** reste non expliqué (peut-être de **ballon** « derrière » d'après ce sens donné par plaisanterie à **train** dans **à fond de train**).

— « En poussant le moteur au maximum ; à toute allure, à toute vitesse. »

1. [...] ils parcouraient la ville à fond les manettes sur leurs mobs trafiquées. (P. Canal, *L'Homme qui a vu Durand*, p. 177.)
2. [...] lorsque Maudre a attaqué la longue montée caillouteuse menant au sommet du monticule, il a vu Éric se tirer à fond les ballons. (F. Fossaert, *Touche pas à ma cible*, p. 228.)
3. Pour s'arracher d'ici, Jacky [un motocycliste] en prend subitement conscience, ça va pas être du millefeuille. Il quitte l'allée et traverse une pelouse à fond la gomme. (J. Houssin, *Envoyez la purée !*, p. 163.)
4. Chaque fois, il traversait le croisement à fond la caisse. Chaque fois les autres voitures l'évitèrent de justesse. (T. Topin, *Graffiti rock*, p. 57.)

Variante sur ce modèle. **À fond de baskets.**

5. [...] quand Basile a ouvert la porte [...], bonsoir tout le monde à fond de baskets.
Il m'a rattrapée près de la petite place, au moment où une camionnette allait se payer un beau carton avec ma peau. (E. Hanska, *Barbe à papa*, p. 83.)

Par analogie. « Très vite. »

6. Quand j'arrive dans la bergerie [...] il arrive [un agneau] à fond de ballon pour téter. (J.-P. Chabrol, *La Cévenne par ses gens*, p. 49.)
7. Je rentrais dans une période de désamour à son égard du coup il déclarait qu'il était fou amoureux qu'il me récupérerait à fond les ballons referait ma conquête et un enfant pendant qu'il y était. (E. Hanska, *J'arrête pas de t'aimer*, p. 61.)

— « En libérant toute la puissance, tout le débit possible. »

8. Les jeunes [...] faisaient hurler leur hard-rock à fond la caisse [...] (M. Anissimov, *Le Bal des Puces*, p. 11.)
9. [...] je me suis étalé la mousse sur les joues pendant qu'elle enjambait la baignoire et elle a fait couler l'eau à fond la gomme comme si elle avait fait sauter un barrage. (P. Djian, *Zone érogène*, p. 96.)
10. 23 heures. Retour au bercail, crevé, énervé, bourré, hystérique, je branche le phono à fond les gamelles [...]. (*La Vie, tu parles*, p. 226.)

Voir aussi **bonsoir**, exemple 1.

Variante sur ce modèle. **À fond les pimpons.**

11. Drogue, drame de l'amour, que n'irait-on pas chercher ? En attendant, c'étaient les flics qu'on avait été chercher. Police-secours débarqua à fond les pimpons [...]. (F. Fossaert, *Prouvez-le !*, p. 50-51.)

— « Fermement, absolument, fortement, intensément. »

12. Mes vieilles sueurs reviennent à fond les manettes [...] : tuer ou me faire tuer. (P. Conil, *Flip-frac*, p. 68.)

13. — Je vais te dire, je suis contre l'alcool, mais alors à fond. Celui qui te soutiendra le contraire, c'est un Judas.
— Vraiment ?
— À fond les casseroles... L'alcool, il n'y a rien de plus traître, mon petit. (C. Courchay, *Avril*, p. 104.)
14. La voici boudeuse, Betty [...]. Sa francophobie fonctionne à fond la caisse. (San-Antonio, *Bons Baisers où tu sais*, p 95.)

Voir aussi **malade**, exemple 1, et **oreille**, exemple 3.

Toucher le fond. « Être au plus bas dans son état physique ou moral, dans ses affaires. »

15. Charlie m'appelle comme par hasard. [...]. Je peux à peine parler entre deux chialeries. Quand on croit avoir touché le fond y a toujours un sous-sol qu'on avait pas prévu. (E. Hanska, *J'arrête pas de t'aimer*, p. 141.)
16. Deux fusillades et trois morts, dont un collègue, dans le même arrondissement en vingt-quatre heures, l'inspecteur Clodarec croit toucher le fond. Dans pas longtemps, il les entend déjà, les huiles de la Grande Maison vont lui miauler aux étiquettes [oreilles], souligner sa curieuse propension, où qu'il aille, à attirer les embrouilles. (J. Houssin, *Roulez jeunesse !*, p. 129.)

Fort

C'est plus fort que le roquefort ! « C'est surprenant, incroyable. » Le roquefort, qui est l'un des plus anciens fromages de France, est également l'un des plus forts au goût ; mais l'expression joue aussi sur la rime intérieure. ~ **C'est plus fort que Tarzan dans les mines de gruyère.**

1. Ayant appris les détails, le Paternel émit une opinion tranchée :
— C'est plus fort que le roquefort, et raccrocha sans se fendre de la moindre félicitation. (P. Canal, *L'Homme qui a vu Durand*, p. 150.)
2. C'est plus fort que de jouer au bouchon ! Encore une façon de dire qui garde ses partisans, bien qu'elle soit un peu remplacée par « plus fort que le roquefort »... (Renaud, *Le Temps des noyaux*, p. 13 [préface de C. Duneton].)

Ça va fort ! Pour exprimer que quelqu'un est au mieux, au plus haut (de sa forme physique, morale ou intellectuelle, de sa situation professionnelle, etc.). Largement diffusé par une publicité pour l'eau minérale de Vichy Saint-Yorre (1987).

3. Voici le règne des Hercules aux hormones. Le torse nu bien huilé, pectoraux hyperboliques et veines saillantes, le biceps thyroïdien et le poing capable de broyer une noix de coco, ils cassent les portes d'une pichenette, étendent trois balèzes en un coup de main, soulèvent des mastodontes entre deux doigts, sautent de cinq étages, écrasent, fracassent, massacrent avec un rythme d'enfer, robots de la cascade persuadés de leur charme mammaire. La mission accomplie, ces nouveaux monstres militent pour la déification des corps parfaits. Les super poids lourds de l'écran font exploser le box-office américain. Ça va fort ! (*Télérama*, 15 juin 1988, p. 68, col. 1.)

Faire fort.

— « Y aller fort ; employer les grands moyens, exagérer. »

4. [...] les dessins mystiques qui ornaient les flancs du camping-car. Dans le genre, Simon avait fait très fort : un chemin de croix revisité par des émules médiocres du Douanier Rousseau. (Y. Ellena, *Prêcheur en eau trouble*, p. 12.)

5. Sa mère se rapprocha et lui décocha cette simple réflexion :
— Pourquoi tu as mis cette cravate et ce costume? C'était un bal costumé ou quoi?
Elle faisait fort. Certes, Antoine avait donné dans le tonique et le vif. Mais plus qu'à un bal costumé, on aurait pu songer que notre ami s'était rendu à sa première surprise-partie, enjoué et bariolé comme un joueur de hockey canadien. (S. Moati, *La Saison des palais*, p. 250.)

— « Avoir beaucoup de succès; être particulièrement remarquable. »

6. Alors que Sannier présente son programme [...] debout sur une marche, les mains dans les poches, Ppda [P. Poivre d'Arvor], lui, fait dans le sobre [...]. Ce n'est pas d'un look follement moderniste son JT [Journal télévisé]. Ça ferait même plutôt pantoufles [...].
Dans le genre classique, tendance ringarde, le journal de la 5 n'est pas mal non plus. Le générique, en particulier, fait très fort. (*Télérama*, 11 novembre 1987, p. 16, col. 1.)

Fourmilière

Coup de pied dans la fourmilière. « Prise de position novatrice d'un individu, qui dérange la routine d'un groupe. »

Jusque-là, c'était le triomphe de la langue de bois. On disait une chose et on en faisait une autre. Et soudain, un homme connu et respecté [Raymond Barre], leader d'opinion, ayant exercé de très hautes responsabilités, dit tout haut ce que beaucoup pensent tout bas [...]. La droite, la gauche, le centre, les autres ne sont pas près de se remettre de ce coup de pied dans la fourmilière. (*Le Monde*, 11-12 décembre 1988, p. 6, col. 4.)

Foutre

○ **Foutu pour foutu.** Pour marquer, devant un événement inéluctable, le refus de se résigner à la fatalité et annoncer qu'on entend en tirer malgré tout quelque avantage. Variante de **perdu* pour perdu.**

1. Au triple galop, elle chie du poivre [se sauve] en direction de la pizzeria. Foutu pour foutu, qu'au moins Moustique [...] rentre surtout pas là où les cognes vont l'espérer. (J. Houssin, *Comme un rat*, p. 81.)

○ **Je t'en fous!** Pour marquer son désaccord avec quelqu'un; pour présenter un fait comme contraire à ce qui était attendu. ~ **Je t'en fiche*.**

2. Il a un sursaut pour se redresser. J't'en fous! Ses semelles patinent sur le carrelage. (F. Lasaygues, *Vache noire*, p. 55.)

Se foutre en l'air. « Détruire sa santé. » C'est « se démolir » comme **foutre en l'air** peut signifier « démolir ».

3. [...] Serge Gainsbourg chante la plupart des chansons « pas dégueus* » de son dernier album [...] où il met en garde ses jeunes fans contre la drogue : « Touchez pas à la poussière d'ange. Surtout n'ayez pas l'impudence de vous foutre en l'air avant l'heure dite. » (*Le Monde*, 25 mars 1988, p. 27, col. 3.)
4. L'embêtant avec tous ces trucs qu'ils s'enfilent [des jeunes], ils se foutent en l'air (la colle à rustine[s] provoque des lésions cérébrales, on s'est renseigné) [...]. (« *22 lycéens* », p. 85.)

○ **Va te faire foutre!** Mêmes emplois que **je t'en fous** *supra*.

5. Si on avait eu une bagnole, ç'aurait marché. Ni vu ni connu. Mais va te faire foutre, pas de fric pour une mécanique. (J. Douassot, *La Gana*, p. 192.)

Frais, adjectif

Le fond de l'air est frais. Type de la phrase passe-partout qui meuble une conversation banale où l'on parle de la pluie et du beau temps. « Le fond de l'air effraie... » est le titre-clin d'œil d'un livre de Zeder (1985).

1. Habile, Ferrier joue les embarrassés. Christine l'a pris la main dans le sac. Il élude, parle d'autre chose, bredouille que le fond de l'air est frais [...]. (R. Fallet, *L'Angevine*, p. 234.)
2. — Le fond de l'air est frais !
— Pour un temps de saison, c'est un temps de saison. (R. Pierre & J.-M. Thibault, *Laissez-nous rire*, p. 168.)

— Variantes développées. **Le fond de l'air est frais, la surface aussi** ; en repartie dans un dialogue **Le fond de l'air est frais — Respire la couche du dessus !**

3. Le ciel est bleu. Le « fond de l'air » est frais. La surface aussi. (A. Vialatte, *Les Champignons du détroit de Behring*, p. 53.)

Frais, nom masculin

Avertissement sans frais. « Première alerte qui, sans avoir de conséquences fâcheuses, constitue une invitation à la prudence dont il faut tenir compte. » Image tirée de la langue du droit fiscal.

L'entraîneur principal pour lequel il montait lui [...] avait fait [un] reproche [...].
— T'as une de ces gueules, on dirait du linge mouillé.
— C'est rien, m'sieur, ça va passer.
— Y a intérêt*, avait grogné l'entraîneur. T'imagine pas que c'est arrivé. Dans dix jours, tu montes une course importante. Y a une bonne centaine de braves gars qui attendent que tu flanches pour prendre ta place.
Avertissement sans frais. (J. Houssin, *La Nuit du Dobermann*, p. 16.)

Fraise

○ **Aller aux fraises.** « Porter un pantalon trop court. » Par allusion à l'aspect de quelqu'un qui remonte son bas de pantalon pour éviter de le salir en marchand dans l'herbe ou en pleine terre.

Le grimpant [pantalon] ourlé trop court lui donne l'allure générale d'un chiftir [chiffonnier] qui vient de dégauchir la panoplie dans une poubelle. Le regard critique de Lucie lui renvoie une image bien moins flatteuse que celle qu'il croyait pouvoir lire dans le miroir.
— Y a quelque chose qui cloche ? il s'inquiète.
— Tu vas aux fraises et t'as une bosse dans le dos, lâche Lucie. (J. Houssin, *Roulez jeunesse !*, p. 114.)

Fraiser

○ **Se fraiser la gueule.** « Se casser la figure. » Métaphore de la pièce usinée, renforcée formellement par le sens populaire de **fraise** « visage, figure ».

[...] C'te belle jeunesse se fraise la gueule à tous les coins d'route. (San-Antonio, *Plein les moustaches*, p. 114.)

Franc, adjectif

Franc et massif. « Favorable sans aucune ambiguïté. » Par allusion au **oui franc et massif** demandé par le général de Gaulle dans son discours du 20 décembre 1960 à propos du référendum concernant l'Algérie.

1. — C'est vrai, s'informa l'homme galonné, que tu... enfin, que vous connaissez le président ? Je répondis par un oui franc et massif [...]. (R. Bastide, J. Cormier, A. Blondin, *Alcools de nuit*, p. 154.)
2. Émerveillés, les autres regardaient Filo, mais il fit sa coquette*, il ne voulait pas de Gérard un acquiescement du bout des lèvres, non, ce qu'il désirait, c'était de notre part une acceptation franche et massive. (B. Deflandre, *La Soupe aux doryphores*, p. 163.)

Franc, nom masculin

Trois francs six sous. « Peu d'argent, presque rien. » Expression ancienne que l'on trouve dans une chanson de carabins *Le pou et l'araignée* et dont elle est peut-être issue. ~ **Trois fois rien.**

1. Jusqu'au jour où, manquant d'argent pour visiter l'Espagne en stop, elle a tout vendu aux Puces de Montreuil pour trois francs six sous. (N. de Buron, *Qui c'est, ce garçon ?*, p. 22.)

Voir aussi **culotte**, exemple 8.

— **À trois francs six sous.** « Peu onéreux ; médiocre. »

2. [...] des hôtels à trois francs six sous. (San-Antonio, *Le Casse de l'oncle Tom*, p. 96.)

Français

En français dans le texte. Pour souligner le caractère inattendu de ce qui est dit. Expression reprise des traductions dans lesquelles le mot ou la phrase sont ainsi annotés pour indiquer qu'ils sont en français dans l'original. ~ **Tel* que, tel quel, texto.**

[...] nous étions dans la piscine [...]. Un monsieur fait surface. Me salue. Je le salue. Il nage vers moi et me dit en français dans le texte :
— Si je vous demandais de travailler avec nous, vous accepteriez ? (F. Hébrard, *La Citoyenne*, p. 203.)

Franco

Franco de port et d'emballage. « Franchement, carrément, directement. » Du vocabulaire du commerce par correspondance.

« Ça te va bien. Ça te rajeunit ! Ça te donne l'air plus câlin ! » Seule Josette la barmaid cultureuse y a été franco de port et d'emballage : « T'as l'air d'un cul comme ça mon chat, sans tes moustaches ! » (J.C. Grumberg, *La Nuit*, p. 116.)

Frapper

Il/Elle a encore frappé. Pour souligner, de façon plaisante ou ironique, l'action d'une personne ou sa participation à une entreprise. Parodie des titres de journaux du type « L'assassin a encore frappé ».

Septembre 1944. Trois soldats combattant en Lorraine cherchent à ramener au cimetière de Gentilly le corps d'un camarade mort. Sauve qui peut... Aldo Maccione a encore frappé. (*Le Monde*, 11-12 décembre 1988, Supplément, p. 5, col. 4. Critique du film *Le Corbillard de Jules*.)

Frigidaire, Frigo

○ **Mettre quelqu'un au frigidaire (au frigo).** « Mettre en prison. » Même image, mais modernisée, que **mettre au frais, mettre à l'ombre.**

1. [...] les argousins l'avaient mis au frigidaire jusqu'à plus amples informations. (A. Boudard, *Cinoche*, p. 193-194.)
2. — [...] Tu vas bien nous faire un mois de préventive, deux peut-être [...]. Et le temps que tu sortes, on aura mis tes copains au frigo pour un bout de temps. Mettons qu'ils prennent cinq piges, ça te laisse le temps de te refaire. (F. Fossaert, *Prouvez-le !*, p. 15.)

Frite

○ **Avoir la frite.** « Être en forme, d'attaque ; avoir le moral, du tonus. » Origine obscure. ~ **Avoir la forme, le moral, la patate, la pêche.**

1. [...] je suis bien content que tu sois là avec moi, parce que je n'ai vraiment pas la frite. (P. Adler, *Bonjour la galère !*, p. 137-138.)
2. En s'réveillant l'avait la frite,
   Elle m'a parlé
   D'un pote à elle qu'est journaliste
   à *VSD* [...] (Renaud, « L'auto-stoppeuse », dans *Mistral gagnant*, p. 88.)

Voir aussi **mou**, exemple.

— **Avoir une frite** + adjectif.

3. Pas vraiment jolie, mais elle a toujours une frite pas possible*. En cas de spleen général, c'est elle qui remonte le moral des troupes. Une battante. Une gagneuse. (F. Lasaygues, *Vache noire*, p. 11.)

Fromage

○ **Fromage et dessert.** Symbole plaisant du luxe, du confort. Du vocabulaire de la restauration, par opposition à la mention « fromage ou dessert » sur des menus plus chiches.

1. [...] mon mi-temps m'invita à partager les joies du Festival International des Films d'Expression Française. Intellos tiers-mondistes aux premières loges Ben Mimile convié à Genève avec tous les honneurs dus à son rang hôtel trois étoiles avion fromage et dessert. (E. Hanska, *J'arrête pas de t'aimer*, p. 32.)

— Par extension. Pour marquer le comble, le summum de quelque chose.

2. Les flics, de retour, rôdent dans le quartier, interrogent, guettent [...] partant du principe que certains hommes [...] sont atteints du virus du crime ou du gène de la délinquance. Les Noirs sont fourbes, les Arabes pas francs, les Juifs sournois et intelligents (fromage et dessert), les Auvergnats radins, les Bretons alcooliques [...]. (J. Bialot, *Un violon pour Mozart*, p. 52.)

Fusil

Fusil à tirer dans les coins. Expression plaisante désignant une arme imaginaire permettant d'atteindre les adversaires ou les objectifs les mieux dissimulés. Voir *supra* sous **clé**.

« [...]. Bien sûr, on ne peut empêcher les gens de faire des clubs, des associations. Mais il vaudrait mieux mettre ces efforts en commun. » Plutôt que de jouer à chacun pour soi, avec des fusils à tirer dans les coins... (*Le Monde*, 2 avril 1987, p. 8, col. 6.)

G

Gaffe

○ **Fais gaffe à tes miches!** « Fais attention ; méfie-toi. » Formule d'avertissement ou de menace. Renforcement de **faire gaffe** ; **miches** représente par métonymie l'ensemble de la personne. Mais le choix de ce mot est probablement motivé ici par le fait que les fesses sont les parties du corps les plus exposées aux coups

— Fais gaffe à tes miches Titi. T'as p'têt pas besoin des conseils d'un vieux con, mais les poulets te cherchent toujours [...]. (F. Lasaygues, *Vache noire*, p. 141.)

Gagner

C'est gagné! Pour marquer sa déception devant une situation ou un événement fâcheux. Par antiphrase.

1. Laurette a relevé le col du fameux imper qui ne trouvera jamais, c'est gagné d'avance, sa longueur idéale. C'est qu'elle pèle* de froid au milieu de ces tours [...]. L'angoisse* que ça doit être de loger dans ces clapiers. (R. Forlani, *Papa est parti, maman aussi*, p. 252.)
2. Ça l'a tellement surpris, Alceste, qu'il a laissé tomber sa tartine sur sa chemise. « C'est gagné », a dit Alceste, en essayant de racler la confiture avec son pain. (Sempé/Goscinny, *Le Petit Nicolas*, p. 11.)

Galère

○ **(C'est) la galère!** Pour signifier qu'une activité, une situation est pénible, qu'il faut **ramer** dur. « Bonjour la galère ! » est le titre d'un roman de P. Adler (1984).

1. — Pardon, madame, on arrive bientôt, à Nîmes ?
   — Nîmes, peuchère ? Mais on s'en éloigne !
   Je rentre dans le compartiment en hurlant :
   — Raaah ! C'est la galère ! on s'est gourés de train ! (P. Manœuvre, *L'Enfant du rock*, p. 132.)
2. C'était au début des vacances. Je pensais que cette histoire [un chagrin d'amour] passerait assez vite. Et puis non, la galère ! J'ai chialé pendant tout l'été alors qu'autour de moi, tout le monde riait et s'amusait. (*20 ans*, janvier-février 1986, p. 90, col. 1.)

Voir aussi **bonjour**, exemple 8, et **grolle**, exemple.

— Variante du langage des jeunes. **C'est galère!**

3. — C'est ma copine Coco qui demande si tu baby-sitterais ce soir
[...]
— non eh c'est galère... il y a un môme. (C. Brétecher, *Agrippine*, p. 21.)
4. — T'es folle, une tignasse pareille, pleine de nœuds, c'est galère! se plaint Joséphine. Il faut une heure pour la démêler [...]. (N. de Buron, *C'est quoi, ce petit boulot?*, p. 145.)

○ **En faire une galère.** « Accorder trop d'importance à quelque chose; en faire toute une histoire. » ~ **En faire un fromage, un plat*, un saladier; en chier une pendule*.**

5. Non c'est vrai, deux points [dans un sondage] de plus ou de moins pour le PS, on ne va pas en faire une galère. (C. Sarraute dans *Le Monde*, 6 février 1986, p. 32, col. 6.)

Gamelle

○ **Accrocher une gamelle à quelqu'un; avoir une gamelle au derrière/au cul.** « Mettre quelqu'un dans une situation difficile, trouble, qui peut nuire à son image, à sa réputation, à son avenir; supporter un handicap en raison de son passé. » Variante de **accrocher une casserole*.**

1. — Vous êtes bien gentil, Cadin, et en plus, vous êtes fidèle à votre réputation de fouille-merde... J'ai lu les rapports des PJ de Lille et Strasbourg à votre sujet... Vous ne m'accrocherez pas de gamelle : ici, nous sommes affligés d'un amour irraisonné pour les histoires simples. (D. Daeninckx, *Le Bourreau et son double*, p. 67.)

○ **Prendre/ (Se) ramasser une gamelle.** « Subir un échec. » Emploi figuré du sens concret « faire une chute », dans lequel le choix de **gamelle** qui renforce le verbe de base reste inexpliqué; peut-être à mettre en relation avec la locution précédente et avec **ramasser un gadin, une pelle.** ~ **Se casser la gueule.**

2. Quand, en 81, Papa, dans ses écoutes quotidiennes, est tombé sur cet album, il a pris feu et pondu dans la demi-heure un papier dithyrambique en hurlant carrément au génie. Malheureusement [...] l'album s'est ramassé une méchante gamelle. (P. Adler, *Bonjour la galère!*, p. 131.)
3. Et puis l'expérience des cantonales lui a servi de leçon : à six voix près, il ramassait une gamelle. Ça rend prudent. (*Le Canard enchaîné*, 22 janvier 1986, p. 2, col. 2.)

Gamin

○ **Rhabiller le gamin.** « Servir ou se faire servir à nouveau à boire. » Il est probable que, dans cette métaphore, **gamin** a pris, par dérivation synonymique, la relève de **galopin** « verre à boire ». ~ **Remettre ça; sa sœur*.**

1. Inlassablement, le patron rhabillait le gamin, ce qui [...] commençait à me chauffer la tête. (A.D.G., *Joujoux sur le caillou*, p. 85.)
2. Elle m'avait sorti de son sac à vin (c'est comme ça qu'elle appelle son cabas) un litron à étoiles d'un mélange en provenance de divers pays de la Communauté européenne qui annonçait carrément 14°5 à l'étiquette. À peine m'étais-je ravagé le palais du breuvage qu'elle rhabillait illico le gamin. « Profite-z'en tant qu'il y en a! » (*Le Canard enchaîné*, 27 août 1986, p. 7.)

3. Au bar du Petit-Pont, j'ai commandé un demi. Après avoir rhabillé le gamin trois fois, je me sentais un peu mieux. (É. Kristy, *Circulez !*, p. 66.)

Gant

○ **(Avoir les) seins en gant(s) de toilette.** « Avoir les seins tombants, ou, médicalement parlant, une ptose mammaire. » Par analogie de forme. ~ **Avoir les seins en oreilles* de cocker.**

1. — Écoute-le ! Moi, mon pote, à Briançon, j'ai pas vu la queue d'une goutte de flotte en un mois !
— Je dis pas ! Mais sur la côte, pardon, y a pas que le ciel à voir. Y a la fesse.
Bitouillou sécha son verre avec hargne :
— On la connaît, la fesse du Midi. Des bignoles, ou des charcutières avec le nichon en gant de toilette. (R. Fallet, *Paris au mois d'août*, p. 187.)
2. Elles comparent leurs mollets par derrière dans la grande glace, et puis les hanches et le cul pour décider qui c'est la plus sexy. Et les nibars ! Je t'en parle même pas :
— Faut leur causer, c'est comme les plantes !
— Les mômes, c'est bien beau mais ça les fait tomber. Je suis pas chaude pour les avoir en gant de toilette. (E. Hanska, *Barbe à papa*, p. 86.)

Écraser une mouche avec un gant de boxe. « Employer des moyens disproportionnés à une situation donnée et moins efficaces que des moyens plus modestes. » Version moderne et sportive du **pavé de l'ours.** L'exemple suivant est un écho de cette locution. ~ **Prendre un marteau-pilon* pour enfoncer un clou.**

3. C'est un droit de réponse très personnel que j'exerce à l'encontre de Monsieur Le Pen qui tient essentiellement à ce que je fasse les ménages pour subsister. C'est le pied de nez d'une Française enfin libre au matamore des « Français d'abord » qui met des gants de boxe ridicules pour écraser la petite mouche que je suis. (*Playboy France*, juillet 1987, p. 130.)

Garde

Jusqu'à la garde. « Au plus haut point (à propos d'une situation que l'on subit). » Image de l'arme blanche, notamment d'une épée, que l'on enfonce de toute sa lame, jusqu'à la partie, placée à sa base, qui protège la poignée. ~ **Jusqu'à la gauche, jusqu'au trognon.**

1. Sa femme avait monté avec quatre sous un magasin de nouveautés qui prospérait insolemment grâce à l'abattage de la patronne. Cocu jusqu'à la garde et dominé sur tous les points par une si puissante personnalité, [...] Gangan avait cherché la consolation dans la boisson. (J.-A. Lion, *Poulets et Perroquets*, p. 35.)
2. — Ces cassettes, si vous les diffusez, ça va être le bordel, intervint Schneider [...]. Tout ce que la ville compte de mythomanes et de tarés va se précipiter sur le téléphone. La voix n'a vraiment rien de particulier, aucun des enregistrements n'est fameux [...]. On va être emmerdés jusqu'à la garde. (H. Pagan, *Vaines recherches*, p. 114.)

Voir aussi **the**, exemple 2.

Garder

Avoir gardé les vaches (les cochons) ensemble. S'emploie, dans un contexte négatif ou interrogatif, pour signifier à un interlocuteur trop familier qu'on ne tient pas à se commettre avec lui.

1. Cette fois, il me reconnut et me salua d'un grand bonjour bien sonore, d'un grand sourire et d'un grand geste du bras. Pauvre imbécile! Avions-nous gardé les vaches ensemble? Non. Je lui répondis d'un très vague hochement de tête. (R. Belletto, *L'Enfer*, p. 348.)
2. — Prenez place, je vous en prie, propose le sirupeux chasseur de têtes, dont le visage appelle le cousinage de Michel Simon plus que d'Apollon...
   — Merci.
   Rester sobre dans les réponses. Ni « ouais » trop mous, ni courbettes inconsidérées. Après tout, ils n'ont pas gardé les cochons ensemble. (F. Rieu, *La Cavale du chômeur*, p. 97.)

Gaufre

○ **Se payer la gaufre de** + infinitif. « Se permettre de, avoir l'audace de (faire une chose illégale, interdite). » Peut-être de **se payer une gaufre**, employé ironiquement au sens de « s'offrir un luxe extraordinaire, mener grand train ».

Le taxi qui l'emmène vers le quartier Saint-Michel débraye en douceur, se paie la gaufre de promener un peu son client [...]. (A. Vergne, *L'Innocence du boucher*, p. 150.)

Gaule

Plier (remballer) les (ses) gaules. « Mettre fin à une activité, à une occupation. » Du vocabulaire des pêcheurs à la ligne.

1. L'ecclésiastique s'avança, timidement, au milieu de la cour [...].
   — Mme Duchêne a souhaité recevoir l'extrême-onction, avoua-t-il [...].
   — Mme Duchêne n'a plus l'intention de mourir, hurlai-je par la fenêtre. Pliez les gaules ou je tire. (A. Jardin, *Bille en tête*, p. 204.)
2. Tandis que Sabatier, pas gêné, plie les gaules, les Collaro, les Sébastien tournent à vide sur une cinq [chaîne de télévision] en mal d'audience. (*Télérama*, 21 octobre 1987, p. 70, col. 1.)

— Variante développée. **Remballe les gaules, la pêche était mauvaise.**

3. Naturellement, j'en volais [des caleçons d'homme] dans les grands magasins; par paquets de trois, souvent avec la complicité de Zaza [...]. J'avais beau me dire « Lucette, remballe les gaules, la pêche était mauvaise », quand tu as ça dans le sang, c'est comme les courses ou le baccara. Y a rien à faire. Tu y retournes toujours. (E. Hanska, *Les Amants foudroyés*, p. 103.)

Gaz

Avoir du lait sur le gaz. Pour signifier à quelqu'un que l'on n'a pas de temps à lui consacrer. Le lait que l'on met à chauffer, surtout sur le feu vif d'une cuisinière à gaz, doit être surveillé de près et ne permet guère d'être disponible à autre chose. ~ **Avoir une casserole, du lait sur le feu*.**

1. Le tapotis de main de Simone s'est un peu accentué, du genre « Bon, eh bien c'est pas tout ça mais j'ai du lait sur le gaz », et j'ai refermé la porte. (L. Simon et S. Michael, *L'Été des ripoux*, p. 115.)

Vite fait sur le gaz. Renforcement de **vite fait,** qui s'appuie sur l'image de la cuisine au gaz, plus rapide que d'autres modes de cuisson traditionnels.

— « Vite, en mettant peu de temps, de façon sommaire et bâclée. » ~ **À la hâte, précipitamment.** Dans l'exemple suivant, combiné avec **vite fait, bien fait.**

2. La mort de l'oncle Tom serait passée inaperçue si elle avait été naturelle [...]. Privé de toute famille, il allait avoir droit à un enterrement vite-fait-bien-fait-sur-le-gaz. (San-Antonio, *Le Casse de l'oncle Tom*, p. 22.)

— « Vite, au bout de très peu de temps. » ~ **Bientôt.** L'exemple suivant est un écho de cet emploi.

3. Elle va décréter notre mise à mort, nous balancer sa meute de spadassins aux trousses, vite fait. Je ne sais même pas si c'est pas déjà sur le gaz ! (R. Kesselring, *Putain d'amour*, p. 141.)

Gazon

∅ **À (au) ras du gazon.** « À la limite de la toison pubienne (d'une femme). » Métaphore symétrique de **pelouse** qui, étymologiquement, signifie « la poilue » ; mais surtout, le mot renvoie à d'autres synonymes du domaine végétal, en français non conventionnel, comme **chicorée, cresson, frisée, persil** ou **mouron.** ~ **À ras du bonbon* ; à ras du cul ; ras de touffe*.**

1. [...] une ahurissante minirobe-sac rouge zébrée de jaune qui tombait au ras du sans doute flétri gazon [...]. (A.D.G., *Cradoque's band*, p. 152.)
2. [...] elle est en mini d'éponge, ses gambettes magnifiques et brunes se dévoilent complètement, à ras du gazon, si j'ose dire. (A.D.G., *La Marche truque*, p. 60.)

Geler

∅ **Se geler les couilles (les burnes)/le cul (les miches).** « Avoir très froid. » Renforcement expressif, les compléments désignant ici, par métonymie, la personne. ~ **Se peler* (les miches), peler* de froid.**

1. [...] apprenti maçon sur un chantier en plein air, il se gelait les couilles. (C. Giudicelli, *Station balnéaire*, p. 35.)
2. Tu sais bien les statues
du jardin des Tuileries
qui, hiver comme été,
exhibent leurs guibolles
et se gèlent le cul,
et le reste aussi. (Renaud, « Ma gonzesse » dans *Mistral gagnant*, p. 56.)
3. — On se gèle les burnes, dans ce pays humide ! (P. Siniac, *Le Casse-route*, p. 185.)

∅ **Se les geler.** Même sens. **Les** représente **les couilles** ou **les miches.**

4. Michel n'aime peut-être pas beaucoup la police, mais ça ne l'empêche pas d'apporter régulièrement des sandwiches et des cafés aux deux malheureux flics qui se les gèlent en plein hiver pour assurer sa protection. (Aldo/Jean-Mi/Ludo, *Coluche à cœur et à cris*, p. 55.)
5. J'en vois des zonards qui ont pas un radis, qui roulent en deuche, qui dorment dans un duvet à 20 balles et se les gèlent [...]. (*La Vie, tu parles*, p. 140.)

Gêner

Je vais me gêner/Je me gênerais! Pour signifier par antiphrase une conduite énergique, sans appel, qui donne libre cours aux sentiments ou aux pulsions du moment. Peut se rencontrer aussi à la 3e personne (voir exemple 3).

1. « Non ! Non ! fais pas ça Alphonse ! »... Si je vais me gêner ! Encore une sévère mandale [gifle], merde ! Je permets pas qu'on se moque ! (A. Boudard, *La Cerise*, p. 210-211.)
2. — [...] J'attends tes explications. Où étais-tu ? Avec qui ? Qu'as-tu fait ? Qu'as-tu bu ? Réponds.
— Mémaine ! Je suis désormais un homme à qui on ne pose pas de questions.
— Avec ça que je vais me gêner !
— Pose autant de questions que tu voudras, je n'y répondrai pas. (P. Dac et L. Rognoni, *Bons Baisers de partout*, p. 75.)
3. — Il te bat ?
— Il se gênerait ! Depuis qu'il a lu dans un magazine américain que c'est un phénomène de société, les vieux parents martyrisés par leurs enfants, battus, affamés, torturés, il ne sait plus quoi inventer pour... (C. Sarraute, *Allo Lolotte, c'est Coco*, p. 105.)

Génération

○ **Bof génération.** Appellation péjorative donnée à ceux qui ont été adolescents à la fin des années 1970 et au début des années 80. Cette « génération » a souvent été présentée — par les journalistes — comme désabusée et peu idéaliste, d'où le choix de l'interjection **bof!** (qu'elle employait souvent) pour la caractériser. Par assonance, la locution rappelle **love génération.**

1. Neuf ans après notre découverte de la bof génération, nous sommes retournés voir ce qui se passait sur la planète des 13-17 ans. (*Le Nouvel Observateur*, 13 mars 1987, p. 74.)
2. Au fait, y'a un journaliste de *Libé* qui nous traite de Bof génération. Il nous gonfle et pour nous, c'est un beauf (na, na, nanerre ! !). (« *22 lycéens* », p. 41.)

Gerbe

○ **(C'est) la gerbe!** « C'est écœurant ! » De **gerber** « vomir », qui appartient au français non conventionnel.

1. [...] on reste assis sur un vieux strapontin dans un théâtre d'autrefois, à regarder gesticuler des acrobates qui n'amusent plus personne.
C'est la gerbe ! (M. Audiard, *Vive la France*, p. 80-81.)

2. Vous vous dites que les sorties en ville, c'est franchement la gerbe, j'te dis* pas, t'ois [tu vois]. (P. Charrière, *Parlez-vous branché ?*, p. 43.)

○ **Donner (foutre) la gerbe à quelqu'un.** « Donner envie de vomir ; dégoûter. »

3. Y trouve plus sous son pieu sa collec' de *Play-boy*,
sa mère a bazardé sa rouleuse et son herbe,
son connard de p'tit frère est v'nu jouer au cow-boy
dans sa piaule, c'est l'boxon et ça lui fout la gerbe ! (Renaud, « Baston ! » dans *Mistral gagnant*, p. 103.)
4. Elle lui flanque la gerbe et le tournis, la centrale atomique [...]. (San-Antonio, *Bons Baisers où tu sais*, p. 165-166.)

Glande

○ **Avoir les glandes.** « Être angoissé, énervé ; être excédé ; être dans un état d'agitation, de tension ; avoir peur. » À comparer avec **avoir les foies.** ~ **Avoir les boules***. On remarquera un emploi de **glandes** en contexte libre, en 1958 dans C. Rochefort, *Le Repos du guerrier*, p. 1 : « [...] l'angoisse est liée à mon état [...]. Ce malaise de l'âme est normal, on me l'a dit. Ce sont les glandes. »

1. — Rien que de voir la façon mémée dont s'habille la petite dame, encore jeune, « j'ai les glandes ». (J.-L. Lahaye, *Cent Familles*, p. 207.)
2. À quoi ça sert d'être libre ? Si t'es libre de rien avoir ? De tout voir et de baver devant [...]. Quand je me balade dans certains quartiers, j'ai les glandes, je voudrais tout acheter [...]. (Sapho, *Ils préféraient la lune*, p. 70.)
3. C'est pas pour lui qu'il a peur. La castagne, il connaît et quand il a les glandes, il se sent décuplé. (V. Thérame, *Bastienne*, p. 15.)

— Par référence à un mouvement supposé des « glandes ».

4. Djamila sent que les glandes commencent à lui monter. Il va lui faire perdre du temps, ce con-là ! (V. Thérame, *Bastienne*, p. 44.)

○ **Foutre (filer, ...) les glandes à quelqu'un.** « Angoisser, énerver ; excéder ; mettre dans un état d'agitation, de tension ; faire peur. » ~ **Foutre les boules***.

5. Et voilà qu'il était là, le Lambert, furieux après lui-même, à pousser son Solex dans cette nom de Dieu de cité du Labyrinthe qui avait vraiment tout pour vous mettre les glandes. (A. Page, *Tchao Pantin*, p. 73.)

— Tournure impersonnelle.

6. Y'en a marre ! Marre de cette bouffe jetée, alors que des types font les poubelles pour se nourrir. Ça me fout les glandes une telle absurdité ! (Coluche dans F. Tenaille, *Le Roman de Coluche*, p. 175.)
7. Pierrot [...] rentrait de plus en plus tard et de plus en plus crevé [...]. Enfin le mariage c'est comme ça partout à ce qu'il paraît. C'est bien pour ça que ça me filait les glandes. (E. Hanska, *L'Imparfait du subjectif*, p. 35.)
8. — J'y entrave que dalle à ces conneries. Ça m'fout plutôt les glandes ! T'appelles ça comme tu veux, mais les rêves, j'crois qu'c'est les déconnades des méninges [...]. (F. Lasaygues, *Vache noire*, p. 93.)

Voir aussi **ombre**, exemple 5.

○ **Les glandes!** Par ellipse des locutions précédentes et avec le sens de l'une ou de l'autre.

9. Trois étages comme ça sans respirer, le souffle coupé. Un chemin de croix. Les glandes ! (M. Charef, *Archi Ahmed*, p. 50.)
10. Juste quand je descends l'allée centrale via la grande porte, je tombe sur le gars.
Stupeur et stupéfaction !
C'est un costaud balourd comme commis boucher.
Les glandes ! (F. Lasaygues, *Vache noire*, p. 55-56.)

Glisser

Glisser comme l'eau sur les plumes d'un (des) canard(s). « Passer sans laisser de traces, sans causer de dommages ; laisser indifférent. » Par référence aux plumes du canard qui, grâce à leur texture, à leur imbrication et au corps gras qui les recouvre, sont imperméables à l'eau. Même image en anglais : *It is like water off a duck's back.* ~ **Glisser comme un pet sur une toile cirée.**

1. [...] je me foutais pas mal des grillons qui chantaient. Les charmes de la campagne glissaient sur moi comme l'eau sur les plumes d'un canard. (A. Jardin, *Bille en tête*, p. 15.)
2. Il avait beaucoup d'argent, M. Ricardoni, car il vendait ses toiles très cher à des collectionneurs sur lesquels la guerre avait glissé comme l'eau sur les plumes des canards. (J. Lanzmann, *Le Jacquiot*, p. 212.)

Gloire

C'est pas la gloire! « C'est médiocre, pitoyable. » Euphémisme pour désigner une situation d'échec ou qui laisse à désirer.

1. [...] j'ai aidé Papa à faire les lits. Évidemment, c'était pas la gloire. On aurait voulu les faire en portefeuille, on n'aurait pas mieux réussi. (P. Adler, *Bonjour la galère !*, p. 51.)
2. Les cheveux aussi, c'est pas la gloire. Maman trouve cette coiffure de chien convenable et pratique. C'est net, elle dit. (R. Forlani, *Papa est parti, maman aussi*, p. 36.)

Gomme

○ **Gomme à effacer le sourire.** « Matraque. » Métaphore sur la « gomme de bureau », combinée avec la « gomme » dont la matraque est faite ou enrobée.

Le commissariat, comme le rugby, est un sport d'homme. De temps à autre, on y balance la semelle, dite « chaussette à clous » par les initiés, ou on joue de la matraque baptisée par les mêmes « gomme à effacer le sourire. » (R. Bastide, J. Cormier, A. Blondin, *Alcools de nuit*, p. 137.)

Gonfler

∅ **Les gonfler à quelqu'un.** « Ennuyer, importuner, exaspérer. » Image réaliste illustrant l'idée du comble, de la saturation, de l'inflation ; **les** représente **les couilles.** ~ **Les briser, les brouter*, les casser, les chauffer*, les limer*, les peler, les râper*.**

Je vous les gonfle peut-être. Dites-le carrément. Même à distance hein. On sait jamais. Ça dérange vos méditations ? (E. Hanska, *La Femme coupée en deux*, p. 34.)

Gong

Être sauvé par le gong. « Éviter de justesse une maladresse, un accident, une défaite ou échapper à quelque chose de pénible, grâce à une intervention inattendue. » Métaphore du vocabulaire de la boxe.

1. — Je crois bien [...] que vous allez m'accompagner chez vous [...]. Vous habitez ?
La tuile ! Pataquès ! [...] je suis bon comme la romaine [...].
Je suis sauvé par le gong, en l'occurrence, la sonnerie du téléphone qui fait sursauter tout le monde [...]. Moi, j'en profite pour me rapprocher de la lourde, subrepticement. (A. Camille, *Les Trois Badours*, p. 117-118.)

2. — Il en était à préparer une phrase pour excuser la folie qu'il allait commettre d'une seconde à l'autre, lorsque Tania lui serra brusquement le bras.
— Vite..., regarde...
Sauvé par le gong, il assistait à un étrange mouvement autour du travelo. (J. Giovanni, *Tu boufferas ta cocarde*, p. 69.)

Gonzesse

∅ **On (n') est pas des gonzesses !** Affirmation pour un homme de sa virilité, de son courage ou encouragement entre hommes à se montrer virils, courageux. Formule fondée sur l'opposition machiste entre l'homme, symbole du courage, et la femme ou l'homosexuel (ce sont les deux sens de **gonzesse**), symboles de faiblesse et de lâcheté.

[...] ressaisis-toi, bon Dieu ! Moi aussi je suis crevé... On a tous besoin d'une bonne perme au pays... Arrête de chialer, on est des soldats, pas des gonzesses... (D. Daeninckx, *Le Bourreau et son double*, p. 188.)

Goulot

○ **Causer (parler) au(x) goulot(s).** « Être un bon buveur, une bonne buveuse. » Locution distincte de **boire au goulot**, le complément désignant ici, par métonymie, les bouteilles, mais la structure apparente est la même et les sens se recoupent en partie ; par ailleurs le verbe de base évoque la même familiarité que dans **tutoyer une bouteille.** ~ **Biberonner.** La métaphore sur laquelle repose la locution est remotivée dans l'exemple suivant.

D'ailleurs, on connaît même pas le son de sa voix, à croire qu'elle est muette ; elle cause qu'aux goulots. (A.D.G., *Cradoque's band*, p. 10.)

Gourmette

○ **Lâcher la gourmette à quelqu'un.** « Donner de la liberté à quelqu'un ; laisser tranquille. » De **gourmette** « chaînette qui fixe le mors dans la bouche du cheval ». ~ **Lâcher les baskets*, la grappe*, les pompes*.**

Ma vieille, tout c'qu'elle trouve à me dire c'est de faire gaffe à pas engrosser « la gamine », comme elle l'appelle. J'y rembarre d's'occuper de ses oignons et point à la ligne lâche-moi la gourmette. C'est vrai quoi ! On n'est plus au moyen âge ! (F. Lasaygues, *Vache noire*, p. 34.)

Goût

Tous les goûts sont dans la nature. Pour marquer, avec ironie, qu'on ne partage pas les goûts d'une personne. ~ **Chacun ses goûts.**

— [...] Que vous êtes jolie, mademoiselle, que vous êtes belle... Je vous aime !...
C'est comme ça que Lionel aborda celle qui allait devenir son épouse ! [...] Un véritable coup de foudre ! Tous les goûts sont dans la nature ! (J. de Bougues-Montès, *Chez Auguste*, p. 111.)

Goutte

(Avoir les) fesses en goutte(s) d'huile. « (Avoir les) fesses piriformes. » Par analogie de forme : en raison de sa viscosité, l'huile forme des gouttes allongées et plus larges à leur base.

1. Les poils noirs mal plantés autour de la raie du derrière ; les fesses en goutte d'huile [...] ; enfin... Tout ce qui fait que, vu de dos, le mâle n'a pas de quoi pavoiser. (P. Magnan, *Les Courriers de la mort*, p. 144.)

Voir aussi **dix**, exemple 2.

— Par ellipse. **Goutte d'huile.**

2. Comment est Ursula ? [...] De gros seins, un gros cul [...]. Bref, cellulite, goutte d'huile, culotte* de cheval, peau d'orange, toute la panoplie [...]. (C. Laborde, *L'Os de Dionysos*, p. 63.)

Graine

○ **Graine de bois de lit.** Pour désigner la progéniture de quelqu'un. Image botanique (**graine**) et domestique (**lit**, lieu habituel de la fécondation et de l'accouchement), **bois** faisant le lien entre les deux domaines ; mais **graine** est ici envisagé comme un résultat et non pas une promesse d'avenir.

[...] une flopée de gosses [...] envahirent le couloir du wagon, s'éparpillèrent dans les compartiments, remuants et bruyants. Chavadou, qui trouvait la graine de bois de lit légèrement seccotine sur les bords, [...] passa dans la voiture voisine. (P. Siniac, *La Nuit du flingueur*, p. 31.)

Grand

(Dose, portion) pour grande personne. « Généreuse, large. » ~ **Pour adulte*.**

1. Ceci dit, il s'envoya une gorgée de whisky pour grande personne et Bouge [...] en fit autant. (F. Fossaert, *Prouvez-le !*, p. 92.)

(Faire quelque chose) comme un grand. « (Faire quelque chose) avec aisance, habileté ; sans le secours de personne. » Avant de s'appliquer aux adultes, c'est en parlant des ou aux enfants que la locution s'est employée, **comme un grand** signifiant « comme un enfant plus âgé » ou « comme une grande personne », ainsi dans l'exemple suivant : « Tout seul, comme un grand, Nicolas est parti à la colo. » (Sempé et Goscinny, *Les Vacances du petit Nicolas*, p. 90). ~ **Comme un chef*.**

2. — Et le juge, demandai-je, il était aussi dans la combine ?
— Oh non, se marra Abel, lui y est entré tout seul, comme un grand [...]. (A.D.G., *Joujoux sur le caillou*, p. 177.)
3. Cent mètres plus loin, un camion [...] déboîta comme un grand et s'interposa entre eux et la cible. (J. Bialot et C. Courchay, *Matcho et les Fourmis*, p. 74.)
4. — Alors ? Qu'est-ce qu'on fait ?
— On se démerde, ma belle ! Comme des grands ! (C. Roudé, *Rue Paradis*, p. 217.)

Voir aussi **point**, exemple 7.

○ **Jouer (passer, ...) dans la cour des grands.** Pour indiquer, plaisamment ou par ironie, l'accession d'une personne à un niveau supérieur, dans le domaine des affaires, de la politique. Métaphore tirée du langage des écoliers.

5. Place Beauvau, Daniel Burdan a entrebaîllé, sans le savoir, la porte du clan Pasqua. Il a l'illusion de jouer désormais dans la cour des grands. (*L'Événement du jeudi*, 19 janvier 1989, p. 64-65 [Intertitre].)

— Par plaisanterie, en écho à cette locution. **Jouer dans la cour des tout-petits.**

6. [...] les petites composantes [des groupes politiques], qui sont quelquefois de minuscules composantes, glanent séparément leurs miettes du gâteau [aides financières attribuées aux partis et groupements politiques] de plus de 105 millions de francs. [...] Même ceux qui jouent dans la cour des tout petits ne sont pas oubliés. (*Le Monde*, 10 février 1989, p. 11, col. 6.)

Grand-mère

○ **(Est-ce que) je te demande si ta grand-mère fait du vélo (de la planche à voile, de la moto, ...) ?** Riposte à un interlocuteur pour lui signifier qu'il doit s'occuper de ses affaires et ne pas se mêler de celles d'autrui. Type de « vanne » empruntée à une scie de naguère comme l'indique l'exemple 2.

1. — Y a pas à dire, vous êtes un drôle de gazier ! Sèche sa permanence, arrive à la bourre le lendemain, et demande si [...] ma grand-mère fait du vélo ! (Demouzon, *Château-des-rentiers*, p. 104.)
2. — Ah ! c'est un savant [...] mais il est comme toi, il regarde voler les mouches !
Pour riposter, Olivier fredonna *Est-ce que j'te demande si ta grand-mère fait du vélo ?* (R. Sabatier, *Les Noisettes sauvages*, p. 266.)
3. En arrivant, il [René] est allé au garage, a frappé à la maison de Rosalie. Maxence a fini par ouvrir. Un mec d'une trentaine d'années, beau, hirsute et pas liant pour un kopeck lui a brièvement résumé la situation : il se trouve ici chez lui, sa sœur Rosalie a téléphoné de Paris

où elle compte rester un certain temps. Il ignore chez qui elle habite et d'ailleurs est-ce qu'il lui demande, lui, si sa grand-mère fait de la planche à voile ? (E. Hanska, *Fascination*, p. 132-133.)

Grappe

○ **Lâcher la grappe à quelqu'un.** « Laisser tranquille, cesser d'importuner. » La **grappe** désigne en argot les organes sexuels masculins. ~ **Lâcher les baskets*, la gourmette*, les pompes*.**

1. Le lendemain, je suis retourné voir le tournage. Et j'ai regardé, regardé encore. L'assistant m'a repéré.
— Encore toi ! Lâche-moi la grappe.
— S'il vous plaît, j'ai trop envie.
— Comment tu t'appelles ?
— Arthur, Arthur Fraysse.
— Change d'idée. (S. Moati, *La Saison des palais*, p. 38.)
2. Mais ses yeux n'ont pas changé. Elle a continué à me regarder, me mordant la lèvre. Elle m'a enfin lâché la grappe et a enfoui sa tête dans mon cou. (J.-B. Pouy, *L'Homme à l'oreille croquée*, p. 33.)

— Variantes développées. **Lâche(z)-moi la grappe, c'est pas l'époque des vendanges/les vendanges sont finies.**

3. — Bon. Ça suffit. Lâchez-moi la grappe, les vendanges sont finies.
— C'est une expression typiquement bretonne, je suppose ?
— Vous commencez à me gonfler, mon petit père. (E. Hanska, *Fascination*, p. 144.)

Grave

C'est grave, docteur ? Pour marquer plaisamment qu'une situation apparemment fâcheuse est sans gravité réelle. Reprise, hors situation, de la question inquiète d'un malade (ou de son entourage) à un médecin. « C'est grave docteur ? » est le titre d'une bande dessinée de G. Coco (1984).

La vérité, c'est que nous sommes des mutants. Psychologiquement, biologiquement. La tête, le corps, en demande d'images, les yeux devenus écrans électroniques, le cœur désormais cathodique. C'est grave, docteur ? (*Télérama*, 11 mai 1988, p. 103, col. 3.)

Gravure

○ **Explication de gravures.** « Vive réprimande. » Cette expression est bien attestée dans le langage des casernes ; son origine est incertaine. ~ **Engueulade, savon.**

1. Ses critiques les plus aigres, Boyer devait les exprimer lors du passage au Québec : il proclama que le Président faisait preuve d'une réserve « scandaleuse » à l'égard des indépendan-

tistes québécois. Tonton [F. Mitterrand] l'a su et il a piqué une colère homérique. Il va peut-être y avoir, à Paris, de sérieuses explications de gravures... (*Le Canard enchaîné*, 3 juin 1987, p. 2, col. 4.)

○ **Gravure de mode.** « Personne d'allure sophistiquée. » Métaphore ironique impliquant que la personne en question est soucieuse de paraître.

2. Il désigne la gravure de mode qui stationne derrière lui.
— Philippe de Vaillancourt, détaché spécialement du Quai d'Orsay pour la circonstance, présente-t-il. (Oppel, *Barjot !*, p. 36.)

Grimper

∅ **Grimper au plafond.** « Prendre du plaisir sexuel. » Même métaphore ascensionnelle que dans **s'envoyer en l'air** ou **se retrouver au septième ciel**, mais sur le modèle formel de **grimper aux rideaux** et, comme cette dernière locution, faisant appel à une image domestique.

Carine vivait [...] dans un petit appartement [...]. Nous profitions du moindre après-midi de liberté pour grimper au plafond. Couchés sur son petit lit, nous explorions avec fureur le corps de l'autre. (P. Manœuvre, *L'Enfant du rock*, p. 41.)

Grisou

○ **Coup de grisou.** « Coup de cafard. » Locution du vocabulaire de la mine, mais dans laquelle **grisou**, rapproché par son profil phonétique de la famille de **gris** « morne, triste, ennuyeux », reçoit un sens figuré particulier. ~ **Coup de mou***.

1. Légère et jolie... Regarde ton reflet dans la porte vitrée. Jolie pour qui, pour quoi ? Coup de grisou du vide... Bon, je pleure comme ça... Je ne me sens plus rien, nulle part. (C. Courchay, *L'Embellie*, p. 118.)
2. [...] Arnold Sheffer [...] vivait mal la désertion de Jicky Juillet [...]. Tant et si bien qu'au bout de quelques semaines il fut atteint d'un joli coup de grisou dont il ne parlait à personne. (E. Hanska, *Fascination*, p. 107.)

Grolle

○ **Être à l'aise/bien/mal dans ses grolles.** « Être/ne pas être à l'aise, en forme, bien dans sa peau. » Variante de **être bien/mal dans ses baskets***. ~ **Être bien/mal dans ses pompes***.

Ben voilà la galère*, j'enfile ma camionnette
J'vais bouffer d'la poussière j'en ai déjà plein les guêtres
Je suis mal dans mes grolles et mal sur ma banquette. (Renaud, « P'tit dej' blues » dans *Mistral gagnant*, p. 124.)

Gros

Gros comme le bras. « Important. » Comparaison à valeur intensive.

1. [...] la Dame au Trèfle, le bobinard dont tout le monde parlait sans y avoir jamais mis les pieds, à cause que pour y rentrer fallait des relations grosses comme le bras. (P. Canal, *L'Homme qui a vu Durand*, p. 132.)

Gros comme une maison.

— Locution adjectivale. « Qui manque de finesse, de subtilité. »

2. J'avais cru comprendre à des allusions grosses comme des maisons qui leur échappent par-ci par-là parce qu'ils nous croient toujours trop bouchés pour comprendre, qu'ils avaient entrepris une espèce d'enquête pour substitution d'enfants [...]. (C. Rochefort, *Les Petits Enfants du siècle*, p. 91-92.)

— Locution adverbiale. « Énormément ; à l'évidence. »

3. C'était donc très étonnant qu'un type prudent comme lui, tellement prudent qu'il devait en croquer [servir d'indicateur] gros comme une maison à la Poulardière [à la Police], revienne dans les parages. (A.D.G., *La Divine Surprise*, p. 30.)

— **C'est (ça se voit) gros comme une maison.** « C'est évident, manifeste. » ~ **Être (se voir) comme le nez au milieu de la figure.**

4. LE GARDIEN : Alors, vous !... Quand il n'y a rien à voir, vous voyez quelque chose... et quand il y a quelque chose...
ANTOINE : Je ne vois pas !... Je ne vois pas !
LE GARDIEN : Enfin !... Et le plan de cette cuisinière à tirage amélioré dessinée par Landru ! Non ?... Enfin !... C'est gros comme une maison. (R. Devos, « Extra-muros » dans *L'Avant-Scène Théâtre*, p. 30.)
5. Le plus marrant, c'est que Hartog soit jaloux de Fuentès. Je ne m'en doutais pas. Il est jaloux, ça se voit gros comme une maison. (J.-P. Manchette, *Ô dingos, ô châteaux !*, p. 155.)

Variante. **Gros comme un pâté de maisons.**

6. Les Grands, je m'en rends compte de jour en jour, on dirait tout le temps qu'ils se préparent pour les championnats de la complication. Ça se voyait gros comme un pâté de maisons que ces deux-là n'attendaient qu'un signal de l'autre pour s'embarquer sur le même voilier. (E. Hanska, *Barbe à papa*, p. 28.)

— **Voir venir quelqu'un gros comme une maison.** « Deviner, sans équivoque, les intentions de quelqu'un. » Avec variante dans l'exemple qui suit.

7. Pendant quelques minutes il s'agita, jetant de brefs regards à son subordonné qui le voyait venir gros comme la Samaritaine. (J.-A. Lion, *Poulets et Perroquets*, p. 13.)

Plus c'est gros, mieux (plus) ça marche (ça passe). Pour signifier que le culot est souvent « payant ».

8. Comme ils disent dans le journalisme, plus c'est gros, mieux ça marche. (D. Daeninckx, *Le Der des ders*, p. 117.)
9. La force d'Hernu, c'est d'inspirer une confiance presque aveugle. Se sent-il contesté ? Il glisse que tous les lundis il dîne avec le président. Admiration béate en retour. Plus c'est gros, plus ça passe. De même, lorsqu'il exhibe un sondage le donnant gagnant au premier tour à 75 %, personne n'en demande l'origine. (*L'Événement du jeudi*, 5 novembre 1987, p. 10, col. 3.)
10. La Zizoune ne fait ni une ni deux. Appliquant la bonne vieille recette « plus c'est gros, mieux ça passe », elle hausse les sourcils [...] :

— Comment donc, mon brave, vous ne reconnaissez pas Madame l'épouse du Premier ministre ? (D. Guirous et N. Galan, *Si la Cococour m'était contée*, p. 249.)

— Variante, avec remotivation de la locution.

11. Allongés sous les vagues
S'appelle ma chanson
Plus c'est con, plus ça passe
À la télévision. (Renaud, « Allongés sous les vagues » dans *Le Temps des noyaux*, p. 19.)

Gueule

○ **C'est bien fait pour ta (sa,** etc.) **gueule.** « C'est bien fait pour toi, pour lui. » Par métonymie, **gueule** représente ici la personne.

1. C'est bien fait pour ta gueule, tu n'es qu'un p'tit salaud,
on port'ra pas le deuil, c'est bien fait pour ta peau. (Renaud, « Les charognards » dans *Mistral gagnant*, p. 35.)

○ **Ferme ta gueule, ça fait des (ça évitera les) courants d'air !** Façon désobligeante de demander à quelqu'un de se taire. Intensif de **ferme ta gueule !**

2. — [...]. Aujourd'hui, c'est un vrai temps d'amoureux, vous avez vu ? Le ciel est bleu...
— La mer est verte, laisse un peu la fenêtre ouverte, enchaîna François-Frédéric, acerbe.
— ... et ferme ta gueule, ça évitera les courants d'air, susurra Compan, *mezza voce*. (R. Réouven, *Un tueur en Sorbonne*, p. 76.)

○ **Se foutre de la gueule de quelqu'un.** « Se moquer de quelqu'un. » Là encore, par métonymie, **gueule** représente la personne.

3. Bon, j'vois qu'tu commences à être allumé
Si tu veux, j'arrête de me foutre de ta gueule
T'sais, j'suis pas mieux qu'toi 'vec mes trente balais (Renaud, « Loulou » dans *Mistral gagnant*, p. 157.)

○ **Se mettre (se foutre) sur la gueule.** « Échanger des coups. » Par ellipse de **des coups.** ~ **Se taper dessus.**

4. Les vieux, qui ont habituellement [après un enterrement] des comptes de famille à régler, profitent de l'occasion pour se foutre sur la gueule. (F. Deschamps, *Croque en bouche*, p. 109.)
5. [...] les maris, rentrant du boulot, s'étaient mis sur la gueule, et pire que tout, s'étaient insultés. (F. Fossaert, *Prouvez-le !*, p. 42.)

○ **Se soûler la gueule.** « S'enivrer. » Renforcement expressif qui s'appuie sur **gueule** au sens de « bouche (en tant qu'elle ingurgite de l'alcool) ».

6. Il n'y a qu'à le voir à la nuit tombée se soûler la gueule à l'aguardiente pour finir à quatre pattes au petit matin froid dans la seule et unique pièce de sa baraque de torchis. (J. Lanzmann, *Le Lama bleu*, p. 11.)

○ **T'as que la gueule pour fumer !** Riposte à un quémandeur qui, après avoir demandé une cigarette, demande aussi du feu.

7. — Toi, t'as qu' la gueule pour fumer. On t' file une sèche, y t' faut du feu. T'as jamais rien à toi. (R. Fallet, *Banlieue sud-est*, p. 288.)

Va-de-la-gueule. « Personne qui parle beaucoup et agit peu. » ~ **Fort en gueule, grande gueule.**

8. [...] on a un peu honte d'être feignants, va-de-la-gueule, rouspéteurs, dolcevitistes. (*Télérama*, 18 février 1987, p. 62, col. 1.)

Guidon

Moustaches en guidon de vélo (de bicyclette). « Moustaches épaisses, à poils longs et aux pointes retroussées. » Par analogie avec des guidons de vélo relevés.

1. [...] l'amoureux qui [...] se fût frisé les bacchantes en guidon de vélo s'il n'eût été rasé de près [...]. (M. Cerf, *Une passion*, p. 216.)
2. Du haut de mon talus, quelque part entre Paris et Lyon, je salue ce vaillant bonhomme poussiéreux sorti du fond des âges, le salue et crie : « Vas-y De Balade ! Y sont pas loin ! » au passage de ses moustaches précisément en guidon de vélo. (R. Fallet, *Le Vélo*, p. 10.)
3. Il avait une bonne tête avec des yeux en boule, une moustache en guidon de bicyclette et des cheveux comme un paillasson [...]. (A. Vialatte, *Badonce et les Créatures*, p. 105.)

H

Habiter

Demander à une personne si elle habite chez ses parents. « Faire les premières avances à quelqu'un que l'on veut séduire. » Par référence à la question « (Est-ce que) vous habitez chez vos parents ? », entrée en matière stéréotypée pour un homme à la recherche d'une aventure.

1. Elle buvait un citron pressé et elle était si petite derrière la table qu'on avait envie de lui donner une paille. Charbo, impénétrable, se laissa tomber à côté d'elle.
— Vous habitez où, au fait ? demanda-t-il. Chez vos parents ?
— On m'a déjà fait le coup, dit-elle. (A.D.G. *L'otage est sans pitié*, p. 70.)
2. — Vous êtes de Carcassonne ? demande José pour dire quelque chose.
— C'est pas tombé bien loing, dit-il. Un peu plus bas. Perpignin. Et vous, parisienneu ?
Ça commence bien, pense José, tout à l'heure il va me demander si j'habite chez mes parents ! (G. Dormann, *Je t'apporterai des orages*, p. 174.)

Haine

○ **Avoir la haine (pour quelqu'un).** « Avoir une profonde aversion envers quelqu'un. » Raccourci intensif de la locution **avoir de la haine** ; à comparer avec **avoir la rage***.

1. Il avait la haine pour les militaires
J'te raconte même pas c'qu'y pensait des flics (Renaud « Oscar » dans *Mistral gagnant*, p. 128.)

— Sans complément.

2. J'ai la haine. J'ai envie de foutre des coups de lattes dans le bonheur des autres. Brûler la nappe exprès avec une cigarette. S'cusez-moi chui vraiment désolée. Faudra faire un stoppage. (E. Hanska, *J'arrête pas de t'aimer*, p. 67.)
3. On n'a pas cessé de me mignoter en répétant que « tout ce qui est petit est gentil ». Maintenant j'ai la haine. (A. Schifres, *Ceux qui savent de quoi je parle*, p. 264.)

Voir aussi **crise**, exemple 1.

○ **Donner la haine à quelqu'un.** « Faire éprouver à quelqu'un une profonde aversion, un profond ressentiment ; rendre haineux. »

4. Les « skinheads » font la guerre à chaque instant, mais surtout quand les packs de bière et la musique de Légion 88 ou de Brutal Combat leur ont « donné la haine ». (*Le Monde*, 15 novembre 1988, p. 1, col. 6.)

Haut

○ **Le haut conserve (protège) le bas.** Un physique (et particulièrement un visage) disgracieux peut valoir à une femme sinon de rester vierge, du moins de ne guère susciter de concupiscence. Déjà enregistrée par A. Oudin en 1640 dans ses *Curiositez* : « **Le haut deffend le bas,** pour dire qu'une femme est fort laide », l'expression semble aujourd'hui de diffusion restreinte. ~ **Remède* à l'amour.**

1. Si elles [les filles] sont laides, le mot *irréprochable* fait recette auprès des timides et comme selon ce qu'on dit, *le haut leur a conservé le bas*, il se présente toujours quelque parti convenable. (P. Magnan, *La Maison assassinée*, p. 61.)
2. La secrétaire était du genre revêche à moustache [...], elle appartenait à cette catégorie de femmes dont le haut protège le bas. (San-Antonio, *Chauds, les lapins !*, p. 60.)

Herpès

○ **En faire un herpès.** « Être très inquiet à propos de quelque chose, très contrarié par quelqu'un. » Variante moins fréquente de **en faire une jaunisse*, en faire une maladie.**

— Ben, Steph, y a pas de quoi en faire un herpès. Tu feras bientôt partie du club et c'est tout.
— Quel club, j'ai demandé.
Il m'a alors expliqué qu'au lycée, les enfants de divorcés se regroupaient en une sorte d'association secrète à but non lucratif. (P. Adler, *Bonjour la galère !*, p. 29.)

Heure

Avant l'heure c'est pas l'heure, après l'heure c'est plus l'heure ! « Il faut être exact. »

1. À minuit, Labesse se poussa laborieusement vers la rue sans manquer de préciser que quand faut* y aller faut y aller parce qu'avant l'heure c'est pas l'heure et après l'heure c'est plus l'heure, à l'intention de son patron [...]. (P. Desproges, *Des femmes qui tombent*, p. 71.)
2. — C'est noté, fait La Clod'. On la pose [la bombe] avant l'explosion. Après l'heure c'est plus l'heure. (P. Siniac, *Luj Inferman' ou Macadam Clodo*, p. 38.)

Voir aussi *infra*, exemple 3.

L'heure c'est l'heure !

— « Il faut être exact. »

3. Il veut me faire croire que c'est trop tard. Que l'heure c'est l'heure ! Après l'heure c'est plus l'heure ! (C. Breillat, *36 fillette*, p. 80.)

— « On est exact, l'horaire est respecté. »

4. [...] je pense que finalement, je vais me reconvertir dans les chantiers navals à Dubigeon-Nantes, là au moins l'heure c'est l'heure, merde ! (*La Vie, tu parles*, p. 102.)

○ **T'as vu l'heure ?** « Tu te trompes ; tu te fais des illusions. » Image de la personne qui ne voit pas le temps passer et qui est décalée par rapport à la réalité. ~ **T'as fait un faux numéro*.**

5. — j'ai l'impression que tu as aimé [le film] à un moment donné
— moi... t'as vu l'heure ?
— je t'ai entendue [*sic*] renifler
— c'était le raymond d'à côté. (C. Brétecher, *Agrippine*, p. 11.)

Heureux

Encore heureux ! Formule elliptique par laquelle on signifie, parfois avec ironie, que l'on a (ou qu'un autre a) bien de la chance.

1. Il est un peu moins de dix heures quand j'entre dans l'immeuble [...]. Je monte au cinquième (avec l'ascenseur, encore heureux !). (F. Dorin, *Les Jupes-culottes*, p. 43.)

Être heureux comme un pou. « Être très heureux. » Comparaison à valeur intensive, de même origine que **bicher* comme un pou.**

2. On faisait applaudir cette bande d'hypocrites à tort et à travers [...]. J'étais heureux comme un pou, de toute cette bonne surexcitation sans objet qui bouillonnait. (Bayon, *Le Lycéen*, p. 29.)

Hiver

Passer l'hiver. (Surtout en tournure interrogative et/ou négative ; à propos de quelqu'un qui est en mauvaise santé, de quelque chose qui est en mauvais état.) « Survivre ; durer. » Image de l'hiver, souvent fatal aux santés déclinantes. On trouve aussi l'abréviation plaisante **PPH** « passera pas l'hiver ».

1. Raffin, son long et large cache-col de laine autour du cou, toussait déjà. La maladie. [...]. Il faiblissait. On chuchotait qu'il passerait pas l'hiver [...]. (M. Charef, *Archi Ahmed*, p. 98.)
2. Passera, passera pas l'hiver ? On en saura un peu plus ce soir, après le jugement du tribunal de commerce de Paris qui doit rendre son verdict sur Bocaviande. Le holding vient en effet de déposer le bilan de ses sociétés régionales de Normandie et de Bretagne. (*Libération*, 10 février 1986, p. 9, col. 2.)

Homme

Ça fait beaucoup pour un seul homme. « C'est trop. » Formule marquant le comble de quelque chose ou l'exaspération (intermédiaire entre le BCBG **la coupe est pleine** et le très familier **ras le bol**).

1. — Écoute-moi, Lafleur, écoute-moi bien. J'ai une rage de dents. De plus, ma femme milite, mon fils est un cancre, et moi je suis flic. Ça fait beaucoup pour un seul homme. (J. Bialot, *Le Manteau de saint Martin*, p. 132.)
2. — [...] J'ai passé ma soirée à prendre des gnons, me faire rouler dans le purin et tenter de convaincre un clochard et un abruti de gendarme que je ne suis pas un vagabond. Vous ne pensez pas que ça fait beaucoup pour un seul homme ? (J. Houssin, *Le Pronostiqueur*, p. 91.)

○ **Si t'es un homme.** Dans un défi, en mettant en doute les qualités viriles d'un interlocuteur masculin. À comparer avec l'équivalent plus marqué **si t'as des couilles au cul.**

3. — [...] T'entends nabot... Si que t'es un homme... tu vas sortir. On va s'expliquer devant tout le monde. (A. Boudard, *Bleubite*, p. 45.)
4. YANA : [...] répète ça et je te tue. Va, répète si t'es un homme. (A. Visdei, « Complot de générations », dans *L'Avant-Scène Théâtre*, p. 43.)

Honneur

○ **Objection, votre Honneur!** Pour marquer son opposition à ce qui vient d'être dit. Traduction, employée par plaisanterie, de la formule anglaise *objection, your Honour!*

Et toi, alors, tu te gênes, peut-être ? S'ils écrivaient tous comme toi au « Monde », ce serait du joli. Objection, votre honneur ! Moi, je suis le bouffon, je suis pas le roi. J'ai pas l'ombre d'une trace de pouvoir. (C. Sarraute dans *Le Monde*, 15 octobre 1988, p. 36, col. 6.)

Honte

○ **C'est la honte/Ça fait la honte/La honte!** Formule employée pour manifester un sentiment d'abaissement, d'humiliation, d'infériorité, de dégoût. Variante de **c'est une honte, ça fait honte, quelle honte!**

1. Ses copains imaginent bien qu'il a pu commettre quelques vols ou même racketter à la sortie de l'école, mais un viol... « c'est la honte ». (*L'Événement du jeudi*, 24 novembre 1988, p. 69, col. 2.)
2. Bien sûr, cette fête de [...] relations de papa et maman, cette nuit, n'était ni plus ni moins débile que toutes leurs fêtes. Bien sûr, ils ont tous trop bu, tous trop fait de singeries [...]. Bien sûr, c'était la honte, comme toujours. (R. Forlani, *Papa est parti, maman aussi*, p. 21.)
3. Il sort son portefeuille et me montre. Le long de la grande poche à billets il a collé soigneusement un ruban d'un centimètre de large découpé sur le côté d'un Delacroix.
   — ... comme ça, explique-t-il, les gens croient toujours que j'ai de l'argent...
   Il range son portefeuille, me regarde doucement avec ses grands yeux noirs. « Ça fait moins la honte, quoi... » (Marie & Joseph, *Square du Congo*, p. 12.)

Hôpital

L'hôpital se moque (se fout) de l'infirmerie. Riposte employée pour indiquer que celui qui se moque ou persifle mériterait plus que tout autre d'être lui-même tourné en ridicule. Attesté sous la forme **La Charité se moque de l'Hôpital** dans Ad. Vachet, *Glossaire des Gones de Lyon d'après M. Toulmonde*, Lyon, 1907, p. 353, qui précise : « Je n'ai pas besoin d'ajouter que l'Hôpital et la Charité sont deux établissements de Lyon qui abritent d'égales misères » ; cette dernière expression, sous la forme **L'Hôpital se moque de la Charité**, est encore bien vivante dans plusieurs régions, notamment dans la région lyonnaise.

J'avais un bon job, je travaillais en maternité. Le toubib de l'administration a jugé que mon état de santé ne me permettait pas de continuer à travailler dans les hôpitaux. L'hôpital se fout de l'infirmerie. (*La Vie, tu parles*, p. 196.)

Horreur

J'ai vu assez d'horreurs pendant la guerre !/J'ai pas peur des horreurs de la guerre ! Expression employée, souvent ironiquement et par hyperbole, à propos de quelque chose dont la vue déplaît et particulièrement d'une personne mal ou peu habillée ; à l'origine, elle est peut-être une discrète raillerie des propos convenus des anciens combattants.

1. — Entrez, les gars, le blessé est là... Remarquez, il était entre de bonnes mains — une infirmière — il allait justement lui montrer sa grosse zigounette.
— J'en ai vu d'autres... [...]
— Vous n'avez pas peur des horreurs de la guerre, plaisanta un brancardier [...]. (T. Topin, *14e Nocturne*, p. 155.)
2. Il tire un fauteuil à lui et s'écrase dessus.
— Si tu t'habillais, femme ? J'ai vu assez d'horreurs pendant la guerre. (M. Villard, *Le Roi*, p. 116.)

H.S.

Abréviation de **Hors service.** « Inutilisable (d'une chose) ; dans un état de grande fatigue, dans un état second (d'une personne). » Abréviation probablement originaire du langage des casernes.

1. Un chantier qui se poursuivrait indéfiniment aux deux extrémités, avec une machinerie compliquée, spécialisation poussée de la mécanique, automatisée, machines conçues tout exprès pour un pareil chantier... Au bout du travail, la mécanique sera usée, HS, mais bien amortie... (M. Bédu, *La Vie dure*, p. 134.)
2. [...] de la façon dont le Bouddha éclusait [buvait], il serait H.S. avant peu. (A. Page, *Tchao Pantin*, p. 83.)

Huit

○ **Tige de huit.** « Cigarette (surtout Gauloise brune). » **Tige** est bien attesté en ce sens en français non conventionnel ; **huit** précise le diamètre de la cigarette (8 mm). Sur le modèle formel de locutions du domaine de l'outillage comme **foret de huit.**

[...] elle [...] me demande une tige de huit. Je lui offre de bon cœur la dernière pipe — cassée en trois — de mon paquet. Je lui donne du feu [...]. (P. Siniac, *Les 401 Coups de Luj Inferman'*, p. 80.)

I

Iceberg

La partie cachée (immergée) de l'iceberg/La partie (la face) visible de l'iceberg. Image employée pour signifier que ce qui est caché, imperceptible, est beaucoup plus important que la partie visible ou perceptible d'une chose, d'une situation. Repris à l'anglo-américain qui exprime la même idée par des formules variées comme *the tip of the iceberg, the visible part of the iceberg*, etc.

1. D'un coup, la silhouette d'une plus grosse affaire que prévu se découpait dans la brume, la partie cachée de l'iceberg. Le Dobermann devait manigancer un sale truc et ce Clodarec avançait doucement vers la bonne piste. (J. Houssin, *Les Crocs du Dobermann*, p. 98-99.)
2. On ne connaît de la cambriole que l'histoire [...] de la police et des journaux, ce qui correspond proportionnellement à la face visible de l'iceberg. (F. Ryck, *Prière de se pencher au-dehors*, p. 115.)

Voir aussi **ménage**, exemple.

Idée

○ **Quand tu as (il a,** etc.**) une idée dans le crâne/dans la tête/en tête, tu l'as (il l'a,** etc.**) pas dans le cul!** Pour marquer de façon expressive la détermination ou l'entêtement de quelqu'un.

1. — Écoute-moi bien, dit Gonzalès, t'es complètement hors du coup, compris? [...] Alors ne va pas maintenant te mettre des idées dans la tête, comme d'aller te dénoncer à ma place, ou je ne sais quelle connerie...
— Je ferai ce que tu voudras, je le jure, mais il faut que je sorte Gin de la clinique.
— Quand t'as une idée dans le crâne, tu l'as pas dans le cul, putain* d'Adèle! (T. Topin, *55 de fièvre*, p. 170-171.)

— Variante euphémique. **Quand tu as (il a...) une idée en tête, tu l'as (il l'a...) pas ailleurs!**

2. Julia ne répondit pas [...]. Elle préféra changer de sujet.
— Combien de temps resterez-vous à Paris?
Clémence ignora la question :
— Alors? Comment ça va avec Léon?
Julia [...] fit la grimace. « Décidément, pensa-t-elle, quand elle a une idée en tête, celle-là, elle l'a pas ailleurs! » (J. Mazeau, *La Ferme d'en-bas*, p. 139-140.)

Idiot

Mourir idiot (surtout dans des contextes négatifs). « Ne pas profiter de la vie ; ne pas enrichir son expérience. » « Je ne veux pas mourir idiot » est le titre d'une pièce de Wolinski et C. Confortès (1968) et « Mourir idiot » est le titre d'un ouvrage de Y. Gibeau (1988).

1. — C'est vrai. Si je ne t'avais pas rencontrée...
— Allons, ne me raconte pas que tu as failli mourir idiot : tu étais en train de bouger en profondeur. Moi ou une autre, tu devais changer. (C. Courchay, *Le Chemin de repentance*, p. 119.)
2. Alors comme ça t'es parisien ? s'enquit sa délicieuse compagne [...]. Et comme ta bourgeoise est en vacances, tu t'es dit que tu voulais pas mourir idiot ! gloussa-t-elle.
— Mais je vous assure que je ne suis pas marié, insista-t-il comme s'il voulait vraiment convaincre.
— Arrête eh ! pas avec moi, et pis qu'est-ce que ça fait, hein ? Ça empêche pas de prendre du bon temps, pas vrai ? (F. Fossaert, *Prouvez-le !*, p. 32-33.)
3. — [...] Et moi qui vous cause, j'avoue que je possède un moral en béton*, ce qui fait que je voudrais, si c'était possible et pour ne pas mourir idiote, que vous m'expliquiez un peu ce que c'est que ce binz. (E. Hanska, *Les Amants foudroyés*, p. 109.)

Voir aussi **ruche**, exemple 1.

Imbécile

Imbécile heureux. Symbole de l'imbécile « fier de l'être », de la bêtise crasse. G. Brassens a repris ces mots dans le refrain de sa chanson « La Ballade des gens qui sont nés quelque part » (*Poèmes & chansons*, p. 365-366).

1. Les imbéciles heureux qui pensent que de faire le con sous les ordres, ça « forme » le caractère. Comprenne qui peut ! (M. Bédu, *La Vie dure*, p. 126.)
2. [...] j'ai vu conseiller à une mère de supprimer le piano à son fils parce qu'il était en passe de devenir un bon musicien. Ce qui l'isolait de ses camarades. Imagine-t-on pareille ânerie du temps de Mozart ? Mais nous en sommes aux « psychologues ». Ils font un idéal de l'imbécile heureux, que moque la sagesse populaire. (A. Vialatte, *La Porte de Bath-Rabbim*, p. 146.)

Voir aussi **installer**, exemple 3.

Imiter

Souvent (toujours) imité, jamais égalé. Formule rappelant les réclames et boniments d'autrefois, employée pour insister plaisamment sur le caractère exceptionnel et inimitable de quelque chose (ou de quelqu'un).

Seule la crème du show-bizz ne crachait pas sur sa pommade. C'est que ce n'était pas n'importe quel baume. De la vaseline au cataplasme, il n'y avait qu'un pas : celui du style. Toujours imité, jamais égalé, celui d'Alain Pacadis était unique. (*Libération*, 13-14 décembre 1986, p. 28, col. 1.)

Voir aussi **an**, exemple 1.

Importer

N'importe quoi ! Pour signifier à quelqu'un, avec ironie, que ses propos sont exagérés, inexacts ou dénués de véracité. Ellipse de **tu dis n'importe quoi.**

— N'importe quoi ! T'es vraiment lourde, Mina ! Tu te traînes au ras des pâquerettes. T'as pas d'imagination, rien ! (C. Sarraute dans *Le Monde*, 17 mars 1987, p. 44, col. 6.)

Influence

Sous influence.

— « Sous l'effet de l'alcool, de la drogue. » Calque de l'anglais *to be under the influence* « être paf ».

1. Je suis juste là pour conduite sous influence. C'est pas grave. Mais j'ai besoin de soixante tickets sinon je suis au trou pour quarante-huit heures. (F. Lasaygues, *Bruit blanc*, p. 31.)

— « Soumis à des manipulations d'ordre idéologique, psychologique. » « Une femme sous influence » est le titre français d'un film de John Cassavetes, « A woman under influence » (1975).

2. Près de trente ans après les indépendances, l'Afrique — toujours sous influence — offre l'image déprimante de régimes le plus souvent autoritaires — et militaires — avec des partis uniques fréquemment corrompus. (*Le Monde*, 30 avril-2 mai 1989, Supplément, p. 13, col. 2.)
3. Lendl s'énervait, se noyait peu à peu dans le jeu maladroit mais régulier du junior de Roland-Garros. Alors il devint lui-même maladroit, mollesse pour mollesse, comme sous influence. (*Le Monde*, 7 juin 1989, p. 12, col. 4.)

Initiale

○ **Les initiales de la chance.** « Les initiales (du nom et du prénom) formées de la répétition de la même lettre, dont on dit qu'elles sont un gage de chance et de succès. » ~ **Les dents* de la chance.**

La famille de Mathias Mondain aurait fait rougir de plaisir Debré et ses disciples. Huit gosses et une épouse, Marie, qui portait vaillamment le neuvième au cœur de son ventre rebondi. Ils avaient tous les deux les initiales de la chance, doublées. (J. Houssin, *Le Dobermann et le Phénix*, p. 79.)

Inquiéter

T'inquiète ! Réponse adressée à une personne pour la rassurer, la tranquilliser. Ellipse de **ne t'inquiète pas.** ~ **T'en fais pas, t'occupe*.**

1. — Alors, demanda Cice qui l'attendait dehors en se dandinant le profil devant les vitrines des magasins, t'as trouvé ?
— T'inquiète, rassura Lucien-la-Terreur, on passera le temps qu'il faudra [...]. (A.D.G., *Cradoque's band*, p. 151.)

2. — Je ne comprends pas...
— T'inquiète, tu vas. (L. Simon et S. Michael, *L'Été des ripoux*, p. 60.)

Voir aussi **lézard**, exemple 3.

Inspecteur

Inspecteur des travaux finis. « Personne qui prétend apprécier après coup le travail des autres, sans avoir mis la main à la pâte. »

Nos mains vieillissent [...]. Hélas, des machines les remplacent aujourd'hui. Tout se tient, quand on en est venu à faire l'amour comme des machines ! Et à tomber malade, pareil ! Après, certes, on vous visite, vous voici mademoiselle Ponchard ! Excusez-moi, je ne vous prends pas pour l'inspecteur des travaux finis, mais avouez que le monde a pris de drôles de manières. (D. Boulanger, *Jules Bouc*, p. 97-98.)

Installer

En installer. « Se prendre au sérieux ; se faire valoir ; (se) manifester avec ostentation. » Image de celui qui étale ce qui peut le mettre en valeur.

1. Défoulement verbal, soupape de sûreté, avec le lourd accent hollandais. Mais l'homme était blessé, elle le sentait...
[...] En tout cas, pas si « non-violent » qu'il en installait. (J. Amila, *La Nef des dingues*, p. 8.)
2. — Écoute, Monique, je te laisse tout. Je ne remettrai plus jamais les pieds ici.
— Tu l'as déjà dit. Encore que je peux te faire remarquer que la plupart des meubles et objets de valeur viennent de mon côté... Non, non, je n'en installe pas. (J. Amila, *Le Pigeon du faubourg*, p. 138.)
3. Je serais perdue [à Roland-Garros] dans la foule anonyme des imbéciles* heureux trop absorbés par le jeu pour faire de l'œil à la caméra. Je veux en installer, moi ! Le moyen ? Poser ses fesses dans la tribune du président [...] de la Fédération de tennis. (C. Sarraute dans *Le Monde*, 4 juin 1987, p. 32, col. 5-6.)

Interdire

Il est interdit d'interdire. Pour marquer son refus de toute coercition. L'expression est apparue en mai 1968 ; voir par exemple *Les Citations de la révolution de mai*, recueillies par A. Ayache, Paris, 1968, p. 101 : « Il est strictement interdit d'interdire. Loi du 13 mai 1968. »

Dans les faits, de nombreux adultes mettent en pratique les vieilles méthodes coercitives qui laissent des souvenirs cuisants aux bambins turbulents. Les fessées viennent toujours pimenter la vie familiale et la menace, plus ou moins exécutée selon les cas, demeure une arme de choix pour parents exaspérés. Aux privations de dessert, évoquées avec gourmandise par la comtesse de Ségur, ont succédé des privations de télévision, nettement plus modernes, sinon plus diététiques. Bref, il n'est plus tout à fait interdit d'interdire et certains parents tiennent une comptabilité serrée des châtiments, amnisties et remises de peine. (*Le Monde*, 24 mars 1988, p. 30, col. 1.)

Intérêt

(Il) y a intérêt! « C'est ce qu'il y a de mieux à faire ; il vaudrait mieux ; c'est ce à quoi il faut s'attendre. » Peut signifier parfois une menace voilée. Ellipse de **il y a intérêt à** + infinitif.

1. — Saleté de ratons, grommela Lucien. Ils vont la payer cher, leur indépendance de merde, fais-moi confiance !
— Y'a intérêt, approuva l'autre [...] (T. Topin, *Piano barjo*, p. 62.)
2. — J'vous crois pas, répète Chim [...].
— Moi je te crois, dit Cobb.
— Y a intérêt, dit l'enfant. (J. Vautrin, *Canicule*, p. 308.)

Voir aussi **frais** (nom), exemple.

Intime

Pour les intimes. Pour qualifier une appellation (prénom, diminutif ou surnom) réservée aux intimes. Souvent en emploi ironique.

1. [...] permettez-moi donc itou de me présenter myself, Jean-François Lebarron, dit l'Élégant, Féfé pour les intimes [...]. (P. Adler, *C'est peut-être ça l'amour*, p. 75.)
2. [...] tous ceux qui n'étaient pas d'origine italienne : [...] des Armenouches, des Polaques, Ben Mufti (Couscous pour les intimes), un Malgache et, tout de même, trois Duval, deux Martin et un Crevette. (R. Forlani, *Les Gros Mots*, p. 31.)
3. [...] il avait lu dans *l'Huma* le discours d'un certain Chépilov, Dimitri pour les intimes [...]. (D. Rondeau, *L'Âge-déraison*, p. 45.)

Inventer

N'avoir pas inventé l'eau chaude/l'eau tiède/l'eau gazeuse/les œufs durs. Pour exprimer le manque d'intelligence d'une personne. ~ **N'avoir pas inventé la poudre, le fil à couper le beurre.**

1. En observant mieux mon portier, je me dis qu'il devrait être d'une force physique redoutable mais qu'il n'avait sûrement pas inventé les œufs durs. (R. Belletto, *Le Revenant*, p. 216.)
2. La moindre H.L.M., ils ont des douches... l'eau chaude, qu'ils n'ont pas inventée mais dont ils se servent à lurelure. (A. Boudard, *Le Café du pauvre*, p. 63.)
3. [...] la concierge de l'immeuble d'à côté qui, quoique bonne Française et parlant couramment notre langue, n'avait pas inventé l'eau tiède. (F. Fossaert, *Prouvez-le !*, p. 51.)
4. Il n'a peut-être pas inventé l'eau gazeuse, mais il est certainement très rusé et pas mal porté sur l'embrouille. (J.-A. Lion, *Les Truands du Temple*, p. 182.)

— Autres locutions qui semblent moins lexicalisées : **n'avoir pas inventé le cachou rond, le caoutchouc mou, le moisi du roquefort, les trous dans le gruyère, le vin chaud.**

5. [...] c'est Maman Lalicorne qui fait la converse mais comme elle n'a pas inventé le moisi dans le roquefort, ça ne vole pas vraiment plus haut qu'un aigle miro. (P. Adler, *C'est peut-être ça l'amour*, p. 76.)
6. [...] Et celle de la tapineuse francomtoise au resto ? Tu la connais [...] ? À côté d'elle, un mec raconte une connerie. Il est question dans l'histoire d'un gars qui branle le chef. Qui remue la tronche, quoi, au cas où tu comprendrais pas ! Et la langouste qu'a pas inventé le

vin chaud se met à regarder son assiette d'un air dégoûté. Le chef, qu'elle dit. Bon Dieu ! Pourvu que ça soye pas dans les lentilles. (J.-L. Degaudenzi, *Zone*, p. 121.)

7. Est-il un être désespérément simple ? Certes, il [Henri Leconte] n'a pas inventé l'eau tiède, ni même le caoutchouc mou. (*L'Événement du jeudi*, 24 novembre 1988, p. 81, col. 2.)
8. Barbarin n'avait pas inventé le cachou rond. (A. Schifres, *Les Yeux ronds*, p. 266.)

S'il n'existait pas, il faudrait l'inventer. Pour indiquer, de façon admirative ou ironique, que quelque chose ou quelqu'un est unique en son genre. Déjà dans Voltaire, qui écrivait à l'un de ses correspondants : « Je vous sais gré de réprouver l'athéisme et d'aimer ce vers, *Si Dieu n'existait pas il faudrait l'inventer*. Je suis rarement content de mes vers, mais j'avoue que j'ai une tendresse de père pour celui-là » (lettre à B.-J. Saurin, le 10 novembre 1770 dans *Correspondance*, éd. par T. Besterman, Paris, Gallimard, La Pléiade, t. 10, 1986, p. 474).

9. — Monsieur le président est satisfait ? demanda Tiennot, affable, souriant, en se penchant sur la grosse légume.
— Je me sens rajeunir, cher ami. C'est parfait. Si votre machin n'existait pas, il faudrait l'inventer. (P. Siniac, *Le Casse-route*, p. 78-79.)

— Variantes. **Si je (tu) n'existais pas [...].**

10. Délivré du poids du sérieux je suis un homme frivole, un artiste de music-hall. Si je n'existais pas, il faudrait m'inventer. (G. Mordillat, *Vive la sociale !*, p. 216.)
11. ALBIN [un travesti] : Jeune fille, j'étais comme elle. Ce qu'elle peut me faire penser à moi jeune fille, c'est fou ! J'avais les cheveux en boucles et plus longs dans le dos, mais à part ça, c'est tout à fait moi. Eh bien ! le mariage m'a totalement épanouie. Vous venez ma chérie. D'ailleurs, Laurent s'en chargera [...].
GEORGES (*à Laurent*) : Laurent, montre leurs chambres à Monsieur et Madame Dieulafoi. (*À Albin* :) Ah ! toi, tu n'existerais pas, il faudrait t'inventer... (J. Poiret, « La cage aux folles » dans *L'Avant-Scène Théâtre*, p. 30-31.)

J

Jaloux

Être jaloux comme un pou. « Être très jaloux. » Comparaison à valeur intensive, de même explication que **vexé* comme un pou.**

Fais gaffe que l'amitié
se laisse pas enterrer
par cette peste
qu'est jalouse comme un pou [...]. (Renaud, « Si t'es mon pote » dans *Mistral gagnant*, p. 162.)

Jambe

ø **La jambe du milieu.** « Le pénis. »

Il commençait à se préparer un bain aux huiles essentielles de romarin, le coup de fouet salutaire, la sauvegarde miraculeuse des handicapés de la jambe du milieu [...]. (J. Houssin, *L'Ombre du Dobermann*, p. 130.)

Jante

○ **Rouler sur la jante.** Métaphore tirée de l'argot du cyclisme.

— « Ne pas être en possession de tous ses moyens, ne pas avoir toute sa raison. » ~ **Déjanter.**

1. [...] sa bonne dame roule sur la jante. Vu sa position diplomatique, il écrasait le coup [...]. Même en période de calme elle paraît hors circuit. (San-Antonio, *Galantine de volaille*, p. 108.)

— « Être démuni d'argent. »

2. La façon dont il sirotait [...] à courtes gorgées d'enfant de chœur [...] indiquait assez qu'il roulait sur la jante. (R. Giraud, *Carrefour Buci*, p. 39.)

Jaunisse

En faire une jaunisse. « Être très inquiet à propos de quelque chose, très contrarié par quelque chose ; être bouleversé. » Une jaunisse peut en effet avoir son origine dans une contrariété (cf. **se faire de la bile**). ~ **En faire un herpès*, en faire une maladie.**

1. — Tu pleures ! Tu pleures ! Pourquoi tu pleures, bêtasse ! Tu pleures un homme qui ne pouvait t'apporter que de la peine. Tu es sotte !
Elle voulait dire que mon pépé dans son inimportance, avec ses petites cuites sans grâce, ses façons butées de paysan usé dans la glaise, le Seigneur le rappelait, bon... Personne n'allait en faire une jaunisse ! (C. Duneton, *Le Diable sans porte*, p. 151.)
2. Mgr Lustiger, virtuose intrépide, s'évertue à recoller la Bible de la synagogue et l'Évangile. Les conservateurs catholiques, et encore davantage les Juifs soucieux du fardeau exclusif de leur Élection, en font une jaunisse. (*L'Événement du jeudi*, 18 février 1988, p. 116, col. 1.)

Java

Il y a de la java dans l'air. Pour indiquer qu'une situation est menaçante et qu'elle pourrait prendre une tournure violente. À rapprocher de **danse** « volée de coups, correction ».

Mon mot avait dû frapper Nora car à dix-sept heures elle attendait devant le lycée Saint-Louis. Ça ne lui arrivait que très rarement de venir me chercher et c'était généralement la preuve qu'entre elle et moi il y avait de la java dans l'air et de l'eau dans le gaz comme disait Claude Nougaro, un ami de mon père. (J. Lanzmann, *La Baleine blanche*, p. 42.)

Jeter

○ **(Il n')y a rien à jeter.** « Tout est bon. » Employé par plaisanterie à propos de personnes dans les exemples *infra*.

1. Tout est bon chez elle, y a rien à jeter.
Sur l'île déserte il faut tout emporter. (G. Brassens, « Rien à jeter » dans *Poèmes et chansons*, p. 333.)
2. Une de ces frangines étranges dont il est quasiment impossible d'affirmer si elles sont incroyablement belles ou franchement bléchardes [laides]. Côté rondeurs, y a rien à jeter. (J. Houssin, *Bille en tête*, p. 57.)

Jeu

... ce petit jeu. Pour qualifier un manège, une tactique qui manque de franchise ou qui use de détours puérils.

Parfois, [...] lorsque nous avions été obligés de céder à nos partenaires sur tel ou tel point, nous nous précipitions pour chercher du secours auprès de notre administration, qui tentait de rattraper le coup dans sa propre négociation avec ses partenaires étrangers. Tous les pays, à un moment ou à un autre, ont joué à ce petit jeu. (*Le Monde*, 13 décembre 1988, p. 23, col. 2.)

Jeune

○ **Coup de jeune.** « Rajeunissement brusque et visible. » Sur le modèle de son contraire **coup de vieux.**

Tiens, pendant que tu y es, si tu veux vraiment t'offrir un coup de jeune, tu devrais faire comme Claudia Cardinale. Un grand fils, ça va te vieillir terriblement. (C. Sarraute, *Allo Lolotte, c'est Coco*, p. 11.)

Joie

C'est pas la joie ! Euphémisme pour désigner une situation difficile qui donne le cafard, qui crée des complications, des désagréments.

1. La rentrée sur Paris c'était pas vraiment la joie. Le temps était devenu franchement merdique. (E. Hanska, *L'Imparfait du subjectif*, p. 44.)
2. Pour te loger, ce sera pas la joie. Je pourrai pas te garder des masses* de temps ici. (Sapho, *Ils préféraient la lune*, p. 42.)

Voir aussi **voir**, exemple 5.

Joli

C'est pas joli joli ! « Ce n'est pas très beau, pas très convenable (d'un comportement). » Par euphémisme.

1. [...] travailler pour les Allemands à domicile, te boucher les oreilles dans ton petit coin, te noircir la gueule deux fois par jour [...], c'est pas joli, joli. (A. Blondin, *L'Europe buissonnière*, p. 191.)
2. C'est bien gentil, les fugues, mais c'est pas très sérieux. Parce que t'es un fugueur. Y a pas à discuter. Se sauver, se cacher dans des camions de choux. Un garçon de dix ans... C'est pas joli joli. (R. Forlani, « Grand-père » dans *L'Avant-Scène Théâtre*, p. 11.)

Jouer

Où as-tu vu jouer ça ?/T'as vu jouer ça où ? Riposte moqueuse à un interlocuteur, exprimant l'incrédulité. Comparer avec **arrêter son cinéma*.**

1. — Dis donc tu nous prends pour des cons ! T'as vu jouer ça où ? (A. Boudard, *La Cerise*, p. 457.)
2. — Faudra dessiner une croix noire sur la coque [du bateau], déclara Ti-Pierre. Comme ça il ressemblera à la vedette rapide.
   — Où as-tu vu jouer ça, une vedette rapide avec des voiles ? demanda Filo. (B. Deflandre, *La Soupe aux doryphores*, p. 189.)

Voir aussi **dire**, exemple 16.

○ **Se la jouer à la** (manière de). « Se prendre pour. » Comme dans d'autres tours (**l'échapper belle, il ne faut pas me la faire,** etc.), il est difficile de déterminer ce que représente **la** ; on peut penser peut-être que c'est ici un substitut de **comédie.**

3. Ils ne sont pas rares, les braqueurs d'auto-radio qui se prennent pour Al Capone parce que les « flics » de banlieue « se la jouent » à la Elliot Ness [...]. (A. Boubeker et N. Beau, *Chroniques métissées*, p. 23.)

Joyeux

Joyeux Noël/Joyeuses Pâques! Équivalent plaisant ou ironique de « bonne chance ».

Extraits du débat :
LÉOTARD : Qu'est-ce qui vous permet de nous donner des leçons ? Vous donnez des armes aux socialistes !
D'AUBERT : Taisez-vous ! Vous avez été lamentable pendant vos deux années de gestion. Joyeux Noël ! (*Le Canard enchaîné*, 14 décembre 1988, p. 2, col. 5.)

Jules

○ **Pincer l'oreille à Jules.** « Vider les tinettes. » On disait aussi **vider Jules.** Du vieil argot militaire, la locution, fondée sur **jules** « pot de chambre ou tinette », est un peu l'ancêtre de **corvée de chiottes,** formule plus prosaïque.

Il devait posséder un nom* à rallonge, sujet d'orgueil et de plaisanteries qu'il ne souffrirait plus.
— ... je ne sais pas le vôtre non plus. Jules... c'est drôle. On n'emploie plus guère ce prénom. Qui vous en a donné l'idée ?
— Une actrice qui se moquait de moi ?
— Oui, Jules fait sourire à cause de l'« oreille à Jules », expression militaire, et d'une chanson populaire qui en a fait le synonyme de mec. (M. Déon, *Vingt Ans*, p. 542.)

Juste

C'était moins juste. « Il s'en est fallu de très peu. » Sorte de superlatif familier de **moins cinq, moins deux** (minutes), **moins une*** (minute), bâti sur le même modèle, avec influence de **c'était juste, c'était du juste.**

[...] la troisième [balle] me troue le rembourrage du veston ; et c'était moins juste parce que si je n'avais pas bondi, j'accusais réception en plein poitrail et y aurait fallu m'épingler une décoration [...] pour masquer le trou. (San-Antonio, *Plein les moustaches*, p. 154.)

Justice

(Il) y a une justice! Pour signifier que les événements malheureux qui arrivent à quelqu'un sont un châtiment mérité. ~ **C'est bien fait pour ta/sa gueule.**

— Poupard s'est cassé une jambe en descendant sa poubelle, dit Roland. Y avait l'ambulance quand je rentrais.
[...]
— Eh bien, dit Olivia, il y a une justice.
— Ne dis pas ça ! lança Roland. Le pauvre type. (F. Ryck, *Prière de se pencher au-dehors*, p. 33.)

K

Kilo

En faire des kilos. « En faire beaucoup, en faire trop. » Pour exprimer l'excès, l'exaspération, la démesure. ~ **En faire des tonnes*.**

— J'suis vraiment désolée, tu sais.
Elle en remettait. Elle en faisait des kilos, sauf dans la conviction. (A. Page, *Tchao Pantin*, p. 66.)

Kilomètre

Y a pas des kilomètres. « Il y a de fortes chances (qu'une chose se produise). » Par glissement du domaine spatial au domaine temporel et causal, comme dans **y a pas loin.**

Ce ne sont qu'allées et venues continuelles ! Bientôt, y'aura la queue devant le garage ! [...] D'ici à ce que je me fasse repérer par les flics motards y'a pas des kilomètres. (P. Siniac, *Les Enfants du père Eddy*, p. 71.)

Kronenbourg

○ **Abdominaux Kronenbourg, abdos Kro ; muscle Kronenbourg.** « Ventre un peu lâche et rebondi ; bedaine. » L'alcool et particulièrement la bière (**Kronenbourg** ici) peuvent entraîner cet état (même image en anglais *beer belly* ou en allemand *Bierbauch*, littéralement « ventre de bière ») ; dans **abdos Kro,** l'image est doublée d'une rime intérieure qui ajoute à son côté plaisant. ~ **Durillon* de comptoir ; œuf colonial.**

1. Pascal Delcroix est mon meilleur ami, quoiqu'il prétende souvent me réduire au rôle peu reluisant de faire-valoir, compère un tantinet répugnant et épris de boisson, ce qui lui permet d'opposer ses pectoraux d'ancien para à mes abdominaux Kronenbourg [...]. (A.D.G., *On n'est pas des chiens*, p. 20.)
2. Quelle est donc cette obsession de notre Popeye chéri — s'il n'en a pas les biscoteaux, il a les abdos Kro — [...] ? (D. Guirous et N. Galan, *Si la Cococour m'était contée*, p. 226.)
3. On lui est tombé dessus avec une classe folle. Il a rien vu venir, faut dire qu'on a un peu l'expérience. L'âge, ça sert pas qu'à vous arrondir le muscle Kronenbourg. (L. Simon, *Les Ripoux*, p. 11.)

L

Là

S'en mettre jusque-là. « Faire ripaille, manger gloutonnement. » Parfois accompagné d'un geste de la main à la hauteur du visage, qui actualise le **là.** ~ **S'en mettre jusqu'aux yeux** (voir **œil**), **jusqu'aux trous de nez***, **plein la lampe.**

On festoya généreusement. On s'en mit jusque-là. (A. Vergne, *L'Innocence du boucher*, p. 118.)

Lacet

○ **Avoir une tête à vendre des lacets.** « Paraître niais. » Par référence à l'un de ces petits métiers de naguère, peu considérés.

[...] y'en avait qu'étaient un peu au-dessus de moi, ils avaient des galons, y'en avait qu'étaient des manœuvres spécialisés, alors tout de suite, quand on est un petit peu quelque chose, ils me disaient : « Allons ! Enlève-toi d'là, avec ta tête à vendre des lacets... » (F. Raynaud, « Les lacets » dans *Heureux !*, p. 205.)

Laisser

Laisser tomber (choir) quelqu'un comme une vieille chaussette. « Cesser de s'intéresser à, ne faire plus aucun cas de. » De **vieille chaussette,** symbole d'un objet auquel on n'attache pas d'importance.

1. [...] les Rebelles qui me laissent tomber comme une vieille chaussette, qui m'ignorent, qui me relèguent dans le sombre placard de leur mémoire. (F. Lasaygues, *Vache noire*, p. 109.)

— Variante. **Abandonner quelqu'un comme une vieille chaussette.**

2. Je lui en voulais de toujours me voir comme le vieux que j'étais, un vieil ennemi qu'elle était prêt [*sic*] à abandonner comme une vieille chaussette. (J.-B. Pouy, *La Clef des mensonges*, p. 90.)

Laitier

L'heure du laitier. « Très tôt ; au petit matin. » Par référence aux livraisons matinales de lait dont bénéficiaient autrefois les citadins.

1. Un peu après l'heure du laitier, on sonna à la porte de la rue.
— Qu'est-ce que c'est ? lança Fédora, en cheveux, un peignoir jeté sur les épaules.
— Police ! Ouvrez ! (P. Siniac, *Les Congelés*, p. 131.)
2. [...] à l'heure du laitier, quand dans les rames du métro surchargées se pressent les travailleurs mal réveillés [...]. (M. Sportès, *Le Souverain poncif*, p. 110.)

Lance-pierre(s)

À coups de lance-pierre(s) ; au lance-pierre(s). Métaphore qui s'appuie sur le tir souvent imprécis du lance-pierres.

— Valeur d'adverbe. « De façon grossière ou approximative. »

1. On suffoquait et ruisselait au bout de trois pas, le magasin était climatisé à coups de lance-pierres et les gens dégageaient de la chaleur comme des poêles à mazout au plus fort de leur fonctionnement. (R. Belletto, *L'Enfer*, p. 40.)

— Valeur d'adjectif. « Rapide, mal fait. »

2. [...] mèches à l'emporte-vent... maquillage au lance-pierre... (V. Thérame, *Hosto-Blues*, p. 52.)

Manger au/avec un lance-pierre(s). « Manger très vite, de façon sommaire. » La métaphore joue ici sur le tir rapide du lance-pierres et sur ses munitions rudimentaires.

3. — Nous avons le temps, madame Luge ! dit Dièze. Tu arrives comme une furie. Nous mangeons le saumon avec un lance-pierres et il n'est que dix heures et demie. (D. Boulanger, *Jules Bouc*, p. 43-44.)
4. On mange au lance-pierres (dix minutes) avec le très peu gastronome Napoléon, mais heureusement, Talleyrand et Cambacérès veillent, pendant l'Empire, à tenir des tables qui fassent honneur à la tradition nationale. (*L'Événément du jeudi*, 24 décembre 1987, p. 79, col. 2.)

— Variante elliptique.

5. Repas rapide, façon lance-pierres [...]. (J. Amila, *Terminus Iéna*, p. 60.)

Lapin

Haut les mains, peau de lapin ! Renforcement de **haut les mains !** Pour le plaisir de la rime intérieure. Du langage des enfants, qui ajoutent parfois **haut les pieds, peau de gibier, haut les fesses, peau de négresse !**

Oui. Les hold-up. Haut les mains, peau de lapin. Tactactac. Ah non, j'oubliais ! Les sommations ! [...] Les sommations, et seulement *après*, tactactac ! (A. Vergne, *L'Innocence du boucher*, p. 182.)

Lard

○ **J'aime mieux le lard.** Pour marquer le refus de répondre à une alternative. On met, par affabulation, cette repartie dans la bouche d'un (enfant) vosgien en réponse à la question « Qui aimes-tu le mieux, ton père ou ta mère ? » ; l'expression est de diffusion restreinte.

— [...] j'ai horreur du paradoxe en politique on sait où ça mène.
— Et sans paradoxe où ça mène ? dit Merle. A l'orthodoxe. T'aimes mieux l'orthodoxe ou le paradoxe ?
— J'aime mieux le lard, dit Boubou. (C. Rochefort, *Printemps au parking*, p. 46.)

Lavement

○ **(Ça l'a pris/Être pressé) comme un lavement.** « (Ça l'a pris) soudainement, tout d'un coup ; être très pressé. » Image du lavement dont les conséquences se manifestent de façon soudaine et impérieuse. ~ **Ça l'a pris comme une envie de chier, de pisser, comme la colique.**

1. [...] chaque demi-heure, Sandine [un cheval] et sa jardinière s'octroyaient une halte. Qu'on le veuille ou non. Qu'on soit pressé comme un lavement ou pas. (J. Durand, *André Bouix, gardian de Camargue*, p. 118.)
2. Tout d'un coup il vendit son fonds [de quincaillerie], acheta un petit pavillon sur la route du Monestier, ne sortit que deux heures par jour, laissa pousser sa barbe et brûla sa chandelle jusqu'à trois heures du matin. « Ça l'a pris comme un lavement », déclarait son propre beau-frère. (A. Vialatte, *Badonce et les Créatures*, p. 105-106.)

Lézard

○ **(Il) y a un lézard.** « Il y a quelque chose qui cloche. » Origine obscure. ~ **Il y a un os, il y a une couille dans le pâté*.**

1. Ils parlent de leurs affaires devant moi [...]. À les écouter, mine de rien, je pige qu'il y a eu un lézard gros comme un dinosaure cette nuit. (R. Kesselring, *Putain d'amour*, p. 228-229.)
2. Si Zazie change de crémerie, quand elle te sait dans le secteur, c'est qu'il y a un lézard. (*20 ans*, novembre 1987, p. 102, col. 2.)

○ **(Il n') y a pas de lézard.** « Tout va bien ; il n'y a pas de problème. » ~ **Ça baigne.**

3. — [...]. T'inquiète*, y a pas de lézard. Personne a pu me suivre jusqu'ici. (J. Houssin, *Envoyez la purée !*, p. 150.)

Limer

∅ **Les limer à quelqu'un.** « Ennuyer, importuner, exaspérer. » **Les** représente **les couilles.** ~ **Les briser, les casser, les chauffer*, les gonfler*, les peler, les râper*.**

— Il s'en passe dans ton « bastringue » !
— Tu oses appeler le Corsaire Manchot, un bastringue ?
— C'est pas moi, c'est Sauguier. Il a dit textu : « Elle commence à me les limer, à jouer dans son bastringue ! Elle se rend pas compte ! » (V. Thérame, *Staboulkash*, p. 188.)

Limite

Être limite. « Faire tout juste l'affaire, convenir à peine ou pas du tout. » Emploi du mot avec une valeur d'adjectif.

1. Ma nouvelle copine venait de se commander un pastis comme elle l'avait dit et une Suze pour mon propre compte. Les deux assistants sont venus s'installer à l'autre bout du bar.
— Ça va, il y a du bétail. Lequel tu prends ? demanda Zaza.
— Je sais pas... Enfin, le petit, il est vraiment limite. On se tire le grand à pile ou face ? (E. Hanska, *Les Amants foudroyés*, p. 97.)
2. [...] avec le PC, ça va. Même si je suis un peu retombé en disgrâce pour avoir appelé à voter Juquin au premier tour [des élections présidentielles de 1988]... Déjà, soutenir Mitterrand, c'était limite. Mais alors Juquin ! (Renaud dans *Télérama*, 19 octobre 1988, p. 33, col. 1.)

Lire

○ **Merde à/pour celui qui le lira.** Prototype du graffiti anonyme.

1. Vingt étages, ça laisse le temps de réfléchir. Tout en contemplant machinalement les graffiti de la cage de l'ascenseur : « Choron aime Lolotte, merde à celui qui le lira » [...]. (A.D.G., *Cradoque's band*, p. 53.)
2. Un ébéniste restaurant le muséum d'histoire naturelle de Grenoble a eu la surprise de découvrir sous une vitrine [...] un message daté du 1er juin 1852 des ébénistes et tailleurs de pierres ayant construit le musée portant la mention « Merde à celui qui le lira » [...]. Le message comporte aussi la liste des noms des ouvriers ayant participé à la construction notamment « Payerne, dit Giberne », « Jabot, trois pas en arrière » et « le nez pointu Maydelon Vincent ». (*L'Est républicain*, 6 janvier 1988, dernière page, col. 4.)
3. Des graffiti pas si sauvages que ça, si on y repense, mais tout de même... Ça allait des classiques « Merde pour celui qui le lira », « Chiez dur chiez mou mais chiez dans le trou » [...] en passant par des choses dont le sens ne m'apparaissaient [*sic*] pas toujours clairement mais qui m'intéressaient bien quand même. (R. Forlani, *Les Gros Mots*, p. 34-35.)

Lit

Être tombé du lit. Pour souligner que quelqu'un, contrairement à son habitude, s'est levé très tôt.

1. Ginette est une lève-tôt. [...] j'y suis donc passé sur le coup des 7 heures [...].
— Oh Jean, tu es tombé du lit ? (C. Courchay, *Avril*, p. 62.)
2. Pour une fois que tu es tombé du lit, il faut que j'en profite, dit-il, l'occasion ne se présentera peut-être plus. J'annonce que je viens pour causer sérieusement. (C. Rochefort, *Printemps au parking*, p. 177.)

○ **Poser son lit (son pieu, son plumard).** « S'installer, emménager (quelque part). » ~ **Planter sa tente*, poser le sac*.**

3. Faut quand même pas pousser le bouchon jusqu'à crécher à Pigalle sous prétexte que tu peux y dégauchir de l'estanco [des cafés] ouvert à n'importe quelle heure du jour et de la noye. Y a des quartiers où vaut mieux éviter de poser son plumard. (J. Houssin, *Comme un rat*, p. 82.)

○ **Prendre son lit en marche.** « Être ivre. » Métaphore fondée sur la sensation, chez une personne qui a trop bu et qui se couche, du lit qui semble animé de mouvement, qui tangue. Voir **bascule**, exemple 1.

Loin

Jusqu'où (ne pas) aller trop loin. « Jusqu'à quelles limites ultimes aller. » À propos d'un comportement dont on sous-entend qu'il est déjà allé un peu loin. Selon l'abbé Mugnier, dans son *Journal*, Mercure de France, 1985, p. 462 (23 novembre 1925), ce serait un mot de Péguy à Cocteau ; ce dernier a repris à son compte et diffusé la formule en 1931 dans *Rappel à l'ordre* : « Le tact dans l'audace, c'est de savoir jusqu'où on peut aller trop loin » (d'après P. Germa, *Minute papillon !*, 1986, p. 94).

1. Je jouais au vétérinaire [voir *docteur*] avec mes cousines [...]. Du reste ma mère, la grosse polissonne, nous surveillait de son œil glauque. (*Avec décision.*) Elle savait, je pense jusqu'où nous pouvions aller trop loin et serait intervenue, le cas échéant. (*Dans un soupir.*) Ce n'est donc pas à cette occasion que j'ai connu l'amour. Plus tard non plus, d'ailleurs. (R. Cousse, « Stratégie pour deux jambons » dans *L'Avant-Scène Théâtre*, p. 48.)
2. J'eus l'impression qu'elle bombait un peu le torse pour mieux me faire apprécier la fermeté attirante de ses deux seins libres et menus que le débardeur Coca-Cola moulait d'une rondeur duveteuse. Jusqu'où voulait-elle aller trop loin ? (Demouzon, *Un coup pourri*, p. 16.)

Long

Long comme le bras. Renforcement intensif de **long**.

Le Cantalou tint bon quelques secondes, puis il eut le masque*. Il surprit son visage dans la vitre de la porte du compartiment. Une gueule longue comme le bras, qu'il faisait, et ça lui déplut souverainement. (P. Siniac, *La Nuit du flingueur*, p. 37.)

Longueur

Tenir la longueur. « Être capable d'aller jusqu'au bout d'une action ; être résistant. » Du vocabulaire sportif des courses où la longueur est l'espace, l'étendue à parcourir. ~ **Tenir le coup, la distance*, le parcours*.**

[Au poste de police] le flic, le clochard, la pute et moi, on semblait sortis d'un film italien néo-réaliste. Seul, Rachid tenait la longueur. Toujours net. Clean. (C. Roudé, *Rue Paradis*, p. 41.)

Louche

○ **(Moulé) à la louche.** « Bien moulé (d'une partie du corps). » Métaphore tirée du vocabulaire du commerce des fromages.

Longs cheveux noirs, taille de serpent rehaussée par des hanches un peu fortes (superbes poignées* d'extase...) fesses à la louche et des jambes, bon Dieu [...]. (M. Embareck, *Sur la ligne blanche*, p. 21.)

Lumière

J'ai vu de la lumière. Prototype du prétexte que l'on avance pour s'introduire (le soir) chez quelqu'un. Variante développée **j'ai vu de la lumière sous la porte/et je suis entré.**

— Tenez, elle vient de rentrer chez elle y a pas dix minutes. Je serais que vous, j'irais lui dire bonjour, comme ça, genre : « J'ai vu de la lumière... » (R. Fallet, *L'Angevine*, p. 72.)

Lycée

Et lycée de Versailles. « Et vice versa. » Calembour fondé sur l'assonance.

1. [...] puisque le bouton est sur ma joue gauche, je n'aurai qu'à m'arranger pour que la fille soit toujours sur ma droite. Et lycée de Versailles. (D. Ephron, *Tchao l'enfance*, p. 18.)
2. [...] vous demanderez un sandwich au saucisson, et moi, je vous donnerai mon sandwich au jambon, et lycée de Versailles, pardon vice versa. (F. Raynaud, « Le saucisson » dans *Heureux !*, p. 84.)

M

Madeleine

○ **Être la madeleine de quelqu'un.** « Être ce qui fait resurgir les souvenirs. » Par allusion à la madeleine de Marcel Proust (trempée, selon les passages où il l'évoque, dans du tilleul ou dans du thé, comme le rappelle l'exemple 1).

1. Mais, le temps écoulé, le bon souvenir de l'intense rigolade qui nous saisit [...] : c'est notre madeleine dans notre tasse de thé. (*Le Canard enchaîné*, 18 mars 1987, p. 6, col. 4.)
2. Sheila [...]. C'est ma jeunesse : les couettes, *L'école est finie*, et mes 15 ans. Elle n'est pas ma madeleine... mais ça m'amuse de voir ce qu'est devenue Sheila, la femme. (*L'Événement du jeudi*, 5 février 1987, p. 95, col. 1.)

Main

À la main de quelqu'un. « À la portée de. »

1. — Vous me faites marrer, dit Julien. Faut voir dedans, c'est tout ! La façon d'entrer, c'est à la main du premier mouflet venu. (J. Amila, *Pitié pour les rats*, p. 155.)

○ **Change pas de main !** « Continue ; n'interromps pas ce que tu fais. » Parfois le locuteur ajoute **je sens que ça vient**, actualisant ainsi une allusion au domaine du sexe (masturbation par un(e) partenaire).

2. — [...] Té, Mimi... Sers un coup à boire, s'il te plaît...
— On s'amusait bien dans ce temps-là. Ouais !... Et je buvais du Pernod, pas du Ricard, qui a goût à rien... Té, tant que tu y es, change pas de main, Mimi. (J. de Bougues-Montès, *Chez Auguste*, p. 103.)

○ **La main de ma sœur dans la culotte d'un zouave.** Expression d'origine obscure (peut-être une chanson) utilisée par plaisanterie, pour son côté à la fois leste et exotique.

3. Et on était zouaves comme ma tante Gertrude, réduits à l'étiquette et à nos tenues 46, regrettant quelque peu ces fameuses culottes bouffantes dans lesquelles, dit la légende, s'égarent volontiers les mains de ma sœur. Décidément, on nous refusait les apparences : cavaliers sans chevaux et zouaves sans culottes. (M. Bédu, *La Vie dure*, p. 64.)
4. [...] la main en bois du capitaine Danjou qui, contrairement à celle de ma sœur, ne se trouve pas dans la culotte d'un zouave, mais dans un musée militaire, quelque part entre Camerone et les Invalides ! (R. Réouven, *Un tueur en Sorbonne*, p. 75.)

Voir aussi **rang**, exemple.

— Variantes plaisantes et jeux de mots.

5. Sur l'écran, deux filles nues se livraient à moult galipettes avec deux messieurs également dévêtus. La salle projetait pour la cinquième année consécutive « Ma main, ma sœur et le zouave pontifical ». (J. Bialot, *Le Manteau de saint Martin*, p. 179.)
6. Où sont passés nos zouaves?
Ça m'intéresse parce que ma sœur
a été fiancée à un zouave...
Elle lui avait promis sa main.
Plus de nouvelles du zouave!
Alors, la main de ma sœur...
... où la mettre? (R. Devos, *Sens dessus dessous*, p. 21.)

Mal

Ça te (lui, etc.) **ferait mal** (+ nom ou **de** + infinitif) **?** Euphémisme pour dénoncer la goujaterie de son interlocuteur ou d'un tiers.

1. Elle venait de se coincer un talon sur une grille d'égout.
— Tu peux pas m'attendre! Ça te ferait mal, dis, la galanterie... Tu vois pas que ma godasse est toute déglinguée. (A. Boudard, *La Cerise*, p. 442.)

Ça va faire mal! « Cela va être un vif succès. » Par antiphrase. ~ **Faire un tabac, un malheur.**

2. Un maquillage à faire pâlir les héroïnes de « Dallas », des talons vertigineux, des bouclettes inondées de paillettes.
— Ça va faire mal, murmura la brunette à l'oreille de la blondinette au moment de passer sur scène. Effectivement, elles firent un carton*. (D. Guirous et N. Galan, *Si la Cococour m'était contée*, p. 186.)

(Il n') y a pas (rien) de mal. Formule aimable et familière en réponse à quelqu'un qui s'excuse de déranger. ~ **Je vous (t') en prie ; ce n'est pas grave ; ce n'est rien ; y a pas d'offense.**

3. — Je vous dérange, vous étiez à table.
— Il n'y a pas de mal [...]. (A. Blondin, *L'Humeur vagabonde*, p. 40.)
4. — Excusez-nous, je vous prie... je croyais que vous étiez la concierge. [...]
— Y a rien d'mal... Y a rien de mal, messieurs.
Elle les regardait s'éloigner en pensant qu'il était bien agréable parfois de donner des renseignements à des hommes polis et aussi empreints de savoir-vivre. (R. Giraud, *La Coupure*, p. 140.)

Malade

Comme un malade. « Autant qu'il est possible. » Locution adverbiale avec un verbe d'action, à valeur de superlatif ; **malade** renvoie ici à « malade mental » (à comparer avec **comme un dingue, comme un fou**). ~ **Comme une bête, travailler* comme un sourd.**

1. Il fait beau comme un dingue, beau à fond* de ballon
On s'aime comme des malades du sol jusqu'au plafond. (R. Gotainer, « Youpi, youpi, youpi : l'été » dans *Chants zazous*.)

2. Elle a vraiment fait tout ce qu'elle a pu pour pas les décevoir [ses parents]. Elle a ramé comme une malade et à tous les coups, elle s'est plantée. Même l'examen prénuptial, elle a jamais pu s'y présenter. (C. Sarraute, *Allo Lolotte, c'est Coco*, p. 128.)
3. La circulation y est juste « tolérée à faible vitesse » [sur la levée de Loire] mais il va de soi qu'on y roule comme des malades. (A. Schifres, *Ceux qui savent de quoi je parle*, p. 23.)

Voir aussi **chaud**, exemple 7.

Malaise

○ **Y a (comme un) malaise/Y a pas de malaise.** « Il y a un problème, quelque chose de gênant/Tout va bien. »

— Tu ne vas pas de nouveau divorcer ?
— Mais non, mais non, ma chérie, ne t'en fais pas. Tout est sous contrôle. Nous avons juste décidé, Isabelle et moi, de nous accorder une petite aération. Histoire de retrouver le souffle après le stress. Mais y a pas de malaise. (P. Adler, *C'est peut-être ça l'amour*, p. 108.)

Voir aussi **culotte**, exemple 6.

Malheur

(Ne) parle(z) pas de malheur! « Surtout pas. » Par exagération, en assimilant à une catastrophe ce qui est envisagé ou proposé ; selon les cas, l'expression a une nuance ironique ou superstitieuse.

— [...] ta sœur, tu veux que j'aille la chercher ?
— Martine ?
— Oh parle pas de malheur [...]. (C. Rochefort, *Printemps au parking*, p. 185.)

Voir aussi **causer**, exemple 2.

Maman

À sa maman. Pour marquer, de façon ironique et insultante, le peu de cas que l'on fait d'une personne. L'expression, que l'on rapprochera de **à sa mémère**, équivaut à dire que la personne à laquelle on l'applique n'est pas sortie de l'enfance, n'a pas l'indépendance d'un adulte ; elle qualifie un nom habituellement précédé de **petit**.

1. Ses petits yeux bougeurs ne quittent pas [...] l'entrée de la piaule de Chim. Le petit branleur à sa maman doit immanquablement passer par ici. (J. Vautrin, *Canicule*, p. 50.)

∅ **Crier maman.** Pour exprimer le paroxysme de l'amour physique chez une femme. L'interjection **maman** traduit chez l'enfant ou l'adulte une émotion très forte (sans qu'il y ait nécessairement référence à leur propre mère). Comparer avec la chanson de Brassens « Je m' suis fait tout p'tit devant un' poupée [...] Qui fait maman quand on la touche ». ~ **Appeler sa mère ; encore***.

2. De longs cheveux d'or, des yeux clairs, pas franchement rayonnants d'intelligence, mais quand elle les ferme pour crier « maman » [...], où est l'importance, réponds ? (San-Antonio, *Le Casse de l'oncle Tom*, p. 173.)

Manche

Tenir le couteau par le manche. « Être en position de force ; être en passe de réussir. » L'image parle de soi ; elle est proche de **être du côté du manche.** Dans l'exemple *infra*, la métaphore est remotivée. ~ **Tenir le bon bout.**

— Je comprends parfaitement ton point de vue, assuré-je, malheureusement pour toi, le mien diverge, et comme c'est moi qui tiens le couteau par le manche, c'est toi qui risques de saigner. (San-Antonio, *Plein les moustaches*, p. 159.)

Mandoline

∅ **Jouer de la mandoline ; se jouer un air de mandoline.** « Se masturber (d'une femme). » Métaphore analogue dans le tableau de Balthus « La leçon de guitare » (1933).

S'endormir dans les bras de sa p'tite s'œur d'amour. Doux et chaud. Comme quand on était mômes. J'ai dit d'amour. Pas de cul [...]. Se jouer un air de mandoline chacune dans son coin et basta. En attendant on est des anges. (E. Hanska, *J'arrête pas de t'aimer*, p. 12.)

Manger

Col à manger (becter,...) de la tarte. « Col raide et serré. » Symbole ironique d'une tenue vestimentaire masculine soignée et stricte, cette expression peut aussi désigner le col romain des ecclésiastiques. Par référence à l'habillement des jours de fête où l'on mange des gâteaux ; déjà relevé en 1907 par G. Esnault, *Métamorphoses occidentales*, 1925, p. 165, dans *Le Petit Breton* sous la forme **des cols à bouffer l' fard** (*sic*). Le même auteur indique **habit à manger de la viande, redingote à manger l'entrecôte.**

1. Les croquignols ont mis leurs beaux alpagas, cols à manger de la tarte et revers tout ce qu'il y a de satiné, marqués de furoncles décoratifs, bedaines consultatives et pinceaux tout envernissés... (M. Bédu, *La Vie dure*, p. 304.)
2. [...] ces messieurs bien sous tous rapports — le col à becter de la tarte, les manchettes à boutons dorés — et cependant les panards cradingues puants. (A. Boudard, *L'Hôpital*, p. 9.)

— Sur ce modèle.

3. [Dans le film *La Vieille Dame indigne*] Sylvie est entrée dans le rôle, à croire qu'elle avait toujours été Mme Bertini. Vieillarde résignée puis malicieuse, dans sa longue robe noire, ses bas de coton noir, ses souliers plats, avec le chapeau « à manger de la tarte » posé sur son chignon [...] (*Le Monde*, 3-4 juillet 1988, p. 9, col. 6.)

∅ **Mange !** Réplique adressée à quelqu'un qui vient de dire **merde** ! pour lui retourner l'insulte. Déjà en 1898 dans R. Ponchon : « Bran... je t'em.../ Mange... fumier ! » (J.-C. Carrière, *Anthologie de l'humour 1900*, p. 160.) Dans l'exemple suivant, avec jeu de mots.

4. [...] il rencontra Didine à la station [de métro] Grenelle. Il se hasarda :
— Où descendez-vous mademoiselle ?
— Cambronne, qu'elle fit.
Et il lui répondit :
— Monge ! (A. Blondin, *Ma vie entre des lignes*, p. 42.)

— Variante. **Mâche** ! Même emploi.

5. — Bon, dit-il. Ben, faut que j'y aille.
Il ramasse ses appareils et disparaît en roulant des épaules dans la foule colorée.
— Ni au revoir, ni merci, ni merde, ni mâche ! explose Sandrine en cognant la table du poing. (J.-P. Demure, *Aix abrupto*, p. 93.)

Mange, tu sais pas qui te mangera. Pour encourager (un enfant, le plus souvent) à manger. La deuxième partie de la locution pourrait être une allusion au personnage de l'ogre.

6. Je vous aime bien mes petits lapins... Mais je voudrais vous savoir au diable !
Les lapins dressaient l'oreille et elle ajoutait en vidant son tablier sur eux :
— Tenez, mangez, vous savez pas qui vous mangera. (C. Duneton, *Le Diable sans porte*, p. 121.)

○ **Manger (bouffer) comme un chancre.** « Manger avec gloutonnerie. » Image ancienne de l'ulcère qui dévore les tissus.

7. Quand je bouffe comme un chancre j'aime bien boire comme un trou [...]. (M. Sportès, *Le Souverain poncif*, p. 59.)

On pourrait manger (la soupe) dessus. À propos d'une surface soigneusement nettoyée et astiquée.

8. Et allez donc que je te brique [la voiture], et fier comme un pou, « on pourrait manger la soupe dessus », une vraie petite ménagère. (C. Rochefort, *Les Petits Enfants du siècle*, p. 52.)

Manivelle

∅ **Démarrer à la manivelle.** « Masturber. » Par métaphore (explicitée dans l'exemple 1) du moteur qu'on lance en actionnant la manivelle.

1. [...] son service trois pièces, service incompris s'il en est par sa femme, qui a passé l'âge de faire démarrer les moteurs à la manivelle. (J. de Bougues-Montès, *Chez Auguste*, p. 159.)
2. — [...] vous avez tenté de le démarrer à la manivelle ?
— Plus d'un quart d'heure, m'sieur l'agent. J'en avais la crampe de l'écrivain. [...]
— Mais j'ai pas joui ! protesta le client. (San-Antonio, *Renifle, c'est de la vraie*, p. 19-20.)

Manœuvre

Aller un peu vite à la manœuvre. « Agir, s'engager trop rapidement. » C'est, littéralement, presser le mouvement.

1. À peine installés dans leur trois-pièces coquet, ils ont commencé à s'engueuler parce que Pierrot voulait que Bibiche arrête la pilule. Elle trouvait qu'il allait un peu vite à la manœuvre

et qu'elle ne se sentait pas du tout une vocation de pondeuse internationale. (E. Hanska, *Barbe à papa*, p. 22.)

Ça y va (à) la manœuvre. « Ça travaille dur, avec ardeur. » Renforcement expressif de **ça y va. Manœuvre** ne semble pas renvoyer à un sens précis du mot et il a ici la plupart du temps la même valeur générale que dans **connaître la manœuvre** ; il peut cependant être précisé dans le contexte. ~ **Ça turbine.**

2. C'était, un peu à l'écart, une machine d'apparence agricole, autour de laquelle s'activait un jeune homme athlétique et dont la franche carrure bourguignonne m'enchanta. Je [...] lui demandai :
— Alors, ça y va à la manœuvre ?
— Very well, me répond-il.
Le Bourguignon parlait anglais. Il ne parlait même que cela. (A. Blondin, *Ma vie entre des lignes*, p. 190.)

Marchandise

(Il y a) tromperie sur la marchandise. Pour exprimer avec exagération que quelque chose ou quelqu'un, que l'on assimile pour l'occasion à une chose ou un produit, ne correspond pas (ou plus) à ce qu'on attendait.

Bien amochée depuis la sémillante gamine qu'il épousa au temps jadis... Il était une fois un couillon qui s'est fait avoir. Pigeonné par des formes suspectes, et tromperie sur la marchandise. [...] maintenant la cellulite part en rangs serrés à l'assaut de deux fesses molles. Désastre ! (F. Rieu, *La Cavale du chômeur*, p. 129-130.)

Marche

Être en état de marche. « Être assez avancé, couler (d'un fromage, particulièrement d'un camembert). » Plus usuel, semble-t-il, sous la forme **marcher tout seul** ; les deux locutions évoquent la coulure du fromage, mais selon le stade d'avancement, il peut s'agir aussi d'une allusion aux vers, sens premier de la locution. ~ **S'abandonner.**

Elle donne ses instructions ménagères [...]. Une quiche lorraine est dans le four, un gigot froid sur la table de la cuisine avec deux assiettes de charcuterie, une tarte aux quetsches et une coupe de fruits. Un camembert en état de marche est signalé tenu au frais sur le rebord de la fenêtre. (R. Bastide, J. Cormier, A. Blondin, *Alcools de nuit*, p. 56.)

Marcher

Ça marche. « C'est entendu ; d'accord. » Pour donner son adhésion totale. ~ **Ça colle.**

1. J'accepte. Combien ?
— Trois mille par mois.

— Ça marche. (R. Fallet, *Banlieue sud-est*, p. 148.)

○ **Ça marche!** Dans le langage des cafés et brasseries, pour indiquer que la commande est enregistrée ou en cours d'exécution. ~ **C'est parti*.**

2. Ginette déboulait avec du rôti froid et une jardinière de légumes. J'ai protesté :
— Vous nous avez promis de l'aïoli !
— Ça marche, c'est pour vous faire patienter. (C. Courchay, *Avril*, p. 108.)
3. Je m'accoudai au bar courbe d'une brasserie et commandai une bière accompagnée d'une paire de saucisses [...]. Le garçon partit avec la commande en confirmant :
— Ça marche ! (D. Daeninckx, *Le Der des ders*, p. 157.)

— Avec un complément désignant la commande.

4. Nous gagnons le bar et ça marche pour trois gin-fizz. (San-Antonio, *Après vous s'il en reste*, p. 97.)

— Par plaisanterie.

5. Augustin fait signe au patron.
— Téléphone, s'il vous plaît.
— Qu'est-ce que vous prenez ?
Augustin colle sa carte de police sous le nez du cafetier.
— Téléphone à point ! Direct. Rien avant.
L'autre se marre.
— Un téléphone sans garniture. Ça marche ! (Demouzon, *Château-des-rentiers*, p. 94.)

Marée

○ **Tenir la marée.** « Être à toute épreuve, d'une robuste constitution. » Métaphore tirée du vocabulaire des marins, qui a pour symétrique **tenir la route** sur le plancher des vaches. ~ **Tenir la distance*, la longueur*, le parcours*.**

[...] Denis a beaucoup de poils sur la poitrine, il est superbaraqué. Il a la peau brune, un slip blanc. Quant à Chrystel, elle a de super-gros seins qui, comme on dit, tiennent la marée. Plus hard, tu meurs*... ! (*L'Événement du jeudi*, 16 janvier 1986, p. 44, col. 3.)

Marin

∅ **Faire chier le marin.** « Embêter, importuner. » Locution à valeur intensive dont l'origine est obscure.

1. — Vous serez davantage en forme lorsque vous m'aurez balancé ce que vous savez et qui vous tracasse, vieux, assuré-je. (...)
— Faites pas chier le marin, je ne sais rien ! bougonne-t-il. (San-Antonio, *Renifle, c'est de la vraie*, p. 131.)
2. Victoire essaie de mettre la météo de son côté :
— Émile, y fait gros temps, tu devrais pas partir...
— Vos gueules les Paimpolaises ! Faites pas chier le marin ! (J. Vautrin, *Bloody Mary*, p. 232.)

Voir aussi **passer**, exemple 1.

Femme de marin, dans des locutions du type **être une (faire) femme de marin, jouer les femmes de marin.** « Avoir un mari dont les absences professionnelles sont longues et fréquentes. » Par référence aux campagnes de pêche parfois longues ; dans l'exemple suivant, en emploi analogique.

3. Aux premières loges au procès de l'Antoine [...] transféré à Saint-Malo. Je vais y planter la tente*. Jusqu'à ta sortie. Faire des crêpes. Faire femme de marin. M'en fous. Je serai sur place pour ta sortie. (E. Hanska, *L'Imparfait du subjectif*, p. 184.)

Marteau-pilon

Prendre un marteau-pilon pour enfoncer un clou. « Employer des moyens disproportionnés à une situation donnée et moins efficaces que des moyens plus modestes. » Version moderne et métallurgique du **pavé de l'ours.** ~ **Écraser une mouche avec un gant* de boxe.**

— Et vous, vous ne pouvez pas dire les choses sans gueuler comme un putois, vous ne pouvez pas essayer de trouver calmement une solution qui arrange tout le monde, au lieu de prendre un marteau-pilon pour enfoncer un clou ? (F. Dorin, « L'intoxe » dans *L'Avant-Scène Théâtre*, p. 99.)

Masque

○ **Avoir le masque.** « Faire grise mine. » ~ **Tirer une sale gueule.**

Il a le masque, le Nantais, vu que « Club Sandwich » [un lévrier], son premier coup sûr dans la deuxième, a terminé la langue pendante, bon dernier. (A. Simonin, *Hotu soit qui mal y pense*, p. 114.)

Voir aussi **long**, exemple.

Masse

○ **Être à la masse.** « Être déboussolé, déphasé, inadapté. » Être mis « à la masse » (en électricité) peut entraîner une commotion. ~ **Être à côté de la plaque, marcher à côté de ses pompes*.**

1. Avec les femmes, en particulier, le courant passe bizarrement, pas assez ou trop. L'argot psycho-bricoleur a un mot pour cela : notre homme est à la masse. (*Le Monde*, 31 janvier 1986, p. 19, col. 5.)
2. Il est complètement à la masse, mon fils ! Le mois dernier, il ratonnait, et maintenant, il fait du « rock couscous » ! (C. Roudé, *Rue Paradis*, p. 166.)

Pas des masses. « Pas beaucoup, guère. » Emploi adverbial fondé sur des emplois de la locution **des masses** indiquant une forte quantité. Par euphémisme.

3. [...] ça me fait rire. Pas des masses. Mais suffisamment. Et puis je suis de bonne humeur... (R. Forlani, *Papa est parti, maman aussi*, p. 225.)
4. — Vous avez bien dormi ? demanda Lester.

— Pas des masses, avoua Laurent. Ils nous ont réveillés à quatre heures du matin avec des flingues, des talkies-walkies et tout le tremblement. (P. Lainé, *Monsieur*, p. 176.)

Voir aussi **joie**, exemple 2.

Matin

○ **Des** + nom **comme toi (lui,** etc.**), j'en fais un (deux,** etc.**) tous les matins.** Pour exprimer avec désinvolture que quelqu'un ou quelque chose n'a pas de valeur, est négligeable ; **faire** est ici un substitut euphémique de **chier**.

1. Si c'est encore lui, je m'en vais te l'envoyer sur les roses !... Des internes comme lui, j'en fais quatre tous les matins !... (J. Amila, *La Bonne Tisane*, p. 99.)
2. — Monsieur répond Riton il suçote longuement le verre de pastaga qu'il tient dans son poing serré Monsieur des mecs comme vous j'en fais un tous les matins il n'en faut plus des ingénieurs mon cul j'appelle ça pas vrai les gars [...] (F. Caradec, *La Compagnie des zincs*, § 15.)

○ **Des** + nom **comme toi (lui,** etc.**), je m'en fade un (deux,** etc.**) chaque matin.** Même sens, mais l'image est différente : **se fader** signifie ici « manger, goinfrer ».

3. [Après une bagarre]
— T'as ta dose*, connard ?
Il pavoise... Pour aujourd'hui, d'ac.
— Demain tu referas pas ça...
— Demain ou à la Saint-Glinglin, je suis à ta disposition ! Les pelures de ton espèce, deux je m'en fade le matin au casse-dalle ! (R. Lageat, *Robert des Halles*, p. 64.)

Être du matin. « Être matinal. » Par opposition à **être du soir**.

4. — Ah, c'est encore vous ! Dites donc, vous commencez tôt.
— Oui, je suis plutôt du matin. (M. Villard, *La dame est une traînée*, p. 135.)

Max

○ **Relax, Max !** Invitation familière au calme, à la décontraction ; renforcement de **relax**, avec utilisation de la rime intérieure. ~ **Cool, Raoul***.

1. — [...] relax, Max ; les commissions c'est fait pour être constituées, pas pour fonctionner, sinon où irions-nous ?!!
— J'm'appelle pas Max ! Barre-toi [...]. (Oppel, *Barjot !* p. 62-63.)
2. Un mieux très sensible a répandu ses bienfaits dans mon pauvre corps dévasté, comme l'écrivait avec délicatesse une grande romancière des îles Fidji. Relax, Max. (San-Antonio, *Après vous, s'il en reste*, p. 50.)

Maximum

Un maximum ou, par apocope, **un max.** Intensif de **beaucoup**.

— Valeur de substantif. « Une grande quantité, beaucoup. »

1. — Fais gaffe, dit Lambert, y a un max de jus là-dedans [dans des câbles], on ferait mieux de prévenir les mecs de l'EDF. (F. Fossaert, *Prouvez-le !*, p. 45.)
2. J'bois jamais trop, mais j'bois assez
Quoiqu' des fois, j'en renverse un max
Dans l'caniveau devant l'troquet
J'laisse des traces (Renaud, « Pochtron ! » dans *Mistral gagnant*, p. 136.)
3. Nous sommes déjà allés skier trois fois, c'était génial, surtout qu'il y a un max de neige aux Ménuires. (*22 lycéens*, p. 152.)

— Valeur d'adverbe. « Au plus haut degré, beaucoup, à fond. » Surtout dans des locutions verbales comme **assurer, coûter, (s')éclater, en faire, gonfler un max.**

4. Sa bouche lippue mâchouillait un vieux bout de cigare. Dans le genre débectant, il assurait un maximum. (E. Hanska, *Les Amants foudroyés*, p. 85.)
5. — Oui. Il aimait bien peloter les nibars dans les endroits publics. Et plus les gens se coinçaient, plus ça le rendait joyeux.
— La provo l'éclatait un max. Plus que tout je crois. (E. Hanska, *Fascination*, p. 13.)
6. J'enfourne le mélange [de H] dans le calumet. J'allume. RRRRRAAAH ! Ça arrache la gueule un max. J'ai l'impression qu'on me frotte la gorge au papier de verre. (F. Lasaygues, *Vache noire*, p. 37.)
7. Elle m'a tenu le crachoir : pas une phrase sans « plan », « look », « genre ». Plus le verlan des familles*. Malgré son métalangage qui « m'a gonflé un max », rien dans la calebasse. (J.-B. Pouy, *Suzanne et les Ringards*, p. 103.)
8. — [...] je vous préviens, ça va vous coûter un maximum. (H. Viard, *Ça roule pour Bonape*, p. 291.)

Voir aussi **boulon**, exemple 2 et **caisse**, exemple 8.

Mayonnaise

○ **Faire monter la mayonnaise.** « Exagérer la situation, amplifier les choses. » Image du vocabulaire culinaire, comme *infra* ; à comparer avec **allonger la sauce.**

1. Matignon [...] minorise cette affaire des nominations en reconnaissant que « les désaccords se réduisent à un ou deux postes ». Voilà pour le son de cloche officiel. [...] certains n'ont pas manqué, en coulisse, de faire monter la mayonnaise. Il est vrai que du côté de la majorité, on tient à placer ses hommes en partageant un gâteau qui n'est pas extensible. (*Libération*, 3 juin 1986, p. 3, col. 5.)

La mayonnaise prend. « Les choses prennent une tournure décisive et favorable. »

2. LIBÉRATION. — Vous avez également lancé l'*Express Paris*, votre supplément pour la région parisienne qui semble, lui, avoir des difficultés.
JIMMY GOLDSMITH. — C'est vrai. Mais je suis convaincu que la mayonnaise va prendre et qu'il va démarrer. (*Libération*, 16 juin 1986, p. 12, col. 2-3.)
3. Cette semaine du 5 au 11 janvier devrait être décisive : ou le mouvement social s'éparpille, s'effiloche [...]. Ou la grève se « globalise », la mayonnaise prend — et le gouvernement entre alors dans une zone de haute turbulence dont nul ne peut prévoir l'issue. (*Le Nouvel Observateur*, 9 janvier 1987, p. 23, col. 3.)

Meilleur

C'est toujours les meilleurs qui s'en vont! Expression fataliste, élogieuse pour le défunt, lors d'un décès ; elle a pour pendant **Les plus malheureux sont ceux qui restent.**

1. ... nous ne pourrons jamais oublier... nos condoléances les plus émues... éternel et fidèle dévouement... c'est toujours les meilleurs qui s'en vont... on est vraiment peu de chose*... la roue tourne... (Pichard/Wolinski, *Paulette*, t. I, p. 89.)

La meilleure, surtout dans **tu connais/sais (pas) la meilleure?** et dans **(ça) c'est la meilleure!** Par ellipse de **blague, histoire, nouvelle, plaisanterie,** mais on remarquera que l'expression s'emploie parfois par antiphrase, comme dans l'exemple 2. ~ **La dernière.**

2. — Et tu sais pas la meilleure, elle a fait, c'est que j'ai même plus un coin pour dormir. (P. Djian, *37°2 le matin*, p. 10.)

— Variante développée. **La meilleure de l'année.**

3. Elle dit : « Je suis comique. » Dis donc! C'est la meilleure de l'année! Eh bien alors on est fait pour s'entendre entre comiques! (F. Raynaud, « I am comic » dans *Heureux!*, p. 185.)

Le meilleur (la meilleure) vaut pas grand-chose. Pour exprimer, de façon parfois désabusée, le peu d'estime dans lequel on tient telle ou telle catégorie de personnes ou de choses.

4. La bonne femme haussa les épaules.
— [...] les hommes, sauf votre respect, le meilleur il vaut pas grand-chose. (Exbrayat, *Félicité de la Croix-Rousse*, p. 73.)

Mélanger

Se mélanger les pédales/les pinceaux. « S'embrouiller. » Emploi figuré de locutions concrètes : **se mélanger les pédales** à vélo (ou en automobile), ou **les pinceaux** « les jambes, les pieds » en marchant ou en courant. ~ **S'emmêler* les pédales, les pinceaux.**

1. Combien de fois il l'a surprise à raconter plusieurs versions de la même histoire, à se mélanger les pédales, à ne plus se rappeler quelle sauce elle lui avait servie. (F. Lasaygues, *Bruit blanc*, p. 207.)
2. Merde [...]. Y a gourance [...]. Haute trahison du sort! Du coquin de sort! Je me suis mélangé les pinceaux. (San-Antonio, *Plein les moustaches*, p. 40.)

Voir aussi **vélo**, exemple 2.

Même

On prend les mêmes et on recommence. « On fait la même chose, dans les mêmes conditions. » Cette expression où **les mêmes** représente les acteurs d'une situation peut aussi s'employer sans qu'il y ait des personnes en jeu. « On prend les mêmes et on recommence » est le titre d'un ouvrage de J.-F. Kahn (1978).

1. Malvina. Qui sort des douches. [...] elle s'échappe d'une des cabines en même temps qu'un monsieur au demeurant charmant mais qui n'est pas plus mouillé qu'elle. Elle nous le présente. Claude-Jacques. Celui de l'année dernière. On prend les mêmes et on recommence. (P. Adler, *C'est peut-être ça l'amour*, p. 134.)
2. — Quel est le programme, cet après-midi ?
— On prend les mêmes et on recommence, répond Léon. (F. Fossaert, *Touche pas à ma cible*, p. 224.)

Ménage

○ **Faire des ménages.** Équivalent moins usuel de **arrondir ses fins* de mois.** Dans son sens de base, **faire des ménages** est le type d'une activité féminine qui permet d'améliorer un salaire ou en tient lieu.

[...] la publicité n'est que la partie visible de l'iceberg*. Les stars de la télévision sont de plus en plus sollicitées. Par les publicitaires, les entreprises privées, les banques, les associations. Leur image vaut de l'or et elles sont tentées d'arrondir leurs fins* de mois — voire de doubler carrément leur salaire — en faisant des « petits boulots ». Ce qui, dans le jargon du milieu, s'appelle joliment *faire des ménages*. (*Le Monde*, 19 décembre 1986, p. 30, col. 1.)

Mener

○ **Le journalisme mène à tout à condition d'en sortir.** Pour marquer que la situation (et plus précisément la profession) que l'on occupe par nécessité est moins enviable que telle autre, souvent vague, qu'on lui préfère. C'est Jules Janin (1804-1874) qui aurait lancé un jour cette phrase.

1. Comme le journalisme mène à tout à condition d'en sortir, Mourousi s'est quand même trouvé une vocation de rechange. À savoir une place au gouvernement pour prendre la succession des Hernu, Quilès et autres Giraud. (*Le Canard enchaîné*, 23 mars 1986, p. 7, col. 1.)

— Sur ce modèle, très productif.

2. [...] il [le cuisinier Guérard] me joue le grand air de la cuisine qui mène à tout à condition d'en sortir. (P.-M. Doutrelant, *La Bonne Cuisine*, p. 160.)

— Par jeu de mots.

3. Mais j'ai sans doute tort de souligner les effets néfastes du journalisme sur le romancier, car enfin j'ai été sauvé des journaux par le journal. Je pourrais dire : le journalisme mène à tout à condition d'y rester. (P. Daninos, *Profession : écrivain*, p. 52.)

Merci

Merci + article + nom inanimé**!** Tour plaisant en raison du décalage dans lequel il s'inscrit, le **merci** s'adressant normalement à une personne ; certains slogans publicitaires ont joué là-dessus comme le **Ouf ! Merci Aspro !**

1. Heureux Halley, aimable Halley. Seuls quelques rares mauvais coucheurs ne l'ont pas aimé de son vivant. Trois cents ans plus tard, merci la comète, on redécouvre l'homme derrière l'astre et c'est très bien comme ça. (*Libération*, 20 décembre 1985, Supplément *Voir Halley et mourir*, p. 16, col. 2.)

Merci petit Jésus! « Heureusement ! Grâce à Dieu ! » Tiré de la chansonnette « J'ai bien mangé, J'ai bien bu, J'ai la peau du ventre bien tendue, merci petit Jésus ». ~ **Dieu merci.**

2. On s'est beaucoup aimé. On a très bien baisé. On a même pas mal bu. Merci petit Jésus ! Ceci dit, chère Suzy, tu prends tes petites cliques et puis tes petites claques et adieu et bon vent ! (R. Forlani, « Grand-père » dans *L'Avant-Scène Théâtre*, p. 30.)
3. Imaginez mon air épouvanté. Je me bouche les oreilles, ne voulant pour rien au monde entendre la réponse du grand. Je vois ses lèvres remuer, mais je n'entends rien, merci petit Jésus. (P. Siniac, *Pas d'ortolans pour La Cloducque*, p. 138.)

Merci pour lui (elle, eux)! « Ne t'inquiète pas, ne vous inquiétez pas pour lui. » Détournement d'une formule de politesse vers une connotation plaisante, moqueuse ou ironique.

4. En plus, la brigade [de gendarmerie] détient un évadé de première main qui ne devrait pas...
Merde ! Où il est, celui-là ?
Il dort, merci pour lui. (F. Fossaert, *Touche pas à ma cible*, p. 173.)
5. Voilà quelques semaines, M. Le Pen était peut-être considéré comme un pestiféré. Il est apparemment en voie de guérison accélérée, merci pour lui. (*Le Monde*, 11 avril 1986, p. 10, col. 2.)

Merci qui? Dans la bouche des parents ou autres adultes invitant les enfants à nommer la personne remerciée, pour leur inculquer le code de l'exacte politesse.

6. — [...]. Tu gagnes un Circuit 24. Qu'est-ce qu'on dit au Père Noël ?
— Merci.
— Merci qui ?
— Merci, monsieur le Père Noël. (A. Begag, *Béni ou le Paradis privé*, p. 16.)
7. — Dis merci à ta tante ! me dit mon père.
— Merci ! dis-je.
— Merci qui ? dit mon père.
— Merci ma tante ! dis-je. (J. L'Hôte, *Confessions d'un enfant de chœur*, p. 139.)

Merde

∅ **Avoir de la merde dans les oreilles.** « Ne pas entendre ; entendre mal. » On peut penser qu'il s'agit au départ d'une allusion au cérumen, comme **avoir de la merde dans les yeux** peut évoquer la chassie. ~ **Être complètement bouché, avoir les portugaises ensablées.**

1. [...] dans le lointain on entendait les sirènes d'ambulance ou les pompiers ou les flics et ça s'arrêtait jamais, il fallait vraiment avoir de la merde dans les oreilles pour s'habituer à ça. (P. Djian, *Zone érogène*, p. 270.)

∅ **Avoir de la merde dans les yeux.** « Ne rien voir ; ne rien remarquer. » Voir la locution précédente. ~ **Être complètement miraud.**

2. — Ça se voit ?
Mon Dieu, après tout oui, peut-être, ça se voyait. Heureusement qu'avec eux on était tranquille, ils ont de la merde dans les yeux. (C. Rochefort, *Les Petits Enfants du siècle*, p. 49.)

∅ **Avoir l'œil à la merde.** « Être malchanceux. » ~ **Avoir la poisse.**

3. [...] j'attire de naissance les catastrophes, la flicaille, et les microbes. J'ai l'œil à la merde, ça personne n'y peut rien. À la longue, on s'y fait, on s'y complaît même on dirait. Par moments, en tout cas, on arrive presque à en tirer une sorte de rigolade. (A. Boudard, *La Métamorphose des cloportes*, p. 234-235.)

∅ **Avoir la merde au cul.** « Être dans une situation fâcheuse, compromettante. » C'est la même image, mais inversée, que dans la vieille locution **se tirer d'une affaire les braies nettes.** ~ **Ne pas avoir les cuisses propres.**

4. Un pestiféré, voilà ce que j'étais devenu. Un lépreux. Quelqu'un qui a la merde au cul ! (P. Siniac, *Viande froide*, p. 155.)

○ **Avoir un œil qui dit merde à l'autre.** « Être atteint de strabisme divergent. » ~ **Avoir un œil qui joue au billard* et l'autre qui compte les points** (strabisme divergent), **avoir les yeux qui se croisent les bras** (strabisme convergent).

5. Quand elles [les femmes] sont jeunes et fraîches et roses... euphémisme... on dit qu'il s'agit d'une coquetterie dans l'œil. Plus tard [...] on parlera de merde à l'autre... quelques gentillesses de cet acabit. (A. Boudard, *L'Éducation d'Alphonse*, p. 206-207.)

— Sur ce modèle, pour préciser la dissymétrie entre deux choses.

6. — C'est pas gagné [...]. L'odeur d'essence et la jauge à zéro ça me dit rien de bon. Et pis y'a cette roue avant qui dit merde à l'autre. D'ici qu'on soit en rade y'a pas loin. (F. Fossaert, *Touche pas à ma cible*, p. 203.)

Voir aussi **coup**, exemple 7.

○ **C'est toute une merde pour** + infinitif. « C'est très difficile de. » Le choix de ce terme marqué souligne la difficulté et le côté souvent exaspérant d'une entreprise. ~ **C'est tout un cirque, toute une histoire pour...**

7. [...] il fallait que j'attende que ça vienne [l'inspiration], je ne pourrais rien faire sans ça, c'est toute une merde pour donner le meilleur de soi-même, c'est ce qu'il y a de plus dur au monde. (P. Djian, *Zone érogène*, p. 48.)

○ **Dire merde à quelqu'un.** « Souhaiter bonne chance. » Même attitude superstitieuse qui veut que « marcher dedans » du pied gauche porte bonheur.

8. Il cherchait encore à la retenir ; il aurait voulu l'embrasser. Il voulait lui dire merde, aussi, pour lui porter chance, mais il avait peur de passer pour un grossier... (J. Amila, *La Bonne Tisane*, p. 18-19.)
9. Chargeant encore une fois son regard de tendresse, et il comptait bien que c'était la dernière, il lâcha :
— Je vous dis merde à tous les trois... et à tout à l'heure... ici... pour la fraîche... (A. Simonin, *Une balle dans le canon*, p. 219.)

○ **La merde au chat.** Symbole d'une situation scabreuse qu'on ne souhaite pas ébruiter. Cette métaphore est sans doute en référence au soin que met le chat à enfouir ses excréments.

10. Y veulent tâcher d' l' faire durer jusque z'aux z'élections en cachant la merde au chat, mais son cerveau fait un peu la pâte* à mod'ler [...]. (San-Antonio, *Après vous, s'il en reste*, p. 149.)

○ **Mouche à merde.**

— « Grosse mouche vert-bleu (la lucilie des entomologistes) attirée par les matières organiques en voie de décomposition. »

11. Santos se détourna et s'apprêtait à reprendre sa conversation avec son propriétaire qui regardait Luc comme s'il s'agissait d'une grosse mouche à merde tombée dans son bol de café au lait. (J. Houssin, *Le Pronostiqueur*, p. 23.)
12. Une mouche bleue, une à merde de la pire espèce, décolle pesamment à un bout de la salle et la traverse sans être interrompue. (J. Vautrin, *Typhon-Gazoline*, p. 47.)

Dans une comparaison.

13. Ces vieilles dames pareilles à un conciliabule de mouches à merde. (P. Claudel, *Journal*, t. 2, p. 746 [1950].)
14. Le regard tordu de « Cou-Brûlé » ne le lâche pas, tenace comme une mouche à merde. (F. Lasaygues, *Bruit blanc*, p. 48.)

— « Indicateur de police. » Forme intensive et péjorative de **mouche** au sens ancien, mais toujours vivant, de « délateur, espion ».

15. Quand même, des trente-cinq, trente-huit piges qu'il se coltine, il en a crapahuté presque une dizaine en ratière. Oh, pas de grosses peines [...].
Sa vie, il me la confie tout de go parce que je crains pas, dit-il. Il a du flair pour retapisser le condé ou la mouche à merde depuis tout ce temps. (J.-L. Degaudenzi, *Zone*, p. 104.)

○ **Ne pas (même) dire merde.** « Ne rien dire. » **Merde** représente sans doute ici un discours réduit à son minimum mais aussi la stupéfaction de l'interlocuteur, frustré de ce minimum. ~ **Ne pas dire ouf.**

16. C'était Guynemer en personne ! Il était descendu de sa carlingue, avait enlevé son casque, s'était approché de l'avion disloqué, et là [...] il s'était mis au garde-à-vous et avait salué militairement le corps de son camarade aviateur !... Ça alors ! [...] Ça l'avait rudement estomaqué mon père ! [...]
— Mon vieux, il est regrimpé dans son coucou, il nous a dit ni merde ni rien ! (C. Duneton, *Le Diable sans porte*, p. 210.)

∅ **Ne pas se prendre pour de la (pour une) merde.** « Se prendre pour quelqu'un d'important. » Effet de litote. ~ **Ne pas se prendre pour n'importe qui.**

17. Gisèle ne se prend pas pour de la merde. Elle est nulle en classe, une véritable pitié, mais assez belle au physique [...]. (Bayon, *Le Lycéen*, p. 140.)
18. Il se prenait pas pour une merde. Ah ! quand il a fallu passer à la caisse, c'était plus du même. Une vraie lope. (A. Boudard, *La Cerise*, p. 408-409.)

○ **Semer la (sa) merde.** « Mettre la pagaille. » ~ **Foutre le bordel.**

19. Je vais même te donner de l'argent, tu m'entends, Alfred, parce que je veux pas que tu sèmes ta merde ici. (A.D.G., *La Divine Surprise*, p. 113.)

Mère

∅ **Le con (l'enculé, la putain) de ta (sa) mère !** Pour marquer, de façon injurieuse, un profond mépris envers quelqu'un. Calque de l'espagnol ; passé d'abord dans le langage des pieds-noirs. ~ **Putain de ta (sa) race*.**

1. Il est parti en tournant sèchement les talons, heureux de sa sortie.
— L'enculé de sa mère, a grondé Babouche. Il t'a reconnu comme deux et deux font quatre. Là, t'es bon comme la romaine. (A.D.G., *La Divine Surprise*, p. 150-151.)
2. — La putain de sa mère ! gueule Le Grêlé en balançant ses brèmes. [...] j'me fais encore souffler la gagne. (J. Houssin, *Envoyez la purée !*, p. 7-8.)

3. — Va te faire enfiler par les Grecs, le con de ta mère ! Tête de cauchemar ! Vedette de cirque ambulant ! hurla-t-il pour en finir. (T. Topin, *Graffiti rock*, p. 38.)

Messe

Pas de messe(s) basses(s) (sans curé). Invitation familière que l'on adresse à des personnes qui s'entretiennent à voix basse en aparté, pour les inviter à se taire ou à parler à voix haute. L'expression a vieilli.

1. L'inspecteur regarda Mademoiselle droit dans les yeux puis ils chuchotèrent avec le directeur et l'assistante sociale.
— Pas de messe basse sans curé, dis-je pour leur rappeler la politesse.
L'inspecteur sourit.
— Quel lascar ! (G. Mordillat, *Vive la sociale !*, p. 65.)
2. Au moindre mouvement suspect de son fils ou de sa bru, le vieux menaçait de tirer [...].
— Je t'en supplie, mon chéri, supplia Blanche, suspendue au cou de son mari et lui parlant dans le tuyau de l'oreille. Apporte-lui sa saloperie que je puisse sortir d'ici [...].
— Pas de messes basses ! cria le comte. (P. Siniac, *Si jamais tu m'entubes...*, p. 160-161.)

Métal

○ **Du même métal.** « De même nature, identique. » La comparaison relaie, dans un registre différent, les comparaisons plus anciennes **de la même eau, de la même farine, du même tabac.**

1. Elle avait les cheveux gras, un souitère gras et, je n'allais pas tarder à le découvrir, un rire du même métal. (A.D.G., *Balles nègres*, p. 40-41.)
2. Vieux tee-shirt ruiné, jean même métal ou pire tenue de jogging dépareillée [...]. (E. Hanska, *Barbe à papa*, p. 130.)
3. Le train s'est arrêté en grinçant, et a déversé son flot d'anonymes tristes sur un quai du même métal. (L. Simon, *Les Ripoux*, p. 27.)

Métro

○ **Quand on sait pas conduire, on prend le métro !** Insulte destinée aux conducteurs maladroits ou considérés comme tels, notamment dans la région parisienne.

Quand on sait pas conduire, on prend le métro. (Reiser dans *Le Nouvel Observateur*, 4 décembre 1982, p. 79 [dans un phylactère]).

Ministre

Un courrier de ministre. « Un courrier abondant », comme celui qu'un ministre est supposé recevoir.

1. [...] ils ne reçoivent plus un pli depuis un an au minimum. Faut être juste, ils n'ont jamais eu un courrier de ministre. (D. Daeninckx, *Le Géant inachevé*, p. 98.)
2. À peine le livre paru, la belle Mme Misert reçut un courrier de ministre, un vrai, rien que des injures et des menaces, qu'elle prit avec philosophie [...]. « Ça se tassera », pensait-elle. Ce ne fut pas le cas. Au fil des rééditions et des traductions, le courrier se fit plus volumineux et plus polyglotte [...]. (A. Vergne, *L'Innocence du boucher*, p. 21.)

Minou

Faire minou-minou. « Témoigner son amitié ou son amour par des baisers ou des caresses. » De **minou**, terme ou marque d'affection dans le langage enfantin ou amoureux. ~ **Faire ami-ami.**

Lui flanquer une torgnole, ça paraît irréalisable. Faire minou-minou, c'est inconciliable avec sa dignité. Alors, diplomate, il transige :
— T'es une belle salope, mais je te pardonne. (A.D.G., *Les Panadeux*, p. 54.)

Minute

Ça va (bien) n **minutes, mais...** Pour indiquer qu'on ne saurait s'attarder trop longtemps à une chose ou à une situation qui devient vite lassante. De **une, deux** ou **cinq minute(s)**, expressions usuelles pour « quelques instants ».

Maman le dit toujours, les privations ça va cinq minutes mais tu ne peux pas passer ta vie à regarder les autres manger du clafoutis en te tapant un yaourt à zéro pour cent [...]. (A. Vergne, *L'Innocence du boucher*, p. 151.)

Voir aussi **action**, exemple.

Mirabelle

∅ **Ne bosser que d'une mirabelle.** « Travailler peu, sans se fatiguer. » Construit sur le modèle formel de **ne bander que d'une**, mais avec un sémantisme différent, qui évoque la vieille locution **n'y aller que d'une fesse.**

L'oncle Eugène ! Qui était chauffeur de maître et qu'on avait été voir une fois dans une propriété de Neuilly, quand elle était toute gamine... Voilà ! Climat d'office, monde de larbins qui ne dorment que d'un œil et ne bossent que d'une mirabelle... (J. Amila, *À qui ai-je l'honneur ?*, p. 110.)

Misère

○ **Comme la misère sur le pauvre monde.** « Brutalement, soudainement. » Expression ancienne, qui a peut-être aujourd'hui un caractère régional. ~ **Comme la vérole* sur le bas-clergé.**

1. L'accueil était « fraternel » si j'ose dire, le patron sautait sur vous comme la misère sur le pauvre monde, vous collait un royal poutou-poutou sur les deux joues, agitait vaguement la main en spécifiant que c'était ainsi que faisait la Reine d'Angleterre. (A.D.G., *Cradoque's band*, p. 175.)
2. Les puces, à cette époque, constituaient un vrai fléau [...]. Elles te tombaient dessus comme la misère sur le pauvre monde. (J. Durand, *André Bouix, gardian de Camargue*, p. 24.)

Voir aussi **vérole**, exemple 2.

Moi

Comme vous et moi ; comme toi et moi.

— Marque la connivence par le fait que l'on prend à témoin l'interlocuteur.

Valeur d'adjectif. « Ordinaire (d'une personne). »

1. [...] j'avais décidé d'en faire un roman d'anticipation de sa Cité Linéaire, d'y faire vivre des gens comme vous et moi, et on verrait s'ils ne s'y paumeraient pas trop [...]. (M. Bédu, *La Vie dure*, p. 159.)

Valeur d'adverbe. « Comme tout le monde. »

2. A cinquante à l'heure, on n'en parle plus [de l'envie d'uriner], et on doit même, je le suppose, penser à tout autre chose qu'à une bienheureuse miction. Beaucoup de coursiers, d'ailleurs, s'avèrent totalement rétifs à cet exercice d'équilibriste, et sont obligés de mettre pied à terre comme vous et moi. La plupart s'y livrent en groupe, pour s'assurer un retour plus facile au sein de leurs pairs, si j'ose dire. (R. Fallet, *Le Vélo*, p. 81.)

— « Très bien/très mal ; ni plus ni moins que nous. »

3. Elle me raconte sa petite vie creuse de « curiste » [en Italie] ; sa boue, les repas ritournelles de son hôtel (où « ils » parlent le français comme toi et moi et sont aux petits soins pour elle). (San-Antonio, *Baisse la pression*, p. 64.)

De vous à moi. Pour marquer ou entraîner la connivence, la complicité avec l'interlocuteur. ~ **Entre nous soit dit.**

4. — Moi, j'ai rien contre les Arabes, de vous à moi, mais les délinquants, je les renverrais dans leur pays... (C. Breillat, *Police*, p. 165.)
5. — Vous vous définissez comme un éditeur régional ?
Alors ça, de vous à moi, c'est la question dur dur* [...]
— Je ne suis pas un éditeur d'ici, je suis, ici, un éditeur ! (C. Laborde, *L'Os de Dionysos*, p. 30-31.)

Moins

Avoir le moral à moins + numéral. « Être dans le désespoir le plus profond. » Forme intensive de **avoir le moral à zéro.** ~ **Avoir le moral dans les chaussettes*.**

Toujours aussi à l'aise dans mes Santiags [voir *basket*]. Quand t'as le moral à moins quinze les autres le sentent à peine. Tu t'en prends encore un pacsif dans la tronche c'est pas qu'ils soient méchants c'est la vie comme ils disent si bien. (E. Hanska, *J'arrête pas de t'aimer*, p. 88.)

Moitié

C'est pas la moitié d'un con/d'un imbécile. « C'est quelqu'un de très intelligent, de très cultivé. » Par euphémisme. À rapprocher de **avoir oublié* d'être con.**

1. Même Marguerite Duras, la papesse gâteuse des caniveaux bouchés, m'ennuie. Ce n'est pourtant pas la moitié d'une conne puisqu'elle fait le même métier que Max Gallo. (P. Desproges, *Chroniques de la haine ordinaire*, p. 157.)
2. — Et c'est là qu'Eva est née?
   — Oui, très exactement neuf mois après la nuit de noces. Ce dont ton grand-père, qui n'était pas la moitié d'un imbécile, s'enorgueillit en proclamant à qui voulait l'entendre que « pour un coup d'essai, c'était un coup de maître ! ». (F. Dorin, *Les Miroirs truqués*, p. 29.)
3. Il devait mesurer dans les un mètre soixante-quatorze, mince et tout, avec des gestes très vifs. Ah ! Et puis j'allais oublier le principal ! Pas la moitié d'un con, le mec. Ça se reniflait de loin. (E. Hanska, *Barbe à papa*, p. 48.)

Monde

Refaire le monde. « Discuter, débattre longuement, de façon plus ou moins oiseuse. »

1. Deux traîne-patins sont installés sur un banc. Ils parlent fort, refont le monde, boivent du pinard pour se chauffer la gueule. (Demouzon, *Château-des-rentiers*, p. 105.)
2. Chez White, on devait se déchausser en entrant. On passait une heure ou deux dans son salon. On parlait de poésie. On refaisait le monde en chaussettes. (C. Laborde, *L'Os de Dionysos*, p. 115.)

— **Refaiseur de monde.** « Personne qui aime à discuter ainsi. »

3. La Coupole, moi j'aime bien [...] à chaque fois, notre tablée de quatre se termine en réunion de pochards et d'alcooliques pas forcément anonymes. Des journaleux, des chanteurs, des cinéastes, des refaiseurs de monde, des peintres, des poètes. (P. Adler, *Bonjour la galère !*, p. 113.)

Tout le monde il est beau, tout le monde il est gentil. Expression ironique pour marquer un optimisme béat et naïf. Titre d'un film de Jean Yanne (1972). Sur ce modèle, « Tout le monde il en a deux » est le titre d'un film de Michel Gentil (1974).

4. Tout le monde il est beau, tout le monde il est gentil, et si par extraordinaire vous éprouviez quelques difficultés à vous offrir les dernières merveilles de la technique mondiale, il se trouve toujours dans la fournée de saynètes un jeune banquier au sourire encore plus large que ça pour résoudre tous vos problèmes, et pour trois fois rien. (F. Rieu, *La Cavale du chômeur*, p. 48-49.)
5. D'accord, côté hétéros, il y a des coureurs, des pervers et des malades. Mais n'essayez pas de nous faire gober que, côté homos, tout le monde il est beau, tout le monde il est gentil. (C. Sarraute, *Dites-donc !*, p. 30.)

Monnaie

Partir sans attendre la monnaie (de sa pièce). « S'esquiver pour ne pas s'exposer à une riposte utilisant les mêmes procédés désagréables, les mêmes arguments frappants que ceux que l'on a soi-même utilisés ; partir rapidement. » Symétrique de **rendre à quelqu'un la monnaie de sa pièce.**

Quand j'en ai eu marre, je lui ai fait comprendre qu'elle pouvait rentrer à pieds [*sic*]. Elle m'a giflé et s'est enfuie en courant, sans attendre la monnaie. (J.-L. Lahaye, *Cent Familles*, p. 391-392.)

Monoprix

○ **De Monoprix.** Pour marquer du dénigrement (à l'égard de quelque chose ou de quelqu'un). Sur le modèle de **de prisunic*.**

[...] l'œcuménisme benêt d'une époque régressive qui brandit, vingt ans après l'avoir brocardé, le «*peace and love*» ringard des humanistes de Monoprix et qui cultive l'abnégation comme des babas-cool élèvent des chèvres dans les montagnes des Cévennes [...]. (*L'Événement du jeudi*, 11 mai 1989, p. 132, col. 1.)

Monsieur

Monsieur! Ponctuation du discours qui ne renvoie pas à un interlocuteur précis. Par référence au discours des personnes d'un certain âge, qui scandent de cette adresse l'évocation de leurs souvenirs de guerre ou du bon vieux temps où tout allait mieux qu'aujourd'hui. « En ce temps-là, monsieur » est le titre d'une chanson de Danyel Gérard (1975).

En ce temps-là, on ne pensait pas à critiquer, non, monsieur. Les disques avaient quelque chose de sacré, de divin. (P. Manœuvre, *L'Enfant du rock*, p. 23.)

Montre

○ **Jouer la montre.** « Différer d'agir par calcul. » Du vocabulaire sportif où, dans certaines disciplines, les joueurs adoptent une tactique consistant à temporiser.

Résultat logique d'une telle situation : la démission du président frondeur. Malheureusement pour Jacques Douffiagues, Claude Quin a décidé de jouer la montre. Il annoncera mercredi soir s'il démissionne ou pas. (*Libération*, 3 juin 1986, p. 6, col. 3.)

Moquette

○ **Au ras des moquettes.** Pour exprimer qu'une chose ou une personne est d'un niveau médiocre, terre à terre. Sur le modèle de **au ras des pâquerettes*.**

1. [P. Poivre d'Arvor] a l'air de penser quand il parle. Mais cela lui confère à peine une

once de supériorité sur Patrick Sabatier, qui a l'air de parler quand il pète. Car il pense au ras des moquettes, P.P.D.A. (P. Desproges dans *L'Événement du jeudi*, 31 décembre 1987, p. 103, col. 1.)

○ **Avoir l'intelligence près de la moquette.** « Être d'un esprit obtus. » La métaphore, qui s'appuie sur une image domestique, n'est peut-être pas très lexicalisée. ~ **Être bas* de plafond, avoir la casquette* au ras des pâquerettes.**

2. C'est pas franch'ment une sainte,
c'est pas Christine Ockrent.
Pi elle a l'intellect
plutôt près d'la moquette,
si t'es mon pote : tu jettes ! (Renaud, « Si t'es mon pote » dans *Mistral gagnant*, p. 162.)

∅ **Brouter la moquette.** « Pratiquer le cunnilingue. » Par analogie, la moquette relayant ici les images habituelles désignant la toison pubienne de la femme (voir *supra* sous **gazon**), et plus particulièrement, dans cette locution, **le cresson.**

3. Quelle est votre spécialité favorite en amour ?
S[erge] G[ainsbourg]. Brouter la moquette. (*Rock & Folk*, septembre 1985, p. 48, col. 2.)

Moral

Avoir le moral. « Faire preuve d'un optimisme exagéré. » ~ **Être gonflé.**

Tu cherches un bâton [10 000 F] ? Rien qu'ça ? T'as le moral,
Pour rach'ter un lot d'blue-jeans délavés [...]. (Renaud, « Loulou » dans *Mistral gagnant*, p. 156.)

Mort

C'est pas la mort ! « Ce n'est rien du tout ; ce n'est pas grand-chose. » Forme abrégée, et plus courante, de **c'est pas la mort d'un homme.**

1. On se demande comment ils font pour habiter dans des salauderies pareilles, une vraie honte. Ça fait bien voir que c'est pas des gens comme nous. Et pensez-vous qu'ils feraient quelque chose pour que ça change, je sais pas moi, acheter un peu de ciment, c'est pas la mort, arranger ça. (A.D.G., *Cradoque's band*, p. 15.)
2. [...] elle ne prend pas le temps d'appeler l'ascenseur. Trois étages, ce n'est pas la mort ! (N. Avril, *Jeanne*, p. 11.)

Mot

○ **Dire deux mots à (une femme).** « Faire l'amour avec (une femme). » S'il est naturel qu'un tel acte fasse l'objet d'un dialogue préliminaire, et que **mot** ait donc là son sens obvie, on ne peut écarter tout à fait le rapprochement avec un autre sens de la même locution « consommer (une nourriture ou une boisson) ».

Putain, la gonzesse sur l'affiche du ciné, j'lui dirais bien deux mots, tu vois ? (Sapho, *Ils préféraient la lune*, p. 89.)

Mou

○ **Coup de mou.** « Coup de cafard. » Métaphore de la courroie, du fil qui est détendu(e). ~ **Coup de grisou*.**

Il faut avoir la pêche, la frite*, la patate, de l'énergie à revendre, du tonus, du pep's. Dormir quatre heures par nuit, juste pour se recharger. Jamais de vague à l'âme, de doute, de coup de mou. (M. Fitoussi, *Le Ras-le-bol des superwomen*, p. 29.)

Mouche

○ **Donner (filer) les mouches à quelqu'un ; avoir les mouches.** « Donner/avoir des idées noires. » Même registre métaphorique que **avoir/donner le bourdon, le cafard, des papillons noirs.**

1. Il va peut-être tomber dans les Golden, j'ai songé et je me suis vu en train de lui faire le bouche à bouche [...]. Ça m'a tellement filé les mouches que je lui ai emboîté le pas. (P. Adler, *Bonjour la galère !*, p. 138.)

ø **Enculer des mouches ; enculeur de mouches ; enculage (enculerie) de mouches.** « S'attarder à d'infimes détails, faire des histoires pour peu de choses ; celui qui agit ainsi ; fait d'agir ainsi. » ~ **Pinailler ; pinailleur, tatillon ; pinaillerie.** Le caractère trivial du premier mot est tempéré de façon comique par le côté anodin du second ; le sens concret, rare, peut apparaître dans des comparaisons à titre de plaisanterie : « René Raymond disait que le truc de Duval était si petit qu'il aurait pu **enculer une mouche** » (J. Lanzmann, *Le Têtard*, p. 87). On remarquera une locution voisine, attestée dans Furetière en 1690 : « **Faire querelle sur un pied de mouche**, pour dire, faire une querelle [...] sur une chose de néant », **pied de mouche** renvoyant aux caractères minuscules et peu lisibles d'une écriture (cf. aujourd'hui **pattes de mouches**).

2. [...] les circonvolutions philosophiques... explications psychanalytiques... enculeries de mouche... ne servent qu'à écrire des livres sur les livres. (A. Boudard, *L'Éducation d'Alphonse*, p. 197.)
3. [...] si tant est qu'on doive le respect aux savants dans un monde sans morale, j'aurai toujours plus de respect pour les enculeurs de mouches que pour les inventeurs de bombes à neutrons. (P. Desproges, *Vivons heureux*, p. 126-127.)
4. Donc, le 3 décembre 1985, à l'occasion d'un anodin papier, je notais : « Benoîte Groult a gagné sa croisade pour devenir écrivaine. Je pose la question : quel est le masculin de l'expression "enculer les mouches à merde" ? » (A. Gillot-Pétré, *Ma gueule d'atmosphère*, p. 113b.)

Voir aussi **chaise**, exemple.

— Variantes.

Avec un verbe mot-valise, par jeu de mots. **Empinailler les mouches.**

5. Vous autres [...] flicards, vous ne savez qu'empinailler les mouches, si j'ose me permet-

tre, monsieur l'Inspecteur ! Tandis que les militaires, pan ! Tout de suite au désastre ! Ça, c'est une signature ! (J. Amila, *À qui ai-je l'honneur ?*, p. 172.)

Avec un verbe analogue. **Sodomiser les mouches.**

6. Les intellectuels de tous les pays du monde aiment, c'est bien connu, sodomiser les mouches. Les Africains, n'échappant à cette règle, [...] ont, à huis clos, coupé leurs cheveux crépus en quatre. (*Siné jazzote*, p. 176 [1969].)
7. Inutile de se lancer dans des gamberges à n'en plus finir, inutile de sodomiser les moucherons. (P. Siniac, *Les Congelés*, p. 173.)

Moucher

Mouche ton nez et dis bonjour à la dame! Formule qui symbolise l'enfance en tant qu'elle est un temps d'apprentissage de la vie en société. « Dis bonjour à la dame » est le titre d'un roman de San-Antonio.

1. — Réponds quand on te cause, disait ma mère, comme dans le temps, tout petit : « Mouche ton nez et dis bonjour à la dame. » (Y. Gibeau, *Mourir idiot*, p. 136.)
2. Trop petite, toujours trop petite pour les bons trucs. J'en avais marre. Mouche ton nez et dis bonjour à la dame. (E. Hanska, *Barbe à papa*, p. 90.)

— Par plaisanterie, sur ce modèle.

3. — [...] Vous ne pouviez pas le dire ? s'étrangla Clovis. Il se rua sur la patère, vissa son galure, moucha son nez et dit au revoir à la dame :
— Olga ! notez les messages ! Je vous interdis de rentrer chez vous pour déjeuner ! (J. Vautrin, *Billy-ze-Kick*, p. 43.)

Mouchoir

Verbe + **dans un mouchoir (de poche).** « Dans un espace très réduit. »

1. En ville, la petite AX [une automobile] est un régal [...]. Elle se gare dans un mouchoir. (*VSD*, 6 novembre 1986, p. 56, col. 3 [publicité].)

— Au figuré.

2. — [...]. Je manœuvre dans un mouchoir, car je n'ai pas les moyens d'enquêter. Il me faut comprendre, d'abord, et je n'ai pas tout compris. (J.-A. Lion, *Poulets et Perroquets*, p. 48.)
3. C'est pareil à chaque époque. Les êtres d'exception se recrutent dans un mouchoir de poche. (*Le Monde*, 7 novembre 1986, p. 19, col. 1-2.)

Mettre quelque chose dans sa poche et son mouchoir par-dessus. « Invitation à garder quelque chose pour soi, à ne pas en faire état. »

4. — Mettez votre idéal de flic dans votre poche et votre mouchoir par-dessus. A l'Anti-gang, la seule justice, c'est la justice du flingue. Tâchez d'être du bon côté. (J. Houssin, *Le Dobermann américain*, p. 37.)
5. [...] mettre ses craintes, ses dégoûts et ses moqueries dans sa poche avec son mouchoir par-dessus. (C. Sarraute, *Dites-donc !*, p. 29.)

Voir aussi **doigt**, exemple 4.

— Variante.

6. Alors, ton cas de conscience, tu sais où tu te le mets ? Alors fourre ton mouchoir par-dessus [...]. (A. Le Breton, *Bontemps et les Holdopeuses*, p. 188.)

Mourir

Plus + adjectif **que** + nom de personne ou pronom **tu meurs!** « Il n'y a pas plus (...) que (...). » Tour elliptique et hyperbolique, à valeur de superlatif ; probablement du langage des pieds-noirs. « Plus beau que moi, tu meurs ! » est le titre d'un film de Philippe Clair (1982).

1. Le 28 janvier, il [un quotidien] titre « Plus démago que Chirac, tu meurs. » (*Le Monde*, 31 janvier 1986, p. 9, col. 6.)
2. Quelqu'un de plus dévoué que m'man, tu meurs. (San-Antonio, *Alice au pays des merguez*, p. 79.)

Voir aussi **marée**, exemple.

— Avec variante de la personne verbale : **[...] on meurt.**

3. Un professeur, ancien de 68 pas vraiment repenti, soupire en contemplant la classe du lycée Fénelon où il enseigne : « Plus bourgeois qu'eux, on meurt. » (*Le Monde de l'éducation*, février 1987, p. 27, col. 1.)
4. — OK Aristide. T'es pas drôle ce soir. Tu peux pas rigoler. T'es amoureux ou quoi ?
— Amoureux ! Quelle angoisse. Ce mot semblait vide à Aristide. « Amoureux, mais c'est ça ! plus craignos que ça on meurt ! [...] » (Sapho, *Ils préféraient la lune*, p. 86.)

— Avec des synonymes de **mourir.**

5. — C'est votre position dans l'espace, votre carcasse bancale, vous êtes mal vissé mon cher, je me propose d'abord, dans un premier temps n'est-ce pas, de vous dévisser — double soupir de protestation : Oh ! Oh ! doucement, on me dévisse pas comme ça moi — vous mettre à plat totalement — plus raplaplat [*sic*] que moi c'est la morgue mon pote — puis je vous revisserai droit [...]. (J.C. Grumberg, *La Nuit*, p. 106.)
6. J'ai traversé Lorient. Plus moche, tu claques. Le style Allemagne de l'Est en moins riant. (J.-B. Pouy, *L'Homme à l'oreille croquée*, p. 79.)

— **Plus** + nom propre **que** + nom de personne ou pronom **tu meurs.**

7. 120 kilos pour un mythe : c'est le poids de Ron Ely, le quinzième Tarzan de l'histoire [...]. Plus Tarzan que lui... tu meurs, n'en déplaise à Johnny Weissmuller, qui est resté « le » Tarzan dans la mémoire universelle. (*Télérama*, 28 janvier 1987, p. 73, col. 2.)

— Sur le même modèle.

8. Elle m'a souri. Encore cet air amusé, sans agressivité.
« Parce que le monde appartient aux hommes. »
Une féministe ? Cela tombait bien. Plus féministe que moi, ça n'existe pas. (C. Courchay, *Le Chemin de repentance*, p. 42.)
9. Plus visionnaire que les éditorialistes (anonymes) de *Paris-Actualité*, le journal électoral de Bernard Pons, ministre des DOM-TOM et député du 17e arrondissement, on ne trouve pas. (*L'Événement du jeudi*, 27 novembre 1986, p. 19, col. 2.)

Tu prendras (il prendra) bien le temps de mourir. Pour dire de ou à quelqu'un qu'il est trop pressé.

10. Dès le matin, branle-bas de combat, mamie radotait qu'elle voulait soigner ses entrées et son dessert pour faire bonne impression. « Calme-toi, tu prendras bien le temps de mou-

rir », répondait Moumoune qui s'activait dix fois plus vite sans en chier une pendule* pour ça. (E. Hanska, *Barbe à papa*, p. 18.)

11. La sonnerie aigrelette retentit [dans la station-service], tandis que dehors l'automobiliste pressé faisait des appels de phares. Un nerveux. Un Parisien.
— Prendra bien le temps de mourir, marmonna Lambert en sortant péniblement de son fauteuil. (A. Page, *Tchao Pantin*, p. 87.)

Moyenner

Avoir moyen de moyenner. « Avoir la possibilité de conclure un arrangement. » La locution est plus fréquente en tournure impersonnelle **il y a (pas) moyen de moyenner.**

— Alors, on ferait peut-être bien de ne pas perdre trop de temps, dit Jo. On te fait dire comme ça qu'avec nous t'aurais toujours moyen de moyenner. (J. Amila, *Langes radieux*, p. 122.)

Mule

○ **Charger la mule.** « Boire (des boissons alcoolisées) exagérément ; s'enivrer. » Prolongement métaphorique d'un sens ancien du verbe (**charger** « s'enivrer » est attesté depuis le XVIe s.) ; probablement d'emploi géographiquement limité.

1. On n'a pas quitté le bistrot et on a chargé la mule... (J. de Bougues-Montès, *Chez Auguste*, p. 33.)
2. Décidément, elle se dit, not'maire a trop chargé la mule. L'est bourré comme un régiment de sapeurs, pour sûr. (J.-J. Dupuis, *La Gigue des féroces*, p. 84.)

Mur

○ **Passer entre le mur et l'affiche sans la décoller.** « Être très maigre. » Par hyperbole ; à comparer avec un ancien sens populaire de **affiche** « personne maigre ».

Charlie me voulait carrément maigre pour [tourner un film] [...]. Que je passe entre le mur et l'affiche sans la décoller et qu'y ait pas mon nom dessus. Me raboter la couenne. Que je dise amen à tout. (E. Hanska, *J'arrête pas de t'aimer*, p. 117.)

Myope

○ **Myope comme une chaufferette.** « Très myope. » Cette comparaison qui relaie, sans la remplacer, **myope comme une taupe**, n'est pas explicite ; il peut s'agir d'une allusion aux ouvertures étroites pratiquées sur la face supérieure d'une chaufferette ou de l'emploi du sens argotique de **chaufferette** « sexe de la femme ».

1. En fait, elle vit sur son petit nuage* rose, et a parfois du mal à s'inscrire dans le réel, distraite, perdue dans les hauteurs, toujours en retard [...]. Ajoutez au tableau qu'elle est myope comme une chaufferette [...]. (D. Guirous et N. Galan, *Si la Cococour m'était contée*, p. 29-30.)
2. Manon. Prof d'anglais, myope comme une chaufferette vient là juste pour améliorer son ordinaire. Elle enlève ses verres de contact. Comme ça elle ne verra qu'une masse trouble. (E. Hanska, *La Femme coupée en deux*, p. 97.)

N

Nappe

○ **Tu repasseras la nappe!** « Tu n'auras rien ; il n'en est pas question. » Renforcement plaisant de **tu repasseras!** par croisement avec un autre sens du mot (**repasser du linge**). ~ **Des clopinettes, des clous, des queues* !**

Elle haussa les épaules.
— [...] pour un interrogatoire, tu repasseras la nappe! Salut Doudou ! (J. Amila, *Terminus Iéna*, p. 44-45.)

Nature

La nature fait bien les choses. Adage ancien qui reflète une conception finaliste de la nature sur laquelle repose la médecine hippocratique (« laisser faire la nature ») et que l'on trouve, formulée différemment, chez Aristote (*Politique*, I, 1, 10) : « La nature ne fait rien en vain. » « La nature fait bien les choses » est le titre d'un ouvrage de C. Weber (1983).

— Vous allez le laisser avec [la] dragée dans le bide? s'insurge Clodarec.
Le toubib hausse les épaules.
— La nature fait bien les choses, inspecteur. Le corps se charge lui-même d'expulser les éléments étrangers. Le morceau de plomb va se déplacer lentement vers l'extérieur. S'il souffre trop, nous opérerons dès que la balle sera suffisamment éloignée du foie. (J. Houssin, *Comme un rat*, p. 88.)

Neige

○ **Laisser tomber la neige.** « Laisser faire ; abandonner, renoncer à poursuivre (une action). » Image de la neige qui tombe, à quoi il est vain de s'opposer. ~ **Laisser pisser (le mérinos).**

— [...] Ça vous ennuierait d'éteindre la radio?
— La radio? J'ai pas mis la radio...
— Alors ayez l'amabilité de fermer votre gueule.
Le taximan soliloqua un moment, puis prit le parti de laisser tomber la neige. (E. Hanska, *Fascination*, p. 47.)

Net

Pas net. « Qui a un comportement louche, une attitude bizarre (d'une personne). » ~ **Pas clair***. « Pas nette, la planète ! » est le titre-jeu de mots d'un album de Plantu (1984).

1. Tout en s'éloignant vers sa voiture, l'inspecteur ne put s'empêcher de penser que la pauvre vieille n'était vraiment pas nette. (D. Daeninckx, *Le Géant inachevé*, p. 91.)
2. — Tu es sûre qu'elle ne se drogue plus ?
— Je ne sais pas, elle ne m'a rien dit… Autrefois oui. Du sucre, du hachisch mais c'est pas ça, il y en a d'autres qui le font. Cécile c'est pas pareil, elle a pas de limites, elle fait même des trucs qu'elle aime pas, elle est pas nette, il y a des moments où je la comprends pas… […]. (J. Hougron, *Coup de soleil*, p. 106-107.)

Neveu

Je veux, mon neveu ! Pour marquer l'approbation ou l'affirmation de manière énergique. Renforcement de **je veux !** sur le modèle de **un peu mon neveu**, de même valeur, avec rime intérieure.

— Bon, ça va être la fête au 8 de la rue que je te parle.
— Je veux, mon neveu. (Sapho, *Ils préféraient la lune*, p. 85.)

Nez

○ **Avoir le nez sale.** « Avoir trop bu, être ivre. » À rapprocher de **se salir, se noircir le nez**, et de la variante **ne pas avoir le nez propre** : allusion à la coloration que peut prendre le nez d'un ivrogne. L'exemple *infra* illustre un dérivé de cette locution, **nez-sale** « ivrogne ».

1. Un nez-sale imbibé jusqu'à l'os slalome vers le zinc où il s'accroche.
— Un ballon de rouge, chef ? (R. Giraud, *Les Lumières du zinc*, p. 4.)

(Être) évident (visible, gros) comme le nez au milieu de la figure (du visage). « (Être) patent, flagrant. » ~ **Sauter aux yeux.**

2. Mais toute règle a ses exceptions. Dans le monde des lettres contemporaines, il y en a au moins trois, aussi évidentes qu'un… nez au milieu du visage. (*L'Événement du jeudi*, 16 janvier 1986, p. 49, col. 2.)
3. L'accent français de l'homme souriant qui se tenait devant lui l'avait surpris, et il se demanda pourquoi Gallacher lui avait envoyé ce type-là qui — c'était gros comme le nez au milieu du visage — n'était pas de leur monde. (P. Siniac, *Deux Pourris dans l'île*, p. 105.)

○ **Jusqu'aux trous de nez.** « Autant qu'il est possible, au maximum. » ~ **Jusqu'aux yeux** (voir **œil**), **jusqu'à la gauche.**

4. […] elle est donc compromise jusqu'aux trous de nez dans cette affaire d'escroquerie […]. (A. Boudard, *La Fermeture*, p. 268.)

○ **Nez à piquer des gaufrettes.** « Nez long et pointu. »

5. Petite et replète. Aux dires irrespectueux de ses deux fils, « a un nez à piquer des gaufrettes ». (P. Fallet, *Banlieue sud-est*, p. 23.)

Sortir par les trous de nez à quelqu'un. A propos de quelque chose ou de quelqu'un que l'on ne peut plus supporter. L'image évoque une saturation, un trop-plein, mais elle est à rapprocher aussi de **avoir dans le nez, ne plus pouvoir sentir.** ~ **Avoir plein le cul de, sortir par les yeux à quelqu'un.**

6. Ils ont des gueules qui ne me reviennent pas [...]. Ça commence à me sortir par les trous de nez ! (J. Amila, *Pitié pour les rats*, p. 113.)
7. Je lui en voulais un peu, merde, elle faisait celle qui s'en foutait [...]. Cette nana, elle commençait par me sortir par les trous de nez. (J.-B. Pouy, *L'Homme à l'oreille croquée*, p. 129.)

Tordre du/le nez sur/devant quelque chose. « Ne pas apprécier, faire le dégoûté à propos de quelque chose ou de quelqu'un. » La locution précise celle, plus générale, de **faire la moue.** ~ **Froncer le nez.**

8. Paulo voulut savoir pourquoi je tordais du nez devant un aussi succulent crabe mou dans lequel il piocha sans vergogne. (A.D.G., *Joujoux sur le caillou*, p. 88.)
9. [...] les filles de ferme... on ne tordait pas le nez dessus, d'autant qu'elles étaient plus facilement compréhensives [...]. (M. Chabot, *L'Escarbille*, p. 60.)

Noir

∅ **Noir comme le cul/le derrière du diable.** « Très noir ; totalement obscur. » ~ **Noir comme dans un four.**

1. [...] Paris, pendant la guerre, ne se compare à rien. Qu'il a fait de chemin dans nos cœurs, en quatre ans... Il est noir, la nuit tombée, et nous pestons bien haut : « Noir comme le derrière du diable ! » Tout bas, nous chérissons cette Sulamite à la face obscure. (Colette, *De ma fenêtre*, Paris, Hachette, 1964 [1942], p. 302.)

— En contexte figuré.

2. [...] perdu, lâché par la chance, poursuivi par une cerise [malchance] noire comme le cul du Diable. (R. Kesselring, *Putain d'amour*, p. 12.)

ø **Noir (obscur) comme (dans) le cul d'un nègre.** Même sens. La comparaison porte la marque du racisme ; elle date de l'époque colonialiste.

3. [...] dans le fond-là du bistrot... que c'est obscur comme le cul d'un nègre. (L.-F. Céline, *Maudits Soupirs*, p. 158.)
4. Au milieu de la nuit — quelle heure il est ? fait plus noir que dans le trou du cul d'un nègre... —, il a bien fallu qu'il se décide [...]. (C. Giudicelli, *Station balnéaire*, p. 166.)

— Variante. **(...) d'une négresse.**

5. Le père Zéphirin [...] partit en titubant [...], en sacrant de tous ses poumons contre ce salaud de pays où l'on n'y voyait pas plus clair que dans le c... d'une négresse. (L. Pergaud, *La Guerre des boutons*, p. 97-98.)

Nom

Nom à rallonge(s)/à tiroir(s)/qui se dévisse. « Nom comportant plusieurs éléments. » Surtout à propos de patronymes à particule. Repose sur des images évoquant la longueur (**rallonge**) et l'adjonction ou la juxtaposition d'éléments autonomes (**tiroir, qui se dévisse**). ~ **Nom à charnière** ; **nom à courants d'air.**

1. — Où sont morts tes parents [les de Cinq-Cygne] ?
— Sous le couperet, sur la Grand-Place de la bonne ville de Troyes.
— Pourquoi ?
— À cause du nom qui se dévisse. (J. Amila, *Terminus Iéna*, p. 19-20.)
2. [...] nommez-moi Dupont maréchal, Durand employé à l'électricité générale et Duval préposé au gaz et le tour est joué. Tandis que si vous commencez par des noms à tiroirs, illisibles pour la grande masse, vous vous coupez au départ du petit peuple. (R. Cousse, *Le Bâton de la maréchale*, p. 18-19.)
3. — Quel nom ? demande Filo.
— Un nom très compliqué, à rallonge, pas français... Et puis, je ne m'en souviens plus. (B. Deflandre, *La Soupe aux doryphores*, p. 126.)
4. — Mais comment tu t'appelles ?
— Maurice Le Quesnoy Groseille.
— Oh, c'est un nom à tiroir ! (F. Quentin et E. Chatiliez, *La vie est un long fleuve tranquille*, p. 143.)

Voir aussi **Jules** exemple.

(Donner à quelqu'un des) **noms d'oiseaux.** « (Accabler d') injures. » Intensif de **traiter de tous les noms** ; les noms d'oiseaux, utilisés péjorativement, constituent un riche répertoire d'injures (**bécasse, buse, butor, dinde, oie, tête de piaf, serin, vautour**, etc.)

5. Des hommes le traitaient d'embusqué, de salaud et d'autres noms d'oiseaux, mais rien n'y faisait [...]. (B. Deflandre, *La Soupe aux doryphores*, p. 24.)

— En filant la métaphore.

6. Mon boulot, c'est le ramassage. À mon bon plaisir, le crochet, sorte de hotte, le grand ou le petit diable. Le grand je tire, le petit je pousse. « Avance ! » « barre-toi ! », « p'tit con ! », « patate ! », « bas du cul ! », « bon à nib ! », j'en passe et des meilleurs ; pour ce qui est des noms d'oiseaux, c'est la forêt tropicale... (R. Lageat, *Robert des Halles*, p. 26.)

Non

Adjectif, + **non ?** Dans des propositions interrogatives terminant, de façon plaisante ou ironique, un énoncé. La tournure la plus usitée : **Intellectuel, non ?** est un tic verbal du personnage de l'ours qui représente Raymond Barre dans la séquence télévisée du *Bêbête show* de Stéphane Collaro.

1. Voici comment Hersant [...] raconte l'histoire du rachat du *Progrès* :
« Le 28 décembre, j'ai déjeuné à sa demande avec Lignel. Le visage décomposé, il m'a dit : "Je suis en faillite, le Crédit Lyonnais refuse mes chèques." J'ai bouclé l'affaire en vingt minutes. Il était pris à la gorge. »
Intellectuel, non ? (*Le Canard enchaîné*, 22 janvier 1986, p. 2, col. 3.)

2. La postmodernité est un discours ludique qui reprend des éléments de la mémoire pour jouer avec eux. Intellectuel, non? (*Le Nouvel Observateur*, 9 janvier 1987, p. 55, col. 2.)
3. [...] des sièges tellement bas et moelleux que si Jessie Norman venait à s'y asseoir, faudrait un palan à chaîne pour la remonter : c'est quasiment comme si on avait le cul par terre, sympa, non? (San-Antonio, *Le Trouillomètre à zéro*, p. 32.)

Ne pas dire non. « Accepter volontiers. » Euphémisme qui s'entend surtout à la première personne de l'indicatif présent, et particulièrement pour acquiescer à l'offre d'une boisson, d'un mets. ~ **Pas de refus.**

4. — Du thé?
— Je ne dis pas non. (M. Grisolia, *Question de bruit ou de mort*, p. 106.)

Nouille

∅ **Avoir le cul bordé de nouilles.** « Avoir de la chance. » L'expression, fréquente avec un synonyme de **cul** en français non conventionnel, est un renforcement plaisant de **avoir du cul (du bol, du pot). Nouilles** étant un équivalent non conventionnel de **hémorroïdes**, la locution semble combiner les métaphores et les valeurs de plusieurs autres qui signifient « avoir des hémorroïdes » (**avoir des émeraudes**) et « avoir de la chance » (**avoir de la fistule/l'avoir en or ; être doré**).

1. Tatave il était pas si patriote, du moment qu'il avait échappé au grand coup de raclette, l'encerclement de sa division par les panzers en juin 40, il s'estimait rétrospectif l'oignon bordé de nouilles. (A. Boudard, *L'Hôpital*, p. 50.)
2. [...] pour réussir il faudrait soit avoir l'aide toute-puissante de la Divine Providence, selon le Révérend Paudemurge, soit un « cul bordé de nouilles », selon l'image des frères Fauderche. (P. Dac et L. Rognoni, *Bons Baisers de partout*, p. 40.)
3. Il a un de ces pots bordé de nouilles, ce Chavadou ! (P. Siniac, *La Nuit du flingueur*, p. 64.)

— Avec un pronom substitut.

4. Il me fila les coordonnées d'un banquier de ses amis, un certain Fluchette [...]. Fluchette était tout à fait le type qui renvoie l'ascenseur, une sorte d'oiseau rare. Pour l'avoir bordé de nouilles, je l'avais bordé et gratiné. (P. Siniac, *Reflets changeants sur mare de sang*, p. 138.)

— Variantes. **[...] bordé de spaghettis, de tagliatelles.**

5. [...] le vase [...] bordé de spaghettis... une baraka [...]. (A. Boudard, *Cinoche*, p. 71.)
6. [...] y me balanstique douze bardas [billets de 100 F] et quelques ! C'est pas vrai ! C'est le jour ! Je m'attendais à... vingt, trente balles, pas plus gros.
[...] je suis Rockfeller... enfin... Bernard Tapie ! Je me suis levé today avec le baba bordé de tagliatelles ! (J.-L. Degaudenzi, *Zone*, p. 126-127.)

Nourrir

Nourrir son homme (sujet inanimé). « Apporter des revenus suffisants pour assurer la subsistance de quelqu'un. » Le plus souvent, la locution est en tournure négative.

1. Cet homme fabriquait et réparait des harnais, des selles [...], une spécialité qui déjà, en

1927, nourrissait mal son homme. (P. Magnan, *L'Amant du poivre d'âne*, p. 139.)
2. Il osait insinuer [...] que faire pousser des chèvres et élever des salades pouvait ne pas nourrir son homme. (*La Vie, tu parles*, p. 101.)

Nouvelle

Pas de nouvelles, bonnes nouvelles. Pour se rassurer ou rassurer quelqu'un, en présumant que l'absence de nouvelles est le signe qu'il n'y a pas lieu de s'inquiéter.

1. CHOUBERT : La banque ne m'a pas encore envoyé l'avis de crédit...
CANTELOUBE : Pas de nouvelles bonnes nouvelles. (A. Husson et F. Blanche, « Adieu Berthe ! » dans *L'Avant-Scène Théâtre*, p. 30.)
2. — Pas de nouvelles du dingue à la carabine U.S. ?
— Aucune.
— Pas de nouvelles, bonnes nouvelles... (H. Pagan, *Vaines Recherches*, p. 70.)

Nuage

Marcher sur un nuage ; être (vivre) sur un (son) petit nuage. « Être perdu dans ses rêves, hors des réalités. » Même métaphore que **planer, ne pas toucher terre.** À comparer avec **reviens sur terre*.**

1. Jozimar fait une apparition, l'air de marcher sur un nuage, après l'exploit de son but de la veille. (*Libération*, 16 juin 1986, p. 22, col. 1.)
2. Elle lui aurait expliqué, que ça aurait pas changé grand-chose. François, il était sur un petit nuage. Il était tellement sur son nuage qu'il a même pas vu, en raccompagnant Natacha chez elle, qu'une voiture le suivait. (L. Simon, *Les Ripoux*, p. 120.)

Voir aussi **myope**, exemple 1.

Nuire

Hors d'état de nuire. « En très mauvais état (d'une chose). » Variante plaisante de **hors service.**

[...] une vieille camionnette Peugeot D4B hors d'état de nuire. (F. Fossaert, *Prouvez-le !*, p. 69.)

Nul

C'est nul ; c'est nul de + verbe. « C'est bas ; c'est indigne de + verbe. » **Nul,** usuel dans le langage scolaire où il constitue l'évaluation la plus défavorable (celle d'un devoir qui mérite un zéro), est utilisé, surtout dans la langue des jeunes, et avec une très grande fréquence, pour exprimer un jugement de valeur négatif, qui peut s'appliquer aux objets les plus divers.

1. Pauvre andouille : il s'était cru insulté à un titre particulier, ou quoi ? Vaniteux. C'était nul, de frapper comme il l'a fait, claquer un petit. Moi, c'est simple : j'aurais eu honte. (Bayon, *Le Lycéen*, p. 16.)
2. [...] ma grande honte quand j'ai fait ma pub pour Kanterbrau et que le professeur Claude Got m'a reproché de pousser les jeunes à boire, à se tuer au volant et à tuer des gens. Ça m'a foutu une grande claque, parce que je n'y avais pas pensé. Pour me donner bonne conscience, je me disais que je les faisais juste boire de la Kanterbrau plutôt que de la Heineken... J'ai été nul ! Tout ça parce que je voulais tâter d'autres métiers, voir si j'étais capable d'écrire un spot de pub... Si jamais je refais une pub, ce sera contre l'alcool. (Renaud dans *Télérama*, 12 octobre 1988, p. 34, col. 3.)

Numéro

○ **T'as fait un faux numéro!** « Tu te trompes ; tu te fais des illusions. » Image de l'usager du téléphone qui entre en communication avec un correspondant inattendu à la suite d'une erreur ou d'une mauvaise manipulation.
~ **T'as vu l'heure*.**

— Ça me dirait rien, une moto, pensa-t-il à voix haute.
— Ça tombe très bien, dit Globule, parce que justement je comptais pas t'en offrir une.
Lou sourit, et se tourna vers Globule, en s'adossant à la fenêtre :
— T'as un de ces caractères, mon pote... Comment tu feras, quand tu seras marié ?
— Marié ? Moi ?... T'as fait un faux numéro, mon vieux. (J.-A. Varoux, *Un Globule dans la Tamise*, p. 38-39.)

O

Occuper

∅ **Occupe-toi de ton cul (de tes fesses) !** « Occupe-toi de tes affaires, mêle-toi de ce qui te regarde. » L'utilisation de cette locution marque, en plus de la volonté d'éconduire quelqu'un sans ménagements, une escalade dans la vulgarité.

1. — Comment a-t-elle réagi ?
— Très mal. Elle m'a dit que son père et moi devions nous occuper de nos fesses et la laisser s'occuper des siennes, puisqu'elle est majeure. (San-Antonio, *Renifle, c'est de la vraie*, p. 66.)
2. — On peut savoir où tu vas ?
— Non, on peut pas [...].
— Si on ne peut même plus te demander [...].
— Oh ! écoute, je t'en prie, occupe-toi de ton cul. (C. Sarraute, *Allo Lolotte, c'est Coco*, p. 13.)

Voir aussi **caisse**, exemple 8.

— Variante. **Mêle-toi de ton cul (de tes fesses) !**

3. — S'il te plaît, Manille, mêle-toi de ton cul.
— Justement, depuis que je m'en occupe, ça va nettement mieux. Je te conseille d'en faire autant. (E. Hanska, *Fascination*, p. 119.)

T'occupe ! « Ce n'est pas ton affaire. » Par ellipse de **t'occupe pas.** ~ **T'inquiète*, laisse tomber.**

4. Le seul type que je suis sûr de faire boucler, ce n'est pas lui...
— C'est qui ?
— T'occupe. (J.-A. Lion, *Poulets et Perroquets*, p. 154.)
5. — Qui c'était, Jacquot ? demanda la grosse Simone, toujours dans le cabinet de toilette.
— T'occupe, fit son amant, de la chambre. (P. Siniac, *La Nuit du flingueur*, p. 158.)

Œil

Ça vaut le coup d'œil. « Cela mérite d'être vu. » À comparer avec la formule, reprise du guide Michelin, « Ça vaut le détour ».

1. Le soleil se reflète dedans [dans l'eau] et s'étale en coulures aveuglantes. On aperçoit au loin la lisière de palmiers délimitant la plage. Ça vaut le coup d'œil. Paul comprend qu'on puisse avoir envie de faire une retraite dans un endroit pareil. (F. Lasaygues, *Bruit blanc*, p. 111.)

○ **Jusqu'aux yeux.** « À satiété, au maximum. » ~ **Jusqu'aux trous de nez*, jusqu'à la gauche.**

2. Il s'appelle Alain Cappel. Il faisait équipe avec le fils Maillard, surnommé Dany. Ils se camaient jusqu'aux yeux. (D. Daeninckx, *Le Géant inachevé*, p. 184.)
3. Elle baisa amplement, elle baisa jusqu'aux yeux, comme baisent les femmes. (P. Desproges, *Des femmes qui tombent*, p. 89.)

Tirer l'œil. « Attirer le regard. »

4. Comme j'allais poster mes lettres, sur le coup de dix heures, une CX est passée, avec chauffeur à casquette. Ça m'a tiré l'œil. (C. Courchay, *Quelque part*, p. 229.)
5. C'est sa casquette rouge qui m'a tiré l'œil. (J. Vautrin, *À bulletins rouges*, p. 130.)

Œuf

○ **Œufs au/sur le plat.** « Poitrine féminine menue, peu développée. » Cette métaphore culinaire n'est pas récente ; on la trouve déjà dans J. Lacassagne, *L'Argot du « milieu »*, 1935 (ainsi que les **mandarines** qui s'opposent aux **pomelos** de l'exemple suivant) ; on remarquera que dans l'exemple, qui en est une variante remotivée, l'expression est au singulier à valeur collective.

1. Maèv avait ces seins-là, deux jolis pomelos élastiques, deux rondelets lumineux, pas discutables ! Garantis pur chair. Pas de la bibine, pas la tirelire pour épargne laborieuse ! Ah ! je vous jure, à s'en mettre jusqu'aux sourcils, eh goulu !... Pas l'œuf au plat pour kitchenette de célibataire ! (M. Bédu, *La Vie dure*, p. 276.)

○ **Rouler (avec) un œuf sous le pied.** « Conduire sa voiture très prudemment, notamment sur route enneigée ou verglacée. » Cette locution, qui correspond à **marcher sur des œufs** du vocabulaire piéton, est ici l'antithèse de **conduire le pied au plancher*** ou **avec un parpaing sur l'accélérateur**.

2. Première consigne aux conducteurs : « *Rouler un œuf sous le pied.* » Résultat : on avance au pas, et il faut deux à trois fois plus de temps que d'habitude pour parcourir un itinéraire. (*Le Monde*, 15 janvier 1987, p. 28, col. 4.)

Ombre

(Faire quelque chose) **plus vite que son ombre.** « Très rapidement. » Par référence au cow-boy Lucky Luke, personnage de Morris, qui dégaine et tire plus vite que son ombre.

1. J'existe en plein vide. On n'y est pas plus mal qu'ailleurs. Étonnant à quel point l'on peut se passer de tout... Il suffit de courir plus vite que son ombre. Plus vite que cette envie de pleurer qui vous poigne parfois dès que vous vous attardez... (C. Courchay, *Le Chemin de repentance*, p. 30.)
2. La très édifiante histoire de Liz Taylor, l'obèse qui maigrit plus vite que son ombre, redonne courage aux derrières fripés du troisième âge en leur faisant miroiter une retraite pleine de dignité et de yoghourts maigres. (*L'Événement du jeudi*, 2 juin 1988, p. 115, col. 1.)

Voir aussi **coller**, exemple 2.

— Par jeu de mots.

3. Il [...] libella un chèque avec l'assurance de celui qui tire de l'argent plus vite que son nombre. (A.D.G., *Les Billets nickelés*, p. 130.)

○ **Marche à l'ombre!** Pour repousser quelqu'un sans ménagement. Même image que dans **s'éclipser, s'effacer.** « Ôte-toi de mon soleil », disait déjà Diogène. Titre d'un film de Michel Blanc en 1984.

4. Le ministre de la communication prié de se taire ou démissionner. Chirac à Léotard : marche à l'ombre. (*Libération*, 3 juin 1987, p. 1 [titre].)
5. Avant qu'il ait pu dire un mot,
j'ai chopé l'mec par le paletot
et j'ui ai dit : toi, tu m'fous les glandes*,
pi t'as rien à foutre dans mon monde,
arrache-toi d'là, t'es pas d'ma bande,
casse-toi, tu pues, et marche à l'ombre ! (Renaud, « Marche à l'ombre ! » dans *Mistral gagnant*, p. 84.)

On

∅ **On est un con!** (à l'oral, sans liaison entre **on** et **est**)/**On, c'est un con!** Pour marquer, avec vigueur et sans beaucoup d'élégance, en réponse à une proposition contenant **on**, que l'on n'accepte pas d'être laissé dans le vague par son interlocuteur (**on** ne renvoyant pas à une personne identifiable). ~ **On, ça n'existe pas.**

— Elle s'est pendue avant de se poignarder ou après ? interrogea le dénommé Nénesse [...].
— Ne soyez pas stupides, répétai-je, elle ne s'est pas pendue, on l'a pendue, on l'a poignardée.
— « On » est un con, énonça Bernie d'un ton très militaire. (A.D.G., *C'est le bagne !*, p. 74.)

Orange

Apporter/Aller porter des oranges à quelqu'un. Pour indiquer plaisamment qu'on va — ou qu'on ira — voir quelqu'un à l'hôpital ou en prison. Les oranges sont le prototype du cadeau, notamment à une personne hospitalisée. Déjà en 1893, Raoul Ponchon rimait ainsi : « Oh ! Sarah Brown ! Si l'on t'emprisonne, pauvre ange,/Le dimanche, j'irai t'apporter des oranges. » (cité par M. Herbert, *La Chanson à Montmartre*, Paris, 1967, p. 309). « Je t'apporterai des orages » est le titre-clin d'œil d'un roman de G. Dormann (1971).

1. D'ici à ce que je lui apporte des oranges parce qu'elle aura eu l'idée de se faire la banque de France... (P. Conil, *Flip-frac*, p. 31.)
2. Là-dessus Dupont, qui vous croyait prisonnier en Écosse, a décidé d'aller vous porter des oranges et n'a rien trouvé de mieux que de revêtir la jupe de son épouse afin de passer incognito à la douane. (R. Cousse, *Le Bâton de la maréchale*, p. 88-89.)
3. L'inculpation de Françoise Sagan m'a donné l'envie de lire par précaution sa biographie avant d'aller lui porter les oranges d'usage. (B. Frank dans *Le Monde*, 30 mars 1988, p. 14, col. 2.)

Oreille

○ **(Avoir les) oreilles dans le sens de la marche.** S'emploie surtout en contexte négatif pour désigner plaisamment des oreilles décollées, qu'on qualifie aussi alors d'**oreilles face à la route.**

1. Lui, si riant d'ordinaire, si jovial, si bruyant même, a la mine triste, le teint bis, les épaules tombantes, le dos voûté. Même les oreilles semblent dans le sens de la marche aujourd'hui, alors qu'en temps ordinaire, on les prendrait pour des aérofreins. (J. de Bougues-Montès, *Chez Auguste*, p. 99.)

○ **(Avoir les) seins en oreilles de cocker.** « (Avoir les) seins tombants ou, médicalement parlant, une ptose mammaire. » ~ **Avoir les seins en gant* de toilette.**

2. Un chemisier moulait ses seins en oreilles de cocker [...]. (R. Giraud, *Carrefour Buci*, p. 58.)

○ **Avoir** quelque chose **entre les oreilles.** Formule par laquelle on laisse entendre que quelqu'un a beaucoup ou peu de choses dans la tête. Du slogan : « France Inter, pour ceux qui ont quelque chose entre les oreilles », clin d'œil à des expressions du type **avoir quelque chose entre les jambes, en avoir.**

3. J'vous emmerde avec ma morale à la gomme ?
Tant pis. J'dis c'que j'ai à dire et merde à ceux qu'ont d'la laine de verre entre les oreilles !
J'ai entendu dire kêk part que le bonheur c'est d'être soi-même à fond* la gamelle. (F. Lasaygues, *Vache noire*, p. 212.)

Bien dégagé derrière/sur les oreilles. Stéréotype de la coupe de cheveux assez courte et dégageant largement les oreilles (chez un homme) ; surtout employé par ironie, notamment à propos de la coupe militaire. « Bien dégagé sur les oreilles » est le titre d'un album de Cabu (1986) et « Bien dégagé autour des oreilles », une publicité pour le petit-beurre Lu (1989).

4. — Voilà, exulte Moustique en balançant la tondeuse dans l'évier. Bien dégagé derrière les oreilles. T'as plus qu'à te teindre la mèche en vert et j'te garantis un franc succès du côté de Beaubourg. (J. Houssin, *Roulez jeunesse !*, p. 58.)
5. — [...] mes cheveux, tu vas me les couper. Bien dégagé sur les oreilles... Règlement pour règlement. (J.-B. Pouy, *La Clef des mensonges*, p. 63-64.)

○ **Être enceinte jusqu'aux oreilles.** « Être dans un état de grossesse très avancé. » ~ **Être enceinte jusqu'aux dents*, jusqu'aux yeux.**

6. C'est à ce moment-là qu'ils avaient remarqué deux mecs et une fille enceinte jusqu'aux oreilles sortir d'une chouette BMW [...]. (T. Topin, *Un gros besoin d'amour*, p. 119.)

Oublier

Avoir oublié d'être + adjectif. « Ne pas être + adjectif. » Par litote.

— L'adjectif évoque un défaut, une lacune.

1. Elle est bien plaisante, Zine. C'est une vraie femme. En plus, elle est vive, elle a oublié d'être bête, elle a un cœur fantastique. (C. Courchay, *Quelque part*, p. 285.)
2. À cette question, chacun des deux fiancés répond « oui » s'ils sont vraiment décidés à unir leur amour pour le meilleur et pour le pire, ou « non », s'ils ont oublié d'être cons. (P. Desproges, *Manuel de savoir-vivre*, p. 63.)

Variante. **Avoir oublié d'avoir** + nom. « Ne pas avoir + nom. »

3. Je garde le souvenir [...] d'un modeste, surpris qu'on le considère comme une vedette. Si quelqu'un avait oublié d'avoir la grosse tête, c'était Charles ! Il aurait pu se le permettre, de son vivant il est entré dans la légende des rois du muscle et de la force. (R. Lageat, *Robert des Halles*, p. 78.)

— L'adjectif évoque un agrément, une qualité.

4. Jacques Glassedal, quarante-cinq ans, un petit gros qui avait oublié d'être joli, n'eut pas le temps de voir qui avait sonné à la porte de son appartement. Le canon moiré d'un pistolet [...] le plaqua contre le mur. (J.-B. Pouy, *Nous avons brûlé une sainte*, p. 44.)

Ouistiti

○ **Ouistiti, sexe.** Formule prononcée, pour simuler le sourire, par une personne qui se fait photographier. ~ **Sourire cheese***.

1. Je crus approcher de la félicité, lorsque Benoît d'Aubert, du fond de son antre, me fit répéter mille et mille fois : « Cheese*, sex, ouistiti », devant la caméra qui semblait fondre de plaisir. Cette formule magique, comme vous le savez sûrement, a le don de faire joliment sourire celui qui la prononce. (S. Moati, *La Saison des palais*, p. 238.)
2. C'est une bête de télé, ce mec [Pasqua]. Une nature. Le sourire « ouistiti-sexe », les phrases toutes faites, le prêt-à-parler, très peu pour lui. La caméra, il s'en fout. Tassé sur sa chaise, penché en avant, il cherche ses mots, des mots sur mesure, il les ramasse comme s'ils étaient tombés par terre, il les pèse, il les roule dans la farine avec une pointe d'ail et de malice et il les passe à la poêle. (*Le Monde*, 11 mars 1988, p. 34, col. 5.)

Ours

L'homme qui a vu l'homme qui a vu l'ours. Formule ironique pour dire de quelqu'un qu'il n'offre de l'intérêt qu'indirectement, dans la mesure où il permet de remonter à un autre, et qu'il n'est en fait qu'un maillon d'une chaîne qui pourrait être sans fin. « L'homme qui a vu l'homme qui a vu le blues » est le titre-clin d'œil d'une chanson de Nino Ferrer (1986).

1. — Pourquoi êtes-vous armé ?
— Parce que je suis un agent de la C.I.A. et que je recherche l'homme qui a vu l'homme qui a vu l'ours qui a vu le facteur. (A.D.G., *La Marche truque...*, p. 73.)
2. Deux crimes, apparemment commis avec le même genre d'instruments, deux victimes non identifiées, pas de témoins, pas d'indices. Seulement un inconnu qui connaissait un certain Jeannot lequel croyait que le visage de la femme morte lui était familier. La vieille histoire de l'homme qu'a vu l'homme qu'a vu l'ours... (J. Bialot, *Le Salon du prêt-à-saigner*, p. 21.)

Oursin

○ **Avoir des oursins dans le porte-monnaie (les poches, ...) ; avoir les poches pleines d'oursins.** « Être avare, radin. » Par référence aux piquants de ces animaux qui empêcheraient de « mettre la main au portefeuille, à sa poche ».

1. Bonanima a, lui, des oursins dans les poches : plus moyen de lui faire payer une anisette. Le Piémontais, jadis dépensier, thésaurise comme Harpagon. (A. Artillan et J. Noli, *Le Pied à l'étrier*, p. 121.)
2. Les derniers temps [...], il devenait radin, j'avais bien remarqué. « T'as des oursins dans le morlingue... » Je balançais la vanne à la blague, quand je le sentais trop réservé devant une addition. (A. Boudard, *La Métamorphose des cloportes*, p. 61.)
3. Pas brillante la recette. À part les touristes qui venaient se faire plumer à chaque week-end, par cars entiers, les pigeons se faisaient rares. Quant aux fanas de voyages organisés, eux, ils avaient des oursins en poche. (A. Le Breton, *Bontemps et les Holdopeuses*, p. 28.)
4. On le méprise, ce bruyant imbécile aux poches pleines d'oursins [...]. (A. Vergne, *L'Innocence du boucher*, p. 143.)

P

Pagaille

Ça fait pagaille. « Cela a une apparence désordonnée ; cela n'est pas conforme aux convenances. » Manière euphémique de dire que **ça la fout mal.** ~ **Ça fait désordre*.**

Le cas le plus hilarant : Michel Droit joue les fortes têtes [...]. En plusieurs occasions inattendues, l'académicien s'est fait une réputation de personnage imprévisible. Comme dit l'autre, tout ça fait un peu pagaille. (*Le Canard enchaîné*, 18 mars 1987, p. 3, col. 4-5.)

Paillasson

Mettre la clé sous le paillasson. « Cesser soudainement d'exercer une activité. » Variante de **mettre la clé sous la porte.**

Depuis que ces filles de harki, étudiantes en langue arabe à Paris, ont appris que le secrétaire d'État aux rapatriés voulait fermer boutique [...], la raison d'être de son ministère ayant à ses yeux disparu, elles sont étouffées d'indignation. « [...] Et voilà que M. Santini veut déjà mettre la clé sous le paillasson ! » (*Le Monde*, 25 juin 1987, p. 13, col. 3.)

Paille

Avoir de la paille dans ses sabots. « Être ou paraître mal dégrossi, rustre, naïf. » La paille (ou le foin) dans des sabots de bois permettait de tenir les pieds au chaud ; image d'une réalité rurale désuète comme dans d'autres locutions voisines (**arriver avec ses gros sabots, voir venir quelqu'un avec ses gros sabots**), la locution renvoie ici à une perception péjorative des paysans.

1. Quelle stupidité de lui avoir parlé à cœur ouvert ! Je me suis laissé tirer les vers du nez comme un bleu. Décidément je débarque, j'ai encore de la paille dans mes sabots ! (M. Sportès, *Le Souverain poncif*, p. 90.)

○ **(Avoir) la paille aux fesses.** « Subir un échec ; être éconduit brutalement. » Variante euphémique de **avoir la paille au cul**, lequel est attesté en 1867 au sens de « être réformé, congédié, mis hors service » dans A. Delvau, *Dictionnaire de la langue verte*, p. 345, qui l'explique « par allusion au bouchon de paille qu'on met aux chevaux à vendre ». L'expression est à rapprocher de l'ancien

(avoir) la pelle au cul, de même sens. On entend aussi la variante **(avoir) la paille aux fesses et le feu dedans.**

2. [...] le premier centurion romain qui osa monter à l'assaut du réduit de Vercingétorix était un certain Fabius, Lucius de son prénom. « C'est vrai, expliqua M. Chirac, il était d'une petite cavalerie romaine, et il est reparti d'ici la paille aux fesses. » (*Le Monde*, 7 juin 1989, p. 10, col. 2.)

○ **Chercher des pailles à quelqu'un.** « Chercher querelle pour peu de chose. » Probablement par allusion à la paille que l'on cherche dans l'œil d'autrui. ~ **Chercher des histoires, chercher noise.**

3. — Écoute Torn... je sais que tu me cherches des pailles depuis un moment. Ton histoire d'aujourd'hui c'est qu'un prétexte [...]. (P.V. Lesou, *Cœur de hareng*, p. 50-51.)

Il s'en faut d'une paille. « Il s'en faut de très peu. » Image du fétu de paille ou référence au tirage **à la courte paille.** ~ **Il s'en faut d'un cheveu, d'un poil.**

4. Elle murmura qu'il ne l'avait pas eue mais qu'il s'en était fallu d'une paille. (E. Hanska, *Fascination*, p. 70.)

Une paille. « Rien du tout. » Par antiphrase, pour marquer ironiquement un fort contraste. ~ **Trois fois rien.**

5. Eugène non plus ne mettait jamais les pieds à l'église, attendant au café que la messe soit finie pour suivre les enterrements, et tout ce qui m'était demandé était d'offrir ma vie (plus exactement ma mort) en échange de sa conversion. Une paille. (H. Tournaire, *Jules empaillé*, p. 44-45.)

Pain

∅ **Avoir (attraper) le petit pain.** « Être (se mettre) en érection. » Par analogie de forme. ~ **Avoir la barre*, la tringle, la trique.**

— Une nana carrossée comme ça, on s'en souvient longtemps, objecte Lulu. Les gaziers autorisés à enjamber ce prix de Diane peuvent se vanter d'avoir du vase [de la chance]. [...] On chope le p'tit pain rien qu'à la regarder. (J. Houssin, *Comme un rat*, p. 96.)

Panier

○ **Coucouche panier.** Pour indiquer l'envie d'aller au lit de bonne heure et d'y dormir ; pour envoyer quelqu'un au lit (et, par extension, avec la valeur d'**envoyer promener**). Expression tirée du discours que l'on tient parfois aux chats ou aux chiens (cf. exemple 1).

1. [...] les puérilités qui précèdent le sommeil, le « coucouche panier » infantile de la mémé qui gâtifie avec son toutou mais qu'il sait me murmurer dans le cou [...]. (J.-L. Bory, *La Peau des zèbres*, p. 483.)
2. Je divague, probable qu'ils se pieutent de bonne heure — infusion et coucouche panier — les prélats, les préfaciers, les dramaturges, les diplomates, tous nos tracassés de la prostate et du beau style [il s'agit des Académiciens]. Ils ne rôdent pas la nuit. (A. Boudard, *La Métamorphose des cloportes*, p. 210-211.)
3. Faire les commissions avec Micheline chez Franche et Père, ça m'a esquinté. Cassé, j'te dis ! Ce soir... coucouche panier ! (*20 Ans*, novembre 1987, p. 101, col. 1.)

Panique

(C'est) la panique! Pour marquer que l'on est débordé, bousculé, affolé (par un horaire, par un surcroît de travail, par des sollicitations diverses) et qu'on ne sait pas où donner de la tête. Par hyperbole.

1. Dans la cuisine, c'est carrément la panique : toutes ces assiettes sales, tous ces verres, ces couverts [...] et la porte du frigo grande ouverte. (R. Forlani, *Papa est parti, maman aussi*, p. 11.)
2. ANTOINE : Eh bon, il était temps que tu arrives ! Ici, c'est la panique [...]. Tout le monde est là... Salva, Mathelin, le Syndic... et toujours pas de Julien. On a téléphoné chez lui. Personne. (« Mado » de C. Sautet dans *L'Avant-Scène Cinéma*, p. 12.)

Panne

Faire le coup de la panne (d'essence). « Simuler une panne de voiture afin de profiter de la situation pour faire des avances pressantes à sa passagère. »

1. Il vous raccompagne très tard et veut vous faire le coup de la panne ? Impossible si vous connaissez les adresses de stations-service ouvertes 24 heures sur 24. (*L'Événement du jeudi*, 26 décembre 1985, p. 98, col. 4.)
2. Allez montez, les filles, on s'arrache en vacances.
Dix bornes plus loin, on leur f'sait l'coup
D'la panne d'essence. (Renaud, « La tire à Dédé » dans *Le Temps des noyaux*, p. 50.)

Papa

Jouer au papa et à la maman. Pour désigner des pratiques sexuelles enfantines. ~ **Jouer au docteur*, jouer à touche-pipi.** « Jouer au papa et à l'amant » est le titre clin-d'œil d'un essai de N. Huston (Paris, 1979).

1. Les enfants sont à la piscine ou en train de jouer au papa et [à] la maman dans je ne sais quels coins d'ombre [...]. (P. Pelot, *L'Été en pente douce*, p. 26.)
2. [...] on allait à la cave, discrètement, on jouait au papa et à la maman. Ça se terminait toujours que c'était moi qui étais le docteur*. (F. Raynaud, « J'ai souffert dans ma jeunesse » dans *Heureux !*, p. 242.)

Une cuillerée (bouchée) pour papa, une cuillerée (bouchée) pour maman. Par référence à la litanie (qui peut se poursuivre en invoquant d'autres membres de la famille et aussi le chat, le chien, etc.) qui accompagne la nourriture que l'on introduit, cuillerée par cuillerée, dans la bouche d'un petit enfant, pour stimuler son appétit.

3. — Encore un peu, insistait le meneur de la bande [...], déjà bien installé dans son célibat et son goût des grosses farces [en faisant goûter la soupe à l'oignon à de jeunes mariés]. Une cuillerée pour papa, une pour maman. (G.-J. Arnaud, *Les Moulins à nuages*, p. 216.)
4. Quand on a un pied dans la tombe, on ne fait pas la fine bouche : on avale le sirop... une cuillerée pour Papa, une cuillerée pour Maman. (*Siné dans Hara-Kiri Hebdo*, p. 7.)

— Par jeu de mots.

5. Nous partageons une cigarette. Il dit : Une bouffée pour papa, une bouffée pour maman. (C. Courchay, *L'Embellie*, p. 197.)

Papier

○ **Vendre du papier.** Locution péjorative pour désigner une activité journalistique plus tournée vers la quantité d'exemplaires écoulés que vers la qualité ou l'intérêt du contenu.

[...] les journalistes en mal de copie ressortent les vieilles affaires de terrorisme non élucidées. L'actualité du pays est soporifique, il faut vendre du papier. (Oppel, *Barjot !*, p. 130.)

Papillon

Minute, papillon ! « Un instant ! pas si vite ! » *Minute Papillon* est le titre d'un film avec Fernand Raynaud et Jean-Pierre Cassel (1958) et d'un ouvrage de P. Germa (1986).

« Le Canard » a popularisé des expressions familières telles que [...] « Minute, papillon » (Papillon était un garçon du « Café du Cadran », haut lieu du « Canard » d'avant 1939, qui répondait toujours « Minute, j'arrive » quand on l'appelait). (*Le Canard enchaîné*, 5 mars 1986, Supplément, p. 12, col. 1-2.)

Pâquerette

À ras des pâquerettes ; au ras des pâquerettes. Pour exprimer que quelque chose ou quelqu'un est d'un niveau médiocre, terre à terre. ~ **Au ras des moquettes*.**

1. Son avenir le démangeait peu. Il se contentait de vivre au ras des pâquerettes. C'était, m'assurait-il, la meilleure façon de respirer l'odeur des fleurs. (A. Jardin, *Bille en tête*, p. 13.)
2. Il marqua encore un temps d'arrêt, examinant le groupe [de jeunes] de plus près. Ça déconnait. Ça déconnait à ras des pâquerettes. Dans la mesure où un groupe est toujours ramené au niveau le plus con, il y avait peu de chance pour que celui-ci refasse un jour le monde. (A. Page, *Tchao Pantin*, p. 135.)

○ **Cueillir la pâquerette.** « Faire l'amour. » Image bucolique. Variante de **effeuiller la marguerite.**

3. Là il y avait surtout et aussi le matelas. Un profond où l'on s'enfonçait, où l'on pouvait cueillir la pâquerette, s'aimer et s'aimer [...]. (A. Le Breton, *2 Sous d'amour*, p. 291.)

Paquet

Refiler le paquet à quelqu'un. « Transmettre à quelqu'un une tâche, une situation souvent embarrassante, s'en débarrasser sur lui. » Image du paquet encombrant que l'on cherche à faire porter par un autre. ~ **Refiler le bébé*.**

C'est la voix du client. Neutre, comme je m'y attendais et remplie d'une dangereuse certitude. Il n'est pas venu se plaindre, ni discuter, ni même exiger — il est venu imposer son droit par sa force, c'est tout [...]. Coup d'œil à Lehmann qui n'est pas mécontent de me refiler le paquet.
— La garantie, dis-je...
— La garantie jouera, mais votre responsabilité est engagée ailleurs, sinon, je ne vous aurais pas fait venir. (D. Pennac, *Au bonheur des ogres*, p. 44-45.)

Parcours

Tenir le parcours. « Avoir suffisamment de résistance pour aller jusqu'au bout d'une épreuve ; avoir du répondant. » Du vocabulaire sportif où le parcours désigne, dans certaines épreuves, la distance réglementaire que doit parcourir un concurrent. ~ **Tenir le coup, la distance*, la longueur*.**

[...] le petit gazier, il doit pas tenir le parcours avec son monument de gonzesse !... Drôlement baraquée, la nana ! (A. Simonin, *Hotu soit qui mal y pense*, p. 66.)

Pardon

Je m'excuse de vous demander pardon ; pardon si je m'excuse ; excuse(z)-moi si je te (vous) demande pardon ; excuse(z)-moi de te (vous) demander pardon. Formules littéralement absurdes, traduisant la maladresse ou l'embarras de celui qui s'excuse. Elles s'emploient souvent avec une valeur plaisante ou ironique. Titre d'un ouvrage de J.-M. Proslier (voir exemple 2).

1. — Holà, excuse-moi si je te demande pardon, faut pas croire tout ce qu'on dit. (F. Caradec, *La Compagnie des zincs*, § 6.)
2. — Excusez-moi si je vous demande pardon !
Le vieux s'était arrêté devant moi, et, mettant un doigt à son béret, reprenait :
— Excusez-moi si je vous demande pardon ! Vous avez l'heure ? (J.-M. Proslier, *Excusez-moi si je vous demande pardon*, p. 5.)
3. Bonjour, monsieur le directeur, j'm'excuse de vous demander pardon... Écoutez, je venais vous dire que je travaille chez vous depuis pas mal d'années et puis je gagne toujours vingt-neuf mille francs par mois... (F. Raynaud, « L'augmentation » dans *Heureux !*, p. 140.)

Voir aussi **bégonia**, exemple 1.

Pare-chocs

○ **Pare-chocs** (au pluriel). « Seins de femme avantageux. » Métaphore tirée du vocabulaire de l'automobile comme **carrosserie** ou **châssis.**

[...] la belle Corinne [...] ses gambettes... sa paire de pare-chocs de grand luxe. (A. Boudard, *L'Éducation d'Alphonse*, p. 218.)

Parfait

Personne (nul) n'est parfait. Formule utilisée, avec une légère ironie, pour se disculper à l'avance ou pour disculper quelqu'un. Elle est employée dans le film de Billy Wilder *Certains l'aiment chaud* (1959), comme le rappelle par exemple R. Fallet, *L'Angevine*, p. 103 : « Rappelle-toi la fin du film *Certains l'aiment chaud*, avec Marilyn. Le milliardaire veut à tout prix épouser le travesti qui finit, pour s'en débarrasser, par gueuler : "Mais enfin c'est impossible ! Je ne suis pas une femme !" Et le milliardaire indulgent lui répond : "Personne n'est parfait". In English : Nobody is perfect. » Cette réplique montre bien, selon le commentaire qu'en fait A. Vialatte dans *La Porte de Bath-Rabbim*, p. 237-238, que « l'essentiel est chose subjective » et « que les grands esprits ne s'attachent jamais aux bagatelles ».

1. M. Bertrand ne connaissait pas Claude Simon (personne n'est parfait), aussi se fit-il un devoir de le découvrir. Il opta pour *Leçon de choses*. Et là, abomination de la désolation, M. Bertrand n'en crut pas ses yeux : l'académie Nobel — sans doute abusée par une traduction approximative — avait refilé le prix à un écrivain classé « X » ! Il y avait dans *Leçon de choses* une dame et un monsieur minutieusement décrits alors qu'ils étaient en train de se donner du bon temps, nus sur un lit. (*L'Événement du jeudi*, 8 octobre 1987, p. 105, col. 2.)
2. Cela fait bien longtemps que je n'ai pas été primaire et viscéral. Que voulez-vous, nul n'est parfait. Pour me faire pardonner je vais l'être outrancièrement. (A. Gillot-Pétré, *Ma gueule d'atmosphère*, p. 162.)

Parler

Et/Si (l') on n'en parle plus/Et n'en parlons plus. Pour marquer, dans une discussion ou dans un marchandage, que l'on s'en tiendra au dernier chiffre avancé.

1. — Trois milliards ?
   — Quatre et on n'en parle plus ! (Pichard/Wolinski, *Paulette*, t. 1, p. 39.)
2. — Vous en demandez combien ?
   — Cent mille roupies ? risque le téméraire [...].
   — Disons cinquante mille et n'en parlons plus [...]. (San-Antonio, *Le Cri du morpion*, p. 118.)
3. C'est une belle femme, Madeleine Charron-Delpierre. Quarante-cinq ans. Quarante-huit, si l'on n'en parle plus. (J. Vautrin, *À bulletins rouges*, p. 34.)

Parole

Sur ces fortes paroles. Pour marquer une distance légèrement ironique par rapport à ce qui vient d'être dit. Par antiphrase. Variantes développées : **sur ces paroles démocratiques ; sur ces fortes paroles franchement républicaines.**

— Mouais, fit-il [...]. Comme d'habitude avec toi, mon vieux Machin, c'est bien compliqué... Nous arrivions au bureau sur ces fortes paroles [...]. (A.D.G., *Les Billets nickelés*, p. 55.)

Partie

C'est pas une partie de plaisir ! « C'est une occupation pénible, prenante, délicate. » Par euphémisme. ~ **C'est pas la joie*, c'est pas le pied, c'est pas de la tarte.**

À l'arrière les femmes remplaçaient les bonshommes, elles ne chômaient pas. Rien que la blanchisserie, c'était pas une partie de plaisir. Pas de machine, pas d'électricité, lavage et repassage garantis main. (R. Lageat, *Robert des Halles*, p. 14.)

Partir

Il ne s'est pas vu partir. Selon les contextes, l'expression renvoie à une mort soudaine ou à une mort douce, sans souffrance ; mais dans tous les cas, il s'agit d'une mort dont l'intéressé ne semble pas avoir eu conscience.

Et le pire, comme on dit des moribonds, c'est que nous sommes si contents de nous que nous ne nous serons pas vus partir. (A. Blondin, *Ma vie entre des lignes*, p. 170.)

Passer

On (ne) va pas passer le réveillon là-dessus. Formule par laquelle on laisse entendre qu'il est inutile de s'attarder sur une question. Image du réveillon qui fait veiller tard.

1. — Je l'aimais, voilà. On va pas passer le réveillon là-dessus.
— Tu l'as largué salement et tu veux me faire gober que tu l'aimais ?
— Je te dis que oui. Fais pas chier le marin*, Manille. (E. Hanska, *Fascination*, p. 165.)
2. — T'es trop con, laisse béton. On va pas passer le réveillon là-dessus. (Sapho, *Ils préféraient la lune*, p. 81.)

— Variantes. **On (ne) va pas passer Noël (la nuit) là-dessus.**

3. [les chats] se laissèrent benoîtement conduire vers leur réfectoire, la salle de bains, où se trouvait également leur W.-C., le Plat à Sciure, et les divers paniers auxquels ces outrecuidants préféraient la valise de Maria, qu'ils ensemençaient de poils à sa grande fureur. Ne pas passer Noël sur le dîner des chats, s'ordonna-t-elle [...]. (M. Cerf, *Une passion*, p. 357.)
4. — La dernière fois, j'étais seul. Maintenant, tu vois, je suis deux.
— N'empêche que ça fait plus cher !
On allait pas passer la nuit là-dessus, non ? (L. Simon, *Les Ripoux*, p. 124.)

∅ **Y a que le train (l'autobus, le métro, le tramway) qu'est pas passé dessus (sur toi, sur elle).** Pour qualifier une femme qui a eu de nombreux amants. Jeu de mots sur **passer sur quelqu'un.**

5. — Y'a que le train qui t'est pas passé dessus !... Faut pas me prendre pour un con ! qu'il hurle avant de laisser tomber.
Jamais j'ai vu un culot pareil. Merde, c'est quand même pas juste. J'ai jamais couché avec personne, moi. Et même ! (C. Breillat, *36 fillette*, p. 208.)
6. — Paraît qu'elle fait des massages thaïlandais
— Et paraît même qu'elle fait pas payer
— Y a que le tramway qui lui est pas passé dessus !
— Tiens ! Voilà le wattman ! (Cabu, *Catherine*, p. 56.)
7. — Elle se fout de toi dans les grandes largeurs, tout d'même... Y a que l'autobus qu'a pas passé d'ssus et toi, tu fais rideau. (R. Fallet, *Banlieue sud-est*, p. 87.)
8. Un coup de fil en un mois. Pour me dire que tu prolonges ton séjour. J'en ai marre je vais me coucher sur les rails et attendre le métro puisqu'y paraît qu'y a que lui qui me soit pas passé dessus. (E. Hanska, *J'arrête pas de t'aimer*, p. 71.)

Passoire

Avoir regardé le soleil à travers une passoire. « Avoir des taches de rousseur sur le visage. »

1. « Ma petite passoire ! » lui disait sa mère en la consolant. Et ce n'était pas seulement à cause des taches de rousseur semées sur le visage d'Isabelle, « comme un coup de soleil à travers une passoire » ! (A. Demouzon, *La Petite Sauteuse*, p. 93.)
2. [...] Jacqueline, une jolie brune à qui on dit qu'elle a regardé le soleil à travers une passoire. (I. Favreau, *Les mouettes en rient encore*, p. 216.)

Pâte

○ **Avoir de la pâte à modeler dans la tête.** « Être inconsistant, sans suite dans les idées. » Par métaphore. ~ **Avoir du yaourt* dans la tête.**

— [...] T'as plus rien dans le cigare ! Que de la pâte à modeler. (T. Topin, *14e Nocturne*, p. 45.)

Voir aussi **merde**, exemple 10.

Pâté

∅ **(Il) y a une couille dans le pâté.** « Il y a une difficulté imprévue, un ennui inattendu. » Intensif de **il y a une couille**, sur le modèle de **il y a un os dans le pâté.** ~ **Il y a un lézard*.**

Après quelques longues conversations téléphoniques, elle s'aperçut qu'il y avait une couille dans le pâté [...]. (E. Hanska, *Fascination*, p. 19.)

Patte

Deux pattes. Appellation populaire la plus répandue, avec **deuche**, de la 2 CV Citroën (moteur à deux cylindres).

1. C'est pas qu'il la bichonne sa « *2 pattes* », Robert, mais elle et lui sont tellement « *copains* » qu'on les imagine mal séparés [...]. (*L'Est républicain*, 30 novembre 1985, p. 6, col. 3.)

○ **Être fait aux pattes.**

— « Être terrassé ; être appréhendé, arrêté. »

2. Une fois franchi le mur d'enceinte qui entourait l'infirmerie, [...] il regretta un instant d'avoir plongé dans cette aventure. Et qu'allait dire le médecin-chef de la prison de Raincour s'il était fait aux pattes ? (A. Le Breton, *Bontemps et les Holdopeuses*, p. 7.)

— « Être ivre. » Probablement parce que l'alcool « coupe les jambes » ; comparer avec le **casse-pattes** « alcool fort », en français populaire (et vieilli).

3. À peine arrivons-nous à la table que je saisis en un clin d'œil toute l'ampleur du désastre. Marguerite et sa copine sont déjà faites aux pattes, beurrées comme des quiches, rondes* comme des queues de pelles. (P. Adler, *Les Amies de ma femme*, p. 101.)

Marcher sur trois pattes. « Être en mauvaise posture, en mauvais état. » Métaphore de l'argot de la mécanique, **un moteur qui marche sur trois pattes** désignant un moteur qui tourne sur trois cylindres au lieu de quatre. ~ **Battre de l'aile.**

4. Ma sœur était à nouveau enceinte et, comme on dit, son ménage avec Jacques Mercier marchait sur trois pattes. (E. Carles, *Une soupe aux herbes sauvages*, p. 145.)
5. Lyon sur trois pattes [titre]. Une demi-douzaine de présidents et autant d'entraîneurs en moins de dix ans. L'Olympique lyonnais est un modèle d'instabilité. (*Le Monde*, 24-25 janvier 1988, p. 7, col. 1-2.)

Scier les pattes. « Surprendre vivement ; interloquer. » Amplification de **scier**. ~ **Scier à la base*.**

6. — Au fait, refélicitations pour ton gosse, Machin papa, ça me scie les pattes. (A.D.G., *Les Billets nickelés*, p. 29.)

Tirer dans les pattes de quelqu'un. « Tenter d'empêcher quelqu'un d'aboutir dans ses projets. » Par référence au tir à balles qui freine l'avancée de quelqu'un. ~ **Mettre les bâtons dans les roues.**

7. — Ça va pas la tête ? Qui était jalouse ? Qui flippait ? Qui m'embrassait toute la journée ? Qui venait se fourrer dans mon lit ? Qui m'empêchait d'aller dans les boums ? Qui me tirait sans arrêt dans les pattes ? Merde alors ! (J. Lanzmann, *Le Lama bleu*, p. 142.)

Peau

○ **Casquette en peau de fesses.** « Crâne chauve ou entièrement rasé (aussi glabre que la peau des fesses). » S'emploie pour plaisanter ou ironiser. ~ **Casquette en peau de genou.**

1. Évidemment son crâne, son crâne entièrement rasé...
— Ils t'ont payé une belle casquette en peau de fesses, dit René.
— Ne m'en parle pas, ça ne repousse guère. (A. Blondin, *L'Europe buissonnière*, p. 450.)

— Variante moins usuelle. **Coupole en peau de fesses.**

2. En une demi-douzaine d'aller et retour de tondeuse, le gland ressemble à un Sioux, avec une crête hirsute au sommet d'une coupole en peau de fesses.
Le coiffeur, halluciné par son propre reflet, moufte plus. (J. Houssin, *Roulez jeunesse !*, p. 58.)

○ **Coûter/Valoir la peau des fesses.** « Coûter très cher. » Cette locution — à l'opposé de **peau de fesse**, qui est une injure — s'appuie sur le sémantisme de **fesse** (ou mot voisin) qui peut désigner ce à quoi l'on tient, ce que l'on essaye de protéger le plus possible des coups. L'expression relaie **coûter les yeux de la tête**, mais dans un registre moins noble.

3. Grande soirée mondaine animée par Pierre Douglas, s'il vous plaît ! Conférence de presse, buffet, orchestre. Ça va encore nous coûter la peau des fesses, cette opération [...]. (C. Sarraute dans *Le Monde*, 10 octobre 1987, p. 32, col. 5.)

— Variantes, avec des termes du français non conventionnel. **(...) la peau des miches ; (...) la peau des couilles, du cul.**

4. [...] ça leur coûtait [...] la peau des couilles. (A. Boudard, *La Fermeture*, p. 313.)
5. Moteur !
Il tourne en panavision. Cher. La peau du cul. (E. Hanska, *Les Amants foudroyés*, p. 11.)
6. L'immeuble, visiblement, était pas conçu pour recevoir un ascenseur. On l'en a pourtant doté d'un [...].
Ce curieux engin, totalement anachronique, a dû coûter la peau des miches. (J. Houssin, *Bras de fer*, p. 51.)

Laisser la peau des fesses à quelque chose. « Se dépenser beaucoup pour obtenir ou faire quelque chose; se fatiguer à en mourir. » ~ **Se crever (le cul).**

7. Peut-être n'est-on vraiment satisfait que de ce qu'on gagne par soi-même en y laissant la peau des fesses... en suant sang et eau. (A. Boudard, *Le Café du pauvre*, p. 201.)
8. J'y laisserai, s'il le faut, toute la peau des fesses
Mais je veux s'il me plaît brailler comme un sauvage. (R. Gotainer, « Captaine Hard Rock » dans *Chants zazous*.)

Peau de fesse. « Personne méprisable. » Terme injurieux, qui s'emploie surtout en appellatif.

9. — Vous n'êtes que des imbéciles, dit-elle très haut, des crétins. [...] Mufles ! Salauds ! Peaux de fesse ! (J.-M. Proslier, *Excusez-moi si je vous demande pardon*, p. 34.)

Révolutionnaire en peau de lapin. « Révolutionnaire de faible envergure, médiocre ; faux révolutionnaire. » Par référence au mot d'Édouard Herriot, qu'il explique lui-même ainsi : « J'avais été amené, par suite des tracasseries socialistes, à donner ma démission de maire et de conseiller municipal de Lyon. C'était un dimanche matin [de mars 1931]. J'avais déjeuné seul, au restaurant Berrier et Millet, sur la place Bellecour. En sortant, je rencontre un journaliste du *Lyon républicain*. "Alors, me dit-il, vous voilà victime de vos révolutionnaires !" Je me suis mis à rire : "Des révolutionnaires, oui, mais en peau de lapin." Le mot a fait fortune. » (*Notes et maximes. Inédits*, Paris, 1961, p. 104, ouvrage posthume) ; pour des détails complémentaires, voir M. Soulié, *La Vie politique d'Édouard Herriot*, Paris, 1962, p. 333-334.

10. — Tu n'es qu'un mou, un révolutionnaire en peau de lapin et tu mourras jeune, car aucune lutte armée ne supporte les idéalistes. (J. Bialot, *Le Manteau de saint Martin*, p. 99.)

— Sur ce modèle.

11. [...] les collègues de mon père qui étaient trop ostensiblement communistes pour ne pas l'être en peau de lapin. (P. Magnan, *L'Amant du poivre d'âne*, p. 203.)
12. M. Jean-Pierre Chevènement [...], invité à prouver qu'il n'est pas un républicain en peau de lapin et que sa connaissance de *la Marseillaise* ne s'arrête pas à « Allons enfants », a interprété le cinquième couplet de l'hymne national. (*Le Monde*, 19 mars 1986, p. 4, col. 2.)

Pêche, Pêcher, Pêcheur

Aller à la pêche à la ligne ; aller pêcher à la ligne ; pêcheur à la ligne. « S'abstenir ; abstentionniste lors d'une consultation électorale. » L'image souligne que l'électeur est plus intéressé par ses loisirs que par la fréquentation de son bureau de vote.

1. [...] un *landslide*, comme disent les Anglo-Saxons. Un raz de marée d'abstentionnistes. Le parti des pêcheurs à la ligne a connu son plus grand triomphe puisque plus d'un électeur sur deux a mieux aimé aller taquiner moralement le goujon qu'alimenter civiquement les urnes. (*Le Canard enchaîné*, 28 septembre 1988, p. 1, col. 3.)
2. Les élections de ce printemps peu printanier paraissent, sauf importante correction de tir au second tour, devoir avoir l'effet inverse. Si jamais il devait y avoir une deuxième « vague rose », elle ne serait pas due à l'enthousiasme populaire, mais au fait que le FN aurait conseillé à ses partisans d'aller pêcher à la ligne au second tour. (*Le Monde*, 7 juin 1988, p. 1, col. 6.)
3. [...] il répétera [...] son souhait [...] d'une participation franche des Français au référendum du 6 novembre sur la Nouvelle-Calédonie : « Je ne donne pas de consigne de vote, dit l'archevêque de Lyon, je souhaite seulement que les Français, ce jour-là, n'aillent pas à la pêche... » (*Le Monde*, 29 octobre 1988, p. 11, col. 3.)

Pédaler

Pédaler à vide. « Avoir le cerveau qui fonctionne mal. » Métaphore tirée du vocabulaire du cyclisme. ~ **Pédaler dans la choucroute, dans la semoule, le yaourt ; être dans le brouillard, dans le cirage ; être dans le potage*.**

Dès que je tombe sur un répondeur automatique, je me bloque, je panique [...]. Dans ma tête, ça pédale à vide. Impossible de rassembler les quatre mots qu'il va falloir balancer à la seconde et à la commande. (C. Sarraute, *Allo Lolotte, c'est Coco*, p. 94.)

Pédé

∅ **Pédé comme un phoque.** Pour souligner que quelqu'un est pédéraste. La motivation de cette comparaison reste obscure.

1. […] elle m'a parlé
d'un pote à elle qu'est journaliste
à *VSD*,
qu'écrit parfois dans *Rock and Folk*
sous un faux nom,
pi qui s'rait pédé comme un phoque,
mais loin d'être con. (Renaud, « L'auto-stoppeuse » dans *Mistral gagnant*, p. 88.)
2. Une entraîneuse vient draguer dans mon secteur […]. Je m'en débarrasse en […] affirmant que je suis pédé comme un phoque […]. (San-Antonio, *Le Trouillomètre à zéro*, p. 72.)

— Autre comparaison dans le même registre.

3. […] pendant qu'ils niquent comme des phoques, elle s'arrête pour le regarder […]. Elle baise comme une reine, sans faire de chichis, et puis mon vieux, baiser dans un lit, avec le soleil derrière les volets et la fraîcheur sur la peau, j'te dis* pas ! (J.-P. Demure, *Découpe sombre*, p. 98.)

Peinture

○ **Pot de peinture.** « Femme au maquillage outrancier. » Métaphore péjorative qui assimile un visage maquillé de façon trop voyante et celle qui le porte à un pot de peinture ; l'image est du même ordre que dans **se peinturer** « se maquiller grossièrement », mais plus appuyée.

1. Ils franchirent les caisses sous les regards appuyés de toutes les caissières. 08 38 balança à un pot de peinture derrière sa caisse un « Rien à déclarer » faussement décontracté. (Géant Vert Inc, *Casse-bonbons*, p. 54.)
2. […] des belles, des pas belles, des loubardes, des filles à papa […], des natures [*sic*], des pots de peinture […] (D. Rondeau, *L'Âge-déraison*, p. 150.)

Peler

∅ **Peler le jonc à quelqu'un.** « Importuner, excéder. » Métaphore qui joue sur le sens de **jonc** « pénis » en français non conventionnel. En 1640, Antoine Oudin dans ses *Curiositez*... atteste en ce sens **vous me pelez le nez.** ~ **Pomper* le dard, racler* le nœud.**

1. Ceux qui me cassent les burettes en 1986 avec des histoires de fermentation malo-lactiques sont ceux qui me pelaient le jonc en 1966 avec leurs cylindres en V. J'ai constaté une chose pénible, atroce : il y a des salons de thé où on rigole plus que dans les wine-bars. Le culte du vin, ça remplace un peu le ciné-club des années 50. (*Le Nouvel Observateur*, juillet 1986, p. 51, col. 3.)

∅ **Se peler (les miches) ; peler de froid.** « Avoir très froid. » Image du froid si vif qu'il fait peler la peau. ~ **Cailler, se cailler les miches.**

2. Je lui avais bien dit à Léonid de faire gaffe aux courants d'air. Sous prétexte qu'on est le petit père des peuples, on se croit indestructible, et puis ce n'est pas parce qu'on pèle de froid au goulag qu'on crève de chaud au Kremlin, surtout quand on sort sans son thermolactyl. (A. Gillot-Pétré, *Ma gueule d'atmosphère*, p. 158.)
3. Le printemps a beau pointer son pif, ça caille encore méchamment en rase cambrousse […].
— On s'pèle les miches ! renaude Moustique en balançant sa tige d'une chiquenaude.

Il exprime ainsi, par le biais du climat, la mauvaise humeur générale. (J. Houssin, *Comme un rat*, p. 113.)

Voir aussi **gagner**, exemple 1.

Pellicule

○ **Rayer/Voiler la pellicule.** « Être très laid (d'une personne ou d'un trait de son physique). » Image du vocabulaire de la photographie. Surtout sous la forme de locution adjectivale **à rayer/voiler la pellicule** ; dans l'exemple suivant, où il s'agit d'une critique de film, la métaphore est remotivée.

[...] son fils Carlos entiché d'une fiancée autoritaire dont le nez sidérant raye la pellicule. (M. Braudeau dans *Le Monde*, 2 février 1989, p. 21, col. 1-2.)

Pencher

Pencher du côté où ça/l'on va tomber. Pour traduire plaisamment la fragilité d'un équilibre.

1. Toute la question est de savoir quand le Parti républicain tombera du côté où, manifestement, il penche. (« Journal de 20 h » sur TF1, 26 novembre 1988.)
2. L'Artiste, lui, s'aperçoit soudain que la planche pourrie sur laquelle il est remonté pour la énième fois donne de la gîte sur tribord ! C'est-à-dire qu'elle penche du côté où il va tomber ! (R. Devos, « L'artiste, naufragé volontaire » dans *Le Monde*, 8 septembre 1988, p. 17, col. 2.)

Pendre

Pendre au nez comme un sifflet de deux sous. « Être imminent (de quelque chose de fâcheux). » Renforcement plaisant, et légèrement vieillot, de **pendre au nez.**

1. En rentrant du moulin Rodier, Victor avait jeté :
   — Demain, mon garçon, il y a une corvée qui te pend au nez comme un sifflet de deux sous ! (R. Sabatier, *Les Noisettes sauvages*, p. 226.)
2. Merde ! Elle n'y avait pas pensé, c'est évident, ça lui pend au nez comme un sifflet de deux sous, cette salope va la plaquer. (C. Sarraute, *Allo Lolotte, c'est Coco*, p. 189.)

Pendule

∅ **(En) chier une pendule (à quelqu'un).** « (En) faire toute une histoire. » Variante de **en faire une pendule**, à connotation marquée, **chier** orientant explicitement la locution vers le domaine scatologique déjà présent au degré zéro dans **faire** ; comme **saladier** ou **vélo** dans des locutions analogues, **pendule** n'a d'autre motivation ici que son caractère inattendu. ~ **En faire une galère***, **un plat***. Variante développée **chier une pendule à 13 coups.**

1. Elle tape du pied.
— Eh bien oui, ne me regardez pas comme ça ! J'ai couché avec Didier. Voilà. J'en avais envie. Vous n'allez pas m'en chier une pendule ! (P. Adler, *C'est peut-être ça l'amour*, p. 131.)
2. Pour lui le respect et la dignité sont les deux mamelles de la France. Ça la France il m'en chie une pendule avec celle-là aussi. Et la guerre. Et Pétain, le pauvre vieux incompris. Et le général de Gaulle. (E. Hanska, *La Mauvaise Graine*, p. 181.)

Voir aussi **mourir**, exemple 10.

— Variante. **En pondre une comtoise à quelqu'un.**

3. — Eh, oh, tu ne vas pas en pondre une comtoise sous prétexte d'être amoureux ! (M. Embareck, *2 – 1 = 0*, p. 108.)

Remettre les pendules (la pendule) à l'heure. « Mettre les choses au point. »

4. En France, il restait encore quelques attardés qui ignoraient l'existence de J.-J. Goldman. N'écoutant que son bon cœur, P. Delbourg a voulu remettre les pendules à l'heure. (*L'Événement du jeudi*, 19 décembre 1985, p. 66.)
5. [...] il n'était pas un client ordinaire, mais un journaliste en reportage. Ça ne l'a pas empêché de me proposer de rentrer avec lui. J'ai remis la pendule à l'heure en lui précisant que je voulais bien l'aider dans son enquête sur la sexualité féminine, mais que la nuit avec une hôtesse se payait d'avance. (E. Hanska, *Les Amants foudroyés*, p. 115.)

Perdre

Avoir perdu sa langue. Pour manifester de l'étonnement devant le silence de quelqu'un. S'emploie fréquemment, surtout en interrogation, à l'adresse d'un enfant.

1. Elle me regardait d'une manière intense [...].
— Tu as perdu ta langue ?
Elle semblait chercher quelque chose en moi, à m'atteindre au fin fond de l'âme. (P. Djian, *Maudit Manège*, p. 276.)

Perdu pour perdu. Pour marquer, devant un événement inéluctable, le refus de se résigner à la fatalité et annoncer qu'on entend en tirer malgré tout quelque avantage. **Foutu* pour foutu.**

2. C'est une maigre consolation que mon flingue soit également pointé sur lui, parce qu'au moindre frémissement, perdu pour perdu, c'est sur moi qu'il fait son ultime carton. (C. Breillat, *Police*, p. 192.)

Permettre

Comme (c'est) pas permis. « Au plus haut degré ; au-delà de toute mesure. » Par euphémisme.

1. — [...] Êtes-vous intelligente, mon petit ?
— Un peu..., commença-t-elle.

Puis elle se souvint de la recommandation de M. Pétrus.
— Oh, non ! Pas du tout ! Je suis conne, comme c'est pas permis ! (J. Amila, *À qui ai-je l'honneur ?*, p. 95.)
2. Ce matin, je me suis plantée comme c'est pas permis à l'interro de latin. (A. Grimm, *La Flambe*, p. 34.)
3. Elle est myope, la chérie. Taupe comme pas permis. (J. Vautrin, *Canicule*, p. 90.)

Plus souvent qu'il est permis. « Très souvent ; trop souvent. » Par euphémisme. ~ **Plus souvent qu'à son tour***.

4. Georges était un piètre danseur, marchant plus souvent qu'il n'était permis sur les fines chaussures de satin blanc de sa cousine. (R. Deforges, *Les Enfants de Blanche*, p. 122.)

Tu permets/Vous permettez ! Pour souligner ironiquement la suffisance, le côté frimeur d'une personne dont on parle. Emploi au style indirect et dans un contexte elliptique, d'une formule utilisée habituellement au style direct pour contredire, protester ou s'imposer avec une apparence de courtoisie.

5. Elle veut vivre, Son Excellence ! Elle est mariée, elle a des enfants, une superbe maîtresse et, rentrée dans son pays, elle sera appelée à une destinée plus rutilante encore ! Déjà, ambassadeur à Paris, tu permets ! (San-Antonio, *Galantine de volaille*, p. 16.)
6. Il dit que son office, tu permets, c'est pas une agence de renseignements. (San-Antonio, *Les morues se dessalent*, p. 104.)

Persil

Blancheur Persil. « Blancheur éclatante. » De **Persil**, nom d'une marque de lessive.

1. Ah ! ratatiner sur-le-champ ce carabin ergoteur, lui glisser quelques bons petits litrons de Gévéor — velours de l'estomac — directo dans son larynx sermonneur, souiller à jamais la blancheur persil sans bouillir de sa blouse col mao [...]. (J.C. Grumberg, *La Nuit*, p. 58-59.)

— Variante. **Couleur Persil.**

2. Le bóis de Boulogne était agréable à cette époque, offrant [...] ses lacs de verdure ensoleillés pour les forçats du dore-pilule, les masos du bronze-miches. Des gonzes et des frangines qui ne trouvaient rien de plus tarte que d'arriver à Saint-Trop ou à Juan-les-Pins avec la couleur Persil. (J. Houssin, *Les Crocs du Dobermann*, p. 13.)

Personne

(Il n')y a plus personne. « Personne n'est disponible ou volontaire (quand il s'agit de passer à l'action, de se rendre utile). » Par ellipse.

1. — [...] les hommes c'est pas ce qui manque.
— Mathématiquement, non. Pratiquement, oui. Dès que tu en as besoin, il n'y a plus personne. (C. Sarraute, *Allo Lolotte, c'est Coco*, p. 62.)
2. Depuis 68, vous êtes des anciens combattants. Mais dès qu'il y a un petit quelque chose, un petit quelque chose de précis... Y a plus personne... (J. Vautrin, *À bulletins rouges*, p. 152.)

Je ne suis là (je n'y suis) pour personne. Consigne que l'on donne à quelqu'un de son entourage lorsqu'on ne veut à aucun prix être dérangé par un tiers.

3. *Sonnerie du téléphone.*
ROXANE : Va répondre. Je ne suis là pour personne. Sauf pour Nicolas. (F. Dorin, « Le tout pour le tout » dans *L'Avant-Scène Théâtre*, p. 54.)
4. J'écoute ça [la musique] allongé sur un divan, en robe de chambre de pilou-pilou... À ce moment-là, la terre peut trembler, le monde sauter, le téléphone sonner : je n'y suis pour personne et personne n'y est pour moi ! (*Siné jazzote*, p. 170 [1970].)

Pesant

Valoir son pesant de cacahuètes. « Être particulièrement comique, cocasse. » Comme **valoir son pesant de moutarde**, il s'agit d'une variante plaisante de **valoir son pesant d'or.**

1. Il y a des Chase tout à fait cotons [*sic*] et des Peter Cheyney qui valent leur pesant de cacahuètes. (P. Manœuvre, *L'Enfant du rock*, p. 54.)
2. — [...] Tu sais, quand j'y repense, Nanard et Paupiette en vigiles, ça valait son pesant de cacahuètes. (Sapho, *Ils préféraient la lune*, p. 128.)

Peser

Enlevé (enlevez), c'est pesé/Emballé (emballez), c'est pesé ! « L'affaire est réglée. » Du vocabulaire du commerce de détail. ~ **Enlevez le bœuf*.**

1. — Qu'est-ce qu'on gagne ?
— [...] votre poids en lessive payé en rente viagère ! Il vous suffit d'écouter la radio et hop ! Enlevé, c'est pesé ! (J. Bialot et C. Courchay, *Matcho et les Fourmis*, p. 74.)
2. [...] emballé c'est pesé, dès le lendemain on démarchait sans vergogne. (A. Vergne, *L'Innocence du boucher*, p. 165.)

— Variantes.

3. Une demi-heure après, Justine semblait sortir d'une estampe d'Utamaro. On fit des oh ! et des ah ! C'était pesé et emballé. (J.-A. Lion, *Poulets et Perroquets*, p. 158.)
4. Et cette nuit-là, pendant que le groupe de John Lennon [...] bazardait un concert enlevé-c'est-pesé-faut-il-vous-l'envelopper, j'eus la chance de faire la connaissance de Gary. (P. Manœuvre, *L'Enfant du rock*, p. 93.)

Pessaire

ø **Échappé de pessaire.** « Avorton. » ~ **Raclure de bidet* ; rescapé de stérilet* ; résidu de capote.**

Je suis blessé, et ça fait rire madame... Goyau ! pouffiasse ! échappée de pessaire ! (A.D.G., *Les Panadeux*, p. 112.)

Pet

(Il) y a un pet de travers. « Quelque chose cloche, cela ne va pas. » ~ **Il y a une couille, un lézard*, un os, un pépin.**

1. — Je ne suis pas convaincu ! beugla le Sicilien ; on vous connaît, vous autres Américains : dès qu'il y a un pet de travers, c'est la faute aux Russes ! (Oppel & Dorison, *Canine et Gunn*, p. 138.)

Ne pas avancer d'un pet. « Ne pas progresser. » **Ça ne m' (te, etc.) avance pas d'un pet.** « Ça ne me fait pas progresser. » Le pet est ici le symbole d'une chose insignifiante, qui ne retient pas l'attention.

2. Où qu'elle gambade sa finesse psychologique quand il en aurait besoin pour lui ? C't'à croire qu'y fout tout dans ses bouquins, qu'y file le gratin à ses personnages, mais que lui ça l'avance pas d'un pet [...]. (F. Lasaygues, *Vache noire*, p. 137.)

Ne pas faire un pet de travers. « Fonctionner impeccablement (d'une chose) ; se comporter de façon irréprochable (d'une personne). »

3. Dhozier emballa deux ou trois fois le moteur, puis le laissa au ralenti avant de s'extirper de la petite boîte [une voiture de sport].
— Pas un pet de travers ! Non mais, écoutez-moi ça !
Il prenait un air ravi, inspiré, comme s'il écoutait les grandes orgues d'une musique céleste. (J. Amila, *À qui ai-je l'honneur ?*, p. 10.)

Pétard

○ **Coiffé avec un/en pétard.** « Mal coiffé ou pas coiffé. » Métaphore de l'effet de souffle du pétard qui disperse en tous sens ce qu'il atteint. La même image s'emploie, de façon plus « technique », pour désigner une coiffure de rockeuse (frange remontée et raidie au gel), d'après *Dico Plus* 22/40, juin 1987, c'est à ce dernier sens que se rattache, par analogie, l'exemple 2 *infra*.

1. On m'a dit : « Bobby trouve que tu devrais te peigner (NDLR : Bobby = Robert Hersant), tu t'es coiffé avec un pétard. » Alors j'ai cédé au brushing, comme tout le monde. (*L'Événement du jeudi*, 8 octobre 1987, p. 130, col. 1.)

— Les cheveux en pétard.

2. [...] Madame Groseille assise dans un négligé très négligé, les cheveux en pétard sur la tête couverts d'une crème marron-vert. (F. Quentin et E. Chatiliez, *La vie est un long fleuve tranquille*, p. 27-28.)

Péter

Péter la forme. « Déborder d'entrain, de dynamisme. » Combinaison expressive de **péter le feu** avec **avoir, tenir la forme.** ~ **Avoir la frite*, la patate, la pêche, du pep.**

MANUEL : Eh bien, tu pètes la forme, toi, ce matin !
MARIE-PIERRE : Plus que toi en tout cas, tu as une mine de déterré. (F. Dorin, « L'intoxe » dans *L'Avant-Scène Théâtre*, p. 81.)

Peu

○ **C'est du peu.** « C'est pour bientôt. » Cette expression, où **peu** est l'ellipse de **peu de temps**, est probablement issue de la langue des casernes, d'abord sous la forme **c'est du peu au jus** (pour signifier la prochaine libération du contingent).

1. [...] Juju faisait le pied de grue devant sa maison. Il consulta sa montre et dit :
— C'est du peu. (P. Siniac, *Le Casse-route*, p. 155.)

Incessamment sous peu. « Dans peu de temps. » Tournure d'allure volontairement pléonastique et paradoxale (les deux adverbes ne sont pas strictement synonymes), toujours employée avec une valeur ironique et parfois pour laisser entendre qu'il n'y a ni imminence ni urgence. Variante développée : **Incessamment sous peu et peut-être avant.**

2. Aussi, comme Harold doit s'en retourner à Paris incessamment sous peu, peut-être cela pourrait-il être rigolo après tout d'essayer de favoriser une idylle adultérine. (P. Adler, *C'est peut-être ça l'amour*, p. 71.)

Pas qu'un peu. « Beaucoup. » Par euphémisme.

3. Comment qu'on a fait connaissance... nos premiers baisers... passons [...]. Juste je peux vous dire que Nicole sur la question elle était portée pas qu'un peu. (A. Boudard, *La Cerise*, p. 201.)
4. Au moment du baiser final, Éric et Hélène ne s'embrassent pas qu'un peu, et pas sur les joues. (F. Fossaert, *Touche pas à ma cible*, p. 155.)

Voir aussi **potage**, exemple 2.

Un peu. En emploi purement rhétorique, pour renforcer une formulation.

5. C'est pas un peu fini ce tintamarre, vous deux, on ne s'entend plus écrire ici. (A. Gillot-Pétré, *Ma gueule d'atmosphère*, p. 96.)
6. — [...] T'as un peu vu tous les costards qu'il a ! Et puis c'est pas de la coupe de prisunic* ! (V. Thérame, *Staboulkash*, p. 71.)

Voir aussi **rien**, exemple 1.

Un peu beaucoup. Par euphémisme.

— « Notablement, passablement. »

7. [...] des boîtes de crème Mont Blanc et du riz au lait Yabon. Ça améliorait tout de même un peu beaucoup l'ordinaire [...]. (Géant Vert Inc, *Casse-bonbons*, p. 28.)

— « Trop. »

8. [...] Chapron enfile précipitamment son blouson de toile claire sur sa chemise un peu beaucoup colorée [...]. (J.-P. Demure, *La Belle Dame dans un violon*, p. 28.)

∅ **Un peu comme ça.** Pour désigner un homosexuel. Euphémisme teinté d'ironie, qui peut s'accompagner d'une mimique. ~ **Prout* ma chère.**

9. Les deux hommes « un-peu-comme-ça » s'étaient connus quatre ans plus tôt à un match de catch féminin, salle Wagram. Après avoir papoté un moment à la buvette, ils avaient décidé de se revoir... Et puis, ma foi, de fil en aiguille, comme ils se plaisaient... Ç'avait été très vite le grand amour. (P. Siniac, *Viande froide*, p. 6-7.)

Un peu là. « Qui sort de l'ordinaire ; remarquable en son genre. » Par ellipse de locutions du type **se poser* un peu là.**

10. Une fille un peu là !... Bien et tout !... (R. Morgièvre, *Des femmes et des boulons*, p. 164.)

Phase

○ **Être en phase (avec quelqu'un).** « Partager les idées, les préoccupations de quelqu'un ; être en accord, en harmonie avec quelqu'un. » Du vocabulaire des sciences et des techniques, notamment de la physique. ~ **Avoir le feeling* avec quelqu'un, être sur la même longueur d'ondes.**

1. Le PS ne peut que se réjouir de la victoire d'un mouvement porteur de valeurs avec lesquelles il est, plus que d'autres, en phase. Il espère être le premier bénéficiaire de la leçon de chose politique vécue à cette occasion par la jeunesse. (*Libération*, 13-14 décembre 1986, p. 5, col. 2.)
2. Dans la mesure où les étudiants et les lycéens savaient bien que j'étais sur la même longueur d'ondes, dans la mesure aussi où c'étaient des étudiants remarquablement maîtres d'eux-mêmes, d'une grande sagesse, d'un esprit indiscutablement pacifique et respectueux de la démocratie, je me sentais bien en phase. [Propos de F. Mitterrand à l'émission « Découvertes » d'Europe n° 1, le mardi 9 décembre.] (*Le Monde*, 11 décembre 1986, p. 7, col. 5.)

Photo

(Il) vaut mieux l'(les,...) avoir en photo qu'à table/qu'en pension. Expression employée à propos d'une personne qui mange beaucoup, en particulier lorsqu'on doit la nourrir.

1. Et pas question de leur filer du surgelé ou des conserves. Que du naturel, que du naturel, dit sans arrêt le gros con. L'épouvantail en chaussettes, lui il dit rien, mais il bouffe pour quatre. J'te jure, vaut mieux les avoir en photo qu'en pension. (A.D.G., *Le Grand Môme*, p. 119-120.)
2. [...] comme disait Walter Spanghero, héros national du rugby narbonnais, « le genre de types qu'il vaut mieux avoir en photo qu'à table ». Deux frères ennemis de la gonflette [Arnold Schwarzenegger et Sylvester Stallone] qui se soumettent bien volontiers au test comparatif des instituts de défense des consommateurs : peser son poids en lingots d'or fait partie du jeu. (*Télérama*, 15 juin 1988, p. 60, col. 1.)

— Par plaisanterie.

3. — Vous allez bien ?
— Pas terrible. J'ai un ver solitaire, je l'appelle Max, il me bouffe tout. Vaudrait mieux l'avoir en photo qu'en pension (...). (*L'Événement du jeudi*, 21 juillet 1988, p. 12, col. 2 [relation d'une interview de Laurent Fignon].)

Pièce

Ne pas être aux pièces. Formule utilisée pour tempérer l'ardeur de quelqu'un ou pour indiquer qu'on entend prendre son temps. Le travail aux pièces ou à la tâche, dans lequel la rémunération dépend des résultats, s'oppose au travail à l'heure où la durée est prise en considération.

1. — [...]. J'ai du travail, moi.
— Oh ! hé ! tu n'es quand même pas aux pièces. (C. Courchay, *Quelque part*, p. 220.)
2. — Clara, une autre tasse de café, s'il te plaît.
Hurlements de Jérémy et du Petit :
— Plus tard, Ben, la suite, s'il te plaît, la suite !
— J'ai le temps de siroter mon café, non ? On n'est pas aux pièces ! (D. Pennac, *Au bonheur des ogres*, p. 192.)

Pied

∅ **Faire les pieds au mur.** « Se livrer à des débats érotiques. » Emploi particulier d'une locution qui, dans son sens premier, est l'équivalent de **faire le poirier**, les pieds reposant contre un mur.

1. Toute la république des jambes-en-l'air, sauf votre respect... Ah ! croyez-moi, on les compte, ceux qui ne sont pas venus faire les pieds au mur rue Chauchat [dans une maison close]. (A. Blondin, *L'Europe buissonnière*, p. 36.)

Les deux pieds dans le même sabot (avec des verbes comme **être, rester**). « Inactif, passif, incapable d'agir. » L'exemple suivant en est une variante ponctuelle et plaisante.

2. [...] le moment est venu de vous dire à mardi prochain. Vous pensez bien que d'ici là, je ne vais pas rester les deux pieds dans la même tennis. (J.-P. Demure, *Aix abrupto*, p. 91.)

Pif

Au pif. « Au jugé. » Variante de **au pifomètre.** ~ **À vue de nez, au radar***.

1. [...] ce phénomène extra-sensoriel qu'est la faculté de pouvoir s'orienter, se repérer « au pif ». (*Libération*, 13 janvier 1986, p. 25, col. 3.)
2. À la prospection hasardeuse au pif, Willy vient de substituer le quadrillage rigoureux. (A. Simonin, *Hotu soit qui mal y pense*, p. 64.)

Pilotage, Pilote

○ **Mettre (enclencher) le pilote (pilotage) automatique ; être en pilotage automatique.** « Se comporter à la façon d'un automate (notamment lorsqu'on est très fatigué). » Déjà relevé en 1975 **mettre le pilotage automatique** « se laisser aller, se détendre, être en roue libre » (*Dico Plus*, n° 1, 1977, p. 19). Du vocabulaire de l'aviation. ~ **Marcher au radar.**

1. Le bar est presque vide. [...]. Bernie est en pilotage automatique. Paupières de plomb, les gestes cotonneux. Il doit en être à son quatrième valium. (F. Lasaygues, *Bruit blanc*, p. 127.)
2. Après la teuf [fête] d'hier soir, je suis tellement déjanté [en dehors de la réalité ; voir *rouler sur la jante**] qu'aujourd'hui j'enclenche le pilote automatique. Ce soir, je mets un bémol... Au plumard à 20 h (*20 ans*, novembre 1987, p. 100, col. 2.)

Pinceau

Accroche-toi au pinceau ! Exhortation plaisante au courage, à la bravoure. Par allusion à l'histoire du fou en train de peindre un plafond, auquel un autre fou dit **accroche-toi au pinceau, j'enlève l'échelle.**

[...] il [...] est revenu avec une bouteille toute noire et deux petits verres. Accroche-toi au pinceau, j'ai hurlé intérieurement [...]. Ce n'était pas la peine que je proteste, je le savais. J'ai avalé cul sec. (J.-B. Pouy, *La Pêche aux anges*, p. 54.)

Pincer

Pince(z)-moi (je rêve) ! « Ce n'est pas croyable, c'est invraisemblable. » Image du pinçon, moyen d'empêcher ou d'interrompre le sommeil et donc les rêves.

1. EVA : Tu as le chèque ?
   BERTOLD : Oh, que c'est laid cette question !
   LÉON : Il a le chèque ! Accessoiriste, pincez-moi, je rêve ! (A. Husson et F. Blanche, « Adieu Berthe ! » dans *L'Avant-Scène Théâtre*, p. 28.)
2. — André, pince-moi, je crois que je suis en plein cauchemar ! (T. Topin, *Piano barjo*, p. 177.)

Pipeau

○ **C'est du pipeau.** « Ce n'est pas (quelque chose de) sérieux. » ~ **C'est de la blague, c'est du flan. Ce n'est pas du pipeau.** « C'est (quelque chose de) sérieux. » ~ **C'est pas de la blague, c'est pas du flan.** Métaphore sur **pipeau** « appeau pour attirer les oiseaux ; flûte champêtre ».

1. — Écoute, j'sais pas ce que tu fricotes, mais c'est sûrement du pipeau. C'est pas le vrai boulot qui manque ici et t'es jamais là au bon moment. (Demouzon, *Château-des-rentiers*, p. 133.)
2. [...] il a travaillé dans un cafeton, vers le métro Château-Rouge, où l'on pratiquait le commerce de la peau illustrée [...].
   On tue pour un kil de rouquin entamé à la zone, je tarderai pas à le savoir. Tout comme j'aurai l'occasion de vérifier sur pied que l'histoire du fourgue en tatouages, c'est pas du pipeau. (J.-L. Degaudenzi, *Zone*, p. 26.)

○ **Jouer du pipeau à quelqu'un.** « Tenir des propos fallacieux ou mensongers à quelqu'un. » Même métaphore que ci-dessus. C'est probablement sur ce modèle qu'a été formé **jouer de la clarinette à quelqu'un**, de même sens (relevé en 1964 dans *Dico Plus* 17/35, mars 1986).

3. L'allusion [...] à sa passion des chevaux, il se goure bien que ça va m'inquiéter. Aussitôt, il contre de son mieux [...]. Il a retourné le disque... il me joue du pipeau [...] il est sûr que les affaires vont reprendre... c'est ma-thé-ma-ti-que ! (A. Boudard, *Le Café du pauvre*, p. 53.)

Piquer

○ **Eau qui pique.** « Limonade ; eau gazeuse. » Du langage enfantin. ~ **Eau à ressort***.

J'enlève ma pelisse et vais me servir un grand verre de J. & B. avec de gros glaçons et plein d'eau qui pique. (A.D.G., *Le Grand Môme*, p. 106.)

Pire

Le pire n'est pas toujours certain/sûr. Pour marquer son refus du pessimisme, du catastrophisme. Par euphémisme. Probablement de l'espagnol *No siempre lo peor es cierto*, titre d'une comédie-proverbe de Calderón (1675).

Il [Balladur] est dosé, posé, jamais osé. Le [...] baron de Saint-Gobain, marquis de Paribas et chevalier de Suez, n'a jamais de formules trop lisses, bien tournées, chantournées, pour expliquer que tout va s'arranger, que la bonne direction est bien prise, qu'on est engagé dans le bon chemin et que le pire n'est pas toujours sûr. (*Le Monde*, 10-11 janvier 1988, Supplément radio-télévision, p. 31, col. 3.)

Pisse

○ **Pisse d'âne.** « Boisson (notamment bière) tiède ou éventée ; chose sans valeur, propos sans intérêt. » Même sémantisme que **pipi de chat**, mais avec une connotation plus grossière.

1. Ils étaient assis au bar, sur des tabourets du pays, dépourvus de barres pour les pieds. [...]. Stan s'accouda au comptoir sans s'occuper d'eux, et se commanda une bière, évitant de préciser : fraîche. [...] Stan les écouta en buvant une pisse d'âne chaude [...]. (P. Conil, *La Queue du lézard*, p. 56-57.)
2. Vous croyez que je vanne ? Mais non. Je m'amuserais pas à vous raconter tout ça si c'était que pisse d'âne. (F. Lasaygues, *Vache noire*, p. 113.)

Pisser

○ **C'est comme si je (tu,** etc.**) pissais dans un violon.** « Cela ne sert à rien, c'est inutile. » Le caractère inattendu de la comparaison, d'origine mal expliquée, en renforce l'expressivité.

1. En fin d'après-midi, à l'entrée de la route qui conduit à la mer, José et Marie essaient de stopper une voiture : c'est pas ça qui manque [...] mais aucune s'intéresse à nous. J'ai beau lever le pouce [...] c'est comme si je pissais dans un violon. (C. Giudicelli, *Station balnéaire*, p. 83-84.)

— Variante. **C'est comme si je (tu...) pissais dans un violoncelle.**

2. Moi j'suis aux p'tits soins, je m'défonce en huit
Pour qu'elle manque de rien ma p'tite
C'est comme si j'pissais dans un violoncelle
Comme si j'existais plus pour elle
Je m'retrouve planté, tout seul dans mon froc
Depuis qu'elle est en cloque... (Renaud, «En cloque» dans *Mistral gagnant*, p. 143.)

○ **Envoyer quelqu'un faire pisser Médor.** « Confier à quelqu'un une tâche subalterne pour se débarrasser de lui. » Métaphore du chien que promènent les citadins pour lui permettre de faire ses besoins naturels dans des lieux publics, cette promenade étant considérée — notamment par ceux qui n'ont pas de chien — comme une occupation ancillaire sinon un peu ridicule.

3. Et pendant que les hautes sardines vont se ruer sur le gâteau, on vous envoie faire pisser Médor ! (J. Amila, *La Bonne Tisane*, p. 121.)

○ **Pisser dans son froc.** « Avoir très peur. » Fondé sur les réactions physiques que peut entraîner la peur. À comparer avec les locutions plus usuelles **chier, faire dans son froc ; faire dans sa culotte.**

4. J'étais à peu près le seul flic du département à pratiquer l'arrestation à mains nues, alors que le plus obscur des gardiens de la paix pissait dans son froc à la simple idée d'assurer la sortie d'une maternelle sans son 357 magnum ! (D. Daeninckx, *Lumière noire*, p. 179.)

○ **Pisser loin.** Symbole de jeunesse, de bonne santé, de virilité. Par référence aux « concours » que peuvent faire les petits garçons (ou les plus grands, quand ils ont bu). On remarquera que **pisser loin** est surtout employé, en contexte négatif, dans l'expression **ça pisse pas loin.**

5. — Allez [...] ! T'en fais pas ! On est jeunes. On pisse loin. On les aura. (C. Roudé, *Rue Paradis*, p. 53.)

○ **Pleure, tu pisseras moins !** Pour inviter quelqu'un à pleurer sans retenue. Cet encouragement, souvent ironique, a dû déjà beaucoup servir, puisqu'on le trouve par exemple en 1610 dans Béroalde de Verville, *Le Moyen de parvenir*, ch. 15.

6. [...] comme après chaque coup de fil à ma femme, j'eus immédiatement droit à ma petite montée de larmes avec gémissements et sanglots associés.
Je ne cherchais plus à comprendre ni à retenir quoi que ce soit, je m'en foutais pour tout dire, comme me disait autrefois ma mère : « Pleure, mon fils, pleure, tu pisseras moins. » (J.C. Grumberg, *La Nuit*, p. 102.)

○ **Rire à se pisser dessus/à pisser dans sa culotte.** « Rire beaucoup. » Par allusion aux réactions physiques que peut entraîner le rire. Comparer avec **rire aux larmes.**

7. — Il [un pompier] disait toujours : le meilleur pompier de la région, c'est pas moi, c'est ma femme ! J'ai jamais compris pourquoi il disait ça, mais les autres y riaient, y riaient à se pisser dessus, ça faisait plaisir à voir ! Ah couillon, c'était un marrant, mon Marcellin ! (T. Topin, *Honey money*, p. 133.)

Voir aussi **docteur**, exemple 2.

Piste

○ **Tailler la piste.** « Partir précipitamment ; déguerpir. » Extension du sens de base « faire beaucoup de chemin sans s'arrêter » ; l'idée de rapidité étant par ailleurs présente dans **se tailler** et **tailler** « s'enfuir » en français populaire. ~ **Tailler, tracer la route***. Dans l'exemple suivant, variante développée **tailler la piste à main gauche** « se défiler, s'esquiver ».

Dis-toi bien que les garçons qui utilisent les préservatifs, ça ne court plus les rues depuis l'invention de la pilule. La plupart des mecs s'en foutent, ils couchent avec toi sans prendre de précautions et à la première alerte ils taillent la piste à main gauche. (P. Adler, *C'est peut-être ça l'amour*, p. 40.)

Place

Les places sont chères. « Cela n'est accessible qu'à un petit nombre de personnes en raison d'une concurrence sévère. » Image des places au prix plus ou moins élevé (dans un théâtre, un cinéma, un stade). « Les places étaient chères » est le titre d'un ouvrage de Labat, Paris, La Table ronde (1951).

1. C'est pourquoi, je le répète, suivre une course importante est pour le dilettante un bonheur, une chance, un privilège. Car les places sont chères dans cette représentation gratuite. Voir, ce qui s'appelle bien voir un Paris-Roubaix aux routes si étroites n'est donné chaque année qu'à une poignée de favorisés. (R. Fallet, *Le Vélo*, p. 75.)
2. C'est pas Eton mon lycée. Les profs, à part les trop vieux, les trop abrutis, ils cherchent qu'à se faire muter ailleurs. Au bout du monde ils iraient pour pas croupir dans cette boîte. Même en province. Mais les places sont chères. (R. Forlani, *Papa est parti, maman aussi*, p. 77.)

Placer

En placer une. « Prendre la parole ; participer à la conversation après avoir dû attendre plus ou moins longtemps. » **En** représente **parole**.

1. J'ai dû attendre qu'il s'arrête de sourire pour pouvoir en placer une [...]. (P. Djian, *Maudit Manège*, p. 42.)
2. Le chien s'est mis à aboyer différemment, d'une manière mécanique. Plus moyen d'en placer une. (J.-B. Pouy, *L'Homme à l'oreille croquée*, p. 31.)

Plaire

Avoir tout pour plaire. « Avoir tout pour déplaire. » Par antiphrase.

Alors, récapitulons : femme, juive, rousse, vieille, gauchère. Tout pour plaire, quoi ! (C. Sarraute dans *Le Monde*, 21 mars 1987, p. 32, col. 6.)

Plaisir

On n'a que le plaisir qu'on se donne! Invitation à profiter des plaisirs de l'existence et qui équivaut souvent à un *Carpe diem* à la petite semaine. Déjà à la fin du XVIe siècle, Jean Passerat, dans son *Ode du premier jour de may*, écrivait : « En ce monde n'a du plaisir / Qui ne s'en donne » (*Anthologie de la poésie française*, sous la dir. de R. Kanters et M. Nadeau, *Le XVIe Siècle*, t. II, Lausanne, 1967, p. 333).

Canine se décida pour un T-shirt moulant en coton élastique qui ne gênait pas les mouvements et dont le col en V soulignait la beauté de sa gorge que Gunn [un chien] matait sans vergogne; vicieux comme un chanoine, il adorait assister aux séances d'habillage et de déshabillage de sa maîtresse. On n'a que le plaisir qu'on se donne! (Oppel & Dorison, *Canine et Gunn*, p. 156.)

Plancher

(Conduire le) pied au plancher. « En accélérant à fond, à toute vitesse. » C'est l'attitude inverse de **avoir un œuf* sous le pied.** ~ **Avoir un parpaing sur l'accélérateur; à fond* la caisse.**

1. Barran conduit à toute allure, pied au plancher [...]. (S. Japrisot, *Adieu l'ami*, p. 29.)
2. [...] ils avaient [...] parcouru dix-huit mille kilomètres [...] pendant deux mois, et maintenant c'était la rentrée sur Paris le pied au plancher [...]. (D. Rondeau, *L'Âge-déraison*, p. 150-151.)

Planer

○ **Ça plane!** « Tout va très bien (comme lorsqu'on est dans un état second). » Du vocabulaire de la drogue. « Ça plane pour moi » est le titre d'une chanson écrite par Lou Depryek et interprétée par Plastic Bertrand (1977).

Il porte un feutre noir et il fume le cigare en gratouillant sa guitare en forme d'étoile. Super! Impec! Branché à mort! Ça plane! (San-Antonio, *La Fête des paires*, p. 23.)

Planète

○ **Casser la/sa planète à quelqu'un.** « Détruire le bonheur de quelqu'un. » Probablement par référence au sens de **planète** dans l'argot de la drogue « situation, état de celui qui plane ». Littéralement, la locution équivaudrait à « faire sortir brutalement quelqu'un de son état d'euphorie ».

J'appelle Mehdi et je tombe sur une voix de gonzesse. Adèle l'ancienne qu'était venue me casser ma planète à domicile. J'ai su plus tard que c'était elle. (E. Hanska, *J'arrête pas de t'aimer*, p. 41.)

Plat, adjectif

Plate comme une punaise ; plate comme une sole. « (Femme) qui a les seins peu développés. » Par analogie de forme ; la seconde locution est une variante de **plate comme une limande.** ~ **Plate comme une planche (à pain, à repasser), œufs* sur le plat.**

1. C'est dans ces temps-là que je me suis vu assiégé par la grande Dany. Pas du tout mon type, garçonne, rude et criarde, pas froid aux yeux, rien pour me plaire. Plate comme une punaise des bois, alors que j'ai toujours été très porté sur la poitrine des femmes. Y a rien de plus beau, je trouve, qu'un fort balcon bien lourd et bien rond. C'est toute la femme, la poitrine. (M. Bédu, *La Vie dure*, p. 152.)
2. Quand nous étions jeunes, nous faisions des concours pour savoir qui avait la plus grosse poitrine [...]. Elle était fière d'être plate comme une sole. (J.-J. Bricaire et M. Lasaygues, « La Berlue » dans *L'Avant-Scène Théâtre*, p. 24.)
3. GABRIELLE : [...] leur fille vient avec eux et [...] il serait gentil — voire opportun — que tu lui tiennes compagnie.
ARTHUR : Elle est plate comme une sole, et gracieuse comme un rouget-grondin. (F. Dorin, « L'étiquette » dans *L'Avant-Scène Théâtre*, p. 11.)

Plat, nom masculin

En faire (tout) un plat. « Accorder une importance exagérée à quelque chose. » Image culinaire. ~ **En faire une galère*, en faire toute une histoire, en chier une pendule*.**

1. Je suis en retard, c'est juste, il n'y a pas de quoi en faire un plat. (J.-F. Vilar, *Passage des singes*, p. 222.)

○ **L'histoire (ne) repasse (pas) les plats.** Pour marquer qu'une même situation (ne) se réitère (pas). Image des plats que l'on repasse à table, en invitant les convives à se servir à nouveau. L'expression vient probablement de L.-F. Céline, qui l'employa, à la forme négative, lors d'un entretien paru dans *L'Express* du 14 juin 1957, p. 17, col. 1 : « Oui je croyais qu'il fallait faire l'Europe. Et c'est bien ce qu'ils essaient de faire maintenant. Trop tard ! L'histoire ne repasse pas les plats. Maintenant on ne peut pas faire l'Europe. »

2. C'est un 12 mai 1977 au soir qu'il [Raymond Barre] naquit vraiment à la politique [...]. Son baptême fut ce face-à-face à la télévision avec François Mitterrand, alors premier secrétaire du Parti socialiste [...]. François Mitterrand ne s'y trompe pas : ce Barre-là lui rappelle un certain Pompidou. Raymond Barre lui renverra l'hommage : « Cet homme a de la substance », se convaincra-t-il à partir de ce jour. Onze ans plus tard, l'un et l'autre en rêvent encore. Et si l'histoire repassait ce plat ? (*Le Monde*, 9 février 1988, p. 10, col. 1.)
3. Pas un site célèbre où ils [les Chinois] ne se croient chez eux, à côtoyer leur passé comme un ami d'enfance. L'Histoire ne cesse de leur repasser les plats. (A. Schifres, *Ceux qui savent de quoi je parle*, p. 301.)

Pleurer

Arrête(z), tu vas (vous allez) me (nous) faire pleurer! Pour marquer ironiquement que l'on ne se laisse pas attendrir.

1. — Oh écoute, tu ne vas pas encore remettre ça ? [...] Enfin quoi, on est des vieux potes, non ? C'est pas parce que...
— Arrête, Georges, tu vas me faire pleurer. (Marie & Joseph, *Chaudes Bises*, p. 67-68.)
2. — Je ne veux pas être un gagnant ! Je déteste les gagnants. Je préfère les perdants. J'aime les faibles, je suis du côté des exclus et des humiliés, voilà.
— Arrêtez ! Vous allez me faire pleurer. Je craque. C'est Zola, ce type, c'est Zola ! (S. Moati, *La Saison des palais*, p. 199.)
3. — Arrête ta chanson, Alex, tu vas nous faire pleurer. Allez, tu nous accompagnes à Millau, on va éplucher heure par heure ton emploi du temps du mois passé. (M. Villard, *Le Roi*, p. 184.)

Pleuvoir

Il va pleuvoir! Réplique marquant ironiquement l'étonnement devant un fait ou un comportement inattendu.

— Dis-moi France, attaque-t-elle aussi sec, je viens d'avoir une idée.
Il va pleuvoir.
— Ce serait bien si nos deux petits groupes faisaient connaissance. (P. Adler, *C'est peut-être ça l'amour*, p. 73.)

Plier

○ **Ça me plie!** « Ça m'amuse, ça me fait sourire. » Fondé sur **être plié en deux (de rire)**, avec effet de litote ; langage des jeunes.

le flot [l'argent] n'est pas tout dans la vie [...] les condamnés toujours en train de courir après un milliard moi ça me plie. (C. Brétecher, *Agrippine*, p. 13.)

Plomb

○ **Se faire sauter les plombs.** « S'enivrer ; se droguer. » Image tirée du vocabulaire de l'électricité : quand les plombs sautent, on est « dans le noir », « hors circuit », « déconnecté », on a « disjoncté ».

[...] le vieux il prend son panard comme il peut. Y s'fait sauter les plombs au gros rouge. (F. Lasaygues, *Vache noire*, p. 35.)

Plombier

C'est le plombier! Réponse à la question *qui c'est?* lorsque la personne qui frappe ou sonne à la porte préfère, en général pour plaisanter, ne pas donner son identité. Par référence à un sketch de F. Raynaud (*infra*) où un perroquet, seul dans l'appartement, exténue le plombier venu pour faire une réparation, à force de lui poser mécaniquement la question *Qui c'est?*

1. FRANÇOIS (*off*) : Qui est là? (*Chris frappe à nouveau*; *off*). Qui c'est?
LÉON (*il transforme sa voix*) : C'est le plombier!
CHRIS : C'est Chris et Léon! («Les doigts dans la tête» de J. Doillon dans *L'Avant-Scène Cinéma*, p. 34.)
2. La dame, qui avait été faire ses commissions, revient. Elle voit le type complètement écroulé sur son paillasson. Elle demande : Qui c'est? Et une voix à l'intérieur : «C'est le plombier!» (F. Raynaud, «Le plombier» dans *Heureux!*, p. 220.)

Plume

(Kilo) de plume(s)... (kilo) de plomb. Allusion plaisante à la devinette enfantine : «Qu'est-ce qui pèse le plus lourd, un kilo de plume ou un kilo de plomb?» «Kilos de plumes, kilos de plomb» est le titre-clin d'œil d'un ouvrage de J.-L. Yaïch et G. Apfeldorfer (1988).

1. J'ai raccroché [le récepteur], avec l'impression d'avoir vingt tonnes sur les épaules. De plume ou de plomb? De malheur, pauvre con... (C. Courchay, *Le Chemin de repentance*, p. 186.)
2. Notez qu'avec un petit Q.I. de 100-110, on n'est pas complètement démuni. Il est à la portée du premier plombier venu de comprendre qu'un kilo de plumes pèse autant qu'un kilo de plomb. A peu de chose près. (P. Desproges, «C'est vrai que je ne suis pas n'importe qui» dans *Textes de scène*, p. 67.)

— Variante sur ce modèle. **Kilo de paille (,) kilo de plomb.**

3. Je n'ai jamais pu soulever plus de soixante kilos. Plus facilement soixante kilos de paille que soixante kilos de plomb. C'est tout de même plus léger, la paille. (E. Ionesco, «Jeux de massacre» dans *Théâtre V*, p. 16.)

Poche

Je (ne) l'ai pas dans ma poche! «Je ne sais pas où il/elle est (en réponse ironique à une question).» Image des poches de vêtement dont on a vite fait d'examiner le contenu, pour voir si quelque chose s'y trouve ou non. ~ **Il est dans sa chemise*!**

M. Bellanche m'interpelle [...].
— Vous avez pas vu Julot?...
— Je l'ai pas dans ma poche que j'y fais. (L.-F. Céline, *Maudits Soupirs*, p. 114.)

Poignée

○ **Poignées d'amour.** « Plis graisseux autour de la taille. » Euphémisme qui transforme en atout ce qui pourrait être un handicap ; calque de l'anglais *love handles*. D'introduction récente en français, cette image s'y inscrit dans une série où l'on avait déjà **coussin d'amour** « ventre légèrement bedonnant » ou encore **balais d'amour** « moustaches » (R. Fallet, *Banlieue sud-est*, p. 28.)

1. [...] il se plaignait avec des intonations nostalgiques que ses poignées d'amour ne servaient pas des masses ces temps-ci. (E. Hanska, *Fascination*, p. 19.)
2. À poil devant la glace, il n'était pas jojo [...]. Ça s'alourdissait méchamment autour de la ceinture. Sa bouée de sauvetage, ses poignées d'amour. (A. Page, *Tchao Pantin*, p. 120.)

— Variante. **Poignées d'extase.** Voir **louche,** exemple.

Point

Point G. « Point du plaisir sexuel, "découvert" par le sexologue Grafenberg, qui se cacherait dans l'intimité de chaque femme et déclencherait l'orgasme lorsqu'il est sollicité. » Calque de l'anglais *G spot*.

1. Pas un seul jour sans information détaillée sur l'orgasme obligatoire, le plaisir du point G et les deux cent quarante-cinq positions. (N. de Buron, *Qui c'est, ce garçon ?*, p. 55.)
2. Il s'allongea sans même se déshabiller et prit un des journaux empilés sur la table de nuit. Trois Américains venaient de découvrir le point G mais l'article ne précisait pas s'ils l'avaient découvert ensemble. (D. Daeninckx, *Le Bourreau et son double*, p. 86.)
3. Existe-t-il, ce fameux point G qui doit mener chaque femme au nirvana sexuel ? (*Le Monde*, 31 août-1er septembre 1986, Supplément, p. 4, col. 1.)

○ **(Un) point c'est marre !** Pour indiquer, avec quelque impatience, qu'on n'entend pas en dire plus sur le sujet ou qu'on n'a pas envie d'en faire davantage. Variante de **un point c'est tout !** ~ **Point à la ligne.**

4. Au début je me forçais à rire avec tout le monde pour ne pas être trop différent et pour montrer que je prenais ces plaisanteries à la rigolade. Mais ensuite, je ne riais plus. Je laissais faire et point c'est marre. (A. Begag, *Béni ou le Paradis privé*, p. 40.)
5. [...] monsieur n'a plus de famille, plus rien. Ses parents, sa femme, sa belle-mère, ses enfants, ses cousins sont morts [...]. Voilà. La succession, c'est nous qui la prenons. Un point c'est marre. (P. Siniac, *Luj Inferman' ou Macadam Clodo*, p. 75.)

○ **(Un) point, (une) barre / Un trait, un point !** Même valeur que l'expression précédente. Langage des jeunes.

6. Si je fais tout ça [...] c'est uniquement pour des raisons de sécurité. Un trait, un point. (« Black mic mac », film de Thomas Gilou, 1986.)
7. — Et comment comptes-tu t'en tirer ?
   — Ne flippe pas. On va très bien se débrouiller Yann et moi. Et tout seuls comme des grands*. Point, barre. (N. de Buron, *C'est quoi, ce petit boulot ?*, p. 112.)
8. Avant on disait : « Point » ! en fin de phrase, pour mettre un terme à une discussion. Aujourd'hui on est plus convaincant en disant : « Point, une barre ! » (*20 ans*, novembre 1987, p. 102, col. 2-3.)

Pois

Avoir un pois chiche (un petit pois) dans la tête. « Être complètement stupide. » Image du grelot, insigne ancien de la folie. ~ **Avoir un grain.**

1. On flashe à haute voix sur nos dernières vraies nuits d'amour, concluant qu'en général les mecs à grosse bite ont un pois chiche dans le cigare [...]. (E. Hanska, *J'arrête pas de t'aimer*, p. 127.)
2. Les Yeux-Bleus, faut l'admettre, a le don de soulever des bergères magnifiques avec un pois chiche dans le chignon. À croire que, les demeurées, il en fait la collec. (J. Houssin, *Envoyez la purée !*, p. 54.)
3. — Mon fils avec une bougnoule ! Mais qu'est-ce qu'il a dans la tête ? Un petit pois ? (F. Rieu, *La Cavale du chômeur*, p. 42.)

○ **Comme si je lui avais vendu des petits pois (des haricots) qui veulent pas cuire.** « Avec suspicion, animosité, reproche. » L'expression, qui n'est pas d'un emploi fréquent, n'est pas toute jeune. Déjà en 1640 A. Oudin, dans ses *Curiositez...*, consignait « **Vous ai-je vendu des pois qui cuisent mal,** ceci se dit à une personne qui nous regarde de travers. »

4. Des fois, elle rigole, des fois elle s'enferme ou elle me cause sec comme si j'y avais vendu des haricots qui voulaient pas cuire... (G. Dormann, *Je t'apporterai des orages*, p. 250.)

Poli

Sois poli si t'es pas joli ! Pour remettre à sa place, de façon vexante, un interlocuteur impoli (avec effet d'assonance).

1. — Alors, qu'est-ce qu'y'a, gros lard ?
   — Sois poli si t'es pas joli ! (A. Begag, *Béni ou le Paradis privé*, p. 33.)
2. — Qu'est-ce que c'est, ton genre ? Employée de bordel ?
   — Sois poli si t'es pas joli, coco ! (Pichard/Wolinski, *Paulette*, t. 2, p. 178.)

Pomme

Bonne pomme (en apposition). « D'une grande naïveté ; d'une bonté excessive. » ~ **Bonne pâte, bonne poire.**

François tourna les talons, pâle de rage, se buta dans sa petite sœur qu'était juste derrière lui et lui envoya une torgnole [...]. La môme piailla. Fufu, bonne pomme, se précipita pour la consoler, la pelotant un peu au passage. (A.D.G., *Cradoque's band*, p. 33.)

Pompe

○ **Être à l'aise/bien/mal dans ses pompes.** « Être/ne pas être à l'aise, en forme, bien dans sa peau. » Par métonymie, **pompes** (français non conventionnel pour **chaussures**) désigne dans cette locution et les suivantes l'ensemble de la personne. ~ **Être bien/mal dans ses baskets*.**

1. Et l'on disait : « Qu'il a l'air bien dans ses pompes, ce Chazelles ! Quel équilibre ! Quel charme ! Quelle maîtrise de lui ! » (S. Moati, *La Saison des palais*, p. 238.)
2. Les jeunes attachent une énorme importance à leurs vêtements [...]. L'angoisse, c'est d'« être bien dans ses pompes », de « ne pas avoir l'air gol ou niais », de « faire classe ». (*Le Monde de l'éducation*, février 1987, p. 26, col. 3.)

○ **Lâcher les pompes à quelqu'un.** « Laisser tranquille ; quitter, abandonner. » ~ **Lâcher les baskets*.**

3. Ce vieux blues s'est peu à peu intégré à ma vie et me lâche plus les pompes. Plus ça va et plus les périodes marrantes se rétrécissent. Le Grand Flip a pris du large. Il ne me laisse que quelques lambeaux de petits bonheurs. (E. Hanska, *J'arrête pas de t'aimer*, p. 107.)

— Variantes. **Lâcher les godasses, les tartines.**

4. — Écoutez, dis-je, on ne va pas les suivre toute la journée, lâchons-leur les godasses, on verra bien la suite, la semaine prochaine. (B. Deflandre, *La Soupe aux doryphores*, p. 303.)
5. Charlie vu que jui ai lâché les tartines se désennuie en me gratifiant de son cinoche de ville. S'inquiète de savoir si mon Arabe va mettre les voiles du côté de son pays. Ben non. L'Étranger vit à Paris. (E. Hanska, *J'arrête pas de t'aimer*, p. 23.)

— Par plaisanterie.

6. Les pieds-noirs savent que très bientôt, « el li fet met », le passé sera définitivement mort et qu'il sera temps que l'histoire leur lâche enfin les babouches. (*Le Monde*, 30 juin 1987, p. 9, col. 4.)

○ **Marcher (être) à côté de ses pompes.** « Être mal adapté à la réalité. » ~ **Déconner ; être déconnecté, déjanté, largué, paumé ; rouler sur la jante*.** « Lettre ouverte à la génération Mitterrand qui marche à côté de ses pompes » est un ouvrage de Th. Pfister (1988).

7. Un mec comme ça est irremplaçable. Sans lui bien souvent on aurait marché à côté de nos pompes. (A. Boudard, *La Cerise*, p. 117.)
8. Ce n'est pas moi qui comprends rien, c'est toi. Tu es toujours à côté de tes pompes. (J. Hougron, *Coup de soleil*, p. 225.)

Pomper

○ **Pomper comme un/des shadock(s).** Par référence aux personnages d'un dessin animé du Service de la recherche de l'ORTF, dont la première diffusion date de septembre 1968 ; les *Shadocks* devaient constamment actionner un mécanisme maintenant en l'air leur planète ; avec jeu de mots sur **pomper** « boire » dans l'exemple 2.

— « Pomper à de nombreuses reprises. »

1. [...] pendue au plafond, une de ces infernales lampes Coleman où il faut pomper comme un Shadock pour avoir de la lumière. (A.D.G., *C'est le bagne !*, p. 19.)

— « Boire à s'enivrer. » ~ **Boire* comme un évier.**

2. [...] on pompe comme les shadocks quand on piccole [*sic*] et qu'on se fait une opération

bourre-la-gueule. *Les teufs* [fêtes] *à Stef, c'est nul, mais y'a pas mal de carburos* [boissons] *et pis on y pompe comme des shadocks.* (*20 ans*, novembre 1987, p. 102, col. 3.)

∅ **Pomper le dard (le nœud) à quelqu'un.** « Ennuyer, excéder. » Probablement sur le modèle formel de **pomper l'air**, de même sens, mais avec une connotation plus marquée, dans la mesure où **pomper le dard** fait référence à la fellation. ~ **Peler* le jonc, racler* le nœud.**

3. Faudrait pas trop nous pomper le dard, p'tite dame, les accidents, ça arrive. (J.-P. Demure, *La Belle Dame*, p. 104.)

— Variante. **Pomper la tête à quelqu'un.** Probablement croisement de **pomper l'air** avec **casser la tête** ; sans connotation particulière, mais peu usuel. ~ **Prendre la tête*.**

4. J'y vais [au cimetière] de plus en plus souvent et encore pas autant que je le voudrais, à cause des autres, des vivants, qui me font chier à vouloir me voir, pour des riens, pour me baratiner, me pomper la tête avec leurs idées de films, leurs histoires à gagner des sous. (M. Audiard, *La Nuit, le Jour*, p. 15.)

Pompon

Avoir décroché le pompon. « Avoir atteint le comble. » Par référence au pompon qui distinguait avant 1869 les compagnies militaires d'élite (mais l'étymologie populaire a remotivé l'expression en la rapprochant d'un autre domaine, celui des manèges forains où l'enfant qui a décroché un pompon gagne un tour supplémentaire ; comparer avec **décrocher la timbale**). ~ **C'est gagné.** Dans l'exemple suivant, par antiphrase.

1. Depuis qu' t'es dans la Maison, t'accumules les conneries. Jusqu'à aujourd'hui, j'arrivais encore à gommer les bavures, mais là, t'as décroché le pompon ! (J. Houssin, *Envoyez la purée !*, p. 129-130).

C'est le pompon ! « C'est le comble. » Même explication que *supra*.

2. [...] le recours [...] contre certaines clauses du contrat de concession [en faveur de la 5e chaîne de télévision] a de sérieuses chances d'aboutir. Ce serait alors le pompon. (*Libération*, 20 décembre 1985, p. 19, col. 4.)

Porte

Entre deux portes. « À la sauvette. » L'expression n'est habituellement relevée que dans des locutions du type **parler à quelqu'un, recevoir quelqu'un entre deux portes,** c'est-à-dire « rapidement, sans beaucoup d'égards ». Les exemples suivants montrent qu'elle n'est pas limitée aux échanges verbaux.

1. C'est la mère Jujube du vingtième, belle femme dans mes âges. Bien sûr, elle a les jambes poilues mais ça empêche pas qu'un de ces jours, je vais me la faire entre deux portes. (A.D.G., *Cradoque's band*, p. 13.)
2. Foutez-lui la paix. Il a le droit de faire ce qu'il veut avec la Breitner. Même la baiser ! Surtout qu'elle porte pas grand' chose sous sa blouse ! Pas difficile de la culbuter entre deux

portes ! Et il y en a des portes dans cet établissement. (M. Viala, « Est-ce que les fous jouent-ils ? » dans *L'Avant-Scène Théâtre*, p. 50.)

La porte à côté. « Tout près. »

3. [...] elle habitait maintenant à une cinquantaine de kilomètres, c'était pas la porte à côté. (P. Djian, *Zone érogène*, p. 36.)
4. Toute la famille se tenait devant le clapier pour nous dire au revoir. C'était la première fois que l'un d'entre nous, en dehors du grand-père, quand il était parti en Allemagne, s'en allait à l'étranger et vous parlez d'un événement. L'Italie c'est la porte à côté mais là où on allait c'était là-bas dans le Sud au bout de la botte [...]. (J. Lanzmann, *L'Âge d'amour*, p. 76-77.)

Porter

Moins je (tu, etc.**) le (la, les) vois, mieux je me (tu te,** etc.**) porte(s).** À propos de quelqu'un que l'on préfère éviter. Par euphémisme.

1. — [...] c'est un type très dangereux... Moins tu le vois, mieux tu te portes. (C. Breillat, *Police*, p. 144.)
2. — [...] moi, cette belle-sœur, moins je la vois, mieux je me porte. (San-Antonio, *Fais pas dans le porno...*, p. 93.)

— Variantes sur ce modèle.

3. — Et tu prétends que tu ne sais rien de sa famille. De ses relations. De sa vie quotidienne ? — Je suis un clandestin, Geak. Tout comme toi. Et moins j'en sais mieux je me porte. (J. Bialot, *Le Manteau de saint Martin*, p. 75.)
4. [...] Chalandon [...] l'a avoué, en privé, à plusieurs reprises : cette affaire du Carrefour du développement l'ennuie beaucoup. Moins il s'en occupe, mieux il se porte. (*Le Canard enchaîné*, 18 février 1987, p. 3, col. 5.)
5. L'amour, aujourd'hui, moins on le fait, mieux on se porte. La performance s'efface devant le fantasme. (*Le Monde*, 28 octobre 1987, p. 44, col. 6.)

○ **Porter à droite/à gauche.** « En parlant d'un homme, avoir les organes sexuels orientés à droite ou à gauche, par rapport à l'axe médian du corps, notamment quand ils sont contenus dans un short ou un pantalon. » La locution a été relevée par Nizier de Puitspelu, *Le Littré de la Grand'Côte*, Lyon, 1894, avec ce commentaire : « *Porter à gauche, porter à droite*, termes de tailleur. — Manière particulière, suivant les goûts de chacun, de porter le pantalon, dont les tailleurs disposent l'enfourchement en conséquence. »

6. [...] sur cette photo, je serre mes mains contre mon maillot, blanc, je porte un slip blanc, et visiblement je porte à droite, comme on dit. (H. Prudon, *Plume de nègre*, p. 48.)

Portillon

Ça se bouscule (se pousse) au portillon. Pour qualifier une suite de paroles précipitées et embrouillées. Par allusion aux bousculades fréquentes aux portillons d'entrée de certains lieux publics et notamment, à une époque récente, du métro parisien.

1. — Moi, les potes, vous comprenez, je vais vous dire...

Il entame, proclame, il se lève de sa chaise pour venir nous convaincre [...]. Il nous dit quoi au juste? Ça se pousse au portillon... du coq-à-l'âne, de grasses plaisanteries... des sentences de bistrot du coin... des secrets qu'il ne sait pas garder. (A. Boudard, *L'Hôpital*, p. 237.)

2. Sa pauvre bouille apparaît... Mentonnière, double fracture de la mâchoire. Jamais je me suis senti aussi con.
— Tu vois ce que tu m'as fait?
— Ben...
Mes mots ne se bousculent pas au portillon. (R. Lageat, *Robert des Halles*, p. 84.)

Poser

Ça vous pose un homme. « Cela met en valeur une personne, lui donne de la considération. » En emploi plaisant ou ironique.

1. « Je cherche des indices anatomiques fiables de la dominance cérébrale. » Et ça, croyez-moi, c'est le genre de phrase qui vous pose un homme et inspire définitivement le respect. (J.-P. Dubois, *Éloge du gaucher*, p. 160.)

Se poser (un peu) là. « Sortir de l'ordinaire; être particulièrement remarquable dans son genre (en bien ou en mal). »

2. Ça, pour parachuter les grosses du côté du hamac, il se posait un peu là. Le roi du multispire[s]. (E. Hanska, *Fascination*, p. 130.)
3. La vieille Plymouth ne payait peut-être pas de mine, mais elle avait un moteur trafiqué qui se posait un peu là, témoin les kilomètres qui furent dévorés à une vitesse d'ouragan. (P.V. Lesou, *Un Condé*, p. 168.)

Voir aussi **quatrième**, exemple 2.

Possible

Pas possible.

— Valeur négative. « Insupportable; incroyable. »

1. [...] on a vue sur la mer, même si le bruit des rouleaux, à mon avis, est vraiment pas possible. (C. Breillat, *36 fillette*, p. 31.)
2. De toute façon, les amplis, ça ira toujours. Le problème, c'est la sono... Je me suis renseigné, paraît que celle qui va servir pendant le festival, c'est une merde pas possible... (Marie & Joseph, *Chaudes Bises*, p. 149.)

En emploi nominal.

3. — Jamais vous n'auriez vendu autant de 45 t si vous ne vous étiez pas fait cette tête de pas possible!
— Vous savez, a répondu Boy George en restant super-cool, on n'a pas cinq chansons classées en tête des hit-parades en vendant uniquement une image. (P. Adler, *Bonjour la galère!*, p. 114.)

— Valeur positive. « Remarquable; incroyablement bien; très agréable. »

4. Ils avaient un avant-centre pas possible, un grand Noir, Martiniquais d'1 mètre 90, qui faisait ce qu'il voulait avec le ballon [...]. (D. Rondeau, *L'Âge-déraison*, p. 157.)

Voir aussi **frite**, exemple 3.

Pot

○ **Figure de pot de chambre.** « Visage particulièrement laid. » La comparaison s'appuie sur les connotations négatives que peut avoir le vase de nuit et les plaisanteries douteuses auxquelles il peut donner lieu.

1. Une vraie figure de pot de chambre : un teint de banane pas mûre, un nez long et osseux épousant la forme d'une faucille, des yeux atteints de strabisme convergent [...]. (P. Siniac, *Reflets changeants sur mare de sang*, p. 163.)

Plein pot. « En libérant toute la puissance (d'un véhicule à moteur et par extension de tout dispositif). » Par référence au pot d'échappement. ~ **À fond*, plein(s) gaz.**

2. [...] Pomme fait donner son briquet à gaz. Plein pot. Flamme au maxi. On dirait un chalumeau. (J. Vautrin, *À bulletins rouges*, p. 14.)
3. Le seul tapage nocturne, c'est celui que fait la moto que vient d'enfourcher le tueur à l'imper. Il démarre plein pot et disparaît. (J.-F. Vilar, *Passage des singes*, p. 97.)

Pot de yaourt. « Automobile de très petites dimensions. » Par une certaine analogie de forme.

4. — Madame a été contente de la voiture ? [...]
— [...] si vous aviez la bonne idée de louer des Transam 900 Turbo, je n'aurais pas choisi ce genre de pot de yaourt. (Oppel & Dorison, *Canine et Gunn*, p. 60.)

Voir aussi **cercueil**, exemple 1.

Potage

○ **Être dans le potage.** « Être dans une situation confuse ; ne pas savoir où l'on en est. » Image culinaire, comme celles formées en des sens voisins à partir de **mélasse** ou **purée**, et qui peut être un rajeunissement de **être dans la panade** ; à comparer aussi avec la série **pédaler dans la choucroute, la semoule, le yaourt,** etc. ~ **Être dans le brouillard, dans le cirage, dans le coaltar*.**

1. À Paris, les flics sont dans le potage... (J. Vautrin, *Bloody Mary*, p. 123.)
2. Nous étions dans le potage et pas qu'un peu*. (M. Villard, *13 Cow-boys dramatiques*, p. 133.)

Poule

(Être) comme une poule qui a trouvé un couteau. « Être déconcerté, désemparé, embarrassé, perplexe. » Variantes **être comme une poule devant un peigne ; un canard devant un couteau de poche.**

1. Faites l'idiot avec une pomme, une porte, un avion de ligne ou un document écrit qui ne vous appartient pas, la sanction légale vous guette. Mais [...] [devant les cas de piratage informatique] le législateur et le magistrat sont encore comme des poules devant un peigne. (*L'Événement du jeudi*, 26 novembre 1987, p. 63, col. 2.)

2. La poésie le laissait aussi indifférent qu'un canard devant un couteau de poche. (A. Vialatte, *Badonce et les Créatures*, p. 107.)

Pour

Dans des tournures elliptiques, après un participe passé. « À cette intention, comme il convient. » On rencontre surtout ce tour dans **c'est fait pour** et **c'est étudié pour** ; c'est peut-être F. Raynaud qui a popularisé cette dernière expression (voir *infra*, exemple 1).

— En parlant d'une chose.

1. TOTO : [...] Comment ils peuvent fonctionner dans l'eau, dis papa, les sous-marins atomiques ?
LE PÈRE : Hum... hum... Mon vieux... C'est étudié pour ! (F. Raynaud, « C'est étudié pour » dans *Heureux !*, p. 249.)
2. Savez-vous ce qu'ils ont imaginé, les gros pleins de sous, en Californie ? Ils font venir les appareils et le moniteur [de body-building] à domicile. En caravane spécialement aménagée pour. Le gymnase ambulant. (C. Sarraute dans *Le Monde*, 23 novembre 1985, p. 24, col. 6.)
3. Je préfère les trucs qui me font marrer sans être étudiés pour. (A. Schifres, *Ceux qui savent de quoi je parle*, p. 217.)

— En parlant d'une personne.

4. — Alors ? Tu viens ? Allez viens, quoi !
— Non, je ne suis pas habillé pour et j'ai besoin de réfléchir.
— Feignant ! (J.A. Lion, *Poulets et Perroquets*, p. 17.)
5. En remontant on vit le car de flics arrêté [...]. Chasse aux beatniks. [...] Nous on était pas dans cette catégorie-là. Et comme en plus on marchait d'un bon pas [...], ils ne firent pas attention à nous. Ils ne sont pas programmés pour, dit Thomas. (C. Rochefort, *Printemps au parking*, p. 139.)

Pourquoi

Il faut que ça marche (vienne,...) ou que ça dise pourquoi ! « Il faut absolument que ça marche (etc.). » Renforcement (d'un verbe exprimant une action ou une modification) qui évoque un dialogue avec une tierce personne réticente ou un monologue devant une chose qui résiste. ~ **Ça passe ou ça casse***.

1. La Mercedes attrapa de plein fouet la barre d'un portique. Il fallait que ça vienne ou que ça dise pourquoi. Le fer plia et s'éjecta de son socle de béton [...]. (A.D.G., *Notre frère qui êtes odieux...*., p. 179.)
2. — [...] Tu vois, maintenant que je suis Principal dans ce quartier, eh ben, j'ai plus un moment à moi !
— Boulot-boulot, hein ?
— Et tu me connais, moi ? Il faut que ça marche ou que ça dise pourquoi ! (Bachellerie, *Il court, il court*, p. 87.)

Le pourquoi du comment ; le comment du pourquoi. « Les causes, les raisons d'un événement, d'un processus. » Substantivation et imbrication plaisante de

pourquoi et **comment**, types des questions que pose une personne — et notamment un enfant — curieux de connaître, de comprendre quelque chose. ~ **Le pourquoi et le comment.**

3. Martial, qui voit d'autres fenêtres curieuses du pourquoi du comment du coup de feu s'allumer, fait un rapide demi-tour pour regagner la ville. (A.D.G., *Les Panadeux*, p. 101-102.)
4. Mi est curieuse de tout. Je lui ai expliqué le comment du pourquoi de tous ces fossiles dans notre région. (C. Courchay, *Quelque part*, p. 127.)
5. — Il t'a donné des détails, il t'a un peu expliqué le pourquoi du comment ? (C. Courchay, *Quelque part*, p. 220.)

Pousser

○ **Ça nous pousse !** Formule de résignation au temps qui passe, dans la bouche des adultes. ~ **Ça ne nous rajeunit* pas.**

1. — Ça fait un bail !
— Quatre ans ? Cinq ans ? [...]
— C'que l'temps passe !
— Ça nous pousse.
— Eh ! oui !
— C'était le bon temps, va ! (Bachellerie, *Il court, il court*, p. 87.)

Ça pousse pas ! ~ Voir *infra*, **repousser.**

2. Il ausculte les poches de sa veste. Ce faisant, il laisse tomber une pièce de dix francs [...].
— Ça pousse pas ! s'exclame Rank. (M. Sportès, *Le Souverain poncif*, p. 56.)

○ **(Il) faut pas pousser grand-mère (mémé) dans les orties !** « Il ne faut pas exagérer. » Amplification plaisante de **(il ne) faut pas pousser !** ; on entend parfois une variante développée comme dans l'exemple 3.

3. Je revois mon père nous raconter ce loupé [lors d'une chasse], le soir pendant le repas... Plus tard, Maleyran disait :
— Il faut quand même pas pousser mémé dans les orties, surtout si elle n'a pas de culotte ! Y en avait pas [du gibier] autant que ça... (J. de Bougues-Montès, *Chez Auguste*, p. 146.)

— Par ellipse. **Pousser mémé.** « Exagérer. »

4. Foucambert et ses associés, ils poussent mémé un peu vite, non ?... (C. Duneton, *À hurler*, p. 205.)

○ **Pousser quelqu'un au cul/aux fesses.** Intensif de **pousser**, avec une connotation populaire.

— « Suivre de près, talonner. » Comparer avec **coller* aux fesses.**

5. — [...] à notre époque, si t'es pas un battant, si tu ne t'investis pas totalement dans ton boulot, avec tous ces jeunes qui te poussent aux fesses, toutes ces histoires de rentabilité, de compétitivité, tu te retrouves sur le cul [...]. (C. Sarraute, *Allo Lolotte, c'est Coco*, p. 44.)

— « Inciter, stimuler, pousser à faire quelque chose. »

6. À la question : « Les éditeurs sont-ils un mal nécessaire ? » 100 % des maquereaux de Pigalle interrogés répondent : « Oui, bien sûr. Si y a personne pour les pousser au cul, les livres y restent dans la rue au lieu de monter dans les étages. » (P. Desproges, *Vivons heureux*, p. 149.)

Poussez pas, y en aura pour tout le monde! « Il est inutile de se bousculer, chacun aura sa part. » Par référence aux bousculades qui se produisent lorsque les gens font la queue pour acheter ou obtenir quelque chose.

7. [...] je me visionne des diapos dans ma tronche genre souvenirs d'enfance quand y en a plus y en a encore. Poussez pas y en aura pour tout l'monde du malheur. (E. Hanska, *J'arrête pas de t'aimer*, p. 50.)

Premier

Le premier qui + verbe, **je lui (il)** + verbe. « Si quelqu'un... je lui (il)... » Cette expression marque une éventualité, souvent assortie d'une menace. On l'entend beaucoup dans la bouche de certains éducateurs (ou des sous-officiers s'adressant à des soldats).

[...] quant à la télévision, le premier qui me parle de cette saloperie, je lui fais bouffer son tube cathodique. (A.D.G., *Le Grand Môme*, p. 26.)

Prendre

C'est toujours ça de pris! À propos d'un avantage, même dérisoire, obtenu alors qu'une affaire n'est pas encore engagée ou lorsqu'elle est mal engagée. L'expression, qui a pour synonyme moins usuel **c'est autant de pris**, offre parfois une version plus longue **c'est toujours ça de pris sur l'ennemi** (comparer avec **encore un que les Boches* n'auront pas!**).

1. Madjid, au contraire, était très concentré, ne perdait pas une seconde. Il voulait le réussir, son essai. Le salaire n'était pas des plus alléchants, mais c'était toujours ça de pris, qu'il avait dit à Pat. (M. Charef, *Archi Ahmed*, p. 164-165.)

Voir aussi **écouter**, exemple.

Ça te (vous) prend souvent? Pour marquer, de façon désapprobatrice, la surprise devant un comportement inattendu, une réaction imprévue (l'attitude mise en cause étant assimilée à une affection, à une maladie mentale chronique).

2. Le serrurier attaquait le verrou lorsque la porte s'ouvrit, tirée brutalement de l'intérieur. Ils se trouvèrent face à un homme jeune, barbu, au crâne entièrement rasé. Il les regarda effaré.
— Ça vous prend souvent?
— Police. (J. Bialot, *Le Salon du prêt-à-saigner*, p. 39.)

Pas vu, pas pris. Tour elliptique marquant l'art de l'esquive, l'habileté de celui qui commet un délit à ne pas se faire surprendre. « Pas vu, pas pris » est le titre français d'un film américain de Robert Butler (1971) dont le titre original est *Now you see him, now you don't* et d'un ouvrage d'Étienne Bouton (1985). ~ **Ni vu ni connu.**

3. On savait encore jouer le jeu, nous, et on avait plus d'estime pour la police que bien des « honnêtes gens ». Pas vu, pas pris, poulaga berné, tant mieux. Mais si coincés, un peu tabas-

sés sur les bords, on en faisait pas toute une histoire, on alertait pas la conscience universelle. (A.D.G., *La Divine Surprise*, p. 99.)

4. Un pickpocket de première, pas vu pas pris durant les quarante-trois années de son règne ; s'il s'en était donné la peine il aurait fauché avec maestria le calcif d'un ministre pendant l'inauguration d'un monument. (P. Siniac, *Reflets changeants*, p. 164.)

Présenter

L'enfant se présente bien/mal. « L'affaire est bien/mal engagée. » De la langue de l'obstétrique.

Là où ça coince, c'est que Victor n'admet pas qu'on lui manque de respect. L'enfant se présente mal, si tu veux mon impression, a conclu Paulo. (C. Courchay, *Quelque part*, p. 108.)

Prêter

○ **C'est comme une femme, ça ne se prête pas.** Pour accompagner le refus de prêter une chose à laquelle on tient. La comparaison souligne de façon plaisante, quoique machiste, l'attachement que l'on a envers ce que l'on n'entend pas prêter.

1. Mon vélo !
L'adjectif possessif s'accorde mieux, par exemple, à un vélo qu'à une épouse. Entre *mon* vélo et *ma* femme se glisse une différence de taille. Si on vous emprunte le premier poliment, on ne vous demande jamais votre permission pour la seconde. De toute façon, refusez, car un vélo, « c'est comme une femme, ça ne se prête pas ». (R. Fallet, *Le Vélo*, p. 37.)
2. Marceau lui offrit un stylo [...] avec plume en or et pointe d'iridium. Il ajouta :
— Un stylo, c'est comme une femme : ça se prête pas ! (R. Sabatier, *Trois Sucettes à la menthe*, p. 115.)

— Sur ce modèle. **C'est comme une brosse à dents, ça ne se prête pas.**

3. — Peau de balle ! s'insurgea-t-il [...], un flingue, c'est comme une...
— Oui, le coupai-je en contemplant ses chicots, c'est comme une brosse à dents, ça ne se prête pas. (A.D.G., *C'est le bagne !*, p. 135-136.)

Prisunic

De prisunic. Pour marquer du dénigrement (à l'égard de quelque chose ou de quelqu'un). Par référence aux magasins à prix unique introduits en France dans les années 1930, dont la technique consistait à vendre des marchandises ou des lots choisis et conditionnés de manière à n'atteindre jamais un prix supérieur à 10 francs. Le premier magasin de ce qui allait devenir le groupe *Prisunic* date de 1932.

1. Salaud ! Il ricane gentiment, le bourreau des cœurs au tarif du smig, le don juan de Prisunic. Facile d'étourdir les gamines quand on a le double de leur âge. (L. Chouchon, *Le Papanoïaque*, p. 14.)

2. [...] éternel retour des mêmes situations [dans les romans de la collection Harlequin], personnages parfaitement stéréotypés, poésie de Prisunic [...]. (P. Lainé dans *L'Événement du jeudi*, 26 janvier 1989, p. 90, col. 3.)

Voir aussi **peu**, exemple 6.

Prix

Payer le prix fort. « Payer très cher ; subir les conséquences de quelque chose. »

Je regarde en face de moi mon amour congédié. Je vais sans doute raquer le prix fort comme d'habitude. Pas la moindre ristourne sur les peines de cœur. C'est quoi au juste ce qui nous a entamés si profond ? Le quotidien ? Le manque de blé ? Les mensonges. (E. Hanska, *J'arrête pas de t'aimer*, p. 114.)

Profil

Montrer son meilleur profil. « Se montrer à son avantage. » Au sens concret, c'est un souci que l'on a notamment lorsqu'on est photographié ou filmé.

[...] il me téléphone pour m'annoncer qu'il a reçu son blé et qu'il m'invite à dîner au Balzar. Tient à me montrer son meilleur profil. Moi j'ai le choc. Il est passé par Rome et s'y est fait mettre une coupe de minet à la glauque qui lui va pas du tout. (E. Hanska, *J'arrête pas de t'aimer*, p. 116.)

Profit

(Il n') y a pas de petits profits. Pour signifier plaisamment que les plus petits avantages, les plus légers bénéfices, sont à prendre en considération. Équivaut, dans certains contextes, à **un sou est un sou**.

[...] une pâtisserie orientale qui fait aussi épicerie. Il n'y a pas de petits profits. (Oppel, *Barjot !*, p. 123.)

Programme

Vaste programme ! Allusion à la repartie qu'aurait faite le Général de Gaulle à la déclaration « Mort aux cons ! » La source de cette repartie est probablement cette anecdote, qui date des années 1941-1942 du séjour londonien du général de Gaulle, et que raconte F. Coulet dans *Vertu des temps difficiles*, Paris, 1966, p. 165 : « [...] le Général poussa la porte et trouva Roustan en conversation avec son ami Jean Pompéi. Celui-ci [...] n'avait pas entendu la porte s'ouvrir et concluait une critique générale des hommes et des choses par un retentissant "Et puis, mort aux c... !" A quoi de Gaulle, impassible, répondit : "Lourde tâche !" — Ravis, les deux amis eurent le tort de diffuser l'anecdote et l'ennui de la retrouver, vingt ans plus tard, déformée comme beaucoup d'autres, dans divers recueils. »

[...] le problème fondamental de l'incommunicabilité entre les sexes. Vaste programme [...]. (*Libération*, 5 octobre 1988, p. 43, col. 2.)

Progrès

On n'arrête pas le progrès ! Pour marquer son ironie devant une innovation ou une information.

1. — Comment ça se fait ? T'as vu ta gynéco ?
— J'en sors.
— Qu'est-ce que t'as ? Les trompes bouchées ?
— Non, les oreilles.
— Ah ! Parce qu'on fait les enfants par les oreilles maintenant ? C'était pas comme ça de mon temps. On n'arrête pas le progrès, dis donc ! (C. Sarraute dans *Le Monde*, 31 octobre 1987, p. 36, col. 5.)
2. La sonnerie [du téléphone] titille une fois, deux fois, et puis [...] une voix enregistrée se manifeste. Béru s'est fait poser un répondeur ! On n'arrête pas le progrès ! (San-Antonio, *Le Cri du morpion*, p. 103.)

Promenade

Promenade de santé. « Entreprise facile, qui ne présente pas de difficulté. » Par référence à la promenade que l'on fait pour entretenir sa forme physique et qui fait partie, chez ceux qui la pratiquent, de la routine.

« Avant le coup d'envoi, ils avaient déjà gagné ! Une promenade de santé pour les futurs champions du monde ! » (*L'Événement du jeudi*, 5 juin 1986, p. 31, col. 3.)

Promettre

(Il ne) faut pas lui en promettre ! À propos de quelqu'un qui ne se satisfait pas de peu, qui a un fort appétit des nourritures terrestres.

1. [...] un adjoint au maire de Mallefougasse, un redoutable, celui-là, le rosé, il ne fallait pas lui en promettre. (C. Courchay, *Avril*, p. 79.)
2. « De ces histoires tout juste bonnes à tourner la tête des filles », grommelait Antonine, l'amie et la plus proche voisine de Lucie. Cette remarque faisait sourire l'assemblée, car l'Antonine, « il ne fallait pas lui en promettre ». (R. Deforges, *Blanche et Lucie*, p. 58.)
3. De tout temps les Halles ont posé un problème. En 1925 et avant même la place manquait déjà... Le Parisien faut pas lui en promettre, il s'enfile quelque chose dans le cornet ! (R. Lageat, *Robert des Halles*, p. 28.)

Prononcer

Comme ça se prononce. Pour souligner qu'un mot correspond bien à ce que l'auditeur a entendu, si étonnant que cela peut lui paraître. Cette expression est l'équivalent de **sic** à l'écrit. ~ **Tel* que, texto, textuel* ; comme je te le dis*.**

— Vous vous appelez Hitler? si je comprends bien, demanda l'inspecteur.
— Sans blague, s'exclama l'autre, et vous n'avez pas cherché à changer de nom?
— En ce moment, ce serait mal interprété, murmura Muguet.
— Et puis, c'est qu'on peut pas toujours, intervint le gendarme, avec ces foutus noms qu'ils vous donnent à l'Assistance publique... Moi qui vous cause, je m'appelle Duderrière. Comme ça se prononce. (A. Blondin, *L'Europe buissonnière*, p. 292.)

Prout

∅ **Prout (prout) ma chère, (j'te jette un cil)!** Pour désigner ironiquement un homosexuel et, par extension, un homme au comportement précieux. Souvent dit avec une intonation affectée. ~ **Un peu* comme ça.**

— Oui, tiens, excuse-moi, j'y vais carrément : tu fais tante!
— Tante? Oh! quel vilain mot...
— Oui, tata, tantouse, pédé, pédale, «prout, ma chère, j'te jette un cil!». (R. Sabatier, *Boulevard*, p. 172).

Pub

Un coup de pub. «Ce qui contribue à donner de la notoriété à quelqu'un ou quelque chose.» Expression de formation récente, à ajouter à la longue liste des **coup de** + nom.

1. Ne serait-ce pas un simple déguisement pour redorer sa salopette, lâchent de méchantes langues? Encore un coup de pub, insistent d'autres. Coluche détourne la tête. Il y croit dur comme fer, et poursuit son marathon. (*Libération*, 27 janvier 1986, p. 4, col. 1.)
2. La vieille gloire du septième art est ravie de l'aventure. Voilà qui va lui apporter un coup de pube [*sic*] inespéré et alimenter la conversation au cours de ses raouts. (San-Antonio, *Salut, mon pope!*, p. 203.)

Pucelage

○ **Retrouver (se refaire) un pucelage.** «Retrouver une réputation perdue.» Métaphore du pucelage, symbole de l'innocence. ~ **Se refaire une vertu, une virginité.**

L'insurrection de 44 fait partie, comme celle de 68, de ces psychodrames épisodiques dans lesquels les Français retrouvent une conscience et la France un pucelage!... (M. Audiard, *Vive la France!*, p. 50.)

Pur

C'est du pur porc. « C'est d'une qualité indiscutable ; c'est garanti. » Par référence aux mentions portées sur certains produits alimentaires.

1. — Bien sûr, avec un tuyau [aux courses], on est jamais sûr à cent pour cent...
— Tu plaisantes? Avec un tuyau comme celui-là, c'est du pur porc ! (L. Simon, *Les Ripoux*, p. 100.)

Pur et dur.

— « Dont les principes sont appliqués avec rigueur (d'une doctrine, d'un système). »

2. [...] l'exemple de Mme Thatcher comme les échecs de Ronald Reagan en matière financière ne plaident plus en faveur du libéralisme pur et dur. (*L'Événement du jeudi*, 19 décembre 1985, p. 12, col. 3.)

— « Particulièrement ferme et constant dans ses choix, ses idées (d'une personne). »

3. Anne était la seule vraie militante de l'école, avec l'authentique look antiraciste. Elle allait de manif en pétition avec son mari, technicien aux chantiers de La Ciotat, qu'elle avait connu à la fête de l'Huma. Un beau couple de cocos purs et durs. Lui, barbu, polo et blouson de skaï. Elle, pas maquillée, marchant à grands pas. (C. Roudé, *Rue Paradis*, p. 91.)
4. [...] des interviews, hors fiction, de vrais de vrais cinéphiles purs et durs, d'authentiques fêlés du celluloïd [...]. (*Télérama*, 21 janvier 1987, p. 56, col. 1.)

Pur fruit/Pur jus/Pur porc/Pur sucre. « Parfait ou typique en son genre ; en particulier, qui présente tous les caractères d'un type humain. » Même explication que **c'est du pur porc**, *supra*.

5. — [...] Avez-vous entendu cet accent ?
— L'accent chantant de l'Île de Beauté, mon enfant.
— Des clous, mon oncle ! C'est l'accent yankee, pur jus ! (J. Amila, *Terminus Iéna*, p. 169.)
6. Comme secrétaire général, il [Pasqua] ne fait pas appel, cette fois, à un proche plus ou moins discutable, mais à un homme de cabinet pur sucre, Jean-François Probst [...]. (*Le Monde*, 6 décembre 1986, p. 29, col. 1.)
7. — Ah salut, melon.
— Ah salut parigot pur porc, dit Aziz.
Rires.
— Eh ! mais c'est qu'il s'adapte, le beur, dit Titus. (Sapho, *Ils préféraient la lune*, p. 104.)
8. C'était [Natacha] la petite-fille d'émigrés russes pur fruit, du genre anciens princes de sang devenus chauffeurs de taxi. (L. Simon, *Les Ripoux*, p. 83.)

Purée

○ **La purée !** Interjection indiquant les sentiments les plus divers : exaspération, tristesse, amertume ou, au contraire, admiration, étonnement. Fréquent dans le français des pieds-noirs où il fonctionne comme un substitut de **putain** !

Voir **quatre heures**, exemple 3.

○ **Purée de nous autres!** « Misère ! » Caractéristique du français des pieds-noirs, cette expression, qui traduit la tristesse et le désarroi, fonctionne elle aussi comme un substitut étoffé de **putain!** et un équivalent de **pauvres de nous!** Il arrive, comme dans l'exemple suivant, qu'elle s'entende dans un contexte plus large et en emploi substantif.

[...] un sondage IPSOS sur les purées de nous autres [les femmes] et la psychanalyse [...]. (*Le Canard enchaîné*, 12 février 1986, p. 6, col. 1.)

Putain

∅ **Putain d'Adèle!** Pour exprimer les sentiments les plus variés : étonnement, admiration, joie, exaspération, etc. Ce juron — **Adèle** renvoie peut-être à un refrain de chanson — semble surtout en usage dans le Midi de la France.

1. Et on se claqua les paumes comme deux Nègres du Bronx. J'étais ému. Lui, guère embarrassé de sentiments.
— Putain d'Adèle... C'est l'fun de t'revoir... (M. Embareck, *Sur la ligne blanche*, p. 65.)
2. Dehors, ça hurle à la mort. Y a des appels, des galopades. Putain d'Adèle, faut absolument que je mette mon grain de sel. (San-Antonio, *Les morues se dessalent*, p. 206.)

Voir aussi **idée**, exemple 1.

∅ **Putain de moine!** Mêmes valeurs que le précédent. Ce juron, qui porte la trace d'un anticléricalisme conventionnel, est lui aussi en usage surtout dans le Midi de la France.

3. Pour changer de conversation, Anita dit en croisant ses bras sur sa poitrine, frileuse :
— Putain de moine, fait pas chaud ! (M. Charef, *Archi Ahmed*, p. 25.)

Pute

Fils de pute. Pour marquer, de façon injurieuse, un profond mépris envers quelqu'un. ~ **Enfant de salaud*.**

1. — Arrêtez-vous, Alfred, vous allez tomber foudroyé.
— Qu'ils me foudroient, qu'ils me tuent, ces cons. [...]
— Alfred, votre fils aura honte un jour de vous avoir entendu parler du pape et de tout ce que vous venez de dire ; calmez-vous, Alfred.
— Honte que j'aie parlé de ce fils de pute ? [...] Savez-vous que le pape est un sale enculé ? Tu entends, fiston, le pape, c'est de la merde [...]. (J. Douassot, *La Gana*, p. 21.)
2. — J'ai fait deux fois le tour de Corse et je suis tombé qu'une fois dans un ravin, dit-il en évitant de justesse une Dyane qui prenait vaillamment son droit à la priorité.
— C'est gai ! fit Datonni. Et on peut savoir le nom du fils de pute qui t'a conseillé d'arrêter les rallyes pour t'engager dans la police ? (J. Houssin, *Les Crocs du Dobermann*, p. 92-93.)

Q

Quatorze juillet

○ **Quatorze juillet.** Pour évoquer l'éjaculation, l'orgasme masculin. Image de la fête couronnée par un feu d'artifice.

Et Lui commence à grogner d'aise. Le bonheur, le bouquet final, quatorze juillet, pétard mouillé. La fête est finie. (E. Hanska, *Les Amants foudroyés*, p. 11.)

Voir aussi **carte**, exemple 1.

Quatre

Un de ces quatre. « Un jour ou l'autre, dans un avenir proche. » Ellipse de **un de ces quatre matins.**

Un de ces quatre, il mettrait aussi de l'ordre dans ses affaires ; il lui arrivait de chercher pendant des heures un objet supposé enfoui sous un inextricable fatras de saloperies. (P. Canal, *L'Homme qui a vu Durand*, p. 17.)

Quatre(-)heures

Faire son quatre(-)heures de quelque chose/de quelqu'un. En parlant de quelque chose de particulièrement réjouissant ; en parlant d'une personne avec qui l'on aime(rait) prendre du plaisir. Même image que ci-dessous. ~ **Faire ses dimanches* de quelqu'un.**

1. *J'en ferais bien mon quatre-heures.* C'est par ces mots que répondit une femme récemment interviewée par Europe 1 à la sortie d'un cinéma, sur le charme de l'acteur Sylvester Stallone. (C. Guillemard, *Les Mots d'origine gourmande*, p. 229-230.)
2. Il la mangeait littéralement des yeux, la trouvait belle à croquer, il en aurait fait volontiers son « quatre heures ». (M. Villard, *Au pied du mur*, p. 104.)

Quatre(-)heures

— « Personne envisagée comme partenaire sexuel désirable. » Métaphore du goûter qui satisfait pour un temps l'appétit.

3. — La purée*, Rachid ! C'est ça ton nouveau brancard [ta nouvelle amie] ? Un joli petit quatre heures ! (C. Roudé, *Rue Paradis*, p. 70.)

— « Sujet de prédilection. » Image de la gourmandise, sans autre connotation. ~ **Tasse* de thé.**

4. Souvent en avance d'une mode, il [Maneval] a des partis pris prémonitoires. Musique africaine et raï ont été son quatre-heures bien avant que nous ne les dansions ! (*L'Événement du jeudi*, 2 juin 1988, p. 143, col. 1.)

Quatrième

En quatrième. « À toute vitesse, en toute hâte. » Ellipse de **en quatrième vitesse.**

1. J'ai ramassé mes affaires en quatrième et les autres filles me regardaient avec des yeux ronds. « Je reste pas une seconde de plus ! je leur ai dit [...]. » (P. Djian, *37°2 le matin*, p. 10.)
2. Le canot chavira, se retourna, fit la planche. [...]
— Vous vous posez* un peu là, les rigolos ; faudra vider le canot en quatrième ! (R. Fallet, *Banlieue sud-est*, p. 320.)

Que

Et + verbe à l'impératif + **que je te** + même verbe répété au subjonctif présent. Pour marquer l'ardeur avec laquelle on fait une chose.

1. Quand il avait pris sa suée, il se faisait faire un massage : on lui frottait sur les bras et les jambes et frottes-y que je te frotte, y venait rouge comme un coq. (A. Vialatte, *Badonce et les Créatures*, p. 118.)

Et que je te + verbe **et que je te** + verbe différent. Pour marquer l'ardeur avec laquelle on fait différentes choses (parfois simultanément).

2. — Ah ! Attention, voici la procession. [...] Regarde tes cousines et tes sœurs, comme elles sont contentes : et que je te jette des pétales par-ci et que je te chante un cantique par là. (F. Dorin, *Les Miroirs truqués*, p. 160.)

Quelque chose

Quelque chose de + adjectif ou adverbe. « Très, vraiment. » Par ellipse de **c'est (c'était, ce sera) quelque chose de.**

1. Un de ces quatre matins, sur leur foutue route, y'en a un [écolier] qui va se faire ratatiner par une guimbarde, mais quelque chose de bien. (P. Siniac, *Le Casse-route*, p. 20.)

Un petit quelque chose. À partir de l'emploi substantivé de **quelque chose.**

— « Une chose qui rend service, qui vient en aide ; en particulier, un remède, un peu de nourriture ou de boisson. »

2. [...] vous n'auriez pas un petit quelque chose, je me sens patraque, un début de grippe. Deux cachets d'aspirine et au lit [...]. (M. Rheims, *Attila*, p. 287.)
3. — [...]. Vous prendrez bien un petit quelque chose ?...
— Un scotch, si vous avez... (T. Topin, *Graffiti rock*, p. 158.)

— « Un détail, un élément, une particularité. »

4. Au revoir, Mademoiselle Richter. Vous n'êtes pas laide. Personne n'est laid. On a toujours un petit quelque chose... (M. Viala, « J'veux du bonheur » dans *L'Avant-Scène Théâtre*, p. 34.)

Question

○ **Question à cent balles.** « Question, plus ou moins difficile, délicate (posée à quelqu'un). » Du vocabulaire des jeux radiophoniques et télévisés (où l'on pose des **questions à** n **francs**).

1. — Une question à cent balles. Comment ce type en est arrivé à ce poste? demanda Stephan en regardant Mathias. (J. Giovanni, *Tu boufferas ta cocarde*, p. 30.)
2. — C'était qui, l'étranger de Suisse? Il faisait quoi? Tu t'y es pris comment? [...]
Si elle n'avait pas paniqué quand je lui ai sorti ma question à cent balles, je me serais gaffé de rien. (San-Antonio, *Le Casse de l'oncle Tom*, p. 105-106.)

— Variantes ponctuelles, à valeur d'hyperboles.

3. Brusquement [...] une respiration. Bien à fond, pour se caler le débit, se poser la voix, balancer sa question. Je pense qu'il n'y a pas de problème si je vais voir Johnny H. demain soir, tous les copains y vont. Torpeur dans la cuisine. C'était la question à cinq cent mille dollars. Sur le gaz les pieds de cochon crépitent dans leur graisse, ça sent le brûlé. (D. Rondeau, *L'Âge-déraison*, p. 111.)
4. [...] brutalement, je me souviens qu'il faut être deux pour faire un enfant et me pose la question à dix briques : si Sly est mon père, qui est ma mère? (M. Villard, *Le Roi*, p. 37.)

Queue

Des queues! « Pas du tout; il ne faut pas y compter! » Riposte brutale et désobligeante à un interlocuteur. Par ellipse de phrases du type **tu n'auras que des queues de cerises** « des restes, des choses sans intérêt ». ~ **Des clopinettes! des clous!**

1. Elle rencontre aussi Rolande Besnard.
— Si tu fais un troisième trimestre convenable, tu passeras en terminale. C'est à toi d'en mettre un coup : je ne te repêcherai pas à chaque fois [...]. Quand je dis *je*, c'est la mère Blaye surtout qui t'a sauvée [au conseil de classe]. Celle-là, tu pourrais lui dire merci.
— Des queues! (G. Coulonges, *Pause-café*, p. 186.)

— Variante développée. **Des queues Marie!**

2. — Vous m'aidez à charger? demanda Olivier sans espoir.
— Des queues Marie, répondit Émile, je suis ouvrier du Livre, pas ouvrier des Transports. (R. Sabatier, *Les Fillettes chantantes*, p. 16.)

Des queues de cerises. « Peu de chose. » Sauf en tisanes, les queues de cerises ne sont guère recherchées! La locution a relayé **queues de poires**, de même sens (cf. P. Claudel, *Journal*, t. I. p. 238 (1912) : « Sa conversation était insignifiante, de "queues de poires". ») ~ **Des clopinettes.**

3. L'immigration clandestine c'est des queues de cerises. À tout casser 200 000 personnes.

Il ne faut pas se tromper et voir uniquement l'arbre qui cache la forêt. (*Libération*, 13 janvier 1986, p. 4, col. 1.)

Ne pas se prendre pour la queue d'une cerise. « Être prétentieux. » La locution est peut-être plus usuelle en Provence qu'ailleurs. ~ **Ne pas se prendre pour la queue d'une poire** (dans *Télé-7-Jours*, 19 février 1977 d'après *Dico Plus* n° 1, 1977, p. 19).

4. Dire qu'elle [Jeanne Mas] ne se prend pas pour la queue d'une cerise serait un doux euphémisme. (D. Guirous et N. Galan, *Si la Cococour m'était contée*, p. 96.)

Pour des queues de cerises. « Pour rien. » ~ **Pour des prunes.**

5. Michelet, ancien château des Condé, n'avait pas été pour des queues de cerises décrété, sous le Second Empire, « lycée impérial » ; il lui en restait, avec ses bois, ses sentes et sa piscine [...] cet air benoîtement seigneurial [...]. (Bayon, *Le Lycéen*, p. 258.)
6. Paul fut soulagé. Il s'en voulut de n'avoir pas été plus direct, de s'être angoissé pour rien. « Tu t'ronges toujours les sangs pour des queues de cerises », se dit-il. (L. Bériot, *Sacré Paul !*, p. 37.)

Quinze

○ **Quinze (pour moi) !** Du jeu du barbu (ou tennis-barbe), dans lequel on annonce « quinze » à son partenaire quand on aperçoit le premier un porteur de barbe. L'exemple 2 est une allusion plaisante à ce jeu, car il y est question de la toison pubienne d'une femme (**barbu** a par ailleurs ce sens en français non conventionnel).

1. — 15, dit Bernard en montrant du doigt un monsieur à barbiche. (R. Fallet, *Banlieue sud-est*, p. 40.)
2. — N'empêche que, quand on rentre dans la salle de bains... elle voit rien. Et moi, je l'ai vue ! Eh oui ! papa, 15 pour moi. (F. Hébrard, *Un mari, c'est un mari*, p. 86.)

Quoi

Ou quoi (en fin de proposition ou de phrase). « Ou quelque chose comme ça. » Par ellipse de phrases du type **je ne sais quoi**, le **quoi** pouvant désigner une chose ou une personne.

1. Une semaine plus tard, Marcel partit en prison. De passage à Amiens, il avait trouvé sur son chemin un connard d'adjudant ou quoi, et il avait pris deux mois ferme, pour bouclage de grande gueule à coups de tatane. (A. Vergne, *L'Innocence du boucher*, p. 119.)

○ **Savoir le quoi du qu'est-ce.** « Avoir des informations sur (quelque chose de secret, de caché). »

2. Dans les années 50-60, les diplomates qui avaient débuté sous lui [...] nous en parlaient avec componction, comme des qui à leur tour savaient le quoi du qu'est-ce des grands secrets du monde [...]. (*Le Canard enchaîné*, 14 mai 1986, p. 7, col. 5.)

— Dans un contexte négatif. « Tout ignorer (d'une question, d'une chose). »

3. — Tu viens, mon mignon... On s'amusera bien... Ça m'avait troublé... je ne savais pas le quoi du qu'est-ce... (A. Boudard, *La Fermeture*, p. 139.)

R

R.A.B.

∅ Abréviation, sous forme de sigle, de **rien* à branler (à battre, à braire, à brosser)**. À propos de quelque chose dont on n'a rien à faire ; surtout dans le langage masculin.

1. — [...]. On n'a qu'à dire la vérité, le lâcher [un policier], le changer même ! Après tout, il n'appartient pas à la compagnie, R.A.B., ça ne vous atteindra pas. (É. Kristy, *Circulez !*, p. 25.)
2. Oh et puis, comme dirait Habib, R.A.B. (Sapho, *Ils préféraient la lune*, p. 76.)

Race

ø **Enculé (empaffé) de ta race ; la putain de ta (sa) race !** Pour marquer, de façon injurieuse, un profond mépris envers quelqu'un. Variante de **enculé/la putain de ta (sa) mère***, notamment dans le langage des pieds-noirs et des beurs.

1. — Te voilà, empaffé de ta race ! dit-il en guise de bonjour [...].
Meynant se retourna vers moi :
— S'il commence à être mal poli, je préfère m'en aller tout de suite. (A.D.G., *Juste un rigolo*, p. 132.)
2. Rachid a discuté pendant un certain temps :
— Si je suis bien ton raisonnement, je devrais plaquer Fernand et Charlotte, parce que les juifs (la putain d'leur race !) ont laissé clouer un mec sur deux planches, il y a quelque chose comme deux mille ans ?
Ali avait la dialectique plus pompeuse, et c'était ce qui me le rendait déplaisant :
— Tu fais ce que tu veux, mon frère ! L'œil de Dieu est sur toi ! (C. Roudé, *Rue Paradis*, p. 170.)
3. — La putain de ta race ! Contre un paquet de Lucky, tu vendrais ta propre sœur à un bordel ! (T. Topin, *55 de fièvre*, p. 113.)

Voir aussi **sec**, exemple 1.

Racler

ø **Racler le nœud à quelqu'un.** « Importuner, ennuyer profondément, excéder. » Métaphore qui joue sur le sens de **nœud** « pénis » en français non conventionnel. ~ **Peler* le jonc, pomper* le dard.**

N'omettons pas le critique littéraire, qui vient nous racler le nœud avec M. D. : tu y étais, elle pas... Y'a pas de quoi en faire un fromage, ni une lettre. (*Libération*, 25 novembre 1986, p. 45, col. 4.)

Raconter

○ **Je ne /J'te raconte pas!** Dans un récit, pour insister sur quelque chose en évitant un long développement parce que cela est jugé inénarrable, indicible ; mais, paradoxalement, l'expression peut être parfois l'amorce d'un long développement. ~ **Je te/j'te dis* pas, j't'explique* pas.**

— Avec complément.

1. On a eu des merdes au club. Une baston infernale. On a eu un pote qu'est mort. J'te raconte pas les journées à la P.J. (Sapho, *Ils préféraient la lune*, p. 42.)

— Sans complément.

2. — [...] dans le tas, y avait cette nana, une vraie star de cinéma. Des seins, des seins, j'te raconte pas. Il raconte pas, il mime et c'est pire. (P. Adler, *Bonjour la galère!*, p. 77.)
3. J'essaie d'imaginer la tête de la surveillante générale si je m'étais présentée devant elle à 17 ans en tentant de faire excuser une absence par une rupture sentimentale. Je te raconte pas ! (C. Collange, *Moi, ta mère*, p. 97.)

Pour exprimer son exaspération sans développer de longues explications.

4. Et puis je vous ai déjà demandé ce que fout ce moutard ici. Moi, je veux pas de ça dans cette maison. On veut déjà pas les nanas, alors les moutards, je vous raconte pas ! On va pas commencer la vie de famille ! (« Trois hommes et un couffin » de C. Serreau dans *L'Avant-Scène Cinéma*, p. 64.)

Raconter sa vie. « Donner, fournir de longues explications. »

5. — Il est bon [un tabac] ?
— Cent balles les cent grammes, y' m'a coûté ça...
— Raconte pas ta vie ; aboules-en un paquet [...]. (R. Fallet, *Banlieue sud-est*, p. 88.)
6. — Surtout pas de bruit, dit-il. Les outils sont dans le garage et la chambre à coucher est juste au-dessus. Je ne tiens pas à réveiller ma femme. Elle se demanderait ce qu'on vient faire et c'est pas le moment de lui raconter notre vie. (A. Reynaud-Fourton, *Les Mystifiés*, p. 135-136.)

○ **Raconte pas ta vie, elle est pleine de trous.** Expression ironique employée pour inviter quelqu'un à être bref, quel que soit le sujet de son propos.

7. Je vais pas te raconter ma vie. Elle est pleine de trous comme dirait l'autre. Et puis beaucoup de vous savent ou ont une idée de la prostitution masculine [...]. (*La Vie, tu parles*, p. 195.)

Radar

Au radar (précédé d'un verbe de mouvement). « Sans y voir clair, à l'aveuglette, notamment parce que l'on est dans un état second. » ~ **Au pif* ; mettre le pilote* automatique ; être en pilotage* automatique.**

1. Vautrin conduit au radar. Ce type-là, il ne voit jamais rien, il doit dormir les yeux ouverts. (J. Bialot et C. Courchay, *Matcho et les Fourmis*, p. 11.)
2. [...] je descends les escaliers au radar et je rentre sur scène quand, pour la douzième fois il y avait Boudu qui disait : « Tiens ! Quelle surprise, voilà l'hallebardier. » (F. Raynaud, « Balendar, l'hallebardier » dans *Heureux !*, p. 106.)

Rage

○ **Avoir la rage.** « Éprouver un profond ressentiment. » À comparer avec **avoir la haine***.

1. « Jusqu'à jeudi soir vingt heures, explique une lycéenne de Balzac, le mouvement était apolitique. Nous on a évité la bastonnade, maintenant on est obligé de se mouiller. On a la rage et on est là. » (*Libération*, 8 décembre 1986, p. 10, col. 2.)
2. — [...] pourquoi tu nous as fait venir ici ? Tu savais que ça finirait mal !
— J'ai la rage, Alex. Et puis je voulais que tu voies quel genre de pute était ta mère. (M. Villard, *Le Roi*, p. 120.)

C'est (ce n'est) plus de l'amour, c'est de la rage. Pour marquer plaisamment ou ironiquement une passion violente.

3. — Je ne leur donne pas une heure avant de prendre leur café à la même table... s'ils n'ont pas déjà trinqué à l'apéritif ou chez le pâtissier.
— Ce n'est plus de l'amour, c'est de la rage, plaisanta Marie-Jo [...]. (A. Blondin, *Un singe en hiver*, p. 87.)

Raide

○ **Raide défoncé ; raide def.** « Complètement drogué ; complètement ivre. » Sur le modèle de **raide mort.**

1. Dans un coin, trois junkies, raides-defs, flippent à mort devant une menthe à l'eau. (P. Charrière, *Parlez-vous branché ?*, p. 17.)
2. Albert-Jean souffrait du pancréas à la première gorgée de grenadine. Il but, néanmoins. Rebut. [...] lorsque, sur le coup de minuit, Marcel et Noëlla s'éclipsèrent [...], Albert-Jean, raide défoncé, consentit à embrasser Alice. (A. Vergne, *L'Innocence du boucher*, p. 111.)

○ **Raide dingue.** « Complètement fou. » Sur le modèle du précédent.

3. Vous ne pouvez pas savoir ce qui m'arrive. Je suis folle amoureuse, raide dingue ! Depuis quand ? Depuis hier. Je l'ai rencontré à un dîner au ministère de la culture. Le coup de foudre. (C. Sarraute dans *Le Monde*, 3 juillet 1987, p. 28, col. 5.)
4. Ned en est fou [d'un garçon]. Raide dingue. (C. Sarraute, *Allo Lolotte, c'est Coco*, p. 92.)

Rajeunir

Ça ne me (nous) rajeunit pas ! À propos d'événements, de rappels du passé qui viennent souligner l'âge des personnes concernées. Par euphémisme. ~ **Ça nous pousse***.

— Ginette ! Tu ne me reconnais pas ? Ludovique Campredon ! En seconde, au lycée de Nîmes !
— Ludovique Campredon ? (Ginette n'en revenait pas). Mais je ne t'aurais jamais reconnue avec cette perruque !
— Cette perruque ? Mes beaux cheveux blonds !
— Ah ! si j'avais su que c'était toi, je me serais moins énervée ! Ludovique Campredon... Mon Dieu, ça ne nous rajeunit pas ! (F. Hébrard, *Un mari c'est un mari*, p. 203.)

Ramasser

○ **Ramasse-miettes.** « (Longs) cils. » Par analogie avec la brosse du **ramasse-miettes**, instrument ménager.

1. Il bat des ramasse-miettes, façon jeune pianiste ingénue [...]. (San-Antonio, *Baisse la pression*, p. 130.)

— Variante. **Cils à ramasser des miettes.**

2. Vous ? Avec vos ongles ripolinés et vos cils à ramasser les miettes ! (J.-P. Demure, *La Belle Dame*, p. 130.)

Ramer

○ **Arrête de ramer (on est sur la plage/t'attaques la falaise) !** Pour dire qu'il est inutile de poursuivre son effort, de continuer ce qu'on a entrepris. Avec jeu sur **ramer** « manœuvrer les rames » et en langage familier « s'épuiser, se fatiguer ». « Arrête de ramer, t'es sur le sable » est le titre français (1979) d'un film américain d'Iran Reitman.

Ça commençait à me gonfler de doubler ma journée d'écriveuse par des soirées de ménagère proprette et économe [...]. Arrête de ramer Lucette t'attaques la falaise. (E. Hanska, *J'arrête pas de t'aimer*, p. 53-54.)

Ramona

○ **Chanter Ramona à quelqu'un ; entendre/se faire chanter Ramona.** « Réprimander quelqu'un ; faire l'objet de réprimandes. » De *Ramona* titre d'une chanson sentimentale, dont la version française « Ramona, j'ai fait un rêve merveilleux » est due à Saint-Granier (1928). Par jeu de mots avec **ramoner** qui a le même sens en français non conventionnel. ~ **(Se faire) sonner les cloches.**

1. Quand la Louvée [une vache] est arrivée dans la cour, elle a meuglé comme un perdu, et la patronne l'a rentrée. À midi, je suis revenu, j'ai entendu *Ramona*. Tout le monde s'en est mêlé. (C. Courchay et G. Arnoult, *Une petite maison*, p. 78.)
2. Siméon entra [...].
— Je m'suis fait chanter *Ramona*, dit-il, déposant son fardeau sur la grande table. (B. Deflandre, *La Soupe aux doryphores*, p. 39.)

Rang

Silence dans les rangs! Pour imposer énergiquement ou plaisamment le silence. Par référence au langage militaire.

— C'est la main de la CIA !
— Tant que ce n'est pas la main* de masseur [*sic*] ! osa dire Nicolas éméché.
— Leroidec ! Silence dans les rangs. (P. Dac et L. Rognoni, *Bons Baisers de partout*, p. 67.)

Ranger

○ **Être rangé/Se ranger des bagnoles (des bécanes).** « Être retiré ; se retirer, en particulier après avoir eu des activités aventureuses ou marginales. » Variantes de **être rangé des voitures.**

1. Mes copains sont tous en cabane,
ou à l'armée, ou à l'usine.
Y se sont rangés des bécanes
y'a plus d'jeunesse, tiens ! ça m'déprime. (Renaud, « Je suis une bande de jeunes » dans *Mistral gagnant*, p. 43.)
2. Lorsque, le restaurant mis en gérance, il regagnerait Montpellier, riche et rangé des bagnoles, il se trouverait peut-être encore des femmes pour le convoiter. (A. Vergne, *L'Innocence du boucher*, p. 94.)

Raoul

○ **Cool, Raoul!** Invitation familière au calme, à la décontraction ; renforcement de **cool**, avec utilisation de la rime intérieure. ~ **Relax, Max*.**

— Bravo les gars, vous gênez pas, faites comme chez vous ! [...] vous vous croyez tout permis, c'est pas possible !
— Cool, Raoul ! rigole Kreps [...]
— J'm'appelle pas Raoul ! (Oppel, *Barjot !*, p. 62.)

Râper

∅ **Les râper à quelqu'un.** « Ennuyer, importuner, exaspérer. » Voir le commentaire sous **gonfler.** ~ **Les briser, les brouter*, les casser, les chauffer*, les gonfler*, les limer*, les peler*.**

— A quoi penses-tu, mon cœur ?
Difficile à dire. Elle me les râpe avec ses questions. (A. Boudard, *La Cerise*, p. 206.)

Rapporter

○ **Rapporte-paquet (-sans-ficelle).** « Rapporteur, dénonciateur, mouchard. » La locution joue sur les sens de **rapporter** « rendre, ramener » mais aussi « moucharder » et, par ricochet, **paquet** en reçoit un sens analogique, à peu près comme dans **lâcher le paquet** « avouer » ; **sans-ficelle** prolonge la métaphore par une redondance plaisante soulignant qu'il ne s'agit pas de n'importe quel colis. Dans *Anthologie des expressions du Languedoc*, 1983, p. 150, C. Achard indique : « Quand les enfants prennent leur revanche sur un dénonciateur, ils lui chantent : *Rapporteur de paquets/Trois cochons pendus au nez.* » À comparer avec **cafetière sans café** « cafeteur », par jeu de mots.

Surtout que le Zingaro s'accrochait farouchement à ses dénégations. Et qu'il avait même retourné, vicieux, les accusations, contre le minot rapporte-paquet-sans-ficelle. Et qu'il était presque convaincant. (Bayon, *Le Lycéen*, p. 249.)

R.A.S., RAS

Abréviation, sous forme de sigle, de **rien à signaler** ; usuel dans le vocabulaire militaire.

1. Je lui demande si tout se passe bien à l'usine. Tout est correct. R.A.S. les ouvriers sont sortis à dix-huit heures comme chaque jour, en bon ordre et sans murmurer. (P. Siniac, *Luj Inferman' ou Macadam Clodo*, p. 111.)
2. Le conseil de classe : RAS. Les profs ont été minables, sauf notre prof de français qui élève un peu le niveau. (« *22 lycéens* », p. 173.)

Ras

En avoir ras (le, la, les) + nom. Pour marquer le dégoût, la lassitude ; très productif. Sur le modèle de **ras le bol.** ~ **En avoir plein la casquette*.**

○ **En avoir ras les baskets, les pompes.**

1. Je n'attribue pas à d'autre cause la crise que je viens de traverser. Subitement, j'en ai eu ras les baskets de me défoncer pour concilier l'inconciliable. (C. Collange, *Je veux rentrer à la maison*, p. 26.)
2. [...] J'en avais ras les pompes de zoner, marginaliser, baisouiller, etc. j'en passe et pas forcément des meilleures. (E. Hanska, *L'Imparfait du subjectif*, p. 29.)

∅ **En avoir ras les burnes ; en avoir ras le bonbon, la marmite.**

3. Ah ! Voilà bien la meilleure que j'ai[e] entendue depuis des années [...]. Les amies de ma femme, je commence vraiment à en avoir ras-le-bonbon. (P. Adler, *Les Amies de ma femme*, p. 113.)
4. Ras les burnes de cette organisation de merde. Sois gentil, fais-nous un écho pour signaler qu'on se fout une nouvelle fois de la tronche des photographes. (*L'Équipe*, 31 août 1987, p. 2, col. 1.)
5. — Pierrot j'en ai ras la marmite de végéter moi JE VEUX VIVRE ! (E. Hanska, *L'Imparfait du subjectif*, p. 52.)

○ **En avoir ras la casquette, la patate.**

6. — Ras la patate de Jacky ! Je vous signale que le ministre de la Culture, ce n'est plus Jacky. Au cas où vous ne l'auriez pas remarqué, c'est M. Léotard. Et lui au moins, il ne passe pas ses soirées à glander et à montrer sa tronche partout. (*L'Événement du jeudi*, 24 décembre 1987, p. 13, col. 3.)
7. Le toubib n'est pas content. Il en a ras la casquette, de ces malades qui se soignent à la contre-indication, ça commence à bien faire de se dévouer pour des tordus pareils ! (A. Vergne, *L'Innocence du boucher*, p. 151.)

Ratisser

Ratisser large. « Réunir le plus de données dans une recherche ou le plus de sympathisants, en ayant le souci d'un éventail aussi large que possible. »

1. Ce sont des primaires normales, sans danger, qui permettront à l'opposition de « ratisser large » au premier tour et, en définitive, aux électeurs de choisir leur maire. (*Minute*, 18 décembre 1982 dans *La Revue du traducteur*, février 1983, p. 40.)
2. — Qu'est-ce que tu racontes ? Elle en a vu d'autres.
— Peut-être, mais elle va avoir peur de choquer ses lecteurs. Elle espère ratisser large, tu sais bien. Elle, sa cible c'est M. et Mme Tout-le-Monde, pas M. et Mme Le-Tout-Paris. (C. Sarraute, *Allo Lolotte, c'est Coco*, p. 92.)

Rayon

○ **C'est tout ce qu'on a/qui reste en rayon.** « C'est tout ce que l'on peut (encore) proposer. » Image tirée du commerce de détail, que l'on trouve aussi dans la locution voisine **c'est tout ce qui reste en magasin.**

— [...] On fonde un groupe [...], tu veux en être ?
— À une seule condition : je veux être bassiste.
— Tu tombes à pic, c'est tout ce qui me reste en rayon. (P. Manœuvre, *L'Enfant du rock*, p. 204.)

Recharger

Recharger les accus/les batteries de quelqu'un. « Redonner du tonus à quelqu'un. » **Recharger ses accus/ses batteries.** « Reprendre des forces, se refaire une santé. » Métaphore de l'énergie électrique.

1. Je pose le vélo, allume une cigarette — l'utilité des poches de maillot ! —, m'accoude à la rambarde et considère la rivière. En plus bref, c'est l'équivalent des journées de repos du Tour de France. La contemplation de l'eau recharge mes accus. (R. Fallet, *Le Vélo*, p. 60.)
2. Pendant les trois jours où il fut l'hôte de mes parents, il ne se leva guère avant midi. Il réclamait son casse-croûte [...], puis il disparaissait dans la campagne. « Que l'on ne touche à rien [...], je vais prendre l'air, recharger mes accus. » (M. Rheims, *Le Saint Office*, p. 458.)
3. Pour le prochain week-end, ils retrouveraient Marcel, Noëlla, Marinette et les frangines à la campagne. Ils repartiraient tôt dans la nuit du samedi au dimanche et rentreraient sitôt déjeuné [...]. Mieux que rien, c'est sûr. Pas vraiment satisfaisant. Marcel rechargerait les batteries de son gendre, qui en avait bien besoin. (A. Vergne, *L'Innocence du boucher*, p. 132.)

Récréation

La récréation est terminée. Pour indiquer qu'il faut se mettre au travail, passer aux choses sérieuses. Du langage des écoliers.

— Si c'est là tout l'effet que t'a procuré notre entretien, Monsieur peut aller se faire voir.
— Oh ! le prends pas sur ce ton, je me détends un brin.
— Oui, mais la récréation est terminée, on parle. (R. Giraud. *La Coupure*, p. 141.)

Redemander

En redemander. « Ne pas en avoir assez. » À propos de coups, de choses désagréables. Employé, surtout dans des altercations ou des bagarres, sur un ton d'ironie à l'adresse de celui qui a reçu des coups. Dans l'exemple *infra*, souligne la bravoure caricaturale d'un militaire.

L'adjudant de réserve Grosjean, couvert de cicatrices et de décorations — « dix-sept éclats de grenade dans la peau et j'en redemande ! » — était entré en politique comme on entre en religion. Son fanatisme outrancier était justement redouté par ses supérieurs eux-mêmes. (A. Blondin, *L'Europe buissonnière*, p. 339.)

Refaire

On ne se refait pas. « On ne peut se changer, se transformer complètement, il faut s'accepter comme on est. » Adage populaire teinté de fatalisme. « On ne se refait pas » est le titre d'un ouvrage de D. Oster (1969).

1. — [...] Vous voyez, on ne se refait pas : j'ai repris du service, c'était plus fort que moi. (A. Blondin, *L'Europe buissonnière*, p. 307.)
2. Varcher avait fait un saut à Annecy, pour y embrasser sa mère et ses filles, puis s'était rendu à Viry-Châtillon en coup de vent pour y revoir son ex-femme qu'il aimait toujours — on ne se refait pas. (P. Siniac, *Le Casse-route*, p. 92.)

Refuser

Ne rien se refuser. « Ne se priver de rien. » Par litote ; surtout dans des emplois, admiratifs ou ironiques, comme **Tu ne te refuses rien ! Il (on) ne se refuse rien !** ~ **Ne pas s'ennuyer*, ne pas s'embêter, ne pas s'emmerder, ne pas s'en faire.**

1. — [...] Nous avons notamment eu recours à l'ordinateur...
   — Parce que vous avez un ordinateur ? s'ébahit Compan. Vous vous refusez rien, les mecs ! (R. Réouven, *Un tueur en Sorbonne*, p. 58.)
2. D'abord, quand j'ai de l'argent, je le jette à la rue. J'achète tout, de l'antimites à la villa princière ! Avec méthode quand même ! Je commence par l'indispensable : les papillons, quelques caisses de cigares, du champagne pour les amis. Bref, quand j'ai de l'argent, je n'en ai plus. Si bien que ma vie se divise en deux phases : quand je n'en ai pas et quand je n'en ai plus... Dans les deux cas, je ne me refuse rien, j'ai la politique du besoin, je suis insatiable [...]. (A. Vialatte, *La Porte de Bath-Rabbim*, p. 26.)

Voir aussi **saison**, exemple 1.

Regarder

(Non mais) tu t'es (pas) regardé! Généralement en contexte polémique, pour retourner une insulte à quelqu'un. Version elliptique de **la paille et la poutre.**

1. — Qu'est-ce que tu dis? Que je suis une minable? Mais alors, dis donc, tu t'es pas regardé! T'es pas bien jojo toi aussi, mon pote! (A. Boudard, *La Métamorphose des cloportes*, p. 203.)
2. Si je pouvais seulement savoir chanter le blues comme Billie Holliday. Même pas un lot de consolation. Que dalle pour ton Noël fillette. Non mais tu t'es regardée avec tes trente balais tout chauds dans la gueule. La voilà la récompense. (E. Hanska, *J'arrête pas de t'aimer*, p. 140-141.)

○ **Se regarder passer.** « Être prétentieux, vaniteux. » Image plaisante par le dédoublement qu'elle évoque. Comparer avec **s'écouter* penser.** ~ **Descendre de vélo pour se regarder pédaler.**

3. Si vous avez du vocabulaire à placer et qu'on vous présente un Nuits avec le fromage, l'occasion est belle, hop! partez : « Ah! l'exceptionnelle finesse! Quelle race et quel bouquet! Ferme et suave, pénétrant et subtil. Etc. » Vous n'en mettrez jamais trop. Les natifs de la Côte-de-Nuits se sont toujours regardés passer. (F. Deschamps, *Croque en bouche*, p. 205.)

Relâche

○ **Afficher relâche; jouer relâche.** « Ne rien faire (d'une personne); n'être pas en état de remplir sa fonction (d'une chose). » Jeu de mots sur le spectacle qui est à l'affiche d'une salle et l'indication **relâche** « fermeture momentanée » de cette salle.

1. Une mise au vert nécessite un minimum de fraîche et son morlingue affiche relâche. Le calcul est vite fait. En carbure, il dispose de six ou sept mille points. C'est-à-dire que fifre quasiment. De quoi passer une semaine à Noirmoutier [...]. (J. Houssin, *Bras de fer*, p. 50.)
2. On croirait jamais, à nous voir, que nous sommes à l'orée d'un monstre coup de main [...]. Incohérence biscornue des instants creux avant les instants capitaux. On joue relâche, quoi! (San-Antonio, *Plein les moustaches*, p. 34.)

Remède

○ **Remède à/contre l'amour.** Par euphémisme plaisant.

— « Ce qui peut freiner les élans amoureux. »

1. J'offre une prime de 100 000 balles au premier qui me dénonce le salaud qui a inventé ce remède contre l'amour [les collants]. (*Siné dans Hara-Kiri Hebdo*, p. 122.)

— « Personne dont l'apparence ou le comportement détourne, dégoûte de l'amour. » ~ **Le haut* protège le bas.**

2. [...] t'es pas plus bandante qu'un glaçon, t'enfiler c'est comme se fourrer la bite dans le frigo, un remède à l'amour je te dis! (C. Giudicelli, *Station balnéaire*, p. 121.)

Remonter

Être remonté comme une pendule. « Être en pleine forme, plein d'énergie ; être agité, excité. » Amplification et remotivation mécanique de **être remonté.**

1. [...] j'arrive pas à dormir, pas du tout, ça me dure jusqu'à 3 heures du matin et je vais vingt fois aux toilettes et je vais dix fois à la cuisine manger des sandwiches et me frapper du lait avec de l'Ovomaltine, je suis remontée comme les pendules, c'est incroyable. (Stéphanie, *Des cornichons au chocolat*, p. 97.)

Remonter la pendule à quelqu'un. « Redonner de l'énergie, du courage à quelqu'un. » ~ **Donner du ressort.**

2. Si j'avais eu un autre tempérament, ce con-là m'aurait miné le moral. Mais le ciel de Paris qui chialait juste un grain m'a remonté la pendule. Cette putain d'odeur d'asphalte qu'on ne trouve nulle part ailleurs [...] m'a sauté aux naseaux. J'ai fermé les yeux pour mieux respirer cette merveille. (E. Hanska, *Les Amants foudroyés*, p. 53.)

Renard

○ **Aller au renard.** « Vomir. » Cette locution, comme la suivante, atteste la vitalité de **renard** au sens de « vomissement ». On trouve en ce sens **écorcher le renard** depuis le XVe siècle (le rapprochement avec cet animal reste mal expliqué).

1. [...] elle a été au renard... dégueulé sur les pavetons [...]. (A. Boudard, *L'Éducation d'Alphonse*, p. 133.)

○ **La queue de/du renard.** « Vomissement. »

2. Dès les premières lueurs de l'aube, ces plafonds qui tourbillonnent autour de vous, ce haut-le-cœur permanent qui vous assaille, donnent le signal de la déroute. Il faut réagir vite. La queue du renard est encore la meilleure solution. Pour la provoquer, outre les habituels et horribles procédés mécaniques, quelques catalyseurs : café salé, grains de café à croquer, infusion d'asarêt ou de feuilles de hêtre. (*L'Événement du jeudi*, 26 décembre 1985, p. 100.)
3. Il saute sur le sol [en descendant d'avion] comme un Tarzan boiteux et y perd la moitié de son copieux déjeuner. [...]
— Quelle queue de renard ! (D. Guirous et N. Galan, *Si la Cococour m'était contée*, p. 164-165.)

Repartir

C'est reparti (parti) comme en quarante. Pour marquer, avec ironie, un nouvel élan plein d'ardeur. Sur le modèle de **c'est parti (reparti) comme en quatorze** (mais seul un profil phonétique voisin et un rajeunissement de l'expression peuvent plaider pour cette variante... l'enthousiasme de 1940 n'étant pas celui de 1914).

1. — Steph, une bagarre ?
Et pof, ni une ni deux, parti comme en 40. Judo. Aï-kido. Karaté. Coussins. Traversins. Objets contondants. Aïe. Pan. Paf. (P. Adler, *Bonjour la galère !*, p. 54.)

2. [...] les gros en ont assez de se faire traiter de gros [...].
Du coup, c'est reparti comme en 40. À l'exemple des *gays*, qui ralliaient sous leur drapeau Shakespeare et César, les gros ont dressé l'inventaire des grands hommes gros à travers les siècles. (C. Sarraute, *Dites-donc!*, p. 13.)

Répondre

Répondre présent. « Être effectivement là où il faut quand il faut. » Du langage des écoles, casernes, etc. où l'on fait l'appel pour pointer les absents.

Certains disaient qu'il [un avion] était en panne de train d'atterrissage, d'autres en manque de kérosène, mais que de toute façon on ne devait pas s'inquiéter parce que, en définitive, si aucun des deux appareils népalais ne répondait présent, on repartirait un peu plus tard par Air India. (J. Lanzmann, *La Baleine blanche*, p. 105.)

Repos

Le repos du guerrier. « Les amours du guerrier — ou plus largement de l'homme d'action — dégagé de ses obligations ; par métonymie, épouse ou femme disponible et compréhensive. » Comme l'indique P. Germa, il s'agit probablement d'une référence à Nietzsche : « Der Mann soll zum Kriege erzogen werden und das Weib zur Erholung des Kriegers : alles andre ist Torheit » (« L'homme doit être élevé pour la guerre, la femme pour le délassement du guerrier : hors de cela tout est folie. », *Also sprach Zarathustra*, trad. de G. Blanquis, Paris, 1969, t. I, p.158-159). « Le Repos du guerrier » est le titre d'un roman de C. Rochefort (1958), porté à l'écran par R. Vadim (1962).

1. — T'es un vrai bijou, ma poule ! Le repos du guerrier ! (C. Roudé, *Rue Paradis*, p. 140.)
2. À vrai dire, il semblait se satisfaire de dames peu compliquées, propres au repos du guerrier, et auxquelles il ne consacrait que peu de temps. (San-Antonio, *Circulez ! Y a rien à voir*, p. 65.)

Repousser

Ça repousse pas! Formule adressée à quelqu'un (ou parfois par celui) qui laisse tomber de l'argent, notamment des pièces de monnaie. ~ **Ça pousse* pas!**

[...] vingt fois, Jacques était entré dans la boucherie, vingt fois il avait fait tomber de la monnaie de sa poche, et vingt fois Labesse [...] avait lancé : « Ah ! ça repousse pas ! » (P. Desproges, *Des femmes qui tombent*, p. 17.)

République

○ **Passer une belle (bonne) république.** « Avoir la belle vie, passer du bon temps, se la couler douce. » L'origine de cette locution, dont la diffusion semble restreinte, n'est pas éclaircie.

Avec dix balles [dix francs], il [un enfant] a de quoi se passer une bonne république. (J.-P. Demure, *Découpe sombre*, p. 54.)

Ressort

○ **Chèque à ressort.** « Chèque sans provision. » L'image évoque un dispositif qui se retourne contre celui qui l'actionne tel que, par exemple, les diables à ressort vendus dans les magasins de farces et attrapes. ~ **Chèque en bois*.**

1. Les chèques que lui avait signés Bonape étaient tirés sur le Crédit Alimentaire et Hôtelier. [...] Si Bonape lui avait fait des chèques à ressort, ça n'allait pas se passer comme cela. (H. Viard, *Ça roule pour Bonape*, p. 139.)

○ **Eau à ressort.** « Eau de Seltz. » Ainsi appelée parce que contenue dans des siphons dont le mécanisme était à ressort. ~ **Eau qui pique*.**

2. Il commanda :
« Garçon, une menthe ! et ajouta : avec de l'eau à ressort ! »
Il appuya sur le bec du siphon bleu [...] puis il ajouta de l'eau gazeuse. (R. Sabatier, *Les Fillettes chantantes*, p. 56.)

Ressortir

C'est la méchanceté qui ressort. Pour présenter sans bienveillance les symptômes ou maladies dont une personne est atteinte, à la fois comme un châtiment mérité et comme une marque d'infamie ; s'emploie aussi comme riposte plaisante à un enfant qui se plaint d'un bobo.

Grand-mère ne s'était pas levée.
— Elle a encore ses névralgies, expliquait tante Lucie [...].
— C'est sa méchanceté qui ressort ! (B. Deflandre, *La Soupe aux doryphores*, p. 71.)

Rester

Après moi s'il en reste ! Formule (qui démarque l'expression suivante) symbolisant l'égoïsme forcené. ~ **Chacun pour soi.**

1. Enfin, pour limiter les dégâts considérables, on a sonné la retraite totale : sauve-qui-peut, chacun pour soi, taïaut, après moi s'il en reste, etc. (Bayon, *Le Lycéen*, p. 25.)

Après vous s'il en reste! Formule employée plaisamment pour souligner la courtoisie de quelqu'un ; par référence à celui qui, à table, insiste pour se servir après tous ses voisins immédiats. « Après vous s'il en reste, Monsieur le Président » est le titre d'un roman de San-Antonio (1986).

2. Pour son passage à « L'Heure de vérité » [...], l'as des sondages et le champion toutes catégories du parler vrai [Michel Rocard] a fait preuve d'une sérénité suspecte. Des questions abruptes, difficiles, voire provocatrices ? Mais comment donc, messieurs les journalistes, après vous s'il en reste. (*Le Monde*, 7-8 décembre 1986, Supplément p. 31, col. 3.)

— Par ironie.

3. Il est aux prises avec une bouteille de rouge, prélevée sur la réserve qui, si j'en crois mes yeux, serait du Gevrey-Chambertin. [...] Il ferme les yeux et boit longuement. [...] — Après toi s'il en reste [...] ! fais-je [...]. (San-Antonio, *Ça baigne dans le béton*, p. 134.)

Retard

Avoir un métro/un train de retard. « Être à la traîne. » Version moderne de **manquer le coche.**

1. M. Pierre Bérégovoy [...] a estimé que le Parti communiste a, sur la flexibilité de l'emploi, « un train de retard, voire une génération, pour une raison électorale subalterne ». (*Le Monde*, 12-13 janvier 1986, p. 6, col. 5-6.)
2. Tu crois qu'il y a encore des misogynes ? Ils auraient au moins dix métros de retard ! (« *22 lycéens* », p. 64.)

— Variante argotique. **Être à la bourre d'une rame.**

3. Gabin, il a toujours été à la bourre d'une rame. Deux minutes plus tôt, il tombait en pleine baston. Là, il n'a rien vu. Il est simplement surpris de voir Rocheteau essoufflé. (J. Houssin, *Envoyez la purée !*, p. 101.)

Retenir

Je ne/J'sais pas ce qui me retient! Pour exprimer son exaspération et l'envie très forte que l'on a de lui laisser libre cours, en actes ou en paroles (mais l'expression est elle-même un exutoire et on en reste là). Comparer avec **retenez-moi ou je fais un malheur!**

Il explose :
— Faire confiance ! faire confiance, mon cul ! Connard va ! Oh ! j'sais pas c'qui m'retient ! (J. Vautrin, *Typhon-Gazoline*, p. 17.)

Retour

Être sur le retour. « N'être plus très jeune, commencer à prendre de l'âge. » Par ellipse de **être sur le retour d'âge.**

— [...] Si mon petit copain vient pas, j'ai peur de m'ennuyer tout seul avec deux dames sur le retour et un vieux monsieur. (C. Sarraute, *Allo Lolotte, c'est Coco*, p. 130.)

Retourner

Retourner quelqu'un comme une chaussette. « Faire changer d'avis ; manipuler. » Image de la chaussette que l'on remet à l'endroit. ~ **Retourner comme une crêpe.**

[...] on te nous dépêche des experts toutes catégories par villes et banlieues, bardés d'interrogatoires et de bandes magnétiques, afin de bien décortiquer ce que nous pourrions receler en ce for intérieur, que les burgraves psychologiques vous retournent comme chaussettes... (M. Bédu, *La Vie dure*, p. 291.)

Retrouver

Une chienne/Une chatte n'y retrouverait pas ses petits. À propos d'un lieu en désordre, d'une chose, d'une histoire, d'une affaire embrouillée.

1. Vous y comprenez quelque chose, vous, à ces histoires de télé ? Qui reprend quoi et avec qui ? Une chatte n'y retrouverait pas ses petits. (*Le Monde*, 11 février 1987, p. 40, col. 5.)
2. Les chauves-souris sont composées de toutes sortes d'antitragus, de bras, d'avant-bras [...] parmi lesquels il est très difficile de trouver quelque chose d'humain ; ce qui en rend l'étude extrêmement compliquée. Une chatte n'y retrouverait pas ses petits. (A. Vialatte, *Éloge du homard*, p. 139.)

— Sur ce modèle.

3. Ils jouaient un rock carnassier [...]. Mais surtout, ils concevaient leur rock comme un abordage en règle des conventions. Ça giclait en tous sens, et la fée électricité n'y aurait pas retrouvé ses petits ! (P. Manœuvre, *L'Enfant du rock*, p. 80.)

Revenir

Sujet + **s'appelle reviens.** Pour indiquer, en prêtant un objet, qu'on entend le récupérer, le voir revenir. « Ma femme s'appelle reviens » est le titre d'un film de Patrice Leconte (1982).

Voici quelques critères de base permettant à coup sûr de reconnaître l'ennemi :
L'ennemi est bête : il croit que c'est nous l'ennemi, alors que c'est lui ! J'en ris encore !
L'ennemi a des oreilles. L'ennemi n'est pas contagieux. D'accord, mais il est héréditaire [...].
L'ennemi s'appelle Reviens.
Ah non, pardon, c'est ma gomme. (P. Desproges, *Manuel de savoir-vivre*, p. 10-11.)

Rhabiller

Tu peux (il peut...) aller te (se, etc.**) rhabiller.** ~ **Tu peux (il peut,...) aller te (se,...) faire voir.** Par référence aux huées du public invitant un artiste à retourner dans sa loge ou un sportif à rentrer au vestiaire.
— Pour exprimer que quelqu'un ferait mieux de renoncer, de ne rien attendre.

1. Si tu t'imagines que tu as des droits là-dessus, petit, tu peux aller te rhabiller ! (J. Amila, *La Bonne Tisane*, p. 61.)

Plus rarement en parlant de choses.

2. Lorsque le Français est au travail, la météo est déjà l'information phare de la journée. Mais quand il est en vacances, c'est l'unique information qui compte. Révoltes, coups d'État, sommets internationaux peuvent bien aller se rhabiller ! On veut savoir si le temps de demain sera à la hauteur du prix de semaine en pension complète qu'on a payé. (F. Fossaert, *Touche pas à ma cible*, p. 81.)

— Pour dire qu'on a déjà vu mieux, que quelque chose ou quelqu'un ne soutient pas la comparaison.

3. [...] Piaf, tu parles d'une voix [...] les jeunes y peuvent se rhabiller pour chanter comme elle, d'ailleurs y chantent pas, aujourd'hui y gueulent. (R. Giraud, *La Coupure*, p. 35.)
4. La plus longue grève qu'on ait jamais vue dans le coin... Les Lip et les Longwy peuvent aller se rhabiller... (P. Siniac, *Luj Inferman' ou Macadam Clodo*, p. 154.)
5. — Comment j'ai été ?
— Magnifique. Mieux que jamais.
— J'en ai eu l'impression [...]. Je crois que je l'ai bien en main, mon numéro [de music-hall].
— Marilyn peut aller se rhabiller. (T. Topin, *Piano barjo*, p. 172.)

Riche

Il vaut mieux être riche et en bonne santé que pauvre et malade. Pseudo-adage dont le caractère amusant tient au fait qu'il n'exprime qu'une lapalissade teintée de cynisme. « Mieux vaut être riche et bien portant que fauché et mal foutu » est le titre d'un film de Max Pecas (1977).

1. Être homosexuel dans un milieu sophistiqué se vit mieux qu'ailleurs, mieux vaut être riche et en bonne santé que pauvre et malade. (*Le Monde*, 30 janvier 1987, p. 23, col. 4.)
2. Vous savez, on dit souvent pour rire qu'il vaut mieux être riche et en bonne santé que pauvre et malade. Eh bien, ceux-là [les Pobrecitos] sont pauvres et malades, et être pauvre en Amérique du Sud, c'est être très, très pauvre. (J.A. Lion, *Les Truands du Temple*, p. 132-133.)

Rien

Admettons/Mettons que je n'ai rien dit. Pour se rétracter, retirer ce qu'on vient de dire, mais sans pour autant affirmer le contraire.

1. — Elles sont un peu* mignonnes, non ? la Mitzi et la Rosa.
— Sans doute, répondit le jeune homme, mais ça n'est pas pour nos gueules [...].
— C'était pour que tu saches que tu avais une touche. Mettons que je n'ai rien dit. (A. Blondin, *L'Europe buissonnière*, p. 412-413.)
2. MONSIEUR Z [...] : Mais non, voyons ! Que veux-tu dire ? C'est une ridicule plaisanterie. Je n'ai aucune familiarité avec mon personnel, tu le sais bien !
MADAME Z [...] : Bon, bon ! mon ami ! Admettons que je n'aie [*sic*] rien dit ! (M. Tardieu, « Ce que parler veut dire » dans *La Comédie du langage*, p. 62.)

— Par ellipse. **J'ai rien dit.**

3. — Bon, tout est réglo. Vous êtes d'accord pour le partage?
— Moi, j'aurais voulu plus de matériel photo, dit Marius [...].
— Écoute, on avait dit partage égal [...].
— Bon j'ai rien dit. C'est OK [...]. (Sapho, *Ils préféraient la lune*, p. 107.)
4. — Vous avez réfléchi à Bertolini? s'informa le petit chef.
— On sait quelque chose sur sa femme? répondis-je sur le même ton.
— Doumicq répond d'elle. Vie tranquille, bonne famille et je ne sais combien d'années de fidélité [...].
— Okay, je n'ai rien dit. (M. Villard, *Ballon mort*, p. 15-16.)

C'est rien de le dire. En réponse à quelqu'un qui énonce une idée, un jugement, pour faire entendre que la réalité dépasse de beaucoup sa formulation. ~ **On ne le dira jamais assez.**

5. — Et pourquoi ce nom de Cinq-Cygne?
— [...]
— Tu en es fière?
— C'est rien de le dire. (J. Amila, *Terminus Iéna*, p. 19.)
6. Qu'est-ce que tu fous là toute seule? On dirait que tu t'emmerdes.
— C'est rien de le dire. (E. Hanska, *Barbe à papa*, p. 24.)
7. — [...]. J'ai cru comprendre qu'il traversait une période de méforme...
— De méforme? C'est rien de le dire! C'est plus d'la méforme, c'est de l'incompétence poussée jusqu'au vice! (J. Houssin, *Le Pronostiqueur*, p. 56.)

Ce n'est pas rien comme + nom. « C'est quelque chose de remarquable, d'exceptionnel. »

8. Ce n'était pas rien comme arbre, c'était un machin qui devait faire dans les dix mètres avec un tronc de la taille d'une roue de voiture [...]. (P. Djian, *Maudit manège*, p. 63-64.)

Circule(z), y a rien à voir. Par référence à l'ordre donné par les policiers aux curieux et aux badauds pour éviter les attroupements. La formule a été souvent utilisée par Coluche dans ses sketches. « Circulez, y a rien à voir » est le titre d'un film de Patrice Leconte (1983), d'un roman de San-Antonio (1987) et d'un album du dessinateur Jean-François Batellier (1985).

— À propos d'une chose qu'une autorité veut garder secrète.

9. En refusant de répondre au juge d'instruction Jean-Pierre Michau, le patron de la DST, Bernard Gérard, « a fait son métier », affirme Pasqua avec un superbe aplomb. Circulez, y a rien à voir. (*Le Canard enchaîné*, 17 décembre 1986, p. 3, col. 1.)

— À propos d'une chose jugée sans intérêt.

10. — Il vous a fait lire ses œuvres?
— Oui, mais vous m'avez compris. Au bout de deux pages, circulez, y a rien à voir. (E. Hanska, *Fascination*, p. 112.)
11. Il entendait Marius lui dire : « T'as les boules*, hein? C'est rien, Vizir, j'te l'avais dit, c'est sans surprise à la cité... Circule, y'a rien à voir... » (Sapho, *Ils préféraient la lune*, p. 229.)

— Variantes contextuelles.

Verbe + **y a rien à voir.**

12. [...] la radio n'interrompt les marches militaires que pour diffuser des avis du style restez chez vous, y'a rien à voir [...]. (P. Canal, *L'Homme qui a vu Durand*, p. 151.)
13. [...] tous les ahuris se sont tournés vers moi [...]. Je leur ai indiqué la sortie :
— Bon, allez, barrez-vous. Y'a rien à voir. Ça sera demain dans vos journaux. (P. Djian, *Zone érogène*, p. 176.)

Circulez, y a rien à + verbe.

14. Circulez, y a rien à entendre ! Selon *Le Provençal* [...] les cassettes enregistrées par la police lors du casse de la caisse d'épargne à Marseille sont difficilement exploitables. (*Le Canard enchaîné*, 18 mars 1987, p. 5, col. 4.)
15. Je ne sais pas... J'ai l'impression que tout s'éparpille, tu vois ? Il ne reste plus qu'ironie, dérision, ricanement. Et pourtant j'ai besoin de croire et d'appartenir.
Je sais, ce n'est plus d'époque, circulez, il n'y a rien à croire, rien n'appartient plus à personne [...]. (C. Courchay, *Avril*, p. 68.)

Il/Elle (ne) t'a rien fait. Pour signifier à quelqu'un que l'on ne comprend pas son agressivité envers quelque chose.

16. — Qu'est-ce que tu as fait de ma robe de chambre ? [...]
Je n'ai pas cherché un instant à nier et je lui ai désigné le vide-ordures dans la cuisine.
— Mais tu es complètement fou ! Elle ne t'avait rien fait cette robe de chambre. (D. Daeninckx, *Le Géant inachevé*, p. 42.)

∅ **(N'en avoir) rien à branler, à foutre (de).** « N'en avoir rien à faire ; s'en désintéresser complètement. » La première locution est parfois abrégée en **R.A.B.***.
~ **S'en cogner*, s'en tamponner, s'en taper*.**

17. En ce moment, je suis en cours de sciences nat et c'est franchement mortel [...] parce que l'étude des sols, j'en ai strictement rien à foutre. (A. Grimm, *La Flambe*, p. 178.)
18. Continuer à triquer dans ces conditions, c'est pas de la purée mousseline. Coup de gluck [chance], Blanche-Neige décolle en appelant un certain Martial dont Manu n'a strictement rien à branler. (J. Houssin, *Envoyez la purée !*, p. 136.)

— Parmi les nombreuses variantes sur ce modèle, certaines sont largement diffusées et attestées, elles sont en général construites avec des verbes désignant ou impliquant un mouvement répété.

○ **(N'en avoir) rien à battre (de).**

19. [...] je quitte quand même tous les élèves du bahut pour toujours. Même s'il y en a plein dont j'en ai rien à battre, ça fait quand même un petit regret au cœur [...]. (A. Grimm, *La Flambe*, p. 61.)
20. Et Ringo [Star], dans tout ça ? Lui, il ne change pas : à part les copains, il n'en a rien à battre. (*Télérama*, 25 novembre 1987, p. 70, col. 4.)

○ **(N'en avoir) rien à brosser (de).**

21. Soméca [un Noir] renverse la caisse à outils. Li marteau, li pinces, rien à b'osser, mon 'ieux ! (J. Vautrin, *Canicule*, p. 169-170.)

○ **(N'en avoir) rien à cirer (de).**

22. Rien à cirer de tes histoires de cul, Dédé. Quand on te demande kêk chose, tu réponds, et basta ! (F. Lasaygues, *Vache noire*, p. 14.)
23. [...] on bavardait, Pierre-Étienne se demandait s'il y aurait une troisième guerre mondiale. J'en avais rien à cirer. (J.-P. Toussaint, *La Salle de bains*, p. 44.)

○ **(N'en avoir) rien à secouer (de).**

24. Tu t'es pas inquiété d'elle, ni des enfants, tu veux savoir pourquoi ? Parce que tu en as rien à secouer des autres et de leur vie, de Marie-Pierre, de Suzanne, comme de Gloria, de Coline, de moi comme du Pape. Tu t'en fous complètement. (« Garçon ! » de C. Sautet dans *L'Avant-Scène Cinéma*, p. 48.)
25. La corneille craille. Quel sacré truc : tous les gens instruits savent que la corneille craille mais pas elle, qui est pourtant la seule à crailler. La corneille craille mais elle n'en à rien à secouer. (A. Schifres, *Les Yeux ronds*, p. 82-83.)

— Variantes à diffusion plus restreinte et variantes contextuelles.

○ **(N'en avoir) rien à bananer (de).**

26. J'ouvre la bouche pour protester, pour lui dire [...] que je veux repartir, que j'en ai rien à bananer de ses potes, de sa fiesta, de cette villa [...]. (R. Kesselring, *Putain d'amour*, p. 175.)

○ **(N'en avoir) rien à braire (de).** Langage des jeunes.

27. On sèche [l'école], c'est trop gonflant. Faut voir la tronche du prof expliquer le Moyen Âge et la Féodalité. J'en ai rien à braire, moi, du Moyen Âge. À quoi ça me sert de savoir toutes ces dates ? (Sapho, *Ils préféraient la lune*, p. 66.)

○ **(N'en avoir) rien à cogner (de).**

28. [...] on n'en avait rien à cogner de l'expo au Grand Palais sur l'empire toltèque que notre mère voulait nous emmener visiter. (Bayon, *Le Lycéen*, p. 56.)

○ **(N'en avoir) rien à papillonner (de).**

29. Les [élections] cantonales, rien à papillonner [...]. (« *22 lycéens* », p. 39.)

○ **(N'en avoir) rien à taper (de).**

30. Moi, la littérature, en ce temps-là, rien à taper, horreur, et je ne comprenais pas que ça puisse intéresser les gens. (Bayon, *Le Lycéen*, p. 262.)

∅ **Ne rien avoir dans la culotte (le pantalon, le slip)/entre les jambes.** « Être lâche, sans énergie, sans conviction (d'un homme). » La locution est une négation imagée de la virilité de celui qui est mis en cause ; elle s'oppose à **en avoir**.

31. — Y'a des gars qu'ont rien dans la culotte, dit Rambot. Moi, je t'aurais mis une danse [...]. (G. Dormann, *Je t'apporterai des orages*, p. 16.)
32. Mais bientôt je dus me rendre à l'évidence : c'était après moi que Gaillac en avait. Je n'avais, à ses dires, décidément rien dans le falzar, j'étais une véritable gonzesse, je les avais bassinés avec mes agresseurs [...]. (J.C. Grumberg, *La Nuit*, p. 199-200.)

— Variantes **N'en avoir pas beaucoup entre les jambes ; ne rien avoir dans les couilles.**

33. — C'est la bagarre ou c'est pas la bagarre, dit Gomez. Votre stratégie, c'est un truc de type qui n'en a pas beaucoup entre les jambes. (A. Blondin, *L'Europe buissonnière*, p. 309.)
34. Le môme Arlini, c'est rien qu'un lavedu, rien dans les couilles. (J. Houssin, *Plus noir qu'un Dobermann*, p. 34.)

On n'a rien sans rien. « Pour obtenir quelque chose, il faut travailler, faire des efforts. »

35. — [...]. On file.
— Où ça ?
— Loin d'Houilles ! D'ailleurs, au cours de ce voyage, j'ai appris qu'il existait des contrées infiniment plus pittoresques.
— Oui, mais avec des loyers plus élevés, peut-être ?
— On n'a rien sans rien [...] ! (P. Dac et L. Rognoni, *Bons Baisers de partout*, p. 180-181.)
36. La manière dont j'écrivais exigeait une rigueur de chaque instant et pas mal d'oreille, il était hors de question de se laisser mollir ou de fermer les yeux sur quoi que ce soit. C'est le sort, j'imagine, de pas mal d'auteurs classiques, je veux dire ceux qui finissent par y sacrifier leur santé, car bien sûr on n'a rien sans rien. (P. Djian, *Maudit Manège*, p. 53.)

∅ **Rien dans la tête, tout dans le slip.** Expression employée à propos d'un homme stupide ou inculte mais d'une grande vigueur sexuelle. Dans l'exemple suivant, le recours au français non conventionnel rend la formule plus frappante en raison de la rime intérieure.

37. Rien dans l'cigare mais tout dans l'calbar. L'intelligence du plumard. Par la peine de lui taper le cinoche si on prend pas son pied le cheval mange pas de cette avoine. Avec sa petite gueule d'ange il se défoule au dodo. (E. Hanska, *J'arrête pas de t'aimer*, p. 118.)

— Sur ce modèle, en jouant sur l'opposition entre la tête et les jambes.

38. [...] Pat, le pote Pat, comme on dit, une masse, une bête baraquée comme un déménageur, rien dans le cigare, tout dans le jean et les baskets [...]. (M. Charef, *Archi Ahmed*, p. 24.)

Rien que ça ! « Pas moins. » Par litote ; ironique. ~ **Excusez du peu !**

39. De son exil londonien, la Tulipe envoya une seconde lettre [...].
Dans son épître, il informait son père qu'il serait un jour le premier chef d'État de l'Europe des temps modernes, rien que ça. (A. Jardin, *Le Zèbre*, p. 159.)

Rire

Laisse(z)-moi rire ! Pour signifier qu'on se moque d'une attitude, de déclarations.

— [...]. Le minus qui se prend pour un tueur ! Laisse-moi rire ! Rien que cinq minutes ! Parce que après, tu vas voir comme je vais arranger ta binette moche ! (A. Vergne, *L'Innocence du boucher*, p. 187.)

Roi

Aller là où le roi va/les rois vont à pied. « Aller satisfaire un besoin naturel. » Par euphémisme ; l'expression souligne l'égalité de la condition humaine devant une telle réalité. Comparer avec **aller/être sur le trône**, qui reposent sur une image similaire.

1. Il m'a demandé où j'allais comme ça. Je lui ai répondu que j'allais là où même les rois vont à pied. (J. Vautrin, *Baby Boom*, p. 88.)

Le choix du roi. « Le fait, pour des parents, d'avoir deux enfants, un garçon et une fille. » Variante plus usuelle du **souhait de roi**, lequel est déjà attesté en ce sens au XVIIe siècle. Comme dans d'autres expressions (**festin, morceau, plaisir de roi**), **du roi** souligne l'excellence de cet équilibre.

2. Et bonne mère en plus. Une fille et un garçon en trois ans : le choix du roi. (G. Dormann, *Je t'apporterai des orages*, p. 243.)

Rond

○ **Rond comme un ballon/une barrique/une bille/un boulon/un petit pois/une queue de pelle.** « Complètement ivre. » Ces comparaisons à valeur intensive reposent sur la symbolique du cercle, du cylindre et de la sphère qui évoquent l'achèvement, la perfection et la plénitude. En outre, le rapprochement entre l'état d'ébriété et un objet peut être motivé (**une barrique**) ou au contraire inattendu (**une queue de pelle**) et donc amusant. ~ **Rond comme un boudin, une bûche, un disque, un œuf, une soucoupe, un zéro.**

1. Il est près de trois heures du matin quand nous quittons en titubant la pizzeria [...]. On est ronds comme des petits pois. (A. Artillan et J. Noli, *Le Pied à l'étrier*, p. 28-29.)
2. Quand Charles Trenet est venu, il est reparti rond comme un ballon [...] ; il s'est cassé la gueule avant d'arriver à Lyon, mais n'a rien senti, il était trop (rem)bourré. (F. Deschamps, *Croque en bouche*, p. 234.)
3. À l'heure des vêpres, le Coudbarre était rond comme une barrique. (D. Guirous et N. Galan, *Si la Cococour m'était contée*, p. 94.)
4. Ils passent une partie de la nuit à picoler. Entassés dans la tire, ronds comme des boulons, ils chantent à tue-tête vitres baissées. (E. Hanska, *Mauvaise Graine*, p. 200.)
5. — Tu comprends, la plupart des mecs se font crever en retour de java. Ils reviennent chez eux en bagnole, ronds comme des billes, et tombent sur le contrôle idiot. C'est directos qu'ils rebondissent au placard, sans rien piger. Moi, en habitant près du lieu de mes fiestas, je réduis les risques. (J. Houssin, *Comme un rat*, p. 82.)
6. Comme prévu, chacun a payé son coup. André n'a pas voulu être en reste. Il est rond comme une queue de pelle. Il est minuit. Pour sortir André du bar, il faut le porter. (J.-L. Lahaye, *Cent Familles*, p. 427.)

Voir aussi **patte**, exemple 3, et **sort**, exemple.

Rose

○ **Ne pas aimer voir les roses faner sur tige.** « Être expéditif, impatient. » Locution reposant sur la brièveté du temps pendant lequel la rose est dans tout son éclat. Cette image reprend une idée qui a eu une certaine fortune littéraire, comme en témoignent, entre autres, les vers célèbres de Malherbe : « Et Rose elle a vécu ce que vivent les roses,/L'espace d'un matin » (*Consolation à Monsieur du Périer, Gentilhomme d'Aix-en-Provence, sur la mort de sa fille*).

1. Maman a toujours été une rapide [...]. Elle n'aime pas voir les roses faner sur tige. C'est pas le genre lèche-vitrine. Quand un mec lui plaît, elle attend pas les soldes. (P. Adler, *Bonjour la galère !*, p. 15.)

Ne pas sentir la rose. « Sentir très mauvais. » La rose, symbole de l'odeur délicate, est évoquée ici par litote. « Ça ne sent pas la rose » est le titre d'un livre d'A. Krief (1985).

2. — Je dois me cacher au milieu des poubelles ?
— Non, dedans.
[...]
— Ça va comme tu veux ? [...]
— Ça va, mais ça sent pas la rose ! (L. Simon, *Les Ripoux*, p. 72.)
3. À l'intérieur de ma guitoune règne une puanteur infernale [...], ça ne sent pas la rose. (J. Taravo, *Les Derniers Joyeux*, p. 208-209.)

Rotule

(Être) sur les rotules. « (Être) très fatigué. » Variante de **être sur les genoux.**

1. Il avait envie de la voir, de lui demander conseil. Faire l'amour, pas tellement, parce qu'il se sentait nettement sur les rotules [...]. (J. Amila, *Le Pigeon du faubourg*, p. 134.)
2. Il rentre chaque jour sur les rotules, et loin de le délabrer davantage, ces efforts nouveaux lui donnent un calme dont la famille avait perdu l'habitude. (F. Rieu, *La Cavale du chômeur*, p. 128.)

Roue

En roue libre. « Libre, sans contraintes ; libéré de tout effort. » Du vocabulaire du cyclisme.

1. Et puis Cricri ne me rebat pas les oreilles avec Trostki, Claudel ou le doux Jésus, ça me repose... je me sens l'esprit en roue libre. (A. Boudard, *Le Café du pauvre*, p. 268.)

○ **Roue de bicyclette.** « Au tennis, score de six jeux à zéro dans un set. » Locution ancienne déjà attestée en 1924 (Esnault). *Dico plus* de juin 1977 enregistre aussi la tournure **une double roue de bicyclette** (6-0, 6-0). Comparer avec la **bulle** « zéro » en argot scolaire et avec le populaire et plaisant **paire de lunettes** « double zéro, deux fois zéro ».

2. Là oui, d'accord, mais en simple, ta Navratilova, mon Lendl, il se la ramasse en roue de bicyclette ce qu'on appelle, 6-0, 6-0, 6-0. (*Le Monde*, 25 juin 1986, p. 48, col. 6.)

Rouler

Ça roule ! « C'est bon, c'est d'accord ! » ~ **Ça marche* !**

1. Je me dirige vers la porte.
— David ! Où tu vas ?
— En bas. Téléphoner.
— Tu ne peux pas le faire d'ici ?
— Non, cela risque de se prolonger un peu et je ne voudrais pas perturber ta lecture.
— Ça roule, laisse tomber Marc qui se replonge dans les revues. (P. Adler, *Graine de tendresse*, p. 82.)

Rouler pour quelqu'un. « Agir, travailler pour quelqu'un, sans que ce soit toujours officiel. » Du slogan des routiers **Je roule pour vous**, lui-même peut-être issu de l'argot cycliste.

2. Laurent Wetzel, quatrième sur la liste Terraillon, et pourtant barriste de choc, vient de condamner l'initiative de son idole et il a déclaré au *Quotidien* : « Christine Boutin ne roule pas pour Barre, mais pour Rocard ! » (*Le Canard enchaîné*, 22 janvier 1986, p. 2, col. 4.)
3. [...] un agent double qui ne sait plus trop s'il roule pour la résistance ou le Maréchal. (M. Sportès, *Le Souverain poncif*, p. 118.)

○ **Roulez jeunesse !** « En avant ! » Invitation à se déplacer, à agir. Formule probablement reprise aux forains qui, après avoir collecté les tickets sur les manèges, indiquent ainsi que le mouvement reprend. Sur les foires, l'expression prend souvent des formes développées : **Allez, allez, roulez jeunesse !** (voir Mordillat *infra*) et surtout : **Roulez jeunesse ! Roulez ! Roulez ! Roulez !** « Roulez jeunesse ! » est le titre d'un roman de J. Houssin (1984) et d'une chanson de L. Chedid (1988).

4. Que pense M. Barre de tout ce remue-ménage ? Interrogé un jour sur le comportement des jeunes, il confiait, évasif, toujours aussi bref : « Il y a dans la jeunesse d'aujourd'hui une générosité extrêmement sympathique. » Roulez jeunesse ! (*Le Monde*, 26 novembre 1986, p. 8, col. 6.)
5. Puis un autre cri dans ma mémoire reprend et prolonge le premier :
« Allez allez, roulez jeunesse ! »
Cet « Allez allez, roulez jeunesse ! » hurlé par le tenancier d'un manège qui confisqua à mon oncle et mon père un ananas gagné à la Foire du Trône. (G. Mordillat, *Vive la sociale !*, p. 10.)

Route

○ **Tailler/Tracer la route.** « Partir précipitamment ; déguerpir. » Variantes de **tailler la piste*. (Se) tailler** et **tracer** employés seuls ont tous deux des emplois populaires impliquant la rapidité.

1. Le briscard n'a pas pris la peine de me remercier. Il a taillé la route avec son camarade. (C. Courchay, *Le Chemin de repentance*, p. 181.)
2. Avec papa, on a une idée du tonnerre pour se carapater : organiser une émeute et profiter de la pagaille pour tracer la route. (M. Villard, *Le Roi*, p. 95.)

Tenir la route. « Être solide, crédible, valable. » Du vocabulaire de l'automobile.

3. Son livre tient la route. Largement. Rondement. Tranquillement. Tanguy a trouvé sa voie. Les Queffélec sont décidément de sacrés romanciers... (*L'Événement du jeudi*, 17 septembre 1987, p. 88, col. 3.)
4. Je me suis mise à rêvasser comme dans le temps. Mes fiancés de la saint-glinglin. J'ai beau vous passer en revue, pas un qui tienne la route. (E. Hanska, *L'Imparfait du subjectif*, p. 167.)
5. Ton commissaire San-Antonio, c'est du bidon, de la barbe à papa, un malentendu ! Ça tient pas la route ! (San-Antonio, *Bons Baisers où tu sais*, p. 153.)

Royaume

○ **Il y a quelque chose de pourri dans le royaume de** + nom. Par allusion à *Hamlet*, I, 4 : « Il y a quelque chose de pourri dans le royaume de Danemark. »

Il y a quelque chose de pourri dans le royaume de Karim. Quelque chose qui ne tourne plus très rond... Le regard vide, l'air absent, depuis quelques mois il ne bouge plus du quartier. (A. Boubeker et N. Beau, *Chroniques métissées*, p. 9.)

Ruche

○ **Se piquer la ruche.** « S'enivrer. » Variante de **se piquer le nez, ruche** désignant le nez en argot.

1. Elle ignore tout des bars à marins, elle ne voudrait pas mourir idiote*. Et puis, aller en bordée toutes les deux, en filles, se piquer la ruche au bar sans arrière-pensée, quel kif ! (E. Hanska, *Fascination*, p. 171.)
2. N'empêche que y s'est pas gêné [...]
   Pour s'piquer la ruche à l'anisette
   Y m'a descendu la bouteille
   À lui tout seul le saligaud
   'vec le pinard l'a fait pareil
   Le Père Noël est un poivrot ! (Renaud, « Le Père Noël noir » dans *Mistral gagnant*, p. 122-123.)

S

Sac

○ **Donner son sac à quelqu'un.** « Congédier, renvoyer. » Variante de **dire à quelqu'un de faire ses valises.**

1. Tu ne peux pas jouer toute ta vie les amantes résignées [...]. Pas plus tard qu'avant-hier, elle lui a donné son sac, au toubib ! (San-Antonio, *Le Casse de l'oncle Tom*, p. 155.)

○ **En faire un sac.** « En faire une histoire. » Le mot **sac** peut désigner dans d'autres emplois une affaire pénible (**en avoir son sac de** quelque chose « être excédé de quelque chose ») ou une affaire complexe (**un sac de nœuds**). ~ **En faire un fromage, une galère*, un plat*, un saladier ; en chier une pendule*.**

2. Au fait tu m'dois cent sacs j'en fais pas un sac.
Mais tes p'tites arnaques ras l'bol j'en ai ma claque (Renaud, « La Blanche » dans *Mistral gagnant*, p. 108.)

○ **Poser (déposer) le sac.**

— « Faire grève (chez les agents de conduite de la SNCF). » Locution diffusée lors de la grève de décembre 1986 et janvier 1987. Esnault mentionne la tournure voisine **mettre sac à terre**, attestée en 1923 dans la marine au long cours au sens de « refuser un embarquement ». Dans les deux cas, le **sac** est le bagage contenant les affaires personnelles qui symbolise les contraintes propres à des activités professionnelles non sédentaires.

3. La grève est partie de la base, à un moment où personne ne s'y attendait. Pour la SNCF, c'est une dizaine de jeunes [...] qui ont, les premiers, décidé de « déposer le sac » pour exprimer le ras-le-bol « trop longtemps contenu » comme ils l'expliquent eux-mêmes. (*L'Événement du jeudi*, 31 décembre 1986, p. 5, col. 2.)
4. Les conducteurs de train ont décidé de « poser le sac », lorsqu'ils ont compris que la future grille des salaires, avec son avancement au mérite, diminuerait encore leurs chances — déjà faibles — de progresser. (*Le Monde*, 31 janvier 1987, p. 18, col. 3.)

— « Faire halte ; s'installer pour un temps plus ou moins long (quelque part). » ~ **Planter sa tente*, poser son lit*.**

5. Il y a pas mal de villes dans lesquelles on se dit qu'on aurait du mal à rester une semaine. Ça tient à la taille des rues, à la gueule des coiffeurs et au silence des troquets. Dans d'autres coins, on a envie de poser le sac, comme ici à Grenoble. (*Libération*, 19 octobre 1987, p. 39, col. 1.)
6. [...] le bourlingueur [Robin Cook] a posé son sac. Voici treize ans maintenant qu'il a jeté l'ancre aux confins de l'Aveyron et du Tarn, dans un hameau planté sur la rocaille [...]. (*Le Monde*, 22 avril 1988, p. 15, col. 4.)

Saigner

Ça va saigner! « Il va y avoir du grabuge. » Par hyperbole.

— Ne me regardez pas comme ça [...] sinon ça va saigner ! Ça va saigner, je le sens ! (M. Anissimov, *Le Bal des Puces*, p. 46.)

Saint-Galmier

○ **Épaules en (bouteille de) Saint-Galmier.** « Épaules tombantes. » Par analogie de forme avec les bouteilles d'eau minérale de la source **Saint-Galmier** (commercialisée aujourd'hui sous le nom de **Badoit**).

1. Elle n'était pas spécialement bandante, face plate, gros carreaux, épaules en Saint-Galmier [...]. (J. Amila, *Au balcon d'Hiroshima*, p. 162.)
2. Papa était drôlement bâti. Il avait un torse étroit et des épaules en bouteille de Saint-Galmier. Ses bras puissants aux biceps proéminents contrastaient avec le reste. On aurait dit qu'ils n'étaient pas à lui. (J. Lanzmann, *Le Têtard*, p. 77.)

Saison

Y a plus de saisons! « Les choses — et notamment les conditions climatiques — ne sont plus ce qu'elles étaient ; tout est changé. » Repris dans la chanson de Mouloudji *Tout fout l'camp* (intitulée aussi *Comme dit ma concierge*), 1975. « Y'a plus d'saison » est le titre d'un album de O. Fred (1978).

1. [...] passage des filles Moiselet, de retour des sports d'hiver :
— On ne se refuse* rien !
— De vraies Négresses !
— Bronzées au mois de mars !
— Il n'y a plus de saisons.
— On ne m'enlèvera pas de l'idée que ce sont ces explosions atomiques qui détraquent le temps. (P. Daninos, *Le Jacassin*, p. 61.)
2. — C'est vrai, dit Boucharoux. Des moustiques à Cérillac, habituellement, on n'en voit pas avant la Saint-Jean.
— Y a plus de saisons, moi je vous le dis, regretta Labesse, sautant sur l'occasion d'apporter au débat son pesant de platitude. (P. Desproges, *Des femmes qui tombent*, p. 19.)

Salade

La beauté ne se mange pas en salade. Pour indiquer que les apparences sont secondaires par rapport à des qualités de fond et, notamment, que la beauté d'une femme passe après ses qualités de ménagère. Le Forez connaît la variante **La beauté, ça se met pas sur la table.**

1. Il faut tout de même signaler que cet hiver, c'est la dèche, comme dit Maman.

La phrase préférée de Maman est : « La beauté ne se mange pas en salade. » Je ne sais pas si nous sommes beaux, mais pour ce qui est de manger… (I. Favreau, *Les mouettes en rient encore*, p. 1.)

— Par ellipse.

2. Une bonne petite qui aurait mérité de se marier. Sans doute, elle n'est pas jolie, mais la beauté ça ne se mange pas, et je suis sûre qu'elle aurait pu fonder un foyer heureux. (Exbrayat, *Félicité de la Croix-Rousse*, p. 128.)

Saladier

○ **Coûter un saladier.** « Coûter très cher. » À rapprocher d'autres emplois de **saladier** dans des locutions à valeur intensive telles que **en faire un saladier**, « en faire toute une histoire. » ~ **Coûter la peau* des fesses.**

Ça m'a coûté un saladier en téléphone et ce vieux ladre n'a jamais voulu me rembourser […]. (San-Antonio, *Le Casse de l'oncle Tom*, p. 88.)

Salaud

⌀ **Enfant de salaud.** Pour marquer, de façon injurieuse, son profond mépris envers quelqu'un. ~ **Fils de pute*.**

1. — […]. Mais il y a quelque part un enfant de salaud qui a signalé aux Instances supérieures que la femme Daubrac nous avait claqué dans les pattes ! C'est la voie ouverte à toutes les interprétations scandaleuses. (J. Amila, *À qui ai-je l'honneur !*, p. 147.)
2. PAUL : Traite-moi de fumier !
DANIEL : Fumier !
PAUL : Enfant de salaud !… va ! (R. Devos, « Extra-muros » dans *L'Avant-Scène Théâtre*, p. 33.)
3. J'ai pivoté sur les binocles et le verre gauche a explosé dans la moquette avec un bruit de bonbon écrasé. Elle s'est aperçue de rien […] et je me suis éloigné rapidement […].
Je venais juste d'atteindre un coin plongé dans l'ombre quand je l'ai entendue gueuler :
— OÙ EST-IL CET ENFANT DE SALAUD… ???!!! (P. Djian, *Zone érogène*, p. 237.)

Voir aussi **dec**, exemple 1.

Sale

(C'est) pas sale ! « (C'est) bien, bon, remarquable, digne d'intérêt. » Par litote. Même figure que dans **c'est pas cochon, c'est pas dégueu*.**

C'est quand même sur un bouquet d'une centaine de briquettes que les voyous peuvent raisonnablement tabler. Pas sale, malgré la multitude de coups tordus*, vite devenus de simples anecdotes, qu'ils ont dû se transpirer. (J. Houssin, *Roulez jeunesse !*, p. 186.)

Saler

○ **Saler la soupe.** « Se doper. » Image culinaire utilisée dans l'argot des coureurs cyclistes.

Il est des gentlemen du genre forcené, qui accumulent les kilomètres à l'entraînement, et vont même jusqu'à se « charger », à « saler la soupe » à pleines mains pour réaliser des temps inférieurs à ceux de leurs petits copains. (R. Fallet, *Le Vélo*, p. 106.)

Salon

Le dernier salon où l'on cause. Pour qualifier un lieu où l'on se rencontre pour bavarder. S'emploie, avec une légère ironie, par allusion aux salons mondains où l'on se réunit pour converser ; **dernier** joue ici sur plusieurs valeurs, depuis « à la mode, en vogue » jusqu'à « auquel on s'attendait le moins » ou « ultime ». « Le Dernier Salon où l'on cause » est le titre d'un album de Copi (1973).

1. Du matin au soir, l'énorme dégagement souterrain joue à bureaux fermés. Tous les sans-famille du quartier, tous les sans-parole, tous les mille-soucis, tous ceux qui cherchent un mot à dire [...] se retrouvent là [dans la station de métro de Strasbourg-Saint-Denis], dans le dernier salon parisien où l'on cause. (J. Bialot, *Le Manteau de saint Martin*, p. 120.)
2. Futurs lecteurs, accrochez-vous : on n'entre pas dans Habermas [philosophe allemand] comme dans le dernier salon où l'on cause... (*Le Monde*, 19 juin 1987, p. 19, col. 1.)

Santé

Avoir la santé. « Être endurci ; avoir bon moral. »

1. Tonio était à son affaire dans de tels moments [aux enterrements]. Aujourd'hui retraité, il avait été employé aux Pompes funèbres générales pendant trente-cinq ans. « Des macchabées, racontait-il, je m'en suis fait plus de vingt mille, alors tu parles si j'ai la santé... » (L. Bériot, *Sacré Paul !*, p. 8.)

○ **Refaire une santé à quelqu'un.** « Remettre en forme, remettre à flot. » Par extension du sens de base de la locution qui concerne, à l'origine, la santé physique ou morale.

2. — Heureusement que je t'ai donné un petit coup de paluche !... Tiens, quand t'as levé ton pot de deux cents points... l'as de trèfle que je t'ai envoyé... il t'a pas refait une santé ? (A. Simonin, *Hotu soit qui mal y pense*, p. 142.)

Saucisson

Lunettes en peau de saucisson ; avoir des peaux de saucisson devant les yeux. Métaphore plaisante de la mauvaise vue, qui a pu naître à partir de verres de lunettes martelés, très épais ou sales ; s'emploie aussi pour qualifier la vue incertaine de celui qui a trop bu.

Ce Breton rond et jovial, aux lunettes dites en peau de saucisson, logeait dans une tour ronde où il chantait *le Prisonnier de la tour* avant de s'endormir. (*L'Événement du jeudi*, 23 juillet 1987, p. 59, col. 3.)

Savoir

Allez savoir/Va(-t'en) savoir! « C'est difficile de le savoir, de le comprendre. » À propos d'un fait qui paraît incompréhensible, mystérieux. ~ **Allez comprendre ; va comprendre.**

1. Paul interrogea, nerveux :
— Et pourquoi qu'il a pas parlé à l'amiral ?
— Va-t-en savoir ; peut-être sont-ils trop proches ou trop loin l'un de l'autre ? (L. Bériot, *Sacré Paul !*, p. 76-77.)
2. — Il ne s'intéressait pas aux femmes ?
— Non, dit l'homme. Pas lui.
— A quoi s'intéressait-il ?
— Allez savoir ! (A. Gerber, *Les Jours de vin et de roses*, p. 25.)
3. — Qu'est-ce que c'est ? s'étonne Moustique.
— L'apéritif maison, répond Sylvie, sibylline.
Rien de plus dangereux pour nous.
Joignant le geste à la parole, elle verse le contenu des deux verres dans le pot d'une plante verte. C'est peut-être, va savoir, le secret de la belle tenue de la flore dans cette taule ? (J. Houssin, *Bille en tête*, p. 56.)

Ça se saurait! Après une proposition contenant une appréciation très flatteuse, pour la dénoncer plaisamment ou ironiquement.

4. Pour être Bernadette Soubirous, il faut vivre à Lourdes, ou loin des rives de la Seine, dans tous les cas. C'est moi qui vous le dis, et je ne suis pas un saint, ça se saurait. (*L'Événement du jeudi*, 1er septembre 1988, p. 71, col. 2.)

Comme tu peux pas savoir. « À l'extrême ; au plus haut point. »

5. Il examine l'épreuve [un portrait robot] avec une acuité d'aigle [...]. Cela dure comme tu peux pas savoir. (San-Antonio, *Galantine de volaille*, p. 79.)

Je (ne) veux (on ne veut) pas le savoir! « Je ne veux (on ne veut) pas connaître vos objections ou vos excuses. » Réponse derrière laquelle s'abrite une personne butée, qui n'entend pas qu'on discute ses ordres ; particulièrement fréquent dans la bouche des sous-officiers.

6. On avait beau marcher sur la tranche des semelles [...], les clous marquaient malgré tout nos ciments briqués. Qu'un sous-off survienne, et le marcheur s'entendait sévèrement interpellé, se voyait reprocher son audace à marcher, et qu'il n'avait « kasdémerder », qu'on « n'voulait pas l'savoir », qu'il devait ramper au besoin ou recourir à un procédé de lévitation [...]. (M. Bédu, *La Vie dure*, p. 27.)
7. Il y a [au commissariat] des coups de fil, des empoignades, des démerdez-vous et je veux pas le savoir, ça rappelle l'armée. (J.-P. Demure, *Découpe sombre*, p. 45.)

On sait ce qu'on perd (ce qu'on quitte, ce qu'on a), on (ne) sait pas ce qu'on retrouve (ce qui nous attend, ce qu'on aura). A propos d'une situation qui change et dont il n'est pas garanti qu'elle offre autant d'avantages que ceux, même médiocres, que l'on avait jusque-là.

8. — Alors les gars, contents de partir ?
— Vous savez, mon adjudant, être ici ou ailleurs, pour nous c'est du pareil au même, nous savons ce que nous quittons mais pas ce qui nous attend ! (J. Taravo, *Les Derniers Joyeux*, p. 151.)

Tu sais quoi ? « Tu veux que je te dise ? Tu es au courant ? Tu connais la nouvelle ? » En discours direct, pour introduire une information inattendue.

9. La môme stoppe [...]. Elle est déjà à l'avant du véhicule et pousse une triste mine [...]. Tu sais quoi ? [...] Elle a deux pneus crevés [...] ! (San-Antonio, *Bons Baisers où tu sais*, p. 96.)
10. — Alors, Maestrina ?
— Tu sais quoi ? Le Faucon Maltais, c'est un joueur ! [...]
— Toi aussi, t'es une joueuse ! (V. Thérame, *Staboulkash*, p. 119.)

Savonneux

(Être/Se trouver) sur la/une pente savonneuse. « Risquer d'être pris dans un engrenage inévitable dont les conséquences seraient fâcheuses. »

1. Alors comme ça, il commence doucereux, Dubourg, vous êtes le dernier à avoir vu la jeune Sophie Cocigrue en liberté.
Patatrac ! Le traquenard ! Et ça ne fait que débuter, la pente savonneuse. Il poursuit :
— Et dans quelles conditions, je vous prie ?... (A. Camille, *Les Trois Badours*, p. 115.)
2. La plupart des stars de l'audiovisuel, conscientes de se trouver sur une pente savonneuse, tiraillées entre leur intégrité professionnelle et l'appât de gains de plus en plus alléchants [de la part des publicitaires], voudraient clarifier la situation. Quelques-uns refusent carrément toute proposition. (*Le Monde*, 19 décembre 1986, p. 30, col. 3.)

(Être sur) la pente savonneuse. « Risquer d'être entraîné à des actes que la morale réprouve et que la loi condamne ; (faire) les premiers pas dans la carrière du vice. » Emploi ironique ; raccourci de **Vous êtes sur la pente savonneuse (la mauvaise pente) qui mène (conduit) au bagne**, phrase type moralisatrice qu'on attribue ironiquement à quelque représentant de l'autorité scolaire, cf. Sempé/Goscinny, *Le Petit Nicolas et ses copains*, Paris, Folio Junior, 1988, p. 82 [1963] : « Trop tard pour les regrets et les pleurnicheries, mon petit ami, a dit le directeur. Vous êtes sur une mauvaise pente : celle qui conduit au bagne [...]. »

3. La pente savonneuse... mon destin pourrait se nouer là, mais le hasard veille au grain, il va sans doute me donner encore une chance avant le naufrage définitif de mon honnêteté. (A. Boudard, *Le Café du pauvre*, p. 268.)

Scène

La grande scène du un/deux/etc. Pour souligner le caractère (mélo)dramatique d'événements ou de comportements marqués par la tension, l'exaltation ou l'emportement. Du vocabulaire du théâtre ; l'adjectif numéral désignant l'acte qui contient une scène particulièrement importante.

1. Croquignol se déchaîne, la grande scène du I, il va et vient dans la pièce, une bourrade sur la tête de François, une brusque volte-face, le « tes yeux dans mes yeux, bonhomme et causons entre copains », le coup de latte sournois dans les chevilles, l'article de loi débité mécaniquement afin de faire savoir ce qu'on risque et ce qu'on risque pas en parlant [...]. (A.D.G., *Cradoque's band*, p. 144.)
2. — [...]. Et moi qui croyais tellement que vous accepteriez de m'aider ! Le concierge m'avait dit que je pourrais avoir confiance en vous et que vous étiez toujours prêt à rendre service [...]. En sentant venir la grande scène du trois, je ne pus m'empêcher de sourire. (Demouzon, *Un coup pourri*, p. 13-14.)

— Par ellipse. **La scène du un/deux/**etc.

3. — Mais je vous aime, Bernard.
— Ça y est ! En avant pour la scène du II ! Préparez les larmes ! (R. Fallet, *Banlieue sud-est*, p. 105.)

Schmilblic(k)

○ **Faire avancer le schmilblic(k).** « Faire progresser une enquête, une recherche ; faire avancer les choses. » D'un jeu télévisé présenté par Guy Lux, de l'automne 1969 à l'été 1970. Le but du jeu était de découvrir l'objet qui portait par convention le nom de **schmilblic**. Toute question posée par un participant qui recevait une réponse affirmative lui permettait de faire une proposition. À défaut d'avoir trouvé, il avait la consolation d'avoir **fait avancer le schmilblic.** « Le Schmilblick » est le titre d'un sketch de Coluche (1975).

1. Depuis ses balbutiements, la science a, elle aussi, des faussaires. Le comble, c'est qu'ils font parfois avancer le schmilblick... (*L'Événement du jeudi*, 2 juin 1988, p. 113, col. 1-2 [titre].)
2. — [...] Et l'autre ordure, tu as du nouvau ?
— Pas vraiment. Dudrand nous a rendu un beau rapport, mais ça ne fait pas avancer le schmilblic. (T. Jonquet, *Le Manoir des immortelles*, p. 115.)
3. Tu vois, on débloque gentiment : la converse cucul-la-praline en plein. Ça passe le temps sans faire avancer le schmilblick. L'avantage, c'est qu'insensiblement je fourbis mes batteries. (San-Antonio, *Bons Baisers où tu sais*, p. 88.)

Sec

Je (on, etc.**) vous sodomise** (ou verbe équivalent) **à sec.** Pour exprimer le mépris le plus profond envers quelqu'un. ~ **Sans vaseline*.**

1. Lentement, Kosmalsky lève le bras et désigne un tapis posé au centre de la pièce.
— Il y a une trappe. Le Dobermann est là-dessous.
Moustique se précipite et arrache le tapis. Il soulève la trappe. Une puanteur effroyable lui frappe les naseaux. Il se redresse, le regard injecté.
— Enculé de ta race*..., il gronde.
Kosmalsky pointe un calibre à mufle court vers le voyou. Léon, de son côté, braque l'Abbé.

— Ma race vous sodomise à sec, jeune homme, ricane Kosmalsky. (J. Houssin, *Comme un rat*, p. 148.)

○ **L'avoir sec.** « L'avoir mauvaise. » Emploi figuré de la locution dans laquelle, au sens concret, le pronom **l'** fait référence au gosier.

2. Je l'avais sec, ils se croyaient tout permis ces métèques. (A.D.G., *Notre frère qui êtes odieux...*, p.127.)
3. Colette venait au-devant de Dick et de Pépère. Ils bifurquèrent vers une table, Dick, plein d'une superbe qu'il retrouvait, jeta à Colette :
— Ma bouteille et trois verres...
Puis, pour marquer son désir de n'être pas dérangé :
— Nous sommes en affaires...
Colette l'avait sec, de ce ton... (A. Simonin, *Une balle dans le canon*, p. 64-65.)

Sécateur

ø **Baptiser/Passer (la chipolata) au sécateur.** « Circoncire. » Locution injurieuse ; allusion au rite de la circoncision.

1. D'ailleurs, avant la ruée teutonne, le mot *juif* ne disait rien aux truands [...]. De toute façon, aucun d'entre eux, lorsqu'il se liait d'amitié, n'exigeait les papiers d'identité de l'autre, ni ne cherchait à savoir si on lui avait passé le [*sic*] chipolata au sécateur. (A. Le Breton, *2 Sous d'amour*, p. 21.)

— **Baptisé au sécateur.** « Arabe ; juif. » Expression raciste.

2. [...] si c'est pas malheureux avoir qu'une fille et qu'elle se maque avec un Arabe. Il les connaît lui ces mecs-là en bon Noir-Pied qu'il est. Et moi chui qu'une salope et une pute comme ma mère. Quand c'est pas les Arabes c'est les Juifs. Bon c'est vrai. Un maximum de baptisés au sécateur. (E. Hanska, *J'arrête pas de t'aimer*, p. 74.)

Sécu

Lunettes de la Sécu. Pour désigner, par plaisanterie ou ironie, des lunettes bas de gamme. Par allusion aux montures de lunettes dont le prix ne dépasse pas le strict remboursement consenti par la Sécurité sociale.

On ne peut pas dire que Nick soit un joli garçon. Ses lunettes de la Sécu sur des yeux bleus vitreux, son nez pointu et aiguisé [...] gâchent toutes ses possibilités. (A. Begag, *Béni ou le Paradis privé*, p. 63.)

Sentiment

Avoir (toucher,...) quelqu'un au(x) sentiment(s). « Obtenir quelque chose de quelqu'un, abuser de lui en faisant appel à sa générosité. »

1. Le sentiment [du patriotisme] était bon à exploiter vis-à-vis de chacun qui ne manquerait d'ailleurs pas de l'encourager — on baise toujours les gens au sentiment — quant au bénéfice c'était une autre histoire. (R. Giraud, *La Coupure*, p. 21.)

2. Avec moi cette combine ne marche pas. S'il pense m'avoir aux sentiments il est mal barré, [...]. (*La Vie, tu parles*, p. 277.)

Sept

Sept et trois (font) dix. Pour traduire la démarche inégale d'une personne qui boite. À comparer avec **cinq et trois font huit**, qui est plus répandu.

[...] Maleyran [un boiteux] n'est revenu qu'une dizaine de minutes plus tard [...]. Il avait l'arme à la bretelle, sept et trois dix ; sept et trois dix ; il boitillait dans le sable, heureux, soulagé. (J. de Bougues-Montès, *Chez Auguste*, p. 145.)

Service

Deuxième service ! « On remet ça ! » Formule reprise du vocabulaire de la restauration notamment dans les trains et les cantines. ~ **Rebelote.**

1. Ta femme a envie de changer d'air [...] ? Eh bien, c'est un cas courant, mon mignon : quand on perd quelqu'un, c'est qu'on n'a pas su le garder [...]. Le ridicule, c'est pas d'être cocu, c'est de s'en étonner. Allez, deuxième service !... Voilà comment je répondrais, moi, si j'étais les mémés arbitrantes [d'émissions radiophoniques consacrées à écouter les auditeurs] ! Et au suivant !... (M. Bédu, *La Vie dure*, p. 231.)

J'en ai autant à ton (votre) service. Dans un contexte polémique, pour retourner un affront, une insulte à quelqu'un. Par antiphrase.

2. Et si vous méprisez l'animal en chaleur que je suis, j'en ai autant à votre service, pour d'autres raisons. (E. Hanska, *La Femme coupée en deux*, p. 101.)
3. Maresco et moi, nous nous croisons souvent dans nos enquêtes et le moins que je puisse dire, c'est qu'il ne considère pas d'un très bon œil que je me trouve inévitablement sur sa route. J'en ai autant à son service, rassurez-vous... (M. Grisolia, *Question de bruit ou de mort*, p. 56.)

Le (la) + nom + **de service.** Sur le modèle du type **gardien, médecin, officier, pompier de service.**

— Pour indiquer, en faisant peu de cas de ses qualités personnelles, que la personne qui occupe tel ou tel poste de travail est plus ou moins interchangeable.

4. C'est aux infos de deux heures que ça s'est gâté. D'après le journaleux de service [...], les auteurs de l'agression contre un café à Paris seraient de dangereux repris de justice, bien connus de la police [...]. Ils étaient en fuite, sûrement armés et dangereux.
Et voilà le travail* ! Il fallait que ça nous arrive en plein mois d'août, au moment où les flics ont du temps pour mener leurs enquêtes [...] ! (F. Fossaert, *Touche pas à ma cible*, p. 19-20.)

— Pour constater, de façon résignée ou indignée, que telles catégories de personnes (qualifiées d'**emmerdeurs**, d'**imbéciles**, etc.) sont toujours et partout présentes.

5. — Vous me pardonnerez, fait-elle, mais je vais procéder à un brin de toilette. [...]
Hé, oh ! dis : je ne vais pas tarder à ressembler au connard de service, moi, si elle me plante là ! (San-Antonio, *Les morues se dessalent*, p. 108.)

6. ... au journal, à la maison, partout où je me pointe, mon surnom c'est Ouin-Ouin. Je suis l'idiote de service. (C. Sarraute dans *Le Monde*, 29 janvier 1988, p. 32, col. 5.)

Servir

On n'est jamais si bien servi que par soi-même. « Mieux vaut agir soi-même qu'attendre que les autres le fassent pour soi. » Souvent par plaisanterie ; cette maxime est, dans certains contextes, une variante familière de **charité bien ordonnée commence par soi-même.**

La bagnole [on la largue] quatre cents mètres plus loin car elle est cloche [...]. On continue à pied car on n'est jamais si bien servi que par soi-même. (P. Siniac, *Luj Inferman' ou Macadam Clodo*, p. 9.)

Seul

D'un seul coup d'un seul. Renforcement expressif de **d'un seul coup.**

1. — Alors c'est d'accord, décida Pierrot, on y va ce soir d'un seul coup d'un seul. Toi, dit-il à Martial, tu nous précéderas en éclaireur avec ta bagnole... Nous, on suivra avec un bahut qu'on piquera à la nuit. (A.D.G., *Les Panadeux*, p. 131.)
2. [...] il tanguait d'un mur à l'autre [...] et d'un seul coup d'un seul trente-six chandelles, un grand bruit boum dans sa tempe, le cosy qui gémit, et lui qui s'étourdit. (D. Rondeau, *L'Âge-déraison*, p. 100.)

Voir aussi **distance**, exemple 1.

Siècle

Du siècle. Qualifiant un nom précédé de l'article défini, cette locution adjectivale lui donne une valeur intensive ; elle semble issue du style stéréotypé des journalistes sportifs.

1. La petite amie [de José] en aura vite assez ou lui d'elle. Mais, en ce moment, ce doit être l'affaire du siècle entre eux. (C. Giudicelli, *Station balnéaire*, p. 74.)
2. Le début d'une idée commence à germer quand j'enfile la première jambe de mon pantalon. Ça se précise à la seconde. Ce n'est pas loin d'être l'idée du siècle quand je boutonne ma chemise. Et je jubile tellement en laçant mes godasses qu'elles partiraient sans moi réaliser ce projet de génie. (D. Pennac, *Au bonheur des ogres*, p. 115.)

Sifflet

Couper le sifflet. « Faire taire. » Le **sifflet** au sens de « gosier, organe de la parole » ne survit guère que dans cet emploi. Il s'agit ici d'un sens second de la locution qui signifie d'abord « égorger » et « interloquer » (couper la respiration, le souffle).

[...] quand la radio de leur appartement embrayait sur la guerre du Moyen-Orient, ils lui coupaient le sifflet instantané. (A.D.G., *Les Panadeux*, p. 14.)

Sirop

○ **Marcher au sirop d'oseille.** « Faire quelque chose pour de l'argent. » La locution joue sur la polysémie d'**oseille** qui désigne l'argent en argot et une plante potagère en français standard ; par image, **sirop** évoque le mode d'appropriation de l'argent qui est soutiré (extrait, extorqué) à quelqu'un.

1. — [...] A propos de morue, ne te laisse pas prendre aux petites mines de la Sosso. C'est une vraie vache, pas du tout le petit moineau désintéressé comme moi. Elle marche au sirop d'oseille. Elle s'est vendue à ce gros mec luisant qui a facilement le double de son âge. (J. Amila, *La Nef des dingues*, p. 22-23.)

Sirop (de corps) d'homme ; sirop de mec. « Sperme. »

2. Un jour, le sirop de mec deviendra son élixir préféré, j'entrevois. (San-Antonio, *Renifle, c'est de la vraie*, p. 167.)
3. Bêtement, Houssiot pensa à du foutre, du sirop de corps d'homme qui eût giclé là des semaines et des semaines plus tôt. (P. Siniac, *Sinistrose* (nouvelle) dans *Le Monde Dimanche*, 20 septembre 1981, p. XVI, col. 3.)

○ **Sirop de parapluie.** « Eau (boisson). » Ne semble guère plus répandu que son équivalent de même structure **sirop de grenouille**.

4. [...] il ne boit que de l'eau, Jean, et ne mange pas de viande non plus. La viande, les gars s'en foutent, mais la flotte, c'est difficilement concevable et, pourtant, le siphon qu'il actionne pour redonner du nerf au sirop de parapluie qui croupit dans son ballon ne peut faire douter de ses goûts. (R. Giraud, *Carrefour Buci*, p. 19.)

Slip

○ **Se retrouver en slip.** « Se retrouver démuni. » Métaphore vestimentaire qui renouvelle **y laisser/perdre sa chemise, sa culotte*** ; s'emploie surtout en parlant des hommes. ~ **Se retrouver en caleçon*.**

Parfois, des arguments à cran d'arrêt surgissent du fond des poches. Y a toujours des mauvais, des brebis galeuses pour en faire plus que les autres [...].
Bensoussan se méfiait. Il savait qu'avec ces engins-là, on avait vite fait de se retrouver en slip. Et lui n'en avait pas. (A. Page, *Tchao Pantin*, p. 64.)

Sœur

Sa sœur! Pour demander une seconde bouteille. ~ **Rhabiller le gamin*.**

[...] en brandissant la bouteille de Juliénas vide et en hurlant par-dessus le niveau des conversations les deux mots magiques : Sa sœur ! (J.-P. Dionnet, P. Manœuvre, *Vive la France !*, p. 45.)

Sonnette

Tirer la sonnette/des (les) sonnettes. « Quémander. » Métaphore de la sonnette de la porte d'entrée d'une maison, actionnée par un quémandeur.

1. En plus, pendant ces trois ans, il est arrivé assez souvent qu'Eva, à force de tirer des sonnettes, soit engagée dans un film comme figurante ou pour y tenir un petit bout de rôle. (F. Dorin, *Les Miroirs truqués*, p. 187.)
2. Émile a toujours détesté demander, quémander, tirer les sonnettes... (M. Grisolia, *Question de bruit ou de mort*, p. 117.)

Sort

Faire un sort à quelque chose. « S'en occuper pour de bon, régler définitivement la situation de quelque chose, liquider (surtout d'un mets, d'une boisson. » Par restriction du sens de départ de cette locution, aujourd'hui vieilli ou littéraire, « mettre en valeur, accorder une importance particulière à quelque chose ».

Alors le duc, ravi, fit revenir les trois bouteilles entamées de la veille au soir :
— Car ce serait un crime de ne pas leur faire un sort !
Je crois bien que nous le leur fîmes car nous sortîmes de table, le vicomte et moi, ronds* comme des queues de pelle. (F. Hébrard, *Le Harem*, p. 198.)

Voir aussi **tailler**, exemple 4.

Sortie

(Faire) la sortie des écoles/Attendre les petites filles à la sortie des écoles. Stéréotype de la description des exhibitionnistes ou des pédophiles.

1. Pour la première fois dans l'histoire de la rumeur, il ne suffit plus de propager qu'untel est fichu, qu'il a le cancer, qu'il a le sida, qu'il est en train de mourir, qu'il attend les petites filles à la sortie des écoles [...]. (*Le Canard enchaîné*, 21 janvier 1987, p. 6, col. 1.)
2. Dans le bureau [du commissariat], je l'ai assis en face de François, qui tapait toujours son foutu rapport.
— Tiens, prends sa déposition... C'est un spécialiste de la sortie des écoles. (L. Simon, *Les Ripoux*, p. 77.)

Faire la sortie des cours complémentaires/des maternelles. Pour indiquer qu'un homme aime les femmes très jeunes. Sur le modèle de la locution précédente ; par hyperbole. ~ **Les prendre au berceau.**

3. — Marie-Ange... entre, Marie-Ange.
Il me la présente [...] elle est, comme les précédentes, presque encore en âge de jouer à la marelle.

Il fait la sortie des cours complémentaires à présent, le Prince... (A. Boudard, *L'Éducation d'Alphonse*, p. 287.)

4. Curieusement, il était accompagné d'une gamine [...]. C'était pourtant pas son style, la sortie des maternelles. (Géant Vert Inc, *Casse-bonbons*, p. 15.)

Sortir

C'est nouveau, ça vient de sortir! Pour exprimer la nouveauté, le changement et, par exagération ironique, l'étonnement devant un fait inattendu. Amplification de **c'est nouveau**, la formule a été diffusée par Coluche qui l'a employée notamment dans son sketch sur la publicité (voir *supra* sous **blanc**). Titre d'un essai de L. Fournier (1987).

1. [...] cette jolie tête chercheuse fait partie des quelques dizaines de scientifiques français qui explorent le champ de la « psycho-neuro-immunologie ». C'est nouveau, ça vient de sortir, et c'est une des aventures intellectuelles les plus excitantes du moment. En résumé, le but du jeu est de faire sauter la frontière entre psychologie et biologie. (*L'Événement du jeudi*, 27 avril 1989, p. 108.)
2. — Nous ne pouvons pas faire tomber Diana Roberts.
   — Ah oui ? s'étonna Pradal. On prend des gants avec les putes, maintenant ? C'est nouveau, ça vient de sortir !
   — Il ne s'agit plus d'une prostituée, vous le savez parfaitement. (M. Villard, *La dame est une traînée*, p. 173.)

Sou

○ **Il (lui) manque (toujours) dix-neuf sous pour faire un franc.** Pour indiquer que quelqu'un est vraiment à court d'argent. L'expression a vieilli depuis que la valeur relative du sou est plus ou moins oubliée et que le franc se divise en 100 centimes et non plus en 20 sous.

Il a bien fallu qu'il se rende à l'évidence, partout où il passait chez ses enfants, il manquait 19 sous pour faire un franc. (É. Carles, *Une soupe aux herbes sauvages*, p. 41.)

Souffrir

Il faut souffrir pour être belle. Formule employée, souvent en plaisantant, pour inspirer du réconfort à quelqu'un qui souffre de certaines contraintes physiques afin d'améliorer son apparence. Cet adage, un tantinet sado-masochiste, repose sur l'idée qu'il n'y a pas d'avantage sans contrepartie.

1. Comme les petites filles savent qu'il faut souffrir pour être belles, le rocardien sait qu'il faut « peiner pour être récompensé » [...]. (*Libération*, 19 décembre 1988, p. 4, col. 4.)

— Au masculin, par ironie.

2. Il faut souffrir pour être beau. Il [un coureur à pied] souffre, mais sera-t-il beau ? Les

plus optimistes eux-mêmes en douteraient en voyant le masque douloureux qui lui brise les traits. Il ne rigole pas, et n'est d'ailleurs pas venu là pour ça. Trottoir, rues et avenues défilent sous sa course rythmée jusque dans ses tempes par les battements nerveux d'un cœur lent à la détente. (F. Rieu, *La Cavale du chômeur*, p. 131.)

Soupe

○ **Aller à la soupe.** « Se rallier au pouvoir politique en place, en dépit des opinions qu'on affiche, afin de profiter des avantages matériels qu'offre l'exercice du pouvoir. » S'il n'est peut-être pas le créateur de cette expression, de Gaulle a du moins contribué à sa diffusion dans les années 60. ~ **Par ici la bonne soupe !**

1. « L'entourage de Le Pen est corrompu et détraqué », a déclaré Jacques Médecin au *Quotidien*. « Les amis de Le Pen ne sont jamais allés à la soupe. Tout le monde ne peut en dire autant chez Médecin », a répondu Jean-Pierre Stirbois. (*L'Événement du jeudi*, 5 décembre 1985, p. 19, col. 3.)

Cracher dans la soupe. « Dénigrer ce qui constitue son (ou l'un de ses) moyen(s) d'existence. »

2. — Quand on n'est pas foutu de trouver un gagnant en six mois, faut bien trouver quelque chose pour se faire remarquer !
— On crache dans la soupe..., termina l'ancien jockey. (J. Houssin, *Le Pronostiqueur*, p. 50.)
3. — Mais qu'est-ce que vous croyez ? Que je vais aller cracher dans la soupe ? À la télé ? Je suis soumis au devoir de réserve, comme on dit. (É. Kristy, *Circulez !*, p. 48.)

Goûter la soupe ; venir voir si la soupe est bonne. « S'enquérir personnellement sur place de quelque chose. » Par allusion à la question traditionnelle de l'officier d'ordinaire interrogeant la troupe (« La soupe est bonne ? »), le moral de celle-ci étant, selon l'adage bien connu, au fond des gamelles.

4. « Il est temps, avait déclaré la présidente du tribunal, que nos ministres [...] viennent visiter les tribunaux en goûtant à la soupe. Cela ne serait pas perçu comme une inspection ni comme une atteinte au principe de la séparation des pouvoirs. [...] » (*Le Monde*, 9 juin 1988, p. 40, col. 4.)

∅ **On va manger de la bonne soupe !** Formule adressée à quelqu'un qui se gratte l'anus, le nez, etc. ; invitation cavalière à respecter les règles d'hygiène élémentaire... et alimentaire.

5. — J'ai le trou du cul qui me pique, ronchonna Balia.
— On va manger de la bonne soupe, comme disait ma grand-mère. (P. Siniac, *Les Enfants du père Eddy*, p. 132.)

(Pour grandir, il faut) manger de la soupe. Phrase stéréotypée que les adultes adressent aux enfants pour les inciter à manger. Expression fondée sur les vertus nutritives de la soupe et qui renvoie à une époque où celle-ci jouait un rôle essentiel dans l'alimentation, dans celle des enfants en particulier.

6. — Un jour, tu m'le paieras... je te casserai la gueule ! [...]
— Quand tu voudras, l'amour ! Mais y faudra d'abord grandir, manger de la soupe !... (J. Vautrin, *Typhon-Gazoline*, p. 99.)

○ **Servir la soupe à quelqu'un.** « Servir de faire-valoir à quelqu'un, être le larbin de quelqu'un. » Sens secondaire d'une locution ayant d'abord signifié « avoir un rôle secondaire au théâtre » dans la langue des comédiens.

7. Restait à gérer un petit commerce, à servir la soupe à l'industrie du disque. (M. Embareck, *Sur la ligne blanche*, p. 17.)
8. Pour parler vulgairement, je me disais souvent qu'à force de leur servir la soupe, ils allaient bien me renvoyer l'ascenseur. Échangerais bol de soupe contre ascenseur. (S. Moati, *La Saison des palais*, p. 28.)

Sourire, verbe et nom masculin.

Sourire Colgate; sourire Gibbs. « (Arborer un) sourire éclatant — et commercial — comparable à celui des affiches, photos et films publicitaires pour des dentifrices. » **Colgate** et **Gibbs** sont des noms déposés. « Souriez Gibbs ! » est un slogan publicitaire qui a eu naguère une grande notoriété.

— Emploi verbal.

1. [Bocuse] dédicaçant chaque menu, souriant Gibbs pour les petits Nippons. (P.-M. Doutrelant, *La Bonne Cuisine*, p. 92.)
2. — Freddy, maître d'hôtel, vous souhaitez me parler, monsieur le commissaire ? [...]
— Pas à vous en particulier, mon bon, je lui retourne en souriant Colgate [...]. (San-Antonio, *Alice au pays des merguez*, p. 67.)

— Emploi nominal.

3. Le coquin au sourire Colgate, une fois dépoilé, avait tout du Tarzan de sanatorium. (E. Hanska, *Les Amants foudroyés*, p. 151.)
4. La jeune fille de la réservation leva la tête et fit un grand sourire Gibbs en redressant son bibi sur ses cheveux dorés. (Oppel & Dorison, *Canine et Gunn*, p.60.)

Sous-sol

○ **De troisième/quatrième sous-sol.** « De la catégorie la plus basse. » Sur le modèle de **de bas étage.**

Comment [...] avait-il pu s'enticher d'un travesti aussi dégoûtant que ce Waldomiro Pessoa, une lopette de quatrième sous-sol ? (T. Topin, *14e Nocturne*, p. 11.)

Sous-ventrière

○ **Manger (s'empiffrer, bouffer**, etc.) **à s'en faire péter la sous-ventrière.** « Manger avec excès. » L'évocation d'une courroie du harnachement de trait ravale le mangeur au rang de l'animal (mais déjà au XIXe siècle la **sous-ventrière** désignait la ceinture dans la langue populaire).

Ils fêtaient un anniversaire dans un resto de Clermont. Gonflés, les mecs. Ils s'empiffraient jusqu'à s'en faire péter la sous-ventrière : de la bidoche, du frometon, tout ce qu'on n'a pas, nous autres, quoi ! (J. Lanzmann, *Le Jacquiot*, p. 61.)

Spécialement

Pas spécialement. « Pas vraiment, pas précisément. » En guise de réponse vague ; parfois pour éluder une question embarrassante ou indiscrète.

— Vous avez revu votre famille, Prieur ?
— Non, répondit Prieur, pas spécialement.
— Comment ça, pas spécialement ? reprit l'amiral, bourru.
— Je veux dire que je ne l'ai pas revue et que cela n'était pas dans mes intentions. (L. Bériot, *Sacré Paul !*, p. 47.)

Stérilet

ø **Rescapé de stérilet.** « Avorton. » ~ **Échappé de pessaire* ; raclure de bidet* ; résidu de capote, de fausse couche.**

Un jeune crétin goitreux, un rescapé de stérilet, un futur C.R.S., me lance finement, ses traits épais de cynocéphale fendus par un sourire de moule marinière :
— Vas-y, Poulidor ! (R. Fallet, *Le Vélo*, p. 60.)

Sucer

○ **Ne pas sucer (que) de la glace/des glaçons.** « Boire beaucoup d'alcool. » Par euphémisme. La locution évoque la glace utilisée pour tenir au frais ou rafraîchir des boissons ou les glaçons qui allongent certains apéritifs.

1. — [...] C'est un garçon qui ne suce pas que des glaçons.
— Un homme qui boit ne peut être complètement mauvais, énonça-t-il [...]. (A.D.G., *Les Billets nickelés*, p. 38.)
2. Un personnage, Armand, [...] un qui n'aimait pas sucer de la glace [...]. (R. Giraud, *Les Lumières du zinc*, p. 8.)
3. [...] dès que j'eus le dos tourné, il en profita pour se mettre un petit coup de rouge derrière la cravate. Apparemment, Staline ne suçait pas que de la glace. (A. Jardin, *Bille en tête*, p. 154.)

Suivre

(À la) suivez-moi jeune homme. À propos de gestes ou de mimiques destinés à inviter un partenaire pour une aventure... ou à racoler un client. Avec ellipse de **à la** dans l'exemple 2.

1. [...] des sourires enjôleurs [...], des sourires à la suivez-moi jeune homme et au goût de revenez-y [...]. (M. Cerf, *Une passion*, p. 281.)
2. La Gitane avait dû apercevoir Chapron, remarquer son attitude hésitante. Elle s'était levée ostensiblement pour disparaître à l'intérieur de sa roulotte, dans un style très « suivez-moi jeune homme ».
Il suit, le jeune homme.

Il entre en baissant la tête dans une espèce de salle d'attente [...]. (J.-P. Demure, *Le Fils du vent*, p. 63.)

Suivez mon regard (du côté de, vers, ...). En fin d'énoncé, pour évoquer quelqu'un ou quelque chose qui est impliqué ou décrit dans ce qui précède ; l'emploi de la locution instaure une relation de connivence entre l'auteur et son lecteur, le locuteur et son interlocuteur.

3. Le ciment de la maison Barre est une crispation très universitaire à l'égard de ce qui peut ressembler à une carte ou à un enrégimentement. Suivez mon regard du côté du RPR. (*Le Monde*, 7 janvier 1987, p. 8, col. 1.)
4. Il ajoute : « Le pire, c'est de se prendre au sérieux. Il faut avoir de la distance par rapport à ce que l'on fait, même si certains arrivent à être leurs personnages et croient pouvoir changer la face du monde. » Suivez mon regard... (*Première*, février 1986, p. 40, col. 1.)

Voir aussi **banlieue**, exemple, et **caisse**, exemple 9.

Sûr

Bon sang (bon Dieu), mais c'est bien sûr ! Pour traduire une inspiration subite. Reprise d'une réplique de la série policière télévisée *Les Cinq Dernières Minutes*, créée en 1958 ; c'est par ces mots que l'inspecteur Bourrel commence à dénouer les fils de l'intrigue.

1. La première gamme, c'étaient les légumes normaux, déterrés tels quels du jardin, ou achetés au marché [...]. La deuxième gamme ? Bon Dieu mais c'est bien sûr : les boîtes de conserve [...]. (F. Gruhier, *Les Délices du futur*, p. 119.)
2. Elle réfléchit : la voiture, impossible, le train aussi. Va-t-elle capituler ? [...] « Bon sang, mais c'est bien sûr... l'avion. » (G. Guirous et N. Galan, *Si la Cococour m'était contée*, p. 160.)

Surmultipliée

Passer la surmultipliée. « Aller plus vite ; recourir aux grands moyens. » Du vocabulaire de la mécanique automobile, la vitesse surmultipliée étant, sur les véhicules qui en sont pourvus, celle que l'on enclenche à grande vitesse. ~ **Mettre (enclencher) le turbo*.**

On a changé la COB [Commission des opérations de Bourse] ! La vénérable institution, que l'on disait trop mal équipée et trop dépourvue d'audace pour explorer la jungle des scandales politico-financiers, passe subitement la surmultipliée. (*L'Est républicain*, 2 février 1989, p. 1, col. 1.)

T

Tablier

∅ **Tablier de sapeur.** « Toison pubienne (fournie) de la femme. » Selon les armes (génie, artillerie, infanterie) et les époques, l'uniforme des sapeurs a beaucoup varié. Il s'agit probablement ici d'une allusion aux sapeurs d'infanterie, très populaires au XIXe siècle en raison notamment de l'originalité de leurs armes et de leur tenue, arborant de longues barbes et portant un tablier de peau.

1. [...] il planque une revue qu'un copain lui a rapportée de Copenhague. Un truc vraiment cochon avec plein de gens qui font l'amour. À la page 19, il y a même une négresse avec des seins énormes et un ahurissant tablier de sapeur. (P. Adler, *Bonjour la galère !*, p. 10.)
2. Sa toison est généreuse. Elle devrait l'épiler car elle grimpe un peu haut, mais elle sait que les mâles adorent le tablier de sapeur, alors elle laisse proliférer. (San-Antonio, *Circulez ! Y a rien à voir*, p. 40.)

∅ **Tablier de forgeron.** Même sens. Sur le modèle du précédent.

3. — Celle-là, elle a une mine d'or entre les jambes !
— Et pis un vrai tablier de forgeron entre les cuisses ! (Cabu, *Catherine*, p. 56.)

Tailler

○ **Tailler un costume (un costard) à quelqu'un.** « Dire son fait à quelqu'un, le remettre à sa place. » Locution d'origine obscure ; on peut penser à un emploi par antiphrase de **costume** « applaudissement » attesté au XIXe siècle dans l'argot du théâtre. À rapprocher aussi d'autres images vestimentaires du type **habiller quelqu'un** « en dire du mal », **aller/envoyer se rhabiller***, **prendre/ramasser une veste.**

1. [...] Léon avait la faconde façon vitriol et [...] il devait avoir vite fait de tailler un chouette costume d'infamie autour de ses ennemis. (J. Houssin, *La Nuit du Dobermann*, p. 96.)
2. C'est un vieux truc classique. Je peux vous le refiler, si vous voulez : si un mec vous en veut et risque de commencer à raconter des salades sur votre compte, taillez-lui un costard d'entrée. Ça marche toujours. Le type a trop à faire pour se disculper, ça lui laisse plus le temps de balancer ses vacheries... (L. Simon, *Les Ripoux*, p. 61-62.)
3. Toujours à propos de July : dis donc, on est content pour lui vu le costard que lui a taillé (sur mesure) un ancien de *Libération* dans un livre au titre bien long, il aura pas froid cet hiver. (« *22 lycéens* », p. 202.)

○ **Tailler un panty (un short) à quelqu'un.** « Passer (en voiture) très près d'un piéton, au risque de le heurter; au figuré, remettre à sa place, invectiver, réprimander quelqu'un. » Par exagération (c'est, en effet, littéralement réduire les vêtements d'une personne aux dimensions d'un panty, d'un short). **Tailler un panty** a un côté désuet (les panties ont été à la mode dans les années 60) et un peu machiste; **tailler un short** a pris le relais, de façon non marquée. Ces locutions, qui évoquent le vieux **tailler des croupières à quelqu'un,** sont aussi à comparer avec **se retrouver en caleçon*.** Dans l'exemple *infra*, l'expression est en emploi analogique : **tailler un short à quelque chose** « raccourcir ».

4. Le côté technique et manuel du bricolage à faire [reprendre un manuscrit] me rassurait [...]. On allait faire un sort*, tailler un short à ce manuscrit. (H. Prudon, *Plume de nègre*, p. 180.)

Taper

○ **S'en taper; se taper de.** « Se moquer, faire peu de cas de. » Même série que **s'en cogner*, s'en tamponner. ~ N'en avoir rien* à...**

1. — T'es pas français ? Immigré de la deuxième génération ? T'inquiète pas, on s'en tape, on n'est pas racistes [...]. (C. Giudicelli, *Station balnéaire*, p. 174.)
2. — [...] Vous êtes toujours en retard de tout ! À la bourre ! À la traîne. Cinquante mille groupes de rock en France, où ils sont dans ta télé ? Et les jeunes, où ils sont dans ta télé ?
— Je me tape des jeunes. Je me tape de tes connards branchés. (S. Moati, *La Saison des palais*, p. 235.)

Voir aussi **cogner**, exemple 3.

Tapis

Discussion de marchand(s) de tapis. « Négociation mesquine et serrée. » Les marchands de tapis (colporteurs en France ou vendeurs dans les souks du Moyen-Orient ou d'Afrique) ont la réputation de marchander longuement et avec âpreté avant de conclure une affaire. L'image est péjorative.

1. [...] sans compter la discussion de marchands de tapis sur les dix-huit grandes villes à direction communiste que les socialistes revendiquent. (*Minute*, 18 décembre 1982 dans *La Revue du traducteur*, mars 1983, p. 40.)
2. En réalité les réunions se déroulent plus calmement que la vigueur du ton adopté en public ne le laisse entendre. Pour le PCF qui, depuis le début des pourparlers, affirme vouloir en rester au niveau des principes, la discussion de marchand de tapis en cours est à peu près inavouable. (*Libération*, 28-29 janvier 1989, p. 6, col. 5.)

Taquet

○ **Être au taquet.** « Avoir atteint l'échelon (de salaire) le plus élevé dans sa catégorie. » Le taquet symbolise l'obstacle à toute promotion ultérieure.

Ce qui explique en partie leur attitude à l'égard de la nouvelle grille des salaires et de l'avancement au mérite. Comme dit l'un d'eux : « À trente et un ans, je suis T4. En fait, je suis déjà au taquet jusqu'à la fin de ma carrière. » (*Le Monde*, 28-29 décembre 1986, p. 11, col. 4.)

Tarif

À ce tarif-là. « Dans ces conditions. » Métaphore empruntée au vocabulaire du commerce, variante familière de **à ce compte-là**.

— Donc, il avait un passe, c'est bien ce que je disais, triompha le commissaire.
— Vous appelez ça un passe si ça vous chante, et moi si je vois passer un Solex, j'appellerai ça une Rolls, à ce tarif-là, d'accord. (A. Vergne, *L'Innocence du boucher*, p. 170.)

Tas

∅ **Faire le tas.** « Racoler, se livrer à la prostitution. » Emploi en locution de **tas** au sens argotique de « lieu du travail, de l'activité ».

1. Maman faisait le tas à Saint-Lazare d'une manière assidue et accessoirement dans le quartier où on vivait. Les copines d'école commençaient à se pousser du coude et à se payer ma fiole [...].
— Ça va crâne pas trop on sait bien que ta mère racole à Saint-Germain. (E. Hanska, *La Mauvaise Graine*, p. 119.)
2. — [...] Londres, c'est moins bien balancé, moins coquet que Paname, sauf que pour faire le tas, c'est plus « intéressant » comme de bien entendu. (P. Morand, « Bouddha vivant » dans *Chroniques du XXᵉ siècle*, p. 148.)

○ **Tas de boue ; tas de merde.** « Automobile, motocyclette en mauvais état ou peu performante. » Peut en outre désigner péjorativement tout véhicule à moteur quel qu'en soit l'état. ~ **Caisse, chiotte, poubelle ; tas de ferraille, tas de tôle.**

3. [...] au lieu de dire une motocyclette comme tout le monde, elle appelle ça un tas de merde. (A.D.G., *Le Grand Môme*, p. 15.)
4. Au passage, il emboutit la voiture qui se trouvait garée devant lui. Le propriétaire de la caisse sortit d'un rade en gueulant à l'assassin de carrosserie. Lionel baissa la vitre et lui conseilla de prendre le métro et de mettre son tas de boue à la casse. (Géant Vert Inc., *Casse-bonbons*, p. 144.)
5. — [...]. Tu fais plus dans la bagnole ?
— Dans la bagnole, si. Mais pas dans la pièce de musée. Tu sais combien d'exemplaires de ta merveille roulent en France ?
[...]
— Onze ! [...]. Onze au dernier recensement de l'Argus. Onze ! Alors ! j'te demande, qu'est-ce que tu veux que je fasse de ton tas de boue ? Que j'le transforme en Golf ? (J. Houssin, *Roulez jeunesse !*, p. 61.)

Tasse

Boire la tasse. « Subir un échec souvent inopiné. » Sens secondaire de la locution **boire la tasse** « avaler involontairement de l'eau en nageant ». ~ **Boire le bouillon.**

1. Mais, de même que l'on a voté pour la gauche en 1981 malgré son programme, on votera sans doute pour la droite en mars malgré son idéologie. Et le PS pourrait bien boire la tasse [...]. (*L'Événement du jeudi*, 19 décembre 1985, p. 12, col. 3.)

○ **Ce n'est pas ma (ta, sa, etc.) tasse de thé.** « Ce n'est pas ce que je préfère, ce qui m'intéresse. » Calque de l'anglais *That's not my cup of tea.* ~ **C'est pas mon trip*, c'est pas mon truc.**

2. [...] il fut maçon un peu parce qu'il le fallait bien.
Mais touiller le béton tout l'hiver comme l'été,
ce n'était pas du tout, du tout sa tasse de thé.
Alors il étudia — pas dans les grandes écoles,
sur le tas — les moyens d'accéder au pactole... (R. Forlani, « Un roi qu'a des malheurs » dans *L'Avant-Scène Théâtre*, p. 21.)
3. On le savait déjà, le droit à la différence n'est pas la tasse de thé de Chevènement. Le ministre cite Jacques Berque qui parle de « solidariser et non pas de juxtaposer les cultures ». « Je ne veux pas l'apartheid, précise le ministre, du droit à la différence, on risque de glisser au droit à l'indifférence. » (*Libération*, 20 décembre 1985, p. 24, col. 2.)

— Avec jeu de mots.

4. — Vous prendrez un peu de thé avec moi ?
— Volontiers.
Le thé, moi, ce n'est pas ma tasse de thé, tu le sais, mais le moyen de lui refuser ? (San-Antonio, *Après vous s'il en reste*, p. 203.)

Tel

Tel que ! « C'est exact, authentique ; je n'invente rien. » Expression utilisée pour confirmer (ou insister sur) une affirmation qui surprend. ~ **Comme je te le dis*, comme ça se prononce*, tel quel, texto, textuel*.**

1. [...] Sélima héla deux autres cloches qui [...] s'étaient fabriqué des brassards avec écrit dessus : Lourdes-Parking National. Tel que. (J.A. Lion, *Les Truands du Temple*, p. 18.)
2. — Ce n'est pas mal, d'un sens, si tu veux, que dit Venturini en renversant la tête ; mais ce n'est pas de la vraie peinture. C'est ce que je reproche au moderne : faut se mettre trop loin pour voir. [...]
— Va-t'en aux chiottes, que lui dit Buonomini. Ty y verras tout ce que tu voudras.
Et il lui en ouvre la porte.
Tel que ! (A. Vialatte, *Badonce et les Créatures*, p. 57.)

Télé

Comme (aussi bien qu') à la télé. À propos d'un événement, d'une situation, dont on a été le témoin direct dans des conditions privilégiées. Cette image, qui évoque le téléspectateur regardant son poste, renouvelle l'ancienne locution, issue du vocabulaire du théâtre, **être aux premières loges.**

— [...] t'as vu l'accident, Machin, c'était aussi bien qu'à la télé ! (A.D.G., *C'est le bagne !*, p. 128.)

Téléphoner

○ **Téléphoner à Winston Churchill.** « Aller aux toilettes. » Euphémisme vieilli, par jeu de mots sur les initiales **W.C.** ; les exemples *infra* sont des variantes.

1. — Brigadier ! appela-t-il en allant aux barreaux, brigadier !
— C'est pour pisser ? demanda celui-ci.
— Non, c'est pour téléphoner au président de la République.
— Compris. Un gardien va vous accompagner. Vous trouverez du papier sur les lieux.
— Je ne plaisante pas ; je veux vraiment appeler l'Élysée [...]. (A. Blondin, *Monsieur Jadis*, p. 96.)
2. [...] au petit déjeuner, la dernière bouchée à peine engloutie, il se levait de table et nous annonçait de sa forte voix :
— Je m'en vais téléphoner à ce vieux Bismarck ! (Y. Gibeau, *Mourir idiot*, p. 261.)

Temps

Ça marche quand ça a le temps. « Ça marche mal. » À propos de quelque chose qui fonctionne capricieusement, qui a des ratés. ~ **Quand il (elle, ça) veut* bien.**

1. BELMONT : Marche quand il a le temps, c'machin. [...] *Belmont, debout, sur le bureau, regarde sous l'appareil [...]. Belmont flanque un coup de plat de la main sur le plafonnier ; un éclair de lumière en jaillit.* (« Garde à vue » de C. Miller dans *L'Avant-Scène Cinéma*, p. 7.)

En moins de temps qu'il n'en faut pour le dire. « Très rapidement ; d'une manière expéditive. » Comparer avec **sans (avoir le temps de) dire ouf.** ~ **En moins de deux ; vite* fait bien fait.**

2. [...] il y en aura une qui n'aura même pas besoin de se tirer parce que moi je la foutrai à la porte en moins de temps qu'il n'en faut pour le dire. (F. Dorin, « L'intoxe » dans *L'Avant-Scène Théâtre*, p. 98.)
3. Certains avaient été surpris par la coulée pendant qu'ils étaient dans leur bain en train de se savonner ou dans leur lit en train de se faire l'amour. Toute la ville de Pompéi avait été recouverte en moins de temps qu'il faut pour le dire et elle était restée comme ça des siècles avant qu'on la redécouvre en fouillant [...]. (J. Lanzmann, *L'Âge d'amour*, p. 103.)

Être dans les temps. « Être à l'heure. » Du vocabulaire des sports, et particulièrement de certaines épreuves d'athlétisme, du cyclisme et de l'automobile, où les temps de passage d'un coureur laissent espérer un bon résultat final. On entend parfois, par jeu de mots : **On est dans les temps** [l'étang] **comme les grenouilles.**

4. De nouveau la panique [...]. Bon sang, l'heure [...].
Ça va, tu es dans les temps. (C. Courchay, *L'Embellie*, p. 138.)
5. Canine regarda sa montre.
— On est dans les temps...
Elle s'installa au volant de sa voiture et démarra. (Oppel & Dorison, *Canine et Gunn*, p. 83.)

○ **Sale temps pour les mouches.** « Les choses se gâtent, vont se gâter. » « Sale temps pour les mouches » est le titre que portait à sa sortie (en 1966) un film de Guy Lefranc, avec Gérard Barray et Jean Richard (devenu ensuite « Commissaire San Antonio »), tiré des œuvres de Frédéric Dard. La locution semble se cantonner dans la littérature policière.

6. — Jouons cartes sur table, monsieur Gérin. Pour ma part, je n'ai nullement l'intention de vous dissimuler quoi que ce soit...
Luc se crispa légèrement. La confiance de son geôlier ne lui inspirait rien de bon. Et s'il avait l'intention de lui révéler tous les tenants de cette affaire, c'est qu'il jugeait que Luc ne pourrait jamais en faire usage. Sale temps pour les mouches... (J. Houssin, *Le Pronostiqueur*, p. 88.)

Variante remotivée sur ce modèle. **Sale temps pour** + nom.

7. Je me suis réfugié chez Moune, elle traitait ses rosiers avec une quelconque saleté chimique. Sale temps pour les pucerons. (C. Courchay, *Avril*, p. 81.)

Tenir

Tiens donc ! Interjection employée pour manifester la surprise, l'indignation, la moquerie. ~ **Allons donc ! Ben voyons* !**

1. Et comme je l'envoyais paître, « que j'en avais marre de ses salades, de ses conneries, qu'il me faisait chier ! », il a commencé à hausser le ton, à me menacer... Tiens donc ?! (Bayon, *Le Lycéen*, p. 252.)
2. — Évidemment, vous avez fait sauter la cabane en soufflant dessus, comme le grand méchant loup dans *Les Trois Petits Cochons*.
— Non ! [...] Avec une grenade.
— Tiens donc, avec une grenade.
— Mais d'entraînement ! minimisai-je. (B. Deflandre, *La Soupe aux doryphores*, p. 28-29.)

Tente

○ **Planter sa (la) tente.** « S'installer, emménager (quelque part). » ~ **Poser son lit*, le sac*.**

1. Justement ce matin une de mes potes m'a demandé si je voulais reprendre son deux pièces en plein dans le quartier où j'avais envie de planter la tente. (E. Hanska, *J'arrête pas de t'aimer*, p. 161.)
2. Maurice qu'est mort d'une crise cardiaque à Las Vegas où il était parti planter sa tente et où il avait remonté notre numéro avec d'autres partenaires [...]. (R. Lageat, *Robert des Halles*, p. 117.)

Voir aussi **marin**, exemple 3.

Terre

○ **Reviens sur terre !** « Reviens à la réalité ! » Image comparable à **être sur son petit nuage*.**

— [...] Comment tu t'appelles ?
— T'en as un culot ! Non seulement on marne à l'œil à cause de vous, mais en plus faudrait vous dire comment on s'appelle ? Reviens sur terre ! (J.-A. Varoux, *Un Globule dans la Tamise*, p. 27.)

Terreur

Jouer les terreurs. « Se comporter comme un voyou, comme un individu dangereux, mais sans avoir beaucoup d'envergure. » **Terreur** est employé ici avec son sens argotique de « personne redoutable, qui fait régner la terreur ».

1. Trois petits malfrats s'avisent de jouer les terreurs dans un prétoire comme ils l'ont vu faire par Alain Delon dans les films de série B ; après quarante-huit heures de tristes rodomontades, force revient à la loi. (*L'Événement du jeudi*, 26 décembre 1985, p. 9, col. 1.)
2. Jouer les terreurs avec mon blouson noir
[...]
Brûler les feux rouges en le faisant exprès
[...]
Oui mon cher, j'a-adore ça
J'a-adore ça... (D. Rondeau, *L'Âge-déraison*, p. 153.)

Terrible

Pas terrible ; pas terrible, terrible. « Laid, médiocre ou pénible. » Par litote.

[...] Christine n'a pu venir qu'une fois à Paris. *Côté liberté, en ce moment ce n'est pas terrible, terrible...* écrit-elle avec cette résignation qui le hérisse. (R. Fallet, *L'Angevine*, p. 206.)

Tête

À la tête (gueule) du client. « Qui varie selon les sympathies ou les antipathies du commerçant, du vendeur, du juge, du professeur, etc. » À propos d'un prix normalement fixé une fois pour toutes, d'un barème normalement établi sur des bases connues.

1. Pour le prix c'était un peu à la tête du client [...], il prenait plus aux riches qu'aux pauvres. (J. Lanzmann, *Rue des Mamours*, p. 94.)
2. — Nous avons été sélectionnés par un concours qui se veut objectif. Nous refusons les notations [par le chef d'établissement] à la gueule du client, renchérit une enseignante. (*Le Monde*, 26 janvier 1989, p. 19, col. 3.)
3. LA CRÉMIÈRE : [...] 15 francs les cassés... Et les pas cassés 20 francs !
FERNAND : Vous en êtes sûre ! Parce que, faudrait savoir ! Alors ! C'est à la tête du client ! [...]
LA CRÉMIÈRE : Lesquels vous voulez !
FERNAND : Cassez-m'en une douzaine ! (F. Raynaud, « Les œufs cassés » dans *Heureux*, p. 213.)

○ **Avoir la tête comme un genou.** « Être complètement chauve. » ~ **Être chauve* comme une boule de billard, comme un genou.**

4. Le vent lui avait enlevé sa moumoute. Il tenait le postiche à la main [...]. Un con pareil, quand on a la tête comme un genou [...]. (J. Vautrin, *Baby Boom*, p. 88.)

○ **Avoir la tête comme une pastèque/Mettre la tête comme une pastèque.** Le choix d'un fruit rond, aqueux et de grande taille tel que la pastèque dans cette comparaison n'a rien de surprenant si l'on considère que bien des mots de la même série (**calebasse, citrouille, melon**, etc.) sont des désignations populaires et argotiques de la tête.

— « Avoir/donner des maux de tête, être/mettre mal en point à force de (faire) réfléchir. »

5. Elle conclut que ça la regardait pas, que s'il fallait maintenant s'étonner de ces bizarres choses qui se passaient, on aurait vite la tête comme une pastèque, sans compter que si on était trop curieuse, on risquait de l'avoir au carré*, ce qui est toujours gênant pour le négoce des charmes. (A.D.G., *Les Panadeux*, p. 88.)

— « Être mal en point après avoir été roué de coups au visage, à la tête/Mettre mal en point en rouant de coups. » ~ **Avoir la tête en compteur à gaz; mettre à quelqu'un la tête en compteur à gaz; mettre la tête au carré*.**

6. [Ils] m'ont déjà mis la tête comme une pastèque... Je me retrouve ici à moitié assommé... (T. Topin, *Graffiti rock*, p. 34.)

Baisse la tête, t'auras l'air d'un coureur! Quolibet à l'adresse d'un cycliste, pour l'inciter à accélérer. ~ **Vas-y Bobet!**

7. À un cycliste allemand [soldat de l'Occupation] qui pédalait, débonnaire, vers le calvaire, l'un de nous a crié : « Baisse la tête, t'auras l'air d'un coureur ! » Il n'a pas compris. Nous nous sommes tout de même enfuis à toutes jambes. (I. Favreau, *Les mouettes en rient encore*, p. 180.)
8. J'ai soif. Tous ces spectateurs qui me doublent en marchant au pas, ils ont tellement arrosé les premiers qu'ils n'ont plus d'eau pour moi. J'ai chaud. Pauvres mecs, pourraient changer de refrain plutôt que de crier : « Baisse la tête, t'auras l'air d'un coureur. » Je suis un coureur, c'est pas parce que je ne sais pas grimper que je ne suis pas un coureur, j'aime autant le vélo que les autres, seulement j'ai moins de talent. (A. Gillot-Pétré, *Ma gueule d'atmosphère*, p. 184.)

○ **Être bien/mal dans sa tête/Être jeune/vieux** etc. **dans sa tête.** La finale **dans sa tête** indique que l'on insiste plus sur le mental que sur le physique. Sur le modèle de **dans sa peau.** Surtout dans la langue des jeunes.

9. — Moi, j'ai fait du ski avec lui, l'année dernière, à l'Alpe. C'est un type extra. Il ne parle jamais beaucoup mais il est net dans sa tête et ça j'aime*. (P. Adler, *C'est peut-être ça l'amour*, p. 138.)
10. — Le mouvement [étudiant] n'est-il pas allé au-delà des questions universitaires ?
— Il s'est produit un amalgame avec d'autres problèmes comme le chômage et le racisme. Ça non plus, on n'a pas su le sentir. Beaucoup trop de gens chez nous sont encore trop vieux dans leurs têtes. (*L'Événement du jeudi*, 18 décembre 1986, p. 9, col. 3.)
11. Ils sont archi-différents [...]. Dumont est pourri par le blé et les honneurs et l'autre est resté juvénile dans sa tête. (E. Hanska, *La Femme coupée en deux*, p. 104.)
12. Rassure-toi, nous, les sectes, ça nous laisse froids (et puis on est bien dans notre tête) [...]. (« *22 lycéens* », p. 63.)

○ **Faire une grosse tête à quelqu'un.** « Rouer quelqu'un de coups. » Image de la tête et du visage enflés à force de recevoir des coups. ~ **Faire à quelqu'un une tête en compteur à gaz; mettre la tête au carré*; mettre la tête comme une pastèque.**

13. J'ai cru qu'il me menaçait du poing. Je lui ai fait une grosse tête ! (R. Devos, *Sens dessus dessous*, p. 68.)
14. — Vous avez vu, les frangins ? Il se fout de notre gueule, la lopette. Je vais lui faire une grosse tête. (H. Jaouen, *La Mariée rouge*, p. 43.)

○ **Faire une tête (tronche) en compteur à gaz à quelqu'un.** « Casser la figure à quelqu'un. » **(Avoir) la tête comme un compteur à gaz.** « (Être) sonné. » Amplification de **mettre la tête au carré*.**

15. [...] le souffle de l'explosion l'envoie bouler dans le hall de l'immeuble. De tout son long, il s'étale les ailes en croix [...]. Les tympans douloureux, la tronche comme un compteur à gaz, le flic regarde, à pas cinq mètres de lui, les flammes qui enveloppent la Renault. (J. Houssin, *Roulez jeunesse !*, p. 170.)

○ **Parigot tête de veau, Parisien tête (fils) de chien.** Quolibet, légèrement vieillot, des provinciaux à l'adresse des Parisiens, fondé essentiellement sur l'assonance.

16. En lançant une balle [de fusil] dans le feu, un Parigot [...] a perdu un œil. Les dames disaient que c'était un joli petit blond. C'est dommage pour lui, et pour nous. Nous ne pouvons même plus lui chanter le refrain d'usage :
— Parisien tête de chien, Parigot tête de veau ! (I. Favreau, *Les mouettes en rient encore*, p. 59.)
17. Pendant la récréation, un grand m'a traité de « parigot tête de veau » — « parisien fils de chien ». Pour la tête de veau, passe encore. Pour le fils de chien, je l'ai remercié d'un coup de poing sur le nez. (J.-L. Lahaye, *Cent Familles*, p. 97.)

— **Les Parigots têtes de veau.** Les Parisiens.

18. Machin avait commandé un Bottin, deux jetons et un petit blanc devant lequel il faisait la gueule au motif qu'il était extrêmement décapant. Au prétexte que les bons vins de cheux nous voyageraient mal, c'est fou ce qu'on boit comme acides chez vous autres, les Parigots-têtes-de-veau. (A.D.G., *Balles nègres*, p. 72.)

○ **Prendre la tête.** « Casser la tête ; excéder ; rendre fou. » Surtout à l'adresse de quelqu'un : **tu me prends la tête** ou à propos d'une situation : **ça me prend la tête.** Il pourrait s'agir d'un calque du slang américain *to take someone's mind* qui a les mêmes valeurs.

19. — [...]. Ces cailloux-là, va falloir attendre un moment avant de leur faire revoir le jour [...].
— Arrête de pleurer ! s'énerve Moustique. Tu me prends la tête ! Quand on t'a proposé un arrivage de brillants, tu t'es bien déclaré preneur, non ? (J. Houssin, *Bras de fer*, p. 93.)
20. On se regardait, Attala et moi. Il grognait :
— Ça me prend la tête, leurs histoires à la con... (Marie & Joseph, *Square du Congo*, p. 116.)
21. Tu m'prends la tête avec les gueulantes ! (Sapho, *Ils préféraient la lune*, p. 89.)

Voir aussi **trip**, exemple 1.

— Variante argotique. **Prendre la tronche.**

22. Jamais un geste tendre. Aucune douceur. Je m'demande si t'es capable d'aimer. Ça c'est Jacky Lamento. Me prend la tronche avec ses projets. J'ai déjà donné*. Et comme y faut tu peux m'faire confiance. (E. Hanska, *J'arrête pas de t'aimer*, p. 173.)

Textuel

Textuel ! « C'est exact, authentique ; je n'invente rien. » Pour confirmer (ou insister sur) une affirmation qui surprend. ~ **Tel* que, texto, comme ça se prononce* ; comme je te le dis*.**

Je tire ma carte qui tant intimide.
— Police !

— Pas possible !
— Textuel. (San-Antonio, *Renifle, c'est de la vraie*, p. 127.)

Voir aussi **confiture**, exemple 1.

The

Avec une prononciation à l'anglaise, parfois reflétée dans la graphie.

○ **(C'est) in the pocket (poquette).** Variante de **c'est dans la poche** « c'est comme si c'était fait ; je suis sûr de réussir ».

1. Tu me plais, je te plais, viens qu'on se mélange les sécrétions intimes... Pour le lendemain, in the poquette ! C'était tellement inattendu, miraculeux, que je me suis mis à gamberger dans le doute, la méfiance, le coup fourré. (A. Boudard, *La Métamorphose des cloportes*, p. 137.)

○ **(L'avoir) in the baba.** Variante vieillissante de **l'avoir dans le baba** « être attrapé, possédé, trompé ». « In the baba » est le titre français (1974) d'un roman de M. Spillane (titre original *The last cop out*). Avec évocation du sens sexuel de **baba** dans l'exemple suivant.

2. Youpe me l'avait donc enfoncée... in the baba jusqu'à la garde*... Je me disais vaguement que je le retrouverais. Le virage, sait-on jamais ? En tout cas, le Rouquin, j'allais pas le louper. (A. Boudard, *La Métamorphose des cloportes*, p. 182.)

○ **The**, substitut de **le**, avec accent d'insistance. « La *The nana* » est le titre d'une chanson de Léo Ferré (1971).

3. — Pourquoi tient-il tant à rester par ici ?
— Quand nous le saurons, nous ferons peut-être la plus belle prise de notre carrière. Ze coup de filet. En attendant, on va rigoler. Vous en serez. (J.A. Lion, *Poulets et Perroquets*, p. 109.)
4. Cette fille était THE mystère [...] : elle devinait tout comme si elle avait pu lire les pensées d'autrui, regarder à travers les murs, percevoir des sons au milieu du plus parfait silence. (San-Antonio, *Bons Baisers où tu sais*, p. 91.)

○ **The question.** Avec un clin d'œil au texte de Shakespeare, *Hamlet* (acte III, sc. 1) : « To be or not to be, that is the question. »

5. — [...] Et faire quoi ? dit-il.
— Oui, dit Boubou, c'est the question. (C. Rochefort, *Printemps au parking*, p. 99.)

Tirer

Tirer sur tout ce qui bouge. Pour marquer, par exagération plaisante, la détermination à ou la capacité de supprimer, à détruire l'objectif visé. Par référence au vocabulaire des faits d'armes, des attaques à main armée.

Avec l'irradiation [comme mode de conservation des aliments], plus rien à craindre : la radioactivité tire sur tout ce qui bouge, bactéries, virus, moisissures, ferments... Le poivre traité ne jouera plus aucun mauvais tour et il conservera toutes ses qualités. (F. Gruhier, *Les Délices du futur*, p. 109.)

Tiroir

○ **Se remplir le tiroir.** « Manger (abondamment). » **Tiroir** au sens de « ventre » ne se rencontre que dans quelques rares locutions comme celle-ci et encore **avoir un polichinelle dans le tiroir** « être enceinte ».

On s'est arrêté pour bouffer [...]
Ma stoppeuse s'est rempli l'tiroir
sans rien moufter [...] (Renaud, « L'auto-stoppeuse » dans *Mistral gagnant*, p. 88.)

Toc

Et toc ! Pour souligner une riposte. ~ **Et pan ! Et vlan !** « Et toc ! » est le titre français d'un roman de J.A. Chase (1972).

1. De toute façon, je désire les élever [les enfants] à ma manière et non à la tienne [...]. J'ai toujours su que je ne pouvais pas compter sur toi qui es débordée depuis que je te connais (et toc !). (N. de Buron, *Qui c'est, ce garçon ?*, p. 224.)
2. Et il signale que M. Mosca a offert de verser les gains de la tournée d'été du club-théâtre — tournée que seule une personnalité de son envergure pouvait organiser — à la caisse d'entraide. Voilà, conclut-il, un moyen de financement qui ne va pas à l'encontre de la gratuité de l'enseignement, mais qui met l'art au service de la solidarité, dans le prolongement même de cet enseignement. Et toc. (D. Van Cauwelaert, *Vingt Ans et des poussières*, p. 107.)

Voir aussi **un**, exemple 14.

Tœuss

○ **Faire le tœuss.** « Faire le guet. » De **tœuss, teuss, tuss, tss,** signes convenus pour prévenir quelqu'un d'un danger ; naguère en vogue dans l'argot des potaches.

Tout le monde entre, sauf Chris-le-Bourgeois qui fait le tœuss en bas, au volant de la Mercedes. (A.D.G., *Notre frère qui êtes odieux...*, p. 85.)

Toiture

○ **Être dévissé de la toiture.** « Être fou, un peu cinglé. » La **toiture** représente la tête. Image empruntée au registre de la construction mécanique. ~ **Paumer/péter ses boulons*.**

L'Abbé, dans tous les sens du terme, c'est l'homme de poids. Et peu importe si la plupart des loquedus qui le rencontrent le prétendent dévissé de la toiture... L'important, à la finale, c'est que personne n'ose l'affirmer en sa présence. C'est à ce genre de détail que se mesure la cote d'un voyou. (J. Houssin, *Roulez jeunesse !*, p. 35.)

Tonne

○ **En faire (en rajouter) des tonnes.** « En faire beaucoup ; en faire trop. » Pour exprimer l'excès, l'exaspération, la démesure. Par hyperbole. ~ **En faire des kilos*, des brouettes*, des caisses*, des wagons*.**

1. Non contente de montrer la vérité toute nue, elle [une strip-teaseuse] en rajoute des tonnes et des tonnes d'effets qu'elle croit sexy. (D. Guirous et N. Galan, *Si la Cococour m'était contée*, p. 155.)
2. Ayez la discrétion de l'amitié et des grandes douleurs (n'oubliez pas qu'il est décédé depuis peu) lorsque vos amis, ébahis, vous glisseront un « Je ne savais pas que vous le connaissiez si bien », ce qui ne vous empêchera pas d'en faire des tonnes ensuite sur les parties de golf que vous disputiez chaque dimanche avec lui. (J.-C. Paulin du Besset, *Petit Frimeur*, p. 55.)

Peser une tonne/des tonnes.

— « Manquer de finesse, de nuances. »

3. Même quand ils se tapent dessus, nos politiciens, c'est en langue de bois, ça pèse une tonne et ça ne frappe plus personne. (C. Sarraute, *Dites-donc !*, p. 63.)

— « Être exagéré, excessif ; être difficile à assumer. »

4. [...] l'un comme l'autre se moquaient bien de ce que pensait l'entourage et décidèrent d'aller ensemble au marché de Kernaz.
Leur réputation, séparément, pesait déjà des tonnes. Mais quand on les vit s'amener au bourg main dans la main, les langues se mirent à cracher des nœuds de vipères. (E. Hanska, *Fascination*, p. 89.)

Too much

○ **(Être) too much.** « (Être) excessif, exceptionnel, extraordinaire (d'une chose ou d'une personne). » Emprunté à l'anglais où l'on rencontre les mêmes emplois. « Too Much !! » est le titre d'un film de David Leland, intitulé dans sa version originale *Wish you were here !* (1987). ~ **Être trop*.**

— En bonne part.

1. Les larmes aux yeux, Chamarat, qui était un fayot hors pair, ajouta d'un air entendu :
— Oh, chef, vous alors, vous êtes too much !
Ce compliment en forme de référence à une émission télé [de S. Collaro] d'un comique à faire passer le bruit des bottes allemandes en juin 40 pour un ballet de chaussons de danse [...] eut pour effet d'éclairer le visage du commissaire d'un large sourire. (Géant Vert Inc, *Casse-bonbons*, p. 165-166.)
2. Mais après tout, peut-être existait-il maintenant des pompes funèbres *branchées*, susceptibles de fournir à la demande des formules-types de désespoir ? « A ma louloute bien-aimée, son mec en plein flip. » « T'étais too much, minette, je surmonterai jamais la crise. » (Marie & Joseph, *La Grande Arpente*, p. 20.)

— En mauvaise part.

3. Il débarque. Lolotte est là. Ils se connaissent. Ils se sont souvent croisés. Bonjour*-bonsoir. Pas plus. C'est pas tellement son genre à JJ. Il la trouve trop folingue, trop feignasse, trop... Trop*, quoi ! Too much. (C. Sarraute, *Allo Lolotte, c'est Coco*, p. 32.)

○ **C'est too much !** « C'est exagéré, insupportable. »

4. PIERRE : Ah non, c'est pas possible, ça, elle va pas se mettre à pleurer...
MICHEL : Ça devient sérieux, même.
Hurlements du bébé, off.
PIERRE : Ah non, non, là, c'est too much ! Mais qu'est-ce qu'on va faire, nom d'une pipe. («Trois hommes et un couffin» de Coline Serreau dans *L'Avant-Scène Cinéma*, p. 18.)

Topo

(C'est le) même topo. «(C'est la) même chose, (c'est) pareil.» Emploi en locution de **topo** au sens de «affaire, truc, chose». ~ **Même tabac.**

1. [...] on alla récupérer la radio au grenier. Les lampes s'éclairèrent mais aucune voix ne sortit du haut-parleur [...]. On rebrancha pour les infos du soir. Même topo, sauf que cette fois ça grésillait, avec des bruits de science-fiction. (P. Canal, *L'Homme qui a vu Durand*, p. 196.)
2. Un été. Un quinze août [...] il était deux heures ou trois heures du matin et j'ai jeté un œil par là, par cette fenêtre. Et je n'ai vu nulle part pas la moindre lumière. Ça m'a semblé pas net. J'ai été voir par là. Même topo : que du noir. Ça m'a tant intrigué que je suis descendu quatre à quatre dans la rue : que des volets fermés, que du noir, que la nuit. Paris s'était vidé. (R. Forlani, «Grand-père» dans *L'Avant-Scène Théâtre*, p. 20.)

Torchon

Ne pas mélanger les torchons avec/et les serviettes. Pour dire qu'il ne faut pas confondre les gens ou les choses de qualité différente. L'expression renvoie à un ordre hiérarchique de nature sociale, le **torchon** étant le symbole des domestiques tandis que la **serviette** évoque l'usage bourgeois ou mondain.

1. Mon père regarda mon oncle droit dans les yeux et lui dit avec fermeté :
— Ne mélangeons pas les torchons avec les serviettes, s'il te plaît. Il y a le clergé... et il y a la religion ! (J. L'Hôte, *Confessions d'un enfant de chœur*, p. 15.)
2. Je leur fais confiance moi aussi [aux jazzistes cubains] et je crois qu'ils sauront ne pas mélanger les torchons et les serviettes : Sheila et Sarah, Aznavour et Otis Redding, Johnny Halliday et James Brown. (*Siné jazzote*, p. 167 [1967].)

Tordu

Coup tordu. «Acte malveillant effectué en dehors des usages ou des règles, en particulier dans les milieux du banditisme et de la politique.» «Un coup tordu» est le titre français (1983) d'un roman policier de B. Pronzini.

1. Les Yougoslaves, on en entendait parler des fois, des branques sournois au mieux avec la Poule, des maniaques du coup tordu, des lavettes aux dents longues. (A.D.G., *La Divine Surprise*, p. 35.)
2. M. Pierre Joxe [...] qui participait le dimanche 15 mars, à un banquet républicain [...], a affirmé que les Français doivent «se préparer à chasser le gouvernement». «C'est le gouvernement des coups de Bourse, c'est le gouvernement des coups fourrés, c'est le gouvernement

des coups tordus, c'est le gouvernement des coups bas. [...]. » (*Le Monde*, 17 mars 1987, p. 10, col. 3-4.)

Voir aussi **sale**, exemple.

Tornade

○ **(Comme) une tornade blanche.** À propos de ce ou celui qui « nettoie » tout sur son passage. **Tornade blanche** a d'abord désigné un effet spécial de films publicitaires vantant les mérites d'un produit nettoyant ; repris dans un slogan : « Ajax ammoniaqué, puissant comme une tornade blanche » (1971).

Les exploits de Lulu Chénier s'étalent en couverture, juste sous la tronche du julot. Appréhendé dans une auberge en compagnie d'une prostituée et ramené à Paris pour y être entendu, le barbiquet a secoué le calibre d'un des poulets, lui a plombé le buffet, s'est arraché dans un taxi dont il a finalement ébouzé le pilote. Tu parles d'une tornade blanche ! Léon en revient pas. Ça le sidère, cette métamorphose du sauret. (J. Houssin, *Comme un rat*, p. 121.)

Tortiller

∅ **Y a pas à/C'est pas la peine de tortiller du cul pour chier droit.** Invitation à agir ou à s'exprimer franchement, sans détours. Variante expressive de **y a pas à tortiller.**

— Allez ! Oui, tu paries oui !
L'autre hésite [...].
— Alors, c'est oui ? C'est pas la peine de tortiller du cul pour chier droit ! (J. de Bougues-Montès, *Chez Auguste*, p. 107.)

Totale

○ **(C'est) la totale.** « C'est le comble, c'est le summum ; c'est complet. » La **totale** est le nom familier de l'hystérectomie complète, que l'on appelle aussi, surtout pour ses incidences psychologiques, la **grosse opération.**

1. — [...] il y a mille façons de s'en sortir et la drogue n'en est pas une [...].
— Est-ce que l'alcool c'est mieux ?
Bon, ben d'accord, décidément, c'est la totale. Le final[e] avec chœur et orchestre. Quand c'est fini, ni ni, ça recommence. (P. Adler, *C'est peut-être ça l'amour*, p. 221-222.)
2. [...] crécher sous les toits, rue piétonne, un soir de 14 juillet, avec les tos [sots] ramassés sur la place principale qui font claquer des pétards, moi je peux pas ! Ça me bloque. Si en plus, y'a la fanfare, c'est la totale ! (*20 Ans*, novembre 1987, p. 100, col. 3.)

— Plus rarement **une totale.**

3. On est arrivé bien remarqués en cours d'histoire-géo, dans l'autre bâtiment à l'escalier de bois plat. Et le prof nous a fait un numéro du diable. Avec ses mains à la gomme, son cinéma de taper dans la paume de sa main gauche, son accent [...], une totale. (Bayon, *Le Lycéen*, p. 335.)

Toucher

Pas touche! « Défense de toucher. » Construction syntaxique simplifiée qui vise à imiter la langue d'adultes s'adressant à des enfants. La locution peut prendre une valeur d'adjectif : « À quoi il est interdit (on s'interdit) de toucher. »

1. Nos éconocroques pas touche, elles sont dans les tirelires planquées dans la grande armoire fermée à clé... (R. Lageat, *Robert des Halles*, p. 47.)

Voir aussi **bretelle**, exemple 6.

∅ **Tu te touches?/Tu te touches (pas) un peu?** « Qu'est-ce que tu crois? Qu'est-ce que tu imagines? » Pour inviter quelqu'un à revenir à la réalité. Dans son sens de base, la locution évoque, par euphémisme, la masturbation.

2. — Tu te fous de moi, non! [...] Dis, tu te touches pas un peu. (A. Boudard, *La Cerise*, p. 338.)
3. — [...] Dès que t'es devant tes potes, faut que tu roules c'est plus fort que toi... Au Châtelet, dis, t'étais autrement aimable. T'écoutais, t'étais tout rêveur, tu me prenais la main...
— La main, la main! Tu te touches ma mignonne. Ça va plus! Tu te crois encore au village... (A. Boudard, *La Cerise*, p. 444.)

Touffe

∅ **Ras la/de touffe.** « Très court (d'un vêtement féminin). » ~ **À ras du cul, du gazon*** ; **à ras le bonbon***. **Touffe** désigne ici par métaphore la toison pubienne.

Deux filles les accompagnent [...]. Jupes ras-de-touffe, faux diam dans une narine [...]. (San-Antonio, *Renifle, c'est de la vraie*, p. 100.)

Tour, nom féminin

∅ **Chier une tour Eiffel.** « Faire toute une histoire (surtout dans un contexte négatif). » Hyperbole cocasse comme dans **en chier une pendule***, qui semble plus usuel.

Il se démonte pas pour si peu! [...] pas lui chier une tour Eiffel! (A. Boudard, *Bleubite*, p. 127.)

Tour, nom masculin

C'est reparti pour un tour! Façon d'exprimer que quelque chose recommence, se répète.

1. [...] ce sacré paquet de cigarettes [...]. À la portée de toutes les mains. Jean-Luc avait donc tendu la sienne vers ces Celtiques viriles et paternelles. Vlouf. L'autre avait raflé le paquet en disant :
— Si tu veux des cigarettes, tu fais comme moi : tu travailles.

C'était reparti pour un tour. Le grand jeu. Le cinéma [...]. Grandiose comme à l'ordinaire, le défilé avait commencé. Les Grands Principes d'abord, en rangs serrés derrière l'Exemple. (A. Page, *Tchao Pantin*, p. 19.)

2. Ben voilà la galère, c'est r'parti pour un tour
Carrément comme hier, j'suis encore à la bourre (Renaud, « P'tit dej' blues » dans *Mistral gagnant*, p. 124.)

Faire trois petits tours (et s'en aller). Pour souligner que quelqu'un ne fait qu'un passage bref quelque part. Par référence à la chanson enfantine « Ainsi font, font, font les petites marionnettes. Ainsi font, font, font trois p'tits tours et puis s'en vont. »

3. [...] combien de députés vont bientôt disparaître qui n'auront fait que trois petits tours dans cette Assemblée. (*Le Monde aujourd'hui*, 12-13 janvier 1986, p. II, col. 3.)

Plus souvent qu'à son tour. « Très souvent ; trop souvent. » À propos d'événements fâcheux, de comportements agaçants, désagréables. ~ **Plus souvent qu'il est permis*.**

4. Je connais bien le petit Hubert Pigault [...]. Il est souvent fourré à « l'Écu », roule des mécaniques et claque du pognon tout en ramenant sa fraise plus souvent qu'à son tour. (A.D.G., *Le Grand Môme*, p. 54.)
5. En fait, formés ou pas, ce sont les [enseignants] débutants que l'on envoie au charbon sur tous les postes les plus difficiles et dans les faubourgs les plus démunis, là où les écoles sont cambriolées plus souvent qu'à leur tour. (*Le Nouvel Observateur*, 4 septembre 1987, p. 47, col. 2.)

Tousser

Tonton, pourquoi tu tousses? S'emploie pour marquer l'embarras de quelqu'un, son désaccord ou son incompréhension devant ce qui est dit. Repris d'une réplique d'un sketch de F. Raynaud (*infra*, exemple 2) : un passeur de drogue naïf risque de révéler des informations compromettantes lors d'une conversation téléphonique avec son associé. À comparer avec **c'est que je tousse!** attesté avec cette valeur depuis la seconde moitié du XIXe s.

1. Il n'y a guère que Le Pen pour jouer les empêcheurs de tourner en rond : « Je n'ai pas ressenti d'émotion particulière [à la mort de Coluche]. Je n'appréciais pas son recours systématique à la grossièreté », a-t-il expliqué d'un ton vaguement gêné aux entournures en ces heures de consensus national parce que la grossièreté, Le Pen, c'est pas son truc ! Tonton, pourquoi tu tousses ? (*L'Événement du jeudi*, 26 juin 1986, p. 14, col. 1.)
2. Allô... Tonton ? C'est Roro ! [...] j'apporte le colis à New York, comme tu m'as dit ! À l'adresse que tu m'as indiquée... Tu veux que je te répète l'adresse que tu m'as indiquée... Tu veux que je répète l'adresse que tu m'as dit ?... Non ! Ah, bon !... Allô... Tonton ? Pourquoi tu tousses ? (F. Raynaud, « Allô... Tonton ! » dans *Heureux !*, p. 317.)

— Avec jeu de mots sur **tonton**, surnom parfois donné à F. Mitterrand.

3. Situation inédite, inconfortable : le président ne dispose que d'une majorité relative. Ce qui fait dire, en privé, à un responsable socialiste : « Tonton, pourquoi tu tousses ? » (*Le Nouvel Observateur*, 17 juin 1988, p. 42, col. 3.)

Tout

Avoir tout pour soi. « Bénéficier du maximum d'atouts pour réussir (dans la vie). » Utilisé le plus souvent en parlant d'un tiers que l'on admire ou que l'on envie.

1. Elle aurait dû avoir tout pour elle, comme on dit, et elle n'avait rien. (J.A. Lion, *N° 5 paysage*, p. 66.)

On ne peut pas tout avoir. « On ne peut pas cumuler tous les avantages. » ~ **Le beurre* et l'argent du beurre.**

2. — Septembre, y a pas mieux. Le poisson mord, après les grosses chaleurs.
— L'ennui, c'est que les jours raccourcissent.
— Ça oui, mais on peut pas tout avoir. [...]. (R. Fallet, *Paris au mois d'août*, p. 47.)
3. — Regarde-moi ce tableau, grinça Christini. On dirait du Goya.
— Goya ? Qui c'est ce gonze ? demanda Baumann.
Christini se tourna vers son inspecteur.
— T'as pas une éducation terrible, toi, hein ?
— On peut pas tout avoir, répondit Baumann, laconique. (J. Houssin, *Les Crocs du Dobermann*, p. 35.)

○ **On (y) trouve (de) tout comme à la Samaritaine.** Pour souligner la richesse, la variété de quelque chose, parfois son hétérogénéité. Par référence au slogan publicitaire du grand magasin parisien.

4. On trouve, dans cette *Diane* [d'Aragon], de tout comme à la Samaritaine... des vers de mirliton, des boursouflures [...]. Cependant des perles... des strophes qui nous touchent encore [...]. (A. Boudard, *L'Éducation d'Alphonse*, p. 105.)
5. Jusque-là, y avait les magazines enfants-parents, les magazines féminins eux-mêmes divisés en sous-catégories. Là [dans le magazine *Alma*], on trouvait tout comme à la Samaritaine [...]. (M. Fitoussi, *Le Ras-le-bol des superwomen*, p. 200.)

Tout, tout de suite. Pour marquer son impatience d'obtenir quelque chose sans délai. D'un slogan de mai 1968, anticipé par Jim Morrison dans « When the music's over », chanson finale de *Strange Days*, second album des Doors (octobre 1967) : « We want the world and we want it... We want the world and we want it... Now ! ». « Tout, tout de suite » est le titre français d'un film jamaïcain de Perry Henzell (1972).

6. « Lâchez tout ! » lançaient les beatniks ; « tout, tout de suite », avions-nous proclamé en 68 ; « *no future* », me répondaient Alexandre et ses copains de « voyage », sonnant le glas de toutes les illusions. (J. Bothorel, *Toi, mon fils*, p. 89.)
7. Pendant que ces tacticiens avertis s'emparaient des bâtiments publics selon les règles de l'art, des groupes d'alcooliques en colère pratiquaient la politique du tout, tout de suite, en attaquant les bistrots désertés par leurs propriétaires. (P. Canal, *L'Homme qui a vu Durand*, p. 177.)

Voir aussi **barre**, exemple 4.

Train

Comme une vache qui regarde passer le train. Pour symboliser la passivité bête et béate de quelqu'un.

1. — [...] Tu es nul, aussi nul et inutile que Chazelles. Vous ne comprenez rien. Vous regardez toujours comme des vaches tarées passer les trains de la Révolution. (S. Moati, *La Saison des palais*. p. 51.)

○ **J'ai un train à prendre.** « À la va-vite ; en vitesse. » Comme quelqu'un qui a peur de manquer son train. Comparer avec **avoir quelque chose sur le feu***.

2. Par politesse, Chanfier se décida pour une des filles bottées. Il la prit dans une chambre du premier étage — une seule fois, et au rythme j'ai-un-train-à-prendre puis rentra chez la veuve Palpinblé où il se coucha et s'endormit d'une traite sans avoir avalé de somnifère. (P. Siniac, *Femmes blafardes*, p. 42.)

Prendre le train en marche. « Se joindre sur le tard à une action collective déjà en cours. »

3. À Alger, les intégristes ont saisi l'occasion de la grande prière du vendredi pour essayer de prendre en marche le train des revendications. (*Le Monde*, 11 octobre 1988, p. 3, col. 2.)

Voir aussi **cheval**, exemple 4.

○ **Suivre le train.** « Suivre les propos de quelqu'un. » Même image que dans **raccrocher les wagons*** ; à comparer aussi avec les antonymes **décrocher** ou **avoir un train de retard***.

4. écoute-moi bien : l'Art c'est la religion les artistes sont les saints les tableaux sont les reliques tu suis le train ? (C. Brétecher, *Agrippine*, p. 26.)

Un train peut en cacher un autre. Pour signifier qu'il faut éviter de s'en tenir à l'aspect premier, immédiat, des faits et des choses. Texte d'un écriteau implanté par la SNCF là où l'on doit traverser les voies de plain-pied (passages à niveau, accès aux quais de certaines gares). L'expression est attestée en 1889 dans R. Darzens, *Nuits à Paris* (cité par M. Herbert, *La Chanson à Montmartre*, 1967, p. 73). « Attention une femme peut en cacher une autre » est le titre-clin d'œil d'un film de G. Lautner (1983) et « Un train peut en cacher un autre » est le titre d'un ouvrage d'A. Voisard (1985). On relève, sur ce modèle, de nombreuses variantes journalistiques.

5. On ne doit jamais négliger une affaire, surtout si elle paraît de faible importance, car un train peut en cacher un autre. (P. Canal, *L'Homme qui a vu Durand*, p. 43.)

Traiter

∅ **Traiter quelqu'un comme de la/une merde.** « Ignorer ostensiblement quelqu'un, le mépriser profondément. » À rapprocher d'un sens de **merde** « chose insignifiante, dérisoire, méprisable ».

[...] elle avait menacé Mathias de repartir par le premier avion si on continuait à la traiter comme de la merde. (F. Hébrard, *Le Harem*, p. 132.)

Transparent

T'es pas transparent! Pour signaler sans ménagement à une personne qu'elle s'est placée dans le champ de vision d'une autre, des autres. ~ **Ton père n'est pas vitrier!**

— Si on mettait les informations, fait André [...].
Je me lève pour changer de chaîne.
— Hé, Baptiste, t'es pas transparent! fait mon beau-frère. (J. Oriano, *B comme Baptiste*, p. 255-256.)

Travail

Et voilà le travail! Pour présenter le résultat d'une action ou une situation dont on est très satisfait. L'expression est souvent employée par antiphrase.

1. Alors je me suis mariée. Ça ressemblait assez à un enterrement. Chavais plus quoi faire alors j'ai divorcé. Ça ressemblait aussi à un enterrement [...].
Et voilà l'travail [...] clope-toi un pétard géant et essaie d'imaginer un peu la vie en rose. (E. Hanska, *J'arrête pas de t'aimer*, p. 142-143.)
2. ... du rose à joues et je me poudre avec la houppette [...] un dernier petit coup de rimmel... et voilà le travail! (Pichard/Wolinski, *Paulette*, t. II, p. 143.)

Voir aussi **service**, exemple 4.

Tu vois le travail? Même sens et mêmes emplois. ~ **Tu vois le chantier, tu vois le tableau.**

3. Je suis trop vieux et trop usé [...]. Dans le métro, des jeunes gens me cèdent leur place, tu vois le travail? (M. Villard, *Au pied du mur*, p. 75.)

Travailler

Travailler (ramer,...) comme un sourd. « Travailler d'arrache-pied; se donner beaucoup de mal. » ~ **Comme un malade*.**

1. — C'est quand même étrange, ce que vous faites, elle a dit. C'est dommage que ce soit si mal écrit.
— J'ai travaillé comme un sourd pour arriver à ça. (P. Djian, *Zone érogène*, p. 292.)
2. [...] lui, Jimmy, ramait comme un sourd pour économiser trois ronds. (M. Villard, *13 Cowboys dramatiques*, p. 44.)

Travailler quelqu'un au corps. « Solliciter de façon pressante et insistante. » Du vocabulaire de la boxe et de la lutte où la locution signifie « malmener son adversaire en lui portant des coups, en lui faisant des prises efficaces ».

3. [...] à Nouméa existe également un fort bataillon de collègues [flics]. Or quelques-uns de ceux-ci, travaillés au corps par les amis de Chirac et de Le Pen, menacent à leur tour de créer un syndicat qui adhérerait au RPCR ou au Front national. (*Le Canard enchaîné*, 27 novembre 1985, p. 2, col. 3.)

Tremper

⊘ **Tremper son biscuit/sa mèche ; tremper le (son) baigneur** (etc.). « Avoir un coït (d'un homme). » Déjà Oudin en 1640 dans ses *Curiositez* : « **Y tremper son pain**, avoir affaire à une femme. » ~ **Mettre coquette au chaud*.**

1. — J'ai le baigneur qui veut piquer une tête.
— Ben, va le tremper ! (M. Charef, *Archi Ahmed*, p. 171.)
2. — Regarde Mallard, il est séminariste, il n'en fait pas tout un plat, ça ne l'empêche pas de boire et d'aller tremper sa mèche à Perrégaux comme tout le monde.
— Tut, tut [...]. Je ne suis allé à Perrégaux qu'une seule petite fois [...]. En plus, je n'ai rien trempé du tout, tu le sais bien. (Y. Queffélec, *Le Charme noir*, p. 129.)
3. Il balbutie qu'il voudrait bien tremper son biscuit, lui aussi. Ça fait huit ans qu'il macère dans la chasteté et, malgré ses soixante-quinze ans, elle lui monte un peu à la gorge. (San-Antonio, *Alice au pays des merguez*, p. 63.)

Voir aussi **vermicelle**, exemple.

Trente-six

Trente-six métiers, trente-six misères. Pour dire proverbialement que chaque métier comporte sa part d'inconvénients.

1. Putains de varices sans quoi il serait resté coiffeur, mais ça faisait vraiment trop mal, huit heures debout [...]. Trente-six métiers, trente-six misères. (P. Canal, *L'Homme qui a vu Durand*, p. 19.)
2. J'ai longtemps vécu entre les pages jaunes d'un annuaire. Trente-six métiers, trente-six misères. [...]. J'ai lavé des vitrines, passé l'aspirateur dans des bureaux déserts, épépiné des groseilles, posé de la moquette, distribué des prospectus, et que sais-je encore... (M. Embareck, *2 – 1 = 0*, p. 70.)

Trimballer

○ **Il (se/en) trimballe une sacrée caisse !** « Qu'est-ce qu'il est bête ! » Renforcement expressif et plaisant de **qu'est-ce qu'il trimballe !** par retour au sens concret du verbe. ~ **Il en tient une couche !**

Hervé l'avait décrite frappadingue. Apparemment, il a pas charrié. Elle se trimbale une sacrée caisse, cette gonzesse. (J. Houssin, *Envoyez la purée !*, p. 105.)

Trip

○ **C'est pas mon (ton, son,** etc.) **trip.** « Ce n'est pas ce que je préfère ; ce n'est pas mon genre. » **Trip**, mot anglais, est passé dans l'argot de la drogue pour désigner d'abord l'état hallucinatoire (assimilé à un voyage) par l'absorption de drogues, puis les habitudes propres à chaque toxicomane quant à sa consommation de stupéfiants. ~ **C'est pas ma tasse* de thé ; c'est pas mon truc.**

1. Une autre fois, je l'ai forcé à m'emmener. Il devait dîner avec Boy George, le leader de Culture Club, et il n'arrêtait pas de râler [...]. Moi, ce type, il me prend la tête* et j'ai tous ses singles. Mais je sentais bien que c'était pas le trip du père, et je lui ai proposé de l'accompagner en qualité de médiateur. (P. Adler, *Bonjour la galère !*, p. 114.)
2. — Les cravates, c'est pas mon trip ! Je suis un homme libre. Merci pour moi : pas de collier de chien ! (M. Sportès, *Le Souverain poncif*, p. 51.)

Triste

C'est triste la vie d'artiste ! Pseudo-maxime employée par plaisanterie pour marquer une certaine lassitude. Renforcement de **c'est triste**, avec effet de rime intérieure, qui a pu être diffusé par un refrain de chanson ou une réplique de théâtre de boulevard. Les exemples *infra*, sans illustrer directement cet emploi, en sont un bon écho.

1. — [...] ma caisse claire va pas tarder à péter, je tape plus que sur le bord pour pas trop l'user. Ah, la vie d'artiste, triste comme disait mon père... Micro, Bus et Lumignon, les trois Badours, clowns, prestidigitateur, acrobate, présentateur, imitateur, ventriloque, balayeurs de coulisses quand on nous le demande bien poliment avec un biffeton à la main. (A. Camille, *Les Trois Badours*, p. 9.)
2. La galerie est comble et on ne regarde pas les peintures [...]. Le petit monsieur s'avance et dit :
— Ce que c'est triste la vie d'artiste !
Entendant cette maxime énoncée en français, je réponds par sa complémentaire :
— A qui le dites*-vous ! (J. Lanzmann, *Le Rat d'Amérique*, p. 130-131.)

Tromper

○ **Un éléphant ça trompe (énormément).** Pour indiquer plaisamment qu'il convient de se méfier des apparences. Intensif de **tromper** avec un jeu de mots. « Un éléphant ça trompe énormément » est le titre d'un film d'Y. Robert, scénariste J.-L. Dabadie (1976), « Un éléphant ça trompe », le titre d'un roman de San-Antonio. Mais aussi « Un éléphant ça trompe, ça trompe/Un éléphant ça trompe énormément » est le premier couplet d'une chanson enfantine ; second couplet : « Deux éléphants... » (on augmente d'un à chaque couplet) ; voir par exemple S. Charpentreau, *Le livre d'or de la chanson enfantine*, Paris, Les Éditions ouvrières, 1985 [1976], p. 329.

1. « Je ne peux rien affirmer, qu'il suintait dans le bigophone, mais j'ai des doutes... L'attitude de ma femme change de jour en jour... À peine si elle me voit encore. Vous comprenez... Elle ne s'intéresse plus à ce que je fais... Elle paraît préoccupée... Elle doit me tromper ! »... Ah, le vengeur mot ! Un éléphant aussi ça trompe. Énormément. Et alors, bouffi ?... Ça pleurnichait en vaguelettes ! « Elle, à qui il ne manque rien... » La preuve que si ! (M. Bédu, *La Vie dure*, p. 230.)

— Sur ce modèle.

2. Une ruse de guerre [...]. Ça trompe, ça trompe, ça trompe énormément. (D. Rondeau, *L'Âge-déraison*, p. 140.)

Tronçonneuse

○ **Massacre à la tronçonneuse.** Pour faire référence à des actes particulièrement brutaux et sanguinaires (meurtres, tueries). Du titre français d'un film d'horreur américain de Tope Hopper (titre original *The Texas chainsaw massacre*), sorti aux États-Unis en 1974, présenté à Cannes en 1975 et distribué dans les salles en France en 1982. L'exemple 2 est une allusion au titre du film.

1. C'est à peine s'il tressaille quand [...] l'inspecteur Lefèvre lui souffle en ricanant :
— Alors, beau brun? On abîme ses gagneuses? On bute les maris des autres? On a décidé de faire dans le genre massacre à la tronçonneuse? (J. Houssin, *Comme un rat*, p. 78-79.)
2. Et si les trains déraillent, vous n'avez qu'à aller en voiture. Et si l'autoroute joue massacre à la tronçonneuse, personne ne vous empêche de prendre votre vélo. Ni, tout simplement, d'aller à pied. (*Télérama*, 7 juin 1989, p. 76, col. 2.)

Trop

○ **Être trop.** « Être excessif, exceptionnel, extraordinaire (d'une chose ou d'une personne). » Synonyme francisé de **être too* much.**

— En bonne part.

1. [...] les photographes sont là, crépitant comme des sauterelles. Et les filles, les filles extasiées : « Il est trop ! » « Il est craquant. » Juste le voir, le toucher [...]. (*Le Monde*, 16 mai 1986, p. 25.)

○ **C'est trop!** « C'est formidable. »

2. J'vous raconte pas ce que ça me fait d'être là, c'est trop. (Sapho, *Ils préféraient la lune*, p. 207.)

— En mauvaise part.

3. Samedi soir, votre mère insiste pour que vous soyez rentrée à minuit :
— Oh, allez, maman, quoi, personne ne rentre aussi tôt que ça, personne! [...] Tu veux que je gâche la soirée de tout le monde parce qu'il faudra que je m'en aille tôt parce que tu ne me fais pas confiance, alors que toutes les mères font confiance à leurs enfants? Ah bonjour* le libéralisme, j'te jure. T'es franchement trop, hein, maman. (D. Ephron, *Tchao l'enfance*, p. 56-57.)
4. Laurent la traita gentiment de chieuse. Catherine prit la mouche. Elle demanda à Lester si elle avait vraiment l'air d'une chieuse. Plutôt embarrassé, le policier pensa s'en tirer en expliquant que le qualificatif de « chieuse » faisait à son avis partie du langage amoureux.
— Je comprends pourquoi tu es célibataire! fit Catherine.
— Il est trop, le mec! s'esclaffa Laurent. (P. Lainé, *Monsieur*, p. 168-169.)

Voir aussi **too much**, exemple 3.

Trop c'est trop! Pour marquer l'exaspération. « Trop c'est trop » est le titre d'un recueil de Blaise Cendrars (1957).

5. Trop, c'est trop! Ici précisément, c'était le comble de la démesure [...]. D'un cas personnel vous avez fait un article. Très bien, mais il y a critique et critique. Et celle-là était empreinte d'un particularisme tellement absolu que l'on se demande pourquoi vous avez accordé trois colonnes à un « individu » que vous jugez insignifiant. (*L'Événement du jeudi*, 19 décembre 1985, p. 67, col. 2, lettre d'un lecteur.)

Trou

ø **(Avoir les) yeux en trou de bite.** Avoir de petits yeux, soit naturellement, soit au réveil après des excès. Variante du plus fréquent **avoir les yeux en trou de pine.**

1. Le lendemain [...], je m'endormais sur mes livres... j'avais la bouche pâteuse... yeux trou de bite... (A. Boudard, *L'Éducation d'Alphonse*, p. 51.)

Trou à rats. Pour désigner un lieu malpropre, malsain, sordide. ~ **Galetas, gourbi, taudis.**

2. La façade du *Club Castel*, rue Princesse, n'attire guère l'attention. La porte, un matin, était ouverte pour les fournisseurs. Vient à passer un couple de provinciaux [...]. La jeune femme [...] s'écrie, sur un ton d'intense déception : « C'est ça, le fameux *Club Castel*? Un vrai trou à rats, oui ! » (R. Bastide, J. Cormier, A. Blondin, *Alcools de nuit*, p. 164.)
3. « Arrh ! arrh ! Je m'en doutais », explose Gary. « Quoi ? » Mon compagnon se tourne vers Lorraine : « Il habite Hell's Kitchen ! » Lorraine hausse les épaules [...]. Je m'enquiers : Mais encore ? « Hell's Kitchen, vieux, t'es chez les cylindrés, les voyous, les gangsters ! D'ici à ce qu'un maniaque te tronçonne dans ton sommeil [...]... » Que faire ? Gary est formel : « Descends à l'hôtel Chelsea. » Maintenant mais... « Et tu vas pas payer la note pour deux jours dans ce trou à rats ! » Gary monte chercher ma valise. (P. Manœuvre, *L'Enfant du rock*, p. 93-94.)

ø **Trouduc (trou duc).** Pour désigner péjorativement quelqu'un. Abréviation courante de l'appellation injurieuse **trou du cul.** À comparer avec **bas* duc.**

4. Ah ! je leur fais honte aux trous duc, à toute la consommation là, les ronchonneurs au comptoir que l'anis a un goût [...]. (L.-F. Céline, *Maudits Soupirs pour une autre fois*, p. 168.)
5. [...] un chômeur à la barbe crissante me gratifia de trois rots consécutifs estampillés Gévéor pour finalement convenir qu'il n'avait rien vu [...] et que ce n'était pas un trouduc de mon espèce qui l'empêcherait de terminer sa nuit. (M. Villard, *Ballon mort*, p. 114.)

ø **Trou de balle ; trou de bite.** Même valeur que *supra*, mais moins fréquent.

6. Ils ne se sont doutés de rien. Trous de bite, va ! (A. Gerber, *Les Jours de vin et de roses*, p. 166.)
7. [...] ces trous de balles ne sont même pas foutus de reconnaître leur main droite de leur main gauche [...]. (San-Antonio, *Renifle, c'est de la vraie*, p. 219.)

Trouer

○ **Ça me troue ; tu me troues !** « Ça me stupéfie ; tu me stupéfies. » Expression du langage des jeunes, qui renouvelle **ça me scie ; tu me scies.**

1. Ce que tu peux manquer de tact et de discrétion par moments ça me troue. (C. Brétecher, *Agrippine*, p. 17.)
2. — Ça me troue ! T'as pas fait tellement d'histoire avec le mari de ma sœur... !
— Justement. C'était le mari de ta sœur. Pas un type comme ça, en passant... (N. de Buron, *C'est quoi, ce petit boulot ?*, p. 105.)

Voir aussi **zéro**, exemple 3.

Trouver

Avoir trouvé (dégauchi...) quelque chose dans un paquet de lessive/dans une pochette surprise. « Avoir obtenu sans effort, sans mérite, par hasard. » Allusion aux objets que l'on peut trouver dans des pochettes surprises ou aux « cadeaux » de certains paquets de lessive. Cette locution, à caractère péjoratif, s'adresse souvent à un automobiliste que l'on juge maladroit et que l'on soupçonne d'**avoir trouvé son permis de conduire dans un paquet de lessive/dans une pochette surprise.**

1. — [...] Il va se faire sécher dès le premier round. Vous l'avez vu boxer, le Rital ? C'est un féroce, un vrai. Son titre, il l'a pas dégauchi dans une pochette surprise, moi j'vous le dis ! (J. Houssin, *Bille en tête*, p. 127.)
2. 2e CHAUFFEUR, *au premier* : [...]. Ça ne connaît même pas le code de la route et ça discute. Où donc as-tu eu [...] ton permis de conduire ? L'as-tu trouvé dans une pochette surprise ? 1er CHAUFFEUR : Et toi, dans la poubelle aux ordures ? Au bistrot du coin ? [...] On voit que tu as hérité de ton grand-père le permis de pousser la brouette. (E. Ionesco, « Exercices de conversation et de diction françaises pour étudiants américains » dans *Théâtre V*, p. 317-318.)
3. [...] nous sommes une maison sérieuse dont la réputation n'a pas été dénichée dans un paquet de lessive. (San-Antonio, *Le Trouillomètre à zéro*, p. 97.)

Tuer

(Ce sont) toujours les mêmes qui se font tuer. « Certaines (catégories de) personnes sont toujours les victimes. » Phrase attribuée au maréchal Bugeaud. Par hyperbole.

1. Toujours les mêmes qui se font tuer, quoi ! Leurs seuls droits c'est de dire qu'ils ne trouvent pas ça normal [...]. En attendant, leur devoir est d'obéir. (San-Antonio, *Une banane dans l'oreille*, p. 177.)

○ **Cri qui tue.** « Cri violent et soudain. » Probablement par référence au cri qui accompagne l'attaque, notamment dans certains arts martiaux orientaux (voir L. Frédéric, *Dictionnaire des arts martiaux*, Paris, 1988 sous *Ki-ai*).

2. Là, la colère le prend, Jeannot. [...] Il va partir pour une grande envolée lyrique et s'adosse au mur pour bien montrer qu'il tient ses distances, qu'il veut se contrôler, empêcher la gifle de partir. Il pousse un hurlement genre « cri-qui-tue ». (A.D.G., *Les Panadeux*, p. 112.)

○ Nom + **qui tue.** Équivalent de « atroce, mortel ». Par exagération et souvent par ironie ; à comparer avec des métaphores analogues mais moins violentes comme **ciblé, frappant, qui fait mal, qui fait mouche, percutant.**

3. Willem, c'est un copain belge de Papa. Architecte, je crois. Ou éleveur de porcs, j'arrive jamais à me rapp'ler. Ce qui est sûr en tout cas, c'est qu'il est belge, avec l'accent qui tue. (P. Adler, *Bonjour la galère !*, p. 52.)
4. Charles Pasqua, ministre de l'Intérieur, a trouvé le compliment qui tue. Voulant absoudre les propos de Robert Pandraud sur Malik Oussekine, Pasqua a affirmé sans rire que le ministre de la Sécurité n'est « pas plus raciste que n'importe quel autre membre du gouvernement ». (*Le Nouvel Observateur*, 13 mars 1987, p. 32, col. 1.)

Tunnel

Combat de nègres dans un tunnel. Pour évoquer une scène, un spectacle où l'on ne distingue rien et aussi une situation confuse où l'on devine, sans le voir, que les coups volent bas. « Combat de nègres dans une cave, pendant la nuit » est le titre d'une planche (monochrome !) d'Alphonse Allais dans son *Album Primo-Avrilesque* [1897], éd. par F. Caradec, *Alphonse Allais. Œuvres posthumes*, t. II, 1966, p. 376 ; l'humoriste a créé plusieurs tableaux de même inspiration, notamment « Première communion de jeunes filles chlorotiques par un temps de neige », exposé (sous la forme d'un bristol blanc) à Paris, à l'*Exposition des arts incohérents* en 1884.

1. La prochaine présidentielle signera [...] un changement qualitatif par rapport à toutes celles qui l'ont précédée. [...] nous passons lentement mais sûrement, en profondeur, d'une stratégie de concurrence à une stratégie de concertation [...]. Le combat de nègres dans un tunnel était possible, voire amusant, lors des trente glorieuses et de la croissance annuelle à 6 % ; aujourd'hui, chômage et déficit requièrent imagination, concertation, action. Le panorama intellectuel a changé et les stratégies sont obligées de suivre. (*Rolling Stone*, 13 janvier 1988, p. 39. col. 1-2.)

— Par ellipse. **Combat de nègres.**

2. Dans le noir, ça devient vite confus [...].
Je me sens croché à la gorge, je rue des pieds, on me lâche. Personne ayant intérêt à se faire remarquer des voisins, on se bagarre en silence. La lumière du plafonnier s'allume brusquement, sûrement Bus qu'a envie de voir clair dans ce combat de nègres. (A. Camille, *Les Trois Badours*, p. 87-88.)

Turbo

○ **Mettre (enclencher) le turbo.** « Aller plus vite ; recourir aux grands moyens. » Cette locution récente, tirée du vocabulaire du sport automobile, est en passe de distancer les métaphores voisines comme **mettre la gomme, plein pot*** ou **faire le forcing.** ~ **Passer la surmultipliée*.**

1. Un peu écœuré, il [Jérôme Savary] se met à la diète, se requinque à la Jamaïque, traverse les Andes et se retrouve troufion en Argentine, où, eu égard à sa culture, il est chargé de l'installation des tinettes des gradés. Libéré, il enclenche le turbo, dessine des BD, danse le tango avec Astor Piazzola, se fiance... (*L'Express*, 25 novembre 1988, p. 85, col. 2.)
2. Finie la vitesse croisière, Popaul, mets le turbo si tu veux assurer chez l'Effet Divers Editions. Si tu ne carbures pas, tu sortiras jamais à temps ton bouquin sur la vie des mouches à Tombouctou. (*20 Ans*, novembre 1987, p. 101, col. 1.)

Type

○ **Rencontre (contact,...) du troisième type.** « Contact, relation physique avec quelqu'un. » Par référence à la langue des ufologues : **rencontre du premier type** « observation d'un OVNI » ; **rencontre du deuxième type** « évidence physique d'êtres venus d'ailleurs » ; **rencontre du troisième type** « contact établi avec ces êtres ». Le film de Steven Spielberg « Rencontres du troisième type » (1977, titre original *Close Encounters of the Third Kind*) a largement contribué à la diffusion de ces locutions.

Cherche figurantes pour scénario du 3e type, lettre détaillée si possible, photo [...]. (*PAG* [Journal d'annonces gratuites, Nancy], 19 mars 1987, n° 838, p. 14, col. 4.)

U

Un, Une

À la une, à la deux, à la trois! Pour scander un effort à plusieurs, lorsqu'on soulève ou déplace quelque chose de lourd ou d'encombrant.

1. À la une, à la deusse, à la troisse, on s'est soulevé la bécane de luxe bien haut dans les airs [...]. (Bayon, *Le Lycéen*, p. 102.)
2. [...] le transport des petits tonneaux de vin de la cave au jardin où leurs supports les attendent. À la une... à la deux... et à la... Raté ! Tonton Georges a lâché prise. Tonton Charles a reçu le tonneau sur le pied. (F. Dorin, *Les Miroirs truqués*, p. 158.)

C'était moins une. « Il s'en est fallu de peu qu'une chose ait pu se faire. » Par ellipse de **minute.** ~ **C'était moins juste*.**

3. — Rassurez-vous, nous sommes arrivés à temps [...].
   — Mais c'était moins une, articula Simon d'une voix pâteuse. (Y. Ellena, *Prêcheur en eau trouble*, p. 234.)
4. Lola a pu rentrer chez elle mais c'était moins une [...]. (M. Villard, *Le Roi*, p. 95.)

En prendre/En tenir une bonne, une carabinée, une fameuse, une sévère, une soignée, etc. « S'enivrer/être complètement ivre. » Le pronom **en** représente **cuite, biture, muflée** ou tout autre nom féminin désignant un état d'ébriété.

5. — Ah dis donc, tu te souviens ? Tu en tenais une fameuse cette nuit-là, quelle fiesta ! (R. Bastide, J. Cormier, A. Blondin, *Alcools de nuit*, p. 40.)
6. Ils ont dégusté un vieux marc qui remontait au déluge. Vu leur état, ils auraient apprécié n'importe quel détartrant. Tu as raccompagné Papi chez lui. Il en tenait une carabinée. (C. Courchay, *Quelque part*, p. 396.)
7. Bob Lamarque « en prit une sévère » au ricard, puis au muscadet, avec l'appoint de quelques compagnons à toute épreuve. (A. Hardellet, *Le Seuil du jardin*, p. 38.)
8. Au pot de Noël, il en tenait une bonne, l'Inspecteur [...]. Ah oui, ça se donne de grands airs, ça prend des mines de gens supérieurs, et total, ça se montre soûl en public, c'est du joli. (T. Jonquet, *La Bête et la Belle*, p. 68.)
9. Cette nuit, il en tenait une sévère [...]. Ce n'était plus la cuite de croisière à niveau constant mais la beurrée monumentale, la muflée royale, regard vitreux, jambes flottantes et équilibre instable. (A. Page, *Tchao Pantin*, p. 87.)
10. Robert Balzer en tenait une soignée et son fils, mort de honte, se retenait héroïquement pour ne pas filer à toutes jambes. (M. Villard, *13 Cow-boys dramatiques*, p. 113.)

∅ **Ne pas en branler une.** « Être inactif. » Image sexuelle démotivée dans laquelle **une** est un substitut euphémique de l'un des nombreux mots dont le français populaire et argotique dispose pour désigner les organes sexuels de l'homme. ~ **Ne bosser que d'une mirabelle*.**

11. [...] à cette époque-là, il en branlait pas une. Et subitement il s'est mis à s'agiter. Il avait d'abord organisé des expositions de peinture et de sculpture [...]. (Marie & Joseph, *Chaudes Bises*, p. 13.)

T'en as vu un, t'en as vu cent. « Ce sont tous les mêmes. » ~ **Il n'y en pas un pour racheter l'autre*.**

12. Les kems [les mecs]. T'en as vu un t'en as vu cent. Alors pourquoi continuer. Séduire aguicher vouloir qu'on t'aime. (E. Hanska, *J'arrête pas de t'aimer*, p. 86.)

Un à zéro. Formule, reprise du vocabulaire du sport, employée pour souligner qu'un interlocuteur ou un protagoniste prend l'avantage sur un autre. La « compétition » peut d'ailleurs se prolonger et l'annonce d'autres scores se succéder : **un-un, un partout** « (à) égalité » (ou **deux à zéro**), **deux-un**, etc. ~ **Et toc*.**

13. Oleg Balaïchkova venait de mourir. Ouliakov lui déposa la tête contre une souche, délicatement, et reporta ses prunelles dures sur le second corps.
— Un partout ! grimaça le Soviétique [...]. (Oppel & Dorison, *Canine et Gunn*, p. 123.)
14. — [...] ce que tu fais avec ton aérographe, c'est génial !
Mon tour était venu de poser des questions :
— Son... quoi ?
Et Rachid, féroce, de me jeter avec hauteur :
— C'est une espèce de chromosome qui sert à peindre les bagnoles !
Et toc* ! Un à zéro ! (C. Roudé, *Rue Paradis*, p. 171-172.)

Urgent

Il est urgent d'attendre. « Il faut absolument et uniquement attendre. » Expression dont le caractère amusant repose sur l'antithèse **urgent/attendre.** « Urgent d'attendre » est le titre d'une chanson écrite par Michel Berger et interprétée par France Gall (1987).

1. Pas le moment de lui raconter cette histoire [...].
Alors ? Rien. Il est urgent d'attendre... (C. Courchay, *Quelque part*, p. 62.)
2. Décision des « jurés » : il est urgent d'attendre... En retardant l'adoption de la norme mondiale pendant quatre ans, le CCIR offre aux entreprises européennes une petite chance de ne pas sombrer. (*L'Événement du jeudi*, 10 septembre 1987, p. 23, col. 1.)

Urticaire

○ **Donner (filer,...) de l'urticaire à quelqu'un.** « Irriter, agacer, exaspérer. » **Faire de l'urticaire.** « Se montrer exagérément susceptible, être agacé pour un rien. » Locutions qui s'appuient sur le fait que ce que l'on ne supporte pas déclenche une allergie (cf. **donner des boutons*, de l'eczéma*, en faire une jaunisse***).

1. Parlez, Pierre de Férieuse, votre silence me donne de l'urticaire. Il parlait. Taisez-vous, Pierre de Férieuse, votre voix compassée m'exaspère. Il se taisait. (G. Dormann, *Je t'apporterai des orages*, p. 131.)

2. Faut surtout pas que je les approche : ils me foutent de l'urticaire à l'âme. (San-Antonio, *Bons Baisers où tu sais*, p. 81.)
3. Les jeunes font peur [...]. Depuis qu'une armée de salauds vend de la crise à tours de bras, agite l'idée de cataclysme et de fin de monde, y a des péquins à l'esprit faible qui font de l'urticaire. (V. Thérame, *Bastienne*, p. 19.)

V

V

(À/À la) vitesse grand V. « Très rapidement. »

1. Comme, dit-on, ceux qui vont clamser dans les secondes à venir, il visionnait son passé vitesse grand V [...]. (P. Canal, *L'Homme qui a vu Durand*, p. 124.)
2. — Les traces de montage [photographique] doivent pourtant se repérer.
   — C'est ce qu'on croit... En quelques années les techniques ont évolué à la vitesse grand V [...]. À mon avis il faudrait avoir les négatifs sous les yeux pour juger... (D. Daeninckx, *Le Bourreau et son double*, p. 58.)
3. Bertrand juge avec raison que ma faiblesse me dirige à vitesse grand V vers le point de non-aller. (F. Dorin, *Les Jupes-culottes*, p. 132.)

— Par ellipse de **vitesse.**

4. Bravo, Pouchet ! Tu t'américanises, grand « V ». (J. Bialot et C. Courchay, *Matcho et les Fourmis*, p. 93.)

Vacciné

(Être) adulte/majeur et vacciné. « (Être) assez grand pour prendre ses responsabilités tout seul. »

1. Seulement, à l'heure où l'on acquitte un tueur adulte et vacciné sous prétexte que sa victime n'est qu'un Noir martiniquais et où l'on inflige quatre modestes années de prison ferme à un flingueur impénitent qui a descendu un Arabe en lui tirant dans le dos, six mois, ça leur a paru beaucoup. (*L'Événement du jeudi*, 26 décembre 1986, p. 8, col. 2.)
2. L'AMIE [...] : Elle a fauché un colt je sais pas très bien où, et elle veut s'en servir. Il faut l'en empêcher.
   DOCTEUR LUCIE : Dorothée est majeure et elle sait ce qu'elle fait.
   DOROTHÉE : Majeure et vaccinée ! (R. Forlani, « Le divan » dans *L'Avant-Scène Théâtre*, p. 10.)

Vache

∅ **Avoir la queue de vache.** « Être en érection. » Par allusion à la queue des vaches qui se dresse lorsqu'elles courent (après avoir été piquées par un taon, par exemple). ~ **Avoir la barre*.**

1. Je me réveille, j'ai la gueule lourde et les mains droites et gauches. Je vois du blanc et j'ai la queue de vache... (*La Vie, tu parles*, p. 17.)

(Effet) Vache(-)qui(-)rit. « Effet esthétique obtenu par un emboîtement à l'infini. » Du nom d'une marque déposée de fromage à tartiner dont l'étiquette porte un dessin en abyme.

2. [...] cet excellent film intrépide où se tournent un film porno et un vampire en prise directe avec la réalité, le tout saupoudré de l'effet Vache-qui-rit, le tournage dans le tournage. (*Libération*, 10 février 1986, p. 46, col. 1.)
3. Constance se couche et lit à haute voix *La Lectrice*, l'histoire de Marie qui, justement, elle aussi, lit. Aussitôt, c'est la délicieuse mise en abîme [*sic*] dite de « *La Vache qui rit* ». La vache qui rit, sur la boîte de fromage, avec ses boucles d'oreille[s] en forme de boîte de fromage où l'on voit une vache qui rit portant des boucles d'oreilles en forme de boîte de fromage... (*Le Monde*, 18 août 1988, p. 9, col. 1.)

Une/La vache dans un couloir. « Un objectif qu'on ne peut manquer. » Cette image hyperbolique semble avoir pris naissance dans le langage des casernes.

4. — [...]. On vous file un objectif à bout portant. Pratiquement, la vache dans un couloir. Occasion inespérée et unique, qui ne se représentera jamais. (J. Amila, *Pitié pour les rats*, p. 128.)
5. Prudent, il l'est toujours, l'inspecteur Puymichel. D'autant qu'il n'aime pas trop jouer à la guerre. Se jeter dans les encoignures comme les flics de télévision. « Bâti comme vous êtes », dirait Duvert. Hé oui, justement, une vache dans un couloir. (J.-P. Demure, *Le Fils du vent*, p. 108.)

Vache à eau. « Récipient, en toile imperméable ou en plastique, utilisé en camping pour transporter et conserver l'eau. » Peut-être par une certaine analogie de forme, ce récipient lorsqu'il est plein ayant des flancs rebondis.

6. [...] une tente à six places avec tous ses accessoires et fournitures, depuis la classique « vache à eau » jusqu'au commode [...] gonfleur à pied [...]. (G. Perec, *La Vie mode d'emploi*, p. 428.)

Vague

Pas de vagues! « Pas d'histoires, pas de remous, pas de scandale. » À propos d'une situation que l'on souhaite étouffer, d'une affaire que l'on ne souhaite pas ébruiter ; équivaut parfois à la politique de l'autruche. Image de la mer calme, sans vagues.

1. Premier prix d'Impassibilité ! Premier prix de Renoncement ! Premier prix de Prudence !... Pas de vagues surtout, pas de remous [...]. (A. Blondin, *Un singe en hiver*, p. 180.)
2. Je soupçonne que les motifs de ladite administration ne sont pas exclusivement philanthropiques. Sa politique se résume aisément en trois points : pas de vagues — pas de vagues — pas de vagues. (A. Terrel, *Le témoin est à la noce*, p. 131.)

Voir aussi **bas**, exemple 4.

Valise

Porteur de valise(s). « Personne subalterne dans des activités clandestines ou des affaires louches. » Le mot est peu usuel au féminin. L'expression a été notamment utilisée en 1960 pour désigner les membres de la résistance française à la guerre d'Algérie, d'après H. Hamon et P. Rotman, *Les Porteurs de valise*, 1979, p. 11.

1. Ce jargon pédagogique, véritable écran de mots, masquait un projet machiavélique, dont les porteuses de valise d'Ursula ignoraient jusqu'à l'existence : le déboulonnage pur et simple du Père Asso, directeur du collège [...]. (C. Laborde, *L'Os de Dionysos*, p. 78.)
2. — Pombarède et Margotte ?
— Ce ne sont que des porteurs de valises. Ceux-là je les aurai. Les autres, jamais. Mais du moins je foutrai en l'air leur organisation en France. (J.A. Lion, *Poulets et Perroquets*, p. 194.)

○ **Pose tes valises (t'es trop chargé) !** À l'adresse d'un interlocuteur qui ne comprend pas vite ce qu'on lui dit.

3. Doche, les élèves l'appellent Label. Ou Laval. Ou Lhabit. Il le sait. Il ne s'en offusque pas. Il s'en amuse plutôt.
— Pourquoi Label ? demande Joëlle.
— Oh ! dis, pose tes valises, t'es trop chargée ! fait Hervé devant tant de lourdeur d'esprit. Avec commisération, il explique : Label-Doche ! Lhabit-Doche Laval-Doche ! (G. Coulonges, *Pause-Café*, p. 30-31.)

○ **Se faire la valise.** « S'en aller, s'échapper. » Variante de **se faire la malle.** Le plus souvent employé à propos de personnes. ~ **Se faire la belle, se faire la cerise*.**

4. Ginette est prise d'un incoercible tremblement. Le caoua brûlant se fait la valise de la tasse et va se répandre sur ses escarpins. (J. Houssin, *Envoyez la purée!*, p. 171.)

Valoir

○ **Ça vaut !** « C'est étonnant, amusant. » Rajeunissement de **ça vaut le coup, le déplacement ; ça vaut la peine, ça vaut dix**, sur le modèle de **ça paye**. Dans le langage des jeunes.

Et puis ma grand-mère a débarqué de Nice. Elle a près de soixante ans et elle... Je te raconterai, ça vaut. (R. Forlani, *Papa est parti, maman aussi*, p. 293.)

Valse

Laisse aller, c'est une valse ! « Laisse tomber. » Peut-être jeu de mots sur **(se) laisser aller**, allusion à la réputation de sensualité qu'avait autrefois cette danse, comme l'évoque Flaubert dans son *Dictionnaire des idées reçues*. En variante dans l'exemple *infra*. « Laisse aller c'est une valse » est le titre d'un film de Georges Lautner (1970). ~ **T'occupe* ; t'occupe pas du chapeau* de la gamine.**

Vous devriez looker sa tête quand il me voit partir en cours de maths avec ma calculatrice de poche. « Non, mais c'est pas possible, on vous apprend même plus à compter. Mais vous serez toujours des bons à rien si vous ne savez même pas faire une multiplication. » Moi, je laisse aller, c'est une valse, parce qu'un jour Maman m'a dit que Papa ne savait ni faire une multiplication ni une division dès l'instant où il y avait un zéro ou une virgule. (P. Adler, *Bonjour la galère !*, p. 42.)

Vanter

○ **C'est pas pour me vanter, mais...** Périphrase plaisante par son côté hyperbolique, utilisée pour introduire une constatation banale ; habituellement en contre-emploi.

1. C'est pas pour me vanter, mais il pleut ! (J.-P. Dionnet et P. Manœuvre, *Vive la France !*, p. 136.)
2. Ce n'est pas pour me vanter, mais il fait doux [...]. Les températures sont quasi printanières. (B. Masure, « Journal de 20 h » sur TF1, le 19 décembre 1987.)

Vaseline

● **Compter pour de la vaseline.** Variante moins usuelle de **compter pour du beurre.**

1. Contrairement aux ordres de Farid qui lui intimait de rester en planque dans l'ombre d'une porte cochère, la môme Gabrielle pique un dix rageur [fait les cent pas] sur l'asphalte. C'est la perspective du fade [partage du butin] qui lui file les boules*. Partage à deux, entre Jipé et Farid. Gabrielle comptant, sur ce coup, pour de la vaseline. (J. Houssin, *Roulez jeunesse !*, p. 14-15.)

Verbe + **sans vaseline.** « Brutalement, sans ménagement. » Par référence, souvent explicite (ainsi dans l'exemple 3), à des pratiques sodomiques. ~ **À sec*.**

2. À nous deux, Rouquemoute mon complice chéri ! Lui, j'étais décidé à le coincer dans un repli, un recoin noir, pour lui causer sans vaseline. (A. Boudard, *La Métamorphose des cloportes*, p. 157.)
3. — [...]. Crétins, êtes-vous seulement conscients qu'hier soir, on s'est fait enculer sans vaseline sur toute la ligne ? [...] hier soir, Lebeau nous l'a mis jusque là...
Le geste de la main était éloquent... (Géant Vert Inc, *Casse-bonbons*, p. 190.)

Vedette

Avoir (tenir) la vedette. « Être placé au premier plan (de l'actualité), attirer particulièrement l'attention. » Comme la suivante, cette locution est issue du vocabulaire du spectacle où **la vedette** désigne le nom imprimé en gros caractères sur les affiches, les journaux, les documents publicitaires.

1. Mohammed, il avait dit ça un peu pour crâner, vu que depuis qu'il était revenu à la maison il avait la vedette. (J. Lanzmann, *Rue des Mamours*, p. 166.)
2. Hors l'analyse politique, c'est Édouard Balladur qui a tenu la vedette en commentant largement la situation économique pour 1987. (*Libération*, 13-14 décembre 1986, p. 4, col. 4.)

Ravir la vedette à quelqu'un. « Faire passer quelqu'un au second plan, éclipser quelqu'un en prenant la première place. »

3. Tinett demeurait silencieux. On le consulta. Il demeura encore plus silencieux. Le ministre lui avait ravi la vedette ; il boudait. (P. Canal, *L'Homme qui a vu Durand*, p. 139.)

Veille

Rasé de la veille/de l'avant-veille. « Mal rasé ou pas rasé. » ~ **Rasé avec une biscotte*, avec un couteau* de cuisine.**

Bérurier (pour les non-initiés l'adjoint de San Antonio : 110 kilos de brave homme, style âne bâté, au rire de sac de noix, toujours rasé de l'avant-veille) a pris de plus en plus d'importance parce que le public l'a plébiscité. (F. Dard dans *Arts Loisirs*, 14-20 décembre 1966, p. 20.)

Vélo

Avoir un (petit) vélo (dans la tête). « Être un peu fou, un peu dérangé. » Cette métaphore qui renouvelle **avoir une araignée au plafond** doit peut-être son origine à des locutions voisines du type **perdre les pédales, pédaler* à vide, pédaler dans la choucroute (dans la semoule, le yaourt,** etc.)

1. Sûr il avait tout de même un grain, des petits vélos dans la cafetière... La plaine des Joncs sans doute, le soleil, les fièvres ! Seul rescapé d'un poste de brousse huit jours encerclé par les Viets. (A. Boudard, *La Cerise*, p. 387.)
2. Paul-Émile Bicyclette commet une erreur invraisemblable à la chaîne : il assemble deux grandes roues sur la même machine, et deux petites sur une autre, créant ainsi, tout à fait par hasard, ces deux grands chefs-d'œuvre du génie humain : le grand vélo et le petit vélo. D'où l'expression désormais courante : « avoir un petit vélo » qui désigne le plus souvent les gens qui se mélangent* les pédales. (P. Desproges, *Dictionnaire superflu*, p. 55.)

— Variantes.

3. [...] à cause de sa grande gueule, elle passe déjà pour être un peu vélo dans sa tête [...]. (J.-B. Pouy, *Suzanne et les Ringards*, p. 36.)
4. C'est l'échec, confirmant l'échec. C'est mon mauvais ange qui fait aller à toute vitesse le petit vélo qui est dans ma tête et plus le bon ange me dit : « Travaille, travaille, pour oublier », plus l'autre va vite. (*La Vie, tu parles*, p. 67.)

○ **C'est comme faire du vélo, ça ne s'oublie pas.** Pour marquer que certaines choses apprises, certains automatismes acquis, ne s'oublient pas.

5. J'étais bien resté trois ans sans lire ni écrire et je me rendais compte que l'écriture, c'est pas comme faire du vélo. Ça s'oublie. (J. Lanzmann, *Le Têtard*, p. 198.)

○ **Poitrine de vélo.** « Poitrine creuse. » Par une certaine analogie avec le guidon d'un vélo de course.

6. Direct sur la peau il enfile une sorte de gilet à manches trois fois trop large pour sa poitrine de vélo. (A. Boudard, *Bleubite*, p. 120.)
7. Avec sa poitrine de vélo, ses cannes qui lui mangent le bide et sa tronche d'hépatique, ce gazier doit sérieusement craindre les courants d'air. (J. Houssin, *Comme un rat*, p. 48.)

— Variante développée. **Poitrine en guidon de vélo.**

8. On me reprochera [...] mes jambes arquées [...], ma poitrine « en guidon de vélo » [...], mes oreilles « en feuilles de choux » [...], ma bouche « en cul de poule » [...]. (G. de Cortanze, *Les enfants s'ennuient*, p. 115.)

Venir

Avoir de quoi voir venir. « Être suffisamment en mesure de faire face (notamment sous l'aspect matériel) aux situations qui peuvent se présenter, aux événements qui peuvent survenir ». ~ **Être paré.**

1. Sa main gauche plongea dans sa poche. Il sortit un de ces gros sifflets de 9 mm, calibre à tuer les éléphants.
— Prends pas ça pour une menace, pépère, mais tu as une réputation de méchant client. Alors, j'ai de quoi voir venir. (J. Amila, *À qui ai-je l'honneur ?*, p. 14.)
2. La paie des tanneurs est arrivée hier soir et on doit se faire [en attaquant la banque] dans les trente briques au bas mot. De quoi voir venir pendant quelques mois. (M. Villard, *Le Roi*, p. 12.)

Vent

○ **Avoir le sens du vent.** « Avoir le sens de l'opportunité. » Comparer avec **sentir le vent tourner.**

[...] il s'est mis à raconter dans des romans la vie des Niçois aux Français. Gros succès. Il possède une bonne plume, une grande chaleur humaine, le sens du vent et l'art d'accommoder les fonds de terroir. (D. Van Cauwelaert, *Vingt Ans et des poussières*, p. 140.)

Vermicelle

∅ **Vermicelle de contrebande.** Pour laisser entendre que le sexe d'un homme ou d'un enfant est très petit. **De contrebande**, ajoute une note ironique à une comparaison déjà très réductrice. Variante développée : **le vermicelle de contrebande et les deux raisins de Corinthe.**

Le mac sursauta.
— Il lui est arrivé quelque chose ?
Se voyait déjà privé d'une comptée de quatre-vingts sacotins [un « sacotin » équivaut à mille francs]. Recta. Et pas une remplaçante en vue partante pour les asperges. Sale coup. Juste avant la saison touristique durant laquelle les Japs balançaient joyeusement leurs paquets de yens pour tremper* et s'encanailler le vermicelle de contrebande. (J. Houssin, *Les Crocs du Dobermann*, p. 53.)

Vérole

∅ **Comme la vérole sur le bas clergé (breton).** « Brutalement, soudainement. » L'expression se veut plus plaisante que désobligeante ; elle renvoie cependant à l'origine, à travers un anticléricalisme aujourd'hui quelque peu désuet, à une triple dévalorisation, morale (**vérole**, maladie « honteuse »), sociale (**bas clergé**) et géographique (**breton**). ~ **Comme la misère* sur le pauvre monde.**

1. Les héritières aryennes [...] vont fondre sur toi telle la vérole sur le bas clergé, proverbe dont ton père use jusqu'à l'élimer comme une vieille culotte. (M. Cerf, *Une passion*, p. 39.)
2. Se jetant sur Rank comme la misère* sur le monde et la vérole sur le bas clergé, Xerox le mord à la bouche, sauvagement. (M. Sportès, *Le Souverain poncif*, p. 92.)

— Variante.

3. Dehors, la chaleur moite de 11 heures me tomba dessus comme le miserere [occlusion intestinale] sur le bas-clergé breton. (A.D.G., *Joujoux sur le caillou*, p. 31.)

Vestiaire

○ **Laisser au vestiaire.** « Abandonner, laisser, oublier. » Probablement de **laisser les couteaux au vestiaire**, dans le langage des truands.

1. Converti à trente ans en ouvrant la Bible chez un médecin de Chambéry qu'il consultait pour une dépression, M. Molliard n'est pas homme à laisser ses convictions au vestiaire. (*Le Monde*, 24 janvier 1987, p. 9, col. 1.)
2. — [...]. T'as de la santé, San-A. Ta boîte de vitamines C, tu la laisses pas au vestiaire... (San-Antonio, *Salut, mon pope !*, p. 213.)

Vexer

(Être) vexé comme un pou. « (Être) très vexé. » Comparaison à valeur intensive qui prend appui sur la fierté et la susceptibilité du roi de la basse-cour (**pou** a désigné autrefois le coq ; voir **bicher, être heureux, jaloux comme un pou**), mais qui est influencée fortement par le côté hargneux que l'on prête à l'insecte.

1. Ça la requinque, Laurette, de se monter la tête, de s'imaginer debout à la barre, dans une salle de tribunal, en train de traîner dans la boue la chère Léa, humiliée, vexée comme un pou, au banc des accusés. (R. Forlani, *Papa est parti, maman aussi*, p. 144.)
2. On s'est donc reluqué comme ça, un certain temps, puis le gros s'est brusquement empourpré et m'a fait un geste bref de la tête que j'ai tout de suite compris. Vexé comme un pou mais costaud comme un Dog. (D. Pennac, *Au bonheur des ogres*, p. 213.)

Viande

○ **Mettre (emballer) la viande dans le torchon/dans les draps ; tirer la viande du torchon/des draps.** « Se mettre au lit ; se lever. » Dans ces locutions comme dans la suivante, **viande** est, à l'origine, une désignation triviale du corps humain. Malgré les indications données dans l'exemple 2, il ne s'agit pas d'un régionalisme. Ces locutions, plus que centenaires, sont peut-être simplement restées plus fréquentes en Lorraine qu'à Paris.

1. Je suis crevée, je vais mettre la viande dans le torchon [...]. On débarrassera demain ! (F. Quentin et E. Chatiliez, *La vie est un long fleuve tranquille*, p. 139.)
2. Hettier, alerte quinquagénaire grisonnant, a sauté dans sa 4L de service et pris la route de Maxéville, dans la banlieue de Nancy, crevé par sa nuit de labeur, pressé « de mettre la viande dans les draps », comme on dit ici. (*Rolling Stone*, 9 mars/11 avril 1988, p. 72, col. 2.)
3. — [...] Mais lui, il était encore à 6 h en train d'enregistrer avec les « Nihil Graphic », alors il aura plutôt du mal à tirer la viande du torchon ! (V. Thérame, *Staboulkash*, p. 242.)

Sac à viande. « Sac de couchage ; drap-sac. » Probablement née dans l'argot militaire, l'expression est entrée dans le domaine familier.

4. Allongés dans nos sacs à viande, on s'était laissé bercer par la mélodie triste qui entrait par-dessus la porte verrouillée [...]. (J. Lanzmann, *La Baleine blanche*, p. 136.)

Vie

De ma (ta, sa, etc.**) vie.** Qualifiant un nom précédé de l'article défini, cette locution adjectivale lui donne une valeur intensive. « Sacré, foutu. » ~ **Un** ou **une** + nom + **d'enfer*.**

Michel était un fougueux. Un fougueux, mais pas un électricien, après plusieurs tentatives, déjà prometteuses, il finit par se prendre la décharge de sa vie, qui le laissa groggy par terre pendant trente secondes. (F. Fossaert, *Prouvez-le !*, p. 45-46.)

Vieux

Tout est vieux/Rien que du vieux ! En réponse plaisante ou désabusée à la question **Quoi de neuf ?** par jeu de mots.

La concierge est devant sa loge ; les bras croisés, elle se frotte frileusement les épaules.
— Bonsoir monsieur Roquois. Alors quoi de neuf ? demande-t-elle avec une malveillance joyeuse.
— Tout est vieux, répond Roland en passant. (F. Ryck, *Prière de se pencher au-dehors*, p. 147-148.)

Vite

C'est vite dit ! Pour récuser ou tempérer ce qui vient d'être dit, comme ayant été affirmé à la légère. ~ **Doucement ! Pas si vite !**

1. — On ne boit jamais assez quand il s'agit de fêter la victoire.
— Victoire, c'est vite dit. On se bat toujours au Luxembourg, à la caserne de la place de la République, au Palais-Bourbon, dans certaines stations de métro et sans doute en banlieue. (R. Deforges, *Le diable en rit encore*, p. 265-266.)

2. MADEMOISELLE BERTHE
La vraiment jolie troupe ! L'équipe des bras cassés !
Bons qu'à rester vautrés, se plaindre et jacasser ?
Faut que vous les aimiez, vos soi-disant bobos...
LOULOU
Soi-disant, c'est vite dit ! Et puis vous aurez beau
Nous brailler aux oreilles... Vos discours de cheftaines... (R. Forlani, « Un roi qu'a des malheurs », dans *L'Avant-Scène Théâtre*, p. 14.)

Il comprend vite, mais il faut lui expliquer longtemps. « Il n'a pas l'esprit vif. » La locution est bâtie sur l'antithèse **vite/longtemps**.

3. — C'est Baker, ce pédé de Baker avec ses lunettes !
— Et l'autre ? s'enquiert Jean-René, qui comprend vite mais il faut lui expliquer longtemps. (M. Villard, *Le Roi*, p. 118.)

Il faut le dire vite ! Pour signifier que l'on n'est que partiellement ou pas du tout d'accord avec ce qui vient d'être dit.

4. — Il est très sage ce petit, tu sais [...]
— Oh pas toujours !... Il faut le dire vite ! (C. Duneton, *Le Diable sans porte*, p. 172-173.)
5. — [...]. Vous rajeunissez, Mme Coiffard !
— Il faut le dire vite !
— Pensez donc ! Pensez donc ! Fraîche comme la rose ! On voit les gens qui n'ont pas de soucis. (J. Faizant, *Rue Panse-Bougre,* p. 180.)

Vite fait(,) bien fait. « Rapidement. » Amplification de **vite fait.** ~ **Vite fait sur le gaz*.**

6. [...] de darne de saumon en croustade de bœuf, de poularde demi-deuil en omelette norvégienne, nous étions menacés de choper, vite fait bien fait, une silhouette de Premier ministre. (F. Hébrard, *La Citoyenne*, p. 177.)
7. Il advint que, d'une enjambée électorale, l'an dernier, Jacques Chirac s'arrêta, vite fait bien fait, à la Goutte d'Or, dans un café. Le maire, en commandant « un petit noir », découvrit avec étonnement que toutes les petites cuillères étaient trouées pour empêcher la prise de dope. (*Libération*, 27-28 octobre 1984, p. 12, col. 2.)

Vitesse

Il ne faut pas confondre vitesse et précipitation. « Il ne faut pas confondre rapidité d'exécution et hâte excessive. » Locution proverbiale employée pour (signaler qu'il y a lieu de) tempérer l'ardeur de quelqu'un.

1. Sous ma main, sa cuisse était d'une douceur à vous couper le souffle [...].
Elle avait tort de s'inquiéter, personne ne pouvait nous voir. Trouvait-elle que je brûlais les étapes, aurais-je confondu vitesse et précipitation ? Certes, ce n'était pas l'endroit idéal mais, au contact de sa peau, je perdais toute raison [...]. (P. Djian, *Échine*, p. 42.)
2. [...] M. Chirac a aussitôt exprimé son intérêt. Le voyant dans d'aussi bonnes dispositions, le maire de Miquelon [...] a lui aussi parlé d'agrandir son port. Hola ! comme aime à le dire M. Chirac, « il ne faut pas confondre vitesse et précipitation ». (*Le Monde*, 1er septembre 1987, p. 7, col. 6.)

Vivre

Il faut bien vivre. Formule employée pour justifier une activité exercée afin d'obtenir de quoi subsister.

Mylo's avait chanté sans conviction son répertoire, à des salles dont les bravos allaient s'amenuisant [...]. Il avait couru ses derniers cachets puis, sa défroque rangée, avait décidé de redevenir Émile et, la mort dans l'âme, de bricoler pour tout un chacun. Il faut bien vivre. (J. Faizant, *Rue Panse-Bougre*, p. 83-84.)

Voile

⌀ **(Être, marcher) à voile et à vapeur.** « (Être) bisexuel(le). » Image issue des modes de propulsion anciens en usage dans la marine. ~ **Bique* et bouc, marcher à l'huile et au vinaigre, être à poil et à plume.**

1. Mick Jagger hurle pour nous sa violence à la foule fanatique. Son côté à voile et à vapeur. Il est des nôtres. Ange limpide et démon triomphant. (E. Hanska, *La Mauvaise Graine*, p. 223.)
2. J'ai une copine, Josiane, qui s'est laissé toucher, embrasser et tout par une commerçante de Juan-les-Pins [...]. Josiane elle marchait à voile et à vapeur et ça m'étonnait qu'elle aille jusqu'au bout avec ce type-là parce que d'abord il était pas beau et qu'en plus il était fauché. (J. Lanzmann, *L'Âge d'amour*, p. 8 et 47.)

Voir

○ **Avoir déjà payé pour voir.** « Avoir déjà fait l'expérience d'une chose à ses dépens. » Expression tirée de la langue du poker où un joueur doit couvrir le pari d'un adversaire s'il veut avoir le droit de voir son jeu. ~ **Avoir déjà donné*.**

1. Ce qu'elle veut, Main d'Or, c'est que les requins la croient mariée à un mauvais fer, qu'on vienne surtout pas la faire suer. Mais lier son destin avec celui d'un mec, elle veut plus. Elle a déjà payé pour voir. (J. Houssin, *Roulez jeunesse !*, p. 115.)

Ben voyons ! Interjection employée pour marquer la surprise indignée, et en particulier pour souligner que l'on n'est pas dupe d'une tromperie, d'une attitude que l'on réprouve. On peut considérer que ces deux mots anticipent la justification de celui que l'on prend sur le fait, auquel on reproche quelque chose. ~ **Allons donc ! Tiens* donc !**

2. Et voilà, le second dimanche, [...] les gendarmes de Bouzon qui s'amènent là comme par hasard... leur tournée de routine, ben voyons ! (A. Boudard, *L'Hôpital*, p. 188.)
3. — Alors, comme ça, on se balade avec une arme de collection sur soi [un parabellum] ?
— C'est un gars qui m'a chargé de le vendre...
— Ben voyons. Tu ne sais pas qui c'est, je parie. Il doit revenir et tu sais pas quand ? Et s'il y a une balle dans le canon, c'est par hasard ? (J.A. Lion, *Les Truands du Temple*, p. 240.)

Voir aussi *infra*, exemple 7.

C'est tout vu. Accompagne l'énoncé d'une décision, d'un jugement et souligne son caractère définitif, sans appel. Dans la conversation, c'est parfois une riposte à « on verra bien... ».

4. — [...]. Tout démontre votre culpabilité. L'inspecteur Marciat en est persuadé. Et devant un tribunal, c'est tout vu. (P. Conil, *Flip-frac*, p. 145-146.)
5. Le lendemain [du spectacle] c'était tout vu. *L'Humanité* : l'exhibition de très mauvais goût d'une sorte de caricature des pires chanteurs de rock américain. *La Croix* : une exhibition baragouinante et hystérique promise à brève échéance au cabanon. Tard, dans la nuit, assis sur le trottoir, Johnny : c'était pas la joie*. (D. Rondeau, *L'Âge-déraison*, p. 96.)

Voir aussi **cul**, exemple 23.

Comme je te/vous vois. Expression par laquelle le locuteur exprime qu'il a (ou que celui dont il parle a) réellement vu quelqu'un ou quelque chose.

6. [...] grand-mère, importante personne de cent kilos, et qui avait vu des Uhlans comme je vous vois, et même de plus près puisqu'ils lui avaient brûlé sa maison, les salauds !... (M. Bédu, *La Vie dure*, p. 296.)
7. — Non ! cria Dicot [...]. J'ai vu un lama !
— Un quoi ? [...]
— Je l'ai vu comme je te vois ! insista Dicot. Même qu'i remontait la rue...
— Ben voyons ! Il allait faire ses courses aux Nouvelles Galeries, pardi ! Faudrait lui dire que c'est fermé, à cette heure-là ! (Marie & Joseph, *Chaudes Bises*, p. 98-99.)

(Il) faut le (la) voir pour y/le (la) croire ! Pour souligner le côté insolite, incroyable, choquant d'une situation ou d'une personne. Variante de la déclaration célèbre de l'apôtre saint Thomas. ~ **On aura tout vu.**

8. — Qué joli, le matin ! dit Concepcion.
Concepcion, il faut la voir pour la croire. Elle est arrivée il y a cinq ans à Foncaude, débarquant du car de Perpignan, tout à fait misérable et enceinte jusqu'à ses yeux de velours. (F. Hébrard, *Un mari c'est un mari*, p. 5-6.)
9. ARLETTE : Alors tu avais imaginé quoi, avec ton eau de Lourdes ? Un miracle ? Que j'allais être en feu dix-huit heures sur vingt-quatre ? Ce que vous pouvez avoir dans la tête, les hommes ! Faut le voir pour y croire ! Tu n'es pas un peu fou d'être allé penser une chose pareille ! (A. Roussin, « Le Mari, la femme et la mort » dans *L'Avant-Scène Théâtre*, p. 12.)

Je l'ai vu, de mes yeux vu. « Je l'ai réellement vu. » Tournure pléonastique qui insiste sur la véracité d'un fait invraisemblable, déjà utilisée par Molière : « Je l'ai vu, dis-je, vu, de mes propres yeux vu,/Ce qu'on appelle vu [...] » (Orgon dans *Tartuffe*, V, 3).

10. Moi j'ai vérifié, et c'est vrai, vu de mes yeux vu, un élevage de canards, des vrais, des cols-verts pour être précis. On leur a creusé un joli bassin plastifié [...]. (J.-P. Demure, *Aix abrupto*, p. 85.)
11. J'ai vu, de mes yeux vu, un arbre multicentenaire, enraciné plus profond qu'un essai atomique souterrain de Mururoa, transformé en planche à repasser par un vent coulis mais nonobstant mauvais. (A. Gillot-Pétré, *Ma gueule d'atmosphère*, p. 230.)

On aura tout vu ! Pour marquer la surprise devant un fait inattendu ou l'indignation devant quelque chose que l'on réprouve.

12. — C'est la bande Jasmin ! Ramier les a vus !
— On aura tout vu !
— C'est-y pas malheureux ! (Bachellerie, *La Rue des Bons-Apôtres*, p. 139.)

13. — Non, ça ne suffit pas ! s'écria-t-il... Comme si on n'avait pas déjà assez d'ennuis comme ça ! La guerre, la mobilisation, les réquisitions ! Et maintenant Monsieur qui veut se faire enfant de chœur ! On aura tout vu ! (J. L'Hôte, *Confessions d'un enfant de chœur*, p. 57.)

On va voir ce qu'on va voir/Tu vas voir ce que tu vas voir/Vous allez voir ce que vous allez voir !

— Pour sous-entendre ou annoncer de façon hyperbolique qu'il va y avoir du « spectacle ».

14. Faux airs de sous-entendus du style « vous allez voir ce que vous allez voir »... Mais faux rendez-vous que ce procès de Lille. (*L'Événement du jeudi*, 5 juin 1986, p. 51, col. 2.)
15. Le commentaire, envahissant, convoque l'hyperbole, le « vous allez voir ce que vous allez voir ». Mais c'est en pure perte : l'image n'est que rarement à la hauteur. (*Télérama*, 4 février 1987, p. 52, col. 2-3.)

— Formule de menace, par laquelle on laisse entrevoir un prochain passage à l'acte.

16. [...] Long Chris et ses potes, Moustique de la Bastoche, Jacky le Roi, venaient de décider d'en finir avec la bande du Sactos. Ils relevaient la tête. On allait voir ce qu'on allait voir. Ils allaient foncer, les enfoncer, leur faire ravaler leur caquet, leur bave de roquet. (D. Rondeau, *L'Âge-déraison*, p. 48.)
17. Quand le Bouillon est revenu avec Joachim, qui avait le nez tout gonflé, il nous a dit qu'il commençait à en avoir assez et que si ça continuait, on verrait ce qu'on verrait. (Sempé/Goscinny, *Le Petit Nicolas*, p. 27.)

Tu (ne) t'es pas vu ! Variante de **tu t'es pas regardé***, lequel est peut-être plus usuel.

18. — [...] Me retenir ! Me retenir ! Dis tu ne t'es pas vu ! Avec quoi me retenir ? (A. Boudard, *Bleubite*, p. 207.)

Tu vois ce que je vois ? Interrogation marquant la surprise, adressée à l'interlocuteur pour souligner que ce que l'on voit est tellement étonnant qu'il pourrait s'agir d'un rêve ou d'une hallucination. Comparer avec **pince*-moi je rêve.**

19. « [...]. Tu vois ce que je vois ? » Dans l'entrebâillement de la porte, une forme hétéroclite s'avançait [...]. (Sapho, *Ils préféraient la lune*, p. 94.)
20. — Dan, tu vois c'que j'vois, articula-t-il à l'attention du jeune flic, mais sans tourner la tête. — Putain, mais c'est Miller ! s'exclama l'autre. (M. Villard, *Ballon mort*, p. 68.)

Voiture

○ **En voiture, Simone (c'est moi qui conduis, c'est toi qui klaxonnes) !** Invitation au départ (en automobile) et, par extension, au passage à l'action. « En voiture Simone » est le titre français d'un film anglais de Roy Boulting (1973).

1. — En voiture-Simone, Moi-je-conduis-toi-tu-klaxonnes. (Bayon, *Le Lycéen*, p. 237.)
2. Pour l'emballarès [la séduire] [...], ç'avait été [...] un vrai velours. Trois tours de piste, une roteuse [une bouteille de champagne] dans son seau, et en voiture, Simone ! Elle s'était révélée immédiatement partante [...]. (J. Houssin, *Faites pas pleurer le Dobermann !*, p. 53.)
3. Allez : en voiture, Simone ! Tu l'as voulu, tu l'as eu ! On part ! (San-Antonio, *Alice au pays des merguez*, p. 174.)

— Variantes ponctuelles.

4. C'était un tout petit voyage de routine. On m'avait présenté aux Motorhead à l'hôtel, et en voiture Suzy ! (P. Manœuvre, *L'Enfant du rock*, p. 16.)
5. L'aiguille qui culmine en tremblotant sur le compteur, le goudron qui se dérobe et s'enfuit dans le rétroviseur, les gifles du vent, la bride abattue et le tombeau ouvert. Les dérapages dans la poussière, les échappées de la voiture, ses lourds abandons de caisse folle [...]. Accroche-toi Jojo, c'est moi qui pilote, c'est toi qui klaxonnes. (D. Rondeau, *L'Âge-déraison*, p. 77.)

∅ **Le jour où on (ne) vendra plus de voitures aux cons, t'as pas fini de marcher.** Expression hyperbolique de la bêtise. ~ **Si les cons volaient*, tu serais chef d'escadrille.**

6. — J'vais te dire un truc, poulet, grince Gina. Le jour où on vendra plus de voitures aux cons, t'as pas fini de marcher. (J. Houssin, *Comme un rat*, p. 12.)

Vol

∅ **(Avoir** n**) heures de vol.** En guise d'évaluation plaisante de l'âge ou des expériences sexuelles de quelqu'un. De la langue de l'aéronautique, dans laquelle la durée de vie des moteurs d'avions et l'expérience professionnelle des pilotes sont exprimées en heures de vol.

1. Presque chauve avec des rouflaquettes grisonnantes. Eh bien lui, malgré sa tronche infernale, il ne sort que des minettes. Les filles de vingt-vingt-deux font la queue devant sa porte. Plus âgées, il les refoule. Trop d'heures de vol, il dit. (P. Adler, *C'est peut-être ça l'amour*, p. 16.)
2. Jacqueline Maillard. Célibataire, elle a passé la trentaine et la patte d'oie au coin de son œil azur dénote un certain nombre d'heures de vol. (J. Bialot, *Un violon pour Mozart*, p. 11.)

Voler

○ **Quand les andouilles voleront, tu seras (vous serez) chef(s) d'escadrille ; si les cons (les couillons) volaient, tu serais (il serait,** etc.**) chef d'escadrille.** Pour exprimer, de façon superlative, la parfaite stupidité de quelqu'un. « Quand les andouilles voleront, tu seras chef d'escadrille » est le titre d'une chanson de Georgius (1936).

1. Sa soupe terminée, l'oncle Maurice racla son assiette et déclara tout de go :
— Décidément, mes pauvres garçons..., si les couillons volaient, vous seriez chefs d'escadrille ! (B. Deflandre, *La Soupe aux doryphores*, p. 270.)
2. — Vous faites les malins, bande de cloches, parce que vous êtes cinq contre un. Quand les andouilles voleront, vous serez tous chefs d'escadrille. (R. Sabatier, *Les Noisettes sauvages* p. 67.)

— Par jeu de mots.

3. Zek sera toujours aussi empoté et maladroit [...]. Si toutes les savates volaient, il serait chef d'espadrilles. (A. Schifres, *Les Yeux ronds*, p. 250.)

Volontaire

Volontaire (désigné) d'office. « Personne désignée d'autorité pour tel ou tel travail. » Pastiche plaisant du vocabulaire des casernes où, faute de volontaires pour une corvée, les hommes sont désignés d'office. L'expression est cocasse en raison du rapprochement paradoxal des deux mots **volontaire** et **d'office.**

Il en prenait à son aise, comme d'habitude [...]. Oui, bon, Machin volontaire désigné d'office pour aller faire le con. (A.D.G., *Les Billets nickelés*, p. 129.)

Vouloir

Quand il (elle, ça, etc.**) veut bien.** « Selon les caprices du hasard. » À propos de choses dont l'état ou le fonctionnement laisse à désirer. ~ **Ça marche quand ça a le temps*.**

Ne parlons pas des bas résilles, agrémentés d'un archipel de troutrous. Les chaussures avachies ont des talons quand elles veulent bien [...]. (D. Guirous et N. Galan, *Si la Cococour m'était contée*, p. 131.)

Voyage

Ne pas être déçu du voyage. « N'être vraiment pas déçu. » Pour exprimer qu'une expérience, un événement « mérite le déplacement ». Parfois par antiphrase, comme dans l'exemple 1.

1. Moustique lâche un soupir, retire son tablier et quitte le fauteuil.
   — Mais monsieur, proteste le coiffeur, je n'ai pas terminé !
   — Ça ira comme ça, bougonne Moustique. Le jour où j'aurai un mec dans le nez, j'lui recommanderai votre taule. Y s'ra pas déçu du voyage. (J. Houssin, *Roulez jeunesse !*, p. 57.)
2. Trois heures du matin, deuxième étage dans la salle de bains de la chambre 224. Dis donc Chris, vise un peu la baignoire, un vrai bateau ! On pourrait tenir à trois dans cet engin ! En fait à quatre, ils étaient bien [...]. Les deux filles riaient comme des folles. Pas déçues du voyage. C'était la première fois qu'elles faisaient ça à quatre et dans une baignoire en plus. On a bien fait de venir. (D. Rondeau, *L'Âge-déraison*, p. 133.)

Vrai

C'est pas vrai ! « C'est pas possible, c'est incroyable. »

1. Putain, c'est pas vrai de faire un boulot de merde pareil et de toujours être dérangé par des... (F. Fossaert, *Prouvez-le !*, p. 70.)
2. Lolotte fait le pied de grue devant le cinéma. Le film vient de commencer. Non, mais c'est pas vrai ! Qu'est-ce qu'il fout, ce con ? Elle lui avait pourtant bien dit... Elle aurait dû l'obliger à marquer l'heure et le nom du cinéma sur son carnet. (C. Sarraute, *Allo Lolotte, c'est Coco*, p. 17.)

Faux vrai ; vrai faux. Pour exprimer de façon paradoxale qu'une imitation ou une contrefaçon est parfaitement réussie. La tournure est employée aussi pour qualifier une chose à la fois authentique et frauduleuse telle que, notamment, le vrai faux passeport d'Yves Challier, dont la presse a beaucoup parlé en 1986-1987, vrai car établi par les services autorisés, faux car l'identité du porteur était fausse.

3. La folie dans l'histoire c'est d'avoir construit un village là où il n'y en avait pas et surtout de l'avoir construit comme si il y en avait eu un depuis toujours. C'était, comment vous dire, un faux vrai village avec de fausses vraies maisons qui dormaient sur de faux vrais canaux. (J. Lanzmann, *L'Âge d'amour*, p. 106.)

— Plus rarement, en parlant d'une personne.

4. Michel Chrestien est le vrai faux père des « chiens hirsutes ». Disons leur oncle. (A. Vialatte, *Éloge du homard*, p. 151.)

Y a que ça de vrai! « C'est la seule chose sûre, sérieuse, importante. »

5. Fonctionnaire disait mon père, y'a que ça de vrai! La sécurité de l'emploi, la garantie d'une bonne retraite! (Bachellerie, *L'Île aux muettes*, p. 13.)
6. Cécile s'exclama : « C'est le super-luxe! [...]. C'est beau le fric. Il y a que ça de vrai. » (J. Hougron, *Coup de soleil*, p. 19.)

Vue

Mettre + indication de distance **dans la vue...** « Prendre rapidement sur quelqu'un une avance de; s'éloigner rapidement de quelqu'un d'une distance de. »

1. J'ai cavalé comme un fou pour sortir de Rouen. J'ai mis au moins deux kilomètres dans la vue de Rocky [...]. (J.-B. Pouy, *Nous avons brûlé une sainte*, p. 169.)
2. Butch lance l'Harley Davidson à plein gaz. Il met trente mètres dans la vue de la blonde [...]. (J. Vautrin, *Bloody Mary*, p. 161.)

— Variante. **Mettre (...) dans les mirettes.**

3. Je partis doucement vers le haut du boulevard, comme si j'allais prendre les bretelles d'autoroute et juste au dernier moment, en accélérant, je tournai à angle droit dans la rue de la Fuye. Ce n'était pas suffisant, bien sûr, mais je leur avais mis cinquante mètres dans les mirettes [...]. (A.D.G., *Pour venger pépère*, p. 41.)

W

Wagon

○ **En faire un wagon/des wagons.** « Exagérer. » ~ **En faire des brouettes*, des caisses*, des tonnes*.**

1. Le tireur [aux boules] a tiré. Raté, bien sûr. Clameurs déconfites des uns, hurlements de victoire des autres. Tu verrais ça au cinématographe, tu te dirais, ils en font des wagons. (C. Courchay, *Quelque part*, p. 216.)

○ **Raccrocher les wagons.** « Reprendre la conversation. » Par métaphore du vocabulaire des cheminots.

2. — [...]. Elle reluquera la machine à écrire et elle te dira : C'est elle ou moi. Fais pas le con, Paul. Ça me ferait trop de peine de voir un type comme toi... J'veux dire, t'as quelque chose dans le ventre, ça se sent...
Paul finit par sourire [...]. Ils laissent passer un ange. C'est Paul qui raccroche les wagons.
— Tu sais, j'écris juste pour combler les vides... Et puis j'y arrive pas. (F. Lasaygues, *Bruit blanc*, p. 160.)

○ **Un (plein) wagon ; tout un wagon ; des wagons.** « Une grande quantité. » ~ **Des brouettes*, des caisses*, une/des tonne(s)*.**

3. Va leur expliquer la vérité toute simple, toute nue... Pas une chance qu'ils me croient ! Pas une chance et en prime un wagon d'emmerdements. (R. Kesselring, *Putain d'amour*, p. 190.)

Y

Y

Il n'y a qu'à ; (n') y a qu'à. « Il suffit de. » Souvent utilisée pour suggérer une solution simpliste à un problème complexe, la locution est en outre employée — notamment dans des tournures substantives — pour désigner ironiquement tantôt des avis ou opinions jugés sommaires et sans nuances, tantôt ceux qui les expriment. « Y a qu'à » est le titre d'un album humoristique de J. Faizant (1971).

1. Maèv appelait cette émission le « Bureau des chagrins ». L'oracle parle et les ondes multiplient le prodige. Ce prodige est une mixture de nyaka. Entre le nyaka-oui et le nyaka-non, flotte toute une armada de nyaka-à-votre-place-moi-je... Le tout badigeonné à l'épithète. Les fameux nyakas sont assaisonnés dans un chaudron de bon sens, par une équipe de rombières qui font dans l'assistanat sentimental. (M. Bédu, *La Vie dure*, p. 230-231.)
2. Quand j'étais réac, de l'espèce des *y a qu'à*, je me disais que la peine de mort était le juste prix de la mort. (A. Gillot-Pétré, *Ma gueule d'atmosphère*, p. 29.)
3. Sur les moyens de s'en tirer, les avis abondent. Vous le savez bien, « *il n'y a qu'à* ». Le malheur, c'est que l'on ne soit pas d'accord sur le contenu de « *n'y a qu'à* », et que ce qui paraît si simple lorsque l'on est dans l'opposition devient souvent bien compliqué, sauf à se complaire dans les illusions du dogmatisme, une fois que l'on est au pouvoir. (*Le Monde*, 17 juin 1987, p. 8, col. 1.)

Y a pas ! « Il n'y a rien qui tienne, il n'y a rien à faire... » Ellipse de locutions du type **y a pas à chier, y a pas d'histoire, y a pas à dire, y a pas de « mais », y a pas de bon Dieu*.**

4. « Y a pas, se dit Roger, il faut que je me sorte de là ! » (J. Amila, *La Bonne Tisane*, p. 154.)
5. — La passe ! La passe merde !
[...] Mais le ballon est enterré, y a pas [...]. (J.-P. Demure, *Découpe sombre*, p. 11.)

Yaourt

○ **Avoir du yaourt dans la tête.** Pour qualifier une personne que l'on trouve imbécile, idiote. Le mot **yaourt** est ici choisi en raison de la consistance molle du produit qu'il désigne ; à comparer avec **pédaler dans le yaourt**. Surtout dans la langue des jeunes. ~ **Avoir de la pâte* à modeler dans la tête.**

Il y a une bande de Tuxedo Moon qui passe [à la radio]. Le genre yaourt dans la tête. (J.-B. Pouy, *Nous avons brûlé une sainte*, p. 169.)

Z

Zéro

○ **Tondre/Se tondre (avoir) les cheveux/le crâne à triple zéro.** « Avoir le crâne complètement rasé. » Croisement de **avoir la boule à zéro** « au minimum, à ras » et de **triple zéro** qualifiant le papier de verre le plus fin.

1. La nécessité de surveiller sa cicatrice l'obligeait à se tondre les cheveux à triple zéro et cela lui donnait une nouvelle tête à laquelle on ne s'habituait pas. (J. Amila, *Pitié pour les rats*, p. 115.)

○ **Avoir les miches à zéro.** « Avoir très peur. » Pour traduire l'absence, le degré zéro du courage. Variante de **les avoir à zéro.** ~ **Avoir le trouillomètre à zéro.**

2. — T'as les miches à zéro ! provoquait Lucien. (J. Amila, *Motus !*, p. 118.)

○ **Faire** n **zéros.** Pour désigner un nombre important, comportant **n** zéros (ainsi cent millions dans l'exemple suivant) en parlant d'une transaction commerciale, d'un contrat.

3. Quand je pense que les tournesols de Degas ont fait huit zéros et que j'ai pas une goutte pour m'acheter ma télé ça me troue*. (C. Brétecher, *Agrippine*, p. 26.)

Remettre les compteurs à zéro. « Repartir sur de nouvelles bases. » De la langue du commerce des véhicules d'occasion. **Retourner à la case* départ ; repartir à zéro.**

4. Les Américains, qui sont des gens méthodiques, estiment qu'il faut deux bonnes années après une déception sentimentale pour remettre les compteurs à zéro [...]. Les Françaises ont plus de santé. Quelques mois, une petite année de célibat et les voilà prêtes à repartir de nouveau pour la grande aventure. (M. Bourrillon, *Côté cœur*, p. 73.)

Zone

○ **C'est la zone ; mettre la zone.** Pour marquer une situation désagréable, insupportable. La **zone** des anciennes fortifications de Paris, couverte autrefois d'habitations précaires et misérables, est à l'origine de la locution plus ancienne **être de la zone** « être sans le sou, sans domicile fixe ». Surtout dans la langue des jeunes.

1. Quand *c'est la zone* avec les vieux, on ne fait pas semblant, on *n'assume pas*, on *craque*. (C. Collange, *Moi, ta mère*, p. 118.)

2. — Laisse tomber. J'en connais pas deux comme toi pour foutre la zone, et ça s'est pas arrangé... J'ai pas le courage. [...]
   — [...] qu'est-ce qui te démange ?
   — Rien... Tu peux, enfin... vous pouvez rester ici aussi longtemps que vous voulez. (P. Conil, *La Queue du lézard*, p. 37.)
3. Et puis y avait un truc qui foutait la zone entre nous : c'était ces putains de coups de fil anonymes qui devenaient de plus en plus rapprochés et de plus en plus menaçants. (E. Hanska, *L'Imparfait du subjectif*, p. 35.)

BIBLIOGRAPHIE

1. OUVRAGES DE RÉFÉRENCE

CARADEC (François)
N'ayons pas peur des mots : dictionnaire du français argotique et populaire, Paris, Larousse, 1988.

CELLARD (Jacques)
Ça mange pas de pain !, Paris, Hachette, 1982.

CELLARD (Jacques), REY (Alain)
Dictionnaire du français non conventionnel, Paris, Hachette, 1980.

DOILLON = *Les Cahiers des Amis du lexique français*, dir. publ. Albert Doillon, Paris, Les Amis du lexique français (comprend plusieurs séries : *Les Mots en liberté*, 1974-1978 ; *Dictionnaire permanent du français en liberté*, 1974-1988 ; *Lexique dernière*, 1975-1976 ; *Dico-plus*, 1977→)

DUNETON (Claude)
La Puce à l'oreille. Anthologie des expressions populaires avec leur origine, Paris, Balland, 1985 (1re édition Paris, Stock, 1978).

ÉDOUARD (Robert)
Dictionnaire des injures précédé d'un petit traité d'injures, Paris, Tchou, 1967.

GERMA (Pierre)
« Minute papillon ! », Paris, Hermé, 1986.

KNOPP (Klaus)
Französischer Schülerargot, Frankfurt am Main/Bern/Las Vegas, P. Lang, 1979.

LE ROUX (Philibert-Joseph)
Dictionnaire comique, satyrique, critique, burlesque, libre et proverbial..., Amsterdam, Michel Charles Le Cene, 1718.

OUDIN (Antoine)
Curiositez françoises..., Paris, A. de Sommaville, 1640.

REY (Alain), CHANTREAU (Sophie)
Dictionnaire des expressions et locutions figurées, Paris, Le Robert, 1979 (à partir de 1982, l'ouvrage est augmenté d'un index et *figurées* disparaît du titre).

ROBERT = *Le Grand Robert de la langue française...* par Paul Robert, 2e éd. par A. Rey, Paris, Le Robert, 1985, 9 vol.

T.L.F. = *Trésor de la langue française. Dictionnaire de la langue du XIXe et du XXe siècle*, publ. sous la dir. de P. Imbs (vol. 1-7) puis de B. Quemada (vol. 8-13), Paris, 1971-1988 (en cours de publication).

2. SOURCES TEXTUELLES

A. D. G.
Balles nègres, Paris, Gallimard, Série noire n° 1825, 1981.
Berry story, Paris, Gallimard, Série noire n° 1586, 1973.
Les Billets nickelés, Paris, Gallimard, Série noire n° 2124, 1988.
C'est le bagne !, Paris, Gallimard, Série noire n° 2134, 1988.
Cradoque's band, Paris, Gallimard, Série noire n° 1493, 1972.
La Divine Surprise, Paris, Gallimard, Série noire n° 1429, 1971.
Le Grand Môme, Paris, Gallimard, Série noire n° 1717, 1977.
Joujoux sur le caillou, Paris, Gallimard, Série noire n° 2089, 1987.
Juste un rigolo, Paris, Gallimard, Série noire n° 1721, 1977.
La Marche truque..., Paris, Gallimard, Série noire n° 1473, 1972.
Notre frère qui êtes odieux..., Paris, Gallimard, Série noire n° 1662, 1974.
On n'est pas des chiens, Paris, Gallimard, Série noire n° 1862, 1982.
L'otage est sans pitié, Paris, Gallimard, Super noire n° 48, 1976.
Les Panadeux, Paris, Gallimard, Série noire n° 1443, 1971.
Pour venger pépère, Paris, Gallimard, Série noire n° 1806, 1980.

ADLER (Philippe)
Les Amies de ma femme, Paris, Balland, 1987.
Bonjour la galère !, Paris, France Loisirs, 1985 [1984].
C'est peut-être ça l'amour, Paris, J'ai lu n° 2284, 1987 [1986].
Graine de tendresse, Paris, Balland, 1989.

ALDO/JEAN-MI/LUDO
Coluche à cœur et à cris, Paris, Le Livre de poche n° 6486, 1988 [1987].

AMILA (Jean)
À qui ai-je l'honneur ?, Paris, Gallimard, Série noire n° 1683, 1974.
Au balcon d'Hiroshima, Paris, Gallimard, Série noire n° 2007, 1985.
La Bonne Tisane, Paris, Gallimard, Carré noir n° 205, 1975 [1955].
Contest-flic, Paris, Gallimard, Série noire n° 1501, 1972.
Jusqu'à plus soif, Paris, Gallimard, Carré noir n° 369, 1981 [1962].
Langes radieux, Paris Gallimard, Carré noir n° 512, 1984 [1963].
La Lune d'Omaha, Paris, Gallimard, Carré noir n° 424, 1982 [1964].
Motus !, Paris, Gallimard, Carré noir n° 177, 1974 [1953].
La Nef des dingues, Paris, Gallimard, Série noire n° 1468, 1972.
Le Pigeon du faubourg, Paris, Gallimard, Série noire n° 1844, 1981.
Pitié pour les rats, Paris, Gallimard, Série noire n° 832, 1985 [1964].
Terminus Iéna, Paris, Gallimard, Carré noir n° 571, 1986 [1973].

ANISSIMOV (Myriam)
Le Bal des Puces, Paris, Julliard, 1985.

ARNAUD (Georges-J.)
Les Moulins à nuages, Paris, Calmann-Lévy, 1988.

ARTILLAN (Antoine) et NOLI (Jean)
Le Pied à l'étrier, Paris, Grasset, 1987.

AUDIARD (Michel)
La Nuit, le Jour et Toutes les Autres Nuits, Paris, Folio n° 1201, 1980 [1978].
Vive la France, Paris, Julliard, 1973.

AUDOUARD (Yvan)
La Clémence d'Auguste, Paris, Le Livre de poche n° 6172, 1986 [1985].

AVRIL (Nicole)
Jeanne, Paris, J'ai lu n° 1879, 1985 [1984].

BACHELLERIE
Il court, il court, le cadavre, Paris, Librairie des Champs-Élysées, Le Masque n° 1796, 1985.
L'Île aux muettes, Paris, Librairie des Champs-Élysées, Le Masque n° 1791, 1985.
La Rue des Bons-Apôtres, Paris, Librairie des Champs-Élysées, Le Masque n° 1800, 1985.

BASTIDE (Roger), CORMIER (Jean), BLONDIN (Antoine)
Alcools de nuit, Paris, M. Lafon, 1988.

BAYON
Le Lycéen, Paris, Quai Voltaire, 1987.

BEDOS (Guy), DAUMIER (Sophie)
« 29 sketches » dans *L'Avant-Scène Théâtre*, n° 538, 1er avril 1974.

BÉDU (Michel)
La Vie dure, Paris, Albin Michel, 1973.

BEGAG (Azouz)
Béni ou le Paradis privé, Paris, Le Seuil, Points V 69, 1989.
Le Gone du Chaâba, Paris, Le Seuil, Points V 39, 1986.

BELLETTO (René)
L'Enfer, Paris, P.O.L., 1986.
Le Revenant, Paris, Le Livre de poche n° 5655, 1984 [1981].

BELLOC (Denis)
Néons, Paris, Lieu commun, 1987.

BENOZIGLIO (Jean-Luc)
Cabinet portrait, Paris, Le Seuil, 1980.

BÉRIOT (Louis)
Sacré Paul !, Paris, Olivier Orban, 1989.

BIALOT (Joseph)
Le Manteau de saint Martin, Paris, Gallimard, Série noire n° 1994, 1985.
Le Salon du prêt-à-saigner, Paris, Gallimard, Carré noir n° 548, 1985 [1978].
Un violon pour Mozart, Paris, Gallimard, Série noire n° 2184, 1989.

BIALOT (Joseph) & COURCHAY (Claude)
Matcho et les Fourmis blanches, Paris, Gallimard, Série noire n° 1873, 1982.

BLIER (Bertrand)
Les Valseuses, Paris, J'ai lu n° 543, 1978 [1972].

BINET
L'Institution, Paris, Audie, Fluide glacial, 1985.

BLONDIN (Antoine)
Les Enfants du bon Dieu, Paris, Folio n° 474, 1973 [1952].
L'Europe buissonnière, Paris, Folio n° 1067, 1978 [1949].
L'Humeur vagabonde, Paris, Folio n° 1111, 1979 [1955].
Ma vie entre des lignes, Paris, Folio n° 1578, 1984 [1982].

Monsieur Jadis ou l'école du soir, Paris, Folio n° 29, 1972 [1970].
Un singe en hiver, Paris, Folio n° 359, 1981 [1959].

BODARD (Lucien)
Anne Marie, Paris, France Loisirs, 1982 [1981].

BORY (Jean-Louis)
La Peau des zèbres, Paris, Folio n° 1265, 1981 [1969].

BOTHOREL (Jean)
Toi, mon fils, Paris, Grasset, 1986.

BOUBEKER (Ahmed), BEAU (Nicolas)
Chroniques métissées, Paris, Alain Moreau, 1986.

BOUDARD (Alphonse)
Bleubite, Paris, Le Livre de poche n° 6526, 1988 [1966 sous le titre *Les Matadors*].
Le Café du pauvre, Paris, Le Livre de poche n° 5996, 1985 [1983].
La Cerise, Paris, Folio n° 403, 1973 [1963].
Cinoche, Paris, Le Livre de poche n° 6299, 1987 [1974].
Le Corbillard de Jules, Paris, La Table ronde, 1979.
L'Éducation d'Alphonse, Paris, Grasset, 1987.
La Fermeture, Paris, R. Laffont, 1986.
L'Hôpital, Paris, Le Livre de poche n° 6258, 1986 [1972].
La Métamorphose des cloportes, Paris, Le Livre de poche n° 6356, 1987 [1962].

BOUGUES-MONTÈS (Jacques de)
Chez Auguste, Paris, Éd. du Guépard, 1982.

BOULANGER (Daniel)
Jules Bouc, Paris, Gallimard, 1987.

BOURRILLON (Martine)
Côté cœur, c'est pas le pied..., Paris, Le Livre de poche n° 6031, 1985 [1984].

Brassens. Poèmes et chansons, Paris, Éd. Musicales 57, 1987 [1969].

BREILLAT (Catherine)
Police, Paris, J'ai lu n° 2021, 1986 [1985].
36 fillette, Paris, Carrère, 1987.

BREL (Jacques)
Œuvre intégrale, Paris, R. Laffont, 1982.

BRÉTECHER (Claire)
Agrippine, éd. par l'auteur, 1988.

BRICAIRE (Jean-Jacques), LASAYGUES (Maurice)
« La Berlue ou le masculin singulier » dans *L'Avant-Scène Théâtre*, n° 762, 15 janvier 1985.

BURON (Nicole de)
C'est quoi, ce petit boulot ?, Paris, Flammarion, 1989.
Qui c'est, ce garçon ?, Paris, J'ai lu n° 2043, 1986 [1985].
Vas-y maman, Paris, J'ai lu n° 1031, 1986 [1978].

CABU
Catherine saute au paf !, Paris/Lausanne/Montréal, Dargaud, 1982.

CAMILLE (Alain)
Les Trois Badours, Paris, Gallimard, Série noire n° 1544, 1972.

CANAL (Philippe)
L'Homme qui a vu Durand, Paris, Le Seuil, 1987.

CARADEC (François)
La Compagnie des zincs, Paris, Ramsay, 1986 [non paginé ; les références sont faites aux paragraphes].

CARLES (Émilie)
Une soupe aux herbes sauvages, Paris, J.-Cl. Simoën, 1978.

CARRIÈRE (Jean-Claude)
Anthologie de l'humour 1900, Paris, Les Éditions 1900, 1988.

CASTER (Sylvie)
Les Chênes verts, Paris, Le Livre de poche n° 5603, 1982 [1980].

CAUVIN (Patrick)
Laura Brams, Paris, Albin Michel, 1984.

CAVANNA (François)
Les Ritals, Paris, Le Livre de poche n° 5283, 1981 [1978].

CÉLINE (Louis-Ferdinand)
Maudits Soupirs pour une autre fois, Paris, Gallimard, 1985 [av. 1961].

CERF (Murielle)
Une passion, Paris, J.-Cl. Lattès, 1981.

CHABOT (Michel)
L'Escarbille, Paris, Presses de la Renaissance, 1978.

CHABROL (Jean-Pierre)
La Cévenne par ses gens, Grenoble, Arthaud, 1976.

CHAREF (Mehdi)
Le Thé au harem d'Archi Ahmed, Paris, Mercure de France, 1983.

CHARRIÈRE (Patrick)
Parlez-vous branché ?, Paris, BELC, 1987.

CHEVALIER (Louis)
Les Ruines de Subure. Montmartre de 1939 aux années 80, Paris, R. Laffont, 1985.

CHOUCHON (Lionel)
Le Papanoïaque, Paris, Hachette, 1980.

CLAUDEL (Paul)
Journal, Paris, Gallimard, coll. Pléiade, 2 vol., 1968 et 1969.

COLLANGE (Christiane)
Je veux rentrer à la maison, Paris, Grasset, 1979.
Moi, ta mère, Paris, Le Livre de poche n° 6238, 1986 [1985].

CONIL (Philippe)
Flip-frac, Paris, Gallimard, Série noire n° 1841, 1981.
La Queue du lézard, Paris, Gallimard, Série noire n° 1972, 1984.

CORDELIER (Jeanne)
Sang et Plumes, Paris, Hachette, 1987.

CORTANZE (Gérard de)
Les enfants s'ennuient le dimanche, Paris, Hachette, 1985.

COULONGES (Georges)
Pause-café, Paris, Le Livre de poche n° 5631, 1984 [1980].

COURCHAY (Claude)
Avril est un mois cruel, Paris, Albin Michel, 1987.
Le Chemin de repentance, Paris, Le Livre de poche n° 6232, 1986 [1984].
L'Embellie, Paris, Albin Michel, 1988.
Quelque part, tout près du cœur de l'amour, Paris, Le Livre de poche n° 6323, 1987 [1985].

COURCHAY (Claude) et ARNOULT (Gilbert)
Une petite maison avec un grand jardin, Paris, Mazarine, 1980.

COUSSE (Raymond)
Le Bâton de la maréchale, Paris, Flammarion, 1982.
« Enfantillages », « Stratégie pour deux jambons » dans *L'Avant-Scène Théâtre*, n° 761, 1er janvier 1985.

DAC (Pierre) et ROGNONI (Louis)
Bons Baisers de partout, Paris, Le Cherche-Midi, 1982.

DAENINCKX (Didier)
Le Bourreau et son double, Paris, Gallimard, Série noire n° 2061, 1986.
Le Der des ders, Paris, Gallimard, Série noire n° 1986, 1985 [1984].
Le Géant inachevé, Paris Gallimard, Série noire n° 1956, 1984.
Lumière noire, Paris, Gallimard, Série noire n° 2109, 1987.
Métropolice, Paris, Gallimard, Série noire n° 2009, 1985.

DANINOS (Pierre)
Le Jacassin, Paris, Le Livre de poche n° 1455, 1983 [1962].
Profession : écrivain, Paris, Hachette, 1988.

DEFLANDRE (Bernard)
La Soupe aux doryphores ou dix ans en 40, Paris, J'ai lu n° 2185, 1987 [1985].

DEFORGES (Régine)
Blanche et Lucie, Paris, Le Livre de poche n° 5207, 1986 [1977].
Le Cahier volé, Paris, Le Livre de poche n° 5369, 1987 [1978].
Le diable en rit encore, Paris, France Loisirs, 1986 [1985].
Les Enfants de Blanche, Le Livre de poche n° 5835, 1986 [1982].

DEGAUDENZI (Jean-Louis)
Zone, Paris, Fixot, 1987.

DELION (Jean)
Quand me tues-tu ?, Paris, Gallimard, Carré noir n° 382, 1981 [1965].

DEMOUZON (Alain)
Château-des-rentiers, Paris, Flammarion, 1982.
Un coup pourri, Paris, J'ai lu n° 919, 1979 [1976].
La Petite Sauteuse, Paris, Seghers, 1989.

DEMURE (Jean-Paul)
Aix abrupto, Paris, Gallimard, Série noire n° 2082, 1987.
La Belle Dame dans un violon, Paris, Gallimard, Série noire n° 2034, 1986.
Découpe sombre, Paris, Gallimard, Série noire n° 2128, 1988.
Le Fils du vent, Paris, Gallimard, Série noire n° 1926, 1983.

DÉON (Michel)
Les Vingt Ans du jeune homme vert, Paris, Folio n° 1301, 1981 [1977].

DESCHAMPS (Fanny)
Croque en bouche, Paris, Le Livre de poche n° 5364, 1980 [1976].

DESPROGES (Pierre)
Chroniques de la haine ordinaire, Paris, Le Seuil, Points V 50, 1987.
Dictionnaire superflu à l'usage de l'élite et des bien nantis, Paris, Le Seuil, Points V 31, 1985.
Des femmes qui tombent, Paris, Le Seuil, 1985.
Manuel de savoir-vivre à l'usage des rustres et des malpolis, Paris, Le Seuil, Points V 1, 1981.
Textes de scène, Paris, Le Seuil, 1988.
Vivons heureux en attendant la mort, Paris, Le Seuil, 1983.

DESTANQUE (Robert)
Rapt-time, Paris, Gallimard, Série noire n° 1788, 1980.

DEVOS (Raymond)
« Extra-muros » dans *L'Avant-Scène Théâtre*, n° 392, 1er décembre 1967.
Sens dessus dessous, Paris, Le Livre de poche n° 5102, 1985 [1976].

DIONNET (Jean-Pierre), MANŒUVRE (Philippe)
Vive la France !, Paris, Édition n° 1, 1986.

DJIAN (Philippe)
Échine, Paris, Barrault, 1988.
Maudit Manège, Paris, Barrault, 1986.
37°2 le matin, Paris, J'ai lu n° 1951, 1986 [1985].
Zone érogène, Paris, J'ai lu n° 2062, 1986 [1984].

Les doigts dans la tête, film de J. Doillon dans *L'Avant-Scène Cinéma*, n° 157, avril 1975.

DORIN (Françoise)
« Comme au théâtre » dans *L'Avant-Scène Théâtre*, n° 446, 1er avril 1970.
« L'Étiquette » dans *L'Avant-Scène Théâtre*, n° 729-730, 1er mai 1983.
« L'Intoxe » dans *L'Avant-Scène Théâtre*, n° 729-730, 1er mai 1983.
Les Jupes-culottes, Paris, J'ai lu n° 1893, 1985 [1984].
Les Miroirs truqués, Paris, J'ai lu n° 1519, 1983 [1982].
« Le Tournant » dans *L'Avant-Scène Théâtre*, n° 555, 1er janvier 1975.
« Le Tout pour le tout » dans *L'Avant-Scène Théâtre*, n° 729-730, 1er mai 1983 [1978].

DORMANN (Geneviève)
Je t'apporterai des orages, Paris, Le Livre de poche n° 3540, 1973 [1971].

DOUASSOT (Jean)
La Gana, Paris, Terrain vague, 1970.

DOUTRELANT (Pierre-Marie)
La Bonne Cuisine et les Autres, Paris, Le Seuil, 1986.

DUBOIS (Jean-Paul)
Éloge du gaucher dans un monde manchot, Paris, Le Livre de poche n° 6435, 1988 [1986].

DUBOS (Annie) et PICHARD (Georges)
Caroline choléra, Paris, Éd. du Fromage, s.d. [années 1970].

DUNETON (Claude)
À hurler le soir au fond des collèges. L'enseignement de la langue française (avec la collaboration de Fr. Pagès), Paris, Le Seuil, Points A 69, 1985 [1984].
Le Diable sans porte, Paris, Le Seuil, Points R 85, 1982 [1981].

DUPUIS (Jean-Jacques)
La Gigue des féroces, Paris, Fleuve noir, 1988.

DURAND (Jacques)
André Bouix, gardian de Camargue, Paris, Stock, 1980.

ELLENA (Yves)
Prêcheur en eau trouble, Paris, Gallimard, Série noire n° 2150, 1988.

EMBARECK (Michel)
2 – 1 = 0, Paris, Lieu commun, 1989.
Sur la ligne blanche, Paris, Autrement, 1984.

EPHRON (Delia)
Tchao l'enfance, craignos l'amour, Paris, Le Seuil, Points V 28, 1984 [trad. de J.-P. Carasso].

EXBRAYAT (Charles)
Félicité de la Croix-Rousse, Paris, Librairie des Champs-Élysées, Club des Masques n° 215, 1988 [1968].

FAIZANT (Jacques)
Rue Panse-Bougre, Paris, Calmann-Lévy, 1957.

FALLET (René)
L'Angevine, Paris, Folio n° 1863, 1987 [1982].
Banlieue sud-est, Paris, Folio n° 548, 1984 [1947].
Le Beaujolais nouveau est arrivé, Paris, France Loisirs, 1978 [1975].
Comment fais-tu l'amour, Cerise ?, Paris, Folio n° 381, 1973 [1969].
Paris au mois d'août, Paris, Le Livre de poche n° 2428, 1972 [1964].
Pigalle, Paris, Le Livre de poche n° 5534, 1981 [1979].
Le Vélo, Paris, Gallimard, 1973.

FAUCHE (Xavier), RIOUX (Lucien)
Tics d'époque, Paris, Ramsay, 1987.

FAVREAU (Ivan)
Les mouettes en rient encore, Paris, Balland, 1987.

FITOUSSI (Michèle)
Le Ras-le-bol des superwomen, Paris, Le Livre de poche n° 6493, 1988 [1987].

FORLANI (Remo)
« Le Divan » dans *L'Avant-Scène Théâtre*, n° 699, 1er décembre 1981.
« Grand-père » dans *L'Avant-Scène Théâtre*, n° 751, 1er juin 1984.
Les Gros Mots, Paris, Julliard, 1973.
« Guerre et Paix au café Sneffle » dans *L'Avant-Scène Théâtre*, n° 428, juin 1969.
Papa est parti, maman aussi, Paris, Folio n° 1914, 1988 [1986].
« Un roi qu'a des malheurs » dans *L'Avant-Scène Théâtre*, n° 667, 1er avril 1980.

FOROT (Charles)
Odeurs de forêt et Fumets de table, Paris, La Butte aux cailles, 1988, 4e éd.

FOSSAERT (Frédéric)
Prouvez-le !, Paris, Gallimard, Série noire n° 2022, 1985.
Touche pas à ma cible, Paris, Gallimard, Série noire n° 2115, 1987.

FOURNIER (Lucas)
C'est nouveau, ça vient de sortir, Paris, Le Seuil, 1987.

FRANK (Bernard)
Les Rats, Paris, Le Livre de poche n° 6471, 1988 [1953].

FRÈRES ENNEMIS (LES)
L'Idée fixe d'Adhémar Félé du Peyronnet, Paris, Julliard, 1972.

Garçon !, film de Cl. Sautet, dialogues de J.-L. Dabadie dans *L'Avant-Scène Cinéma*, n° 319-320, janvier 1984.

Garde à vue, film de Cl. Miller, dialogues de M. Audiard dans *L'Avant-Scène Cinéma*, n° 288, mai 1982.

GÉANT VERT INC
Casse-bonbons, Paris, Ledrappier, 1987.

GENOUVRIER (Émile)
Naître en français, Paris, Larousse, 1986.

GERBER (Alain)
Les Jours de vin et de roses, Paris, J'ai lu n° 2412, 1988 [1984].

GIBEAU (Yves)
Mourir idiot, Paris, Calmann-Lévy, 1988.

GILLOT-PÉTRÉ (Alain)
Ma gueule d'atmosphère, Paris, Le Seuil, Points V 56, 1987.

GIOVANNI (José)
Tu boufferas ta cocarde, Paris, J.-Cl. Lattès, 1987.

GIRAUD (Robert)
Carrefour Buci, Paris, Le Dilettante, 1987.
La Coupure, Paris, Denoël, 1966.
Les Lumières du zinc, Paris, Le Dilettante, 1988.

GIUDICELLI (Christian)
Station balnéaire, Paris, Gallimard, 1986.

GOTAINER (Richard)
Chants zazous [disque], éd. Gatkess, 1982.

GRIMM (Ariane)
La Flambe, Paris, Belfond, 1987.

GRISOLIA (Michel)
L'Homme aux yeux tristes, Paris, Librairie des Champs-Élysées, Le Masque n° 1846, 1986.
Question de bruit ou de mort, Paris, Librairie des Champs-Élysées, Le Masque n° 1930, 1988.

GRUHIER (Fabien)
Les Délices du futur, Paris, Flammarion, 1988.

GRUMBERG (Jean Claude)
La nuit tous les chats sont gris, Paris, Calmann-Lévy, 1987.

GUILLEMARD (Colette)
Les Mots d'origine gourmande, Paris, Belin, Le français retrouvé n° 14, 1986.

GUIROUS (Dominique) et GALAN (Nathalie)
Si la Cococour m'était contée, Paris, J'ai lu n° 2296, 1987.

HANSKA (Evane)
Les Amants foudroyés, Paris, Mazarine, 1984.
Barbe à papa, Paris, Mercure de France, 1987.
Fascination, Paris, Mercure de France, 1986.
La Femme coupée en deux, Paris, Balland, 1983.
L'Imparfait du subjectif, Paris, Fleuve noir, 1984.
J'arrête pas de t'aimer, Paris, Balland, 1981.
La Mauvaise Graine, Paris, O. Orban, 1978.

HARDELLET (André)
Le Seuil du jardin, Paris, Société Nouvelle des Éditions Pauvert, 1979 [1966].

HÉBRARD (Frédérique)
La Citoyenne, Paris, J'ai lu n° 2003, 1988 [1985].
Le Harem, Paris, J'ai lu n° 2456, 1988 [1987].
Un mari c'est un mari, Paris, J'ai lu n° 823, 1986 [1976].

L'Horloger de Saint-Paul, film de B. Tavernier, scénario et dialogues de J. Aurenche, P. Bost et B. Tavernier dans *L'Avant-Scène Cinéma*, n° 147, mai 1974.

HOUGRON (Jean)
Coup de soleil, Paris, Le Livre de poche n° 6149, 1986 [1984].

HOUSSIN (Joël)
Bille en tête, Paris, Fleuve noir, 1984.
Blue, Paris, Fleuve noir, 1982.
Bras de fer, Paris, Fleuve noir, 1985.
Comme un rat, Paris, Fleuve noir, 1984.
Les Crocs du Dobermann, Paris, Fleuve noir, 1981.
Le Dobermann américain, Paris, Fleuve noir, 1981.
Le Dobermann et le Phénix, Paris, Fleuve noir, 1981.
Envoyez la purée !, Paris, Fleuve noir, 1983.
Faites pas pleurer le Dobermann !, Paris, Fleuve noir, 1983.
La Nuit du Dobermann, Paris, Fleuve noir, 1981.
L'Ombre du Dobermann, Paris, Fleuve noir, 1982.
Plus noir qu'un Dobermann, Paris, Fleuve noir, 1981.
Le Pronostiqueur, Paris, Fleuve noir, 1981.
Roulez jeunesse !, Paris, Fleuve noir, 1984.

HUSSON (Albert), BLANCHE (Francis)
« Adieu Berthe ! », adaptation française d'une pièce de John Murray et Allen Boretz dans *L'Avant-Scène Théâtre*, n° 404, 1er janvier 1968.

IONESCO (Eugène)
Théâtre V, Paris, Gallimard, 1974.

JAMIAQUE (Yves)
« Acapulco Madame » dans *L'Avant-Scène Théâtre*, n° 598, 15 novembre 1976.

JAOUEN (Hervé)
La Mariée rouge, Paris, NéO, 1983 [1979].

JAPRISOT (Sébastien)
Adieu l'ami, Paris, Folio n° 1777, 1986 [1968].
La Passion des femmes, Paris, Denoël, 1986.

JARDIN (Alexandre)
Bille en tête, Paris, Folio n° 1919, 1988 [1986].
Le Zèbre, Paris, Gallimard, 1988.

JOFFROY (Pierre)
Les Petits Chemins de l'abîme, Paris, Ramsay, 1980.

JOLY (François)
Be-bop à Lola, Paris, Gallimard, Série noire n° 2180, 1989.

JONQUET (Thierry)
La Bête et la Belle, Paris, Gallimard, Série noire n° 2000, 1985.
Le Manoir des immortelles, Paris, Gallimard, Série noire n° 2066, 1986.

KESSELRING (Rolf)
Putain d'amour, Lausanne-Paris, P.-M. Favre, 1986.

KRISTY (Éric)
Circulez !, Paris, Gallimard, Série noire n° 2107, 1987.

LABORDE (Christian)
L'Os de Dionysos, Toulouse, Eché, 1987.

LAGEAT (Robert)
Robert des Halles, Paris, J.-Cl. Lattès, 1980.

LAHAYE (Jean-Luc)
Cent Familles, Paris, Carrère/M. Lafon, 1985.

LAINÉ (Pascal)
Monsieur, vous oubliez votre cadavre, Paris, France Loisirs, 1987 [1986].

LANZMANN (Jacques)
L'Âge d'amour, Paris, Le Livre de poche n° 6375, 1987 [1979, sous le pseudonyme Michael Sanders].
La Baleine blanche, Paris, Le Livre de poche n° 5741, 1983 [1982].
Le Jacquiot, Paris, J.-Cl. Lattès, 1986.
Le Lama bleu, Paris, Le Livre de poche n° 5931, 1984 [1983].
Le Rat d'Amérique, Paris, Folio n° 327, 1973 [1955].
Rue des Mamours, Paris, Le Livre de poche n° 5587, 1982 [1981].
Le Têtard, Paris, R. Laffont, 1976.

LASAYGUES (Frédéric)
Bruit blanc, Paris, Barrault, 1987.
Vache noire, Hannetons et Autres Insectes, Paris, Barrault, 1985.

LE BRETON (Auguste)
Bontemps et les Holdopeuses, Paris, Presses de la Cité, 1984.
Bontemps et les Loubards, Paris, Éd. du Masque, 1980.
2 Sous d'amour, Paris, Vertiges du Nord/Carrère, 1986.
Les Pégriots, Paris, Le Livre de poche n° 5455, 1980 [1973].
Du rififi à Paname, Paris, Presses Pocket n° 1484, 1977 [1965].

LEFÈVRE (Régis)
Renaud. Dès que le vent soufflera, Lausanne-Paris, P.-M. Favre, 1985.

LESOU (Pierre V.)
Cœur de hareng, Paris, Gallimard, Série noire n° 466, 1984 [1958].
Un Condé, Paris, Fleuve noir, 1988 [1970].

L'HÔTE (Jean)
La Communale, Paris, J'ai lu n° 2329, 1988 [1985].
Confessions d'un enfant de chœur, Paris, J'ai lu n° 260, 1977 [1965].

LION (Julius A.)
N° 5 paysage, Paris, Gallimard, Série noire n° 2155, 1988.
Poulets et Perroquets, Paris, Gallimard, Série noire n° 2059, 1986.
Les Truands du Temple, Paris, Gallimard, Série noire n° 2094, 1987.

Mado, film de Cl. Sautet, scénario, adaptation et dialogues de Cl. Sautet et Cl. Neron dans *L'Avant-Scène Cinéma*, n° 180, janvier 1977.

MAGNAN (Pierre)
L'Amant du poivre d'âne, Paris, Denoël, 1988.
Les Charbonniers de la mort, Paris, Folio n° 1906, 1988 [1982].
Les Courriers de la mort, Paris, Denoël, 1986.
La Maison assassinée, Paris, Folio n° 1659, 1985 [1984].

MANCHETTE (Jean-Patrick)
Ô dingos, ô châteaux !, Paris, Gallimard, Folio série policier n° 1815, 1987 [1972].

MANOEUVRE (Philippe)
L'Enfant du rock, Paris, Le Livre de poche n° 6243, 1986.

MARIE & JOSEPH
Chaudes Bises, Paris, Gallimard, Série noire n° 1917, 1983.
Le Crime de la rue du Ciel, Paris, Gallimard, Série noire n° 2153, 1988.
La Grande Arpente des champs d'en bas, Paris, Gallimard, Série noire n° 2025, 1985.
Jazz Belle, Paris, Gallimard, Série noire n° 2101, 1987.
Le Petit Roi de Chimérie, Paris, Gallimard, Série noire n° 2130, 1988.
Si t'as peur, jappe, Paris, Gallimard, Série noire n° 1980, 1984.
Square du Congo, Paris, Gallimard, Série noire n° 2079, 1986.

MAZEAU (Jacques)
La Ferme d'en-bas, Paris, Le Livre de poche n° 6313, 1987 [1985].

La Meilleure Façon de marcher, film de Cl. Miller dans *L'Avant-Scène Cinéma*, n° 168, avril 1976.

MOATI (Serge)
La Saison des palais, Paris, Grasset, 1986.

MORAND (Paul)
Chronique du XXe siècle, Paris, Grasset, 1980 [1925].
Ouvert la nuit, Paris, Gallimard, L'Imaginaire n° 185, 1978 [1922].

MORDILLAT (Gérard)
À quoi pense Walter ?, Paris, Le Seuil, Points V 66, 1988 [1987].
Vive la sociale !, Paris, Mazarine, 1981.

MORGIÈVRE (Richard)
Des femmes et des boulons, Paris, Ramsay, 1987.

NAHUM-VALENSI (Maya) et ATLAS (Corinne)
Les Ados, peuple extraordinaire, Paris, Mazarine, 1987.

OBALDIA (René de)
Du vent dans les branches de sassafras, Paris, Le Livre de poche n° 3322, 1972 [1966].

OPPEL
Barjot !, Paris, Gallimard, Série noire n° 2119, 1988.

OPPEL & DORISON
Canine et Gunn, Paris, Gallimard, Série noire n° 1940, 1983.

ORIANO (J.)
B comme Baptiste, Paris, Gallimard, Carré noir n° 385, 1981 [1971].

PAGAN (Hugues)
Vaines Recherches, Paris, Fleuve noir, 1984.

PAGE (Alain)
Tchao Pantin, Paris, Folio n° 1893, 1987 [1982].

PAULIN DU BESSET (Jean-Claude)
Le Parfait Manuel du petit frimeur, Paris, L'Instant, 1985.

PELOT (Pierre)
L'Été en pente douce, Paris, Fleuve noir, 1987 [1981].

PENNAC (Daniel)
Au bonheur des ogres, Paris, Gallimard, Série noire n° 2004, 1985.
La Fée carabine, Paris, Gallimard, Série noire n° 2085, 1987.

PEREC (Georges)
La Vie mode d'emploi, Paris, Le Livre de poche n° 5341, 1986 [1978].

PERGAUD (Louis)
La Guerre des boutons, Paris, Folio n° 758, 1984 [reproduction de l'éd. de 1963 ; 1re éd. 1912].

PICHARD (Georges), WOLINSKI (Georges)
Paulette, Paris, Éd. du Square, t. 1, 1978 et t. 2, 1978.

PIERRE (Roger) & THIBAULT (Jean-Marc)
Laissez-nous rire, Paris, J.-Cl. Lattès, 1986.

POIRET (Jean)
« La Cage aux folles » dans *L'Avant-Scène Théâtre*, n° 518, 15 mai 1973.

POUY (Jean-Bernard)
La Clef des mensonges, Paris, Gallimard, Série noire n° 2161, 1988.
L'Homme à l'oreille croquée, Paris, Gallimard, Série noire n° 2098, 1987.
Nous avons brûlé une sainte, Paris, Gallimard, Série noire n° 1968, 1988 [1984].
La Pêche aux anges, Paris, Gallimard, Série noire n° 2042, 1986.
Suzanne et les Ringards, Paris, Gallimard, Série noire n° 2013, 1985.

PROSLIER (Jean-Marie)
Excusez-moi si je vous demande pardon, Paris, J'ai lu n° 2317, 1988 [1986].

PRUDON (Hervé)
Plume de nègre, Paris, Mazarine, 1987.

QUEFFÉLEC (Yann)
Le Charme noir, Paris, Gallimard, Folio n° 1665, 1985 [1983].

QUENTIN (Florence) et CHATILIEZ (Étienne)
La vie est un long fleuve tranquille [scénario], Paris, Ramsay, 1988.

RAYNAUD (Fernand)
Heureux !, Paris, Folio n° 838, 1976 [1975].

RENAUD
Mistral gagnant, Paris, Le Seuil, Points V 41, 1986.
Le Temps des noyaux, Paris, Le Seuil, Points V 64, 1988.

RÉOUVEN (René)
Un tueur en Sorbonne, Paris, Le Livre de poche n° 6389, 1987 [1984].

REYNAUD-FOURTON (Alain)
Les Mystifiés, Paris, Gallimard, Carré noir n° 341, 1980 [1962].

RHEIMS (Maurice)
Attila, laisse ta petite sœur tranquille, Paris, Flammarion, 1985.
Le Saint Office, Paris, Gallimard, Folio n° 1674, 1985 [1983].

RIEU (François)
La Cavale du chômeur, Paris, Messidor, 1987.

ROCHEFORT (Christiane)
Les Petits Enfants du siècle, Paris, Le Livre de poche n° 2637, 1984 [1961].
Printemps au parking, Paris, Le Livre de poche n° 3101, 1971 [1969].
Le Repos du guerrier, Paris, Le Livre de poche n° 559, 1962 [1958].

RONDEAU (Daniel)
L'Âge-déraison, Paris, Le Seuil, Points V 7, 1982.
L'Enthousiasme, Paris, Quai Voltaire, 1988.

ROUDÉ (Charlotte)
Rue Paradis, Paris, Le Livre de poche n° 6399, 1987 [1986].

ROUSSIN (André)
« La Claque » dans *L'Avant-Scène Théâtre*, n° 525, 15 septembre 1973.
« Le Mari, la Femme et la Mort » dans *L'Avant-Scène Théâtre*, n° 544, 1er juillet 1974.

RYCK (Francis)
Prière de se pencher au-dehors, Paris, Gallimard, Carré noir n° 398, 1981 [1978].

SABATIER (Robert)
Boulevard, Paris, Le Livre de poche n° 5461, 1986 [1956].
Les Fillettes chantantes, Paris, Le Livre de poche n° 6035, 1986 [1980].
Les Noisettes sauvages, Paris, Le Livre de poche n° 6034, 1988 [1974].
Trois Sucettes à la menthe, Paris, Le Livre de poche n° 5958, 1986 [1972].

Salut l'artiste, film d'Y. Robert, scénario de J.-L. Dabadie et Y. Robert, dialogues de J.-L. Dabadie dans *L'Avant-Scène Cinéma*, n° 146, avril 1974.

SAN-ANTONIO
Alice au pays des merguez, Paris, Fleuve noir, 1986.
Après vous s'il en reste, Monsieur le Président, Paris, Fleuve noir, 1986.
Baisse la pression, tu me les gonfles !, Paris, Fleuve noir, 1988.
Une banane dans l'oreille, Paris, Fleuve noir, 1977.
Bons Baisers où tu sais, Paris, Fleuve noir, 1987.
Ça baigne dans le béton, Paris, Fleuve noir, 1988.
Le Casse de l'oncle Tom, Paris, Fleuve noir, 1987.
Chauds, les lapins !, Paris, Fleuve noir, 1986.
Circulez ! Y a rien à voir, Paris, Fleuve noir, 1987.
Le Cri du morpion, Paris, Fleuve noir, 1989.

Fais pas dans le porno..., Paris, Fleuve noir, 1986.
La Fête des paires, Paris, Fleuve noir, 1986.
Galantine de volaille pour dames frivoles, Paris, Fleuve noir, 1987.
Laissez pousser les asperges, Paris, Fleuve noir, 1985.
Les morues se dessalent, Paris, Fleuve noir, 1988.
Plein les moustaches, Paris, Fleuve noir, 1985.
Poison d'avril, Paris, Fleuve noir, 1985.
Réglez-lui son compte, Paris, Fleuve noir, 1981.
Renifle, c'est de la vraie, Paris, Fleuve noir, 1988.
Salut, mon pope !, Paris, Fleuve noir, 1985 [1966].
Le Trouillomètre à zéro, Paris, Fleuve noir, 1987.

SAPHO
Ils préféraient la lune, Paris, Ramsay, 1986.

SARRAUTE (Claude)
Allo Lolotte, c'est Coco, Paris, Flammarion, 1987.
Dites-donc !, Paris, J.-Cl. Lattès, 1985 [recueil de chroniques parues dans le journal *Le Monde*].
Maman coq, Paris, Flammarion, 1989.

SCHIFRES (Alain)
Ceux qui savent de quoi je parle comprendront ce que je veux dire, Paris, R. Laffont/J.-J. Pauvert, 1986 [recueil d'articles parus de 1980 à 1985, notamment dans *Le Nouvel Observateur*].
Les Yeux ronds, Paris, R. Laffont/J.-J. Pauvert, 1988.

SEMPÉ [Jean-Jacques]/GOSCINNY [René]
Le Petit Nicolas, Paris, Folio n° 423, 1986 [1960].
Les Vacances du petit Nicolas, Paris, Folio junior n° 4, 1985 [1962].

SIMON (Louis)
Les Ripoux. L'Embrouille, Paris, Presses de la Cité, 1985.

SIMON (Louis), MICHAEL (Simon)
Les Ripoux. L'Été des ripoux, Paris, Presses de la Cité, 1985.

SIMONIN (Albert)
Une balle dans le canon, Paris, Gallimard, Carré noir n° 395, 1981 [1958].
Hotu soit qui mal y pense, Paris, Gallimard, Carré noir n° 138, 1973 [1971].
Du mouron pour les petits oiseaux, Paris, Le Livre de poche n° 2482, 1968 [1960].

Siné dans Charlie Hebdo, Paris, Presses Pocket n° 2158, 1983.
Siné dans Hara-Kiri Hebdo, Paris, Le Cherche-Midi, 1984.
Siné jazzote. Chroniques parues dans Jazz-hot et Jazz-mag de juin 62 à avril 70, Paris, Safrat, 1988.

SINIAC (Pierre)
Des amis dans la police, Paris, Librairie des Champs-Élysées, Le Masque n° 1949, 1989.
Le Casse-route, Paris, Gallimard, Série noire n° 1271, 1969.
Les Congelés, Paris, Gallimard, Série noire n° 1682, 1974.
Deux Pourris dans l'île, Paris, Gallimard, Série noire n° 1397, 1971.
Les Enfants du père Eddy, Paris, NéO, 1984.
Femmes blafardes, Paris, Le Livre de poche n° 6458, 1988 [1981].
L'Increvable, Paris, Gallimard, Série noire n° 1353, 1970.
Luj Inferman' ou Macadam Clodo, Paris, NéO, 1982.
Les Morfalous, Paris, Gallimard, Carré noir n° 206, 1984 [1968].

La Nuit du flingueur, Paris, Gallimard, Série noire n° 1292, 1986 [reprise de l'édition de 1969 qui portait le titre *La Nuit des Auverpins*].
Pas d'ortolans pour La Cloducque, Paris, Gallimard, Carré noir n° 422, 1982 [1979].
Les 401 Coups de Luj Inferman', Paris, Gallimard, Carré noir n° 352, 1980 [1972].
Reflets changeants sur mare de sang, Paris, Gallimard, Série noire n° 1776, 1980.
Si jamais tu m'entubes..., Paris, Gallimard, Série noire n° 1666, 1974.
Viande froide, Paris, NéO, 1985.

SPORTÈS (Morgan)
Le Souverain poncif, Paris, Balland, 1986.

STÉPHANIE
Des cornichons au chocolat, Paris, Le Livre de poche n° 5943, 1985 [1983].

TARAVO (Joël)
Les Derniers Joyeux, Paris, La Jeune Parque, 1968.

TARDIEU (Michel)
La Comédie du langage, Paris, Folio n° 1861, 1987 [recueil de divers titres écrits à partir des années 1950].

TENAILLE (Frank)
Le Roman de Coluche, Paris, Seghers, 1986.

TERREL (Alexandre)
Le Croque-mort et sa veuve, Paris, Librairie des Champs-Élysées, Le Masque n° 1867, 1987.
Le témoin est à la noce, Paris, Librairie des Champs-Élysées, Le Masque n° 1479, 1984.

THÉRAME (Victoria)
Bastienne, Paris, Flammarion, 1986.
Hosto-Blues, Paris, Éd. des Femmes, 1974.
Staboulkash, Paris, Éd. des Femmes, 1981.

TOPIN (Tito)
55 de fièvre, Paris, Gallimard, Série noire n° 1905, 1984 [1983].
Graffiti rock, Paris, Gallimard, Série noire n° 1871, 1982.
Un gros besoin d'amour, Paris, Grasset, 1988.
Honey money, Paris, Gallimard, Série noire n° 1952, 1984.
Piano barjo, Paris, Gallimard, Série noire n° 1936, 1983.
14e Nocturne, Paris, Gallimard, Série noire n° 1920, 1983.

TOURNAIRE (Hélène)
Jules empaillé, Paris, Le Livre de poche n° 5025, 1977 [1975].

TOUSSAINT (Jean-Philippe)
La Salle de bains, Paris, Éd. de Minuit, 1985.

Trois Hommes et un couffin, film de C. Serreau dans *L'Avant-Scène Cinéma*, n° 356, janvier 1987.

VAN CAUWELAERT (Didier)
L'Orange amère, Paris, Le Seuil, 1988.
Vingt Ans et des poussières, Paris, Le Seuil, Points R 182, 1986 [1982].

VAROUX (Jean-Alex)
Un Globule dans la Tamise, Paris, Gallimard, Série noire n° 1684, 1974.

VAUTRIN (Jean)
À bulletins rouges, Paris, Gallimard, Série noire n° 1611, 1973.
Baby Boom, Paris, Mazarine, 1985.
Billy-ze-Kick, Paris, Folio n° 1677, 1985 [1974].
Bloody Mary, Paris, Le Livre de poche n° 5625, 1982 [1979].
Canicule, Paris, Le Livre de poche n° 5839, 1983 [1982].
Groom, Paris, Gallimard, Carré noir n° 400, 1981 [1980].
Typhon-Gazoline, Paris, NéO, 1987.
La Vie ripolin, Paris, Mazarine, 1986.

VERGNE (Anne)
L'Innocence du boucher, Paris, J.-Cl. Lattès, 1985.

VIALA (Michel)
« Est-ce que les fous jouent-ils ? » dans *L'Avant-Scène Théâtre*, n° 701, 1er janvier 1982.
« J'veux du bonheur » dans *L'Avant-Scène Théâtre*, n° 758, 15 novembre 1984.

VIALATTE (Alexandre)
Badonce et les Créatures, Paris, Julliard, 1982 [1937].
Les Champignons du détroit de Behring, Paris, Julliard, 1988 [chroniques choisies par Fanny Besson, parues de 1955 à 1971].
La Dame du Job, Paris, Arléa, 1987.
Éloge du homard et autres insectes utiles, Paris, Julliard, 1987 [chroniques choisies et présentées par Fanny Besson, parues dans le journal *La Montagne* de 1953 à 1971].
La Porte de Bath-Rabbim, Paris, Julliard, 1986 [choix de textes antérieurs à 1971, présentés par Fanny Besson].

VIARD (Henri)
Ça roule pour Bonape, Paris, Le Livre de poche n° 6033, 1985 [1984].

La Vie, tu parles, roman collectif 1973-1983, Paris, Le Seuil, Points A 60, 1984 [1983].

VILAR (Jean-François)
Passage des singes, Paris, J'ai lu n° 1824, 1985 [1984].

VILLARD (Marc)
Au pied du mur, Paris, NéO, 1985.
Ballon mort, Paris, Gallimard, Série noire n° 1964, 1987 [1984].
La dame est une traînée, Paris, Gallimard, Série noire n° 2171, 1989.
Le Roi, sa femme et le petit prince, Paris, Gallimard, Série noire n° 2093, 1987.
13 Cow-boys dramatiques, Paris, NéO, 1987.

VINCENT (Rose)
L'Adieu aux champs, Paris, Le Seuil, Points R 354, 1989 [1987].

VISDEI (Anca)
« Complot de génération » dans *L'Avant-Scène Théâtre*, n° 841, 1er janvier 1989.

« 22 lycéens ». Lettres à Jean-Marcel Bouguereau, Paris, Barrault, 1987.

JOURNAUX ET PÉRIODIQUES

L'Avant-Scène Cinéma
L'Avant-Scène Théâtre
Best
Le Canard enchaîné
Les Dernières Nouvelles d'Alsace
L'Équipe
L'Est républicain
L'Événement du jeudi
L'Express
Le Figaro Magazine
Hara-Kiri
La Hulotte
Internationale situationniste
Libération
Le Monde
Le Nouvel Observateur
Playboy France
Le Point
Première
La Revue du traducteur
Rock & Folk
Rolling Stone
Télérama
20 Ans
Vivre à Strasbourg
VSD

INDEX

ABDOMINAUX
Abdominaux **Kronenbourg** ; abdos Kro

ABONNÉ
Être aux **abonnés** absents

ABSENT
Être aux **abonnés** absents

ACCIDENT
Avoir l'air d'un **accident** de chemin de fer
Transformer *quelqu'un* en **accident** de chemin de fer

ACCROCHER
Accroche-toi au **pinceau** !
Accrocher une **casserole** à *quelqu'un*
Accrocher une **gamelle** à *quelqu'un*
Accrochez vos **ceintures** !
Les avoir bien **accrochées**
S'accrocher aux **baskets** de *quelqu'un*

ACCU
Recharger les accus de *quelqu'un* ; **recharger** ses accus

ACHETER
Aller acheter des **cigarettes**/un paquet de cigarettes
Aller acheter une boîte d'**allumettes**

ACHTUNG
Achtung bicyclette !

ACTION
Ça manque d'**action**

ADÈLE
Putain d'Adèle !

ADIEU
Adieu **Berthe** !

ADMETTRE
Admettons que je n'ai **rien** dit

ADULTE
(Dose, portion) pour **adulte**
(Être) adulte et **vacciné**

AÉRODROME
Aérodrome à mouches (à libellules)

AFFAIRE
Faire sa petite **affaire** (à une femme)
Les **affaires** sont les affaires

AFFICHE
C'est à l'**affiche**
Passer entre le **mur** et l'affiche sans la décoller

AFFICHER
Afficher **complet**
Afficher **relâche**
C'est **affiché**

ÂGE
Avoir passé l'**âge**
Ça te (lui, etc.) **fait** quel âge ?
L'**âge** du capitaine

AGITÉ
Agité du **bocal**

AILLEURS
Quand tu as (il a, etc.) une **idée** dans le crâne/dans la tête/en tête, tu l'as (il l'a, etc.) pas ailleurs !

AIMER
Complément d'objet direct + (moi) j'**aime**
J'aime autant te/vous le **dire**
J'aime mieux le **lard**
Ne pas aimer voir les **roses** faner sur tige

AIR
Avoir l'air d'un **accident** de chemin de fer
Avoir l'air d'un **crapaud** sur une boîte d'allumettes
Baisse la **tête**, t'auras l'air d'un coureur !
Ferme ta **gueule**, ça fait des (ça évitera les) courants d'air !
Il y a de la **java** dans l'air
L'**air** du temps
Laisse-moi mon **air** !

COMPOSITION : CHARENTE-PHOTOGRAVURE À L'ISLE-D'ESPAGNAC
IMPRESSION : MAME IMPRIMEURS À TOURS
DÉPÔT LÉGAL OCTOBRE 1989. N° 10927 (23334).